2021-2022
100th ALL JAPAN HIGH SCHOOL
SOCCER
TOURNAMENT

100回目の選手権
歴史ととも[illegible]へ

令和3年度

第100回 全国高校サッカー選手権大会

主催：(公財) 日本サッカー協会／(公財) 全国高等学校体育連盟／民間放送43社

第100回選手権は新しくなった“聖地”国立競技場で開幕戦と準決勝、決勝が行われ、選手たちが全力プレー

決勝

選手権

青森山田が新国立で舞う

3度目の日本一、高校年代“3冠”※達成
公立の大津は初の決勝進出、準優勝

※総体、高円宮杯 JFA U-18サッカープレミアリーグ2021 EAST、選手権の3冠。
高円宮杯 JFA U-18サッカープレミアリーグ 2021 ファイナルはコロナ禍の影響で開催中止

青森山田 4-0 大津

▲8年ぶりとなる国立競技場での決勝。両校の選手が決戦のピッチへ向かう
▶大津が試合前の集合写真撮影で「大津vs関東第一」のタオルを掲げる。関東第一は対戦予定の準決勝を出場辞退。その思いも胸に戦った

▲前半、大津は押し込まれながらもCB寺岡ら各選手が集中した守備。簡単には決定打を撃たせなかった

▶1年前の決勝は大活躍もPK方式で敗戦。悔しさを知るMF宇野（J2町田加入）は2年連続準優勝のOBたちの前で「2年間の借り」を返せたことを喜んだ
▼総体優秀選手の大津DF日高は鎖骨負傷のため、準々決勝までベンチ外。決勝で初出場し、守備で奮闘したが、涙の前半途中交代に

前半37分、青森山田が先制点。左CKを得ると、後方からニアサイドへ走り込んだCB丸山が頭で合わせた。丸山は総体決勝に続くゴール

▲前半41分、青森山田FW名須川が右足スライディングシュート。ボールはGKの股間を抜けてゴールへ吸い込まれた

◀2戦連発の名須川（左から2人目）がアシストのMF田澤（左端）らと喜ぶ

▼ゴールを決めた松木（10番）はチームメイトの下へ駆け寄り、喜びを分かち合った

後半10分、青森山田はMF松木（J1・FC東京加入）が頭でゴール。決勝出場は3年連続、選手権通算15試合目出場の主将は悲願の選手権制覇。「チームメイトに感謝を伝えたい」

大津

後半33分、青森山田はFW渡邊が4点目のゴール。DFに当たってコースの変わったクロスにはGKも反応していたが、渡邊は接触を怖れることなく頭でボールを叩いた

決勝 選手権

試合開始前には女優で歌手の上白石萌音さんが第100回選手権のテーマソング、「懐かしい未来」を熱唱

▲大津の山城監督は敗戦を認め、「毎年出場して、毎年国立の舞台で戦うことを繰り返さないと」と目標を掲げた
▶大津の攻撃の要、MF森田は「自分たちが後手に回ってしまった」。相手の圧力の前にボールを前進させられなかったことを悔しがった
◀点差は開いたものの、大津はMF薬師田（左）やCB川副（中央）が諦めずにゴールを守った

▶青森山田はDFリーダー、CB三輪を中心に完封勝利。「山田のやるべきことをやる」とシュートを撃たせないこと、クロスを上げさせないことを徹底し、決勝で被シュート0の快挙

仲間や地元のために。大津は諦めない戦い

大津GK佐藤（瑠）は大会を通して好守を連発。決勝では4失点したものの、ファインセーブで最後までチームを支えていた

青森山田は4-0の試合終盤にコーナー付近でボールキープ。最後まで相手に付け入る隙を与えなかった

青森山田は決勝で被シュート0の快挙

◀青森山田DF小野は本来、サイドアタッカー。怪我人の影響で予選中に左SBへ転向してチームの穴を埋めると、決勝でも4点目を演出

◀大津の平岡総監督は帝京の主将として1983年度大会優勝。指導者として国立決勝に戻ってきた

▼青森山田は志向する「日々成長」と「被シュート0」を決勝で表現。涙の黒田監督は「選手たちに恵まれた」

▼青森山田は総体、プレミアリーグEASTに続く“3冠”達成。高体連チームとの公式戦を1年間全勝で終えた

準決勝

選手権

大津
関東第一

中止

関東第一が出場辞退
大津が決勝進出

第1試合は中止。準決勝前に関東第一の選手2名から新型コロナウイルスの陽性反応が認められ、同校が準決勝出場を辞退。対戦予定だった大津の初の決勝進出（公立校では10年ぶり）が決まった

大津が熊本県勢初、公立校としても10年ぶりの決勝進出

躍進の関東第一、準決勝を出場辞退
国立で名将・小嶺忠敏さんに黙禱

▶黙禱の際、優勝旗には小嶺さんの下で全国制覇した国見のペナントが掛けられていた

▶国立競技場の電光掲示板に在りし日の小嶺さんの姿が映し出された

▼1月7日、長崎総科大附監督の小嶺忠敏さんが76歳で亡くなった。島原商や国見に全国タイトルをもたらし、教え子から多くのJリーガーや日本代表を輩出。準決勝開始前、哀悼の意を表し、黙禱が行われた

青森山田 6
高川学園 0

準決勝
選手権

後半12分、3点目を挙げた青森山田ＭＦ松木が喪章を空に掲げる。「高校サッカーを築いてきた方に向けた得点だった」。総体初戦で対戦し、選手権準決勝前日に亡くなった小嶺さん（長崎総科大附監督）に捧げるゴールだった

青森山田が
4年連続決勝進出

国見に続き、戦後2校目
高川学園は初の決勝に届かず

①松木は右足のかかとを活用したドリブル。②DFを抜き去ってゴールへ迫る。③左足シュートをファーサイドのゴールネットに叩き込んだ

準決勝
選手権

青森山田は相手のお株を奪う セットプレー３発

▲青森山田は前半26分にも「自分たちの武器もセットプレー」（MF藤森）というセットプレーから追加点。藤森の左CKをファーサイドのCB丸山（5番）が頭で決めた

▲前半3分、青森山田は左FKをFW名須川が頭で合わせて先制点。高川学園のストロングポイントのセットプレーで先制点を奪ってみせた

▶高川学園は前半36分、DF田島が相手DFのバックパスをインターセプト。そのまま右足シュートを狙ったが、青森山田GK沼田がストップ

後半40分、青森山田は左CKを丸山が頭で決めて5点目。セットプレーで3得点を奪った一方、相手には1本のCKも与えなかった

高川学園は無得点でＣＫも０。″トルメンタ″の機会得られず

▲高川学園は初の決勝を目指したが、青森山田の堅守の前に無得点でCKも0。注目の"トルメンタ"（スペイン語で「嵐」の意）など多彩なセットプレーを披露する機会を増やせなかった

▶後半23分、青森山田は投入直後の2年生FW小湊がゴール。大会を通じ、全て途中出場で計3得点を記録した

▼後半44分、青森山田は交代出場のMF田中が右足でゴール。努力を重ね、国立競技場で奪ったAチーム初得点は「チームのお陰」

▲高川学園MF北は中盤で奮戦。開幕直前に負傷離脱したDF奥野主将の代役としてチームを良く引っ張った

後半12分、青森山田ＭＦ藤森がＤＦ２人を相手に身体を張ってボールキープ。チームプレーが3点目のゴールに結びついた。攻守両面でのハードワークが光った藤森は準決勝で3アシスト

準決勝
選手権

▲高川学園はエースMF林（晴）にボールを集めて反撃しようとしたが、青森山田DF陣のアプローチが速く、ゴールに近づくことができない

◀5バックを敷き、相手のパワーに対抗しようとした高川学園だが、序盤の失点で苦しい展開に。それでもDF加藤らが我慢強く守った

◀青森山田は後半44分に怪我から復帰の右SB大戸を投入。「国立で1分でも、2分でも」（黒田監督）プレーさせたいという全員の思いが実現

▲高川学園は多々良学園時代を含めて過去2度の選手権準決勝も無得点で敗戦。DF岡（28番）ら下級生が歴史を変える

▶高川学園は大会直前にDF奥野主将が負傷離脱。だが、チームは結束力と自発性を発揮し、主将を国立の舞台まで連れてきた

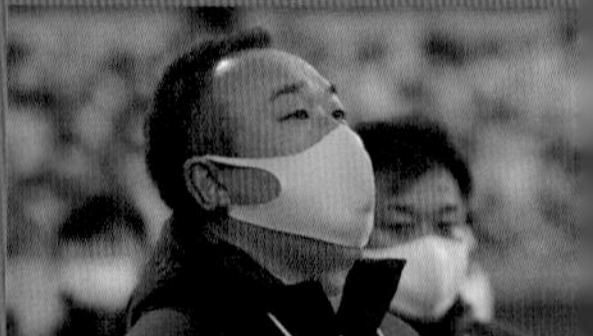

▲高川学園のOBでもある江本監督は、就任後初の4強。青森山田を称え、「粘り強く頑張ってくれた」と教え子たちに感謝した

開会式

選手権

高川学園のDF奥野主将が「日本サッカー界の伝統に、選手権の歴史に、新たな1ページを書き記すことをここに誓います」と選手宣誓した。大会直前の怪我で試合は欠場。一時言葉に詰まりながらも最後まで勤め上げた

◀第17代応援マネージャーの茅島みずきさんが入場行進を先導
▶ご臨席された高円宮久子妃殿下と田嶋幸三・日本サッカー協会会長が第100回選手権出場選手たちの勇姿を見守る

開幕戦
選手権

新国立で第100回選手権開幕！
関東第一がファーストゲームを6-0で飾る

▼7年ぶり出場の中津東は我慢強く守り、MF国広（10番）の直接FKなどから反撃した

新国立の選手権ファーストゲーム。関東第一CB池田（健）主将（左）と中津東CB村本主将が健闘を誓い合う

▶後半39分、関東第一の10番MF肥田野は左クロスを左足ダイレクトでゴール。この日は5得点に絡む活躍

◀関東第一は前半22分、左クロスをFW本間が折り返し、FW坂井がコントロールから右足ボレーを鮮やかに決めた

関東第一 6-0 中津東

前半13分、関東第一MF若松が右CKのこぼれ球を右足ダイレクトでシュート。「全く意識していなかった」という新国立第1号ゴール

1回戦

選手権

最多46回目出場の秋田商は惜敗。身長157cmの小さなドリブラー、MF中野が奮闘した

東福岡は出場した7大会連続の初戦突破。C大阪U-18から高校2年生の3月に〝移籍〟してきたMF大渕（右）は絶妙なパスで決勝アシスト

東福岡 1-0 秋田商

12年ぶり出場の近大和歌山がプレミアリーグ勢の流経大柏破る!

関西勢3チームが全て1回戦突破

三重 1
西武台 0

前半9分、三重は左クロスからGKの前に走り込んだDF大地山が決勝ヘッド。11年ぶり出場の関東王者・西武台は初戦で涙

大津 5
中部大第一 0

▲プレミアリーグWEST4位の大津は快勝発進。5点目を決めた1年生MF稲田の姉・雛（神村学園）は、女子選手権決勝で先制点。姉弟で活躍

◀県3部リーグ所属の中部大第一が初出場。初戦敗退も、元名古屋GKの伊藤監督は「ありがとうという気持ちしかない」

前橋育英 4-0 草津東

草津東はFW松田の爆発的なスピードを活かして反撃したが、チャンスを活かせず初戦敗退に

▶前半6分、前橋育英はGKのフィードをうまくコントロールしたFW守屋が右足を振り抜き、先制。守屋はハットトリックの活躍

1回戦 選手権

▲12年ぶり出場の近大和歌山がPK方式の末にプレミアリーグ勢の流経大柏を撃破。強豪校から和歌山県勢11年ぶりの白星をもぎ取った

先 流経大柏		PK		近大和歌山
渋谷	×	1	○	畑下
田口	○	2	○	藤木
松本	○	3	○	石垣
川畑	○	4	○	田井
西岡	○	5	×	平松
清水	×	6	○	荒木
デューフ		GK		後迫

▲前半8分、流経大柏はMF小林の右足シュートで先制。だが、計19本のシュートを放ちながら、2点目を奪えなかった

近大和歌山 5 PK 4 流経大柏

▲後半24分、近大和歌山はロングカウンターからFW谷口がヘディングシュート。チーム2本目のシュートで同点に追いついた

静岡学園 5-0 徳島商

▶静岡学園は後半7分、CB伊東（J3北九州加入）が頭で追加点。後半、このゴールを皮切りに4得点を挙げて相手を突き放した

▶11年ぶりに復活出場の徳島商はU-16日本代表候補の俊足MF冨士村のドリブルなどで反撃したが、1点が遠かった

▼尚志はPK方式直前に投入されたGK布川が2本をストップする活躍
◀尚志のU-22日本代表CBチェイス（右）が瀬戸内の10番FW佐野とパワー勝負。チェイスは迫力十分の守備とヘッドで会場をどよめかせていた

尚志 0 ［4 PK 3］ 瀬戸内 0

尚志 0
瀬戸内 0
（PK 4-3）

先 瀬戸内		PK		尚志
佐野	×	1	○	チェイス
松浦	○	2	○	松尾
江川	○	3	○	松本
正法地	○	4	×	半谷
梁	×	5	○	高橋
大木		GK		布川

帝京大可児 4 今治東 1

◀今治東は後半20分、こぼれ球に反応したFW高須賀が右足ボレーでゴール。意地を見せた

◀前半40分、帝京大可児はMF鈴木（淳、J1湘南加入）のヘディングパスで抜け出したFW松永が右足シュートを決めて2点目

桐光学園 1-0 西原

▶西原は「即時奪回」をコンセプトに31年ぶりの出場。強豪相手に食い下がった
▼桐光学園のMF豊田はボランチで先発し、前半途中から右SBとしてプレー。チームの守りを安定させ、決勝点も

1回戦 選手権

山形県勢15年ぶりの白星を目指した羽黒はMF荒井のゴールで先制したが、後半の2失点で悔しい逆転負け

岡山学芸館 2-1 羽黒

岡山学芸館は後半38分、MF山岡が「結構、練習している」という左45度からのシュートで決勝点

高川学園 4
星稜 2

▶高川学園は前半8分、右FKを獲得。円陣を組んだ5選手が手を繋いでぐるぐると回り、相手を混乱させる「トルメンタ」（スペイン語で「嵐」の意）▼「トルメンタ」からファーサイドのMF林（晴）が先制ヘッド。流れを摑んだ高川学園は総体３位・星稜との接戦を制した

前半40分、長崎総科大附は2年前にも得点しているMF別府が右足ボレーを決めて同点。ベンチ入りが叶わなかった小嶺監督に逆転勝利をプレゼント

長崎総科大附 2
北海 1

北海は17年ぶりの1勝ならず。それでも、島谷監督はコツコツ頑張ってきた選手たちに対し、「本当に感謝しています」

▲前回大会8強の堀越は前半4分に10番MF古澤が先制ゴール。古澤は前半20分にも加点し、チームを白星へ導いた

堀越 2-1 高知

▼高知は前半25分、FW西田が決めて1点差。「自分たちで考えて判断する」力を見せたが、惜敗

奈良育英 4 専大北上 2

▼奈良育英は追い付いた1分後の後半9分に勝ち越し。交代出場FW栂井がゴールを喜ぶ

▲10年ぶり出場の奈良育英が1勝。一度逆転されるも再逆転して勝利。後半8分に10番MF岡本が左足で同点ゴール

阪南大高 3-0 丸岡

▶阪南大高は前半だけでシュート16本。MF田中が先制点を決めるなど、2度目の出場で初白星を挙げた
◀丸岡の攻撃を牽引した2年生FW小関は2022年度に悔しさを晴らす

2回戦
選手権

好カード、好勝負多数。
関東勢5校、九州勢4校が3回戦へ

前回優勝の山梨学院、
総体準優勝の米子北は初戦で涙

▲2連覇を狙った山梨学院は初戦敗退。前回優勝メンバーのMF谷口は「狙い通りのゲームにはなった。ただ、点が取れなかった」と悔しがった

▼佐賀東のCB宝納（右）と左SB平川が2人がかりで相手の侵入を阻止。無失点で過去最高タイの3回戦進出を決めた

佐賀東 2-0 山梨学院

▲前半3分、佐賀東は敵陣でインターセプトしたMF中山がそのまま持ち込み、左足一閃。前回王者相手に強烈な先制パンチを見舞った

▶東福岡は予選決勝で負傷し、離脱していたDF段上が先発出場。「みんなのために戦うと決めていた」という主将は奮戦も涙の敗戦

大津 4
東福岡 0

▼ともにプレミアリーグWESTに所属する九州のライバル対決。前半10分にMF川口が先制ゴールを決めるなど大津が4得点で快勝

後半17分、前橋育英MF笠柳（J2長崎加入）が選手権初得点を喜ぶ。前橋育英は2試合合計10得点無失点で3回戦進出

前橋育英 6-0 三重

▲鹿島学園は前半40分、右クロスを受けたMF上野が「間髪入れずに撃てた」と右足で先制弾。4強入りした2008年度以来となる3回戦進出
▶高松商は県予選同様粘り強い守備を見せるも、初戦敗退。川原監督は「楽しい時間をありがとう、と選手に伝えた」

鹿島学園 2-0 高松商

宮崎日大 1
富山第一 0

◀出場2回目の宮崎日大が初勝利。後半33分、左FKからCB外山が頭でチームの全国初得点を決めて決着

◀富山第一はＭＦ中川がチャンスメイクするも無得点で敗戦。モンゴル代表監督に就任する大塚監督に白星を贈れなかった

静岡学園 1-0 近大和歌山

▲近大和歌山FW藤木（右）と静岡学園MF玄（J2徳島加入）が競り合う。近大和歌山は堅守速攻でチャンスも作った
◀静岡学園は後半26分、ボランチの位置からゴール前へ上がっていたMF小泉がターンしながら右足シュート。近大和歌山ゴールをこじ開けた

関東第一 0 [6 PK 5] 0 尚志

先 尚志		PK		関東第一
チェイス	○	1	×	堀井
佐藤	×	2	○	本間
小池	○	3	○	坂井
松本	○	4	○	藤井
草野	○	5	○	池田(健)
高橋	○	6	○	肥田野
新谷	×	7	○	矢端
布川		GK		笠島

▲PK方式7人目、関東第一GK笠島が足に当ててストップ。2本を止めた守護神の活躍で関東第一は初の3回戦進出
◀尚志は相手の堅い守備を破れず、無得点。総体、選手権ともに無失点だったが、いずれもPK方式で2回戦敗退

矢板中央 2 [3 PK 2] 2 米子北

先 米子北		PK		矢板中央
佐野	○	1	○	藤野
海老沼	○	2	×	大畑
橋本	×	3	○	片岡
小橋川	×	4	○	星
鈴木	×	5		
山田(陽)		GK		藤井

◀総体準優勝の米子北は後半40+1分に交代出場FW山田(楓)が執念の同点ゴール。PK方式へ持ち込んだが……

▶2年連続3位の矢板中央の堅守は健在。2人がかりで相手のクロスをブロックしようとする

矢板中央の日本高校選抜GK藤井が、PK方式で3人目から3本連続で止める離れ業。スタンドのチームメイトもガッツポーズ

前半16分、帝京長岡は右ロングスローからFW渡辺が右足ダイレクトでシュート。技ありの一撃でスコアを動かした

帝京長岡 3
神村学園 2

▶帝京長岡は2-1の後半18分にMF三宅が追加点。技術力、攻撃力の高い2チームによる好勝負を制した

▼神村学園のU-18日本代表FW福田は1得点1アシスト。2年生ストライカーは相手にとって怖い存在になっていたが、初戦で涙

▶ともに2年生で高体連を代表するレフティー、神村学園MF大迫（右）と帝京長岡MF廣井がマッチアップ

◀1-3の後半36分、神村学園は右CKからMF佐藤（J3今治加入）が頭でゴール。だが、あと1点届かなかった

▶帝京大可児はJ1湘南加入のMF鈴木（淳、右から4人目）を中心とした多彩な攻撃で日本一を目指したが、PK方式で敗退に

◀PK方式7人目、桐光学園GK吉田が渾身のシュートストップ。相手の攻撃力を上手く封じ、セットプレーの強さも示した桐光学園が3回戦へ

先 帝京大可児	PK	桐光学園
鈴木（淳） ○	1	○ 三原
熊澤 ○	2	○ 寺内
三品 ○	3	○ 馬場
宇都宮 ○	4	○ 米山
松永 ○	5	○ 山市
糸魚川 ○	6	○ 田中
日置 ×	7	○ 豊田
原	GK	吉田

桐光学園 ［7 PK 6］ 帝京大可児

▼仙台育英は３年連続出場のエースＦＷ佐藤が一人でシュート12本を放ち、２得点。５大会連続初戦突破を果たした
◀名門・滝川第二はエースＭＦ藤田を中心に、ボールを保持しながら主導権を握る戦いで４年ぶりに選手権出場

仙台育英 2 滝川第二 1

中国地方の強豪校同士の戦いは高川学園が逆転勝ち。決勝点のＦＷ中山がスタンドのチームメイトと喜ぶ

高川学園 2-1 岡山学芸館

東山 2-0 市立長野

▶被シュート１の東山が４度目の出場で初白星。福重監督は「真摯に初戦に向かってくれた」と選手たちを評価した
◀ポゼッションスタイルで初出場の市立長野は初戦敗退。積極的な攻撃参加も見せたＣＢ尾崎は「今後に活かしていきたい」と語った

◀長崎総科大附は前半途中にCB児玉主将が負傷交代するアクシデント。だが、代わりにキャプテンマークを巻いたCB原口（右端）が後半21分に決勝ヘッド

長崎総科大附 1-0 堀越

堀越は長崎総科大附のプレスを掻い潜りながらゴールを目指したが、無得点で2回戦敗退に

阪南大高 8-0 奈良育英

後半24分、阪南大高FW鈴木（J1湘南加入）が左足でこの日5得点目のゴール。柔剛兼備のエースが圧倒的な活躍でチームを3回戦へ導いた

青森山田 6-0 大社

◀総体王者の青森山田は後半13分、MF田澤がDFをかわして鮮やかなゴール。後半の6得点で夏冬連続日本一へのスタートを切った

▶大社はMF持田らスピードとテクニックを備えた攻撃陣がカウンターアタック。夏の王者に対抗した

3回戦
選手権

関東第一と東山が初の8強
前回から7校入れ替わり、連続8強は青森山田のみに

大津 3-1 佐賀東

前半28分、大津FW小林が先制の右足シュート。相手のクリアの乱れを逃さずにゴールへ結びつけた。大津は過去最高タイの8強入り

後半31分、佐賀東はMF森田が身体を張ってシュートを決める。県予選から全試合無失点の大津から1点をもぎ取った

▼鹿島学園は試合終了間際の失点で惜敗。それでも、2年生のMF林やMF櫻井が攻撃力を示し、鈴木監督は「来年にも繋がる」

▶前橋育英は右SB大竹が2得点を演出。出場停止や怪我人の影響で初戦から先発のチャンスを得たDFが活躍

◀前橋育英は前半終了直前から緊急出場のFW高足が2得点。身長158㎝と小柄だが、山田監督が「予測する力がある」という武器を発揮した

前橋育英 2-1 鹿島学園

前半32分、MF古川（J1磐田加入）が絶妙な切り返しでDFをかわしてゴール。圧倒的なテクニックを見せつけた10番を中心に静岡学園は前半だけで6得点

静岡学園 8
宮崎日大 0

▶静岡学園は初先発のMF川谷（J1清水加入、左）が2得点。覚悟をもってプレーし、縦突破など特長を発揮した
◀2年生の大型レフティー、宮崎日大MF芥川が左足シュート。強豪との一戦で学んだものを今後に活かす

関東第一は後半38分にFW本間が決勝点。2年連続3位の矢板中央を破って初の準々決勝進出

関東第一 3-2 矢板中央

▲小野監督から「タフなスタイルに屈しないようにすること」と助言されていた関東第一が集中した守備
▼矢板中央はCB島崎のPKなどで2度追い付くも惜敗。4度阻まれている準決勝突破、初優勝の夢は後輩たちに

3回戦 選手権

◀桐光学園MF山市（左）は前半7分の警告で次戦出場停止に。だが､責任感をもって最後までハードワーク。9年ぶりの8強入りに貢献した

▲2年連続3位の帝京長岡は3回戦敗退。CB松村（J1湘南加入、右端）は左膝の手術、長期離脱から復帰し、仲間とともに2試合を戦った

先 桐光学園	PK	帝京長岡
三原 ○	1	○ 松村
寺内 ○	2	× 三宅
馬場 ○	3	○ 根本
米山 ○	4	○ 佐々木
山市 ○	5	
吉田	GK	佐藤

桐光学園 ｜［5 PK 3］｜ 帝京長岡

▲桐光学園がPK方式を制して準々決勝進出。殊勲のGK吉田を中心に選手たちが喜びを爆発させた

高川学園 1 仙台育英 0

▶高川学園の左SB山崎は負傷欠場のDF奥野主将に代わって初戦から先発出場を続け、正確な左足キックなどで穴を埋めた
▼高川学園は後半40+3分、「（江本）監督からは1点ぶち込んでこいとだけ言われた」という交代出場MF西澤（14番）がファーストタッチで決勝点

▲仙台育英はMF島野ら1年時から選手権を経験している選手の多かった世代。城福監督は次の世代に「濃密な正確性」を求めた

▼東山の2年生MF真田がプレッシャーを受けながらボールキープ。縦に速い相手に良さを出させなかった

▲長崎総科大附のCB児玉主将（5番）は「サッカー以外のところも多く学んだ」と語り、3年間に感謝

東山　3
長崎総科大附　0

▶後半39分、ＦＷ藤枝がこの日２得点目。３年生が活躍した東山が総体に続く準々決勝進出

青森山田から１点を挙げた阪南大高ＦＷ鈴木主将（右）が青森山田ＭＦ松木主将に全国制覇の夢を託す

前半、阪南大高MF櫻井のシュートがゴールを襲う。力強いサッカーで総体王者を苦しめたが、3回戦敗退となった

青森山田　3
阪南大高　1

青森山田は決勝までの５試合の被シュート数は計16。うち９本を阪南大高に撃たれたが、ＧＫ沼田を中心にリードを許さなかった

準々決勝
選手権

8強決戦は全て接戦
大津と関東第一が初、高川学園は14年ぶりの準決勝進出

▲前半11分、大津はワンツーで抜け出したFW一村が右足で決勝点。大津は4度目の準々決勝挑戦で初のベスト4進出
◀1-0で試合終了。前橋育英の猛反撃を凌いだ大津GK佐藤（瑠）がピッチで仰向けになって「やった！」
▶前橋育英は後半18分、怪我明けで出場時間限定の岡本（J2群馬加入）を左SBに投入。攻撃に厚みを加えたが、最後まで1点が遠かった

大津の技巧派MF田原（右）と前橋育英の司令塔・MF徳永の両2年生が激しいマッチアップ

大津	1
前橋育英	0

CB桑子は小学生の頃から憧れてきた前橋育英で主将を全う。後輩たちに国立競技場の景色を見せられなかったことを悔しがった

関東第一 [4 PK 3] 静岡学園

▼静岡学園は後半20分、左クロスをFW持山が頭で落とし、MF小泉が今大会3得点目となるゴールを決めて先制

▲後半40分、関東第一は左サイドを突破したMF日下のクロスを大外のFW坂井が押し込み、同点。PK方式へ持ち込んだ

◀静岡学園はFW松永（右）らが計18本のシュート。だが、CB池田（健、中央）中心に耐える関東第一から2点目を奪えず

▶PK方式2人目、関東第一GK笠島が見事にストップ。「（PKは）楽しんだもの勝ち」という守護神がチームを勝利へ導いた

先 静岡学園	PK	関東第一
伊東 ○	1	○ 堀井
古川 ×	2	○ 日下
西村 ×	3	× 坂井
野村 ○	4	○ 藤井
持山 ○	5	○ 池田(健)
生嶋	GK	笠島

◀Jクラブ内定4選手を擁した静岡学園は準々決勝敗退。GK生嶋主将は仲間に励まされながら挨拶へ

我慢の時間が続いた関東第一だが、徹底した守備と速攻、そしてPK方式での強さによって初の準決勝進出

準々決勝 選手権

桐光学園は出場停止のMF山市主将に代わってキャプテンマークを巻いたFW三原が強気の仕掛けを連発

後半15分、高川学園は得意のセットプレーから先制点。右CKのクリアを投入直後の“持っている男”MF西澤が押し込み、2試合連続ゴール

高川学園 1-0 桐光学園

▲高川学園は2007年以来14年ぶりの準決勝進出。団結力や自分たちから行動できる力が躍進の要因になった
◀前半35分、高川学園GK徳若がスルーパスで抜け出してきた相手FWのシュートをストップ。守護神は好守を連発し、無失点勝利
▼桐光学園は惜しくも準々決勝敗退。鈴木監督は「最後は団結して素晴らしいチームになった」と称えていた

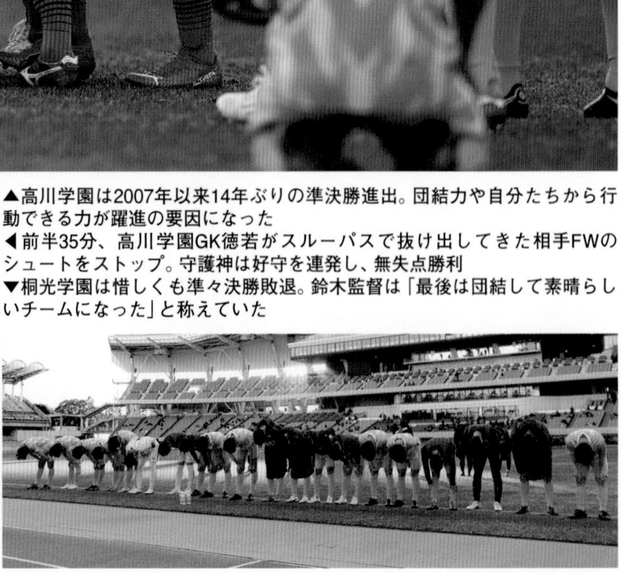

▲前半40+2分、青森山田は相手ハンドで獲得したPKをMF松木が左足で決めて同点。GKに反応されたが、「気持ちで入ったゴール」
▼東山の2年生MF阪田は鋭い縦突破で相手の脅威に。総体での青森山田戦後に仕掛ける意識を高め、練習してきた成果を発揮

▶青森山田の黒田監督（左）と東山・福重監督は大阪体育大学時代の同級生。総体に続く準々決勝での対戦は再び青森山田が勝利

青森山田 2
東山 1

▲青森山田は後半13分、右ロングスローからFW渡邊（星）が決勝点。「きょうは絶対にオマエに来るから」という黒田監督の言葉を信じて戦い、ゴールを引き寄せた

◀前半16分、東山は左クロスをファーサイドのDF夘田が先制ヘッド。気持ちのこもった一撃でチームを盛り上げた
▼東山は総体準々決勝で青森山田に2-5で敗戦。素早いプレッシャー、球際の強度など夏からの成長を示したが、惜敗に終わった

第100回 全国高校サッカー選手権大会

100th ALL JAPAN HIGH SCHOOL SOCCER TOURNAMENT

全国3937校から100回大会に進出した 全48代表

優勝 青森山田 総

❶青森県❷27回目❸黒田剛❹黒田剛❺松木玖生
❻沼田晃季、大戸太陽、中山竜之介、三輪椋平、丸山大和、宇野禅斗、小原由敬、本田真斗、名須川真光、松木玖生、藤森颯太、鈴木尋、福田南波、小野暉、田中栄勢、田澤夢積、渡邊星来、小湊絆、阿部秀哉、寺田律稀、渡邊来依、三橋春希、相原エリキ真二、西脇虎太郎、秋元泰喜、小林康人、笹生幸利、齋藤隆仁、石井新大、代田昂大

準優勝 大津 総

❶熊本県❷18回目❸山城朋大❹山城朋大❺森田大智
❻佐藤瑠星、和田理央、日髙華杜、川副泰樹、寺岡潤一郎、薬師田澪、川口敦史、碇明日麻、小林俊瑛、森田大智、一村聖連、岩本昌大郎、佐藤歩夢、田原瑠衣、宮川央佑、毛利優太、農祥英、上塚蓮、高畑涼、山下基成、西星哉、大和田空、坂田東梧、梅木耀司、浅野力愛、野田翔升、日置陽人、稲田翼、田辺幸久、南大童

3位 高川学園 総

❶山口県❷27回目❸江本孝❹河村直樹❺奥野奨太
❻田代湧二、田島黎門、加藤寛人、山本陽、桑原豪、藤井蒼斗、村上一颯、北健志郎、中山桂吾、林晴己、林良真、小澤颯太、奥野奨太、西澤和哉、那須太陽、山崎陽大、徳若碧都、中村一輝、藤岡大誠、山本吟侍、福島真斗、梅田彪翔、奥純人、岡田大生、伊藤氷麗、髙鍋冴我、岡崎海吏、岡楓太、武藤尋斗、江﨑透吾

3位表彰式に出席できなかった関東第一は、2月7日に母校において表彰セレモニーが行われた

3位 関東第一

❶東京都B❷4回目❸小野貴裕❹小野貴裕❺池田健人
❻笠島李月、川口颯大、矢端虎聖、池田健人、湯田欧雅、堀井榛人、藤井日向、若松歩、本間凜、肥田野蓮治、坂井航太、小谷旺嗣、林尚樹、神山寛尚、日野塁、川村瑞樹、遠田凌、平形京太、山戸建太朗、土屋一晟、白銀洋次郎、熊田龍輝、日下空、鹿岡翔和、池田歩柊、倉持耀、岩楯雅之、下田凌嘉、佐藤亜樹、有吉航希

北海

❶北海道❷11回目❸島谷制勝❹増田裕樹❺伊藤麗生
❻伊藤麗生、谷口隼、大友孝介、金田凪斗、渡辺大翔、佐々木魁士、川﨑啓史、長谷川悠翔、佐々木遥士、桜庭平良、笹森洸成、松永悠生、大森晴喜、西椋弥、板垣大地、佐々木潤世、神宮快哉、田中準人、川村奎介、川合航世、小野寺信、浦瑠星、星虎太郎、武笠健次郎、中村隼成、栗塚優丞、野村光希、千葉大雅、中村心、山口竜紫

専大北上 総

❶岩手県❷2回目❸小原昭弘❹八重樫良❺吉武皇雅
❻及川康生、藤原清人、中川廉士、伊藤羽琉、鎌田悠生、阿部翔輝、鳥谷部修平、小原希琉、佐藤裕翔、吉武皇雅、斎藤叶羽、高橋叶夢、高橋瑠、佐伯翔斗、葛西創太、川上泰正、野村明史、工藤青、名久井悠希、金田遼平、阿見真叶、金子優斗、金田琳乃介、八重樫祐介、高橋珠成、菊池涼太、菊池湧太、菊池弥陽、小原多貴、鈴木千翔

❶地区　❷出場回数　❸監督　❹引率教員　❺主将　❻登録選手名（背番号順）　※校名横に「総」マークがある高校は夏の総体出場校

秋田商業

❶秋田県❷46回目❸小林克❹小林克❺中野宏宣
❻佐藤秀人、船川充希、木内翼、鈴木悠太、相場駿汰、有泉楓馬、高嶋綾斗、吉村隆助、川辺瑞輝、中野宏宣、近野宙安、柿﨑健太、齋藤心護、光田楽生、柳村奈祐太、櫻庭瑠生、泉海斗、米谷海、畑村匠毅、飯田優陽、齋藤楓真、長谷川悠真、石田聖真、鈴木千夏、竹内立、佐藤大徳、佐藤文太、後藤楓太、大山琉希、北林遥

羽黒

❶山形県❷8回目❸本街直樹❹本街直樹❺岩村光晟
❻渡辺賢斗、越前谷公哉、阿毛尊琉、佐藤遼也、岩村光晟、田中美登、足達健太、小玉翔太、吉波胤希、吉田真、佐藤聡汰郎、金内悠依、半田陸、荒井晴太、市原大斗、荒木禅、小西謙吾、吉田篤史、瀬戸遥太、成田藍士、梅野晃成、稲葉皓己、奥山拳生、高橋大和、池田彩夢、堀江葵斗、五十嵐元希、秋山風音、土田光希、友野晃伸

仙台育英 総

❶宮城県❷36回目❸城福敬❹笹原義巳❺島野怜
❻落合孝昭、藤川修吾、石田隼也、大塚俊輝、松井大翔、大久保太陽、明石海月、村井創哉、佐藤遼、島野怜、染野優輝、酒井樹、笹谷光成、松本銀士、佐藤裕、小林純太、浅野壘、面田淩、齋藤百玖、海老原翔、亀山龍平、多胡翼、菅原天陽、安藤誠哲、野村竜瑚、小坂城太郎、佐藤晴、平良祐真、渡邊吏玖、古本追風

尚志 総

❶福島県❷12回目❸仲村浩二❹梅津知巳❺松本勇斗
❻鮎澤太陽、出田海瀬、入澤新大、安江海ラウル、高橋翔大、松本勇斗、新谷一真、齋藤幹太、村上力己、松尾春希、鈴木彪馬、原田史葉、本田陸、半谷一太、鈴木大翔、布川陽大、小池悠斗、黒瀬舜、草野太貴、チェイス アンリ、田中然、山田一景、佐藤利明、岡野楽央、市川航多、中森拓海、滝田遥人、市川和弥、高瀬大也、鈴木虎太郎

鹿島学園 総

❶茨城県❷10回目❸鈴木雅人❹石川秋彦❺渕伸平
❻小副川虎之介、高井将太、杉山諒、佐々木輝大、渕伸平、櫻井稜、横須賀麗仁、林結人、山口永遠、鈴木仁也、松村尚樹、竹本悠人、妹尾俊兵、平井飛雄虎、上原悠平、西川竜瑛、上野光永、中嶋飛翔、木滝裕次郎、森龍ノ介、木村和輝、牧之瀬颯太、坂井大樹、秋山聖人、萩原駆、髙橋寛介、高田謙司、玉川颯太、石塚大地アントニオ、池田協市

前橋育英 総

❶群馬県❷24回目❸山田耕介❹櫻井勉❺桑子流空
❻渡部堅蔵、岡本一真、徳永崇人、桑子流空、柳生将太、岩立祥汰、根津元輝、鈴木太智、守屋練太郎、笠柳翼、渡辺亮平、吉野政仁、鈴木楽維夢、徳永涼、野本京佑、秦英志、大竹駿、若林大翔、中村旭希、池田風真、雨野颯真、武田倭門、小池直矢、高足善、小松幹汰、宮島大貴、江守駿人、早川凌介、近藤征也、杉山陽太

矢板中央 総

①栃木県②12回目③高橋健二④金子文三⑤藤井陽登
⑥藤井陽登、小出勇翔、森山駿、島﨑勝也、畑岡知樹、田邉海斗、大畑凜生、唐橋玖生、藤野和哉、星景虎、林廉斗、羽渕莉人、太田爽志、片岡駿太、山越結平、柴田玲樹、黒澤光成、柏木康介、井上拓実、小森雄斗、松岡優斗、佐藤悠汰、宮川雄大、高橋海斗、勝田大晴、久野木力丸、若松優大、木村匠汰、長田皐汰、上野豊季

西武台

①埼玉県②4回目③守屋保④黒岩宏明⑤原田蓮斗
⑥淺沼李空、武田蒼平、安木颯汰、長谷川智紀、原田蓮斗、武笠隼季、和田力也、丸山実紀、細田優陽、市川遥人、松原海斗、中嶋望、川口太誠、吉野光、河合陸玖、岡田瑞生、福沢安莉、山本匠馬、岡響己、武笠修也、三輪修平、齋藤優輝、比留間翔悟、松尾竜維、金原空良、永山泰希、風間裕貴、大畑航也、柿崎将希、西村航

流経大柏 総

①千葉県②7回目③榎本雅大④斉藤礼音⑤渋谷諒太
⑥デューフエマニエル凛太朗、大川佳風、萩原聖也、岡本亮太郎、田口空我、山﨑楽久、渋谷諒太、小林恭太、川畑優翔、松本洋汰、石川裕雅、橋本清太郎、西岡亮哉、堀川大夢、竹原伸、都築駿太、伊藤孝将、清水蒼太朗、石川陽立、中山詠人、小西脩斗、高足龍、日高由翔、平井淳貴、大澤亜玖李、廣谷瑠己、中村大翔、今井祐樹、新保柊祐、笠松良緒

堀越

①東京都A②4回目③佐藤実④小沢尚⑤宇田川瑛琉
⑥菅野颯人、久保木舜稀、髙尾祐吏、渡部美紗哉、宇田川侑潤、宇田川瑛琉、東舘大翔、日隠ナシュ大士、青木詩童、古澤希竜、伊東來、野中慧太、原口和、山口輝星、中村ルイジ、五十嵐悠、吉年穣、中村健太、髙谷遼太、吉荒開仁、吉富柊人、笹川陽、市川星空、小林宏太、内田凜、越智勇人、水沼太陽、水沼空輝、塚原拓哉、荒畑創哉

桐光学園

①神奈川県②12回目③鈴木勝大④鈴木勝大⑤山市秀翔
⑥吉田優翔、米山悠葵、寺内倖大、川角歓紀、馬場拓己、豊田怜央、山市秀翔、岩根裕哉、田中英泰、三原快斗、ベイリージャスティン勇誠、斉藤凌玖、野頼駿介、粟江晟、志賀弘武、鹿取勇斗、渡辺勇樹、松田悠世、坂本輝、小島人歩、鴨下颯人、阿部慈、川村優介、平田翔之介、羽田野紘矢、小西碧波、峯岸慧、川口泰翔、小柳涼、山田啓太

山梨学院

①山梨県②8回目③長谷川大④横森巧⑤谷口航大
⑥山田海人、小川玲、溝口慶人、保坂好寿、柴田元、谷口航大、長島大翔、佐藤柊椰、茂木秀人イファイン、大島悠斗、﨑山亮、星野悠介、小林士恩、石川隼大、吉本堅翔、菅原斗聖、佐川太一、山口宇汰、佐竹祥太、小島慈央、吉久隆宏、井上瞳哉、磯﨑勇玖、石井里杏、海野諒太、小林練、川崎龍健、八木貴裕、小棚木蒼大、栃尾瞭太

❶地区 ❷出場回数 ❸監督 ❹引率教員 ❺主将 ❻登録選手名（背番号順） ※校名横に「総」マークがある高校は夏の総体出場校

帝京長岡

❶新潟県❷9回目❸古沢徹❹谷口哲朗❺三宅凌太郎
❻佐藤安悟、佐々木奈琉、松本大地、桑原航太、笠井冠晟、武原幸之介、廣井蘭人、岡村空、渡辺祐人、三宅凌太郎、松山北斗、小川航汰、五十嵐丈一郎、松村晟怜、川村千太、森健太朗、永井就斗、土門遥斗、廣瀬史也、内山開翔、斯波佑太、堀颯汰、松岡涼空、山本貫太、中村太一、山村朔冬、根本龍成、水野響、瀧本梓恩、畑遼河

富山第一

❶富山県❷32回目❸大塚一朗❹柳野年秀❺渡邊快誠
❻堀口裕太、深井仁、岡本晃輝、能浦大嬉、湯川信治、藤堂碧人、井口大樹、吉田圭佑、杉本和真、中川晟、網谷飛来、京極翔矢、橋本紘、及川元太郎、片山大治郎、入江航輝、大井優太郎、高木克徳、石田吏玖、大矢悠太郎、辰島尚悟、渡邊快誠、高田晟吾、大野楓生、大川翔夢、山崎怜、平野稜大、本庄輝良、坂越一平、鍛治悠真

市立長野

❶長野県❷初出場❸芦田徹❹西澤孝洋❺尾崎裕人
❻太田海星、山﨑瞳真、田中清晴、落合乃安、尾崎裕人、藤沢勝理、藤田恭弥、木下武蔵、常田陸、橋本泰知、中里隼希、高橋昴之介、高橋亨太、吉谷遥輝、成澤慧、堤己人、和田希平、中澤蒼太郎、関日向、太田賢次朗、赤沼晃勇、森山紋夢、前田拓磨、金子太一、勝山壱生、石川大翔、岡村海里、若林愛斗、垣崎隼佑、松下陸大

星稜 総

❶石川県❷30回目❸河合伸幸❹長谷川昂❺中村実月
❻山内友登、石田達己、井上陽向大、山田凌平、中村実月、戸川期雄、板橋由悟、前田一勇、伊藤大雅、岡田伯斗、山崎陸成、河合伸悟、山下陸、髙橋鴻太、岡田昂芽、福島元基、田中勇輝、中尾海世、前出悠杜、加藤夕暉、黒田大翔、小石祐也、東晃大、平良大研、堀口悠人、岡崎龍也、野口航汰、大戸翔矢、宮村広、アッシィ ニュートン光明

丸岡 総

❶福井県❷32回目❸小阪康弘❹高倉泰希❺横山潤成
❻田邊満記、木戸太陽、兀橋斗羅、山田健太、東出来輝、徳山港音、横山潤成、明間歩、山次鴻史朗、小関晴人、佐藤流星、水口善都、徳川留野、伊藤大貴、岡俊樹、奥村洋武、清水唯太、渡辺祥気、小野木仁、北隼弥、吉田龍之介、名倉洸悠、鷲見琉希、永田俊介、西本龍斗、稲村宥真、三村太雅、酒井優汰、守山和音、池田洸

静岡学園 総

❶静岡県❷13回目❸川口修❹川口修❺生嶋健太郎
❻生嶋健太郎、三宅優翔、行徳瑛、伊東進之輔、菊池柊哉、小泉龍之介、清水和馬、玄理吾、持山匡佑、古川陽介、川谷凪、荒井駿希、野村海翔、西村湧志、白井柚希、髙橋隆大、古館幸真、田島大夢、松永颯汰、栗山諒、竹内偉乙、齋藤翔大、片桐浩平、谷川宗士、中村圭佑、神田奏真、谷岡拓、森下蒼大、保竹駿斗、栗原耕平

中部大第一

①愛知県②初出場③伊藤裕二④小林祐介⑤大嶽匠矢

⑥下村駿季、井上皓太、松井晴飛、蜷川怜恩、北村昌樹、成瀬薫、井川愛騎、利田敬介、早河恭哉、大嶽匠矢、中嶋晃成、片岡隼輔、加藤豪司、松下拓磨、中村元、室山颯矢、小林昇永、百々亮雅、木村美斗、尾関圭飛、下村春翔、青木晴飛、増田隆伍、伊藤竜哉、小木曽桜也、今井暉人、塩川彩人、柴田楓生、小牧杏太郎、苅谷碧斗

帝京大可児

①岐阜県②8回目③仲井正剛④川村真太朗⑤関駿太郎

⑥原幸大、熊澤伶、細野斗亜、糸魚川侃太郎、原田逸希、松本翔暉、関駿太郎、鈴木淳之介、松永悠碁、三品直哉、宮内俊輔、兼松龍玖、大西歩己、永井斗梧、小島清太郎、西尾柳紀、佐合直太朗、鈴木理貴、長谷部希星、日置大翔、小林昂太郎、稲垣遼大、安藤虎二郎、宇都宮司、猪俣唯人、棚橋奎斗、土屋悠弥、吉兼伶真、増井俊介、堀内祥暉

三重 総

①三重県②2回目③徳地俊彦④中川靖之⑤吉良元希

⑥田端亮雅、黒田響平、郭原夏輝、屋根内陽光、藤本航太朗、野呂航正、達村健斗、齊藤琉矢、浅井勇飛、吉良元希、竹松純心、後藤崇互、世古千颯、北岡勇輝、村上展太、山本虎雅、大地山開、大坪蒼和、小野尾大吾、奥西哉太、橋爪翔愛、草野陸人、角谷太一、井上晃雅、都築愛翔、尾平暖人、生駒壮汰、眞嶋健登、森本倫気、安濃颯眞

草津東

①滋賀県②12回目③牛場哲郎④竹中陽祐⑤石徳柊弥

⑥石徳柊弥、西川裕、佐藤潤弥、篠原優太、松村斗吾、大橋陸人、杉本大翔、上原壮、松田大知、田中将大郎、藤田大地、谷口景亮、西村海希、廣澤匠海、岡村真悟、竹下蓮人、木塚友裕、権田英史朗、末廣樹、河合勇徳、西野勇太、渡邉良、河野晟也、伊藤翔汰、寺川広人、山本知寛、四方田匠、須永虎佑、小楠聡太、村田陽

東山 総

①京都府②4回目③福重良一④中原大亮⑤木下慶

⑥佐藤瑞起、井上蒼太、石原麟太朗、新谷陸斗、夘田大揮、真田蓮司、阪田澪哉、松橋啓太、李隆志、藤枝康佑、田中寿宗、仲里勇真、石井亜錬、木下慶、森澤快斗、林祥吾、中条俊介、北村圭司朗、上田幸輝、中野翔真、牧純哉、芦谷斗亜、下谷汐苑、濱瀬楽維、大森樹、岩渕大晴、中井創太、北田侑也、伊東玲、上林一山

奈良育英

①奈良県②14回目③梶村卓④鈴井浩一⑤千田陽介

⑥吉留匠輝、千田陽介、瀧陽向、岡橋達希、三間龍之介、林汰甫、吉村駿輝、村田恵達、栂井相希、岡本大生、桝田琉、伊藤圭介、古結優希、山尾星翔、丸石政宗、久代和夢、小坂亮汰、田中秀征、武井琢実、阪本大、大西陽太、神野貴良人、瀧川笑玄、西尾駿、山田麻人、濱上大輝、磯貝新之助、藤岡仙太郎、東口歩生、三好風輝

❶地区　❷出場回数　❸監督　❹引率教員　❺主将　❻登録選手名（背番号順）　※校名横に「総」マークがある高校は夏の総体出場校

近大和歌山

❶和歌山県❷8回目❸藪真啓❹藪真啓❺荒木宏心
❻後迫海吏、森本一平、長瀬雄飛、荒木宏心、澤一翔、石垣諒大、田井寛務、畑下葵、藤木皇成、北藤廉、谷口金太郎、伊藤響、平松由成、木津拓己、明山仁、小堀遥斗、加茂剛、湯川皓平、吉村颯太、九鬼周太郎、井上空、國分祥汰、阿児啓汰、川端啓太、神田仰、尾藤瑠偉、川口大翔、秦悠之、小畑圭吾、中井大和

阪南大高 総

❶大阪府❷2回目❸濱田豪❹濱田豪❺鈴木章斗
❻山形慈温、津田和貴、稲場塁、櫻本亜依万、西田祐悟、稲垣大耀、保田成琉、宮崎悠大、鈴木章斗、櫻井文陽、今西一志、松本健汰、辻翔真、鮎川岳叶、菊川泰河、小倉颯太、石川己純、田中大翔、松本楓悟、茅野裕太、永田涼、大野秀斗、矢田幸慈、藤井樹、辰巳悠河、池久保絢斗、石谷尚太郎、脇田大和、石井大貴、今村真也

滝川第二

❶兵庫県❷21回目❸亀谷誠❹廣瀬貴規❺藤田仁朗
❻多田健司、黒井海舟、島田爽吾、黒田蒼介、石原巨雅、倉内晴久、元津潤哉、神谷友騰、相原禎汰、藤田仁朗、田中璃亜夢、阪本圭裕、粟飯原涼、川島郁哉、川崎拓、中村武蔵、岸留生、多田柊史、寺田健人、杉本翔太朗、高橋大和、亀井大和、平岩航汰、吉田航大、佐藤颯介、寺阪蒼空、山本宗汰、池田雄哉、西村禮、中山荘太

米子北 総

❶鳥取県❷17回目❸中村真吾❹城市徳之❺鈴木慎之介
❻西山飛源、渡部颯斗、鈴木慎之介、牧野零央、海老沼慶士、野田徹生、木村愛斗、山中奨、福田秀人、佐野航大、片山颯人、小橋川海斗、飯島巧貴、中井唯斗、原佳太朗、橋本淳史、山田陽介、倉田大雅、青戸幸輝、上原颯太、才木享明、栗原優弥、岸本怜緒、佐藤伶、長谷川隼、城定瑛大、山田楓元、庄司拓矢、野口拓海、丸幸範

大社

❶島根県❷11回目❸後長直樹❹後長直樹❺角凌太
❻栗原拓也、星野佑月、宮下大貴、休場陽大、濱本日向、梶田蓮、高月昂希、角凌太、島貫心、持田優輝、廣戸蒼大、永島照未、松本圭司、和田拓弥、井上陽登、静間恒星、神手プラナヤマ晃明、加納陸、大菅快、妹尾将史、足立輝太、大野寛人、有富達哉、板垣秀哉、山岡楽太郎、栗栖伊吹、岩田凌太、児玉晴、野津瑠星、天野力太郎

瀬戸内 総

❶広島県❷2回目❸田中健二郎❹田中健二郎❺梁俊虎
❻大木泰季、伯野航太、有吉勇人、松浦隆介、平山歩夢、正法地大、長谷川大貴、越田陽輝、澤田佳憲、佐野竜眞、梁俊虎、池田伊織、高橋隼士、江川楓、板垣爽卯太、前田壮介、川本琉聖、野上凌雅、川本乃也、浦岡龍之介、西浦弘汰、岩垂翼、西川凜、柳楽圭司、魚谷晃希、松本歩通、山下泰生、田中大輝、風呂迫恵人、大竹竜太

岡山学芸館 総

①岡山県②4回目③高原良明④金田泰弘⑤山岡亮太
⑥寺島紳太朗、岡野幹大、井上斗嵩、小池春輝、坂田陸、木村匡吾、竹川奏、岡本温叶、今井拓人、山岡亮太、山田蒼、難波晴貴、寺脇琉生、田中壱晟、福井槙、竹田侑生、檀野世那、森柊真、小野大輝、平田大也、中尾誉、中野相大、中村天飛、田口裕真、塩見烈矢、三並凜、上田蓮、門谷岬、熱田大真、矢野晃

高松商業

①香川県②24回目③川原寅之亮④川原寅之亮⑤佐藤海七多
⑥西本海志、佐藤海七多、浅井七瑠、多田優、山内勇聖、喜田隼麻、浜浦開司、與田拓海、山下知記、枝池秀太、鈴木康生、伊東莉希、片岡暁彦、鍋島愛翔、高畑快吏、堤颯真、髙木晴哉、秋山慧汰、小野俊輔、百々歩夢、神騎士、松田海翔、前川尚生、安江拓叶、市原立暉、青木鷹飛、小橋陽斗、谷優作、柴村泰颺、広瀬光希

今治東

①愛媛県②2回目③谷謙吾④森山祐之朗⑤石山瑛
⑥藤原陸、矢野宏汰、竹内海人、石山瑛、大森翔貴、越智小次郎、高須賀陽斗、佐伯柊二、高橋周斗、十亀良幸、三好憂、矢野晴太郎、今井澪斗、白川虎太郎、蔦田大翔、岡本海人、加地誉志輝、市川栞安、中本康貴、大荒陽平、矢野響、赤星来智、上田史詠、小松相太、近藤大和、濱川将磨、高市律己、近藤利羽、田坂晃雅、三好康介

徳島商業

①徳島県②40回目③小西健太④伊原直宏⑤増田太陽
⑥登大也、河野修斗、増田太陽、森輝記、湯浅成翔、作本幸之助、吉岡直人、大坪永遠、高岸快冬、小山優真、守岡樹希也、中川太翔、冨士村優、高橋歩夢、高原颯太、笹津陵、勇亮輔、佐藤稜真、竹下悠翔、作本幸政、加集尊、新開泰人、鈴江康平、以西悠斗、谷澤海吏、荒木瑠偉、佐々木心、朝日奈楓汰、住友快成、岡本楓音

高知

①高知県②17回目③大坪裕典④細谷尚史⑤松井匠
⑥大阪騎士、橋本拓実、杉本斗季哉、松岡洸成、谷日向太、川竹智希、笹岡翼、池畠健太、浪上博嗣、松井匠、西田慎太郎、田中聖久、伊藤蒼空、角田颯磨、刈谷京翔、東大稀、西本翔馬、南部翔太、神谷昂成、松井貫太、森紺、大久保天満、尼崎幸誠、山本愁斗、今村友哉、市川快人、高尾裕生、村田楓芽、濱口達也、山中充樹

東福岡

①福岡県②22回目③森重潤也④渡邊剛⑤段上直樹
⑥田中裕康、園田桐志、辻耕大、段上直樹、前田稜太、向井貴都、楢崎海碧、椋野魁斗、佐川玲史、衛藤遥希、中原優心、江本千泰、篠田純之助、須田純弥、田中大輝、浦十藏、大渕来珠、下川翔世、川原陸登、林和喜、伊東颯音、大石青空、榊原寛太、吉田大晃、戸成晃大、堺祐斗、山下裕太郎、鈴木亜門、西田頼、安藤隼太

❶地区 ❷出場回数 ❸監督 ❹引率教員 ❺主将 ❻登録選手名（背番号順） ※校名横に「総」マークがある高校は夏の総体出場校

佐賀東 総

①佐賀県②12回目③蒲原晶昭④杠美津司⑤森田悠斗
⑥松雪翔吾、平川周汰、宝納拓斗、仁田尾颯真、坂本空雅、山内創太、中山琉稀、森田悠斗、溝口貴也、吉田陣平、川原一太、牧瀬和也、石橋拓磨、小島琉生、小嶋悠央、上村新陽、高山さくら、國武幸太郎、永薗大地、吉田徹心、西川葵翔、國武優太郎、宮川昇太、江口恭平、岡石圭生、関絢心、林陸斗、濱口天聖、八木勇大、森田裕斗

中津東

①大分県②5回目③首藤啓文④吉武晋作⑤村本輝
⑥石川由覇、門田自生、梅津瑠暉、村本輝、高松大翔、中島柊、南周哉、今池宙斗、太田華憂、国広雄陽、吉岡流星、友松健太、鳴海桂大、川口航平、岩波大夢、佐藤愛大、畑田堅伸、岡本陸、今村蓮、川口勇騎、髙倉左京、菅川青空、山嵜匠己、松永拓也、恵美憩太、中壽賀寛大、井上太陽、富永駿、岩男柊人、大友尋平

宮崎日大

①宮崎県②2回目③朝倉大志④吉行亮太⑤羽間友基
⑥羽間友基、前田隼磨、石川大翔、外山将大、木田陽翔、関本大真、兼本夢歩、渡辺凜紅、四本真輝、芥川蘭丸、和田俊星、栢木剛洋、野村皐月、甲斐功詩、小野湊世、藤木良次、阿萬皓平、松添隼大、宝徳晃世、山内靖琉、若松快英、沢田桜太、白水朔良、寺岡翔空、鶯田丈虎、三輪育幹、齋藤達樹、山中秀斗、古田智樹、日髙凜

長崎総科大附 総

①長崎県②8回目③小嶺忠敏④定方敏和⑤児玉勇翔
⑥亀井一起、淺見歓太、京谷來夢、原口玖星、児玉勇翔、大谷幸希、芦高佑、竹田天馬、牧田陽太、別府史雅、西岡紫音、片倉健太、石山風吹、甲斐龍太郎、高良陸斗、大門凜、木本佑星、城間琳、深町綾我、山下竣介、山口海翔、平山零音、徳田壮馬、佐藤海斗、永田樹、甲斐智也、福島文輝、宇土空汚、筒口優春、下田龍久翔

神村学園 総

①鹿児島県②9回目③有村圭一郎④柏野裕一⑤抜水昂太
⑥前納侑世、中俣硫華、丸山遼人、大坪十維、前原慶維、比良柊斗、抜水昂太、佐藤璃樹、若水風飛、畠中健心、篠原駿太、西丸道人、福田師王、大迫壘、笠置潤、片山捷真、奥滉貴、山元陸未、永原大夢、黒木春風、高倉太朗、大川翔、前田來輝、末吉温人、椎野七音、有馬昇永、上地蓮、平木駿、田中惇、橋之浦陽

西原

①沖縄県②4回目③玉城真哉④玉城真哉⑤玉城俊輔
⑥仲村太希、安里優来、知花昭平、比嘉亮介、玉城俊輔、中本耕、池原青海、重田統哉、八幡華修、山田涼太、大宜見悠斗、仲松咲明、江田琉岳、上里崚賀、座覇駿、呉屋彰乙、宮城聖吾、平良琉葵、石原槙之助、大城嵐志、兼島遼、儀保秀斗、崎原勲士、津山智大郎、喜納大輝、親富祖政二、古謝秀咲、宇座涼太、上田ゆん、嘉納士恩

100th ANNIVERSARY

第100回 全国高校サッカー選手権大会

優秀選手37名

選考:公益財団法人全国高等学校体育連盟サッカー専門部技術委員会

100th ALL JAPAN HIGH SCHOOL SOCCER TOURNAMENT

MF

松木《マツキ》玖生《クリュウ》
青森山田/3年

宇野《ウノ》禅斗《ゼント》
青森山田/3年

MF

山市秀翔《ヤマイチ シュウト》

桐光学園／3年

玄理吾《ヒョン リオ》

静岡学園／3年

森田大智《モリタ ダイチ》

大津／3年

笠柳翼《カサヤナギ ツバサ》

前橋育英／3年

鈴木淳之介《スズキ ジュンノスケ》

帝京大可児／3年

肥田野蓮治《ヒダノ レンジ》

関東第一／3年

藤森颯太《フジモリ ソウタ》

青森山田／3年

林《ハヤシ》 晴己《ハルキ》
高川学園／3年

阪田《サカタ》澪哉《レイヤ》
東山／2年

吉田《ヨシダ》陣平《ジンペイ》
佐賀東／3年

徳永《トクナガ》 涼《リョウ》
前橋育英／2年

古川《フルカワ》陽介《ヨウスケ》
静岡学園／3年

根津《ネツ》元輝《ゲンキ》
前橋育英／2年

薬師田《ヤクシダ》 澪《レイ》
大津／3年

MF

川口《カワグチ》敦史《アツシ》
大津／3年

DF

丸山《マルヤマ》大和《ヤマト》
青森山田／3年

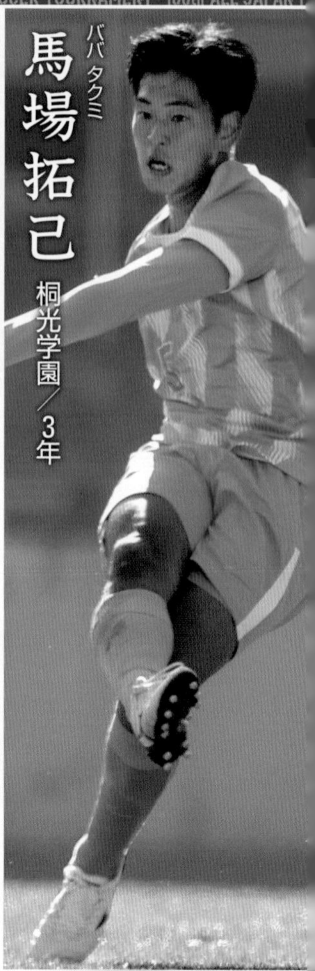

馬場《ババ》拓己《タクミ》
桐光学園／3年

小泉《コイズミ》龍之介《リュウノスケ》
静岡学園／3年

川副《カワゾエ》泰樹《タイキ》
大津／3年

池田《イケダ》健人《ケント》
関東第一／3年

新谷《シンタニ》陸斗《リクト》
東山／2年

柳生将太《ヤギウ ショウタ》
前橋育英／3年

三輪《ミワ》椋平《リョウヘイ》
青森山田／3年

FW

鈴木《スズキ》章斗《アキト》
阪南大高／3年

チェイス アンリ
尚志／3年

名須川《ナスカワ》真光《マサキ》
青森山田／3年

小林《コバヤシ》俊瑛《シュンエイ》
大津／2年

FW

中山桂吾《ナカヤマ ケイゴ》
高川学園／3年

本間凜《ホンマ リン》
関東第一／2年

福田師王《フクダ シオウ》
神村学園／2年

三原快斗《ミハラ ハヤト》
桐光学園／3年

松永颯汰《マツナガ ソウタ》
静岡学園／3年

GK

沼田晃季《ヌマタ コウキ》
青森山田／3年

佐藤瑠星《サトウ リュウセイ》
大津／3年

徳若碧都《トクワカ アオト》
高川学園／3年

発刊のあいさつ

公益財団法人全国高等学校体育連盟
サッカー専門部　部長

玉生謙介

令和3年度も新型コロナウイルス感染症の影響を受けた中での活動となりました。令和元年末から世界的な広がりを見せた新型コロナウイルス感染症は、いまだに世界で多くの社会的影響を及ぼしています。教育活動では休校、分散登校、時差登校、オンライン授業などの措置が取られ、部活動も休止、活動時間・日数の短縮などの制限を受けました。そのような中、令和2年度では全国高等学校総合体育大会をはじめとして多くの大会が中止となりました。しかし我々、高体連サッカー専門部は高校生のためになんとか大会を開催しようと、努力をして参りました。令和2年度の締めくくりである全国高等学校サッカー選手権大会は、多くの方々のご尽力で開催することができ成功を収めました。そして令和3年度は今までの経験を活かし、全国高等学校総合体育大会、全国高等学校サッカー選手権大会を開催し最後までやり遂げることができました。多くの方々のご尽力、ご協力をいただきまして令和3年度の活動が行えましたこと、この場をお借りして心より感謝申し上げます。令和4年度の活動が新型コロナウイルスの影響を受けずに無事に開催できることを祈るばかりです。

1918年1月に開催された「第1回日本フートボール大会」を始まりとした全国高等学校サッカー選手権大会が100回目を迎えました。記念すべき100回大会ではありましたが、残念ながらやはり新型コロナウイルスの影響を受けた中での開催となりました。開催に向けて多くの困難がありましたし、特に感染対策に関しては議論に議論を重ね、多くの時間を費やしました。数年前から100回大会に向けて準備をしてきた企画を断念せざるを得ないこともありました。しかし、記念すべき100回大会にふさわしい舞台で開催できたことは、後世に語り継がれる素晴らしいイベントになったと思います。東京2020オリンピックに向けて国立競技場が建て替え工事に入り、93回大会以降、決勝の舞台を埼玉スタジアム2〇〇2に移しましたが、100回大会を機に新・国立競技場に戻ってきました。高校サッカーの聖地・国立競技場で100回大会の開会式・開幕戦、そして準決勝戦、決勝戦を開催できましたことはとても感慨深いです。

令和3年度全国高等学校総合体育大会は北信越で開催され、サッカー競技は男女ともに福井県で行われました。昨年度は中止となった今大会はコロナ禍での初の開催であり、感染対策には非常に苦労がありましたし、男子1回戦が荒天により時間変更になるなど気象の影響も加わり、多くの困難の中での運営となりました。しかし、福井県高体連の先生方の献身的な努力のおかげで大会を決勝戦まで終えることができましたこと、改めて感謝申し上げます。決勝は男子、女子ともに延長戦に突入する激戦となり、男子は青森山田高校が米子北高校を破り、女子は神村学園高等部が藤枝順心高校を破り、優勝を果たしました。

第100回全国高等学校サッカー選手権大会は4万2747人の観衆の中、決勝戦が行われました。決勝はプレミアリーグEASTの覇者・青森山田高校とプレミアリーグWESTに参加する高体連チームの最上位（4位）の成績を収めた大津高校の対戦となり、存分に力を発揮した青森山田高校が優勝を果たしました。

第30回全日本高等学校女子サッカー選手権大会は兵庫県で行われ、ノエビアスタジアム神戸で決勝戦が行われました。日ノ本学園高校と神村学園高等部の対戦は、最後まで集中力を切らさず粘り強さを見せた神村学園高等部が優勝を果たしました。

全国総体の優勝校と選手権の優勝校が男女ともに同一校で、男子は青森山田高校、女子は神村学園高等部が強さを見せた一年でした。

高校サッカー年鑑は1978年度から発刊をはじめ、その年度における高校生年代のすべての大会の記録が載せられています。この年代の資料として、これだけ詳細に記録を残し一冊にまとめ、長きにわたる書籍は類を見ません。内容についても記録だけではなく、その年度にあったトピックなども含め、興味深い事柄が多く掲載されています。高体連のサッカー関係者だけでなく、高校サッカーに興味をお持ちの多くの方々に読んでいただければ幸いです。

最後になりましたが、玉稿をお寄せいただいた皆様と発刊に携わられた関係者の方々に心から感謝申し上げます。

令和３年度
（公財）全国高体連サッカー専門部
役員

部長	玉生　謙介	東京都・学習院高等科
副部長	川人健太郎	東京都立立川高校
	田内　成人	大阪府立富田林高校
	床爪　克至	東京都・文京学院大学女子高校
常任委員	田中　弘道	北海道札幌北陵高校
	澤村　東	宮城県立利府高校
	川人健太郎	東京都立立川高校
	小阪　康弘	福井県立丸岡高校
	下野　善範	岐阜県立羽島北高校
	古井　成知	大阪府立東住吉総合高校
	上山　圭一	広島県立広島井口高校
	藤本　賢二	愛媛県立小松高校
	古川　淳	福岡県立伝習館高校
総務委員長	小川伸太郎	東京都・大森学園高校
技術委員長	蔵森　紀昭	東京都・成城学園高校
審判委員長	木川田博信	東京都立松原高校
記録委員長	池邉左千夫	東京都立足立工業高校
総務副委員長	石川　勝利	東京都立東大和南高校
顧問	加藤　三郎	
	鈴木　勇作	
	上野二三一	
	平山　隆造	
	大倉　健史	
	日野　聡	埼玉県・本庄第一高校
	横田　智雄	東京都立武蔵丘高校
	滝本　寛	東京都立南葛飾高校

本書の略号、記号

ポジション

GK	ゴールキーパー	SW	スイーパー
DF	ディフェンダー	SH	サイドハーフ
MF	ミッドフィルダー	CF	センターフォワード
FW	フォワード	CB	センターバック
ST	ストッパー	FP	フィールドプレーヤー
SB	サイドバック		

キック等の種類

GK	ゴールキック	H	ヘディング
CK	コーナーキック	〜	ドリブル
FK	フリーキック	→	ゴロパス
PK	ペナルティキック	⇀	浮き球パス
TI	スローイン	×	混戦
S	シュート	★	キックオフ

都道府県役員

地域	都道府県名	加盟校数（男子／女子）	役員名	勤務校
北海道 男子 195 女子 14	北海道	195／14	田中　弘道	札幌北陵
東北 男子 324 女子 43	青森	55／7	齋藤　康弘	五所川原
	岩手	52／7	進藤　祐一	盛岡市立
	秋田	32／3	高橋　佳照	大曲工業
	山形	46／11	今野　誉康	山形東
	宮城	73／10	澤村　東	利府
	福島	66／5	小林　幸大	安積
関東 男子 1,127 女子 179	茨城	102／9	片野　武司	藤代紫水
	栃木	61／12	臼井　紀仁	宇都宮白楊
	群馬	61／17	内藤　秀和	新島学園
	埼玉	168／42	二見　元	大宮東
	東京	321／52	川人健太郎	立川
	千葉	165／28	髙澤　篤	市立千葉
	神奈川	216／15	伊藤　陽介	桜丘
	山梨	33／4	土屋　安晴	甲府城西
北信越 男子 279 女子 32	新潟	84／12	渡邉　晃	新潟
	長野	80／6	塩入　孝一	松本深志
	富山	44／4	澁谷　龍宏	高岡
	石川	42／9	山上　茂信	小松工業
	福井	29／1	小阪　康弘	丸岡
東海 男子 422 女子 50	静岡	119／16	大川　晃広	清水西
	愛知	185／23	前田　幸美	南陽
	岐阜	63／2	下野　善範	羽島北
	三重	55／9	徳利　英明	上野
近畿 男子 582 女子 70	滋賀	52／2	前田　健	米原
	京都	77／7	和田　栄一	嵯峨野
	奈良	39／3	中留　学	東大寺学園
	和歌山	32／3	清原　久雄	紀北工業
	大阪	215／35	古井　成知	東住吉総合
	兵庫	167／20	笠原　弘樹	御影
中国 男子 271 女子 31	岡山	66／6	甲本　仁	玉野
	鳥取	22／6	山本　康彦	米子西
	島根	33／2	池野　聡祐	江津
	広島	104／12	上山　圭一	広島井口
	山口	46／5	大和　健一	宇部工業
四国 男子 144 女子 19	香川	37／3	佐々木浩児	高松東
	徳島	28／7	村山　孝博	川島
	高知	33／3	松本　一雄	高知商業
	愛媛	46／6	藤本　賢二	小松
九州 男子 499 女子 74	福岡	128／13	古川　淳	伝習館
	佐賀	37／4	田中　哲也	小城
	長崎	54／5	渡邉　健	猶興館
	大分	40／2	西尾　秀一	日出総合
	宮崎	47／8	増田　浩樹	五ヶ瀬中等
	熊本	60／8	厚　晴仁	熊本学園大学付属
	鹿児島	75／6	鳥越美智人	甲南
	沖縄	58／28	金城　武治	浦添工業
男子 3,843 女子 512		3,843／512		

100th ANNIVERSARY

第100回選手権
100th ALL JAPAN HIGH SCHOOL SOCCER TOURNAMENT

ベスト4 主将インタビュー

歴史に名を刻んだ

森田大智 Daichi Morita 大津／MF

池田健人 Kento Ikeda 関東第一／DF

奥野奨太 Shota Okuno 高川学園／DF

松木玖生 Kuryu Matsuki 青森山田／MF

4人のキャプテン

記念すべき第100回の全国高校サッカー選手権大会。
建て替えを経て8年ぶりに使用される国立競技場への切符をつかんだのは、
大津（熊本）、関東第一（東京B）、高川学園（山口）、青森山田（青森）の4校だ。
選手権への想い、チームへの想い、そして高校サッカーへの想い――。
サッカーに捧げた3年間を回想した。

質問／池邉左千夫、嶋野雅春、長山拓郎（全国高等学校体育連盟サッカー専門部）　構成／奥山典幸
このインタビューは、準々決勝終了後の2022年1月4日および5日に、個別に電話取材で行いました。

「絶対にここでサッカーがしたい、と思ってすぐに決めました」

大津 **森田大智** 主将

――大津としては選手権で初めてのベスト4進出を達成しました。歴史を塗り替えて、いまどのような思いですか？

森田　自分たちの代で歴史をつくることができたのは、とても嬉しいです。「平岡（和徳）総監督を、選手としても、指導者としても、国立に連れて行こう！」とチームで話していたので、達成できてまずは安堵しています。目標はもちろん日本一です。

――森田くんにとって、選手権はどういう大会ですか？

森田　テレビで見てきたので、選手権は憧れの舞台。個人的には、小屋松知哉選手（現・柏レイソル）がいたときの京都橘が印象的ですね。自分が選手権でプレーできると思っていなかったので、感動しています。

▲大津は３年ぶりの選手権出場

――前橋育英との準々決勝は厳しい戦いになりました。

森田　相手にボールを持たれることは予想していたんですけど、あそこまで押し込まれるとは思っていませんでした。それでも、プレミアリーグWESTで1年間戦ってきた経験が生きて、失点を「0」で抑えることができたのが勝因だと思っています。

――森田くんは負傷して後半途中で交代になってしまいましたが、怪我の具合は大丈夫ですか？

森田　交代した後は、もう仲間を信じるだけでした。病院で検査をしたのですが、軽い損傷だったので準決勝には間に合いそうです。

――ベスト4までくることができた要因はなんでしょうか？

森田　チームとしてのまとまりだと思います。

――チーム力を高めるために取り組んできたことは？

森田　1週間に2回くらいのペースで、ミーティングをしてきました。チーム全員が揃ってするときもありますし、3年生だけのときもありますし、メンバーだけのときもあります。

――森田くんが2年生、3年生のときはコロナ禍での高校サッカーで、つらいことも多かったと思います。

森田　2年生のときはインターハイがなくなって、プレミアリーグも形を変えてスーパープリンスリーグ九州になって。そういった意味では今年はインターハイも、プレミアリーグWESTも開催されたので、すごく恵まれていると思います。

――この1年はキャプテンを務めましたが、どんなことを心掛けてきましたか？

森田　そんなにリーダーシップがあるほうではなかったので、自分がキャプテンになるとは誰も想像していなかったと思います（笑）。3年生全員でチームをつくってきて、仲間に助けられた1年でした。

――なぜキャプテンに選ばれたのですか？

森田　2年生のときにU-17日本代表候補の合宿に呼ばれたんですけど、チームに戻って合宿でのことを報告したら、平岡総監督から「キャプテンやる？」と言われました。

――代表での経験をチームに還元することを期待されたのですね。

森田　やっぱり代表はレベルが高かったです。個人としては、ドリブルだったりテクニックの面では自信がつきました。フィジカルや守備の強度の部分については、いろいろ刺激を受けたので、チームに持ち帰って伝えています。

――森田くんが大津を選んだ理由を教えてください。

森田　Jユースやほかの高校の練習にも参加したんですけど、大津がプレーしていて一番楽しかったからです。絶対にここでサッカーがしたい、と思ってすぐに決めました。

――大津の「ほかのチームに、ここは負けない！」というところはどこですか？

森田　チーム全員で守備も攻撃もできるところです。ピッチ外でのまとまりもチーム全員でつくり上げてきたと思っているので、団結力は絶対に負けない自信があります。

――この3年間の中で楽しかったこと、大変だったこと、どんなことを思い出しますか？

森田　この選手権の期間が一番充実していると思います。この素晴らしい舞台で、毎試合毎試合、楽しいと思いながらサッカーをやれています。新チームになってすぐはうまくいかないこともありましたが、その苦しい時期も乗り越えることができたので、ミーティングをしてきてよかったなと思います。

――大津での3年間で人間としての成長も実感していますか？

森田　サッカーだけではなくて、大津は人間性もこだわっているチームだと思います。日頃から平岡総監督や山城（朋大）監督が、「凡事徹底」と言っているんですけど、サッカーだけでなく、学業にもこだわれと言われています。

――今後どんなサッカー選手になりたいですか？　進路は決まっていますか？

森田　卒業後は早稲田大学に進学します。自分にはフィジカルが一番足りていなくて、このままプロにいっても通用しないと思いました。テクニックの部分をのばしつつ、フィジカルの部分を改善して、即戦力でプロにいきたいです。

――最後に、高校サッカーを漢字一文字で表すとしたらどんな漢字を思い浮かべますか？

森田　「夢」です。小さいころからずっとサッカーをやってきて、高校に入って世代別代表に呼ばれて、いまは選手権という憧れの舞台に立てている。そんな自分をまったく想像していませんでした。高校サッカーは成長できる場だし、夢を見られる場所だと思います。

「最後まで諦めないで戦うことで、『奇跡』のような勝利をつかむ」

関東第一 **池田健人** 主将

――今大会では関東第一として初となる3回戦に進出し、準々決勝で静岡学園を破って4強入りを決めました。準々決勝は終了間際に同点に追いついた末にPK方式で勝利するという、劇的な展開でした。

池田　前半は「絶対に失点しないように」というプラン通りの戦いができていたんですけど、後半に失点してしまって。後半から足が速い坂井航太と日下空が起用されたので、カウンターで得点を狙っていました。ただ、結果だけ見たら勝ちましたけど、静岡学園はめちゃくちゃ強くて、内容で見たら本当にボロ負けだったなと……。一人一人の能力が高いのはわかっていたので、関東第一としては個人戦でやるのではなくて、チームで粘り強く戦おうという話はしていました。

――池田くんはPK方式では、5番目のキッカーを務めました。プレッシャーはなかったですか?

池田　本当は、3番手の坂井が決めて、4番手の藤井日向も成功させて関東第一が勝利、という展開を想定していたんです。坂井が外したときに、「自分が最後のキッカーだ」と覚悟はしましたね……。ただ、PKはかなり練習してきたので、緊張はあまり感じませんでした。

――PKを蹴る順番は、小野貴裕監督が決めているんですか?

池田　はい、そうです。2回戦の尚志戦のPK方式のときも自分は5番手で。練習のときに、PKを1回だけ蹴るのではなく、2回連続で蹴ったりしているんです。そういうところで、メンタルもしっかり鍛えられているかなと思います。

――ベスト4までくることができた要因はどこにあると思いますか?

池田　1試合の中で苦しい時間帯は必ずあると思うんですけど、その時間にチーム全員で耐えたり、たとえやられたとしても前線の選手が点を取ってくれたりしているので、チームとして戦えていると感じています。勝ち進むにつれて自信がついてきているのは、間違いないです。

――今大会から再び国立が会場になりました。関東第一は開幕戦に国立でプレーしましたが、どんな感想を抱きましたか?

池田　本当に素晴らしいピッチでした。お客さんの前でもプレーできましたし、すごく楽しかったですね。最初の入場のときは緊張していたんですけど、試合が始まるころには緊張はなくなっていました。今回、たまたま100回大会ですけど、運命的だなと感じています。個人的には国立より埼スタのほうが印象深くて、特に青森山田のバスケス・バイロン選手（現・東京ヴェルディ）は強烈でしたね。

――キャプテンになって、この1年どんなことを心掛けてきましたか?

池田　なるべく3年生から1年生までの関わりが多くなるように気をつけていました。ただ、今年のインターハイ予選では、決勝トーナメントの2回戦で負けてしまい……。そのころは本当にたいへんで、高校3年間の中でも一番かもしれません。インターハイ予選敗退後の東京都リーグ1部で2連敗をして、チームとしてのやり方が大幅に変わったと思います。フォーメーションも3バックに変わったり。そこから守備も、攻撃も、どちらもよくなりました。

――では、3年間で楽しかったことはなんですか?

池田　いまですね。この選手権が一番楽しいです。

――池田くんは神奈川県出身ですが、関東第一を選んだ理由を教えてもらえますか?

池田　元々、Jユースを第一志望にしていたんですけど、全部落ちてしまって。高校の中でも関東第一が一番魅力的だったので選びました。

――ピッチの中も外も含めて、「関東第一のここだけは、絶対に負けない!」というところを教えてください。

池田　準々決勝の静岡学園戦はまさにそうですし、3回戦の矢板中央戦、2回戦の尚志戦もそうなんですけど、粘り強く戦えるところがほかのチームに負けないところですかね。

――卒業後の進路は決まっていますか?

池田　産業能率大学に進学します。ただ、サッカーはもうやらない予定で……。総合型選抜で入りました。

――池田くんにとっては、選手権がサッカー選手として最後の大会になるんですね。

池田　はい、最後ですね。

――最後の質問になるのですが、池田くんにとって高校サッカーを漢字一文字で表現するとしたら、どんな漢字が思い浮かびますか?

池田　一文字ですか……。二文字になっちゃうんですけどいいですか（笑）？　「奇跡」ですね。国立の建て替え前最後の選手権決勝、富山第一対星稜もそうだと思います。小学生のときにテレビで見ていたんですけど、星稜がリードしてこのまま優勝するんだろうなと思ったところで、富山第一がPKを獲得して延長戦になりましたよね。あの試合展開には、子どもながらに興奮しました。

――静岡学園との準々決勝も、まさにそんな展開でした。

池田　そうかもしれないですね。チームとして最後まで諦めないで戦うことで、「奇跡」のような勝利をつかむことができたのだと思います。最後の最後まで何が起こるかわからないのが選手権だと思うので、「奇跡」というのが高校サッカーの漢字ですかね。

▲2度のPK方式を制してきた関東第一

——桐光学園との準々決勝を制して、高川学園の最高成績であるベスト4に並びました。残念ながら奥野くんは負傷のためピッチに立つことができていませんが、桐光学園戦はどのような気持ちで見ていましたか?

奥野　桐光学園には特別な思いがあったんです。1年生のときのミズノチャンピオンシップU-16 ルーキーリーグで、高川学園は4位に終わったんですけど、そのとき優勝したのが桐光学園でした。直接対戦したわけではなかったんですが、負けたくないという思いを全員が共有できて、すごく気持ちが入った試合でした。

——ベスト4に勝ち進んだ原動力はどこにあると思いますか?

奥野　全国優勝という目標に対してひとつになれたことだと思います。いまのチームがはじまった当初に立てた目標が、"県内4冠"、"全国ベスト4"、そして"日本一"。選手権で試合を重ねていくうちに、目標への思いが強くなってきているのは感じています。

——今回で選手権は100回大会を迎えました。奥野くんにとって選手権はどのような大会ですか?

奥野　自分は中学1年生から高川学園なんですけど、選手権を夢見てこの学校に入ってきました。個人としては昨年の選手権に出場することができたのですが、今年は怪我をしてしまい本当に悔しい気持ちはあります。それでも素晴らしい大会だということに変わりはありません。

——開会式では選手宣誓も立派に務めました。国立の舞台での大役を終えた感想を教えてください。

奥野　いままで感じたことがない大きさのスタジアムで、そこで選手宣誓をすることができたのは貴重な体験でしたし、「もう一度国立に帰ってこよう」という気持ちは強くなりましたね。江本（孝）監督は"聖地・国立"への思いが強くて、「お前たちの代から新しい国立で選手権ができるぞ」と言われてきたので、監督のためにも国立に帰ってきたかったです。

——選手宣誓の後のインタビューで、「チームにいま何ができるかを考えて、少しでもチームが勝てるように頑張っていきたい」と話していました。チームに対して、どのようなことをしていますか?

奥野　チームが少しでも勝ちに対して貪欲になるように、モチベーションが上がる言葉がけを意識しています。

——今大会は高川学園のセットプレーが話題のひとつになっています。「セットプレーのアイデアは選手に任せている」と江本監督は話していました。

奥野　じつは、自分たちではセットプレーが強くないと感じていたんです。"トルメンタ"は、中山桂吾が言い出して練習で遊び半分でやっていたんですけど、やっていくうちに「やっぱり使えるな」と。

——準々決勝・桐光学園戦で決勝点となったセットプレーは、奥野くんが考案したと聞きました。

奥野　試合前日のミーティングのときに、「こうしてみてはどうか?」という提案はしました。

——いま3年間の集大成で充実のときだと思いますが、この3年間で楽しかったことと、たいへんだったことで、それぞれどんなことを思い出しますか?

奥野　たいへんだったのは、今年のインターハイが終わったころです。チームとして結果が出なくて、つらい時期を過ごしました。楽しいことは、この選手権ですね。1回戦から負けてもおかしくないような試合の連続でしたが、勝ち進むことができています。本当にこのチームに入れて、この仲間と出会えてよかったと改めて感じています。

——キャプテンとしてこの1年間、どんな思いで取り組んできましたか?

奥野　いまの3年生は自分の意思がはっきりしている選手ばかりで、まとめるのがたいへんでした。

——高川学園の「ここだけは負けない!」というところを教えてください。

奥野　部署活動だと思います。総務部、強化部、分析部、広報部、農業部、用具部、おもてなし部、生活部、グラウンド部、審判部、企画部という11の部署があって、全員がどこかに所属しています。僕は総務部の部長をしているんですけど、各部署で必要なものを購入する際のお金の管理や、各部署がいま何をしているかの管理をしています。「プレーヤーとしての成長は当たり前で、社会に出てからも立派に活躍できる人になってほしい」という江本監督の願いを込めた部署活動なんですけど、ひとりの人間としてすごく成長できた高校3年間です。

——では、高校サッカーを漢字一文字で表すとしたら?

奥野　うーん……、パッと思いつくのは、「辛」とか「苦」ですかね……。今回の怪我もそうですけど、つらい時期、苦しい時期が多かったです。もちろん、楽しいこと、嬉しいこともたくさんあったんですけどね。

——卒業後はどんなサッカー選手になっていきたいですか?

奥野　駒澤大学でサッカーを続けたいと思っています。「駒澤大学は人間としても成長できる」と江本監督に勧められたので、選手としても、ひとりの人間としてもさらに成長していきたいです。

▲高川学園ベンチに飾られた奥野主将のユニフォーム

「ひとりの人間として すごく成長できた高校3年間」

高川学園 **奥野奨太** 主将

「プレッシャーをはね返せる力を、今年のチームは持っています」

青森山田 **松木玖生** 主将

▶青森山田３度目の選手権優勝に涙がこぼれた

――青森山田は4年連続での選手権ベスト4進出となりました。松木くん個人としても1年生から選手権に出場しているので、3年連続です。4強入りを決めた準々決勝・東山戦を振り返っていただけますか。

松木　自分たちの予想以上に相手の気合いが入っていて、先制点をとられてしまったんですけど、同点に追いついて、勝利につなげることができました。

――同点となるPKは松木くんがキッカーを務めました。PKの判定になってから蹴るまでに2分以上間が空きましたが、普段通り蹴ることができましたか?

松木　黒田（剛）監督とも話し合いをしてきたので、自信を持ってシュートできました。

――それでは、ベスト4まで勝ち上がった原動力を聞かせていただけますか?

松木　チーム力だと思います。このチームでタイトルを取りたいという気持ちが強くて、インターハイとプレミアリーグEASTを戦う中で、チームとして成長してきました。全員が意見を言い合えるところがこのチームの強みだと思います。

――キャプテンとしてはどんなことを意識していますか?

松木　チームをまとめることです。うまくいかなかったときもあるのですが、チームメイトが助けてくれました。自分が代表活動でチームを離れたときも、宇野禅斗や藤森颯太たちを中心にチームはまとまっていきました。まさにチーム力だと感じています。

――周囲の期待や注目度の高さという、青森山田ならではのプレッシャーもあると思います。キャプテンとしてどのように感じていましたか?

松木　そのプレッシャーをはね返せる力を、今年のチームに関しては確実に持っていますし、チームの誰もプレッシャーを大きく感じていないと思います。あと、このチームはみんな負けず嫌いなんです。

――100回となる今大会は、8年ぶりに国立競技場で、開幕戦、準決勝、決勝を行います。特別な大会として注目度も高いですが、松木くんにとってはどのような大会ですか?

松木　自分としては特に変わりがない大会かなと思っています。100回だから、国立だから、ではなく、とにかく目の前の1試合に対して、真剣に向き合って、勝利を目指していきたいです。自分が高校生の中で一番選手権の経験値を持っていますし、チームメイトにもうまく還元できていると思います。その点では自分たちにアドバンテージがあるかもしれません。

――2021年度もコロナ禍で苦労も多かったと思います。

松木　去年はインターハイが中止になったりと、サッカーをできないことが多くて。今年に関してはインターハイが開催されましたし、全試合消化できなかったですけどプレミアリーグも行われました。本当にサッカーに関わってくださっている方々のお陰ですし、感謝しなければいけません。自分たちに限らずコロナ禍でたいへんですけど、チームとして切磋琢磨し合って、1試合1試合に向き合えていると思っています。

――松木くんは北海道出身で、中学のときに青森山田へ進学しました。青森山田を選んだ理由を教えてください。

松木　小学6年生のときに、北海道で全国中学校サッカー大会が行われたんです。そのときの青森山田は、檀崎竜孔選手（現・北海道コンサドーレ札幌）や武田英寿選手（現・大宮アルディージャ）がプレーしていたんですけど、実際に試合を観戦して、すごくいいチームだなと思ったのがきっかけです。

――青森山田での高校サッカー生活で楽しかったことと、たいへんだったことで、それぞれどんなことが思い起こされますか?

松木　楽しかったことは、みんなと過ごしたり、サッカーをしていたり、仲間との時間ですね。たいへんだったことは……、常にみんなで同じベクトルを向いていくことですかね。

――黒田監督は選手の人間性も重視されています。サッカー選手としてだけでなく、ひとりの人間として成長した部分があれば教えてください。

松木　挨拶や礼儀を徹底するのは青森山田としてのベースの部分で、チームとしてすごく意識しています。

――「うちのチームのここは、絶対に負けない!」という部分を教えてください。

松木　正直、すべての部分で負けていないと思っています。コロナ禍でできないことも多かったですけど、その中でもサッカーに捧げて取り組んできました。そういった意識の部分から、青森山田はどこにも負けないと感じています。

――卒業後はFC東京でプレーします。

松木　チームは一から始動するので、自分もアピールしていかなければいけません。まだまだ足りない部分があるんですけど、補いながらシーズンを通して成長していきたいです。

――今後、どんなサッカー選手になっていきたいですか?

松木　世界で活躍する選手になりたいです。

――最後に、松木くんにとっての高校サッカーを漢字一文字で表すとしたら?

松木　めっちゃ難しいですね（笑）。……「勝」です。勝利って意味でもありますし、勝負っていう意味もあります。インターハイや選手権はトーナメント戦なので、勝負に勝利するのは、自分が一番重視しているところです。

VOICE 若きイレブンの声

山口竜紫
北海 3年／GK

最上級生になった時、本当の意味でオフザピッチの大切さを学びました。技術では劣る分、声や熱量ではチーム№1を狙って練習に取り組みました。その中で、自分でも成長を実感でき、メンバーに入ることが出来ました。ピッチに立つ事は出来なかったけれど、チームの勝利のために、自分の持つ力をすべて出し尽くしました。北海で戦ってきた3年間は人生で最高の時間でした。増田先生、3年間ありがとうございました。

松木玖生
青森山田 3年／MF

春からチームが始動し、当初はチームがまとまるか不安でした。3冠を掲げインターハイ、プレミアリーグと2冠を達成し、全員がこの結果に満足してしまうのではないかと思いましたが、それは全く無く選手権にかける思いが一番強くさらに団結力が高まり、最後にして最強のチームになりました。三度目の正直で優勝することができたこと、そしてこのチームのキャプテンをすることができたことにとても感謝しています。ありがとうございました。

川上泰正
専大北上 2年／MF

幼い頃からテレビで憧れていた選手権大会、しかも100回という記念大会に出場でき、心から嬉しく思います。コロナ禍の影響で県外への遠征や思うように練習が組めないなどの苦労がありましたが、目標に向かってみんなで力を合わせ全国への切符をつかみました。初戦の奈良育英戦では、専北らしいパスサッカーができずに終わってしまいましたが、来年は先輩たちの借りを返せるように、再び全国大会に出場します。

中野宏宣
秋田商 3年／MF

今期はコロナ禍ということもあり、県外チームと練習試合や遠征・合宿を思うように行うことはできませんでしたが、その分チーム内での競争で高め合うことに重点を置いてトレーニングに取り組むことができました。その結果、誰が出てもチーム力が下がらない層の厚いチームに成長することができました。第100回大会という記念すべき大会に出場出来たことを、今まで支えてくださったさまざまな方々にしっかりと感謝したいです。

岩村光晟
羽黒 3年／DF

まず初めに、このような状況の中、記念すべき第100回大会を運営して下さった関係者の皆様に感謝いたします。私たち山形県代表は2006年以降、全国選手権大会での勝利がなく、今年はこの負の歴史を変えるために日々尽力してきました。怪我人が多い中、初戦に臨みましたがあと一歩の所で、15年ぶりの勝利を掴むことができませんでした。後輩たちには、山形県勢の負の歴史を変えられるように頑張ってほしいと思います。

島野怜
仙台育英 3年／MF

コロナ禍の状況で有観客で試合をできたことを嬉しく思います。『全国制覇』を目標としてやってきた中、残念ながら3回戦敗退という結果になりました。全国大会で勝ち上がって行くためには守る・決めるといった最後の質がより大切な事を学びました。また、3年間の積み重ねが勝敗を分ける事を実感し、改めて日々の取り組み方の大切さを感じました。最後に、大会を開催するにあたって協力していただいた方々に感謝しています。ありがとうございました。

松本勇斗
尚志 3年／FW

尚志高校サッカー部での3年間は人としてたくさん成長させてくれました。最初で最後の選手権大会では悔しい結果となってしまいましたが、その中で学んだことは仲間と共に困難に立ち向かい、それに対して努力をし、乗り越えることの大切さです。何不自由なく活動できたのも、監督やコーチ達、学校の先生方、保護者、地域の方々とたくさんの人々のおかげです。最高のメンバーで本気で夢を見て、笑い、泣き、とても充実した3年間でした。

渕伸平
鹿島学園 3年／DF

第100回全国高校サッカー選手権大会に出場することができ、大変嬉しく思っています。社会情勢を考慮し、制限等はありましたが、この大会を開催する為に大勢の方が尽力して下さった事に感謝しています。私達は新型コロナウイルス感染症の影響で2ヵ月ほど部活動ができない時期がありました。しかし、全員がこの大会の為に努力し準備した結果が実り、夢の舞台に立てた事は大きな財産となり、素晴らしい経験となりました。

桑子流空
前橋育英 3年／DF

この新型コロナウイルスの影響により様々な事が制限される中で、第100回という節目の年に高校サッカー選手権大会に出場する事ができ、本当に嬉しく思います。医療従事者の方をはじめとする多くの方々の支えがあり、素晴らしい経験ができました。本当にありがとうございました。結果は、準々決勝敗退という思い描いた結果ではありませんでしたが、自分達の3年間の想いを全てぶつけることができたと思います。応援ありがとうございました。

藤井陽登
矢板中央 3年／GK

大会を開催するにあたってご尽力くださった関係者の方々、サポートや応援をしてくれた方々、ありがとうございました。今大会はベスト16で大会が終わってしまいチームとしてとても悔しいです。しかし、コロナ禍で色々な大会が中止になる中、選手権という舞台を経験できたことに感謝しなければなりません。たくさんの人に感謝の気持ちを持ち、この経験を活かして次の舞台で活躍できるようにしていきたいと思います。

大畑航也
西武台 3年／FW

どんなに苦しい練習も仲間と共に乗り越え、目の前の一戦一戦にチーム一丸となって戦い続けた3年間。そして掴んだ夢の舞台。全国の頂を目指す僕達の挑戦は1回戦で終わってしまいました。ここまで支えてきてくれた人達や仲間のためにも優勝して恩返しがしたかったです。でも仲間と夢を追い続けた日々、国立のピッチから見た景色を僕は絶対に忘れません。こんなにも素晴らしいチームの一員でいられたことを僕は誇りに思います。

渋谷諒太
流経大柏 3年／MF

キャプテンとして本当に苦しくて辛いことが沢山あり、その集大成をぶつける大会が1回戦敗退で終わってしまって、正直悔しいです。しかしこの選手権を通して未熟な自分についてきてくれた仲間や、ここまで支えてきてくれた家族、厳しく指導してくださった監督やスタッフ、応援してくださった人たちの存在がどれだけ大きかったのか改めて実感しました。今大会を含めて常に感謝を忘れずにサッカー人生の糧にしていきたいと思います。

第100回高校サッカー選手権に参加して

100th ANNIVERSARY

山口輝星
堀越 3年／MF

今大会は個人としてもチームとしても悔しい結果になりましたが、最後の大会を楽しめたことは良かったと思います。通用する部分、足りない部分が明確になったので大学入学までの期間で自分の課題と向き合っていきたいと思います。大学では自分のストロングポイントをさらに伸ばして、ウィークポイントを克服していければと思います。高校3年間で経験したことを活かして大学サッカーではプロを目指して頑張っていきたいと思います。

池田健人
関東第一 3年／DF

素晴らしい環境の中で、歴史のある全国高校サッカー選手権大会の節目となる第100回大会に出場が出来たこと。全ての方々に感謝しています。準決勝で再び国立競技場のピッチに立つことは残念ながらかないませんでした。しかし、僕たちは前に進みます。個人としてもチームとしてももっと大きく成長して、また国立競技場のピッチに立ちたいと思います。そして、この想いを後輩たちに託したいと思います。

山市秀翔
桐光学園 3年／MF

絶対にやってやるんだとスイッチを入れ、チーム力を高めながら入った最高の舞台。苦しい時も楽しい時も時間を共有した桐光の仲間と共に、ボールに本気で気持ちを込め、一つ一つのプレーに汗をかき、全てをぶつけることができた大会。ベスト8という結果を誇りに思い、大好きなサッカーに、桐光の仲間に、監督、コーチ、様々な出会い全てに感謝。夢ある限り道は開ける。

谷口航大
山梨学院 3年／MF

新型コロナウイルスに私達、山梨学院は凄く悩まされました。インターハイはコロナ禍の影響により、試合を行えず辞退したり、十分な練習が出来ない日もありました。ですが、選手、関係者の方々が対策、予防を欠かさず行ってくれたおかげで、歴史ある第100回高校サッカー選手権に参加し、ピッチに立つことができました。結果は初戦で敗退しましたが、全員が3年間この大会に向けて様々な面で努力できたことがかけがえのないものとなりました。

三宅凌太郎
帝京長岡 3年／MF

3年間という短く決まった限られた時間の中で毎日選手権のために過ごす日々。新型コロナウイルスの流行など思い通りに進んだ訳ではないが、選手権のために頑張れた。いざその場に立つとただの一つの大会、一つの試合ではないことが身をもって感じられた。サッカー選手としての人生を変えてくれる場所。それが選手権であった。

渡邊快誠
富山第一 3年／DF

記念すべき第100回全国高校サッカー選手権大会に出場でき、とても光栄に思っています。コロナ禍で練習することが難しい中、憧れのピッチに立つため切磋琢磨してきました。時には、チームがまとまらないこともありましたが、選手一人一人がこの大会にかける熱い想いを持っていることを改めて感じられました。自分達が目指していた日本一にはなれませんでした。ですが、僕たちの熱い想いを後輩達が必ず受け継いで日本一になってくれると思います。

尾崎裕人
市立長野 3年／DF

第100回という記念すべき大会に幼い頃から知っている仲間たちと市立長野高校で初出場出来たことを大変嬉しく思います。「全国大会で活躍する」ことをみんなで共有し、これまで頑張ってきました。今回は初戦で負けてしまいましたが、今まで積み上げてきたものを全員が一つになって出し切れたと感じています。これからも後輩たちが全国大会で活躍する姿を期待しています。沢山の方々に支えられてここまで来れました。ありがとうございました。

中村実月
星稜 3年／DF

この夢の舞台で優勝することを、チームとして、個人として掲げていましたが、それを成し遂げることはできませんでした。ですが、この3年間で積み上げてきた技術、メンタル面などは、今後のサッカー人生に活かされると思います。このコロナ禍の中、大会を開催するにあたり多くの方のサポートのおかげで、自分たちも思いっきりサッカーをする事が出来ました。ありがとうございました。

横山潤成
丸岡 3年／DF

私たちは、阪南大高との初戦で敗退し、3年間の高校サッカーの幕を閉じました。負けてしまいましたが、「謙虚に　ひたむきに　粘り強く」プレーすることが出来たので満足しています。また、トップレベルのプレーを肌で感じることが出来たこと、そして、全国大会という最高の舞台でプレーすることの素晴らしさを後輩達に伝えることが出来たことは、本当に良かったと思っています。仲間と戦ったこの3年間は、一生の思い出です。

生嶋健太郎
静岡学園 3年／GK

100回という記念すべき年に、静岡に優勝旗を持って帰ろうと意気込んで戦いましたが、ベスト8という結果に終わり悔いが残る大会になってしまいました。しかし、今まで努力してきた3年間の集大成としてあのピッチに立てたことは一生の財産になると思います。さらに静学サッカーは日本の中でも唯一無二のものであると改めて感じ、メンバーに入った人も外れた人も全員でこの大会を戦い抜くことができてとても幸せでした。

苅谷碧斗
中部大第一 3年／MF

私は新チームになってからスタメンに定着しましたが、夏に選手権には間に合わない右膝前十字靭帯断裂の怪我をしました。しかし、仲間の待つピッチにもう一度立つためにリハビリをし、県選手権1回戦で仲間の活躍もあり後半アディショナルタイムに出場し、アシストを記録することができました。そして、選手兼マネージャーとして、最高の仲間や監督と夢の舞台を経験できました。充実した3年間を全国大会で終えることができた喜びに感謝します。

関駿太郎
帝京大可児 3年／MF

あの興奮が忘れられません。すべての出来事が最高の思い出です。素晴らしい環境で最高の仲間とサッカーができたこと。試合後、みんなでたくさん笑ったことや泣いたこと。やっぱりサッカーは楽しい。私の人生にサッカーがあって良かったです。最後に、コロナ禍での大会開催を支えてくださった大会関係者の皆様、そして帝京大可児サッカー部に携わっていただいた全ての方々に感謝いたします。最高の思い出をありがとうございました。

VOICE 若きイレブンの声

吉良元希
三重 3年／ＦＷ

たくさんの方々のご尽力により、選手権を開催していただいたことに感謝しかありません。最高のチームで夢を追い続けた3年間。貪欲に練習し続けた日々は本当に楽しかったです。結果として日本一にはなれませんでしたが、積み上げた3年間と、仲間との絆は、紛れもなく日本一だと思います。これまで携わっていただいた方々に感謝の気持ちを忘れず、次のステージで飛躍できるように頑張ります。ありがとう、高校サッカー。

石徳柊弥
草津東 3年／ＧＫ

高校3年間でサッカーを通して本当に多くのものを得ることができました。苦しい経験を乗り越えた仲間、先生方、両親、応援してくださった方々に感謝したいです。技術の上達だけでなく、自分自身に目を向け、悩み続けた先に見えたものは一生の財産です。決して満足のいく結果ではないため、悔しさと経験を糧に次のステージへ挑みます。これからも草津東高校サッカー部をよろしくお願いします。応援ありがとうございました。

木下 慶
東山 3年／ＭＦ

僕は東山高校のキャプテンとしてこの1年間を過ごした中で、選手権期間中が最もチームの成長を感じました。勝ちに対する姿勢や、結束力が増しチームとしてのレベルが数段上がりました。それは、選手権という舞台で一戦一戦を戦った成果です。今大会の成績が東山に関わる人々の意識レベルを上げ、東山が伝統校になっていくきっかけとなれば嬉しいです。

千田陽介
奈良育英 3年／ＤＦ

私たちにとって初めての選手権大会は、奈良育英高校にとって10年ぶりの出場という大きな期待のかかった舞台でした。全国大会で勝てるチームになることを目標に練習に励みました。困難を全員で乗り越えたからこそ、自分たちの形から得点することができました。また、試合終了まで全員が走りきり、戦うという姿勢を応援してくださっている方々に見せることができたと思います。奈良育英として多くのことを学んだ選手権になりました。

荒木宏心
近大和歌山 3年／ＤＦ

私はこの大会を通じて、私たちはたくさんの方々に支えられているということ感じました。まず、コロナ禍で大会を開催するにあたり、支えてくださった大会関係者の皆様、そして、私たちをサポートし、応援して下さった方々です。私たちがコロナ禍の中でサッカーができることや、たくさんの支援、メッセージを頂くことは決して当たり前ではなく、感謝を忘れてはいけないということを改めて感じることができた大会でした。

鈴木章斗
阪南大高 3年／ＦＷ

僕たちの選手権は3回戦で終わりを告げました。優勝候補である青森山田高校に真っ向勝負を挑みましたが、シュート精度や球際の激しさ、競り合いの強さなど、すべての面において圧倒され、非常に悔しい敗戦でした。しかし、最後まで自分たちのサッカーで戦い抜くことができたことで、悔しさ以上の達成感を感じています。仲間とともに歩んできた3年間は貴重な財産となりました。支えてくださった皆様、ありがとうございました。

藤田仁朗
滝川第二 3年／ＭＦ

大会終了後も悔しさが日に日に増しています。4年ぶりの全国が決まってもまだスタートライン、全国を駆け上がるつもりでしたが、初戦で敗退し、全国の壁を感じました。しかし滝二のサッカーを全国でも貫いたことに誇りを持っています。後輩達が滝二のサッカーを、今後も全国で輝かせてくれるだろうと期待しています。コロナ禍での苦労はありましたが、何よりも大会が実施されたことに感謝の気持ちが強いです。ありがとうございました。

鈴木慎之介
米子北 3年／ＤＦ

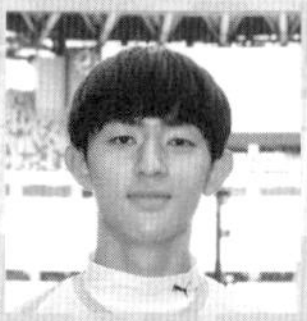

選手権に出場させていただく中で、チーム関係者・学校の先生方はもちろん、大会関係者・観客の皆さまがいるからこそ、私たちは試合ができサッカーを楽しむことができているのだと痛感しました。米子北は優勝を目指していたものの初戦敗退となりました。しかし、米子北らしく諦めずに戦い抜いたことで、協力していただいた方々へ私たちの想いは届いたと思います。今後も高校サッカーでの経験を活かし成長していきます。

廣戸蒼大
大社 3年／ＦＷ

2年連続11回目の出場となった大社高校は、ベスト4を目標に掲げて大会に臨みました。結果は2回戦敗退となりましたが、誰もが憧れを抱く最高の舞台で最強の相手と試合をすることが出来ました。ここまで来るのに苦楽を共にした仲間やスタッフを始め、県内サッカー部員の想いや4種・3種の育成指導者の想いも胸に戦えたことを本当に誇りに思うと共に一生の財産となりました。これからも歩みを止めず、次のステージでも成長し続けたいと思います。

梁 俊虎
瀬戸内 3年／ＦＷ

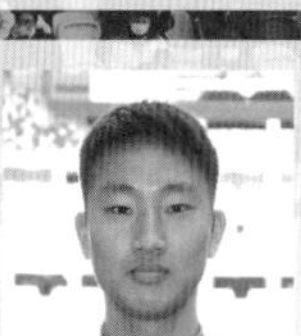

幼い頃から憧れであった選手権の舞台。全てが本当に楽しかったです。結果は残念ながら1回戦で敗退となりましたが、この悔しさを糧に次のステージで頑張っていきたいと思います。そして後輩たちには来年また同じ舞台に立って必ずリベンジしてほしいです。この度はコロナ禍という状況の中、大会を開催するためにご尽力してくださった大会関係者の皆様、本当にありがとうございました。

奥野奨太
高川学園 3年／ＤＦ

記念すべき100回大会で選手宣誓を務めさせて頂きました。とても貴重な経験で、一生の思い出となりました。今大会は、昨年の悔しさや先輩方の思いを胸に挑んだ大会でした。多くの方々の応援やサポートのおかげで、第3位という成績を残すことができ、改めてサッカーができることの素晴らしさを感じました。目標であった優勝にはあと一歩届きませんでしたが、後輩たちがあの場所で優勝旗を掲げてくれる日が来ると信じています。

山岡亮太
岡山学芸館 3年／ＭＦ

今回の選手権では、新型コロナウイルス感染症拡大による制限はありましたが、有観客での開催であったため、より引き締まった思いでプレーすることができました。しかし、チームとして掲げた「全国ベスト4以上」という目標を達成できず、応援してくださっている方々に対して、結果という形で恩返しができなかったことが非常に悔しかったです。今大会の経験や悔しさをバネにして、今後も努力を続けていきます。

第100回高校サッカー選手権に参加して

佐藤海七多
高松商 3年／DF

今回の記念すべき第100回全国高校サッカー選手権大会に出場できたことを非常に嬉しく思います。また、開催にあたって尽力してくださった方々や大会に向けて支えてくださった多くの皆様には感謝の気持ちでいっぱいです。小さい頃から憧れていた舞台でのプレーは、初戦敗退という悔しい結果で終わりましたが、後輩たちには、来年もこの舞台に戻ってきて私たちが越えられなかった壁を打ち破ってほしいと思います。

石山 瑛
今治東 3年／DF

今回、記念すべき第100回大会に出場することができ、とても光栄に思います。コロナ禍で思うような活動ができない時期もありましたが、仲間や支えてくれる人たちがいたからこそ苦難を乗り越え、選手権に出場することができました。試合は負けてしまいましたが、この経験を今後の人生に活かすと共に、後輩へと繋いでいきたいと思います。第100回大会の開催、運営に関わってくださった皆様、本当にありがとうございました。

増田太陽
徳島商 3年／DF

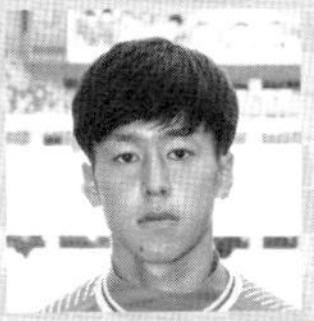

第100回全国高校サッカー選手権大会を終えて、まずコロナ禍での開催に携わってくださった全ての方々に感謝したいと思います。ずっと夢であった全国大会に県代表として出場することができ、とても嬉しい気持ちです。結果は静岡学園に0-5で敗れましたが、徳島商業らしいサッカーを全国でも見せることができたと思います。このような素晴らしい大会に出場することができ、本当によかったです。ありがとうございました。

松井 匠
高知 3年／MF

今年度も、新型コロナウイルスの影響で思うようにサッカーができない時期もあり、全国大会の開催の可否もあったが、最終的に多くの方々の協力で、大会を有観客で行うことができた。そのおかげで、サッカーだけに集中することができたと改めて感じている。私たちは、1回戦で負けてしまったが、最後まで諦めない姿勢や、戦う気持ちは見せることができた。このような環境で試合をすることができたことは、忘れられない経験になった。

段上直樹
東福岡 3年／DF

まずはコロナ禍という状況の中、大会を開催してくださった関係者の方々、そして医療従事者の方々に心から感謝しています。コロナ禍の影響でなかなか思ったように練習もできず、うまくいかない事ばかりでした。そんな中でも工夫を重ねて、県予選含めこの大会を通じて、本当に成長することができたと思います。残念な結果とはなりましたが、次のステージに向けてまだまだ頑張りたいと思います。たくさんの応援ありがとうございました。

森田悠斗
佐賀東 3年／MF

全国高校サッカー選手権をベスト16で終えました。もっと上を目指してはいましたが、悔いなく終われました。コロナ禍でも大会を開催して頂けたことに感謝しています。県大会を勝ち抜き、全国大会までの期間で成長し、より強くなれました。2回戦からのスタートで前回王者の山梨学院さんと試合をし、とても苦しい試合になりましたが無失点に抑え勝利でき、とても嬉しかったです。後輩たちには今回以上の成績を期待しています。

村本 輝
中津東 3年／DF

選手権は小さい頃からの憧れだったので出場することが出来てとても嬉しく思います。そして、国立競技場でこの仲間達とプレー出来たことは一生の宝物になりました。関東第一さんと対戦出来たことも、とても良い経験になりました。この3年間、たくさんの方々に支えられ、応援していただいたおかげでここまで来ることが出来ました。この感謝の気持ちを忘れず、今回の経験をこれからの人生に活かしていきたいです。高校サッカー最高！

羽間友基
宮崎日大 3年／GK

今大会は100回大会ということもあり、より特別な大会になったと思っています。新国立競技場になって初めての選手権で、私達はこの舞台でプレーしたいと強く思っていました。結果は3回戦敗退で終わってしまい、国立に立てませんでした。しかし、宮崎日大としては選手権初得点、初勝利を掴むことができ、初の全国ベスト16となりました。本校は2回目の出場でチームとしてはこれからなので、選手権と共に歴史を重ねていきたいと思います。

森田大智
大津 3年／MF

まずコロナ禍の中大会を開催していただいたことや、資金の援助をしていただいたことなど沢山の感謝の気持ちがあります。今大会、大津高校初の準優勝という結果で終えました。ベスト8の壁を破ることができた喜び、準決勝が試合不成立になってしまったもどかしさなど、様々な感情がありますが、一番は優勝することができなかった悔しさが強いです。多くの方の支えで最高の仲間と最高の舞台でプレーできました。ありがとうございました。

児玉勇翔
長崎総科大附 3年／DF

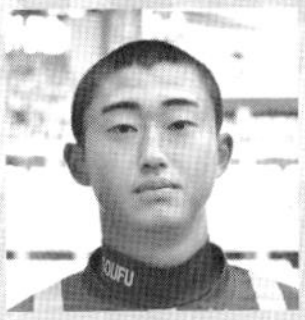

まずは、コロナ禍において第100回という節目の大会開催に尽力してくださった関係者の皆様に感謝しています。本大会で、仲間との絆やチームの団結力がとても高まったと思います。大会で勝ち上がるには、やはりチームの団結力が必要だと改めて実感するとともに、全国大会に出場するチームはすべてオフザピッチの部分が優れていると実感しました。1、2年生には自分たちのベスト16という結果を乗り越えて欲しいと思います。

抜水昂太
神村学園 3年／MF

今年も昨年に引き続き、大会を開催することが難しいなか、関係者の方々のおかげで開催できたことに感謝します。2回戦敗退という結果で終わり、私たちの攻撃的なサッカーを魅せることができず、私たちを支えてくださる方々の期待に応えられなかったことに改めて未熟さを感じました。最後まで諦めずに戦う姿勢は、観ている方々に少しは勇気や希望を与えられたと思いますが、この悔しさをこれからのサッカー人生に活かしていきます。

玉城俊輔
西原 3年／DF

今年度は、練習もできない状況が長く、チームとしての積み重ねができず本当に苦しい1年でした。その状況をチーム全員で励まし乗り越えた事で全国大会出場を手にする事ができました。夢の舞台は無得点のまま初戦敗退で終えてしまいましたが、全員が全力を出し切って戦うことができました。全国初勝利は後輩たちに託します。この3年間は本当に多くの方の支えがあり、続ける事ができました。この感謝の思いを次のステージで生かしていきます。

100th ANNIVERSARY

第100回全国高校サッカー選手権大会

優勝監督 手記

黒田 剛

青森山田高校 サッカー部監督

「常に100%追求し続けて」

3冠を達成した強さ

今の時代にあって、「3冠」という目標を掲げてもそう簡単には達成できないことは百も承知です。それでも達成させたこのチームは「本当に強かった」と改めて思いました。彼らはどんな時でも素直に人の話を聞き入れ、一方で言いたいことを言い合いながら、自分たちで具現化、軌道修正できるメンタリティと柔軟性を兼ね備えていました。一人も単独行動を取らず、最後は団結力やチーム力を重視して戦ってくれたからこそ、3冠を成し遂げるような常勝チームになったのだと思います。

選手たちに対して指導することは毎年変わりません。その年その年の個々のパワーや性格など、様々な要素がチーム作りを困難にさせたり有利にさせたりします。しかし、今年度のチームは過去2年連続で選手権準優勝を味わい、悔しさを肌で感じていた子たちです。ただ選手権の優勝だけでは満足することができない。主将の松木玖生を中心に、全てのタイトルを獲ろうと掲げ、みんなが必死にそれに付いていきました。松木だけではなく、宇野禅斗や藤森颯太といった仲間が、みんなキャプテン同等の意識で尽力してくれたことも大きかったと思います。また、大会前に怪我人が出たことでチームの危機感が煽られ、団結力が一層増したことにも繋がりました。代わって入った中山竜之介や小野暉は本当に良くやってくれたと思います。

学び、反省し、気付く

初戦の相手となった大社は、6大会前も初戦で対戦し苦戦した経験があります。テクニカルなチームだということも、スピードを持っている選手がいることも、持田君を中心としたカウンターが特徴だということも分かっていました。若干、硬い入りにはなりましたが、ハーフタイムに「冷静に、平常心でやろう」と頭を柔軟にさせて、もう一度チームを組み立て直しました。それが後半の6得点に繋がったのだと思います。試合運びの難しさと、自分たちのサッカーをすれば得点できる自信という、2つを学んだ初戦でした。

3回戦の相手・阪南大高は前評判が高く、FWの鈴木君や石川君、サイドの田中君と強烈な選手が揃っていたので、カウンターだけは絶対に受けないことを重視しました。リスタートを含めて3点先にリードできたことによって、本来の我々のサッカーができたと思います。一方で、リスタートのこぼれ球から鈴木君に押し込まれた失点により、また学習することができました。3-0になったことで、少し集中力が欠けた部分があったところを厳しく反省させ、次へ向かうことができたのは良かったところです。

準々決勝では、東山が本来の形を崩して5バックで入ってきました。福重良一監督が大学の同級生ということもあり、親友でもあり、とてもやりにくい相手でした。立ち上がりの硬い時間帯に守備の甘さを突かれ失点。この失点は危機感を煽る意味でもとても良い教訓になりましたし、幸運なことに前半のうちに同点に追いつけたことで精神的にも試合を優位に進めることができました。後半はしっかり修正し、シュートを1本も撃たせず、冷静に逆転できたのは良かったと思います。難しい試合になりましたが、国立へ向けて自分たちに気付きを頂けた有難いゲームになりました。大学同期に感謝です。

準々決勝後の3日間の中で、「自分たちが一番強かった時のサッカーはどんなサッカーだったか」「自分たちのサッカーを取り戻そう」ということで、チームコンセプトを再認識させて迎えたのが、高川学園との準決勝でした。非常に良い入りをして先制点も思い通りの形で取れ、相手に話題の『トルメンタ』を1本もやらせることなく試合を終えることができました。「これが青森山田のサッカーだよな」ということに選手たちが改めて気付いてくれた準決勝だったと思います。

被シュート0で完封勝利

前年度は準決勝で矢板中央に5-0で勝ち、決勝で失敗した経験があるので、今年度の決勝は苦い思いをしたくない。「この国立で自分たちのサッカーをやらなかったらもったいない」「青森山田のサッカー、今年一年で一番強かった青森山田を日本全国に見せよう」と高いモチベーションで臨んだ決勝でした。

コロナ禍の影響を受け辞退せざるを得なかった関東第一は、本当に辛かったと思いますが、とても素晴らしいチームだったと思います。また大津は初めての国立ということもあり、準決勝を経験できなかったのは、さらにこの決勝を難しくさせたのかもしれません。試合序盤は互いに緊張もあることから、早く先制点を取ることが試合を優位に進めることだと考え、徹底して前からプレッシャーを掛け、一年間試行してきた青森山田のサッカーを前面に出していきました。選手は本当に頼もしかった。安心して見ていられました。

今年度の選手たちはブレることなく、まず目の前の1試合に全力を尽くすことを徹底して貫いてくれたチームでした。年間を通して高体連のチームには一度も負けることはなかったのですが、その中でも常に様々な反省材料を探し出し、日々改善しながら一番強いチームとなって決勝を戦えたこと、また決勝のステージで青森山田が志向している「被シュート0で完封勝利」というゲームプランを実現させてくれたこと、青森山田のサッカーをまざまざと見せつけてくれたことは、大きな成長も感じられ、何よりも嬉しいことでした。

我々はここ数年、「何でもできるサッカー」を目標に掲げ取り組んできました。得意なことばかりに特化したサッカーには限界がある。「自分たちのウィークポイントとしっかり向き合い、全力で改善しよう」はチームの合言葉でもありました。本当に辛いことも時間のかかることも努力を重ね、全てをストロングポイントに変えていくことを年間通して志向してくれたと思います。総体の優勝にも安堵することなく、さらなる高みを目指して彼らはネジを巻き直してくれました。一切妥協することなく、油断することなく、驕ることなく、謙虚に次の強化や成長に向けて取り組んでいけたことが良かったと思います。

春先からどのチームも「打倒・青森山田」を掲げ、目の色を変えてかかってくるなか、一切惑わされることなく、1試合1試合、全てにおいて全力を尽くしてくれました。常に100%を追求し続けたからこそ、100にも120の力にもなった。今年のチームには、我々スタッフも大変成長させてもらいました。感動をもらい、幸せをもらい、勇気をもらい、素晴らしい選手たちに恵まれたことに心から感謝しています。

節目の大会に募る感謝

100回大会という節目の年に、あらゆるプレッシャーを抱えながらも周囲の期待に応え、ある意味期待を裏切るような結果をもたらすことができたと思っています。

大会期間中には小嶺忠敏先生が逝去されました。私は小嶺先生の後ろ姿を見て指導者の道を目指し、小嶺先生の長時間バスを運転している姿を見知って、「バスの運転で日本一になりたい」と刺激を受けてきました。様々な意味で、小嶺先生を超えないと日本一にはなれない。そう思わせてくれる存在でありました。記念すべき100回大会のベンチに1試合でも座っていただきたかった無念さが強く残ります。インターハイの初戦で対戦した際、小嶺先生と会話する機会があり「黒田さんの時代到来だね」「あとは頼むぞ」と、今思えば感慨深いメッセージだったように感じます。

このコロナ禍であっても大会運営に尽力してくださった日本サッカー協会をはじめ、全国高体連の方々、日本テレビをはじめとする民放各社、そして何より青森山田を信じて子どもたちを預けてくださった保護者の方に、心から感謝申し上げます。この第100回大会は、第1回大会から戦争など様々な事情を挟みながらもここまでご尽力されてきた数多くの先人がいらっしゃってこその大会であり、その方々の「高校サッカー愛」無くして語れるものではありません。皆様への感謝の気持ちを忘れることなく、これからも「高校サッカー」の魅力を守っていきたいと思います。

第50回
日本高校選抜チーム活動告知

第50回日本高校選抜チームは、新型コロナウイルス感染拡大の影響で、前々年度、前年度に引き続き、ヨーロッパ遠征は中止。国内のみでの活動が決まった。

選考日程

【1月27日〜30日】
◉ 選考合宿（静岡県御殿場市）

選抜チーム日程

【2月9日〜2月12日】
◉ 強化合宿（神奈川県横浜市）
【2月12日】
◉ FUJIFILM SUPER CUP 2022 NEXT GENERATION MATCH（日産スタジアム）
【3月4日〜3月7日】
◉ 強化合宿（静岡県御殿場市）
【3月6日】
◉ 静岡県ヤングサッカーフェスティバル（草薙総合運動場陸上競技場）
【3月8日〜3月13日】
◉ 強化合宿（福島県双葉郡楢葉町）
◉ デンソーカップチャレンジサッカー（Jヴィレッジ）

選抜役員・スタッフ

団長	玉生 謙介	学習院高等科
総務	佐々木 浩児	香川県立高松東高校
監督	仲村 浩二	尚志高校
コーチ	鈴木 勝大	桐光学園高校
GKコーチ	平田 俊英	聖和学園高校
トレーナー	鈴木 優	BB Trainer's
主務	杉田 俊幸	千葉県立京葉高校
主務	大渓 晃太	神奈川県立大師高校
記録	小林 洋	高体連記録部・高校サッカー年鑑

第50回 日本高校選抜チーム

背番号	ポジション	氏名	氏名（カタカナ）	所属高校	学年
1	GK	佐藤 瑠星	サトウ リュウセイ	大津	3
2	DF	田口 空我	タグチ クウガ	流経大柏	3
3	DF	柳生 将太	ヤギウ ショウタ	前橋育英	3
4	DF	馬場 拓己	ババ タクミ	桐光学園	3
5	DF	海老沼 慶士	エビヌマ ヨシヒト	米子北	3
6	MF	小泉 龍之介	コイズミ リュウノスケ	静岡学園	3
7	MF	川口 敦史	カワグチ アツシ	大津	3
8	MF	山市 秀翔	ヤマイチ シュウト	桐光学園	3
9	FW	松永 颯汰	マツナガ ソウタ	静岡学園	3
10	FW	福田 師王	フクダ シオウ	神村学園	2
11	MF	藤森 颯太	フジモリ ソウタ	青森山田	3
12	DF	大川 佳風	オオカワ カフウ	流経大柏	2
13	DF	チェイス アンリ	チェイス アンリ	尚志	3
14	FW	大迫 塁	オオサコ ルイ	神村学園	2
15	MF	薬師田 澪	ヤクシダ レイ	大津	3
16	MF	田澤 夢積	タザワ ユヅム	青森山田	3
17	GK	吉田 優翔	ヨシダ シュウト	桐光学園	3
18	FW	守屋 練太郎	モリヤ レンタロウ	前橋育英	3
19	MF	根津 元輝	ネヅ ゲンキ	前橋育英	2
20	MF	阪田 澪哉	サカタ レイヤ	東山	2
21	DF	佐々木 奈琉	ササキ ナル	帝京長岡	3
22	DF	川副 泰樹	カワゾエ タイキ	大津	3
23	GK	鮎澤 太陽	アユザワ タイヨウ	尚志	2

令和4年 U-17
日本高校選抜チーム活動告知

令和3年に総体優秀選手を中心に組まれたU-17日本高校選抜チームに引き続き、新たな育成の取り組みとして令和4年も同選抜チームを組織。新型コロナウイルス感染拡大の影響で予定されていたヨーロッパ遠征は中止。国内のみでの活動となる。

選考日程

【1月26日〜30日】
◉ 選考合宿（静岡県御殿場市）

選抜チーム日程

【2月17日〜2月20日】
◉ 強化合宿（静岡県御殿場市）
【3月16日〜3月21日】
◉ 強化合宿（福島県双葉郡楢葉町）
Jヴィレッジカップ2022（Jヴィレッジ）

選抜役員・スタッフ

団長	滝本 寛	東京都立南葛飾高校
総務	池田 一義	埼玉県立川口北高校
監督	蒲原 晶昭	佐賀県立佐賀東高校
コーチ	中村 真吾	米子北高校
GKコーチ	佐々木 篤史	作陽高校
トレーナー	服部 浩史	はっとり整骨院
主務	高松 慎	駒場東邦中学高校
主務	川北 康博	埼玉県立越谷西高校
記録	小林 洋	高体連記録部・高校サッカー年鑑

U-17日本高校選抜チーム

ポジション	氏名	氏名（カタカナ）	所属高校	学年
GK	佐藤 安悟	サトウ アンゴ	帝京長岡	2
GK	藤澤 芭琉	フジサワ ハル	徳島市立	2
GK	デューフエマニエル凛太朗	デューフエマニエル リンタロウ	流経大柏	2
DF	宝納 拓斗	ホウノウ タクト	佐賀東	2
DF	津久井 圭祐	ツクイ ケイスケ	昌平	2
DF	豊田 怜央	トヨダ リョウ	桐光学園	2
DF	鈴木 大翔	スズキ ハルト	尚志	2
DF	萩原 聖也	ハギワラ マサヤ	流経大柏	2
DF	都築 駿太	ツヅキ シュンタ	流経大柏	2
DF	保田 成琉	ヤスダ ナル	阪南大高	2
DF	新谷 陸斗	シンタニ リクト	東山	2
MF	田原 瑠衣	タバル ルイ	大津	2
MF	白井 柚希	シライ ユズキ	静岡学園	2
MF	髙橋 隆大	タカハシ リュウタ	静岡学園	2
MF	篠田 翼	シノダ ツバサ	昌平	2
MF	真田 蓮司	サナダ レンジ	東山	2
MF	徳永 涼	トクナガ リョウ	前橋育英	2
MF	小池 直矢	コイケ ナオヤ	前橋育英	2
MF	名願 斗哉	ミョウガン トウヤ	履正社	2
FW	廣井 蘭人	ヒロイ ランド	帝京長岡	2
FW	澤田 佳憲	サワダ ヨシノリ	瀬戸内	2
FW	小林 俊瑛	コバヤシ シュンエイ	大津	2
FW	福田 秀人	フクダ ヒデト	米子北	2

テクニカルレポート

2021年12月28日～2022年1月10日

100th ALL JAPAN HIGH SCHOOL SOCCER TOURNAMENT

第100回 全国高校サッカー選手権大会

(公財)日本サッカー協会　技術委員
(公財)全国高等学校体育連盟サッカー専門部　技術委員会

全国高等学校体育連盟
サッカー専門部
技術委員

加藤 悠
東京都立
東久留米総合高校

1 大会概要

①大会の流れ

【期間】
2021年12月28日～2022年1月10日
【場　所】国立競技場・1都3県
(東京・埼玉・千葉・神奈川)全9会場
【優　勝】青森山田(青森県)
【準優勝】大津(熊本県)
【第3位】高川学園(山口県)
　　　　　関東第一(東京都B)

記念すべき第100回大会を迎えた「全国高等学校サッカー選手権大会」は、全国高等学校体育連盟サッカー専門部加盟校3937校が参加し、各都道府県予選を勝ち抜いた48代表が開会式の舞台である新・国立競技場に集結した。記念大会となる第100回大会のために何年も前から数多くの方々の協力のもと盛大に開催すべく準備が進められた。新型コロナウイルス感染症の影響がまだまだ残っていたものの、大会を最後まで開催することができたのは、多くの皆様のお力添えがあったからである。第100回という節目の大会で、第92回大会以来8年ぶりに開幕戦、準決勝、決勝が「聖地」国立競技場に帰ってきた。さらに、12月28日に開会式および開幕戦と日程を早め、全日程において中1日以上空けるというスケジュール調整を行った。選手宣誓は、高川学園(山口県)の奥野奨太主将が行い、「選手権の歴史に、新たな1ページを」と節目の大会における先輩たちへの感謝と大会に懸ける覚悟が伝わる素晴らしい宣誓であった。各会場では観戦に制限がかかる中、12月28日から1月10日の決勝戦まで1都3県(東京・埼玉・千葉・神奈川)全9会場において行われた。新型コロナウイルス感染症の影響により準決勝の1試合が試合中止になったため、全46試合となったが、全ての試合において多くの方々の想いが感じられる熱戦であった。

「聖地 国立」に帰ってきた開幕戦は、関東第一(東京都B)と中津東(大分県)の一戦となった。粘り強く守ろうとする中津東に対して、前半の早い時間帯で先制した関東第一が勢いに乗り、そのまま6得点を挙げ開幕戦を制した。29日に行われた1回戦では、高円宮杯 JFA U-18サッカープレミアリーグ 2021(以下プレミアリーグ)所属のチームに注目が集まった。流経大柏(千葉県)と近大和歌山(和歌山県)の一戦では、幸先よく先制した流経大柏が1試合を通じて決定機を作り続けたが、近大和歌山が先制点以降ゴールを割らせない。後半、近大和歌山がカウンターから同点に追いつきPK方式の末、プレミア勢を破り2回戦進出を果たした。

2回戦、注目が集まったのは、プレミアリーグWEST所属チーム同士の東福岡(福岡県)と大津(熊本県)の一戦。お互いに手の内を知り尽くしている伝統校同士の対戦は、東福岡の連続したプレスをテンポの良いパスワークで剝がし、チャンスを作り続けた大津が4得点を挙げ3回戦に駒を進めた。前回大会3位の帝京長岡(新潟県)と神村学園(鹿児島県)の一戦にも注目が集まった。両チームともに高い技術力を発揮し、テクニカルかつ戦術的な攻防となった。前半に2点を先行した帝京長岡に対して、神村学園はMF大迫とFW福田の2年生コンビを中心に1点を取り返す展開となるが、最後は帝京長岡が3-2で接戦を制した。

令和3年度　第100回全国高校サッカー選手権大会

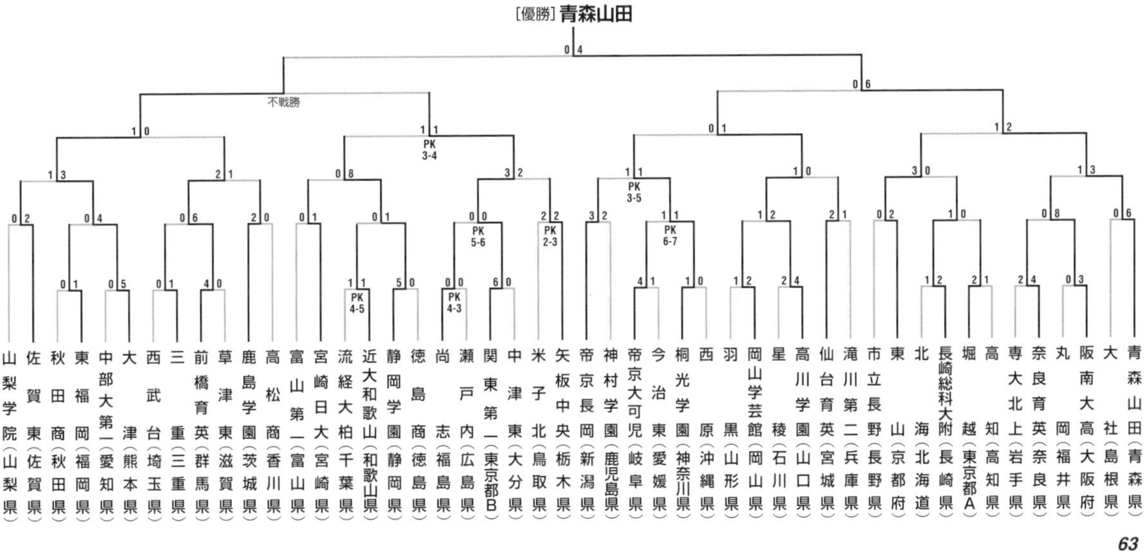

年が明けた3回戦では、1、2回戦を大量得点かつ無失点で勝ち上がっている前橋育英（群馬県）が鹿島学園（茨城県）と対戦した。高い技術力とパスワークを活かした多彩な攻撃でゴールを狙う前橋育英に対して、3ラインをコンパクトに保ちながら粘り強く守る鹿島学園の構図となる。前半スコアレスで折り返す展開となり、前橋育英が先制すれば鹿島学園が追いつく熱戦となった。PK方式突入かと思われた終了間際に2点目を取った前橋育英が準々決勝の切符を手にした。

準々決勝、第98回大会王者の静岡学園（静岡県）と、初のベスト8入りを果たした関東第一の一戦は、3試合14得点無失点という圧倒的攻撃力を誇る静岡学園が終始主導権を握る展開となる。左SH古川が個人技とワンツーでサイドを切り裂き、右SH川谷はスピードを活かした突破でチャンスを幾度となく演出した。対する関東第一は、1-4-4-2の今までとは違うシステムで守備ブロックを形成し、ゴールを割らせない堅い守備で対応する。スコアレスのまま進んだ後半、両チームとも交代枠を使いながら仕掛けた結果、静岡学園がクロスを起点に先制する。1-0のまま迎えた終了間際、関東第一はワンチャンスに抜け出したMF日下のクロスにFW坂井が飛び込み同点弾を決める。ギリギリでPK方式に繋げた関東第一はそのままの勢いで勝利し、初のベスト4入り、そして開幕戦に続き2度目となる国立の切符を手にした。

国立競技場に舞台を移した準決勝の直前、大会参加校2校から新型コロナウイルス陽性反応者が出るという事態にみまわれた。準決勝出場校の4校に抗原検査を行った結果、関東第一から陽性反応者が出たため、出場辞退となってしまった。そのため、大津の決勝進出が決まった。苦渋の決断ではあったが、関東第一が見せた素晴らしいサッカー、快進撃は多くの人々の心に感動とともに刻まれた。今大会3位となった関東第一に心から拍手を送りたい。

もう一方の準決勝は、今大会、世界中で話題となったセットプレー「トルメンタ」を使うなどして、快進撃を続ける高川学園と今年度インターハイ、プレミアリーグEASTと2冠を達成し3冠を狙っている絶対王者・青森山田（青森県）の一戦。高川学園は、準々決勝のシステムから変えて1-5-3-2で守備ブロックを形成し、カウンターからチャンスを窺うゲームプランで試合に入る。対する青森山田はMF松木、宇野を中心にボールを動かしサイドから攻撃を仕掛ける。立ち上がりのFKからFW名須川が先制すると、そのままの勢いでCKから2点目を奪う。高川学園も鋭いカウンターからゴールに迫るが、青森山田の堅い守備に阻まれる。後半も勢いを止めることなく青森山田が大量6得点を挙げ4大会連続となる決勝進出を決めた。最後まで走り続け、今大会3位となった高川学園には敬意を表したい。

第100回記念大会の決勝は、4万2747人の観客が国立競技場に駆けつけてくれた。選手権大会初の決勝進出、初優勝を狙う大津と3年ぶり3度目の優勝を狙う青森山田の一戦はキックオフと同時に、両チームの球際での力強さが目立つ展開となった。前線へのロングボールからの競り合い、セカンドボールの奪い合い、中盤での球際の攻防で、両チームともチャンスを作らせない。大津DF川副、寺岡を中心に細かくDFラインのコントロールを行い、青森山田のダイレクトプレーに対応する。主導権を握る青森山田は、大津のカウンターや組み立てからの攻撃に対しても強度の高い守備でチャンスを与えない。均衡が破れたのは前半37分、青森山田のMF松木が中盤でボールを奪うと自ら運びCKを獲得。そのCKからDF丸山がゴールを決め、先制に成功する。勢いにのる青森山田は、FKの流れからMF田澤のクロスをFW名須川が押し込んで追加点を奪い、試合の主導権を握ったまま、前半を終了する。後半、反撃を試みたい大津は後方からボールを繋ぎ、攻撃のリズムを作ろうとするが、

【第1表】過去５大会の得点推移

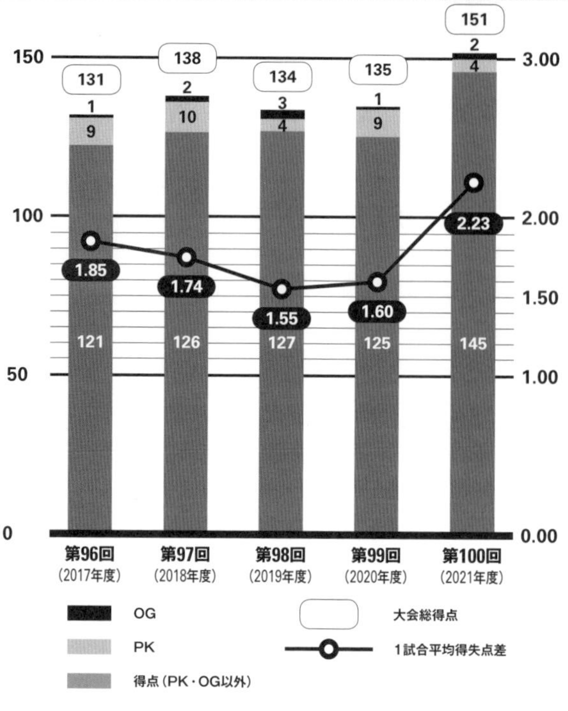

	第96回（2017年度）	第97回（2018年度）	第98回（2019年度）	第99回（2020年度）	第100回（2021年度）
大会総得点	131	138	134	135	151
得点（PK・OG以外）	121	126	127	125	145
PK	9	10	4	9	4
OG	1	2	3	1	2
1試合平均得点	2.79	2.94	2.85	2.87	3.28
1試合平均得失点差	1.85	1.74	1.55	1.60	2.23

【第2表】高円宮杯 所属カテゴリ別得点数

得点チーム	相手チーム プレミア	相手チーム プリンス	相手チーム 都道府県
プレミアリーグ所属（4チーム）	8点	4点	24点
プリンスリーグ所属（18チーム）	1点	17点	47点
都道府県リーグ所属（25チーム）	3点	21点	26点

下位相手 75点

上位相手 25点

同位相手 51点

強度の落ちない青森山田の守備の前に、攻撃の糸口を見出すことができない。強度の落ちない青森山田は2点を追加し、4-0で記念すべき第100回大会を圧倒的な強さで制し、通算3度目の優勝を果たした。初の決勝進出を果たした準優勝の大津にも賛辞を送りたい。

文責／石部元太（江戸川高校 定時制）

②トピックス

❶連戦をなくしたレギュレーション

今大会の大きな特徴のひとつに大会日程の変更が挙げられる。今大会は12月28日に開幕し、29日に1回戦、31日に2回戦、年をまたいだ1月2日に3回戦、4日に準々決勝という日程で行われた。例年、2回戦、3回戦が連戦となるが、今大会は中1日で試合をこなしていくという日程となり、連戦がなくなったことにより選手のコンディショニングの維持・回復、対戦相手への対策も含めた準備など、出場チームの選手・スタッフにとって大きなメリットとなった。

❷総得点数の増加

今大会の総得点数は151点であり、過去5年間の大会と比較すると最多となった。

また、大量得点差（5点差以上）となった試合が8試合あり、首都圏開催となって以来最多の数となった。大量得点差で勝利したチームは関東第一、大津、静岡学園（2試合）、前橋育英、青森山田（2試合）、阪南大高(大阪府)の6チームであった。これらのチームをリーグカテゴリから分類してみるとプレミアリーグ2チーム（青森山田、大津）、高円宮杯 JFA U-18サッカープリンスリーグ3チーム（前橋育英、静岡学園、阪南大高）、都道府県リーグ1チーム（関東第一）となった。プリンスリーグ3チームのうち、前橋育英、静岡学園は2022年シーズン、プレミアリーグへ昇格する。阪南大高もプレミアリーグ昇格とはならなかったが参入戦へ出場しているチームである。決勝のカードが大津対青森山田のプレミアリーグ所属チーム同士となったことからも各チームの日常のゲーム環境がチーム強化に大きな影響を与えているといえる。

❸青森山田3冠

優勝した青森山田は全国高校総体、プレミアリーグEAST優勝という結果を残し、今シーズン3冠を達成した。過去2回の選手権大会は準優勝という結果であったが今大会を含む直近の全国選手権6大会（95回大会～100回大会）で5回の決勝進出、3回の全国優勝、プレミアリーグEASTでも優勝3回という結果から見ても、青森山田が近年の高校サッカーだけでなく、U-18年代サッカーを牽引してきたことは間違いないであろう。

雪国というハンディキャップを克服し、プレミアリーグ初年度から最高峰リーグで戦ってきた経験、勝利するために培ってきたものは今大会も存分に発揮されていた。鍛え抜かれたフィジカル、前線からの激しいプレッシング、素早い切り替えなど強度の高いプレー、正確なテクニックを活かしたゴールに向かう姿勢とともに、勝負どころを逃さないゲーム運びで21得点2失点という圧巻の内容で優勝を手にした。

2 テクニカル分析

高体連テクニカルスタディグループ（TSG）では世界基準を見据えた高校生の育成を念頭に第96回大会より継続して「Intensity&Quality（インテンシティ：プレーの強度／クオリティ：プレーの質）」をテーマに分析を行ってきた。当初はインテンシティの高まりの一方で、クオリティのさらなる高まりの必要性が報告されたが、TSGではインテンシティとクオリティは相乗して向上するものであること、その向上のためには日常の環境（試合、トレーニング）が大切であることを提言してきた。

100回という節目の大会においてインテンシティ&クオリティの高まりを分析するとともに、改めてインテンシティとクオリティは互いを高めていく相乗関係であることを共有したい。

①切り替え

今大会、切り替えの局面では強度の高い攻防が見られた。また、攻守ともに切り替えからチャンスに繋げる場面が多く見られた。速攻からの得点の増加はこれらの意識の高まりといえる。オンザボールの選手だけでなく、オフザボールの選手の関わりがより効果的な場面を作り出していた。攻撃から守備の切り替えの局面ではボールを失った後、ボール周辺の局面での奪い返し、相手の攻撃を遅らせるとともに、ボールから遠くにいる選手の切り替えも大切なファクターとなる。相手の速い攻撃を防ぐために守備ブロックを整える。そのためには予測や帰陣するスピードが大切となる。さらには攻撃時のポジションのバランス、選手の距離感を意識し、常に局面の切り替わりに対する準備、リスクマネジメントをしておくことも必要となる。守備から攻撃の切り替えの局面では素早い動き出し、サポートとともにボールを失わないためのテクニックが必要である。また、ゴールに向かうためのオフザボールの選手が長い距離をスプリントすることも大切である。優勝した青森山田の切り替えの強度は非常に高く、ボールを奪った瞬間に複数の選手の関わりにより、ゴールへ向かうシーンが多く見られた。後述する守備、攻撃の局面の分析においても切り替えの要素が入ってくる。攻撃、守備それぞれの局面の戦術行動が切り替えの局面に大きく関わっている。今大会の切り替えの局面を通して、攻守一体の重要性を改めて共有したい。

②守備

ボールを失った後の切り替えは多くのチームが連動したプレーを見せていた。

【第3表】得点に至るプロセス

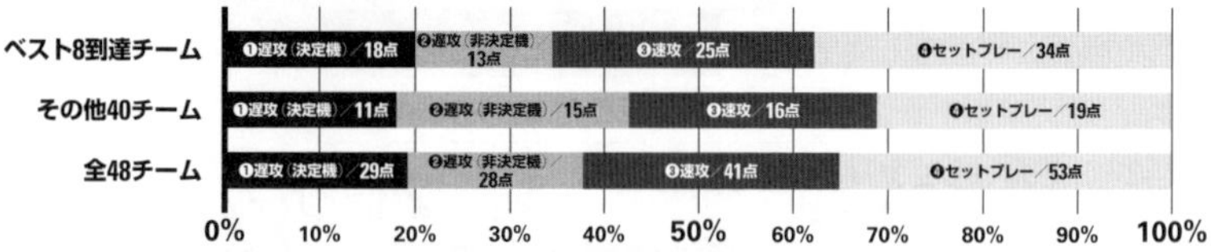

プロセス	詳細	ベスト8到達チーム		その他40チーム		全48チーム	
❶遅攻（決定機）	複数選手の足元へのパス交換(中央)	3	18点	1	11点	4	29点
	複数選手のパス交換(サイド)	10		6		16	
	ゴール方向へのスルーパス	3		1		4	
	ドリブル等個人技による打開	2		3		5	
	その他	0		0		0	
❷遅攻（非決定機）	ショートパス・ドリブルでゴール方向へ接近	3	13点	4	15点	7	28点
	クロス等サイドからのボールで接近	6		8		14	
	ロングボール等後方からのボールで接近	3		0		3	
	ミドル・ロングシュート	1		3		4	
	その他	0		0		0	
❸速攻	前線からのプレス	11	25点	5	16点	16	41点
	ショートカウンター	7		3		10	
	ロングカウンター	7		8		15	
❹セットプレー	フリーキック	6	34点	4	19点	10	53点
	コーナーキック	19		6		25	
	スローイン	7		7		14	
	ペナルティキック	2		2		4	
	キックオフ・ゴールキック	0		0		0	
	クイックスタート	0		0		0	
❺その他	相手のミス	0	0点	0	0点	0	0点
	その他	0		0		0	
総計		90点		61点		151点	

【遅攻・速攻・セットプレーの分類】
●得点時点を起点とし、遡って最も近いアウトオブプレーからの再開時点を対象に分類する
——アウトオブプレーからの再開から10秒未満に得点に至っている時→セットプレー
——アウトオブプレーからの再開から10秒以上かけて得点に至っている時
→得点チームのボール保持開始から得点に至るまで10秒未満の時→速攻
→得点チームのボール保持開始から得点に至るまで10秒以上の時→遅攻
※注意
●シュートやパスがブロックやクリアを受けても、相手チームのボールコントロールを許さず得点チームがボールを保持し続けている場合、ボールの保持開始はさらに前のシーンまで遡る
●10秒未満／以上の基準を満たさなくとも下記のシーンに該当する場合、調査担当者の判断で分類を変更してもよいが、その旨備考に記すこと
——10秒以上15秒未満保持しているが、相手チームの守備が整わない状況で攻め込んだことで得点に至った場合→速攻
——アウトオブプレー再開後10秒以上15秒未満保持しているが、セットプレーのためにゴール前に人数をかけたことで得点に至った場合→セットプレー
【遅攻の分類】
●「決定機」／「非決定機」の分類……キーとなるシュートを撃つシーンが以下のすべてに当てはまる状況を「決定機」とする
①ペナルティエリア内かつゴールエリア幅とその周辺
②ボールを十分にコントロールできる
③ゴール方向に向かっている
④GKと1対1、またはDFがついていてもGKが対応のために大きくポジションを変えている

ボールを失った瞬間に素早く切り替えてボールを奪い返して攻撃に繋げる場面や、カウンターを阻止する場面が見られた。攻撃時のサポートの距離感を活かし、切り替え時に連動してボールへのプレッシャーをかけて奪い返す場面も見られ、攻撃から守備への切り替えの意識、切り替え時のグループでの連動した守備の強度の高さは向上している。今大会はボール奪取から速攻でのゴール数が増加していることからも、ボールを奪う意識だけでなく、ボールを奪ってから素早く攻撃を仕掛ける意識も向上しているといえるだろう。上位に進出したチームはグループ、チームで判断を共有しながらボールを奪い、効果的に攻撃へ繋げることができていた。

ボールを奪うとともに、“ゴールを守る”ことも守備の目的である。ゴールを守るために自陣ゴール前の守備をより強固にする個人戦術の徹底とゴール前にボールを運ばせないための守備の全体像による戦術行動、攻撃時のリスクマネジメントがさらなる守備の向上において大切になっていく。

◉前線の守備

アタッキングサードでの攻撃から守備への切り替え、ボールを奪われた瞬間の素早いプレスでの奪い返し、カウンターの阻止はさらなる攻撃機会の創出、守備のスタートにおいて有効である。その点においては前述した通り多くのチームが意識しており、過去の大会も含め向上されてきた部分である。前線の守備ではボールホルダーへの積極的なプレッシングとともに、全体をコンパクトにして、スペースを与えないことが大切である。前線から積極的にプレッシングをかけ、ボールを奪うことにチャレンジする中で、チーム全体の距離感、相手のビルドアップの狙いに応じたポジショニングの駆け引きや予測を高めることで、ボールを奪う機会はさらに増えていくだろう。

◉中盤の守備

中盤の守備では前線と連動し、ボールを奪う、ボールホルダーに制限をかける場面とともにDFライン前に生じるスペースを管理し、スペースと人の両方を意識して守備をすることが大切である。その点において上位進出チームは前線の守備と連動して、中盤の選手が積極的にボールを奪うことを狙いとして持っていた。特に優勝した青森山田はボールホルダーへのプレスの強度によって、中盤より前でボールを奪う回数が多く、アタッキングサードへ進入させない守備を行っていた。また、今大会は中盤での素早い切り替えの連続による攻防が見られた。拮抗したゲームでは局面の切り替わりを意識した攻守におけるポジショニングのバランスとともに、個人の予測、判断、切り替えの早さ、帰陣の早さにより、インテンシティの高い、連続した激しい中盤での攻防が見られた。今大会は全体的にDFライン前のスペースを管理しながら守備をしている場面はあまり多く見られなかった。中央エリアを攻略する攻撃がより活性化されるとさらなる守備の強化にも繋がっていくだろう。攻守両面においてトレーニングを積む大切さを共有したい。

◉ゴール前の守備

ゴールへ向かう意識の高まりとともに、ゴール前の攻防が多く見られた。ゴール前の守備では、過去のテクニカルレポートを通して、オフザボールの準備、アプローチの質、間合い、ステップワークなどの個人戦術の徹底、連続したチャレンジ&カバー、ポジション修正の重要性を述べてきた。それらの重要性を改めて共有するとともに、ゴールを守るためには、守備の全体像が大切となることを共有したい。前線から規制をかけ、簡単にボールを運ばせない。中盤で人とスペースの両方を意識し、攻撃の起点を作らせな

【第4表】時間帯別得点分布

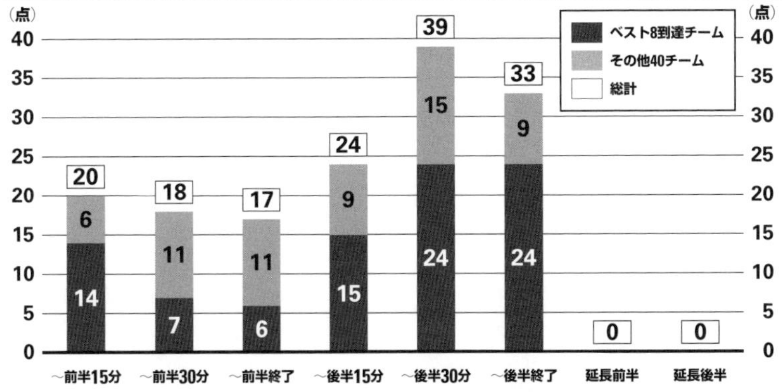

	前半			後半			延長	
	～前半15分	～前半30分	～前半終了	～後半15分	～後半30分	～後半終了	延長前半	延長後半
ベスト8到達チーム	14	7	6	15	24	24	0	0
その他40チーム	6	11	11	9	15	9	0	0
総計	20	18	17	24	39	33	0	0

いとともに、ボールの奪いどころを共有し、連動してボールへチャレンジし、アタッキングサードへ近づけさせない。さらには前線、中盤の守備が剝がされてしまった際のオーガナイズを共有する。より強固な守備を構築するためには個人戦術とともに、守備の全体像を通した戦術行動が必要となる。

③攻撃

今大会はサイドを起点とした得点が多く見られた。積極的なドリブル突破や複数選手のコンビネーションでの崩しなど、サイドを起点に多くのチャンスを作り出していた。サイドを起点にした攻撃ではクロスの攻撃とともに、コンビネーションでペナルティエリア内のポケットに進入し、より効果的なチャンスを作り出していた。また、速攻（前線からのプレス、ショートカウンター、ロングカウンター）からのゴールが増加していることも攻撃の特徴のひとつに挙げられる。ボールを奪う意識と同時に、ゴールを奪う意識の向上が見られた。大会の特徴でも記したが、今大会は総得点数が多い大会となり、大量得点の試合も複数あった。大量得点を挙げたチームや上位に進出したチームはゴールに向かってプレーする場面が多く見られた。前を向く、ドリブルで仕掛ける、オフの選手の関わりによるチャンスを作り出していた。優勝した青森山田は後方からボールホルダーを追い越す動きが多く、オン・オフ両方の選手が積極的にゴールに向かってプレーをしており、ゴールに向かってプレーすることの重要性が再認識される大会でもあった。

◉ビルドアップ

ボールを保持しながら攻撃を組み立てる意識は高くなってきている。意図的に攻撃をするためにはパス&コントロールの質、サポートの質などの個人戦術とともに、相手の守備組織の変化を見て、より効果的な判断を共有してビルドアップしていくことが大切となる。上位進出チームは前線からの守備に対して、攻撃の優先順位を意識し、状況に応じてダイレクトプレーでゴールに迫ろうとしていた。また、ビルドアップを効果的に行えていたチームは最終ラインの選手がボールを意図的に持ち出し、相手守備組織に変化を与えていた。運ぶドリブルのテクニックも大切な要素となっている。

◉ミドルサード・アタッキングサード

サイドを起点とした攻撃、クロスからの得点が多い大会となった。個人での突破力を持った選手の積極的な仕掛けとオフの選手の関わりでクロスの局面を作り出す狙いを持っていた。アタッキングサードで積極的にゴールに向かう姿勢は今大会の大きな特徴でもあり、ドリブルでゴールに向かいながらシュートを意識しているプレーも多かった。上位進出チームはオフの選手の関わる量が増えている中で、オンの選手のドリブルのテクニック、オフの選手のサポートの質が高く、グループ、チームでゴールに向かうことができていた。

④セットプレー

今大会セットプレーからのゴールは53得点であった。依然として得点の3割以上を占める数値であるが、前回大会と比較すると減少しており、特にロングスローを含むスローインからの得点は減少している。セットプレー時のベンチワークを見るとスタッフ間でも役割分担をしているチームが多く、各チームのセットプレーへの対応の工夫や意識の高さが窺える。「デザインされたセットプレー」という言葉にもある通り、各チームのアイデアや工夫を凝らしたセットプレーが多く見られた。上位進出チームはベスト8までの戦いにおいて、セットプレーでの失点が少ないことが特徴として挙げられる。チームとしての役割分担、対応方法の工夫とともに、オフザボールの質、ヘディング・キックの質、セカンドボールへの反応、状況に応じた判断力など個人戦術や個人のテクニックの質の向上もセットプレーにおける重要な観点として共有し、攻守両面においてさらなるレベルアップを期待したい。

⑤ゴールキーパー（GK）

❶GK全般

大会優秀選手にはベスト4へ進出した3チームから選出された。

◉沼田晃季（青森山田／3年）184㎝
前所属：鹿島アントラーズジュニアユース
◉佐藤瑠星（大津／3年）191㎝
前所属：合志中学
◉徳若碧都（高川学園／3年）187㎝
前所属：高川学園中学

今大会に登録されているGK152名の平均身長は178.0㎝、各チームの初戦（1回戦もしくは2回戦）に出場したGKの身長の平均は179.5㎝であった。2020年は178.8㎝、2019年は178.3㎝と徐々に出場GKの平均身長は伸びている。

今大会に登録された185㎝以上のGK17名（全体の12%）。出場したGKは7名。各チームGKの登録メンバー3名の中で必ずしも一番大きな選手が出場していたわけではなかった。身長も大事な要素ではあるがチームコンセプトによってGKにどんな要素を求めるかで選手選考が行われていることがこのデータから窺えた。各チームの先発メンバーを学年別に見てみると3年生36名、2年生12名。昨年とほぼ変わらない数値であった。

❷大会を通して

全体的に基本技術が身についているGKが試合に出場していた。これはGKコーチを配置するチームが増えてきたこと、地道なGKの普及活動が徐々に実を結んできた結果であろう。

【守備】

クロスボールに対して積極的に出ていく場面も多く見られたが、クロスの守備には課題が多かった。ボールの軌道を見誤ってプレーができない、パンチングの技術が未熟なためピンチを回避できない場面が多く見られた。中央の状況を正確に把握できていないため、ボールに対してのスタートポジションが曖昧であった。その結果、正確な判断ができていないGKが多く見られた。

前回大会同様ロングスローを取り入れるチームが多かったが、守備側の対応に工夫が見られた。99回大会、スローインからの失点は全体の16%（21/135）を占めたが今大会は10%（15/151）であった。GKが高い位置をとり、よりチャレンジしやすい位置どりをするチームも見られた。しかし、FKからの失点6%（9/151）、CKからの失点17%（25/151）と高い数値となった。セットプレーの守備に関しては今後も継続して改善が必要である。ストーンの配置、ゾーンなのかマンマークなのか、GKとフィールドプレーヤーの役割をはっきりさせることが大切であろう。

シュートストップでは、キャッチングの技術は向上が見られているが、キッカーのシュート位置に対して正しいポジションがとれていなかった場面や、構えるタイミングが悪く失点をする場面が見られた。またDFのシューターへのアプローチが緩く簡単にシュートを撃たせている場面も多く見られた。DFと連係してゴールを守るという意識が必要である。

今大会では、自陣にブロックを形成して守備をするチームが多かったこともあり前回大会よりGKの守備においてカバーの割合が減少していた。このことはDF背後の広いエリアをGKがブレイクアウェイで対応する機会が少なくなったことを意味するが、攻撃から守備への切り替えにおいて、ロングボールで一瞬の隙を突かれないようにGKは常に準備しておく必要があった。しかし、スタートポジションが低く正確な判断ができずに失点する場面も見られた。適切なポジションをとり続けることがプレーの結果に大きく影響していた。

また相手との1対1の状況ではブロッキングを使う選手も多く見られた。ただしフロントダイビングでボールにプレーできる場合でも、ブロッキングで処理しようとして失点に繋がる場面が見られた。ボールと相手と自分との距離をしっかりと見極めて適切なテクニックを発揮する必要がある。

【攻撃】

GKからの攻撃データは前回大会と比較しても成功率は大きくは変わらなかった。GKが攻撃プレーに関わった回数2506回の中でハーフウェイラインを越えたパスを選択した回数は1443回（成功率14.5%）ハーフウェイライン手前へのパス・スローイングを選択した回数1063回（成功率42.4%）と長いパスを多く選択する傾向が見られた。GKが選択した技術別で見てみるとキャッチしてから選択する技術は（サイドボレー・転がしてキック・オーバーアームスロー・アンダーアームスロー・総プレー数676回）サイドボレー51%・転がしてキック22.6%・オーバーアームスロー9.2%・アンダーアームスロー17.2%という結果であった。サイドボレーキックの選択が約半分見られるが、キャッチしてからキックするまでには時間をかけてプレーしているシーンが多く見られた。つまり、相手守備陣形も整っている中でのプレーとなるため確実に繋げることは難しいであろう。中には、左右差なく正確なキックでGKが関わりビルドアップを志向するチームも見られたが、やはり前線からのプレッシャーがあるとロングキックの選択が多くなっていた。前線からのプレッシャーをかいくぐるビルドアップやGKがボールを保持した瞬間に素早い切り替えからチャンスを逃さない攻撃も高めていきたい。

【その他】

GKに必要な要素としてリーダーシップを発揮するということも必要である。少なくとも守備の場面ではリーダーシップやコミュニケーション能力が求められる。

全体として、リーダーシップの発揮という点では、物足りなさを感じた。ただ中には、CKで押し込んでいる場面でDFとコミュニケーションをとっている場面や、失点した際に味方を鼓舞している場面、PKの際に味方キッカーに声をかける場面などチームの先頭に立ってリーダーシップを発揮している場面も見られた。

この要素に関しては身長や身体能力に左右されずに皆が手にできる可能性がある要素である。ゲーム中だけでなく日常生活や普段の練習からリーダーシップを発揮していくことが本番で味方を助ける力に繋がるのではないだろうか。

⑥まとめ

今大会は攻撃から守備、守備から攻撃どちらの局面も素早い切り替えからテクニックを活かしてのドリブル、オフの選手の関わり、コンビネーションによってフィニッシュで終わるシーンが多く、ゴールに向かう姿勢の高まりが見られた大会となった。ゴールへ向かうスプリント、ボールホルダーを追い越す動きなどのインテンシティとともに、ドリブル、ショートパスでのコンビネーションでサイドからゴールに迫るシーンなどクオリティの高いプレーも随所に見られた。各チームのゴールへ向かう意識の高さは選手の積極的なチャレンジ、そのチャレンジを促す指導者の関わりの成果ともいえる。高体連所属でアンダーカテゴリの日本代表に呼ばれている選手達を見ると、神村学園の福田師王選手、大迫塁選手など前線の選手や、青森山田の松木玖生選手、前橋育英の笠

柳翼選手など中盤の選手でもゴールに向かう姿勢を持っている選手が多いことがわかる。高校サッカーから世界へ羽ばたく選手を輩出していくために、今後は守備のさらなる向上が必要となる。強固な守備を打ち破る攻撃、そしてその攻撃を防ぐ守備。守備の強化がさらなる攻撃の進化に繋がり、守備の進化へと繋がっていくことに期待したい。今大会もチームの特徴を活かし、各チームのストロングポイントを活かした戦い方が展開されていた。前回大会ではスタイルの追求が勝利に直結するとは限らないことが示唆された。今大会も試合状況の判断、相手の戦術的な狙いに対応する力が必要となり、強みとなるチームのスタイルだけでは勝ち上がることは難しくなっている。個人戦術、正確なテクニックを身につけているとともに、対応力のある選手達が試合状況に応じて主体的にプレーすることが求められている。そのためには原理・原則を身につけたサッカー理解度の高い選手の育成、指導者の関わりが必要である。

高体連所属チームにとって、シーズンの1年間の集大成として選手権大会がある。日常の環境がチームの強化、選手の育成に大きな影響を与えることは言うまでもなく、所属するリーグのカテゴリで培われる経験は何物にも替えがたい。しかし日常の環境は所属リーグのカテゴリが全てではない。中部大第一（愛知県）は県リーグ3部のカテゴリながら予選を勝ち抜き、本大会へ出場した。関東第一は次々と強豪校を撃破し、第3位という素晴らしい結果を残した。選手達の日々のたゆまぬ努力、指導者のサッカーに対する情熱や創意工夫が日常の環境を最大限に引き上げているのだろう。全国の選手、指導者に大きな可能性を示してくれた大会でもあった。

第82回全国高校サッカー選手権大会。この年から高体連TSGの活動が本格化し、全国へ発信されました。以来18年、プレミアリーグを頂点としたリーグ戦の定着とともに、高校サッカーを取り巻く環境も大きく変わりました。今大会のテクニカルレポート作成の過程において、過去のレポートを振り返ると、高体連TSGの活動を通して発信された内容が全国の指導者、選手に届き、日常のトレーニングの積み重ねにより高校サッカーの質が向上していることに気づかされます。次の100年に向けて……101回大会以降、さらなる進化を遂げた高校サッカーから日本を代表する選手が生まれ、日本サッカーの発展を支え続けることを願っております。

3 次の100年に向けて
—未来への提言—

第100回全国高校サッカー選手権大会がコロナ禍の状況下、大会運営者・スポンサー・出場チームの選手・監督・スタッフの努力で何とか最後まで実施できたことに対して、本当に良かったと思っております。また、コロナ禍の状況にもかかわらず、決勝戦に4万人以上のお客様がスタジアムに足を運んでくださったことに対して、改めて選手権大会への関心の高さを実感しております。だからこそ我々は、この状況に胡座をかくことなく、更なる進化・発展のためにエネルギーを注いでいく必要があると思います。

日本サッカーのレベルアップ、FIFAワールドカップで日本代表がトロフィーを掲げるためには、育成年代の強化が必須であると考えます。

選手権大会（全国大会のみならず予選も含めて）の改革は常に考え、取り組む課題として捉えるべきであり、選手権大会だけを考えるのではなく、1年間の育成年代のサッカーカレンダー、つまりゲーム環境を見直す必要があると思います。

最も重要な点は、連戦をなくし、M-T-M※のサイクルを大切にすることです。例えば、長期休暇中にトーナメントの試合を1回戦から3回戦まで1週間で終わらせるより、3週間かけて毎週週末に行うほうがどれだけ選手・チームの成長を期待できるかは皆様理解できると思います。全国大会のような遠方からチームが集まる大会はある程度仕方ないことだと思いますが、都道府県内の公式戦は再考する必要があると思います。チーム・選手にとって、公式戦を控えている期間の日常生活は、サッカーのみならずいろいろな部分に好影響をもたらすと思います。そして、連戦をなくすことで、ユース年代のサッカーは90分ゲームが当たり前だという認識を持つことが大切だと思います。逆に、連戦があるからこそ90分ゲームの実施が厳しいといった考えになってしまっていると思います。どこかでこの負のサイクルを断ち切るべきだと思います。次に、ゲームの質を上げるために、暑熱環境下での公式戦をできるだけ避けるべきだと思います。暑熱環境下の公式戦を実施すると、その環境下で勝利するための特別なトレーニングを行う必要が出てきます。そのようなトレーニングが全く無駄だとは思いませんが、育成年代に必要な要素により時間をかけていくべきだと思います。

ゲーム環境を見直す中で次に重要な点として、オフシーズンを作るべきだと思います。ゲーム環境として適していない時期にオフシーズンを入れることで効率化を考慮しましょう。このままでは、我々の後を引き継いでくれる若い指導者が育たなくなってしまう危機感を抱いています。サッカーと家庭を両立できるようにするべきであり、家庭を犠牲にして取り組む姿勢はもう美談ではありません。家族にも応援してもらえるようになるべきです。

こういったことを総合的に考慮し、サッカーカレンダーを考えると、トーナメント戦においてリーグ戦のカテゴリを考慮した（利用した）シード権の導入は必須と考えます。現状では、リーグ戦期間とトーナメント戦期間が区分けされています。日本ではトーナメント戦文化が古くから存在していたためにトーナメント戦がいい環境下で行われております。しかしながら、参加チームの約半分は1回戦で敗退してしまいます。その敗退チームは、いいゲーム環境下でありながら、公式戦の機会がなくなってしまっています。この区分けをなくし、同時に実施することは、トーナメント戦にリーグ戦のカテゴリを考慮したシード権の導入で、ある程度解決できると思います。

以上の提言をこの場をお借りして皆様にお伝えしたいと思います。

できない理由を探すことは簡単です。育成にはお金と時間がかかります。この部分から目をそらさずに向き合ってきた国々がワールドカップのトロフィーを掲げているのではないのでしょうか？ 我々がどちらを選択するのかは、はっきりしていると思います。後はアクションを起こすだけです。ここからは、トップダウンを期待するだけでなく、ボトムアップが必要です。皆様の身近な環境の小さな変化から改革がスタートします。皆様の力で改革をスタートさせましょう！未来の日本代表を強くするのは我々です！

全国高体連サッカー専門部技術委員長
蔵森紀昭（成城学園高校）

※Match-Training-Match：トレーニングとゲームによる選手の育成

Technical Report

ベスト16 チーム分析

（公財）全国高等学校体育連盟サッカー専門部
技術委員会

青森山田（青森県）

基本システム
1－4－4－2

【大会におけるゲームプラン】

高校レベルを超えたフィジカルの強さをベースに、守備、攻撃、切り替えにおいてインテンシティおよびクオリティが非常に高い。全ての局面での球際の強さ、ゴール前での粘り強さ、サイド攻撃、ショートカウンター、セットプレーという特徴こそ多く見られるが、ハイレベルな個のテクニックからポゼッションや中盤での守備など、状況に応じた戦い方が可能な高校年代屈指のチームである。

【チーム・選手等の特徴】

対戦相手や状況に応じて、様々な高い戦術を可能にしているのはMF⑥宇野、⑩松木の存在が非常に大きい。特にゲームの結果を左右するアタッキングサードでは、必ず彼らの攻守による関わりが存在する。豊富な運動量により適切なポジショニングを取り、相手との駆け引きからボールに早く寄る、ボールを受ける角度を変えるなど、優位な状況を作り出す事ができる選手である。さらに、攻撃ではMF⑪藤森の突破力、守備では個でボールを奪いきることができるDF④三輪など、個性ある選手を複数人擁していることがチームの強さの特徴である。チーム全員が高い技術でボールを保持できるだけでなく、複数の選手がゴールへ迫るスプリント能力が高いことで多様な攻撃の選択肢を作ることができ、個人での仕掛けも効果的に発揮することができていた。

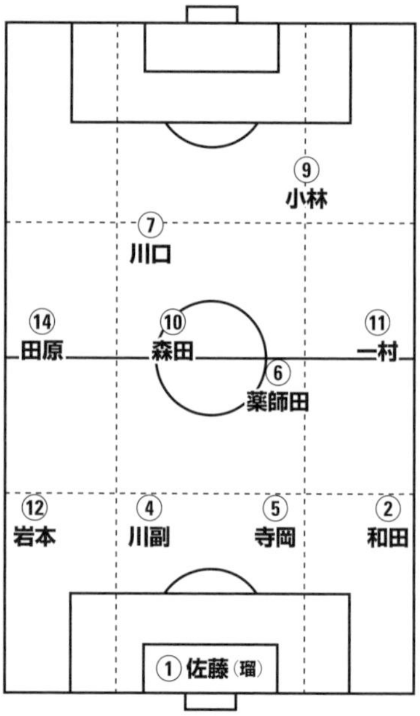

大津（熊本県）

基本システム
1－4－4－2

【大会におけるゲームプラン】

攻守にわたりインテンシティの高いゲームを展開し、相手のプレーに対して個人、グループで対応する素晴らしいチームである。積極的なサイドアタックが特徴的で、その強みを活かすために時間帯や得点状況に応じて様々な駆け引きを行っていた。守備では3ラインをコンパクトに保ちながらボールを積極的に奪おうとした。攻守の切り替えが早く、試合を優位に進めていた。5バックのシステムに変更し、相手の攻撃を自陣に意図的に引き込み、カウンターを狙う戦術も見られた。

【チーム・選手等の特徴】

高さと強さを兼ね備えた長身FW⑨小林は高さを活かしたプレーだけでなく、DFの背後のスペースを狙いFW⑦川口と連係し起点を作った。ライン間のスペースではFW⑦川口、ボランチ⑩森田が関わりながらサイドへ展開し、左SH⑭田原と右SH⑪一村の力強いサイドアタックから多くのチャンスを演出した。ビルドアップでは、DFラインとボランチが連係し、中央やサイドをドリブルとパスワークにより前進。ダブルボランチはやや縦関係でポジションをとり、ボランチ⑩森田は高いテクニックと豊富な運動量で攻撃を牽引し、ボランチ⑥薬師田は守備的なポジションで全体のバランスを保つ役割を担っていた。守備は、DFラインを高く設定し、前線からの強度が高く連動したプレスでボールを奪う。自陣ゴール前ではGK①佐藤（瑠）の守備範囲の広さと安定したシュートストップや、DF④川副、⑤寺岡を中心とした粘り強い守備でゴールを割らせない。CKのキッカーを務める左SB⑫岩本の左足のキックは精度が高く、大きな得点源となっていた。

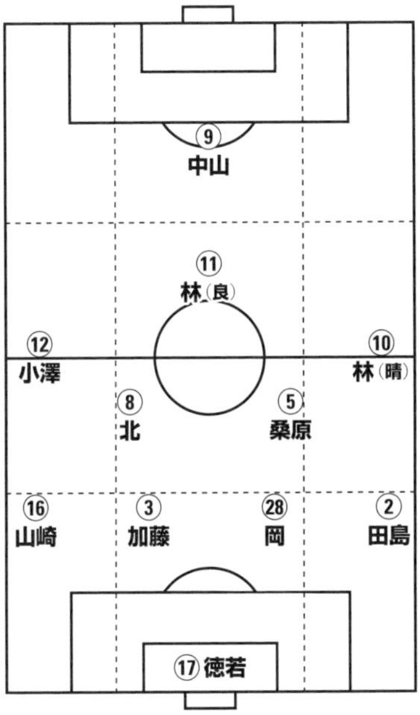

高川学園（山口県）

基本システム
1-4-2-3-1

【大会におけるゲームプラン】

攻守におけるハードワークをベースに、切り替えの早さと球際の強さで試合のペースを摑み、積極的に攻撃を仕掛ける。前向きでセカンドボールを拾った時や良い形でボールを奪った時は、FWをターゲットに素早く前線に配球する。また、後方から丁寧にボールを繋ぎ、右サイドに展開してチャンスを窺う。押し込まれる時間帯ではDFラインを中心に身体を張って相手の攻撃を防ぐ粘り強さを持ち合わせている。

【チーム・選手等の特徴】

ドリブルのうまさが光る、テクニカルなMF⑩林（晴）と、相手DF背後への抜け出しと前線でのパワフルなプレーが持ち味のFW⑨中山を中心にピッチの幅を広く使ったパスワーク、一人ひとりのハードワークで多彩な攻撃を織りなす。MF⑩林（晴）、FW⑨中山はボールが収まり、MF⑧北が中盤でバランスをとりながらリズムを作れるため、周囲の選手のフリーランニングが活きる。特に、MF⑧北やDF⑯山崎からの右サイドへの精度の高いロングパスからチャンスを作り出す。セットプレーでは、相手の意表を突くトリックプレーも織り交ぜながら得点を狙う。GK⑰徳若のロングフィードの精度が高く、攻撃の起点となる。守備は、CB③加藤を中心に3ラインを形成して粘り強くゴールを守る。CB㉘岡は競り合いに強く、制空権を譲らない。ゴール前に放り込まれたボールに対しては、GK⑰徳若が高身長を活かし積極的に反応する。シュートストップも落ち着いて対応することができている。

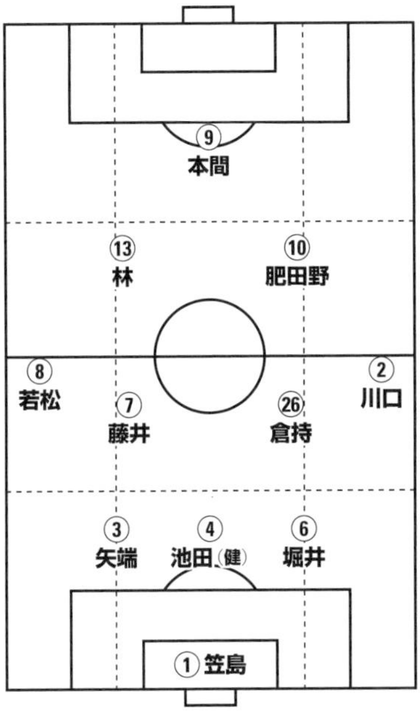

関東第一（東京都B）

基本システム
1-3-4-3

【大会におけるゲームプラン】

選手同士の距離間を適度に短くし、攻守両面において良い距離感でプレーすることを意識している。攻撃ではショートパスを多用し、ワンツーや3人目の動きを織り交ぜながらゴールへ向かう意識が強い。守備では、攻撃から守備への切り替えが早く、ボールを素早く回収することをベースとしながら、状況に応じて1-5-4-1と1-4-4-2のブロックを作り、中盤に引き込みボールを奪う意図が見られる。

【チーム・選手等の特徴】

テクニックに優れた選手が多く、攻撃時はショートパスを多用して、ペナルティエリアへ進入し、ゴールへ向かう意識が強い。FW⑩肥田野のドリブル突破やFW⑨本間、⑬林が関わり、ショートパスを駆使してワンツーや3人目の動きなどのコンビネーションからゴールを脅かす。また、両サイドのMF②川口、⑧若松らが豊富な運動量で上下にアップダウンし、サイドで効果的に攻撃に関わることで厚みのある攻撃となる。守備では攻撃時の距離感を活かし、ボールを失っても素早い切り替えから、高い位置でボールを奪い返す。すぐにボールを回収できない場合は、1-5-4-1のブロックを形成し、DF④池田（健）を中心としたDFラインが背後のスペースもケアしながら、1トップが牽制し、相手を中盤に引き込み、ボールを奪う意図が見られる。準々決勝では、守備時は1-4-4-2でブロックを作り、攻撃時には1-3-4-3で攻撃に厚みを加える可変システムで戦った。セットプレーの攻撃では、シンプルに中へボールを入れるのではなく、ディフェンスの目線をずらすなどバリエーション豊富であった。

東山（京都府）

基本システム
1-5-3-2

【大会におけるゲームプラン】

DFラインからGKを使いながらビルドアップ。ポゼッションから個性ある2トップとサイドアタッカーの攻撃力を武器に攻撃を仕掛ける。相手両サイドの背後のスペースに対してロングボールを配球し、サイドを起点に突破を図る。守備は中盤に3ラインを形成し、陣形を固める。前線からの積極的なボールを奪う守備からシンプルな仕掛けで突破を試み、ゴールを狙う。ロングスローを活かし、ゴール前のセカンドボールの回収から得点機を作り出す。準々決勝では5バックを採用するなど、戦術的柔軟性も持ち合わせる。

【チーム・選手等の特徴】

攻守の要MF⑥真田を軸にDFラインから攻撃を組み立てる。GK①佐藤は組み立てに関わり、ディフェンディングサードで数的優位を保ち、前線の状況を窺いながら攻撃に入る。意図的に相手両サイドの背後にスペースを作り出し、積極的に配球し、ボールを収めて攻撃を仕掛ける。ショートパスによるパス&コントロールの連続から突破を試みる。MF⑦阪田、FW⑨李はサイドから突破。さらに前線FW⑩藤枝、㉒芦谷、MF⑥真田、⑧松橋とのコンビネーションから精度の高いパスでゴールに迫る。FW⑨李のスピードを活かした縦への突破でゴールに迫る姿勢は有効な手立てとなっていた。チーム全員での堅守からシンプルな攻撃を仕掛ける中で、MF⑦阪田、FW⑨李は攻守のハードワークでチームに貢献。DF⑤夘田、⑫仲里は状況を窺いタイミングよくオーバーラップを仕掛け、攻撃の厚みを作り出しバリエーションを増していた。MF⑧松橋のロングスローからDF②井上をターゲットに競り合うボールを奪い、ゴールを狙う。守備はGK①佐藤とCB④新谷の連係したラインコントロールでコンパクトな3ラインを形成し、バイタルエリアへ進入させない。さらに前線からボールを奪う狙いを持ち、サイドの局面で集結してボールを奪い、ショートカウンターの狙いも見せた。

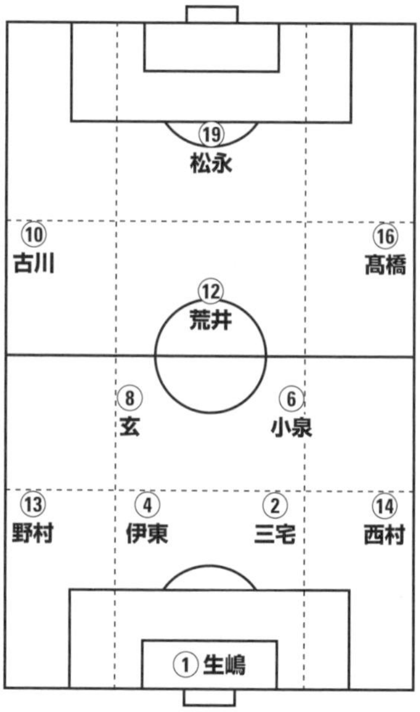

前橋育英（群馬県）

基本システム

1-4-2-3-1

【大会におけるゲームプラン】

鍛えられたフィジカルをベースに、球際で負けず、運動量が多く、攻守の切り替えが早く、インテンシティの高いサッカーを展開する。一人ひとりの技術やグループ戦術の理解度が高く、チーム全体でボールを動かしながら、意図的にゴールを奪うことができる。チームとして守備のコンセプトも明確であり、ボールの奪いどころが共有されていた。また、選手交代で流れを変えることもできる。

【チーム・選手等の特徴】

一人ひとりが動きながら、プレッシャーの中で発揮できる正確な技術を持っている。またボールホルダーの状況に応じてポジションをとり続けることもできる。CB④桑子、⑤柳生が質の高い配球をし、MF⑦根津、⑭徳永(涼)のダブルボランチが攻撃のタクトをふるう。両SHがインサイドにポジションを取った時にはSBが積極的に高い位置を取り、攻撃参加をする。FW⑨守屋、トップ下⑪渡辺は常に連係し、意図的に相手DFの背後のスペース、または足元でボールを引き出す。左SH⑩笠柳は個で突破できる。中央攻撃とサイド攻撃を使い分けることができるため、相手チームにとっては守備の狙いを定めることが容易ではなかった。またクロスやシュートなどゴール前の質が高いため、多くの得点を奪うことができた。攻撃から守備への切り替えが早く、何度も奪い返しに成功していた。ボールを中心とした立ち位置を取り、チャレンジ&カバーを連続して行うことができる。ゴール前では身体を張った粘り強い守備で失点を防ぐ。

桐光学園（神奈川県）

基本システム

1-4-4-2

【大会におけるゲームプラン】

高い強度をベースにし、優位に試合を進めていく。相手DFラインの前と後ろのスペースにボールを運び、ゴールに迫る。左右の高い位置にボールを運び、コンビネーションやドリブルによりサイドを打開し、さまざまな角度からのクロスによりチャンスを作る。守備ではしっかりと3ラインを引いて構え、進入してきたボールに対して強度の高いプレッシングを繰り返し行う。FW、MFは素早いトランジションからルーズボールに対してハードワークを繰り返し、相手の良さを出させず試合を優位に進めていく。

【チーム・選手等の特徴】

1-4-4-2のシステム。FW⑩三原は技術の高さやフィジカルの強さで攻撃の起点となる。また、相手のポジションをよく観察し、フリーでボールを受けるオフザボールの駆け引きのうまさを見せる。FW⑭粟江は持ち前のスピードでFW⑩三原が中盤に落ちた後に相手CBの背後のスペースに抜け出していく。MF⑨田中はサイドまたは少し中央寄りにポジションをとり、ドリブル突破や意表を突くパスで多くのチャンスを作る。MF⑥豊田はフィジカルの質の高さと技術の高さで多くのプレーに関わり、チームに安定をもたらす。MF⑦山市はチームの精神的支柱。高いインテンシティでハードワークを繰り返し、中盤で数多くボールを奪い、攻撃では前後左右を繋ぐ役割に徹する。CB④川角、⑤馬場の両選手ともヘディングや1対1の強さ、カバーリング能力に優れる。機を見て逆サイドの前線に向けて質の高いロングボールで戦況を変える広い視野も持つ。シンプルに左右の高い位置にボールを運び、相手の状況を考慮しコンビネーションやドリブルにより打開する。相手の守備ブロックが整っていると、ボランチ経由で左右にボールを振り分けながら縦パスのタイミングを窺う。守備はミドルサードでブロックを組んで連動したプレッシング。素早いトランジションを徹底し、高い強度でボールを奪う。

静岡学園（静岡県）

基本システム

1-4-2-3-1

【大会におけるゲームプラン】

個人のテクニックを駆使して、細かいパスワークでの中央突破とスピードに乗ったサイド攻撃を仕掛けて得点を狙う。また、攻撃時のCKのバリエーションが多く、得点源のひとつとなっている。相手に主導権を握らせないためのボールを失った後の切り替えの早さは、チーム戦術として徹底されている。

【チーム・選手等の特徴】

個人のテクニックが高く、ボールを保持しながらゴールを目指す攻撃的なチームである。守備から攻撃の切り替えでは、トップ下⑫荒井が中央で起点となりサイドへ展開し、クロスからゴールを狙う。ビルドアップ時は、右SB⑭西村がインサイドハーフとなり、SH⑩古川、⑯髙橋がサイドレーンに張り出して幅広いポジションをとり、MF⑧玄がボールを動かす。相手の守備ブロックが整った状況では、SH⑩古川、⑯髙橋がドリブルでカットインし、FW⑲松永とのコンビネーションから中央突破を狙う。SH⑪川谷のスピードに乗ったドリブルは攻撃のアクセントとなっている。攻撃から守備への切り替えは早く、マンツーマンで人をつかまえる。チーム全体で直ちにボールを奪い返す意識は非常に高い。トップ下⑫荒井のCKのキック精度が高く、バリエーションも豊富である。

阪南大高（大阪府）

基本システム
1-4-4-2

【大会におけるゲームプラン】

FW⑨鈴木をターゲットとしたロングボールを中心にボールを前線に運ぶ。敵陣では中央とサイドからバランスよく、多彩な攻撃を仕掛ける。2列目からも積極的に相手DFラインの背後へ飛び出し、突破のアクションが多く、ゴールに向かう意識が高い。守備では個々の守備意識が高く、前線から積極的にチャレンジしてボールを奪い、ゴールを目指す。全体をコンパクトに保つことでセカンドボールを回収し、リズムを作っていた。

【チーム・選手等の特徴】

攻撃は、自陣からFW⑨鈴木をターゲットとしたロングボールを中心にボールを前線に運ぶ。FW⑨鈴木はヘディングが強く、ボールが収まるので攻撃の起点となるだけでなく、相手ペナルティエリア内でのマークの外し方が巧みで決定力がある。敵陣では積極的にゴールを目指してアクションを起こしチャンスを作る。MF⑩櫻井は豊富な運動量で攻撃に関わり、テクニックを活かしてチャンスを作る。またMF⑱田中の緩急をつけたドリブルやMF⑲松本（楓）のモビリティ、DF⑪今西のオーバーラップなどで攻撃に厚みをもたらし、ゴールを目指す。守備は前線から積極的にプレスを仕掛け、チームで連動してボールを奪いにいく。相手のロングボールに対してもDF⑤西田を中心にチャレンジ&カバーを徹底して、中盤の選手が献身的にプレスバックすることでボールを回収する。身体の強さを活かし、粘り強く守備ができる選手が多くいる。フィジカルとテクニックを兼ね備えた選手が多く、非常に魅力的なチームであった。

佐賀東（佐賀県）

基本システム
1-4-4-2

【大会におけるゲームプラン】

自陣から丁寧にボールを繋ぎ、2トップの動き出しに合わせたダイレクトプレーやテンポの良いショートパスで遅攻と速攻を織り交ぜポゼッションをしながらゴールへ向かう。守備時は1-4-4-1-1でDFラインと中盤のライン間をコンパクトに保ち、ファーストDFがパスコースを限定させながら、縦パスが入ったところをプレスバックで数的優位を作りボール奪取を図る。距離感の良いポジショニングと正確なボールコントロールでサイドを突破するシーンは魅力的である。

【チーム・選手等の特徴】

FW⑨溝口、⑪川原の距離間を意図的に近くしてロングボールのセカンドボールを回収したり、どちらかが背後へのアクションと同時にもう1人がサポートを素早く行う。ボランチ⑥山内、⑩吉田（陣）が中心となり、落ち着いたボールポゼッションで主導権を握る。特にボランチ⑩吉田（陣）は視野が広く、狭いスペースでも落ち着いてボールをさばき、攻撃のリズムを作る。左SH⑦中山とボランチ⑥山内、FW⑨溝口、⑪川原がダイヤモンドの形を作り、楔のパスのタイミングを共有してサイドの突破を試みる。守備時はライン間をコンパクトに数的優位を作り出してボール奪取を狙う。しかしボランチ⑥山内、⑩吉田（陣）がDFラインに吸収されることが多く、ボランチとFW間のスペースで相手に前向きにボールを持たれ、ゴールに迫られるシーンが見られた。ペナルティエリアに進入されてもDF③宝納、④仁田尾を中心にボールへ素早く寄せて粘り強い守備を続けた。GK①松雪も積極的なブレイクアウェイとシュートストップで幾度となくピンチを凌いだ。

仙台育英（宮城県）

基本システム
1-4-4-2

【大会におけるゲームプラン】

高い位置からハイプレスをかけ、グループで連動してボールを奪いにいく。高い位置で奪い、ショートカウンターで相手チームの背後を狙いゴールを目指す。また、サイドを起点とし、クロスからの攻撃も持ち合わせている。攻撃から守備への切り替えが早く、相手チームにボールを前に運ばせないようにしている。

【チーム・選手等の特徴】

FW⑧村井、⑨佐藤のプレスをスイッチとして、チーム全体でハードワークして前線から積極的にボールを奪いにいき、中盤でのボール奪取を試みる。特にMF⑯小林は豊富な運動量で、何度も連続してボールを奪いにいくことができ、相手MFの選手を自由にさせない。またプレスバックも早い。MF⑩島野は、中盤の要として精度の高いパスを配球し、効果的なドリブルやキープで良い判断をする。FW⑧村井は強いフィジカルを活かし、ボールを収め、ポストプレーで攻撃の起点を作る。また空中戦が強い。FW⑨佐藤は高い決定力を持っている。クロスへの入り方は、相手DFがマークしづらいようなポジショニングから走り込みゴールを狙う。途中出場の右SH⑦明石は、スピードとテクニックで右サイドを打開し、高い精度のクロスによってチャンスメイクをしている。

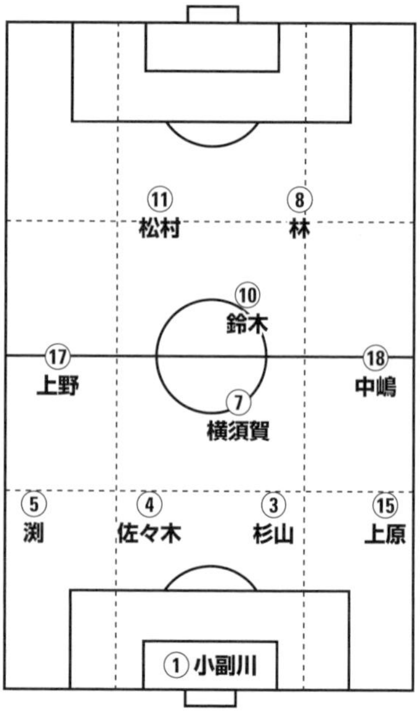

矢板中央（栃木県）

基本システム

1－4－4－2

【大会におけるゲームプラン】

身体能力の高い選手を活かした堅守速攻をチームスタイルとしている。ターゲットマンに対して配球し、ボールを収めてから攻撃が始まる。敵陣でのスローインは、ペナルティエリア内へのロングスローとなりチャンスを作った。前半途中からMF⑧唐橋に代わってMF⑩星が入り、FW⑨藤野が左SHにポジションをチェンジする。ハイボールに対してのヘディングの強さがストロングポイントである。後半開始からMF⑭片岡、FW⑳小森が2トップに入り、よりスピードを活かした攻撃を仕掛ける。GK①藤井のキック力も魅力である。試合終了までハードワークを繰り返せるタフなチームであった。

【チーム・選手等の特徴】

FW⑪林のポストプレーから、FW⑨藤野、SH⑧唐橋、⑩星がセカンドボールを拾い、スピードを活かしながら相手のゴールに迫る。DF④島﨑のロングスローも相手ゴールエリア付近まで届くため、有効な攻撃の手段となった。後半は交代選手を積極的に活用しながら、前線のFWをターゲットにロングボールを入れ、セカンドボールを拾いスピードのある選手がゴールに迫っていくスタイルを貫き、前半途中からFW⑨藤野、SH⑩星をサイドに配置して2列目から3人目の動きでゴールを狙った。交代出場のFW⑳小森はポストプレー、MF⑭片岡はスピードがあり、少ないタッチでゴールに向かう。DFラインは高さが強みである。守備時のクロス対応はゾーンDFでラインの後退が早く、視野を確保しながら対応するため、高いボールには強いもののマイナス方向へのクロスに対してマークを外されることがあり、GK①藤井のシュートストップに救われるシーンが多かった。敵陣で繰り返されるロングボールやクロス、スローインを含むセットプレーや前線からのチェイシングは、相手DFの体力や精神力を消耗させる。交代選手の選手層も厚く、フィジカルを活かしてボールを収めたり、スピードある選手が多かった。

長崎総科大附（長崎県）

基本システム

1－4－2－3－1

【大会におけるゲームプラン】

攻守ともに切り替えが早く、守備は前線から激しくプレスをかけ続け、相手陣内で囲い込み、容易にビルドアップ、ポゼッションをさせないようにしてリズムを作り出すチームである。攻撃は縦に速い仕掛けを意識し、奪ったボールを前線のスペースへ配球、素早くアタッキングサードへ進入しゴールを目指すサッカーである。

【チーム・選手等の特徴】

チーム全員の豊富な運動量により攻守の切り替えが早い。ボールを奪う能力が高いMF⑮高良が、前線のFWと連動して、失ったエリアで相手を囲い込む守備を行い、MF⑩別府がリスクマネジメントをしながら、相手の素早い攻撃に対してスペースを消したり、良いポジショニングからセカンドボールに対応し攻撃の糸口を作らせない。そして、GK①亀井、1対1の対人能力が高いCB④原口、⑤児玉を中心にラインコントロールやバランスを整えゴールを守る。攻撃では前線へシンプルに配球してMF⑧竹田が常に関わり、素早くFW⑪西岡を中心に相手ゴールに迫る。特にGK①亀井の正確無比なロングキックから、多くの選手が関わる速攻は圧巻である。

鹿島学園（茨城県）

基本システム

1－4－4－2

【大会におけるゲームプラン】

DFラインと中盤でパスを繋ぎながらサイドを中心に攻撃を仕掛ける。奪った後の攻撃は素早く、カウンターも強みのひとつである。守備はボールを中心にポジションを取り、素早いプレスからボール奪取を狙うハイプレスと、ミドルサードでオーガナイズし連結した守備を使いこなす。攻撃から守備の切り替えが早く、相手に攻撃の形を作らせない。攻守において運動量があり、1試合通してハードワークし続け、高いインテンシティを保ち戦う。

【チーム・選手等の特徴】

両CB③杉山、④佐々木と中盤の底を務めるMF⑦横須賀でボールを動かしながらFWやトップ下⑩鈴木を経由してサイドへ展開し、クロスから相手ゴールへ迫る。FW⑧林、⑪松村はモビリティがあり、相手DFとの駆け引きをしながら巧みにボールを引き出し攻撃の起点となる。守備はボールを中心に素早くプレスをかけ続けることで相手に攻撃の形を作らせない。相手のロングボールに対しては、高さがあり空中戦に強い両CBが確実に跳ね返していた。失ったボールも素早い切り替えで奪い返し、二次攻撃を仕掛けていた。1試合を通じてタフに戦い続ける運動量があった。3回戦で対戦した前橋育英（群馬県）に対しては、1-4-4-2でミドルサードでオーガナイズし連結した守備で相手の中央からの攻撃に対して自由を与えずボールを奪う。攻撃ではボールを奪ってからカウンターを狙う展開を見せた。特に、DF④佐々木の空中戦の強さは際立っていた。

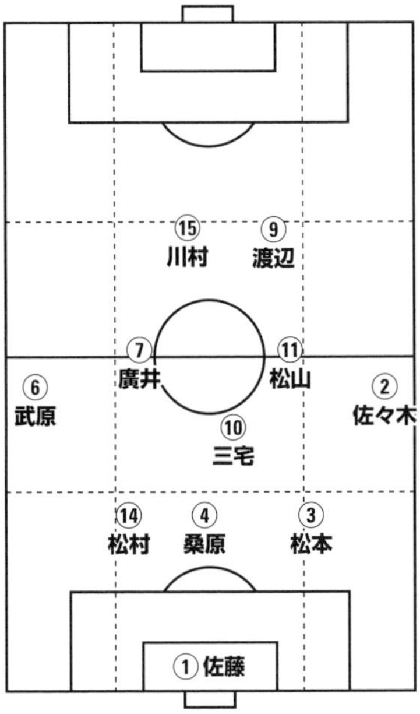

帝京長岡（新潟県）

基本システム

1-3-5-2

【大会におけるゲームプラン】

選手同士の距離感が良く、ピッチを広く使い長短のパスを織り交ぜて攻撃のリズムを作る。両ウイングが高い位置で幅をとり、中盤で数的優位を作り、ボール保持率を高めて試合を進める。守備ではCBを中心にコンパクトな3ラインを保ち、球際に厳しく力強い積極的な守備からボールを奪う。80分を通してインテンシティが高く、攻守の切り替えが早い。

【チーム・選手等の特徴】

攻撃は相手をよく見ながら数的優位な状況を作り出し、ピッチを広く効果的に使うことによって危険なエリアにボールを運ぶ。テクニックとスピードのあるFW⑨渡辺、⑮川村を中心に素早い仕掛けや連動した攻撃など、非常に多彩である。MF⑦廣井、⑩三宅は試合を通して状況判断が良く、テンポの良いパスや前線へのダイレクトパスでゲームを作る。攻撃から守備への切り替えが早く、両ウイングがDFラインに入ることで守備時は1-5-4-1のブロックを形成する。ファーストDFの決定が早くボールへプレスをかけて相手に自由を与えない。全体的に守備意識、セカンドボールへの反応が早く、前線選手の守備への貢献度は高い。DF④桑原、⑭松村を中心にDFラインを統率しながら、ロングボールの対応、カバーリング能力の高さでチームに貢献する。苦しい時間帯はDF③松本を中心に粘り強く守ったが、2試合を通しての失点は全てがセットプレーであったので、その守備が課題である。

宮崎日大（宮崎県）

基本システム

1-4-4-2

【大会におけるゲームプラン】

中盤のMF⑩芥川を中心にボールを保持しながら攻撃を組み立てる。両サイドアタッカーのMF⑦兼本、⑳山内が高い位置をとり、内側からMF⑩芥川、㉘山中が飛び出してくる攻撃が中心である。ピッチ全体を使い、左右に揺さぶりながら、相手をずらすことを徹底している。守備は、ファーストDFの寄せが早く、前進させない守備が徹底されている。1人目がはがされた場合は、2人目が出てきて数的優位を瞬時に作る。

【チーム・選手等の特徴】

守備は、強靭なフィジカルの選手が多く、1対1の守備では負けない姿勢を前面に出す。プレスバックなど運動量を増やし、数的優位でボールを奪うシーンも数多く見られた。特にゴール前では、シュートブロックが徹底されており簡単に失点を許さない。GK①羽間も守備範囲が広く、攻守にわたってチームを支えている。奪ったボールはむやみに蹴るのではなく、GK①羽間を中心にビルドアップを繰り返す。MF⑩芥川がボールを受け、左サイドのMF⑦兼本が独特のリズムのドリブルからチャンスを演出し、相手DFの背後をFW⑪和田、⑲宝徳が狙うパターンが数多く見られた。最終ラインから背後に抜け出すというよりも、低い位置からランニングを繰り返し、ペナルティエリアに進入する。サイド攻撃のカットインが増えることで、CKも数多く得られていた。セットプレーは、シンプルに打点の高い選手にボールを放り込むシーンが多く見られた。2回戦の先制点は、CB④外山の高い打点からのヘディングシュートであった。3回戦は、守備の時間が多い展開であった。CBとGKの3人でボール保持をしてビルドアップをするが、MF⑩芥川が前を向けず、カウンターを受けるシーンが多く見られた。改善点として、MF⑩芥川より高いポジションの選手がスペースランニングを増やすなど、MF⑩芥川が捕まえられた際の攻撃プランがもう少し豊富だと厚みのある攻撃ができたと思われる。

第100回全国高校サッカー選手権大会 技術委員メンバー

◉技術委員長
蔵森 紀昭（成城学園）

◉技術副委員長
砂金 伸（幕張総合）

◉TSGチーフ
加藤 悠（東久留米総合）

◉GK部門チーフ
村永 康夫（日本学園）

◉東京都・技術委員
髙松 慎（駒場東邦）、石川 創人（東京農大一）、竹原 康夫（高輪）、宮坂 拓弥（駒込）、田中 康之（立川）、池村 雅行（日大三）、石部 元太（江戸川）、安田 直人（福生）、岩永 雄太（武蔵）、栗山 孝幸（淵江）、鮫島 哲平（墨田工業）、菅野 悟（成蹊）、大原 康裕（東大和南）、森 政憲（桐朋）、田中 隆晴（保谷）

◉埼玉県・技術委員
平尾 信之（浦和東）、田渕 常夫（熊谷）、上原 克彬（大宮南）、大森 健司（草加）、武田 直樹（栄北）、野木 悟志（庄和）、上田 健爾（細田学園）、横山 晃一（南稜）、小川 駿（南稜）、本田 祐樹（春日部東）、柏 剛史（浦和東）、山田 純輝（川口市立）、滝口 陽介（川口北）、石田 寛季（熊谷農業）、石川 峻己（三郷）、久津間 岳文（飯能南）

◉千葉県・技術委員
吉田 有政（野田中央）、平塚 智（土気）、三神 弘輔（泉）、高橋 剛（船橋北）、佐藤 研人（松戸馬橋）、谷口 新太郎（東京学館船橋）、田中 章太郎（生浜）、上芝 俊介（八千代）、唐澤 貴人（市原八幡）、石川 大志（松戸六実）、佐藤 智也（市立柏）、堤 誠太郎（県立千葉）、尾張 堯映（沼南高柳）、菊野 将史（船橋芝山）、山中 敏一（千葉日大一）、奥寺 亮介（千葉経済大附）

◉神奈川県・技術委員
永山 晃（浅野）、伊藤 慎平（横浜平沼）、海野 健介（県立商工）、宮澤 仁（鎌倉）、鈴木 文人（横須賀）、浅田 忠亮（厚木北）、枝村 隼人（三浦学苑）、田之畑 宗孝（川和）、箕輪 義信（菅）、鈴木 晋也（川崎市立幸）、加藤 健太郎（平塚工科）、永瀬 裕記（星槎国際湘南）、井上 大生（大和）

◉映像
福尾 祥（アリアンテ）

◉得点場面集計
森 政憲（桐朋）、田中 隆晴（保谷）

◉編集・データ分析
藤 宏明（データスタジアム株式会社）、高橋 朋孝（データスタジアム株式会社）

第100回 全国高等学校選手権大会記録一覧

第1回戦 12月28日(火) 国立競技場（晴）

（主）長峯滉希　（副）船橋昭次，坂本晋悟

関東第一 ★（東京都B） 6（3-0／3-0）0 中津東（大分県）

得	S	学		背		背		学	S	得
0	0	③	笠島	1	GK	1	石川	③	0	0
0	0	①	川口	2	DF	2	門田	③	1	0
0	1	②	（小谷）	12		3	梅津	③	0	0
0	1	②	矢端	3		4	村本	❸	0	0
0	1	❸	池田(健)	4		5	高松	②	0	0
0	0	③	堀井	6	MF	6	中島	③	0	0
1	1	③	藤井	7		7	南	②	0	0
1	3	③	若松	8		10	国広	③	1	0
0	1	③	（日下）	23		13	鳴海	③	0	0
1	6	③	肥田野	10		14	（川口(航)）	②	0	0
0	1	③	神山	14						
0	0	②	（湯田）	5						
1	4	②	本間	9	FW	9	太田	③	0	0
1	3	①	（平形）	18		11	吉岡	③	1	0
1	1	③	坂井	11		8	（今池）	③	0	0
0	1	③	（林）	13						
6	24			4	GK	15			3	0
				3	CK	3				
				7	FK	5				
				0	PK	0				

【得点経過】
前半13分〔関〕CK（相手FP）（クリア）**若松S**
〃 22分〔関〕肥田野→本間H→**坂井S**
〃 40+2分〔関〕（相手FP）（クリア）**藤井S**
後半 3分〔関〕（バー返り）肥田野S→**本間S**
〃 36分〔関〕小谷→**平形S**
〃 39分〔関〕矢端→**肥田野S**

▼警告
〔関〕川口

■関東第一，シュート24本で6ゴール

関東第一は1-3-4-3，中津東は1-4-4-2のシステム。関東第一は序盤からFW本間，MF肥田野，FW坂井を中心にショートパスでゲームを組み立て，ドリブル，ワンツーを使いながらアタッキングサードへ侵入を試みる。前半13分，関東第一は，CKから得点。その後も関東第一が主導権を握る展開が続き，肥田野からのクロスを本間が折り返し，坂井が追加点を奪う。中津東はボールを奪った後，丁寧に繋ぎサイドのスペースを使いゴールに迫ろうとする。しかし関東第一はDF池田を中心に粘り強い守備でゴールを許さない。終始，関東第一がゲームコントロールをして追加点を奪い，前半を終了。後半，関東第一は交代選手も含め攻撃のギアを上げ，さらに追加点を奪い圧倒する。中津東は諦めず相手ゴールに向かったが，得点に至らなかった。

戦評　菅野悟（成蹊高校）

第1回戦 12月29日(水) 熊谷スポーツ文化公園陸上競技場（晴）

（主）宗像瞭　（副）手塚優，國藤翔

秋田商 ★（秋田県） 0（0-1／0-0）1 東福岡（福岡県）

得	S	学		背		背		学	S	得
0	0	③	佐藤	1	GK	25	戸成	②	0	0
0	1	②	船川	2	DF	2	園田	③	0	0
0	0	②	（畑村）	19		3	辻	③	0	0
0	0	①	木内	3		16	浦	②	1	0
0	0	③	鈴木	4		24	吉田	②	0	0
0	1	③	高嶋	7						
0	0	❸	中野	10	MF	6	向井	❸	1	0
0	3	③	近野	11		7	楢﨑	③	2	1
0	0	②	光田	14		8	椋野	③	1	0
0	0	②	飯田	20		17	大渕	③	3	0
0	0	②	（柳村）	15		20	（林）	③	0	0
						23	榊原	①	1	0
0	0	①	泉	17	FW	11	中原	③	0	0
0	0	②	（川辺）	9		13	（篠田）	③	1	0
0	0	①	長谷川	22						
0	0	②	（米谷）	18						
0	5			11	GK	7			10	1
				3	CK	8				
				11	FK	5				
				0	PK	0				

【得点経過】
前半30分〔東〕辻→大渕→**楢﨑S**

■攻守のバランス良い東福岡，1点を守る

立ち上がりから東福岡がボールを保持し，ビルドアップからMF椋野，ボランチMF榊原のサイドチェンジから右WB浦のスピードを活かしたドリブルでチャンスを作る。一方の秋田商はサイドから攻め込まれるもCB鈴木を中心にゴール前での身体を張った守備でゴールを割らせない。運動量豊富なMF中野がセカンドボールを回収し，カウンターに繋げるもシュートには至らない。東福岡は前半30分，椋野からのスルーパスに左WB辻が左サイドを抜け出しクロスを上げ，MF大渕のパスからMF楢﨑が冷静にゴールに流し込み先制。後半，秋田商がテンポの良いパスワークから左SH近野が関わりチャンスを作る。徐々に両チームともゴール前に迫るシーンが増え，中盤での激しい攻防でインテンシティの高い時間帯が続く。23分，秋田商は同時に2トップを交代させ攻撃的に出る。一方，東福岡は両サイドからの攻撃でチャンスを作る。両チームとも運動量が最後まで落ちずにゴールを目指すが，そのまま試合は終了した。

戦評　柏剛史（浦和東高校）

第1回戦 12月29日(水) NACK5スタジアム大宮（晴）

（主）田邉裕樹　（副）鈴木渓，永野貴大

中部大第一（愛知県） 0（0-3／0-2）5 大津 ★（熊本県）

得	S	学		背		背		学	S	得
0	0	②	下村	1	GK	1	佐藤	③	0	0
0	0	②	井上	2	DF	2	和田	③	1	0
0	0	②	（松下）	14		23	（坂田）	③	1	0
0	0	①	松井	3		4	川副	③	0	0
0	0	③	北村	5		5	寺岡	③	0	0
						12	岩本	③	1	0
0	0	①	蝓川	4	MF	6	薬師田	③	3	1
0	1	②	（小林）	17		7	川口	③	2	0
0	1	③	井川	7		8	（碇）	①	1	1
0	0	②	利田	8		10	森田	❸	1	0
0	0	②	（室山）	16		14	田原	②	1	0
0	1	③	早河	9		17	（農）	③	1	0
0	0	❸	大嶽	10						
0	0	③	加藤	13						
0	0	②	（尾関）	20						
0	0	②	中嶋	11	FW	9	小林	②	5	1
						19	（髙畑）	③	1	0
						11	一村	③	2	1
						28	（稲田）	①	5	1
0	3			21	GK	4			25	5
				2	CK	9				
				4	FK	6				
				0	PK	0				

【得点経過】
前半 4分〔大〕CK岩本→**薬師田HS**
〃 27分〔大〕森田→薬師田H→川口→**一村S**
〃 35分〔大〕川口→**小林HS**
後半19分〔大〕一村〜→（相手GK）（こぼれ球）**碇S**
〃 35分〔大〕CK岩本→（相手GK）（こぼれ球）薬師田→小林HS（ポスト返り）**稲田S**

■大津，初出場の中部大第一を退ける5得点

中部大第一はFW中嶋をターゲットに据えMF早河，加藤が中央寄りのポジショニングでサポートし攻撃を作る。大津はボランチ，FWがやや縦関係にポジションを取り，3ラインをより多彩に構成。相手守備の隙間にボールを動かしモビリティ高く攻撃する。序盤から大津がボールを支配し，ハーフスペースを使いながらペナルティエリア侵入とCKから3得点を挙げ前半を終える。中部大第一は後半，ボールへのプレッシャーを強めようとするが，大津の多彩な攻撃バリエーションに守備の連動連係に精彩を欠く。後半も2得点を挙げ一試合を通して隙のないプレーを見せた大津の勝利。中部大第一は，失点を重ねたが，最後まで前線から果敢にボールを奪いにいく姿勢には目を見張るものがあった。

戦評　大森健司（草加高校）

WB：ウイングバック

第1回戦 12月29日(水) NACK5スタジアム大宮（晴時々曇）

（主）大田智寛　（副）長谷川雅，日比健人

西武台 0（0-1 / 0-0）1 三重★
（埼玉県）　（三重県）

得	S	学		背		背		学	S	得
0	0	③	淺沼	1	GK	1	田端	③	0	0
0	2	③	安木	3	DF	2	黒田	③	0	0
0	0	②	長谷川	4		5	藤本	③	0	0
0	1	❸	原田	5		17	大地山	③	1	1
0	1	③	武笠	6		23	角谷	③	1	0
0	2	②	和田	7	MF	6	野呂	③	1	0
0	1	③	（福沢）	17		13	（世古）	③	0	0
0	4	③	丸山	8		7	達村	③	0	0
0	2	③	岡田	16		9	浅井	②	0	0
0	0	①	風間	27		8	（齊藤）	③	0	0
0	2	③	（吉野）	14		14	北岡	③	1	0
						15	村上	③	0	0
						11	（竹松）	③	0	0
0	1	③	市川	10	FW	10	吉良	❸	1	0
0	0	③	松原	11						
0	0	③	（齋藤）	22						
0	16			4	GK	16			5	1
				7	CK	0				
				13	FK	4				
				0	PK	0				

【得点経過】
前半 9分〔三〕北岡～→**大地山HS**

■高い守備意識を貫いた三重

試合序盤，前線の素早い動き出しに合わせて効果的にロングボールを配球して攻める西武台。対する三重は守備意識が高く，中央に人数をかけた厚い守備で粘り強く対応する。すると前半9分，三重がカウンター攻撃から先制点を奪う。左サイドを突破したMF北岡のクロスをDF大地山がヘディングで合わせゴールネットを揺らした。失点した西武台は右SH丸山の巧みなドリブル，FW松原のオフの動きからサイドを攻略しシュート場面を増やしていくが，身体を張った守備を崩せない。攻め込む西武台，粘り強く守る三重という試合展開で前半を折り返す。後半も西武台が試合を優位に進める。左SB安木から前線へ精度の高いパスを配球し，相手陣内でのプレー時間を増やしていくが，三重のコンパクトな守備陣形の前に決定機を作れない。三重はトップ下のMF達村が中盤を経由するサイドチェンジを許さないポジションをとり，ボールの奪いどころを明確に。最後まで集中した守備を見せた三重が勝利を収めた。

戦評　野木悟志（庄和高校）

第1回戦 12月29日(水) 熊谷スポーツ文化公園陸上競技場（晴）

（主）佐々木慎哉　（副）梅田智起，高田直人

★前橋育英 4（1-0 / 3-0）0 草津東
（群馬県）　（滋賀県）

得	S	学		背		背		学	S	得
0	0	③	渡部	1	GK	1	石徳	❸	0	0
0	1	③	岡本	2	DF	2	西川	③	0	0
0	0	③	（徳永(崇)）	3		3	佐藤	③	0	0
0	0	❸	桑子	4		4	篠原	②	0	0
0	0	③	柳生	5						
0	0	③	岩立	6						
0	1	②	根津	7	MF	5	松村	③	0	0
0	3	③	笠柳	10		6	大橋	③	2	0
0	0	③	（野本）	15		11	（藤田）	③	0	0
1	2	③	渡辺	11		8	上原	③	2	0
0	0	③	大竹	17		23	（河野）	②	0	0
0	0	③	（若林）	18		10	田中	③	1	0
0	0	②	小池	23		16	竹下	②	0	0
0	0	②	（高足）	24		7	（杉本）	③	0	0
						20	河合	②	0	0
3	5	③	守屋	9	FW	9	松田	③	2	0
						15	（岡村）	③	0	0
4	12			6	GK	9			7	0
				2	CK	4				
				7	FK	5				
				0	PK	0				

【得点経過】
前半 6分〔前〕渡部→**守屋S**
後半34分〔前〕高足→**守屋～S**
〃 40+1分〔前〕守屋→**渡辺S**
〃 40+3分〔前〕渡辺～S（バー返り）**守屋HS**

■前橋育英FW守屋がハットトリック

熊谷会場の記念すべき初戦。前半早々にGK渡部からのロングボールをFW守屋が見事なトラップで相手の裏を取り，隙を逃さず先制した。その後もMF小池が高い位置をとって草津東左SH竹下のポジションを下げさせ，右SB岡本の前のスペースを空けてサイド攻撃を試みる。草津東は，FW松田，MF田中が前線で起点となりゴールへ迫るもチャンスを活かし切れない。後半，草津東は立ち上がりこそ勢いをもって前線にボールを配球しチャンスを窺うが，その後守備でボールを追う時間が長くなり，スタミナを消耗させられ足が止まり始める。終盤に差し掛かったところでゴール前の一瞬の隙を突かれ，追加点を許す。前掛かりになった草津東に対して前橋育英はアディショナルタイムにも鋭いカウンターでゴールを奪い試合を決定付けた。

戦評　今井尚也（横手清陵学院高校）

第1回戦 12月29日(水) フクダ電子アリーナ（晴）

（主）友政利貴　（副）小野裕太，岡田太一

★流経大柏 1（1-0 / 0-1）1 近大和歌山
（千葉県）　4 PK 5　（和歌山県）

得	S	学		背		背		学	S	得
0	0	②	デューフエマニエル	1	GK	1	後迫	③	0	0
0	1	②	大川	2	DF	2	森本	②	0	0
0	0	②	萩原	3		3	長瀬	②	0	0
0	0	③	田口	5		4	荒木	❸	0	0
						5	澤	②	0	0
						18	（湯川）	②	0	0
0	1	❸	渋谷	7	MF	6	石垣	③	0	0
1	2	③	小林	8		7	田井	③	0	0
0	1	③	（清水）	18		8	畑下	②	0	0
0	4	③	松本	10		10	北藤	③	0	0
0	0	②	都築	16		13	（平松）	③	0	0
0	0	③	（西岡）	13						
0	5	②	小西	21						
0	1	③	高足	22						
0	4	③	川畑	9	FW	9	藤木	③	1	0
						11	谷口	③	1	1
1	19			1	GK	18			2	1
				5	CK	4				
				8	FK	6				
				0	PK	0				

【得点経過】
前半 8分〔流〕都築～→**小林S**
後半24分〔近〕藤木→**谷口HS**

■流経大柏，シュート19本も追加点奪えず

ともに1-4-4-2のフォーメーション。立ち上がり，前半8分に右サイドの深い位置からの折り返しをMF小林が決めて流経大柏が先制する。その後は個々の能力に勝る流経大柏がボールを保持し，近大和歌山が自陣でブロックを形成し守る時間が続く。流経大柏はDFラインからの丁寧なビルドアップで攻撃を組み立て，右サイドから再三ペナルティエリアに侵入しゴールに迫る。ボールを失っても攻撃から守備への早い切り替えでボールを奪い返し，主導権を渡さない。幾度か決定機を作るが，近大和歌山GK後迫の好セーブもあり追加点を奪えない。後半，近大和歌山が球際の圧力を強めペースを取り戻そうとする。流経大柏が決定機を逃す場面が続いた後の24分，カウンターからのクロスにFW谷口が飛び込み同点とする。その後も流経大柏はチャンスを作ったが決め切れず，PK方式で近大和歌山が2回戦進出となった。

戦評　浅野誠仁（池田高校三好校）

第1回戦 12月29日(水) フクダ電子アリーナ（晴）

（主）宮原一也　（副）俵元希，井村友哉

静岡学園 5（1-0 / 4-0）0 徳島商

★ 静岡学園（静岡県）　徳島商（徳島県）

得	S	学		背		背		学	S	得
0	0	❸	生　嶋	1	GK	1	登	③	0	0
0	2	③	三　宅	2	DF	2	河　野	③	0	0
1	1	③	伊　東	4		3	増　田	❸	0	0
0	0	③	野　村	13		4	森	②	0	0
0	0	③	(清水)	7		5	湯　浅	②	0	0
0	0	③	西　村	14						
1	1	③	小　泉	6	MF	6	作　本	③	0	0
0	0	③	(菊池)	5		7	吉　岡	②	0	0
0	1	③	玄	8		8	大　坪	②	0	0
0	0	③	(片桐)	23		13	冨士村	①	0	0
1	4	③	古　川	10		22	新　開	①	0	0
1	2	③	荒　井	12		14	(高橋)	③	0	0
0	1	②	(白井)	15						
1	4	②	髙　橋	16						
0	2	③	(川谷)	11						
0	5	③	松　永	19	FW	11	守　岡	③	1	0
5	23			3	GK	11			1	0
				12	CK	2				
				3	FK	5				
				0	PK	0				

【得点経過】
前半 3分〔静〕CK野村→三宅H→**小泉HS**
後半 7分〔静〕CK野村→**伊東HS**
〃 9分〔静〕小泉→**髙橋～S**
〃 11分〔静〕古川→玄→**古川～S**
〃 17分〔静〕松永→古川→**荒井S**

■静岡学園の意図的な攻撃が光る

静岡学園は前半3分，カウンター攻撃から右SH髙橋がゴール前に仕掛けて得たCKをDF三宅が折り返し，MF小泉が押し込み先制に成功する。徳島商は，1-4-4-2で少ないチャンスをFW守岡が狙う展開となる。17分には守岡がロングシュートでゴールを狙うなど，諦めない姿勢を前面に出し続ける。後半に入ると，静岡学園は，相手ゴール前での個の技術が光り，立て続けにゴールを生む。CKからDF伊東のヘディングで追加点を奪うなど，10分間で4点を奪う展開となる。4点とも意図的なプレーの連続で，個の技術だけではなく連係されたプレーでの得点となった。特に，ポジションのバランスやリスクマネジメントが徹底されていて，奪われた後の守備も洗練されていた。

戦評　菊野将史（船橋芝山高校）

第1回戦 12月29日(水) 県立柏の葉公園総合競技場（晴）

（主）田代雄大　（副）宇田川恭弘，小林勇輝

尚志 0（0-0 / 0-0）0 瀬戸内

4 PK 3

尚志（福島県）　★ 瀬戸内（広島県）

得	S	学		背		背		学	S	得
0	0	②	鮎　澤	1	GK	1	大　木	②	0	0
0	0	②	(布川)	16						
0	1	③	安　江	4	DF	2	伯　野	③	2	0
0	0	③	高　橋	5		3	有　吉	③	0	0
0	2	③	チェイス	20		4	松　浦	③	2	0
0	0	③	佐　藤	23		5	平　山	③	0	0
						13	(高橋)	②	0	0
0	0	③	新　谷	7	MF	6	正法地	③	0	0
0	0	③	(半谷)	14		7	長谷川	③	0	0
0	1	③	齋　藤	8		14	江　川	②	1	0
0	1	③	(草野)	19						
0	0	❸	松　尾	10						
0	0	③	黒　瀬	18						
0	2	③	(松本)	6						
0	1	③	村　上	9	FW	9	澤　田	②	0	0
0	1	③	本　田	13		20	(浦岡)	②	0	0
0	2	③	(小池)	17		10	佐　野	③	3	0
						11	梁	❸	1	0
0	11			4	GK	2			9	0
				7	CK	7				
				9	FK	15				
				0	PK	0				

▼警告
〔尚〕松尾

■実力校同士の接戦はPK方式で決着

尚志は縦に速い攻撃でFW本田のスピードを活かした突破でチャンスを作り出す。瀬戸内はボールを支配しながら左サイドのポジションチェンジや2列目の飛び出しなど尚志の背後を狙いつつ，DFラインの手前にスペースができたらFW澤田の楔も狙っていく。前半20分には1-3-4-2-1にシステムを変更。ボランチMF正法地をCBに下げ，左のウイングFW梁とSB伯野の縦の関係を入れ替えた。尚志の右SH黒瀬の縦へのスピードを封じながら伯野をインサイドハーフに置くことで，CB有吉からのボールが入りやすくなり，スムーズにボールを前進させる。後半，尚志は2人の両SHを入れ替え1-4-2-3-1にシステムを変える。瀬戸内のビルドアップにプレスがかかり，中盤でボールが奪えるシーンが増える。お互い押し込まれる時間帯がありながらも，鋭いカウンターで流れを一方的にしない。後半40分，尚志はPK方式に備えGK布川を入れる。PK方式では見事に2本ストップし尚志が2回戦へ駒を進めた。

戦評　尾張堯映（沼南高柳高校）

第1回戦 12月29日(水) 等々力陸上競技場（晴）

（主）原崇　（副）宇治原拓也，本田大晟

帝京大可児 4（2-0 / 2-1）1 今治東

★ 帝京大可児（岐阜県）　今治東（愛媛県）

得	S	学		背		背		学	S	得
0	0	③	原	1	GK	1	藤　原	③	0	0
0	0	③	熊　澤	2	DF	2	矢野(宏)	③	0	0
0	0	②	(原田)	5		8	(佐伯)	②	0	0
0	0	③	細　野	3		3	竹　内	②	0	0
0	0	③	(鈴木(理))	18		4	石　山	❸	0	0
0	2	③	糸魚川	4		5	大　森	③	0	0
1	1	③	日　置	20						
0	1	❸	関	7	MF	6	越　智	②	0	0
0	0	②	(小島)	15		14	白　川	③	0	0
0	2	③	鈴木(淳)	8						
1	2	③	三　品	10						
1	1	③	宮　内	11						
1	4	③	松　永	9	FW	7	高須賀	③	2	1
0	1	②	(長谷部)	19		9	髙　橋	②	0	0
0	1	②	永　井	14		20	(大荒)	①	0	0
0	0	③	(宇都宮)	24		10	十　亀	③	0	0
						11	三　好	③	0	0
						18	(市川)	③	0	0
4	15			3	GK	11			2	1
				11	CK	1				
				6	FK	7				
				0	PK	0				

【得点経過】
前半32分〔帝〕熊澤TI→鈴木(淳)H→**日置HS**
〃 40分〔帝〕鈴木(淳)H→**松永S**
後半 3分〔帝〕松永～→**宮内S**
〃 20分〔今〕市川→×(こぼれ球)**高須賀S**
〃 36分〔帝〕宇都宮～→**三品S**

▼警告
〔今〕越智

■帝京大可児，早い切り替えで主導権

前半32分，帝京大可児はDF熊澤のロングスローからMF鈴木(淳)が頭で逸らしたボールをDF日置が合わせて先制。前半終了間際には，相手ゴールキックを跳ね返したボールに反応したFW松永がゴールに流し込む。後半も3分にMF宮内がゴールニア上に突き刺し追加点。帝京大可児は攻守の切り替えが早く，押し込んだ状態でボールを失っても高い位置でボールを奪い返して二次攻撃に繋げていた。今治東も交代カードを使い攻撃を活性化。代わったMF市川が左サイドを突破し，クロスのこぼれ球をFW高須賀が押し込み1点を返す。その後もテンポの良いパスワークで反撃を試みる。しかし逆に自陣でボールを失い，帝京大可児MF三品がシュートを決め，再び3点差となり試合は終了した。

戦評　倉知祐秀（二宮高校）

第1回戦 12月29日(水) 等々力陸上競技場(晴)

(主)谷弘樹 (副)手代木直美, 横山鮎夢

桐光学園 1 (0-0 / 1-0) 0 西原

★(神奈川県) — (沖縄県)

得	S	学		背		背		学	S	得
0	0	③	吉田	1	GK	1	仲村	③	0	0
0	1	③	米山	2	DF	2	安里	③	0	0
0	0	③	(岩根)	8		5	玉城	❸	0	0
0	0	③	寺内	3		8	重田	③	0	0
0	1	③	川角	4		18	平良	②	0	0
0	1	③	馬場	5						
1	2	②	豊田	6	MF	4	比嘉	③	0	0
0	0	❸	山市	7		7	(池原)	③	0	0
0	0	②	ベイリージャスティン	11		6	中本	③	0	0
0	1	③	(斉藤)	12		10	山田	③	0	0
						16	呉屋	③	0	0
						17	宮城	③	0	0
0	1	③	田中	9	FW	15	座覇	③	0	0
0	3	③	三原	10						
0	3	③	粟江	14						
1	13			3	GK	9			0	0
				11	CK	0				
				9	FK	9				
				0	PK	0				

【得点経過】
後半13分〔桐〕CK寺内→**豊田HS**
▼警告
〔桐〕山市

■堅守で1点を守り抜いた桐光学園

序盤から互いにチームの持ち味である堅守で主導権を握ろうとする。桐光学園はFW粟江, 三原のドリブル突破からチャンスを作るが, 西原もGK仲村を中心として身体を張った守備でゴールを守り抜く。その後も長短を使ったビルドアップや, 個のドリブルとさまざまなバリエーションでゴールを目指す桐光学園と, 全員でハードワークを行い, 奪ったボールをFW座覇の抜け出しに合わせ, 桐光学園のDFラインの背後を突こうとする西原の構図となる。後半開始から桐光学園はメンバーを代え, 流れを変えてゴールを目指す。粟江が右MFに入り, 後半出場のDF斉藤が2トップの一角に。13分, 遂に桐光学園がゴールを奪う。左からのCKをDF寺内がファーサイドへ蹴り込むと, 後ろから走り込んできたMF豊田がヘディングで押し込んだ。西原はFW池原を投入し, 個での打開やボール奪取からのカウンターを試みるが, ハードワークを得意とする桐光学園のインテンシティは最後まで落ちなかった。

戦評 田之畑宗孝(川和高校)

第1回戦 12月29日(水) ニッパツ三ツ沢球技場(晴)

(主)若宮健治 (副)萩尾麻衣子, 芦野紘太

羽黒 1 (1-0 / 0-2) 2 岡山学芸館

(山形県) — (岡山県)★

得	S	学		背		背		学	S	得
0	0	③	渡辺	1	GK	1	寺島	③	0	0
0	2	③	越前谷	2	DF	3	井上	②	1	1
0	0	②	田中	6		5	坂田	③	0	0
0	0	❸	吉田	10		8	岡本	②	1	0
0	0	③	(岩村)	5		4	(小池)	③	0	0
0	0	②	瀬戸	19						
0	0	③	佐藤(遼)	4	MF	6	木村	②	2	0
0	0	③	足達	7		7	竹川	③	0	0
0	0	①	(小西)	17		10	山岡	❸	2	1
0	0	③	小玉	8		13	寺脇	③	5	0
0	0	②	(佐藤(聡))	11		18	森	③	0	0
1	1	②	荒井	14		17	(檀野)	③	0	0
0	1	③	市原	15		19	小野	③	1	0
						14	(田中)	③	0	0
0	1	③	吉波	9	FW	9	今井	②	3	0
1	5			10	GK	6			15	2
				3	CK	7				
				11	FK	6				
				0	PK	0				

【得点経過】
前半39分〔羽〕市原→吉波〜→足達→(相手FP)(相手GK)(こぼれ球)**荒井S**
後半16分〔岡〕CK竹川→(相手GK)(こぼれ球)今井H→**井上S**
〃 38分〔岡〕寺脇〜→**山岡〜S**

■先制許した岡山学芸館が後半に逆転

最初にチャンスを作った羽黒はCKのトリックプレーからシュートを放つとクロスバーに直撃するが得点を奪えない。岡山学芸館もスルーパスに抜け出したMF山岡が, GKとの1対1のチャンスを作り出すがシュートを撃ち切れない。羽黒は前半39分, サイド攻撃から数的優位を作り出し相手ペナルティエリアに侵入すると, DFのクリアミスを岡山学芸館GK寺島が弾くも, MF荒井が詰めて先制に成功する。後半, 岡山学芸館はMF寺脇をFWのポジションに上げ, 山岡を左サイドに変更。攻守の切り替えの早さとフィジカルの強さで上回り, 主導権を握り出す。繰り返すサイド攻撃で得たCKからDF井上が押し込み同点に追いつくと, その後も攻撃を緩めない。38分, 左サイドでパスを受けた山岡がドリブルでカットイン。右足のシュートは相手DFの足に当たってコースが変わり, ゴールに吸い込まれ逆転に成功した。

戦評 浅田忠亮(厚木北高校)

第1回戦 12月29日(水) ニッパツ三ツ沢球技場(晴)

(主)加藤正和 (副)原田雅士, 足立憲治

星稜 2 (1-1 / 1-3) 4 高川学園

(石川県) — (山口県)★

得	S	学		背		背		学	S	得
0	0	③	山内	1	GK	17	徳若	③	0	0
0	0	③	石田	2	DF	2	田島	③	0	0
0	3	③	井上	3		18	(中村)	③	0	0
0	0	③	山田	4		3	加藤	③	0	0
0	0	③	(黒田)	21		16	山崎	③	1	0
0	0	❸	中村	5		28	岡	②	0	0
0	0	③	(中尾)	18						
0	0	③	戸川	6	MF	5	桑原	③	0	0
0	1	③	前田	8		8	北	❸	0	0
0	1	③	岡田	10		10	林(晴)	③	4	2
1	1	③	河合	12						
0	0	②	(平良)	24						
0	2	③	伊藤	9	FW	9	中山	③	3	2
1	2	②	(山下)	13		11	林(良)	③	2	0
0	2	③	山崎	11		14	(西澤)	③	0	0
						22	梅田	②	0	0
						20	(山本)	①	0	0
2	12			6	GK	9			10	4
				6	CK	5				
				12	FK	7				
				0	PK	1				

【得点経過】
前半 8分〔高〕FK北→**林(晴)HS**
〃 38分〔星〕戸川〜→山崎(こぼれ球)**河合S**
後半10分〔高〕**PK中山S**
〃 33分〔星〕岡田→河合→井上H→**山下S**
〃 38分〔高〕徳若→梅田→**林(晴)〜S**
〃 39分〔高〕徳若→(相手FP)H(こぼれ球)林(晴)〜→**中山S**
▼警告
〔高〕加藤

■高川学園, 粘る星稜を終盤突き放す

高川学園が前半8分, MF北のFKから, 相手を惑わすトリックプレーでMF林(晴)がヘディングで合わせゴールを決める。星稜も38分, 右サイドFKのこぼれ球をMF戸川が拾いクロス。混戦からMF河合が押し込み同点に。後半10分, 高川学園はMF桑原の突破からPKを得てFW中山が決める。追う星稜は, 積極的に前線にロングボールを入れセカンドボールを回収。サイドに展開しクロスからゴールに迫る。33分, 右CKのこぼれ球を河合がクロス。交代で入ったFW山下が右足を振り抜き同点とする。高川学園はGK徳若のサイドボレーや, 両サイドからのゴール前を横切るクロスでリズムを作ると, 後半38分に林(晴)がボックス内で技ありのシュートを決め3度リード。星稜はパワープレーを試みるも, 高川学園の中山に追加点を許した。

戦評 鶴田康介(下関工科高校)

第1回戦　12月29日(水)　駒沢陸上競技場（晴）

（主）杉野杏紗　（副）小出貴彦，戸田碩真

北海 1（1-1 / 0-1）2 長崎総科大附

（北海道）　　（長崎県）★

得	S	学		背		背		学	S	得
0	0	❸	伊藤	1	GK	1	亀井	②	0	0
0	0	③	谷口	2	DF	4	原口	③	2	1
0	1	③	大友	3		5	児玉	❸	0	0
0	0	③	渡辺	5		19	深町	③	1	0
						22	平山	①	1	0
0	1	③	佐々木(魁)	6	MF	8	竹田	②	1	0
0	0	③	長谷川	8		10	別府	③	3	1
0	0	②	（松永）	12		15	高良	③	1	0
0	0	②	佐々木(遥)	9						
0	0	③	（川村）	19						
1	1	③	西	14						
0	0	②	桜庭	10	FW	7	芦高	③	0	0
0	0	③	笹森	11		25	（永田）	③	1	0
0	0	①	（田中）	18		11	西岡	②	1	0
0	0	②	中村	25		29	（筒口）	②	1	0
0	0	③	（川﨑）	7		13	石山	③	0	0
						9	（牧田）	③	2	0
1	3			11	GK	6			14	2
				2	CK	10				
				8	FK	3				
				0	PK	0				

【得点経過】

前半31分〔北〕笹森～→(相手GK)(こぼれ球)
西S

〃 40分〔長〕CK平山→別府H×**別府S**

後半38分〔長〕高良→×**原口HS**

▼警告

〔北〕西
〔長〕別府，平山

■長崎総科大附，粘る北海を押し切る

北海は1−3−4−2−1，長崎総科大附は1−4−2−3−1のシステム。北海は守備時に1−5−4−1のブロックを形成し，ロングボールに対応する。長崎総科大附は，前線からプレスをかけセカンドボールを回収しようとする。中盤で両チーム強度の高い攻防が見られた。31分，北海は左サイドからFW笹森がドリブル突破からクロスを上げ，こぼれ球をMF西が押し込み先制。長崎総科大附は，FW牧田を入れて試合の流れを引き寄せようとする。前半終了間際，CKからMF別府が得点し前半を終える。後半，長崎総科大附は，相手陣内へのロングボールから起点を作り，徐々に試合の主導権を握る。北海は守備ブロックを自陣に形成し，DF大友を中心に粘り強い守備でゴールを阻止。しかし38分，長崎総科大附は高良のインスイングのクロスからのこぼれ球を押し込み追加点。北海は最後まで諦めなかったが，ゴールを奪えなかった。

戦評　菅野悟（成蹊高校）

第1回戦　12月29日(水)　駒沢陸上競技場（晴）

（主）村田裕紀　（副）井出本瞭，小西和幸

堀越 2（2-1 / 0-0）1 高知

（東京都A）　　（高知県）★

得	S	学		背		背		学	S	得
0	0	③	菅野	1	GK	1	大阪	③	0	0
0	0	②	久保木	2	DF	2	橋本	②	0	0
0	0	③	渡部	4		4	松岡	③	0	0
0	0	③	宇田川(侑)	5		5	谷	③	0	0
						17	西本	②	1	0
0	0	❸	宇田川(瑛)	6	MF	6	川竹	③	0	0
0	0	②	日隠	8		19	（神谷）	②	0	0
0	0	①	（吉荒）	20		7	笹岡	③	0	0
2	2	③	古澤	10		21	（森）	①	0	0
0	0	③	伊東	11		10	松井(匠)	❸	0	0
0	0	③	（原口）	13		20	松井(貫)	①	1	0
0	0	③	山口	14		24	（山本）	②	0	0
0	0	②	（東舘）	7						
0	1	③	中村(ル)	15						
0	1	①	髙谷	19	FW	11	西田	③	1	1
0	0	②	（五十嵐）	16		9	（浪上）	③	0	0
						14	角田	②	0	0
						22	（大久保）	①	0	0
2	4			5	GK	4			3	1
				1	CK	0				
				4	FK	10				
				0	PK	0				

【得点経過】

前半 4分〔堀〕中村(ル)→**古澤S**

〃 20分〔堀〕伊東→**古澤S**

〃 25分〔高〕松井(貫)S(ポスト返り)**西田S**

▼警告

〔堀〕宇田川(侑)

■前半から動いた試合，後半は膠着

堀越はMF中村（ル）が攻撃時に高い位置をとりMF山口との連係で左サイドを起点に突破を狙う。対する高知はDFラインから丁寧にボールを繋ぎ，相手背後のスペースを探る。堀越は開始早々左サイドからのクロスをMF古澤のチームファーストシュートで先制する。堀越は20分にも中盤でボールを奪ったチャンスを逃さずに追加点を入れる。しかし高知もすかさず反撃し,MF松井(貫)のシュートの跳ね返りをFW西田が素早い反応で押し込み1点を返す。その後，互いに相手の攻撃をブロックしながら決定的な場面を作らせない。後半，両チームともに自陣から巧みなパスワークで最終ラインに迫るが，ペナルティエリア内に侵入できず膠着状態となる。高知は複数の選手を入れ替え，追加点を狙う。堀越も選手交代により中盤の活性化を図る。終盤互いに献身的な守備で突破を許さず，そのまま終了のホイッスルが鳴り響いた。

戦評　髙松慎（駒場東邦高校）

第1回戦　12月29日(水)　味の素フィールド西が丘（晴）

（主）安川公規　（副）坊薗真琴，木村哲郎

専大北上 2（1-1 / 1-3）4 奈良育英

（岩手県）　　（奈良県）★

得	S	学		背		背		学	S	得
0	0	③	及川	1	GK	1	吉留	③	0	0
0	0	③	伊藤	4	DF	2	千田	❸	1	0
						5	三間	③	0	0
						24	（西尾）	②	1	1
						8	村田	③	0	0
0	0	③	鎌田	5	MF	6	林	③	0	0
1	2	③	阿部	6		7	吉村	③	1	0
0	0	②	（藤原）	2		9	（栂井）	③	2	1
1	1	③	鳥谷部	7		10	岡本	③	3	1
0	0	③	（菊池）	26		27	磯貝	①	0	0
0	0	③	斎藤	11		4	（岡橋）	③	0	0
0	0	①	（金田）	20		28	藤岡	①	1	0
0	1	②	高橋(瑠)	13		16	（久代）	②	1	0
0	1	②	川上	16						
0	0	①	（葛西）	15						
0	0	①	名久井	19						
0	1	③	佐藤	9	FW	13	古結	③	2	0
0	0	③	（小原）	8		14	山尾	③	4	1
0	1	❸	吉武	10		18	（田中）	③	0	0
2	7			8	GK	7			16	4
				2	CK	4				
				7	FK	6				
				0	PK	0				

【得点経過】

前半 8分〔奈〕(こぼれ球)**山尾～S**

〃 22分〔専〕佐藤→**鳥谷部～S**

後半 2分〔専〕鳥谷部～→**阿部S**

〃 8分〔奈〕**岡本S**

〃 9分〔奈〕岡本→**栂井S**

〃 24分〔奈〕×**西尾S**

■シーソーゲームを制した奈良育英

序盤，中盤でのボールの奪い合いが続く中で前半8分，奈良育英がFKのこぼれ球を拾い先制する。22分には，専大北上がカウンターからMF鳥谷部の個人技で同点に追いつく。その後も，両チームともボールを奪ってから前線へボールを送るが，精度に欠け，チャンスを作り出せない。後半立ち上がり，専大北上は，鳥谷部のドリブルを起点として勝ち越しに成功。一方の奈良育英は，後半開始から選手を2人交代し，チームの活性化を図る。コンパクトな守備ブロックを形成し，奪ってから素早く攻撃に転じる。MF岡本，FW山尾の前線でのテクニックを活かして，ワンタッチパスを交えたコンビネーションから多くのチャンスを作り出す。後半の失点後すぐに立て続けに得点を奪い，流れを引き寄せた。その後も攻守の切り替えの早さに勝る奈良育英が主導権を握る時間が続き，後半から入ったDF西尾が追加点を奪った。

戦評　大原康裕（東大和南高校）

第1回戦 12月29日(水) 味の素フィールド西が丘（晴）

（主）瀬田貴仁 （副）舟橋崇正，太田和翔

丸岡 ★（福井県） **0（0-2 0-1）3** **阪南大高**（大阪府）

得	S	学		背		背		学	S	得
0	0	③	田邊	1	GK	1	山形	③	0	0
0	0	③	兀橋	3	DF	4	櫻本	③	0	0
0	1	②	山田	4		5	西田	③	0	0
0	0	②	徳山	6		7	保田	②	1	0
0	0	❸	横山	7		11	今西	②	0	0
0	0	③	明間	8	MF	6	稲垣	③	0	0
0	0	①	渡辺	18		8	（宮崎）	①	0	0
0	0	①	（奥村）	16		10	櫻井	③	1	0
						18	田中	③	5	1
						24	（藤井）	②	1	0
						19	松本(楓)	③	2	0
						14	（鮎川）	③	0	0
0	1	②	小関	10	FW	9	鈴木	❸	5	1
0	0	③	佐藤	11		17	石川	③	4	1
0	0	③	（小野木）	19		13	（辻）	③	1	0
0	0	③	徳川	13						
0	0	③	（山次）	9						
0	0	②	伊藤	14						
0	2			12	GK	11			20	3
				3	CK	9				
				6	FK	2				
				0	PK	0				

【得点経過】
前半13分〔阪〕**田中〜S**
〃 22分〔阪〕櫻井S(こぼれ球)**石川S**
後半 2分〔阪〕石川H→**鈴木S**

■阪南大高が選手権初勝利

前半，阪南大高はFW鈴木のポストプレー，FW石川の背後への抜け出しを活かして押し込む。CKやMF田中のドリブルでの仕掛けから多くのチャンスを作り出す。13分，田中がドリブルからのシュートで先制。丸岡はGK田邊の好守で必死に守るが，22分にはこぼれ球から追加点を許す。丸岡はFW小関のスピードを活かしたサイド突破やロングスローで攻撃の機会を窺うが，帰陣の早い阪南大高の守備を前にシュートできない。後半，丸岡は守備に人数を割き，奪ってから前線へボールを送るが，セカンドボールを拾えない。前線からの圧力を弱めない阪南大高は鈴木のターンからのシュートで追加点。丸岡は守備ラインを高め，奪ってからサイドの背後を活用した攻撃で相手陣内への進入を増やす。しかし阪南大高はGK山形を中心とする安定した守備と選手交代により，強度を落とさず無失点のまま試合を終えた。

戦評　安田直人（福生高校）

第2回戦 12月31日(金) 熊谷スポーツ文化公園陸上競技場（晴）

（主）手塚優 （副）村田裕紀，高橋一生

山梨学院 ★（山梨県） **0（0-1 0-1）2** **佐賀東**（佐賀県）

得	S	学		背		背		学	S	得
0	0	③	山田	1	GK	1	松雪	②	0	0
0	0	③	小川	2	DF	2	平川	③	0	0
0	0	③	（川崎）	27		3	宝納	②	0	0
0	0	③	溝口	3		4	仁田尾	③	0	0
0	2	③	保坂	4		13	（石橋）	②	0	0
0	0	③	柴田	5		5	坂本	③	0	0
						12	（牧瀬）	③	0	0
0	3	❸	谷口	6	MF	6	山内	③	0	0
0	1	③	長島	7		7	中山	③	2	1
0	0	③	（海野）	25		8	森田	❸	1	0
0	0	③	石川	14		10	吉田(陣)	③	1	0
0	0	③	山口	18						
0	0	③	（井上）	22						
0	0	③	茂木	9	FW	9	溝口	③	3	1
0	1	③	小島	20		11	川原	③	0	0
						23	（宮川）	①	0	0
0	7			3	GK	9			7	2
				7	CK	1				
				15	FK	6				
				0	PK	0				

【得点経過】
前半 3分〔佐〕**中山(インターセプト)〜S**
後半38分〔佐〕宮川〜→**溝口S**
▼警告
〔佐〕山内

■佐賀東，前回大会覇者を破る

山梨学院は風上を利用して相手の背後への配球やFWの斜めの動きから相手ゴールに迫ることで，主導権を握ろうとする。しかし佐賀東は，相手のゴールキックを中盤で奪うとMF中山がドリブルで運びそのまま左足を振り抜き先制に成功する。その後も，MF山内，吉田（陣）を中心に長短のパスを織り交ぜながら攻撃を組み立て，アタッキングサードへの侵入を試みる。後半，山梨学院はMF谷口のボールを触る機会が増え攻撃のテンポを作る。守備でもMF石川の攻撃から守備の切り替えが早く，身体を張った守備で相手にペースを握らせない。佐賀東は，徐々にDFラインが下がり相手の攻撃を受けるが，最後の最後で身体を投げ出して守る。猛攻に耐えた佐賀東は38分，前掛かりになった山梨学院の裏のスペースを突きカウンターから追加点。山梨学院は最後まで，全員守備·攻撃を貫くも1点が遠かった。

戦評　今井尚也（横手清陵学院高校）

第2回戦 12月31日(金) 熊谷スポーツ文化公園陸上競技場（晴）

（主）大橋侑祐 （副）友政利貴，坂田純平

東福岡（福岡県） **0（0-1 0-3）4** **大津** ★（熊本県）

得	S	学		背		背		学	S	得
0	0	②	戸成	25	GK	1	佐藤(瑠)	③	0	0
0	0	③	園田	2	DF	2	和田	③	0	0
0	1	③	辻	3		23	（坂田）	③	0	0
0	0	❸	段上	4		4	川副	③	1	0
0	1	②	（吉田）	24		5	寺岡	③	0	0
0	0	②	浦	16		12	岩本	③	0	0
0	1	③	向井	6	MF	6	薬師田	③	2	0
0	0	③	（林）	20		7	川口	③	3	2
0	1	③	楢﨑	7		28	（稲田）	①	1	1
0	0	③	椋野	8		10	森田	❸	0	0
0	1	③	中原	11		14	田原	②	0	0
0	0	③	（大渕）	17		19	（髙畑）	③	3	1
0	1	③	川原	19						
0	0	②	（江本）	12						
0	0	①	榊原	23						
					FW	9	小林	②	2	0
						8	（碇）	①	0	0
						11	一村	③	2	0
						17	（農）	③	0	0
0	6			12	GK	0			14	4
				6	CK	10				
				7	FK	8				
				0	PK	0				

【得点経過】
前半10分〔大〕一村→(相手FP)(こぼれ球)**川口S**
後半 8分〔大〕和田→**川口〜S**
〃 27分〔大〕川副→川口(ワンタッチプレー)→**髙畑S**
〃 40+4分〔大〕森田→岩本→**稲田S**

■プレミア勢の九州対決は大津が制す

大津は前半10分，相手の隙を突きゴール前の混戦からMF川口が押し込み先制。選手の距離間がよく，攻撃から守備の切り替えも早く，すぐに奪い返して攻撃の時間を長くしていた。一方，東福岡はDF段上を中心にゴール前で身体を張り，カウンターからチャンスを作る。後半，東福岡はMF大渕を入れて攻撃を試みるも，大津は8分，川口がサイドからの楔を受けてドリブルからミドルシュートを決める。東福岡は3トップがスペースへの動きを増やし，ロングスローからゴールに迫るも得点できず。大津は前掛かりになる東福岡に対してポゼッションをしながら風上を活かし，ロングパスから抜け出したFW髙畑がゴールを奪って試合を決定付けた。アディショナルタイムにもサイドの折り返しからMF稲田がゴールし試合終了となった。

戦評　久津間岳文（飯能南高校）

第2回戦 12月31日(金) NACK5スタジアム大宮(晴時々曇)

(主)宇田川恭弘 (副)井出本瞭，蜂谷冬陽

三重 0(0-2 / 0-4)6 前橋育英★

(三重県) (群馬県)

得	S	学		背		背		学	S	得
0	0	③	田端	1	GK	1	渡部	③	0	0
0	0	③	黒田	2	DF	4	桑子	❸	0	0
0	0	③	藤本	5		5	柳生	③	1	0
0	0	③	大地山	17		6	岩立	③	1	0
0	0	③	(井上)	24		16	(秦)	③	0	0
0	0	③	角谷	23		17	大竹	③	1	1
0	0	③	野呂	6	MF	7	根津	②	0	0
0	0	③	逹村	7		18	(若林)	③	0	0
0	0	②	浅井	9		10	笠柳	③	1	1
0	0	③	(草野)	22		19	(中村)	③	0	0
0	0	③	竹松	11		11	渡辺	③	3	1
0	0	③	(村上)	15		24	(高足)	②	1	1
0	1	③	北岡	14		14	徳永(涼)	②	0	0
0	0	③	(齊藤)	8		23	小池	②	5	2
0	0	❸	吉良	10	FW	9	守屋	③	4	0
						20	(池田)	③	1	0
0	1			10	GK	1			18	6
				2	CK	9				
				3	FK	8				
				0	PK	0				

【得点経過】
前半25分〔前〕渡辺→大竹→**小池HS**
〃 35分〔前〕根津→**大竹S**
後半12分〔前〕笠柳→**小池S**
〃 16分〔前〕×**渡辺S**
〃 17分〔前〕**笠柳～S**
〃 35分〔前〕岩立→**高足～S**

■前橋育英，多彩な攻撃で6ゴール

試合序盤，セカンドボールを拾う前橋育英がボール保持率を高めていく。ボランチMF徳永(涼)，根津が積極的にパスを受け，シンプルにサイドへ展開，攻撃のリズムを作る。守勢に回った三重は，相手の縦パスに対して強くプレスをかけることがチームで共有されており，意図的にボールを奪取する場面が見られた。しかし前半25分に速いパスワークでサイドを攻略した前橋育英がMF小池のヘディングシュートで先制する。さらに35分，右SB大竹がミドルシュートで追加点。後半も前橋育英は両SHが中央にポジションどりをすることで，守備の的を絞らせずにサイドと中央で多彩な攻撃を仕掛ける。三重はゴールを目指し続ける反面，相手にスペースを与えてしまう。結果，ポゼッションスタイルで攻め続けた前橋育英が後半に4点を追加した。

戦評　石川峻己（三郷高校）

第2回戦 12月31日(金) NACK5スタジアム大宮(晴)

(主)梅田智起 (副)大田智寛，永野貴大

鹿島学園★ 2(1-0 / 1-0)0 高松商

(茨城県) (香川県)

得	S	学		背		背		学	S	得
0	0	③	小副川	1	GK	1	西本	③	0	0
0	1	③	杉山	3	DF	2	佐藤	❸	0	0
0	0	③	佐々木	4		3	浅井	②	0	0
0	0	❸	渕	5		4	多田	③	0	0
0	1	②	上原	15		5	山内	③	1	0
						15	髙畑	③	0	0
0	0	③	横須賀	7	MF	6	喜田	③	0	0
0	2	②	林	8		7	浜浦	②	0	0
0	0	①	(森)	20		14	(鍋島)	②	0	0
0	1	③	鈴木	10		8	與田	③	0	0
1	1	③	上野	17						
0	0	②	(櫻井)	6						
0	0	③	中嶋	18						
0	0	③	(平井)	14						
1	1	③	松村	11	FW	10	杖池	③	2	0
0	0	③	(西川)	16		13	(片岡)	③	0	0
						11	鈴木	③	1	0
						17	(髙木)	③	0	0
2	7			3	GK	9			4	0
				3	CK	2				
				7	FK	5				
				0	PK	0				

【得点経過】
前半40分〔鹿〕上原→**上野S**
後半 5分〔鹿〕上野→**松村S**

■鹿島学園，ミドルシュートから2得点

前半，DFラインを低くし守備態勢を整える高松商に対して，鹿島学園がボールを動かしながら攻撃を仕掛ける。鹿島学園は，DFラインから左右にボールを動かして，サイドの高い位置でのグループでの突破や，クロスからゴールを目指す。高松商は守備意識を高め，中央にボールを入れさせないように3ラインをコンパクトに整える。奪ったボールはシンプルに前線へ配球し，相手守備ラインを下げさせ攻撃を仕掛けようとする。前半終了間際，鹿島学園は右サイドからのクロスをMF上野がトラップから右足でミドルシュートを決める。後半開始早々，左サイドから中央で縦パスを受けた鹿島学園FW松村が右足を振り抜きミドルシュートを決める。2点をリードした鹿島学園は，相手を見てMFからの縦パスもFWへ入るように。高松商は，DFからフリーな選手を使い攻撃を仕掛けようとするが，数的優位を作れなかった。

戦評　武田直樹（栄北高校）

第2回戦 12月31日(金) フクダ電子アリーナ(晴)

(主)宇治原拓也 (副)安川公規，菊池俊吾

富山第一★ 0(0-0 / 0-1)1 宮崎日大

(富山県) (宮崎県)

得	S	学		背		背		学	S	得
0	0	②	辰島	21	GK	1	羽間	❸	0	0
0	0	③	(堀口)	1						
0	1	②	深井	2	DF	2	前田	③	0	0
0	0	③	(大川)	25		3	石川	②	0	0
0	2	③	岡本	3		4	外山	②	1	1
0	1	②	湯川	5		5	木田	③	0	0
0	0	③	片山	15						
0	1	②	高木	18						
0	2	③	吉田	8	MF	7	兼本	③	0	0
0	4	❸	中川	10		6	(関本)	③	0	0
0	0	②	大矢	20		10	芥川	②	0	0
0	0	③	(井口)	7		20	山内	②	0	0
						8	(渡辺)	③	0	0
						28	山中	③	0	0
0	1	③	杉本	9	FW	11	和田	③	3	0
0	1	②	(網谷)	11		19	宝徳	②	1	0
0	2	③	大井	17		9	(四本)	③	1	0
0	0	③	(及川)	14						
0	15			11	GK	8			6	1
				9	CK	8				
				6	FK	11				
				0	PK	0				

【得点経過】
後半33分〔宮〕FK芥川→**外山HS**

▼警告
〔富〕湯川
〔宮〕和田

■宮崎日大，選手権初得点初勝利

ボールが落ち着かず，球際の攻防が激しい立ち上がりとなる。GKからボールを繋いで前進を試みる場面もあるが，結果的にロングボールの選択が多くなり，セカンドボールを収めたチームがボールを前進させる展開となる。富山第一は，ボールを奪うとスピードを上げて仕掛け，前線へ勢いよく飛び出していくなど力強くゴールへ向かう。DF岡本のロングスローも攻撃のアクセントとなっていた。宮崎日大は，攻撃のきっかけを掴むと背後へのアクションやボールを追い越す動きで推進力のある攻撃を見せる。後半は，富山第一がシュートチャンスの数でやや上回るが，決め切ることができない。お互いにゴールへの意識や推進力は強いものの，スピード感のある中での精度を欠き，なかなかゴールが生まれない。そんな中，宮崎日大が33分にFKから貴重な1点を奪い先制する。富山第一は，システムを1-4-3-3に変更して得点を奪いにいくが，宮崎日大が逃げ切り1-0で勝利した。

戦評　堤誠太郎（県立千葉高校）

第2回戦 12月31日(金) フクダ電子アリーナ (曇)

(主) 辛島宗烈 (副) 田代雄大，川村航希

近大和歌山 (和歌山県) **0** (0-0 / 0-1) **1** **静岡学園** (静岡県) ★

得	S	学		背		背		学	S	得
0	0	③	後迫	1	GK	1	生嶋	❸	0	0
0	1	②	森本	2	DF	2	三宅	③	0	0
0	0	②	長瀬	3		4	伊東	③	0	0
0	1	❸	荒木	4		13	野村	③	2	0
0	0	②	澤	5		14	西村	③	1	0
0	0	③	石垣	6	MF	6	小泉	③	1	1
0	0	③	田井	7		8	玄	③	0	0
0	0	②	畑下	8		10	古川	③	1	0
0	0	③	北藤	10		12	荒井	③	1	0
						9	(持山)	③	1	0
						16	髙橋	②	1	0
0	0	③	藤木	9	FW	19	松永	③	6	0
0	0	③	谷口	11						
0	2			14	GK	3			14	1
				0	CK	8				
				2	FK	5				
				0	PK	0				

【得点経過】
後半26分〔静〕古川～→**小泉S**

■静岡学園，2戦連続無失点勝利

前半は，静岡学園が1-4-2-3-1で終始ボールを支配する展開となるが，近大和歌山も1-4-4-2でブロックを形成し簡単にゴールを奪わせない。静岡学園は外から攻撃を組み立て，右SH髙橋が外に張り出して中にできたスペースに，SB西村が内側から追い越しボールをゴール前に運ぶ。前半だけでCKを6本獲得したのは，静岡学園のサイド攻撃の時間が長かった表れである。近大和歌山は，幾度となく静岡学園にペナルティエリアに侵入されるが，中盤と最終ラインがボールウォッチャーになることなく連係されたブロックで跳ね返す。後半，静岡学園は左SH古川にボールを集め，左サイドからも攻撃の糸口を探す。26分に左サイドを古川がドリブルで駆け上がり，中でボールを受けたMF小泉が相手を背負いながら反転してシュートを決め待望の先制。近大和歌山も，運動量を落とすことなくロングスローを中心にカウンターを狙うが，静岡学園が徹底されたリスクマネジメントで，3回戦へ駒を進めた。

戦評　菊野将史（船橋芝山高校）

第2回戦 12月31日(金) 県立柏の葉公園総合競技場 (晴)

(主) 花川雄一 (副) 若宮健治，高野祐介

尚志 (福島県) ★ **0** (0-0 / 0-0) **0** **関東第一** (東京都B)
5 PK 6

得	S	学		背		背		学	S	得
0	0	②	鮎澤	1	GK	1	笠島	③	0	0
0	0	②	(布川)	16						
0	0	③	安江	4	DF	2	川口	①	0	0
0	0	③	高橋	5		28	(下田)	③	0	0
0	0	③	チェイス	20		3	矢端	②	0	0
0	0	③	佐藤	23		4	池田(健)	❸	0	0
						26	倉持	②	0	0
						14	(神山)	③	0	0
0	1	③	新谷	7	MF	6	堀井	③	0	0
0	0	③	齋藤	8		7	藤井	③	0	0
0	1	③	(松本)	6		8	若松	③	2	0
0	1	❸	松尾	10		10	肥田野	③	1	0
0	0	③	(半谷)	14		13	林	③	0	0
0	0	③	黒瀬	18		11	(坂井)	③	0	0
0	1	③	(草野)	19						
0	2	③	村上	9	FW	9	本間	②	1	0
0	1	③	本田	13						
0	0	③	(小池)	17						
0	7			8	GK	8			4	0
				5	CK	7				
				8	FK	7				
				0	PK	0				

▼警告
〔尚〕半谷
〔関〕川口，本間

■インテンシティ高い一戦はPK方式で決着

関東第一はMF肥田野のドリブルで相手中盤を崩しチャンスを作る。尚志も左サイドからの攻撃で左MF黒瀬がドリブルやクロスを上げるなど起点になる。両チームともコンパクトに人数をかけた堅い守備で得点を許さない。後半，関東第一はMF林，肥田野のコンビネーションで相手陣内に進入するが，尚志はCBチェイスと安江を中心に決定的なチャンスを許さない。尚志はMF新谷を軸にボールを動かしながら，ロングボールも使いアタッキングサードに侵入するが，関東第一CB池田（健）が落ち着いた対応で決定機を作らせない。関東第一はサイドから中央へ運ぶドリブルからボックス内に進入しCKを再三得るが，尚志GK鮎澤が安定した対応でゴールを守る。関東第一もCBに入った堀井が尚志FW村上のボックス内での裏の抜け出しを身体を張って守る。最後まで高いインテンシティのなか決着がつかず，PK方式へ。関東第一のGK笠島がシュートストップ2本の活躍で関東第一が3回戦に駒を進めた。

戦評　鶴田康介（下関工科高校）

第2回戦 12月31日(金) 県立柏の葉公園総合競技場 (晴)

(主) 堀善仁 (副) 谷弘樹，小林拓矢

米子北 (鳥取県) **2** (1-0 / 1-2) **2** **矢板中央** (栃木県) ★
2 PK 3

得	S	学		背		背		学	S	得
0	0	③	山田(陽)	17	GK	1	藤井	❸	0	0
0	0	❸	鈴木	3	DF	2	小出	③	0	0
0	1	③	海老沼	5		3	森山	③	0	0
0	1	③	飯島	13		4	島﨑	③	0	0
0	0	②	(小橋川)	12		5	畑岡	②	0	0
0	0	③	原	15						
0	0	③	渡部	2	MF	6	田邉	②	0	0
0	2	③	木村	7		26	(久野木)	③	1	0
0	0	②	(中井)	14		7	大畑	③	0	0
0	3	③	山中	8		8	唐橋	③	0	0
0	0	③	(橋本)	16		10	(星)	③	0	0
0	4	③	佐野	10		17	黒澤	③	0	0
						14	(片岡)	③	1	1
1	2	②	福田	9	FW	9	藤野	③	3	1
0	1	③	(牧野)	4		11	林	③	1	0
0	1	③	片山	11		20	(小森)	③	1	0
1	1	②	(山田(楓))	27						
2	16			5	GK	16			7	2
				5	CK	3				
				8	FK	7				
				0	PK	0				

【得点経過】
前半35分〔米〕佐野→**福田～S**
後半17分〔矢〕久野木→**片岡S**
〃 24分〔矢〕片岡→小出→**藤野HS**
〃 40+1分〔米〕原S（GKこぼれ球）**山田（楓）S**

▼警告
〔米〕原

■矢板中央，終了直前に追いつかれるも

強風のピッチ環境の中で矢板中央が風上，米子北が風下でプレーする前半。矢板中央はFW林をターゲットにボールを集め，FW藤野が背後への侵入を繰り返す。米子北は粘り強く耐え，MF佐野が逆風に負けない強度のロングボールでDFラインの背後へ配球を重ねる。前半35分，米子北は佐野のロングパスからFW福田が背後へ飛び出し，シュートを流し込み先制する。後半，矢板中央はFW小森を投入し，背後へスピードを上げる。17分，矢板中央はミドルサードからFW久野木がギャップに鋭いパスを入れ，MF片岡が反応し冷静にシュートを決める。24分にもDF小出のアーリークロスを藤野がヘディングで決め，逆転する。このまま終了かと思われたアディショナルタイム，米子北はMF橋本のロングスローから混戦でDF原がシュートを放ち，更にこぼれたボールをFW山田（楓）が押し込み同点とする。PK方式となった試合は，矢板中央のGK藤井が3連続ストップに成功し，劇的勝利を掴み取った。

戦評　佐藤智也（市立柏高校）

第2回戦 12月31日(金) 等々力陸上競技場 (曇時々晴)

(主) 原田雅士 (副) 勝部健, 戸田碩真

帝京長岡 3 (2-0 / 1-2) 2 神村学園
(新潟県) (鹿児島県) ★

得	S	学		背		背		学	S	得
0	0	②	佐藤	1	GK	1	前納	③	0	0
0	1	③	松本	3	DF	2	中俣	③	0	0
0	0	②	桑原	4		4	大坪	③	0	0
0	0	③	松村	14		5	前原	③	0	0
						15	笠置	②	0	0
						16	(片山)	③	1	0
0	0	③	佐々木	2	MF	8	佐藤	③	2	1
0	0	③	武原	6		9	若水	③	2	0
0	0	②	廣井	7		18	(山元)	③	0	0
1	2	❸	三宅	10		10	畠中	❸	0	0
0	2	②	松山	11		11	篠原	③	0	0
0	0	②	(笠井)	5		20	(黒木)	③	0	0
						14	大迫	②	2	0
2	5	③	渡辺	9	FW	13	福田	②	4	1
0	0	③	川村	15						
3	10			12	GK	15			11	2
				11	CK	6				
				1	FK	7				
				0	PK	0				

【得点経過】
前半16分〔帝〕佐々木TI→**渡辺S**
〃 32分〔帝〕渡辺～→三宅→廣井→**渡辺～S**
後半 4分〔神〕CK大迫→**福田HS**
〃 18分〔帝〕廣井→武原→**三宅S**
〃 36分〔神〕CK大迫→福田H→**佐藤HS**

■常にリードを保った帝京長岡

神村学園のビルドアップに対し，帝京長岡はボールに重点を置いた守備を行い，多少の距離がある場面でも積極的にアプローチを仕掛け，連動してボールを奪いにかかる。前半16分，帝京長岡はロングスローのボールをFW渡辺が相手DF前でワンタッチボレーを決め先制。その後もボールを保持する帝京長岡が追加点を決めた。後半，神村学園がFW福田に入ったボールをMF大迫とのコンビネーションで相手DFをペナルティエリア内に押し込む。4分に福田がCKからヘディングで決め1点を返す。その後もゴールに迫るが，帝京長岡は18分に3点目を奪い，流れを取り戻す。終盤，神村学園がボールを収める能力に長けた福田を中心にゴールに迫り，CKから2点目を奪うも同点に持ち込めなかった。

戦評 井手豊 (広島工業高校)

第2回戦 12月31日(金) 等々力陸上競技場 (曇時々雨)

(主) 高崎航地 (副) 長谷拓, 筒井勇気

帝京大可児 1 (0-0 / 1-1) 1 桐光学園
★ (岐阜県) 6 PK 7 (神奈川県)

得	S	学		背		背		学	S	得
0	0	③	原	1	GK	1	吉田	③	0	0
0	0	③	熊澤	2	DF	2	米山	③	0	0
0	0	③	細野	3		3	寺内	③	0	0
0	0	③	(鈴木(理))	18		4	川角	③	1	1
0	0	③	糸魚川	4		5	馬場	③	0	0
0	0	③	日置	20						
0	0	❸	関	7	MF	6	豊田	②	1	0
0	0	②	(小島)	15		7	山市	❸	0	0
0	1	③	鈴木(淳)	8		9	田中	③	1	0
0	0	③	三品	10		11	ベイリージャスティン	②	0	0
0	1	③	宮内	11		12	(斉藤)	③	2	0
0	0	③	(宇都宮)	24						
1	4	③	松永	9	FW	10	三原	③	3	0
0	0	②	永井	14		14	粟江	③	0	0
0	0	②	(長谷部)	19						
1	6			10	GK	6			8	1
				7	CK	4				
				7	FK	5				
				0	PK	0				

【得点経過】
後半21分〔帝〕関→**松永HS**
〃 31分〔桐〕山市→馬場H(バー返り)**川角HS**

■互いの長所出た一戦，80分で決着つかず

全体が優位なポジションをとりながらボールを動かし，MF三品のキープ力やMF鈴木(淳)の高い技術を活かして打開しようとする帝京大可児。桐光学園は，全体をコンパクトに保ちながらギャップを閉じる意識を持った激しい守備で対抗。時間の経過とともに，帝京大可児がライン間にパスを入れる場面が増えチャンスを作るが，桐光学園も得点を許さない。後半，ボールを握る帝京大可児とショートカウンターを狙う桐光学園が互いにチャンスを作る。すると21分，帝京大可児FW松永が右からのクロスに対し，GKの頭上を抜く技ありのヘディングシュートを決めて先制する。リスクを冒して攻勢に出る桐光学園は31分，クロスからのヘディングシュートがバーに当たった跳ね返りをDF川角が押し込み追いつく。勢いに乗る桐光学園はクロスから決定機を作るが，帝京大可児GK原の好守に阻まれる。試合はPK方式に委ねられ，桐光学園が3回戦に駒を進めた。

戦評 浅野誠仁 (池田高校三好校)

第2回戦 12月31日(金) ニッパツ三ツ沢球技場 (曇)

(主) 酒井達矢 (副) 宗像瞭, 武井基純

岡山学芸館 1 (1-0 / 0-2) 2 高川学園
(岡山県) (山口県) ★

得	S	学		背		背		学	S	得
0	0	③	寺島	1	GK	17	徳若	③	0	0
0	0	②	井上	3	DF	2	田島	③	0	0
0	1	③	小池	4		3	加藤	③	0	0
0	0	③	坂田	5		16	山崎	③	0	0
						28	岡	②	0	0
0	1	②	木村	6	MF	5	桑原	③	0	0
0	1	③	竹川	7		8	北	❸	0	0
1	1	❸	山岡	10		10	林(晴)	③	4	1
0	0	③	檀野	17		14	西澤	③	2	0
0	0	③	(中村)	23		22	(梅田)	②	0	0
0	0	①	田口	24						
0	0	②	(岡本)	8						
0	0	③	(田中)	14						
0	0	②	今井	9	FW	9	中山	③	1	1
0	0	③	中野	22		20	山本	①	0	0
0	1	③	(寺脇)	13		12	(小澤)	③	1	0
1	5			8	GK	13			8	2
				4	CK	5				
				15	FK	9				
				1	PK	0				

【得点経過】
前半11分〔岡〕**PK山岡S**
後半11分〔高〕山崎→×梅田S(相手FP)(こぼれ球)**林(晴)S**
〃 20分〔高〕FK山崎→加藤～(相手FP)(こぼれ球)林(晴)～→**中山HS**

■勝負強さ見せた高川学園が後半逆転

最初にチャンスを摑んだのは岡山学芸館。前半11分，DFラインの裏にMF山岡が抜け出したところを，高川学園GK徳若がたまらず倒してしまいPKを得る。山岡が冷静に蹴り込み先制。高川学園はMF北，林(晴)を中心に攻撃を組み立てるが，岡山学芸館がバイタルエリアへの効果的な侵入を許さない。雪が舞いだした後半，高川学園は両翼にFW小澤，梅田を投入。高川学園が押し込み始めた11分，クロスのこぼれ球を林(晴)が左足で蹴り込み同点に。その後も高川学園が主導権を握り，ボールを左右に揺さぶって逆転の機会を窺う。20分，高川学園は左後方からのFKに工夫を凝らして岡山学芸館DFを攪乱し，こぼれ球から林(晴)がクロスボールを上げ，FW中山がヘディングで押し込み逆転。その後，運動量が落ちない高川学園が岡山学芸館にチャンスを作らせず試合を締めた。

戦評 枝村隼人 (三浦学苑高校)

第2回戦 12月31日(金) ニッパツ三ツ沢球技場（曇）

（主）鈴木渓　（副）佐々木慎哉，柳原鉄平

仙台育英（宮城県） **2**（0-0 / 2-1）**1** **滝川第二**（兵庫県）★

得	S	学	仙台育英	背		背	滝川第二	学	S	得
0	0	②	落合	1	GK	1	多田	③	0	0
0	0	③	石田	3	DF	3	島田	③	2	1
0	0	③	（明石）	7		4	黒田	③	1	0
0	1	③	大塚	4		5	石原	③	0	0
0	0	③	松井	5		20	杉本	③	0	0
0	0	③	染野	11		27	（山本）	①	1	0
0	0	❸	島野	10	MF	6	倉内	③	0	0
0	0	③	松本	14		8	神谷	②	0	0
0	0	①	（野村）	25		26	（寺阪）	①	0	0
0	0	③	小林	16		10	藤田	❸	1	0
0	0	③	（大久保）	6						
0	0	③	安藤	24						
0	0	①	（小坂）	26						
0	2	③	村井	8	FW	2	黒井	③	1	0
0	0	③	（海老原）	20		9	相原	③	1	0
2	12	③	佐藤	9		11	田中	③	1	0
						15	（川崎）	③	0	0
2	15			7	GK	13			8	1
				10	CK	3				
				8	FK	12				
				0	PK	0				

【得点経過】
後半22分〔仙〕島野→安藤→島野～→**佐藤HS**
〃 35分〔仙〕松本→島野～→**佐藤S**
〃 40+2分〔滝〕石原→山本S（こぼれ球）**島田S**

■島野と佐藤のコンビで仙台育英2得点

仙台育英はパスを後方から繋いでくる相手に対し，FW佐藤，村井が前線からプレスをかけ，奪ったボールをMF島野へ繋ぎ，ショートパスから楔を入れてバイタルエリアに侵入する攻撃が多くなる。滝川第二はGKとCBを中心に後方から丁寧にパスを繋ぎ相手陣地に進もうとするが，ハーフウェイラインを越えられない時間が続く。後半，両チームともに運動量が落ち，徐々に間延びすると中盤のスペースが空き始める。すると22分，仙台育英は中央でボールを奪ったMF安藤から右サイドでパスを受けた島野のクロスに佐藤が中央でヘディングで合わせ先制。35分には左サイドからまたしても島野のクロスに佐藤が合わせ追加点。滝川第二はアディショナルタイムにDF島田が1点を返し反撃を試みるが，仙台育英の前線からボールを奪いに来る守備に苦しんだ。

戦評　浅田忠亮（厚木北高校）

第2回戦 12月31日(金) 味の素フィールド西が丘（曇）

（主）國吉真吾　（副）原崇，手塚晴康

市立長野（長野県） **0**（0-1 / 0-1）**2** **東山**（京都府）★

得	S	学	市立長野	背		背	東山	学	S	得
0	0	③	太田	1	GK	1	佐藤	②	0	0
0	0	③	田中	3	DF	2	井上	③	0	0
0	0	③	落合	4		4	新谷	②	0	0
0	0	❸	尾崎	5		25	（大森）	③	0	0
0	0	③	藤沢	6		5	夘田	❸	1	1
0	0	②	（赤沼）	21		3	（石原）	③	0	0
0	1	③	吉谷	14		12	仲里	②	1	0
0	0	③	藤田	7	MF	6	真田	②	2	0
0	0	③	木下	8		15	（森澤）	③	0	0
0	0	③	（中里）	11		7	阪田	②	3	1
0	0	③	成澤	15		19	（上田）	②	1	0
						8	松橋	②	1	0
						9	李	③	3	0
0	0	③	常田	9	FW	10	藤枝	③	3	0
0	0	②	（関）	19		22	芦谷	③	0	0
0	0	③	橋本	10		20	（中野）	②	0	0
0	1			13	GK	5			15	2
				1	CK	10				
				4	FK	3				
				0	PK	0				

【得点経過】
前半10分〔東〕藤枝～→**阪田S**
後半 3分〔東〕松橋→**夘田HS**

■市立長野のシュートを1本に抑えた東山

東山は高い位置から守備ブロックを形成し，ショートカウンターを狙う。そしてショートカウンターから相手を押し込み，CK，ロングスローからゴールを狙う。市立長野はボールを奪うと落ち着いたビルドアップからチャンスを作ろうとするが，アタッキングサードに侵入できない。前半10分，東山は相手のビルドアップを高い位置で奪い，ショートカウンターからMF阪田がゴールを奪うことに成功する。後半に入り3分，東山はロングスローの流れから追加点を奪う。その後も，東山がミドルサードでボールを保持する時間が長く，主導権を握る展開が続く。市立長野も粘り強い守備からボールを奪いゴールを目指すが，最後まで守備意識の高い東山DFラインの前にシュートに至らない。終盤，東山は疲労から運動量が低下するが，選手交代で守備の強度を維持し，無失点のまま試合を終えた。

戦評　菅野悟（成蹊高校）

第2回戦 12月31日(金) 駒沢陸上競技場（曇）

（主）舟橋崇正　（副）小野裕太，増澤輝矢

長崎総科大附（長崎県） **1**（0-0 / 1-0）**0** **堀越**（東京都A）★

得	S	学	長崎総科大附	背		背	堀越	学	S	得
0	0	②	亀井	1	GK	1	菅野	③	0	0
1	1	③	原口	4	DF	2	久保木	②	0	0
0	0	❸	児玉	5		18	（中村㈹）	①	0	0
0	0	③	（牧田）	9		4	渡部	③	1	0
0	0	②	（筒口）	29		5	宇田川（侑）	③	0	0
0	0	③	深町	19						
0	0	①	平山	22						
0	1	②	竹田	8	MF	6	宇田川（瑛）	❸	1	0
0	1	③	別府	10		8	日隠	②	0	0
0	1	③	高良	15		3	（髙尾）	②	0	0
						10	古澤	③	2	0
						11	伊東	③	0	0
						13	（原口）	③	0	0
						14	山口	③	3	0
						15	中村（ル）	③	1	0
0	0	③	芦高	7	FW	19	髙谷	①	0	0
0	1	③	（石山）	13		16	（五十嵐）	②	0	0
0	0	②	（佐藤）	24						
0	3	②	西岡	11						
0	4	③	永田	25						
1	12			6	GK	13			8	0
				6	CK	1				
				4	FK	8				
				0	PK	0				

【得点経過】
後半21分〔長〕CK平山→**原口HS**
▼警告
〔堀〕髙谷

■CKからの1点を死守した長崎総科大附

長崎総科大附は，堀越DFの背後にシンプルにボールを送りチャンスを窺う。堀越は，丁寧にボールを繋ぎ，FWを起点にサイドから攻撃しようという意図が見られた。長崎総科大附は，中盤に入ってくるボールに対してプレスをかけ，奪ったボールをFW永田，西岡に入れペナルティエリアに侵入し，シュートまで至っていた。堀越は自分たちのリズムが作れない中，前半終了間際にMF伊東を起点にコンビネーションでボールを繋ぎ，MF古澤からのクロスでチャンスを作った。後半，長崎総科大附は，選手を1人交代した直後のCKで待望の先制点を挙げる。堀越は，後半残り時間が少なくなったタイミングで，DF宇田川（侑）をFWの位置に上げ，交代して入ったDF髙尾やGK菅野からのロングパスからチャンスを作る戦術に変更。更に2人を交代し，運動量を上げて攻撃の回数を増やすが，長崎総科大附の集中した守備陣を崩すことができなかった。

戦評　大原康裕（東大和南高校）

第2回戦 12月31日(金) 味の素フィールド西が丘（曇）

（主）田邉裕樹　（副）長谷川雅，山口敦

奈良育英 0 (0-5 / 0-3) 8 阪南大高
★（奈良県）　（大阪府）

得	S	学		背		背		学	S	得
0	0	③	吉留	1	GK	1	山形	③	0	0
0	0	③	瀧	3	DF	4	櫻本	③	0	0
0	1	③	(岡本)	10		14	(鮎川)	③	0	0
0	0	③	岡橋	4		5	西田	③	1	0
0	0	③	村田	8		7	保田	②	1	0
0	0	②	西尾	24		11	今西	②	0	0
						2	(津田)	③	0	0
0	0	❸	千田	2	MF	6	稲垣	③	0	0
0	0	③	林	6		8	(宮崎)	①	1	0
0	1	③	栂井	9		10	櫻井	③	2	0
0	0	①	(磯貝)	27		18	田中	③	1	1
0	2	③	古結	13		19	松本	③	1	0
0	0	③	(小坂)	17		16	(小倉)	③	0	0
0	0	②	久代	16						
0	0	①	(藤岡)	28						
0	0	③	三間	5	FW	9	鈴木	❸	6	5
0	0	③	(山尾)	14		17	石川	③	6	2
						25	(辰巳)	②	0	0
0	4			9	GK	8			19	8
				1	CK	7				
				10	FK	7				
				0	PK	0				

【得点経過】
前半18分〔阪〕(相手FP)(こぼれ球)**石川S**
〃 25分〔阪〕CK櫻井→西田H(こぼれ球)**田中S**
〃 28分〔阪〕**鈴木～S**
〃 38分〔阪〕今西→**鈴木S**
〃 40+3分〔阪〕**鈴木(カット)S**
後半 5分〔阪〕鈴木→**石川～S**
〃 20分〔阪〕田中→**鈴木S**
〃 24分〔阪〕保田→**鈴木S**

▼警告
〔奈〕千田

■阪南大高，鈴木が圧巻の5得点

奈良育英は相手の中心選手には複数で守備にいくことで自由を奪い，ボールを奪ってから相手ゴール付近に素早くボールを送ろうとする。しかし阪南大高のDF櫻本，西田を中心に安定した守備陣の前にボールが繋がらない。阪南大高は前半18分に先制点を奪うと，その後はFW鈴木が強靱なフィジカルを活かしボールを収め，多彩なシュートから得点を重ねる。後半，奈良育英は積極的な選手交代で挽回を試みるが，阪南大高は背後のスペースを活用するとともに，狭い局面でもコンビネーションで打開し多くのチャンスを作り出す。奈良育英の運動量が低下し守備強度が落ちたこともあり，阪南大高は効果的に追加点を重ねた。

戦評　安田直人（福生高校）

第2回戦 12月31日(金) 駒沢陸上競技場（曇）

（主）山下良美　（副）宮原一也，林崎航

大社 0 (0-0 / 0-6) 6 青森山田
（島根県）　（青森県）★

得	S	学		背		背		学	S	得
0	0	③	栗原	1	GK	1	沼田	③	0	0
0	0	②	井上	15	DF	3	中山	②	1	0
0	0	②	妹尾	20		4	三輪	③	0	0
0	1	②	大野	22		5	丸山	③	2	0
0	0	①	山岡	25						
0	0	③	高月	7	MF	6	宇野	③	1	1
0	0	❸	角	8		10	松木	❸	4	1
0	1	③	島貫	9		11	藤森	③	4	0
0	1	③	持田	10		15	(田中)	③	0	0
0	0	②	有富	23		14	小野	③	0	0
0	0	②	(和田)	14		16	田澤	③	1	1
0	0	①	(岩田)	27		8	(本田)	③	1	0
0	0	③	廣戸	11	FW	9	名須川	③	1	1
						18	(小湊)	②	3	2
						17	渡邊(星)	③	1	0
						7	(小原)	③	1	0
0	3			13	GK	2			20	6
				0	CK	13				
				11	FK	3				
				0	PK	0				

【得点経過】
後半 3分〔青〕CK藤森→×**名須川S**
〃 13分〔青〕藤森→(クリア)**田澤S**
〃 28分〔青〕藤森～小原→**松木S**
〃 38分〔青〕田中～宇野→本田S(こぼれ球)**小湊S**
〃 40+1分〔青〕CK松木×**宇野S**
〃 40+3分〔青〕小原～→**小湊S**

■大社粘るも，青森山田が後半大量得点

大社は青森山田の縦に速い攻撃に対して，最終ラインをコントロールして背後のスペースの対応やクロスボールにもGKを含めた粘り強い守備でシュートを撃たせない。青森山田はFW名須川の高さとFW渡邊（星）の相手DFの背後を狙う攻撃で崩し，MF松木のFWを追い越す動きで大社のペナルティエリア内に進入するが，大社の堅い守りから得点に至らない。後半早々，CKから得点を生み出した青森山田は攻撃の手を緩めずにサイド攻撃から追加点を奪い，ゲームを有利に進める。点差が開いても諦めない大社は，個人のスキルとアイディアのある攻撃で青森山田ゴールを脅かすが，GK沼田の堅い守りで得点できない。絶対王者，青森山田に対して鍛え抜かれた大社の試合は，お互いの特長が出た内容であった。

戦評　竹原康夫（高輪高校）

第3回戦 1月2日(日) 熊谷スポーツ文化公園陸上競技場（晴）

（主）高崎航地　（副）小出貴彦，坂田純平

佐賀東 1 (0-1 / 1-2) 3 大津
★（佐賀県）　（熊本県）

得	S	学		背		背		学	S	得
0	0	②	松雪	1	GK	1	佐藤(瑠)	③	0	0
0	0	③	平川	2	DF	2	和田	③	2	0
0	0	③	(吉田(徹))	20		4	川副	③	0	0
0	0	②	宝納	3		5	寺岡	③	0	0
0	0	③	仁田尾	4		12	岩本	③	1	0
0	0	③	坂本	5						
0	0	③	山内	6	MF	6	薬師田	③	2	0
0	0	③	中山	7		7	川口	③	4	0
0	0	③	(上村)	16		28	(稲田)	①	0	0
1	3	❸	森田	8		10	森田	❸	2	0
0	0	③	吉田(陣)	10		14	田原	②	0	0
						19	(髙畑)	③	3	1
0	0	③	溝口	9	FW	9	小林	②	6	1
0	0	②	(小嶋)	15		8	(碇)	①	1	1
0	0	③	川原	11		11	一村	③	1	0
0	0	①	(江口)	24		17	(農)	③	2	0
1	3			13	GK	3			24	3
				2	CK	7				
				10	FK	10				
				0	PK	0				

【得点経過】
前半28分〔大〕田原→(相手FP)(クリア)(こぼれ球)**小林S**
後半27分〔大〕CK森田→小林H→**髙畑S**
〃 31分〔佐〕FK中山→×(こぼれ球)**森田S**
〃 40+4分〔大〕和田(インターセプト)～→**碇S**

▼警告
〔佐〕仁田尾，森田

■大津，2回戦に続く九州対決を制す

大津は試合序盤からMF森田を中心にした長短を織り交ぜたパスや，両SH一村，田原のドリブルで切り込む。佐賀東は自陣でFWからDFまでの距離をコンパクトに保ちながら全体で粘り強い守備を繰り返す。横の揺さぶりからの仕掛けを繰り返す大津は，28分に田原が上げたクロスの流れから，長身FW小林が収めて反転しながら右足を振り抜き先制に成功。後半，佐賀東はFW川原から代わったMF江口がボランチに入り，攻撃の中心MF吉田（陣）を左サイドに配置転換。左サイドからの攻撃が活性化した。大津はCKから途中出場のMF髙畑が追加点。追いすがる佐賀東も30分過ぎにFKからのこぼれ球を森田が押し込んで1点差に迫る。しかし大津は攻撃の姿勢を貫き，アディショナルタイムにも追加点を挙げて突き放した。

戦評　横山晃一（南稜高校）

第3回戦 1月2日（日） 熊谷スポーツ文化公園陸上競技場（晴）

（主）辛島宗烈　（副）向井修也，日比健人

前橋育英 2（0-0 / 2-1）1 鹿島学園

★ 前橋育英（群馬県）　鹿島学園（茨城県）

得	S	学		背		背		学	S	得
0	0	③	渡部	1	GK	1	小副川	③	0	0
0	0	❸	桑子	4	DF	3	杉山	③	0	0
0	0	③	柳生	5		4	佐々木	③	0	0
0	0	③	岩立	6		5	渕	❸	0	0
0	0	③	大竹	17		15	上原	②	0	0
						29	（石塚）	②	0	0
0	2	②	根津	7	MF	7	横須賀	③	0	0
0	1	③	笠柳	10		8	林	②	1	1
0	1	③	渡辺	11		9	山口	③	0	0
0	0	②	徳永(涼)	14		20	（森）	①	1	0
0	0	②	小池	23		10	鈴木	③	0	0
0	1	③	（野本）	15		18	中嶋	③	0	0
						6	（櫻井）	②	0	0
0	3	③	守屋	9	FW	11	松村	③	0	0
2	2	②	（高足）	24						
2	10			1	GK	6			2	1
				3	CK	1				
				9	FK	13				
				0	PK	0				

【得点経過】

後半17分〔前〕大竹→**高足HS**
〃 22分〔鹿〕鈴木→**林S**
〃 39分〔前〕大竹→笠柳S（相手GK）（こぼれ球）**高足S**

▼警告

〔前〕小池

■北関東対決は劇的ゴールで決着

前橋育英は，右SH小池が中央にポジションをとり相手守備陣を中央に集結させ，空いたサイドのスペースに右SB大竹がオーバーラップし，クロスから相手ゴールに迫る。更にボランチ根津，徳永（涼）がパスの出し入れを繰り返しながら攻撃のリズムを作り，決定機を演出する。守勢に回る鹿島学園は，中央のパスコースを消しながらボールの奪い所を共有して粘り強い守備でゴールを割らせない。後半もサイドを中心に攻撃を仕掛ける前橋育英ペース。前橋育英が素早い切り替えでボールを奪うと二次攻撃へ繋げて攻め込む中，待望の先制点を奪う。失点を喫した鹿島学園は2枚同時に交代カードを切り，試合の流れを変えようと試みる。すると，鹿島学園がサイドを起点にした攻撃から同点に追いつく。その後，PK方式突入かと思われた試合終了間際に，前橋育英が分厚い攻撃から決勝点を奪い，勝利を収めた。

戦評　野木悟志（庄和高校）

第3回戦 1月2日（日） フクダ電子アリーナ（曇のち晴）

（主）矢野浩平　（副）橋本真光，筒井勇気

宮崎日大 0（0-6 / 0-2）8 静岡学園

★ 宮崎日大（宮崎県）　静岡学園（静岡県）

得	S	学		背		背		学	S	得
0	0	❸	羽間	1	GK	1	生嶋	❸	0	0
0	0	③	前田	2	DF	2	三宅	③	2	0
0	0	②	（小野）	15		4	伊東	③	2	0
0	0	②	石川	3		13	野村	③	0	0
0	0	②	外山	4		20	（栗山）	③	0	0
0	0	③	木田	5		14	西村	③	0	0
						7	（清水）	③	1	0
0	1	②	芥川	10	MF	5	菊池	③	2	1
0	0	③	野村	13		3	（行徳）	②	0	0
0	0	③	（四本）	9		6	小泉	③	3	0
0	0	②	若松	21		16	（髙橋）	②	3	0
0	1	①	（松添）	18		8	玄	③	2	1
0	0	③	山中	28		10	古川	③	1	1
0	0	③	（関本）	6		11	川谷	③	7	2
0	0	③	和田	11	FW	19	松永	③	4	2
0	0	②	宝徳	19		9	（持山）	③	2	1
0	0	②	（山内）	20						
0	2			15	GK	2			29	8
				0	CK	8				
				4	FK	3				
				0	PK	0				

【得点経過】

前半 9分〔静〕菊池～→松永→**川谷S**
〃 12分〔静〕西村～→**松永S**
〃 32分〔静〕**古川～S**
〃 33分〔静〕松永～→**菊池S**
〃 35分〔静〕菊池→古川→**川谷S**
〃 40+1分〔静〕菊池→**松永～S**
後半32分〔静〕清水→古川→**玄S**
〃 39分〔静〕CK清水→**持山HS**

■前半で試合を決めた静岡学園

静岡学園は，細かいパスワークとドリブルでゴールへ襲いかかる。特に左サイドで崩して，クロスを上げシュートを狙うシーンが多い。9分，左サイドエリアに流れたトップ下MF菊池から中央で待ち構えるFW松永を経由して，右SH川谷が押し込み先制。宮崎日大は低い位置でボールを奪い，MF野村を起点にカウンターを仕掛けようと試みるが，静岡学園の最終ラインを突破できない。静岡学園は松永の追加点を皮切りに前半6得点。後半，宮崎日大はビルドアップ時1-2-3-5にして押し込もうとするが，静岡学園の守備ブロックを崩せず。攻撃から守備への切り替えが早く，安定したポゼッションで後半も主導権を握った静岡学園が準々決勝へ進んだ。

戦評　田中章太郎（生浜高校）

第3回戦 1月2日（日） フクダ電子アリーナ（晴）

（主）長谷拓　（副）松本瑛右，小西和幸

関東第一 3（2-1 / 1-1）2 矢板中央

関東第一（東京都B）　矢板中央（栃木県）★

得	S	学		背		背		学	S	得
0	0	③	笠島	1	GK	1	藤井	❸	0	0
0	0	②	矢端	3	DF	2	小出	③	2	0
0	0	❸	池田(健)	4		3	森山	③	0	0
0	0	②	倉持	26		4	島﨑	③	1	1
0	0	③	（下田）	28		5	畑岡	②	0	0
0	0	②	湯田	5	MF	6	田邉	②	1	0
0	1	③	（神山）	14		26	（久野木）	③	1	0
0	0	③	堀井	6		7	大畑	③	2	0
0	0	③	藤井	7		8	唐橋	③	0	0
1	3	③	若松	8		10	（星）	③	1	0
0	1	②	（小谷）	12		19	（井上）	①	0	0
1	3	③	肥田野	10		17	黒澤	③	0	0
0	0	③	林	13		14	（片岡）	③	1	0
0	1	③	（坂井）	11						
1	3	②	本間	9	FW	9	藤野	③	1	0
						11	林	③	0	0
						20	（小森）	③	1	0
3	12			8	GK	9			11	1
				4	CK	3				
				9	FK	6				
				0	PK	1				

【得点経過】

前半 6分〔関〕本間S（こぼれ球）**肥田野S**
〃 24分〔矢〕**PK島﨑S**
〃 27分〔関〕本間S（相手FP）肥田野HS（バー返り）**若松S**
後半 7分〔矢〕久野木～→（相手FP）（オウンゴール）
〃 38分〔関〕肥田野～→**本間S**

▼警告

〔関〕神山，倉持
〔矢〕藤野

■互いに点を取り合う接戦制した関東第一

前半6分，ペナルティエリアに侵入した関東第一は，FW本間にボールが入る。右足のシュートの跳ね返りをMF肥田野が冷静に左足で流し込み先制に成功。矢板中央は21分，SH唐橋に代えてMF星を投入。すると右サイドを突破した星がドリブルでPKを獲得。CB島﨑が決め同点に。しかし関東第一もすぐに，SH若松が決め勝ち越す。後半，7分に右サイドを抜け出した矢板中央FW久野木がスピードに乗りながらゴール前へ低いクロス。関東第一DFの足に当たりオウンゴールで再び同点とする。残り10分，関東第一のポゼッションが矢板中央の足を止める。38分，こぼれ球を拾った関東第一の肥田野が本間にスルーパス。左足で振り抜いたボールはゴール左上に突き刺さり3-2とした。

戦評　尾張堯映（沼南高柳高校）

第3回戦　1月2日（日）　等々力陸上競技場（晴）

（主）花川雄一　（副）廣瀬成昭，川村航希

帝京長岡 1 (1-0 / 0-1) 1 桐光学園
★（新潟県）　3 PK 5　（神奈川県）

得	S	学		背		背		学	S	得
0	0	②	佐藤	1	GK	1	吉田	③	0	0
0	0	③	松本	3	DF	2	米山	③	1	1
0	0	③	(根本)	27		3	寺内	③	0	0
0	1	②	桑原	4		4	川角	③	1	0
0	0	③	松村	14		5	馬場	③	0	0
0	2	③	佐々木	2	MF	6	豊田	②	1	0
1	1	③	武原	6		7	山市	❸	1	0
0	0	②	廣井	7		9	田中	③	2	0
0	0	③	(山本)	24		11	ベイリージャスティン	②	1	0
0	1	❸	三宅	10		12	(斉藤)	③	0	0
0	3	②	松山	11						
0	1	②	(岡村)	8						
0	0	③	(中村)	25						
0	0	③	渡辺	9	FW	10	三原	③	1	0
0	1	③	川村	15		14	粟江	③	1	0
0	0	②	(笠井)	5						
1	10			12	GK	7			9	1
				0	CK	7				
				6	FK	10				
				0	PK	0				

【得点経過】
前半23分〔帝〕渡辺→佐々木～→**武原S**
後半23分〔桐〕CK寺内→川角HS(相手GK)(こぼれ球)**米山S**
▼警告
〔桐〕山市

■桐光学園，2戦連続PK方式全員成功

互いに戦術が徹底されており，球際での戦いに見応えのあるゲーム。帝京長岡は，FW渡辺がボールを収めるとMF廣井，松山が2列目から飛び出し，DFラインの背後を狙う。前半23分，帝京長岡は右サイドのパスワークから渡辺に縦パスが入ったタイミングでMF佐々木がDFラインの背後へ抜け出し，中央へ低いクロス。フリーで走り込んできたMF武原が合わせゴールネットを揺らした。後半，桐光学園が前線からのハードワークをより一層強める。MF山市のボール奪取から，MF田中，ベイリージャスティンのサイド突破，セットプレー，ロングスローからも決定機を作り出そうとする。23分，右CKから桐光学園DF川角がヘディングシュート。帝京長岡GK佐藤に弾かれるもDF米山が左足で押し込んだ。勝負はPK方式に委ねられ，GK吉田が2人目のキッカーを止め，全員が決めた桐光学園が準々決勝へ進んだ。

戦評　田之畑宗孝（川和高校）

第3回戦　1月2日（日）　等々力陸上競技場（晴）

（主）山下良美　（副）鶴岡泰樹，増澤輝矢

高川学園 1 (0-0 / 1-0) 0 仙台育英
（山口県）　（宮城県）★

得	S	学		背		背		学	S	得
0	0	③	徳若	17	GK	1	落合	②	0	0
0	0	③	田島	2	DF	3	石田	③	0	0
0	0	③	加藤	3		4	大塚	③	0	0
0	0	③	山崎	16		5	松井	③	0	0
0	1	②	岡	28		11	染野	③	0	0
0	0	③	桑原	5	MF	10	島野	❸	3	0
0	1	❸	北	8		14	松本	③	0	0
0	1	③	林(晴)	10		7	(明石)	③	0	0
						16	小林	③	0	0
						6	(大久保)	③	0	0
						24	安藤	③	2	0
0	0	③	中山	9	FW	8	村井	③	0	0
0	0	③	小澤	12		20	(海老原)	③	0	0
1	1	③	(西澤)	14		9	佐藤	③	0	0
0	0	②	梅田	22						
0	0	③	(林(良))	11						
1	4			6	GK	9			5	0
				5	CK	7				
				11	FK	10				
				0	PK	0				

【得点経過】
後半40+3分〔高〕CK山崎→(クリア)**西澤S**
▼警告
〔仙〕石田

■高川学園，守勢続くも劇的決勝点

序盤，高川学園はこれまで活躍のFW中山をターゲットに相手陣内侵入を試みる。対する仙台育英は最終ラインとMFをミドルサードにバランスよく配置しつつ，2トップのFW佐藤，村井が果敢に前線からプレッシング。奪ったボールを素早く前線に預けてセカンドボール回収からMF島野の展開力でアタッキングサードに侵入すると，左SB染野の果敢なオーバーラップから鋭いクロスでチャンスを作る。前半は仙台育英が主導権を握り折り返す。後半，仙台育英の攻勢が続くが，高川学園GK徳若のファインセーブや，CB加藤の落ち着いた対応，主将MF北の献身的な守備で猛攻に耐える。すると終盤にかけて，高川学園が相手陣内で前向きにボールを保持する時間が増える。そして迎えたアディショナルタイム，高川学園は左CKからこぼれた浮き球を，交代で入ったMF西澤がボレーでとらえてゴール。遂に均衡を破る。苦しみつつも落ち着いた対応と粘り強さで1点をもぎ取った高川学園が準々決勝に進出した。

戦評　永山晃（浅野高校）

第3回戦　1月2日（日）　駒沢陸上競技場（晴）

（主）堀善仁　（副）道山悟至，國藤翔

東山 3 (1-0 / 2-0) 0 長崎総科大附
★（京都府）　（長崎県）

得	S	学		背		背		学	S	得
0	0	②	佐藤	1	GK	1	亀井	②	0	0
0	0	③	井上	2	DF	4	原口	③	1	0
0	0	②	新谷	4		5	児玉	❸	0	0
0	1	③	(石原)	3		19	深町	③	0	0
0	1	❸	夘田	5		29	(筒口)	②	0	0
0	0	②	仲里	12		22	平山	①	0	0
0	1	②	真田	6	MF	8	竹田	②	0	0
0	1	②	阪田	7		10	別府	③	2	0
0	2	③	(木下)	14		15	高良	③	0	0
0	0	②	松橋	8						
0	2	③	李	9						
0	0	②	(上田)	19						
2	3	③	藤枝	10	FW	7	芦高	③	0	0
0	0	③	(下谷)	23		11	西岡	②	1	0
1	1	③	芦谷	22		9	(牧田)	③	0	0
0	0	②	(中野)	20		25	永田	③	0	0
						24	(佐藤)	②	0	0
3	12			18	GK	8			4	0
				5	CK	1				
				13	FK	2				
				0	PK	0				

【得点経過】
前半29分〔東〕真田S(こぼれ球)**藤枝S**
後半23分〔東〕(インターセプト)阪田～S(ポスト返り)**芦谷S**
〃 39分〔東〕FK真田→井上H→**藤枝HS**

■東山が堅実な試合運びで完封勝利

東山はDF井上をターゲットにしたロングスローやセットプレーから活路を見出そうとする。またMF松橋が空いたスペースにパスを振り分けたことで，MF阪田，李がドリブルで仕掛ける場面が増えたが，全体の関わりが遅れゴール前に迫れない。長崎総科大附は，FW永田のポストプレーからFW西岡が関わり右サイドからの突破を図るが，決定機を作れない。一進一退の展開の中，東山は29分にロングスローを活かした攻撃から先制する。後半，長崎総科大附はさらにボール保持者へのプレスを強め，相手の自由を奪いゴール前に迫る場面が増える。前線の選手を交代してさらに攻勢を強めようとしたが，堅実なプレーを見せた東山が，一瞬の隙を突いて追加点を奪う。長崎総科大附は，ロングフィードとドリブルを織り交ぜて縦への攻撃を再三仕掛けるが，東山の身体を張った守備の前にシュートを撃つまでには至らなかった。

戦評　宮坂拓弥（駒込高校）

第3回戦 1月2日（日） 駒沢陸上競技場（晴）

（主）大橋侑祐　（副）佐藤裕一，蜂谷冬陽

阪南大高（大阪府） 1（0-1 / 1-2）3 **青森山田**（青森県）★

得	S	学	選手	背		背	選手	学	S	得
0	0	③	山形	1	GK	1	沼田	③	0	0
0	1	③	櫻本	4	DF	3	中山	②	0	0
0	1	③	西田	5		4	三輪	③	0	0
0	2	②	保田	7		5	丸山	③	1	1
0	0	②	今西	11						
0	0	③	稲垣	6	MF	6	宇野	③	0	0
0	1	③	（鮎川）	14		10	松木	❸	3	0
0	2	③	櫻井	10		11	藤森	③	1	0
0	0	③	田中	18		14	小野	③	0	0
0	0	①	（宮崎）	8		16	田澤	③	1	0
0	0	③	松本	19		15	（田中）	③	0	0
1	1	❸	鈴木	9	FW	9	名須川	③	2	1
0	1	③	石川	17		18	（小湊）	②	0	0
						17	渡邊(星)	③	0	0
						7	（小原）	③	0	0
1	9			11	GK	6			8	2
				4	CK	5				
				8	FK	10				
				0	PK	0				

【得点経過】
前半15分〔青〕藤森→（相手FP）（オウンゴール）
後半 3分〔青〕CK松木→**丸山HS**
〃 12分〔青〕渡邊（星）～→**名須川S**
〃 19分〔阪〕TI松本（相手FP）（こぼれ球）**鈴木S**

■勝負所を心得た青森山田の試合運び

青森山田は，DFラインからのロングフィードで相手陣深くボールを入れ，リスクコントロールを行いつつ，シュート機会を作ろうとする。対する阪南大高は，CB櫻本，西田が跳ね返したボールを，MF陣が素早く自陣に戻ってセカンドボールを拾う。攻撃はFW鈴木をターゲットに組み立てシュートまで持ち込む。青森山田は前半15分，右サイドのクロスから先制。後半開始直後にもCKから決め，2-0とする。阪南大高はMF田中と宮崎の交代を機に攻撃に転じようと試みる。しかし中盤にできたスペースにこぼれたボールを拾われ，3点目を決められてしまう。阪南大高はロングスローから1点を返すと，MF松本をボランチに変更するなどして流れを引き寄せようとする。しかし，青森山田の強固な守備を前に追加点を奪えなかった。

戦評　井手豊（広島工業高校）

準々決勝戦 1月4日（火） フクダ電子アリーナ（晴）

（主）長峯滉希　（副）道山悟至，廣瀬成昭

大津（熊本県） 1（1-0 / 0-0）0 **前橋育英**（群馬県）★

得	S	学	選手	背		背	選手	学	S	得
0	0	③	佐藤(瑠)	1	GK	1	渡部	③	0	0
0	0	③	和田	2	DF	4	桑子	❸	0	0
0	0	③	川副	4		5	柳生	③	1	0
0	0	③	寺岡	5		6	岩立	③	0	0
0	0	③	岩本	12		2	（岡本）	③	1	0
						17	大竹	③	0	0
0	1	③	薬師田	6	MF	7	根津	②	1	0
0	1	③	川口	7		10	笠柳	③	0	0
0	0	③	（髙畑）	19		11	渡辺	③	2	0
0	0	❸	森田	10		14	徳永(涼)	②	0	0
0	0	③	（宮川）	15		23	小池	②	1	0
0	0	②	田原	14		24	（高足）	②	1	0
0	0	①	（碇）	8						
0	1	②	小林	9	FW	9	守屋	③	2	0
1	1	③	一村	11						
0	0	③	（坂田）	23						
1	4			8	GK	5			9	0
				1	CK	6				
				12	FK	12				
				0	PK	0				

【得点経過】
前半11分〔大〕一村→小林→**一村S**
▼警告
〔前〕柳生，高足

■前橋育英の攻撃を止めた大津の守備組織

大津は，3ラインをコンパクトに保ち，激しくプレッシャーをかけボールを奪う。奪ってからはFW小林をターゲットに速攻を仕掛け，その両サイドのサポートにFW一村，MF田原が加わりゴールを目指す。前橋育英は，ボールを全員で保持し，パスとドリブルを織り交ぜてテンポ良く前進していく。前半11分，前橋育英が相手を押し込み続け得点の予感を感じさせていた中で，大津が小林のポストプレーから右サイドで一村が抜け出し最初のチャンスで先制。前橋育英はポゼッションしながら，FW守屋，MF渡辺，笠柳が背後への抜け出しやドリブル突破で好機を生み出すも得点できない。後半，17分に大津にアクシデントが発生する。キャプテンMF森田が負傷退場し交代。大津はシステムを1-5-4-1に変更することで守備をより強固にし，リスクをかけずに逃げ切りを図る。前橋育英も選手交代により攻撃を活性化させ，終盤にはパワープレーで同点を目指すが，大津の守備組織を最後まで崩すことができなかった。

戦評　山中敏一（千葉日本大学第一高校）

準々決勝戦 1月4日（火） フクダ電子アリーナ（晴）

（主）國吉真吾　（副）佐藤裕一，向井修也

静岡学園（静岡県） 1（0-0 / 1-1）1 **関東第一**（東京都B）★
3 PK 4

得	S	学	選手	背		背	選手	学	S	得
0	0	❸	生嶋	1	GK	1	笠島	③	0	0
0	0	③	三宅	2	DF	3	矢端	②	0	0
0	2	③	伊東	4		4	池田(健)	❸	0	0
0	3	③	野村	13		26	倉持	②	0	0
0	1	③	西村	14		28	（下田）	③	0	0
0	0	③	菊池	5	MF	6	堀井	③	0	0
0	2	③	（持山）	9		7	藤井	③	0	0
1	2	③	小泉	6		8	若松	③	0	0
0	0	③	玄	8		23	（日下）	③	0	0
0	3	③	古川	10		10	肥田野	③	0	0
0	2	③	川谷	11		14	神山	③	1	0
0	0	②	（髙橋）	16		24	鹿岡	②	0	0
						11	（坂井）	③	1	1
0	3	③	松永	19	FW	9	本間	②	0	0
0	0	③	（荒井）	12						
1	18			2	GK	18			2	1
				7	CK	1				
				1	FK	9				
				0	PK	0				

【得点経過】
後半20分〔静〕古川→野村→持山H→**小泉S**
〃 40分〔関〕神山→日下～→**坂井S**

■ワンチャンス活かした関東第一が金星

静岡学園は，FW松永とMF菊池が相手の背後を狙って引き付け，空いたスペースをSH古川が左サイドに張り，個人技とワンツーで突破を図る。右SH川谷もスピードを活かし，縦方向への突破や左サイドからのクロスをファーで待ち受けシュートを狙う。関東第一は1-4-4-2のブロックを形成し，サイドで数的優位を作らせないように追い込もうとする。後半も静岡学園ペース。20分，左SB野村が左足でファーにクロスを送ると，途中出場のFW持山がヘディングで落とし，走り込んだMF小泉が右足で流し込んで先制する。関東第一は，守備に人数を割かざるを得ないため，前線にボールを送るも孤立し，ボールを回収されてしまう。しかし終了間際の40分，諦めずにゴールに向かい続ける関東第一は，交代出場MF日下の左サイド突破からのパスを，ファーに走り込んだFW坂井が押し込み，ワンチャンスで追いつく。PK方式の結果，関東第一が準決勝へ進んだ。

戦評　奥寺亮介（千葉経済大学附属高校）

準々決勝戦　1月4日（火）　等々力陸上競技場（晴）

（主）佐藤誠和　（副）梅田智起，橋本真光

桐光学園 0（0-0 / 0-1）1 高川学園

★（神奈川県）　　（山口県）

得	S	学		背		背		学	S	得
0	0	③	吉田	1	GK	17	徳若	③	0	0
0	2	③	米山	2	DF	2	田島	③	1	0
0	0	③	寺内	3		3	加藤	③	1	0
0	1	③	川角	4		16	山崎	③	0	0
0	1	③	馬場	5		28	岡	②	0	0
0	0	②	豊田	6	MF	5	桑原	③	0	0
0	1	③	岩根	8		8	北	❸	0	0
0	0	①	（松田）	18		10	林(晴)	③	1	0
0	0	③	田中	9						
0	0	②	（坂本）	19						
0	0	②	ベイリージャスティン	11						
0	0	③	（斉藤）	12						
0	1	❸	三原	10	FW	9	中山	③	0	0
0	2	③	粟江	14		11	林(良)	③	0	0
						22	（梅田）	②	1	0
						12	小澤	③	0	0
						14	（西澤）	③	1	1
0	8			11	GK	8			5	1
				8	CK	5				
				8	FK	6				
				0	PK	0				

【得点経過】
後半15分〔高〕CK山崎→（クリア）**西澤S**

▼警告
〔桐〕豊田，斉藤
〔高〕岡

■高川学園，独特のセットプレーで決勝点

高川学園はGK徳若を含め，DFラインからボランチも絡んでボールを動かし，サイドから2トップのコンビネーションでゴールに迫る。対する桐光学園は，相手のビルドアップに慌てることなくスライドさせ決定機を作らせない。桐光学園はセットプレーから決定機を迎えるも，高川学園・徳若の好守とゴールポストに阻まれ得点には至らず前半を終える。後半から高川学園は，FW梅田を投入し，システムを1-4-2-3-1に変更。右サイドに入っていたFW林(良)がトップ下に移り，桐光学園のボランチとCBの間でプレー。スルーパスやサイドへの展開から速いタイミングでクロスを入れてゴールに迫り，15分に右CKから先制する。同点に追いつきたい桐光学園は30分，DF坂本をターゲットにゴール前にシンプルにボールを供給するが，高川学園CB加藤を中心とした身体を張った守備の前にゴールを決め切ることができず，1-0のまま試合終了。高川学園が14年ぶりに準決勝へ駒を進めた。

戦評　井手豊（広島工業高校）

準々決勝戦　1月4日（火）　等々力陸上競技場（晴）

（主）酒井達矢　（副）高寺恒如，内山翔太

東山 1（1-1 / 0-1）2 青森山田

（京都府）　　（青森県）★

得	S	学		背		背		学	S	得
0	0	②	佐藤	1	GK	1	沼田	③	0	0
0	0	③	井上	2	DF	3	中山	②	0	0
0	0	③	石原	3		4	三輪	③	0	0
0	0	②	新谷	4		5	丸山	③	1	0
1	1	❸	夘田	5						
0	0	③	（下谷）	23						
0	0	②	仲里	12						
0	0	②	真田	6	MF	6	宇野	③	0	0
0	1	②	阪田	7		10	松木	❸	1	1
0	0	②	松橋	8		11	藤森	③	0	0
0	0	③	李	9		14	小野	③	0	0
0	0	③	（芦谷）	22		16	田澤	③	0	0
						18	（小湊）	②	0	0
0	0	③	藤枝	10	FW	9	名須川	③	1	0
						17	渡邊(星)	③	2	1
						7	（小原）	③	0	0
1	2			13	GK	3			5	2
				1	CK	4				
				6	FK	10				
				0	PK	1				

【得点経過】
前半16分〔東〕松橋→仲里→**夘田HS**
〃40+2分〔青〕**PK松木S**
後半13分〔青〕TI藤森→（相手FP）（こぼれ球）**渡邊（星）S**

■青森山田，先制許すも焦らず逆転

互いにロングスローの武器を持ち，セットプレーもシンプルに上げる戦術でリスクをかけずにゴールに迫る。前半16分，東山はロングスローの跳ね返りをMF松橋が拾い，左サイドのDF仲里にスルーパス。仲里の鋭いクロスをファーサイドでDF夘田が打点の高いヘディングで合わせ，ゴールネットを揺らした。その後は青森山田がFW名須川を中心に再三ゴールに迫る。青森山田の攻撃が実ったのは40+2分。MF田澤がキレのあるステップからクロス。東山DFのハンドを誘発して得たPKをMF松木が決めた。後半，13分に青森山田はロングスローをゴール前に入れると，ペナルティエリア内のこぼれ球にFW渡邊（星）がいち早く反応，右足を振り抜きゴール。その後も攻勢の青森山田に対し，東山もFW芦谷を投入し同点ゴールを狙う。しかし青森山田は焦ることなくゲームをコントロールし，勝利を収めた。

戦評　田之畑宗孝（川和高校）

準決勝戦　1月8日（土）　国立競技場（晴）

大津　　関東第一

（熊本県）　（東京都B）

【辞退】

関東第一の出場辞退により大津が決勝戦へ進出

準決勝戦　1月8日（土）　国立競技場（晴）

（主）清水修平　（副）鶴岡泰樹，長谷川雅

高川学園（山口県） **0**（0-2 / 0-4）**6** **青森山田**（青森県）★

得	S	学		背		背		学	S	得
0	0	③	徳　若	17	GK	1	沼　田	③	0	0
0	1	③	田　島	2	DF	3	中　山	②	0	0
0	0	③	加　藤	3		2	（大戸）	③	0	0
0	0	③	山　崎	16		4	三　輪	③	1	0
0	0	②	岡	28		5	丸　山	③	2	2
						14	小　野	③	0	0
0	0	③	桑　原	5	MF	6	宇　野	③	4	0
0	1	❸	北	8		10	松　木	❸	2	1
0	0	③	林(晴)	10		11	藤　森	③	2	0
0	0	②	武　藤	29		15	（田中）	③	1	1
0	0	②	（梅田）	22		16	田　澤	③	0	0
						7	（小原）	③	0	0
0	0	③	中　山	9	FW	9	名須川	③	1	1
0	0	①	（山本）	20		8	（本田）	③	1	0
0	0	③	小　澤	12		17	渡邊(星)	③	2	0
0	0	③	（西澤）	14		18	（小湊）	②	2	1
0	2			11	GK	1			18	6
				0	CK	8				
				10	FK	11				
				0	PK	0				

【得点経過】

前半 3分〔青〕FK藤森→**名須川HS**

〃 26分〔青〕CK藤森→**丸山HS**

後半12分〔青〕×**松木〜S**

〃 23分〔青〕藤森→**小湊S**

〃 40分〔青〕CK松木→**丸山HS**

〃 44分〔青〕小湊（カット）→**田中S**

▼警告

〔青〕渡邊（星）

■国立で強度と安定を見せつけた青森山田

独特のセットプレーを中心に勝ち上がってきた高川学園と超高校級レベルで優勝候補の青森山田が対戦する注目の一戦。高川学園はシステムを1-5-3-2に変更し，自陣に守備ブロックを形成。しかし青森山田は開始直後に得たFKをFW名須川がヘディングで合わせ先制。26分には，CKから2点目を奪う。高川学園も鋭いカウンターで決定的チャンスを作るが得点には至らない。後半序盤に青森山田はMF松木が右サイドの高い位置でボールを奪い返し，ドリブルから追加点。高川学園はシステムを変更。しかし，青森山田は右サイドのコンビネーションから4得点目を奪い，CKから5点目，相手ゴール前でボールを奪い返し6点目を追加。強度の高いプレーと安定した守備で試合の主導権を握り続け，決勝進出を果たした。

戦評　大原康裕（東大和南高校）

決勝戦　1月10日（月）　国立競技場（曇）

（主）御厨貴文　（副）赤阪修，岩崎創一

大　津（熊本県） **0**（0-2 / 0-2）**4** **青森山田**（青森県）★

得	S	学		背		背		学	S	得
0	0	③	佐藤(瑠)	1	GK	1	沼　田	③	0	0
0	0	③	和　田	2	DF	3	中　山	②	0	0
0	0	③	（坂田）	23		2	（大戸）	③	0	0
0	0	③	日　髙	3		4	三　輪	③	0	0
0	0	②	（田原）	14		5	丸　山	③	1	1
0	0	③	川　副	4		14	小　野	③	0	0
0	0	③	寺　岡	5						
0	0	③	岩　本	12						
0	0	③	薬師田	6	MF	6	宇　野	③	3	0
0	0	③	川　口	7		10	松　木	❸	2	1
0	0	③	（髙畑）	19		11	藤　森	③	1	0
0	0	❸	森　田	10		15	（田中）	③	0	0
						16	田　澤	③	0	0
						8	（本田）	③	0	0
0	0	②	小　林	9	FW	9	名須川	③	2	1
0	0	③	一　村	11		18	（小湊）	②	0	0
						17	渡邊(星)	③	3	1
						7	（小原）	③	0	0
0	0			8	GK	2			12	4
				2	CK	12				
				20	FK	7				
				0	PK	0				

【得点経過】

前半37分〔青〕CK藤森→**丸山HS**

〃 41分〔青〕×（こぼれ球）田澤〜→**名須川S**

後半10分〔青〕TI藤森（相手FP）（クリア）藤森H→**松木HS**

〃 33分〔青〕小野→**渡邊（星）HS**

▼警告

〔大〕川副

〔青〕松木

■青森山田，圧倒的強度で隙なく優勝

熊本県勢初の優勝に挑む大津と，4年連続決勝進出，3度目の優勝を目指す青森山田が対戦。青森山田が次第にセカンドボールを拾い出すとMF藤森，田澤のサイド攻撃からセットプレーを獲得する回数が多くなる。セットプレーからゴールを狙う青森山田に対し，大津はGK佐藤（瑠）の安定した守備でゴールを守る。しかし前半37分，青森山田のMF松木が中盤でボールを奪うと自ら運び，CKを獲得。そのCKからDF丸山が決め先制に成功する。大津は，MF田原を投入し，前線のポジション変更を行い，流れを引き寄せようとする。41分，青森山田はFKの流れから田澤のクロスをFW名須川が押し込み追加点を奪い前半を終了。後半10分には，青森山田は藤森のロングスローから松木が3点目を奪う。大津は後方からボールを繫ごうとするが，強度の落ちない青森山田の前に，攻撃の糸口を見出せない。33分，サイド攻撃からFW渡邊（星）が追加点。青森山田は，記念すべき100回大会を圧倒的強さで優勝した。

戦評　菅野悟（成蹊高校）

全国高校選手権大会
【地区大会記録】

北海道

●決勝トーナメント

優勝：北海

旭川実、北星学園大附、帯広大谷、釧路北陽、札幌東、静内、とわの森三愛、旭川大高、札幌日大、帯広北、根室、滝川、駒大苫小牧、函館大有斗、大谷室蘭、札幌創成、北海道科学大高、北海、函館大谷、札幌光星、稚内大谷、白樺学園、網走南ケ丘、北照、室蘭清水丘、名寄、札幌第一、東海大札幌、岩見沢緑陵、札幌大谷

【函館地区】

函館大有斗：函館大有斗、函館工、函館高専、函館中部、八雲、函館水産、函館商、函館西

函館大谷：市立函館、江差、檜山北、七飯、知内、函館ラ・サール、上磯・森・南茅部・椴法華、函館大谷

【小樽地区】

●1次リーグ

A	小樽潮陵	北　照	合 同 ※	順位
小樽潮陵		0－10	8－1	2
北　照	10－0		13－0	1
合 同 ※	1－8	0－13		3

※合同＝岩内・小樽未来創造・北海道高等聾学校

B	小樽水産	倶 知 安	小樽桜陽	順位
小樽水産		2－0	0－0	1
倶 知 安	0－2		0－1	3
小樽桜陽	0－0	1－0		2

〈決勝トーナメント〉

北照：北照、小樽桜陽、小樽潮陵、小樽水産

【札幌地区】

北海：北海、札幌啓成、札幌平岸、札幌龍谷学園、札幌北、石狩南、札幌西、札幌清田

北星学園大附：北星学園大附、札幌琴似工、札幌稲雲、札幌北陵、札幌啓北商、札幌旭丘、札幌国際情報、江別

札幌東：札幌東、札幌英藍、立命館慶祥、札幌南、札幌手稲、札幌西陵、札幌開成、当別

とわの森三愛：とわの森三愛、札幌東陵、札幌新陽、札幌丘珠、野幌、札幌静修、札幌平岡、札幌工

札幌光星：札幌光星、札幌白石、札幌新川、石狩翔陽、札幌東豊、札幌北斗、札幌白陵、札幌厚別

北海道科学大高：北海道科学大高、あすかぜ・南陵、札幌月寒、札幌藻岩、大麻、札幌山の手、北海学園札幌、クラーク記念国際

【北空知地区】

滝川：滝川、滝川西（不戦勝）

【旭川地区】

旭川大高：旭川南、留萌、富良野、旭川永嶺、旭川龍谷、旭川工、旭川商、旭川北、旭川西、旭川高専、旭川東、旭川明成、旭川農、旭川大高

【苫小牧地区】

静内：苫小牧東、北海道栄、鵡川、合同※、苫小牧工、苫小牧高専、静内、浦河、苫小牧南、苫小牧中央

※合同＝えりも・静内農・白老東

【釧路地区】

釧路北陽：釧路工、釧路江南、釧路湖陵、武修館、釧路明輝、釧路北陽

【十勝地区】

帯広北：帯広北、帯広工、鹿追、帯広柏葉、帯広農

帯広大谷：帯広大谷、芽室、幕別清陵、帯広三条、帯広南商

白樺学園：帯広緑陽、清水、合同※、池田・大樹、白樺学園

※合同＝上士幌・更別農・広尾

【宗谷地区】

	枝　幸	稚　内	稚内大谷	順位
枝　幸		0－3	0－3	3
稚　内	3－0		0－8	2
稚内大谷	3－0	8－0		1

【空知地区】

	岩見沢農	栗山・長沼・西	岩見沢緑陵	岩見沢東	順位
岩見沢農		4－0	0－4	3－1	2
栗山・長沼・西	0－4		0－4	3－2	3
岩見沢緑陵	4－0	4－0		4－0	1
岩見沢東	1－3	2－3	0－4		4

【室蘭地区】

●1次リーグ

A	室蘭清水丘	室 蘭 栄	伊達緑丘	順位
室蘭清水丘		6－1	3－1	1
室 蘭 栄	1－6		2－1	2
伊達緑丘	1－3	1－2		3

B	伊達開来	室蘭東翔	登別青嶺	合 同 ※	順位
伊達開来		2－2	4－1	11－0	1
室蘭東翔	2－2		3－1	5－0	2
登別青嶺	1－4	1－3		15－0	3
合 同 ※	0－11	0－5	0－15		4

※合同＝登別明日中等・室蘭工

〈決勝戦〉

室蘭清水丘：室蘭清水丘 2－2（PK）伊達開来

【根室地区】

	根　室	中 標 津	別海羅臼	中標津農	順位
根　室		2－0	7－0	12－0	1
中 標 津	0－2		2－2	8－0	2
別海羅臼	0－7	2－2		11－0	3
中標津農	0－12	0－8	0－11		4

【道北地区】

名寄：士別翔雲 0－2 名寄

【オホーツク地区】

網走南ケ丘：網走南ケ丘、北見緑陵、北見工、紋別、北見柏陽、合同※、北見北斗、遠軽

※合同＝津別・北見商・佐呂間・美幌

【千歳地区】

●1次リーグ

A	北 広 島	千　歳	札幌日大	順位
北 広 島		4－2	0－1	2
千　歳	2－4		3－7	3
札幌日大	1－0	7－3		1

B	北広島西	恵 庭 北	恵 庭 南	文教大附	順位
北広島西		3－0	0－4	0－3	3
恵 庭 北	0－3		0－11	0－11	4
恵 庭 南	4－0	11－0		1－1	1
文教大附	3－0	11－0	1－1		2

〈決勝トーナメント〉

札幌日大：札幌日大、文教大附、北広島、恵庭南

青森県

●決勝トーナメント

優勝：青森山田

青森山田、木造、東奥義塾、東奥学園、向陵、弘前中央、弘前南、弘前工、八戸工大二、八戸学院光星、三沢商、青森北、三本木農業恵拓、弘前実、青森南、青森、十和田工、青森明の星、五所川原工科、青森西、八戸工、八戸工大二、三本木、八戸学院野辺地西

●1次トーナメント

三本木：五所川原農林、八戸東、三本木

向陵：向陵、八戸聖ウルスラ、青森東

弘前南：弘前、青森中央・商、弘前南

東奥義塾：東奥義塾、八戸西

三沢商：三沢商、八戸高専

弘前中央：三沢、弘前中央

木造：八戸、木造

青森南：青森南、黒石・柏木農

十和田工：八戸北、十和田工

東奥学園：東奥学園、五所川原

青森明の星：青森明の星、名久井農

青森：青森、八戸水産

弘前工：弘前工、百石・六ヶ所

八戸工大二：八戸工大二、弘前東・聖愛・[illegible]

八戸工：青森工、八戸工

青森西：青森西、田名部・大湊・むつ工

岩手県

●決勝トーナメント

優勝：専大北上

専大北上、一関工、宮古、北上翔南、盛岡北、一関第二、釜石商工、水沢工、盛岡第四、盛岡市立、岩手、大船渡東、盛岡第三、盛岡第一、盛岡誠桜、盛岡南、千厩、一関高専、不来方、遠野、盛大附、遠野緑峰、大船渡、花巻東、葛巻、高田、花北青雲、盛岡中央、江南義塾、盛岡農、花巻北、釜石、水沢、黒沢尻北、福岡、花巻南、宮古商工、盛岡商

山形県

●決勝トーナメント

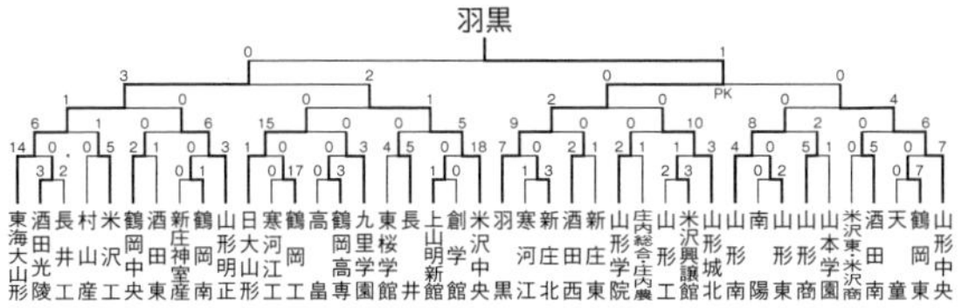

宮城県

●決勝トーナメント

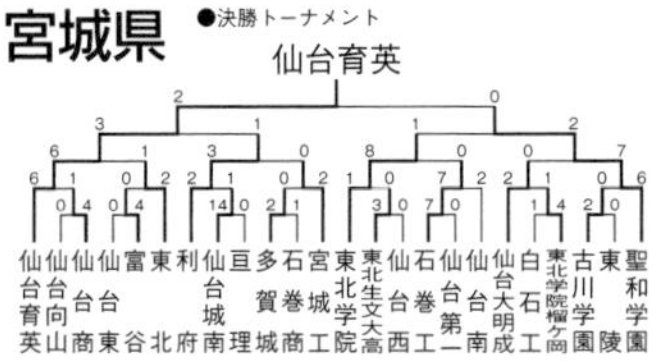

●１次トーナメント

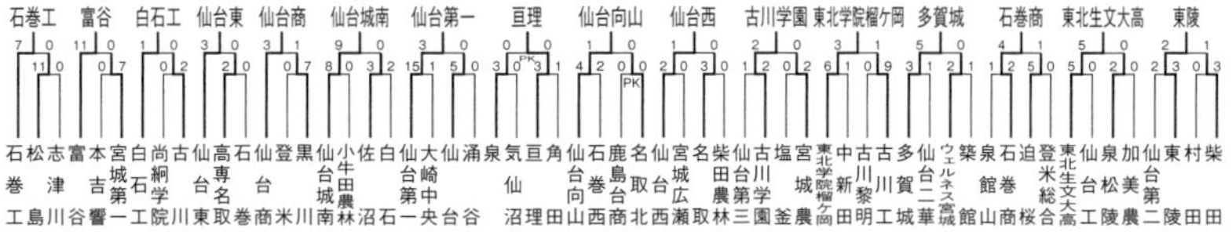

秋田県

●決勝トーナメント

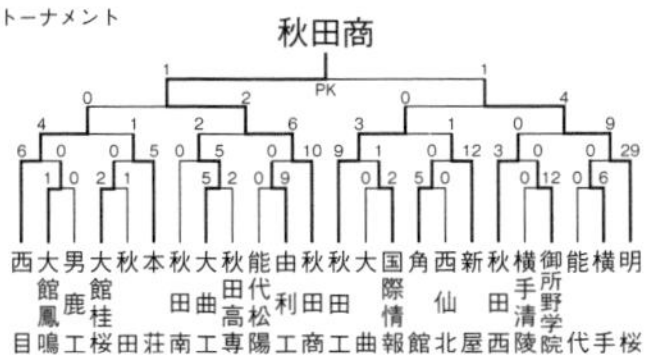

福島県

●決勝トーナメント

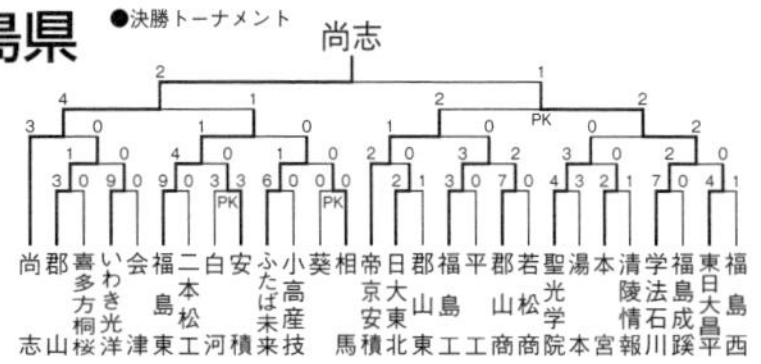

●１次トーナメント

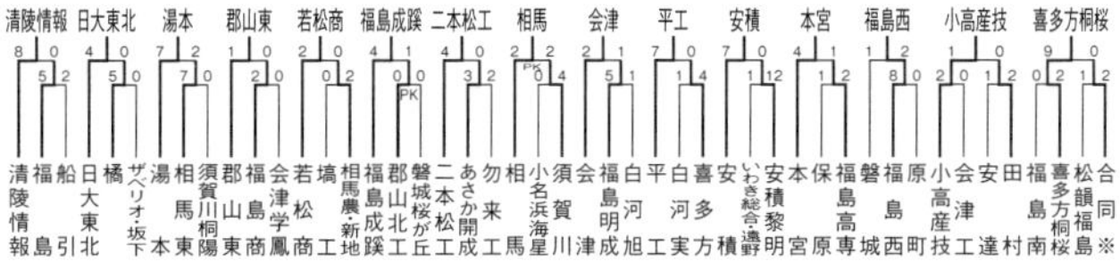

※合同＝平商・いわき秀英・勿来

茨城県

●決勝トーナメント

※合同A＝大子清流・常陸大宮・茨城東・茨城朝鮮
※合同B＝明野・結城一・結城二・石下紫峰・三和・坂東清風

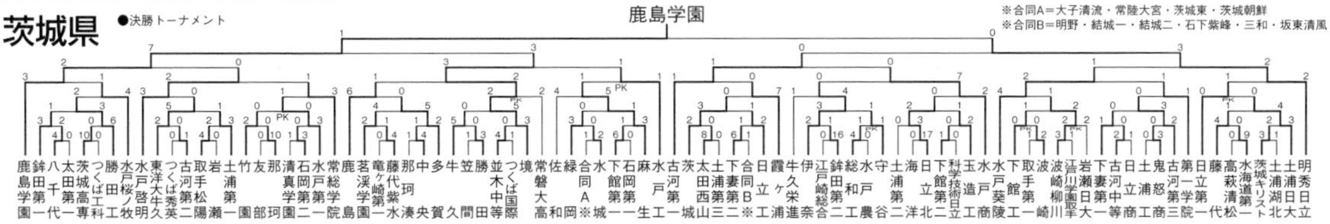

群馬県

●決勝トーナメント

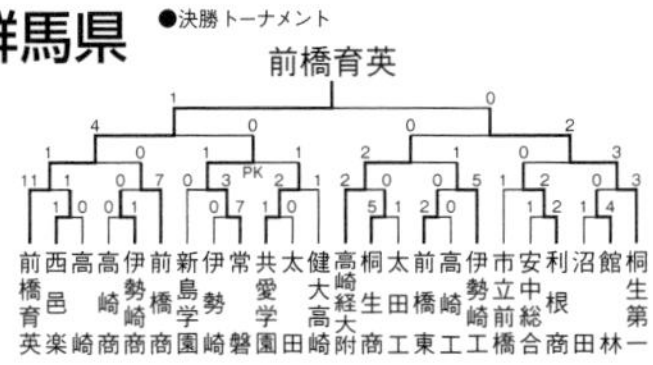

●１次トーナメント

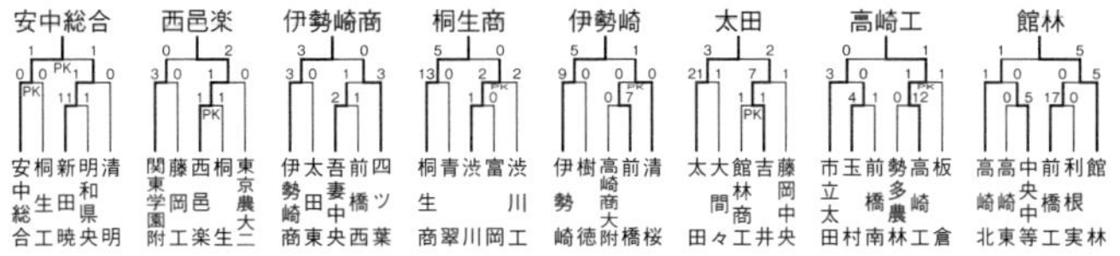

栃木県

●決勝トーナメント

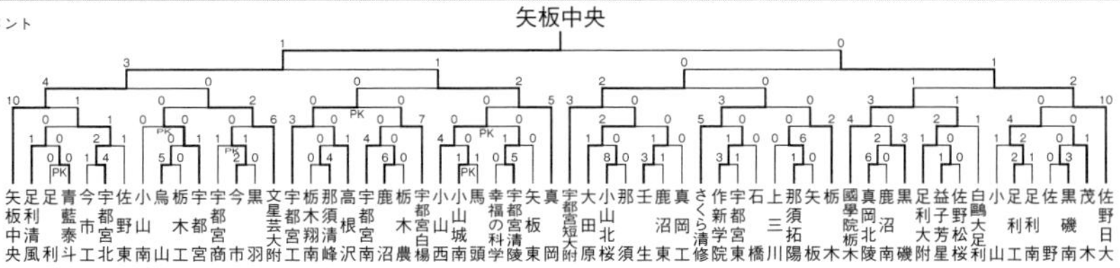

埼玉県

●決勝トーナメント

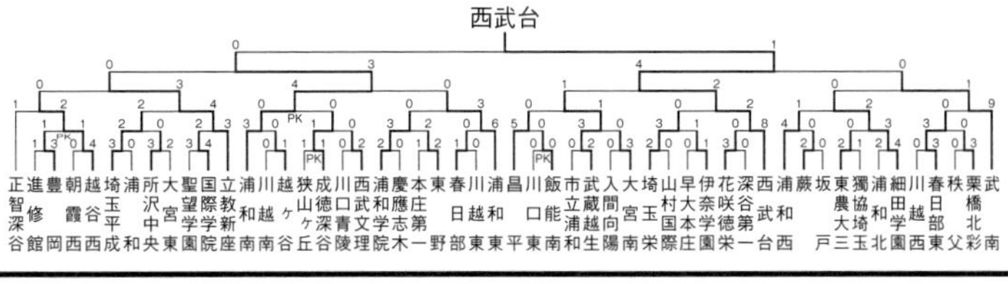

●埼玉県１次トーナメント

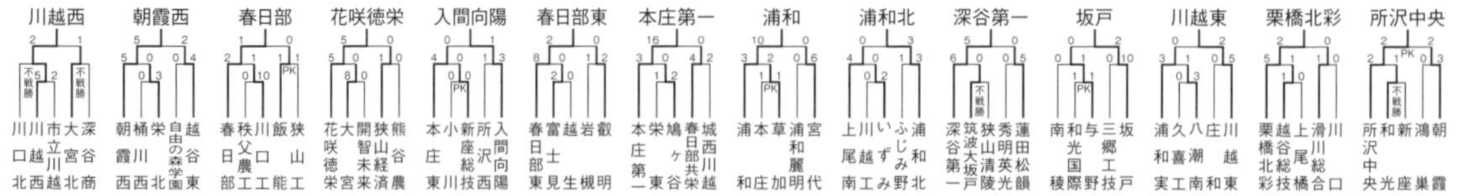

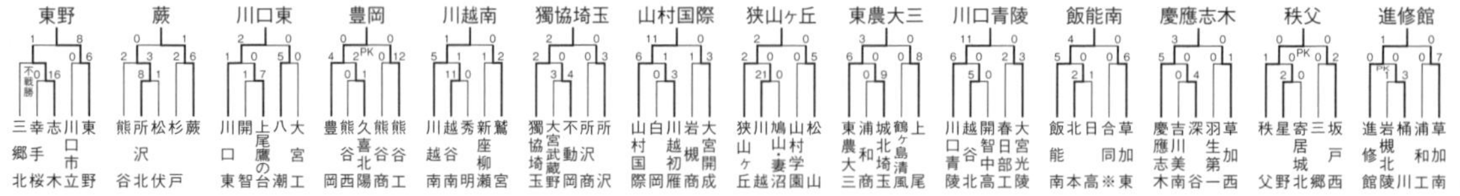

※合同＝児玉・児玉白楊

千葉県

●決勝トーナメント

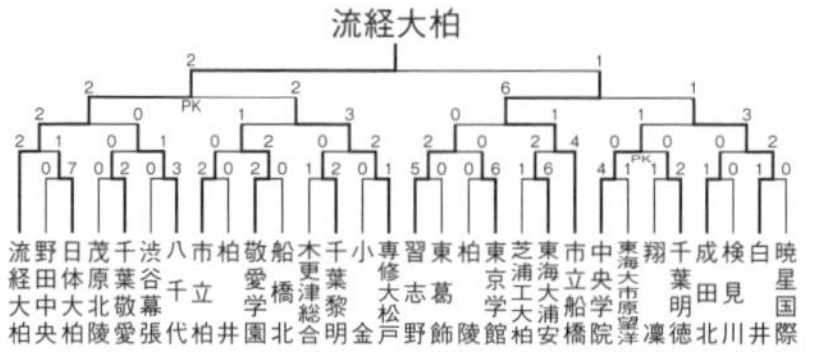

●１次トーナメント

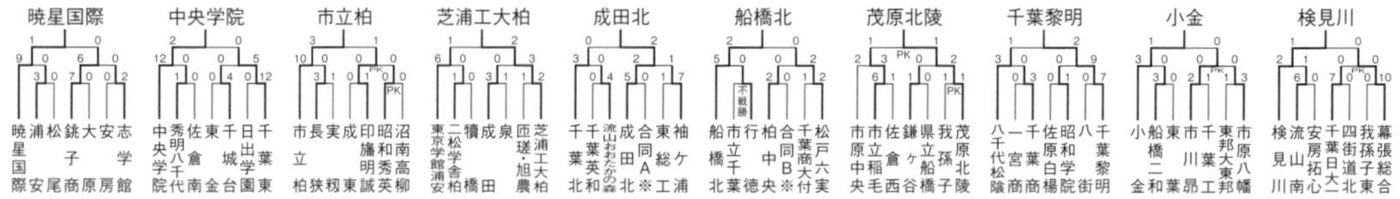

※合同A＝大網・横芝敬愛
※合同B＝天羽・館山総合

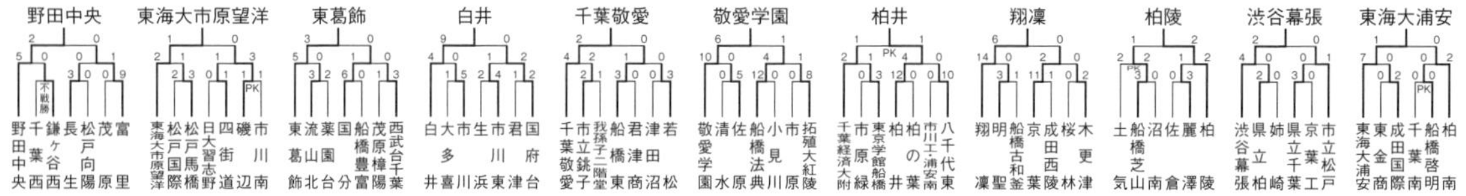

東京都

●決勝トーナメント
【Aブロック】

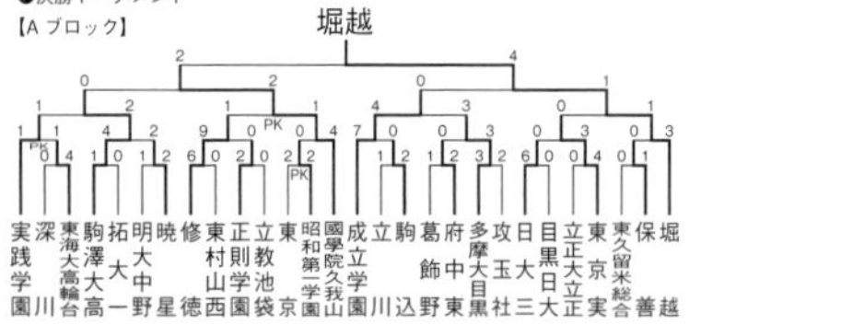

●決勝トーナメント
【Bブロック】

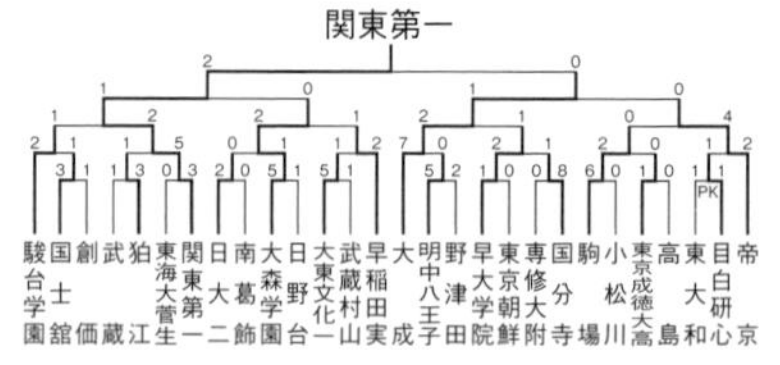

●１次トーナメント

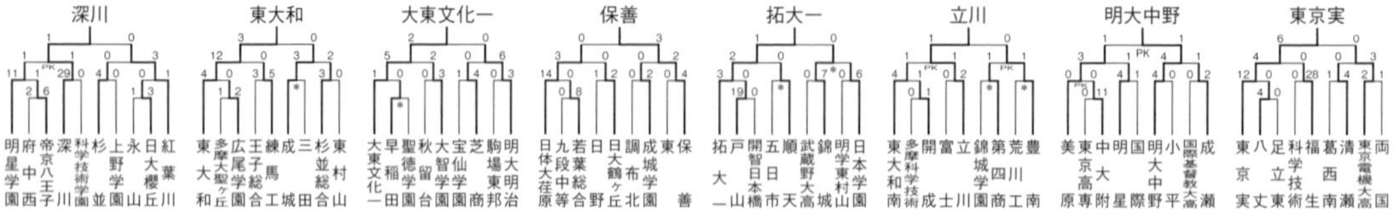

＊＝不戦勝

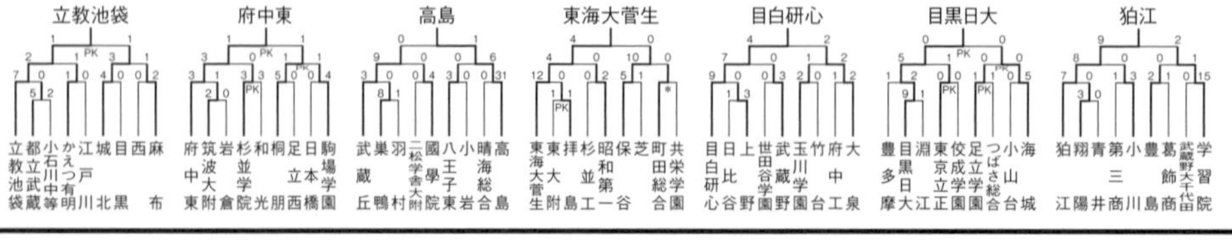

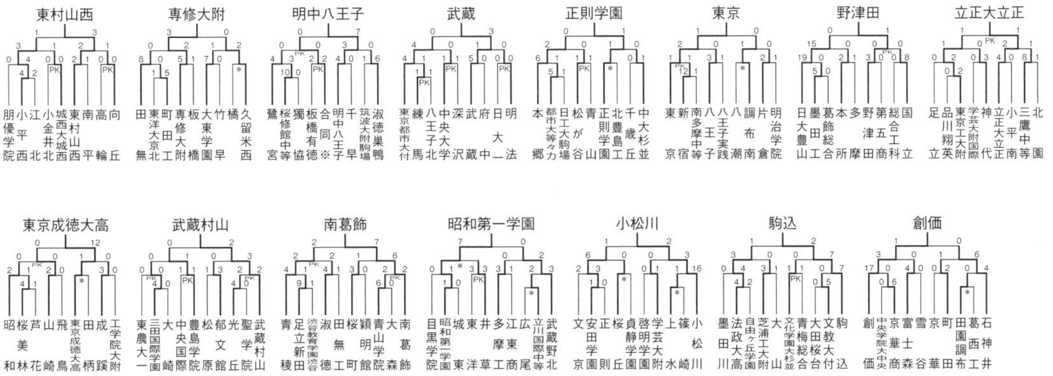

＊＝不戦勝
※合同＝大島・大島海洋国際

神奈川県

●決勝トーナメント

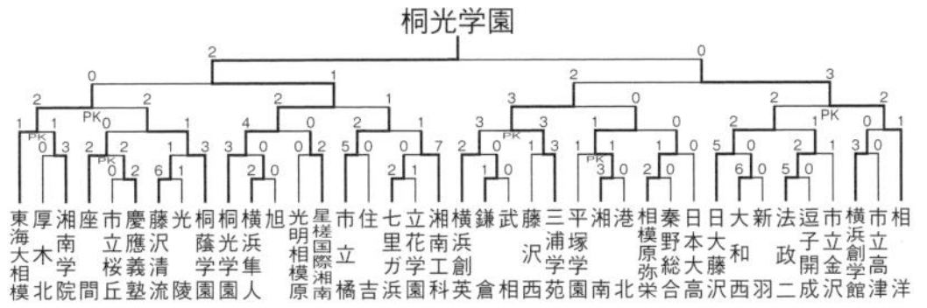

●１次トーナメント

【Aブロック】

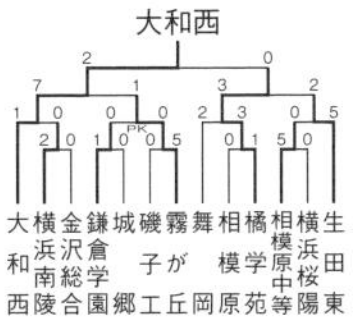

【Bブロック】

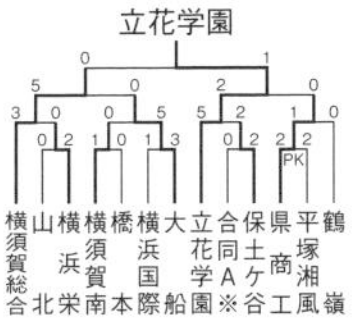

【Cブロック】

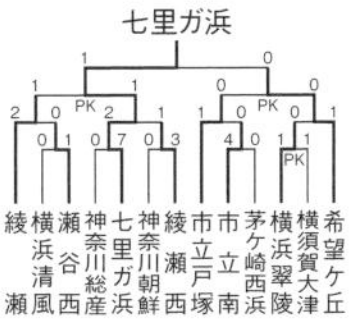

【Dブロック】

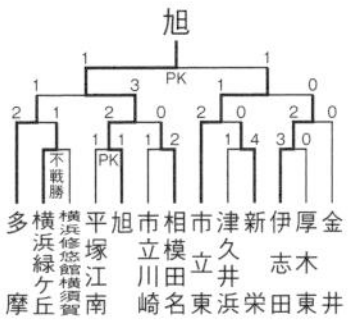

【Eブロック】

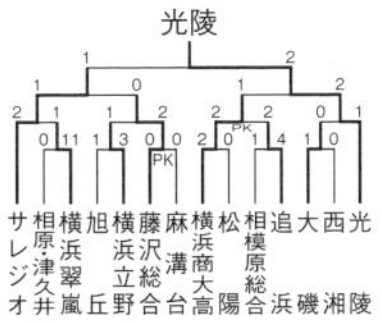

【Fブロック】

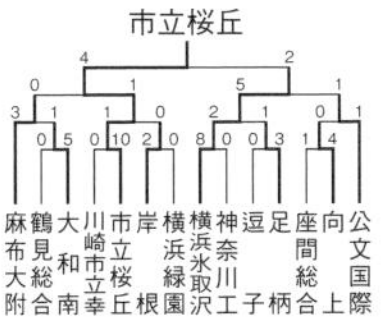

【Gブロック】

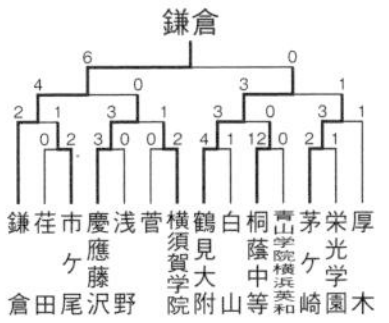

【Hブロック】

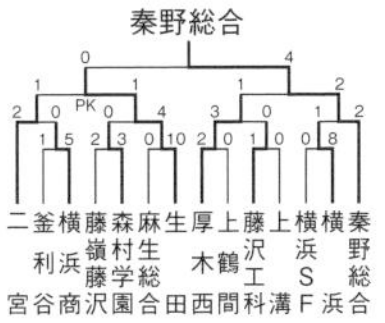

【Iブロック】

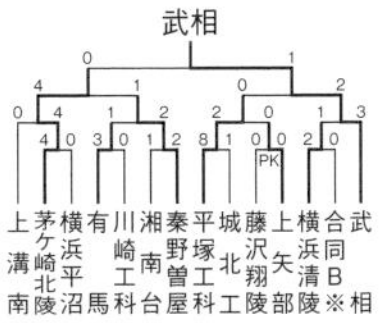

【Jブロック】

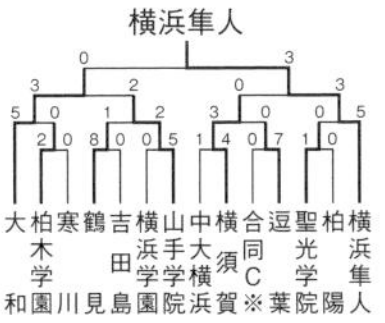

【Kブロック】

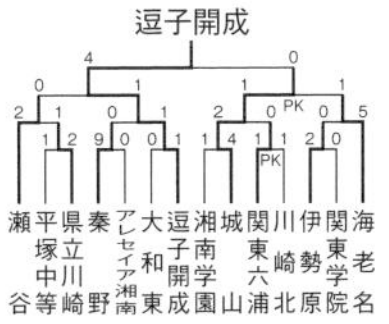

【Lブロック】

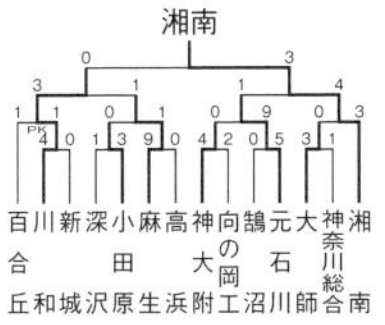

※合同A=大井・小田原東・平塚農商
※合同B=横須賀工・海洋科学・三浦初声
※合同C=厚木清南・厚木商・愛川

山梨県

●決勝トーナメント

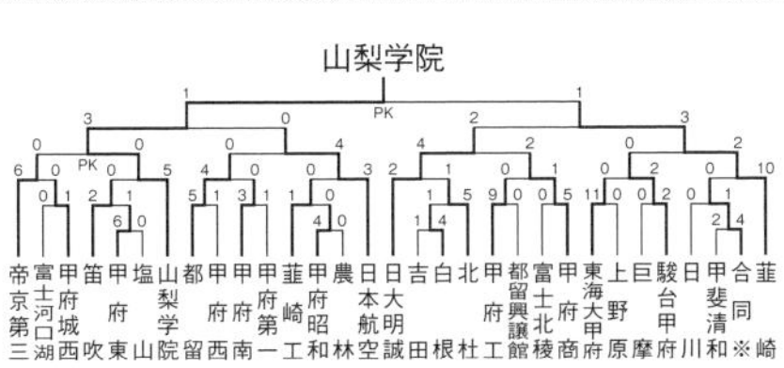

※合同=市川・青洲・峡南

新潟県

●決勝トーナメント

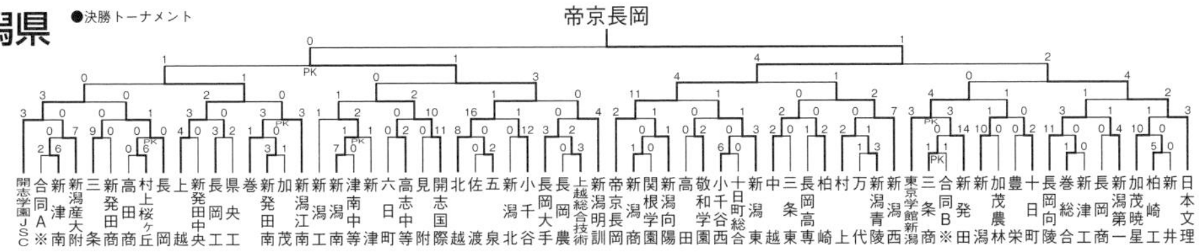

※合同A=栃尾・燕中等
※合同B=糸魚川・糸魚川白嶺

長野県

●決勝トーナメント

※合同A＝文化学園長野・北部・屋代南
※合同B＝軽井沢・小諸・東御清翔

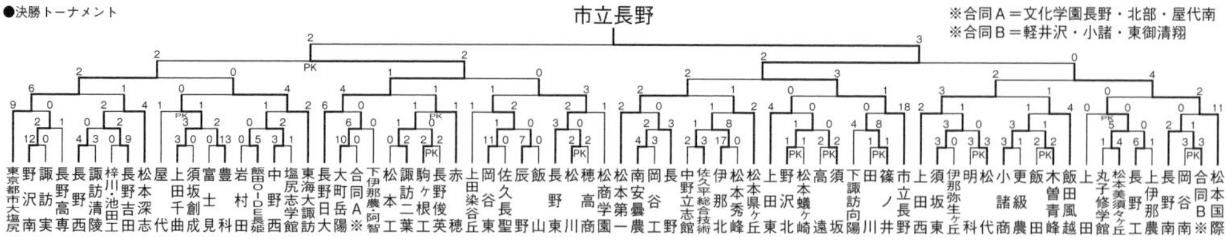

富山県

●決勝トーナメント

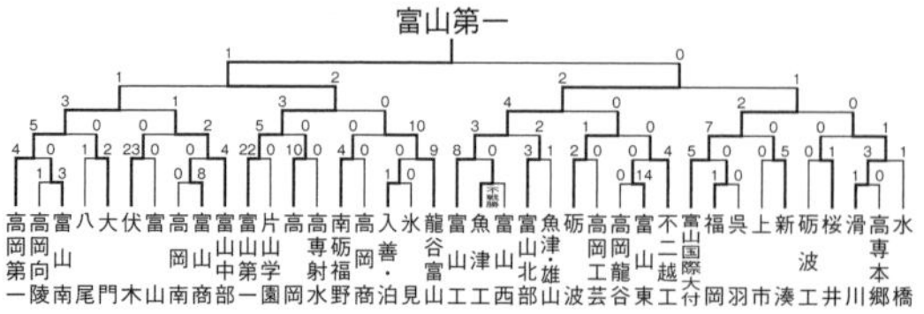

福井県

●決勝トーナメント

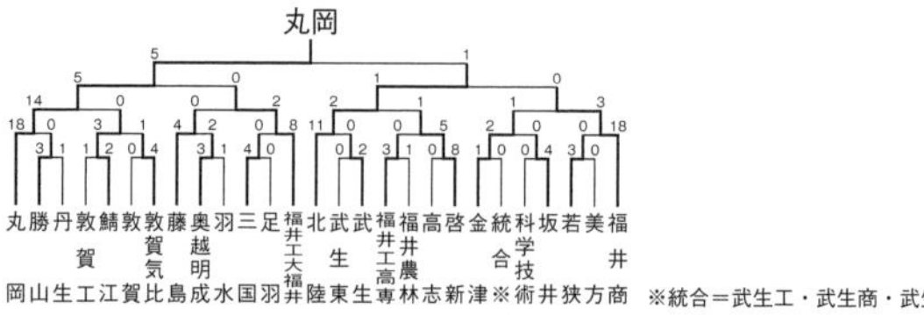

※統合＝武生工・武生商・武生商工

石川県

●決勝トーナメント

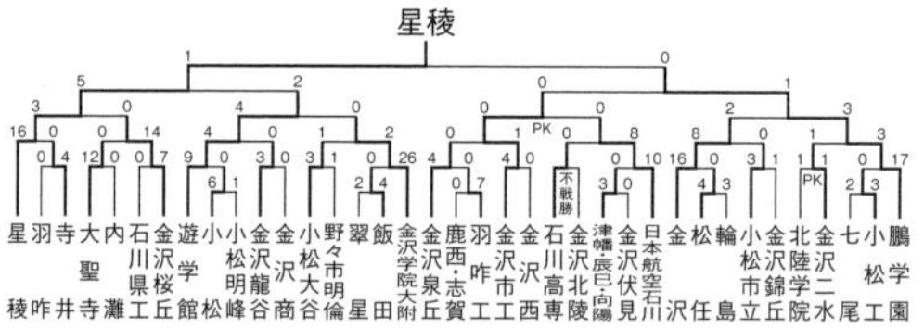

静岡県

●決勝トーナメント

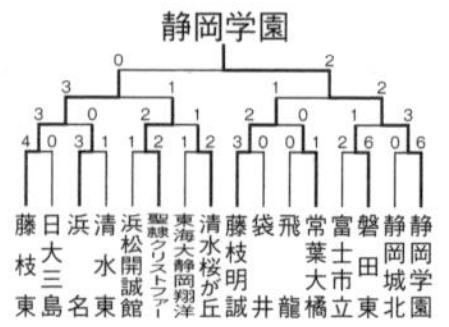

●1次トーナメント

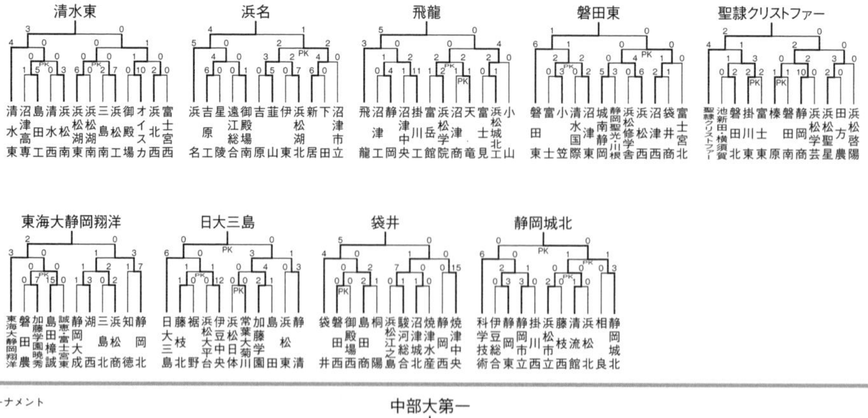

愛知県

●決勝トーナメント

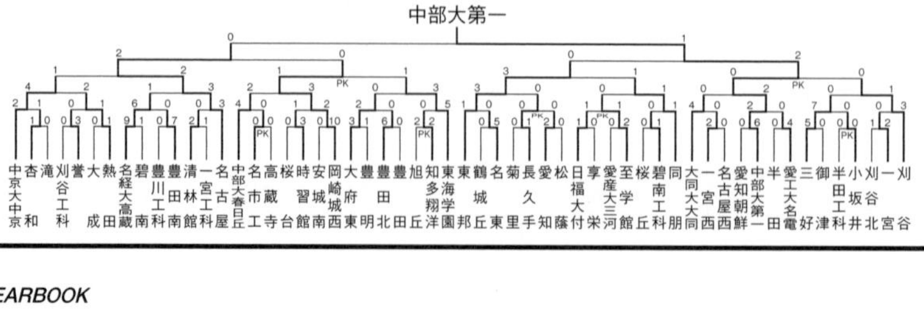

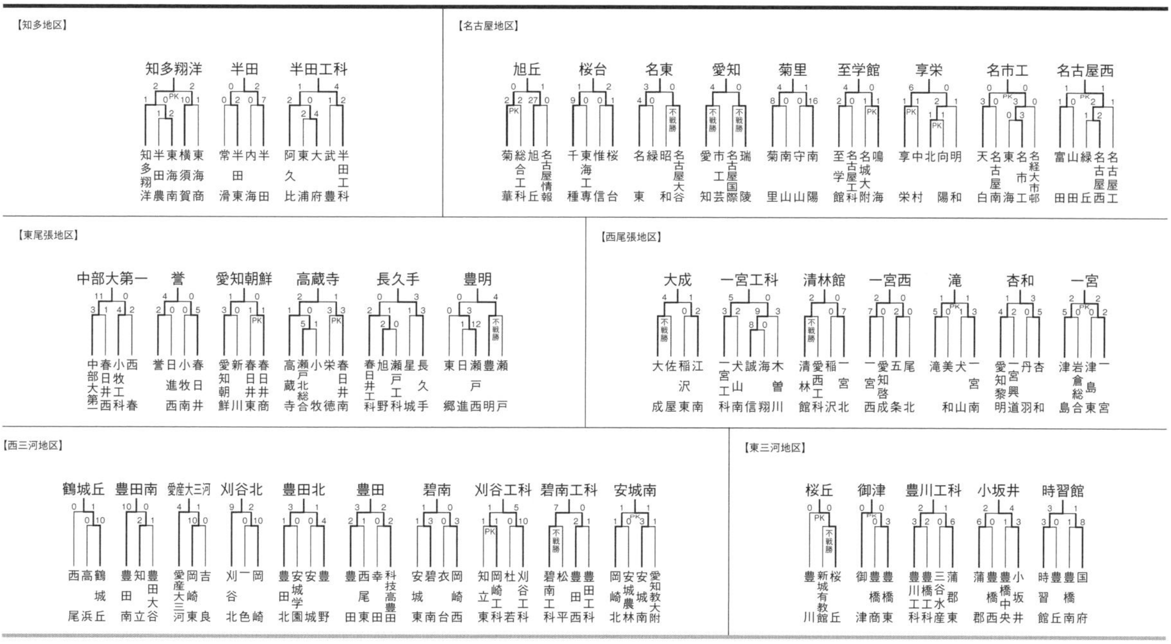

三重県

●決勝トーナメント

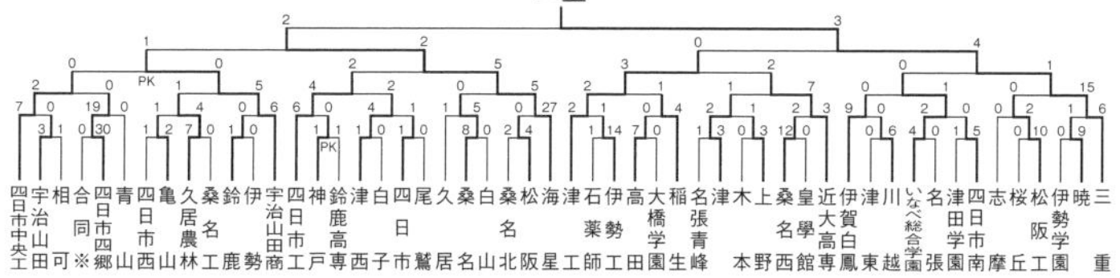

※合同=あけぼの学園・昴学園

岐阜県

●決勝トーナメント

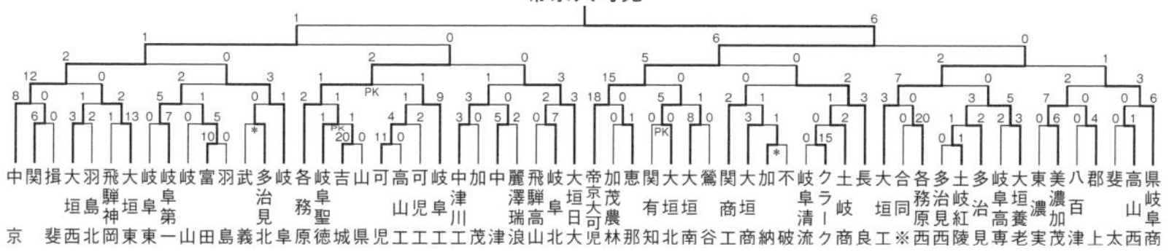

＊=不戦勝
※合同=華陽フロンティア・大垣工業定時制

滋賀県

●決勝トーナメント

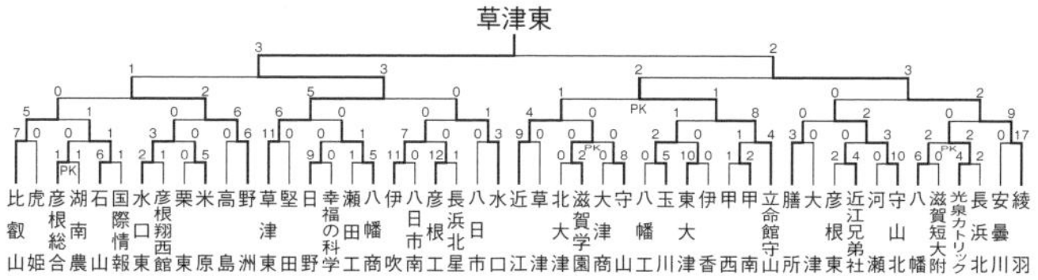

奈良県

●決勝トーナメント

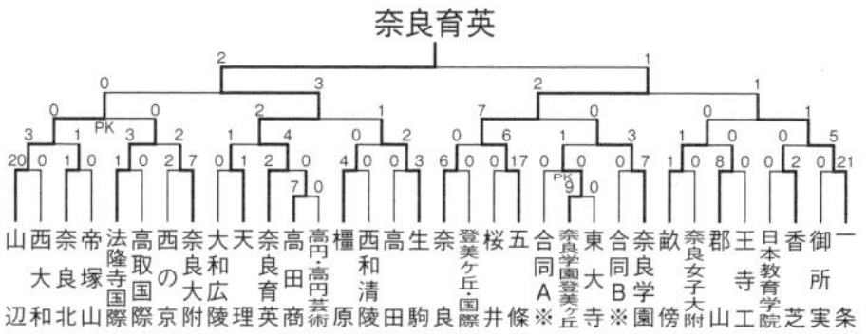

※合同A=奈良県立商・奈良情報商
※合同B=奈良南・大淀・二階堂

京都府

●決勝トーナメント

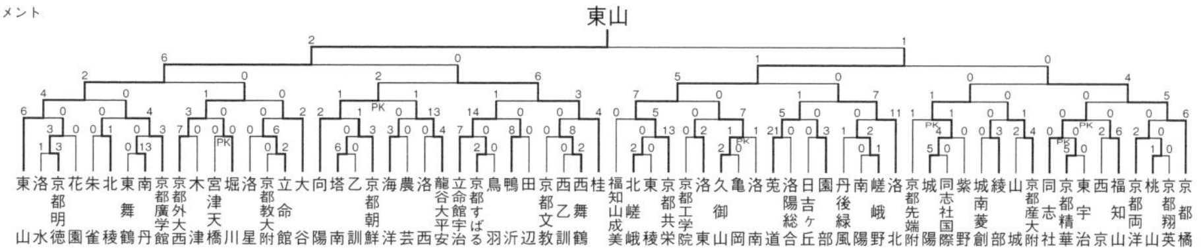

大阪府

●決勝トーナメント

阪南大高

阪南大高 / 槻の木 / 金光大阪 / 大冠 / 興國 / ヌヴェール / 大阪産大附 / 大阪学院大高 / 近大附 / 関西大一 / 履正社 / 桃山学院 / 大阪桐蔭 / 大阪商大堺 / 東海大大阪仰星 / 大商学園

和歌山県

●決勝トーナメント

近大和歌山

初芝橋本 / 合同A※ / 和歌山商 / 耐久 / 笠田 / 神島 / 近大新宮 / 向陽 / 新宮 / 紀央館 / 星林 / 和歌山工 / 海南 / 和歌山南陵 / 近大和歌山 / 市立和歌山 / 新翔 / 合同B※ / 紀北工 / 粉河 / 橋本 / 那賀 / 日高 / 和歌山高専 / 田辺 / 開智 / 田辺工 / 桐蔭 / 和歌山北

※合同A=串本古座・和歌山東
※合同B=貴志川・高野山

●１次トーナメント

阪南大高
阪南大高 / 早稲田摂陵 / 金光藤蔭 / 清風南海 / 太成学院大高 / 八尾北 / 高津 / 山田 / 金岡 / 咲くやこの花 / 明星

槻の木
賢明学院 / 東百舌鳥 / 上宮太子 / 渋谷 / 浪速 / 狭山 / 守口東 / あべの翔学 / 豊中 / 西寝屋川 / 八尾 / 東大阪大敬愛 / 上宮 / 槻の木 / 千里青雲 / アサンプション / 港 / 大阪商大高

金光大阪
金光大阪 / 四條畷 / 開明 / 枚方津田 / 近大泉州 / 富田林 / 北野 / 枚方 / 佐野工科 / 河南

大冠
大阪朝鮮 / 箕面 / 布施 / 三国丘 / 大冠 / 大阪学芸 / 吹田東 / 日新 / 岬 / 山本 / 泉大津 / 東住吉 / 長尾 / 東大阪大柏原

興國
興國 / 桜塚 / 旭 / 芥川 / 信太 / 大阪市立 / 布施北 / 金蘭千里 / 都島工 / 関大北陽

ヌヴェール
ヌヴェール / 貝塚南 / 北摂つばさ / 藤井寺 / 今宮工科 / 東住吉総合 / 教大池田 / 柴島 / 皐が丘 / 豊島 / 堺工科 / 高石 / 岸和田産 / りんくう翔南 / 清風

大阪産大附
大阪産大附 / 貝塚 / 芦間 / 日根野 / 門真なみはや / 東 / 伯太 / 岸和田 / 阪南 / 初芝立命館

大阪学院大高
帝塚山泉ヶ丘 / 枚岡樟風 / 常翔啓光 / 堺東 / 汎愛 / 電通大高 / 城東工科 / 北千里 / 星光 / 淀川工科 / 園芸 / 三島 / 東淀工 / 大阪学院大高

近大附
近大附 / 阿武野 / 住吉 / 久米田 / 同志社香里 / OBF / みどり清朋 / 枚方なぎさ / 大阪 / 大体大浪商

関西大一
摂津 / 英真学園 / 懐風館 / 西野田工科 / 吹田 / 布施工科 / 夕陽丘 / 合同A※ / 教大天王寺 / 建国 / 泉尾工 / 国際大和田 / 星翔 / 箕面自由 / 関西大一

履正社
履正社 / 泉北 / 花園 / 教大平野 / 大阪緑涼 / 緑風冠 / 関西福祉科学 / かわち野 / 清水谷 / 桜宮

桃山学院
大阪偕星学園 / 関西大倉 / 大塚 / 福泉 / 四天王寺東 / 登美丘 / 佐野 / 茨木西 / 大手前 / 平野 / 合同B※ / 香里丘 / 堺上 / 桃山学院

大阪桐蔭
大阪桐蔭 / 泉陽 / 福井 / 茨木 / 交野 / 生野 / 追手門大手前 / 追手門 / 池田 / 門真西 / 阿倍野

大阪商大堺
堺西 / 府立大高専 / 牧野 / 昇陽 / 合同C※ / 東大谷 / 羽衣学園 / 高槻北 / 箕面学園 / 東淀川 / 鳳 / 今宮 / 関西創価 / 春日丘 / 大阪教育C附 / 美原 / 市立堺 / 大阪商大堺

東海大大阪仰星
東海大大阪仰星 / 天王寺 / 西成 / 刀根山 / 淀川清流 / 精華 / 成城 / 野崎 / 清教 / 清明学院

大商学園
大商学園 / 長野 / 初芝富田林 / 市岡 / 箕面東 / 寝屋川 / 八尾翠翔 / 高槻 / 金剛 / 関大高等部 / 和泉 / 大阪青凌 / 千里 / 常翔学園

※合同A=茨田・勝山
※合同B=長吉・松原
※合同C=扇町総合・西・淀商

兵庫県

●決勝トーナメント

滝川第二

関学 / 相生 / 甲南 / 東播工 / 県伊丹 / 神戸高塚 / 宝塚 / 滝川第二 / 龍野北 / 尼崎西 / 川西緑台 / 東洋大姫路 / 明石南 / 三田松聖 / 琴丘 / 舞子 / 市西宮 / 雲雀丘 / 県立大附 / 川西明峰 / 神戸弘陵 / 長田 / 西脇工 / 宝塚東 / 神戸第一 / 明石城西 / 社 / 神戸国際附 / 芦屋学園 / 淡路三原 / 滝川 / 芦屋 / 三木北 / 北須磨 / 三田祥雲館 / 三田 / 御影 / 神戸朝鮮 / 伊川谷北 / 啓明 / 神戸星城 / 市尼崎 / 県西宮 / 蒼開 / 飾磨 / 伊丹西 / 小野 / 神港橋 / 神戸科技 / 明石商 / 加古川東 / 尼崎小田 / 姫路工 / 須磨東 / 相生学院 / 報徳

●１次トーナメント

＊=不戦勝

啓明：啓明 / 甲陽 / 仁川
雲雀丘：福崎 / 雲雀丘 / 伊丹北
社：社 / 明石 / 六甲アイランド
龍野北：加古川南 / 豊岡 / 龍野北
伊丹西：相生産 / 神戸甲北 / 伊丹西
県立大附：上郡 / 篠山産 / 県立大附
宝塚：宝塚 / 香寺 / 夙川
神港橋：神港橋 / 伊川谷 / 近畿大豊岡
県伊丹：県伊丹 / 須磨友が丘 / 市伊丹
甲南：高砂 / 夢前 / 甲南
相生：相生 / 兵庫 / 西宮南 / 津名
西脇工：西脇工 / 神戸学院 / 淡路 / 神戸龍谷
姫路工：姫路工 / 姫路西 / 龍野 / 柏原
三田祥雲館：三田祥雲館 / 神戸北 / 育英 / 西宮甲山
相生学院：洲本 / 尼崎双星 / 相生学院 / 西宮北
川西明峰：鳴尾 / 夢野台 / 西宮今津 / 川西明峰
小野：小野 / 尼崎稲園 / 豊岡総合 / 県農
三木北：三木北 / 姫路南 / 小野工 / 明石北
市西宮：姫路飾西 / 市西宮 / 姫路 / 飾磨工
須磨東：神戸鈴蘭台 / 赤穂 / 須磨東 / 加古川西
東播工：姫路東 / 東播工 / 県尼崎 / 西脇
神戸第一：六甲 / 三木東 / 神戸第一 / 三田西陵
加古川東：加古川東 / 出石 / 和田山 / 猪名川
伊川谷北：松陽 / 伊川谷北 / 神大附中等 / 神戸高専
滝川：滝川 / 淳心 / 神港学園 / 高砂
神戸高塚：神戸高塚 / 東播磨 / 東灘 / 宝塚北
尼崎小田：三木 / 尼崎小田 / 浜坂 / 川西北陵
明石商：明石商 / 須磨学園 / 星陵 / 村野工
尼崎西：白陵 / 尼崎西 / 明石西 / 八鹿
飾磨：飾磨 / 山崎 / 北条 / 佐用
東洋大姫路：北摂三田 / 東洋大姫路 / 吉川 / 武庫荘総合
北須磨：北須磨 / 宝塚西 / 葺合 / 尼崎工
明石南：明石南 / 篠山鳳鳴 / 姫路商 / 氷上
蒼開：加古川北 / 灘 / 蒼開 / 神戸
淡路三原：淡路三原 / 明石高専 / 明石清水 / 兵庫工
宝塚東：西宮東 / 宝塚東 / 網干 / 洲本実
芦屋：太子 / クラーク芦屋 / 芦屋 / 尼崎北
川西緑台：須磨翔風 / 有馬 / 多可 / 川西緑台

鳥取県

●決勝トーナメント

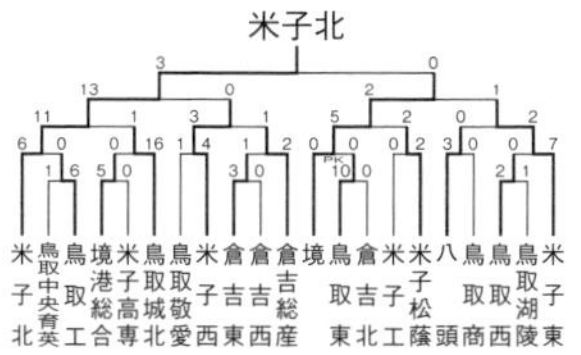

島根県

●決勝トーナメント

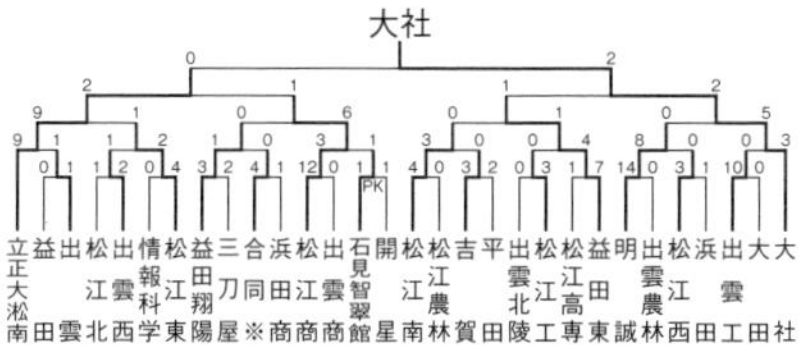

※合同=江津工・江津

岡山県

●決勝トーナメント

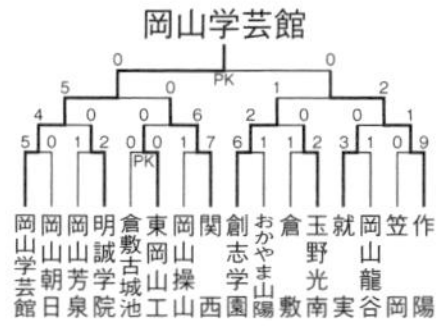

●1次トーナメント

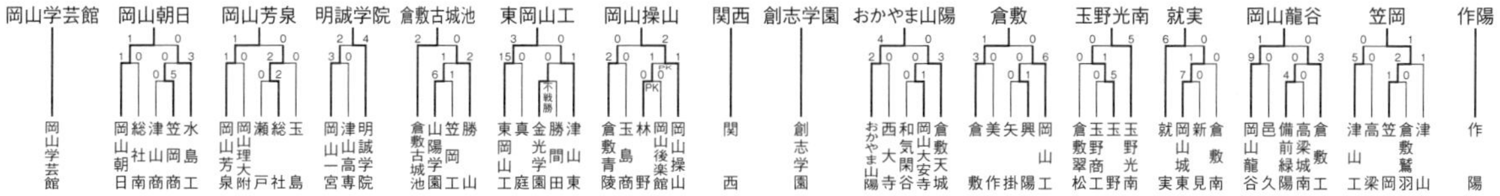

広島県

●決勝トーナメント

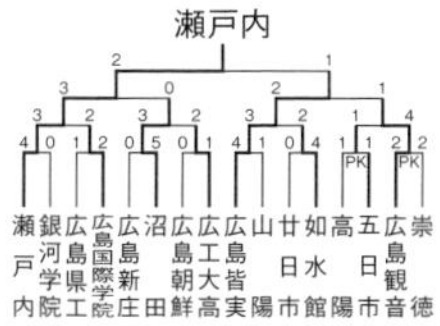

●1次トーナメント

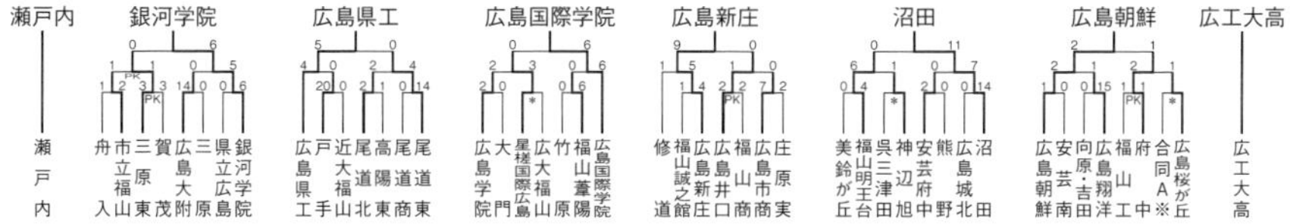

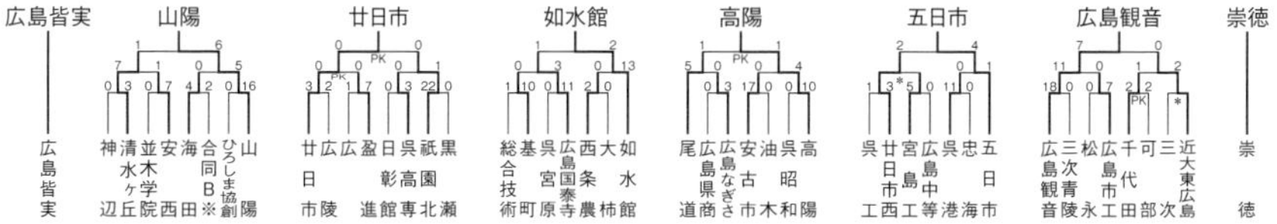

*=不戦勝
※合同A=大崎海星・世羅
※合同B=西城紫水・庄原格致・東城

山口県

●決勝トーナメント

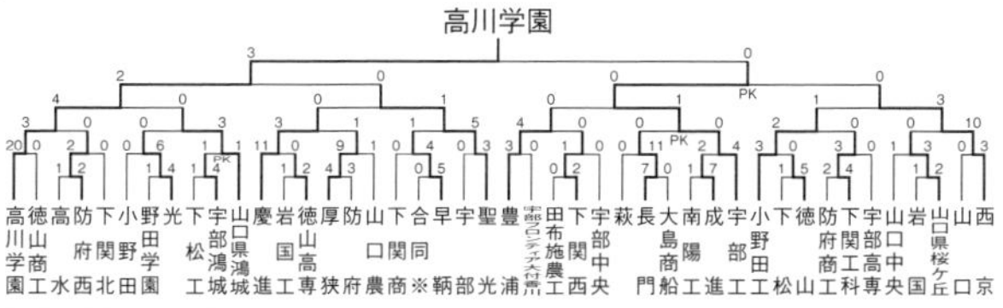

※合同=岩国総合・柳井学園

徳島県

●決勝トーナメント

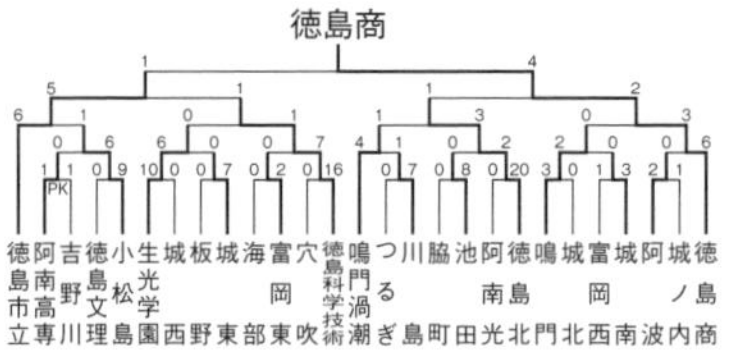

高知県

●決勝トーナメント

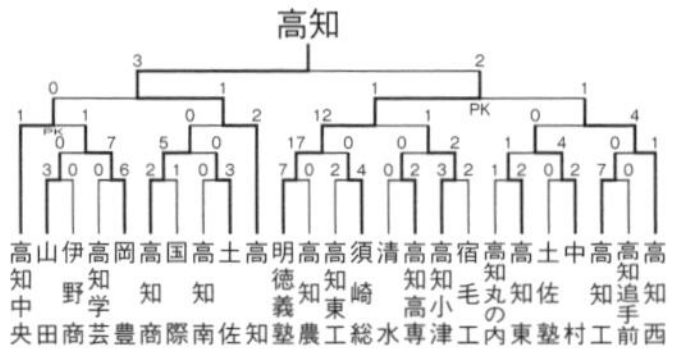

香川県

●決勝トーナメント

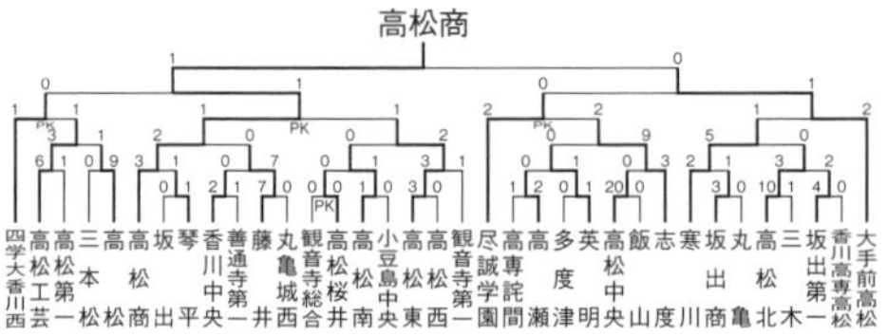

愛媛県

●決勝トーナメント

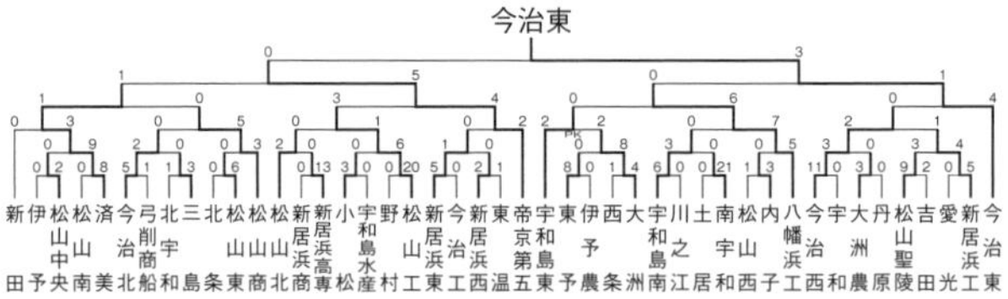

福岡県

●決勝トーナメント

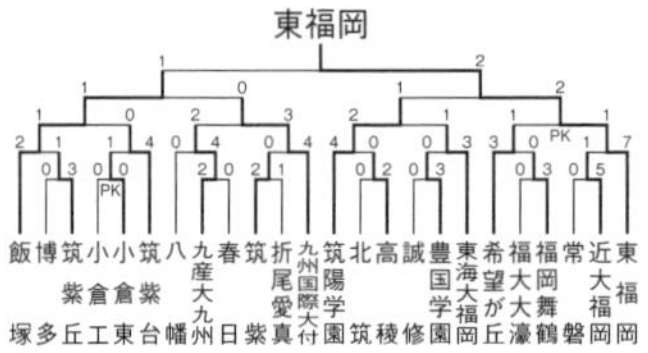

●1次トーナメント【Aパート】

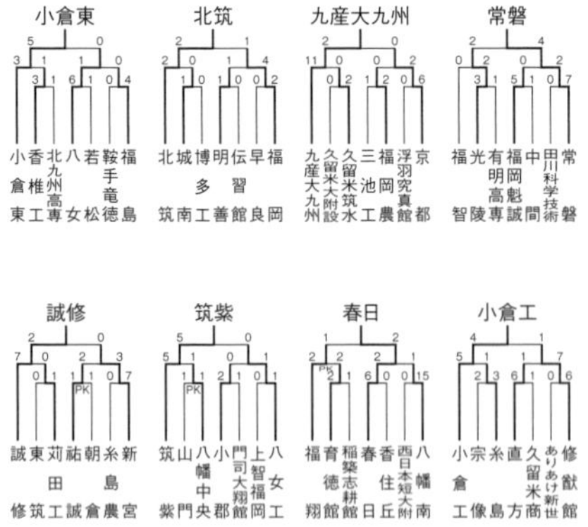

【Bパート】

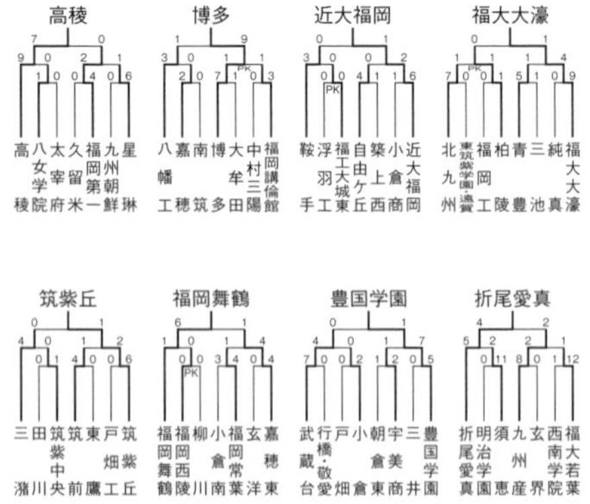

長崎県

●決勝トーナメント

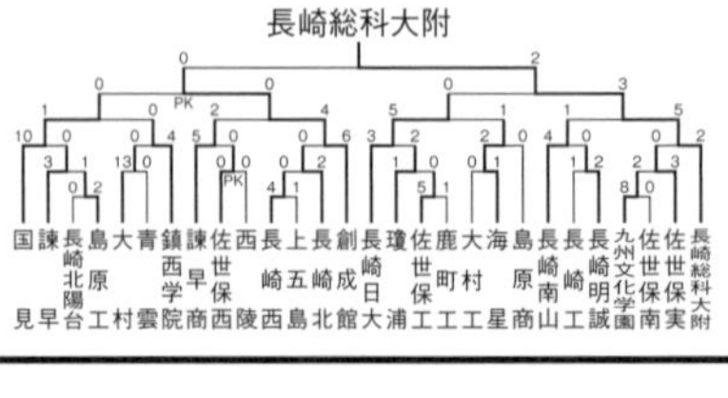

【長崎地区】

A	長崎北陽台	長崎東	西彼農	順位
長崎北陽台		2－1	5－0	1
長崎東	1－2		6－0	2
西彼農	0－5	0－6		3

B	長崎西	長崎南	長崎鶴洋	順位
長崎西		3－1	29－0	1
長崎南	1－3		40－0	2
長崎鶴洋	0－29	0－40		3

C	青雲	精道三川台	西彼杵	順位
青雲		2－1	4－3	1
精道三川台	1－2		7－0	2
西彼杵	3－4	0－7		3

【中地区】

	島原中央	島原	島原工	口加・小浜	順位
島原中央		3－1	1－1	14－0	2
島原	1－3		1－3	2－0	3
島原工	1－1	3－1		14－0	1
口加・小浜	0－14	0－2	0－14		4

※1位と2位は抽選により決定

【五島地区】

	五島海陽	五島	上五島	順位
五島海陽		1－0	0－0	2
五島	0－1		1－2	3
上五島	0－0	2－1		1

【佐世保地区】

A	九州文化学園	佐世保北	合同※	対馬	順位
九州文化学園		10－0	12－0	14－0	1
佐世保北	0－10		4－0	2－0	2
合同※	0－12	0－4		0－1	4
対馬	0－14	0－2	1－0		3

B	佐世保南	壱岐	佐世保高専	鹿町工	順位
佐世保南		0－0	2－1	6－2	1
壱岐	0－0		2－0	0－5	3
佐世保高専	1－2	0－2		1－6	4
鹿町工	2－6	5－0	6－1		2

C	西海学園	佐世保商	清峰	順位
西海学園		1－2	6－0	2
佐世保商	2－1		5－0	1
清峰	0－6	0－5		3

D	佐世保工	猶興館	平戸	順位
佐世保工		6－0	10－0	1
猶興館	0－6		2－0	2
平戸	0－10	0－2		3

※合同=波佐見・佐世保東翔・大崎

〈代表決定戦〉

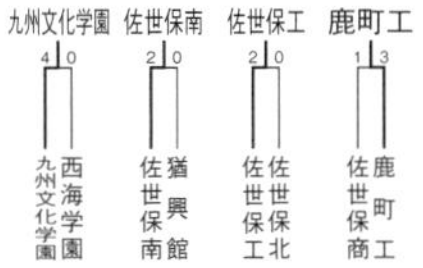

佐賀県

●決勝トーナメント

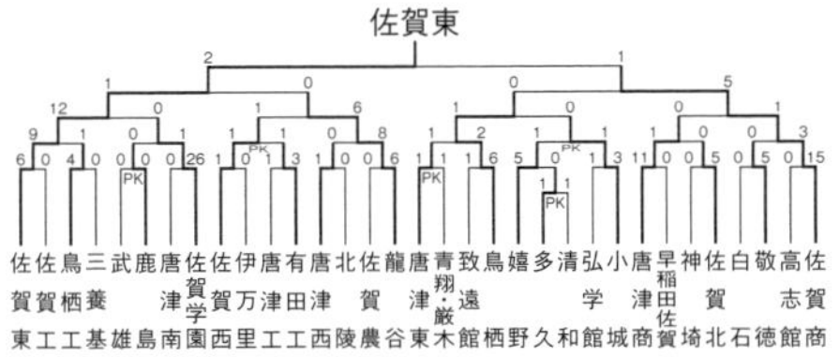

大分県

●決勝トーナメント

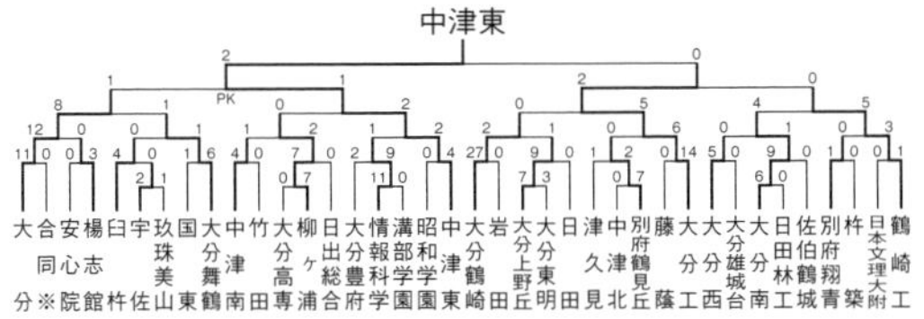

※合同=大分商・大分国際情報

宮崎県

●決勝トーナメント

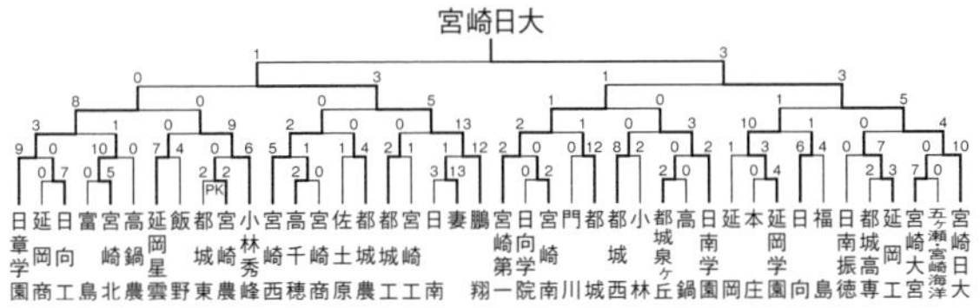

熊本県

●決勝トーナメント

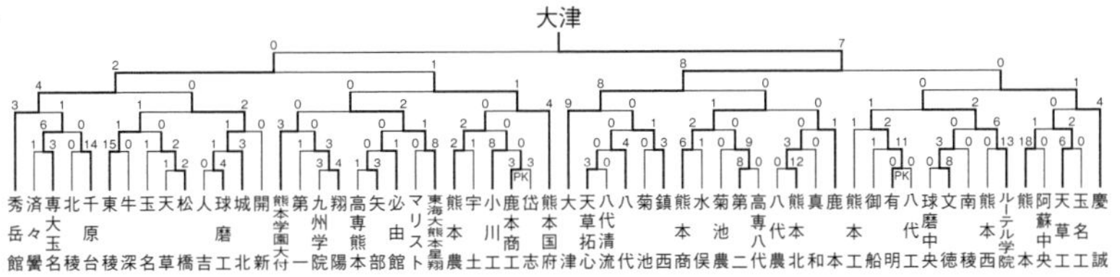

鹿児島県

●決勝トーナメント

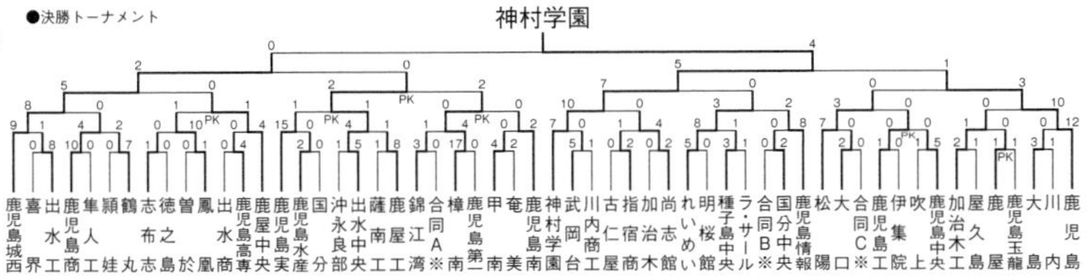

※合同A=出水・鶴翔・川薩清修館
※合同B=加世田・川辺・枕崎
※合同C=鹿屋農・楠隼・種子島

沖縄県

●決勝トーナメント

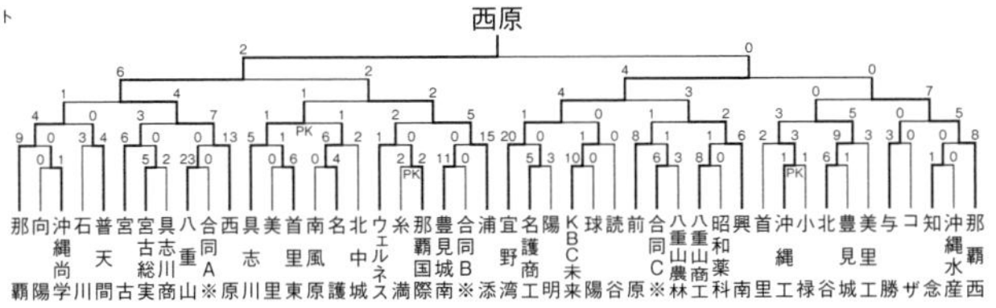

※合同A=本部・嘉手納・南部農林・美来工科・中部商
※合同B=久米島・浦添工・那覇工
※合同C=南部商・やえせ高支

全国高等学校選手権大会優勝校および本大会出場校

回数	1	2	3	4	5	6	7	8	9	10	11	12	13	14
年	大正7年	8年	9年	10年	11年	12年	13年	14年	15年	昭和3年	4年	5年	6年	7年
優勝校	**御影師$_{1}$**	**御影師$_{2}$**	**御影師$_{3}$**	**御影師$_{4}$**	**御影師$_{5}$**	**御影師$_{6}$**	**御影師$_{7}$**	**神戸一中$_{1}$**	**御影師$_{8}$**	**平壌崇実$_{1}$**	**御影師$_{9}$**	**神戸一中$_{2}$**	**御影師$_{10}$**	**御影師$_{11}$**
準優勝	**明星商$_{1}$**	**明星商$_{2}$**	**姫路師$_{1}$**	**姫路師$_{2}$**	**神戸一中$_{1}$**	**姫路師$_{3}$**	**京都師$_{1}$**	**御影師$_{1}$**	**広島一中$_{1}$**	**広島一中$_{2}$**	**平壌高$_{1}$**	**広島師$_{1}$**	**広島一中$_{3}$**	**愛知一師$_{1}$**
三位	**神戸一中$_{1}$** **姫路師$_{1}$**	**姫路師$_{2}$** **奈良師$_{1}$**	**神戸一中$_{2}$** **関学高$_{1}$**	**明星商$_{1}$** **関学高$_{2}$**	**京都師$_{1}$** **関学高$_{3}$**	**神戸一中$_{3}$** **桃山中$_{1}$**	**神戸商$_{1}$** **神戸一中$_{4}$**	**京都師$_{2}$** **池田師$_{1}$**	**京都師$_{3}$** **暁星中$_{1}$**	**高師附中$_{1}$** **都島工$_{1}$**	**青山師$_{1}$** **明星商$_{2}$**	**市岡中$_{1}$** **高師附中$_{2}$**	**青山師$_{2}$** **堺中$_{1}$**	**京都師$_{4}$** **広島一中$_{1}$**
参加校	8	10	12	14	18	18	18	22	8	8	8	9	9	12
北海道												函館商$_{1}$	函館師$_{1}$	函館工$_{1}$
青森														
岩手														
秋田														
山形														
宮城														宮城師$_{1}$
福島														
東京									暁星中$_{1}$	高師附中$_{1}$	青山師$_{1}$	高師附中$_{2}$	青山師$_{2}$	青山師$_{3}$
千葉														
茨城														
群馬														
栃木														
埼玉														埼玉師$_{1}$
神奈川														関東学院$_{1}$
山梨								生野中$_{1}$						
静岡								泉尾工$_{1}$						
愛知					関大$_{1}$	関大$_{2}$	高津中$_{1}$	高津中$_{2}$	愛知一師$_{1}$		愛知一師$_{2}$	愛知一師$_{3}$	愛知一師$_{4}$	愛知一師$_{5}$
岐阜					桃山中$_{1}$	桃山中$_{2}$	桃山中$_{3}$	桃山中$_{4}$		岐阜中$_{1}$				
三重					大阪工$_{1}$	大阪工$_{2}$	大阪工$_{3}$	大阪工$_{4}$						
新潟					天王寺師$_{1}$	天王寺師$_{2}$	天王寺師$_{3}$	天王寺師$_{4}$						
長野				市岡中$_{1}$	市岡中$_{2}$	市岡中$_{3}$	市岡中$_{4}$	市岡中$_{5}$						
富山			池田師$_{1}$	池田師$_{2}$	池田師$_{3}$	池田師(棄)		池田師$_{4}$	神通中$_{1}$	富山師$_{1}$	富山師$_{2}$	富山師$_{3}$	富山師$_{4}$	富山師$_{5}$
福井		岸和田中$_{1}$		岸和田中$_{2}$		岸和田中$_{3}$	岸和田中$_{4}$	岸和田中$_{5}$						
石川	堺中$_{1}$	堺中$_{2}$	堺中(棄)	堺中$_{3}$	堺中$_{4}$	堺中$_{5}$	堺中$_{6}$	今宮中(棄)						
大阪	明星商$_{1}$	明星商$_{2}$	明星商$_{3}$	明星商$_{4}$	明星商$_{5}$	明星商$_{6}$	明星商$_{7}$	明星商$_{8}$	桃山中$_{5}$	都島工$_{1}$	明星商$_{9}$	市岡中$_{6}$	堺中$_{7}$	堺中$_{8}$
和歌山			和歌山中$_{1}$	和歌山中(棄)	海草中$_{1}$			海草中$_{2}$						
奈良	奈良師$_{1}$	奈良師$_{2}$	奈良師$_{3}$	奈良師$_{4}$	奈良師$_{5}$	奈良師$_{6}$	奈良師$_{7}$	奈良師$_{8}$						
滋賀				八幡商$_{1}$			滋賀師$_{1}$	滋賀師(棄)			滋賀師$_{2}$			
京都	京都師$_{1}$	京都師$_{2}$	京都師(棄)	京都師$_{3}$	京都師$_{4}$	京都師$_{5}$	京都二商$_{1}$	京都師$_{7}$	京都師$_{8}$	京都師$_{9}$		京都師$_{10}$	京都師$_{11}$	京都師$_{12}$
兵庫	御影師$_{1}$	御影師$_{2}$	御影師$_{3}$	御影師$_{4}$	御影師$_{5}$	御影師$_{6}$	京都師$_{6}$	御影師$_{8}$	御影師$_{9}$	御影師$_{10}$	御影師$_{11}$	神戸一中$_{9}$	御影師$_{12}$	御影師$_{13}$
岡山	神戸一中$_{1}$	神戸一中$_{2}$	神戸一中$_{3}$	神戸一中$_{4}$	神戸一中$_{5}$	神戸一中$_{6}$	御影師$_{7}$	神戸一中$_{8}$						
鳥取	姫路師$_{1}$	姫路師$_{2}$	姫路師$_{3}$	姫路師$_{4}$	姫路師$_{5}$	姫路師$_{6}$	神戸一中$_{7}$	姫路師$_{8}$						
島根	関学高$_{1}$	関学高$_{2}$	関学高$_{3}$	関学高$_{4}$	関学高$_{5}$	関学高$_{6}$	姫路師$_{7}$	神戸商$_{2}$						
山口		神戸高商(棄)	神高商$_{1}$		甲陽中$_{1}$	甲陽中$_{2}$	神戸商$_{1}$	甲陽中$_{4}$						
広島			神戸二中$_{1}$		神戸二中$_{2}$	神戸二中$_{3}$	甲陽中$_{3}$	神戸二中$_{5}$	広島一中$_{1}$	広島一中$_{2}$	広島一中$_{3}$	広島師$_{1}$	広島一中$_{4}$	広島一中$_{5}$
愛媛				関学中$_{1}$	関学中$_{2}$	関学中$_{3}$	神戸二中$_{4}$	関学中$_{4}$						
香川														
高知														
徳島														
福岡														
大分														
長崎														長崎師$_{1}$
佐賀														
熊本												熊本二師$_{1}$	熊本二師$_{2}$	
宮崎														
鹿児島														
沖縄														
朝鮮									培材高$_{1}$	平壌崇実$_{1}$	平壌高$_{1}$			
台湾														
校名変更および備考	第1回から第8回までは大阪毎日新聞社主催「日本フートボール大会」として関西を中心に開催された（東京、名古屋にも別に同じような大会があった）。会場は豊中、1月開催			2月に開催		会場は宝塚		中等学校と高専を分離。会場は甲子園球場、1月開催	「全国中等学校蹴球大会」として予選制度の全国大会になる	昭和2年の大会は諒闇（大正天皇崩御）のため中止	会場は南甲子園			

15	16	17	18	19	20	21	22	26	27	28	29	30	31	32
8 年	9 年	10 年	11 年	12 年	13 年	14 年	15 年	22 年	24 年	25 年	26 年	27 年	28 年	29 年
神戸一中$_3$	**岐阜師$_1$**	**神戸一中$_4$**	**広島一中$_1$**	**埼玉師$_1$**	**神戸一中$_5$**	**広島一中$_2$**	**普成中$_1$**	**広島高師附中$_1$**	**鯉　城$_3$**	**池　田$_1$**	**宇都宮$_1$**	**浦　和$_1$**	**修　道$_1$**	**東千田$_2$ 岸和田$_1$**
青山師$_1$	**明星商$_3$**	**天王寺師$_1$**	**韮崎中$_1$**	**神戸一中$_2$**	**滋賀師$_1$**	**聖峰中$_1$**	**神戸三中$_1$**	**尼崎中$_1$**	**上野北$_1$**	**宇都宮$_1$**	**小田原$_1$**	**三国丘$_1$**	**韮　崎$_2$**	
愛知一師$_1$	**御影師$_1$**	**刈谷中$_1$**	**海星中$_1$**	**明星商$_3$**	**崇仁商$_1$**	**札幌師$_1$**	**明星商$_4$**	**甲府中$_1$**	**池　田$_1$**	**刈　谷$_2$**	**岸和田$_1$**	**長　田$_1$**	**上　野$_1$**	**韮　崎$_1$**
京都師$_5$	**京都師$_6$**	**富山師$_1$**	**埼玉師$_1$**	**豊島師$_1$**	**広島一中$_2$**	**湘南中$_1$**	**滋賀師$_1$**	**水戸工$_1$**	**山　田$_1$**	**山口東$_1$**	**高知農$_1$**	**真　岡$_1$**	**刈　谷$_3$**	**宇都宮工$_1$**
12	12	12	14	13	16	16	16	16	16	16	16	16	16	16
函館師$_2$	函館師$_3$	函館師$_4$	函館師$_5$	函館師$_6$	函館師$_7$	札幌師$_1$	函館師$_8$	函館市中$_1$	函館商(棄)	函　館$_2$	札幌西$_1$	北　海$_1$	函館商$_2$	美唄工$_1$
				盛岡中$_1$							盛　岡$_2$			
													秋田商$_1$	秋田商$_2$
												鶴岡工$_1$		
宮城師$_2$	宮城師$_3$	宮城師$_4$	仙台二中$_1$		東北学院$_1$	東北学院$_2$	仙台二中$_2$	仙台一中$_1$	仙台育英$_1$	仙台一$_2$				
青山師$_4$	青山師$_5$	高師附中$_3$	府八中$_1$ 現小山台	豊島師$_1$	豊島師$_2$	青山師$_6$	青山師$_7$	都五中$_1$ 現小石川中等教育	大　泉$_1$	都九高$_1$ 現北園		大　泉$_2$	豊多摩$_1$	青山学院$_1$
								水戸工$_1$						
									宇都宮$_1$	宇都宮$_2$	宇都宮$_3$	真　岡$_1$	真　岡$_2$	宇都宮工$_1$
埼玉師$_2$	埼玉師$_3$		埼玉師$_4$	埼玉師$_5$	埼玉師$_6$	埼玉師$_7$	浦和中$_1$		浦　和$_2$			浦　和$_3$	浦和西$_1$	
				湘南中$_1$		湘南中$_2$	湘南中$_3$	小田原中$_1$			小田原$_2$			小田原$_3$
		韮崎中$_1$	韮崎中$_2$		韮崎中$_3$			甲府中$_1$	韮　崎$_4$	日　川$_1$		韮　崎$_5$	韮　崎$_6$	韮　崎$_7$
											静岡城内$_1$ 現静岡			
愛知一師$_6$		刈谷中$_1$		愛知一師$_7$	愛知商$_1$	愛知商$_2$	刈谷中$_2$	刈谷中$_3$		刈　谷$_4$	刈　谷$_5$	刈　谷$_6$	刈　谷$_7$	刈　谷$_8$
	岐阜師$_1$		岐阜師$_2$							岐　阜$_2$	長　良$_1$			
									上野北$_1$	上　野$_2$	上　野$_3$	上　野$_4$	上　野$_5$	上野商工$_1$
富山師$_6$	富山師$_7$	富山師$_8$	富山師$_9$	富山師$_{10}$	富山師$_{11}$	富山師$_{12}$	富山師$_{13}$	富山中$_1$	富山南部$_1$	富山中部$_2$				富山商$_1$
											金沢泉丘$_1$	金沢高師附$_1$	金沢大附$_2$	
天王寺師$_5$	明星商$_{10}$	天王寺師$_6$	堺　中$_9$	明星商$_{11}$	明星商$_{12}$	明星商$_{13}$	明星商$_{14}$	明星中$_{15}$	池　田$_1$	池　田$_2$	岸和田$_6$	三国丘$_{10}$	明　星$_{16}$	岸和田$_7$
												桐　蔭$_2$		桐　蔭$_3$
		滋賀師$_3$			滋賀師$_4$		滋賀師$_5$							
京都師$_{13}$	京都師$_{14}$		京都師$_{15}$	京都師$_{16}$		聖峰中$_1$		京都二中$_1$	堀　川$_1$	堀　川$_2$	西　京$_1$		西　京$_2$	
神戸一中$_{10}$	御影師$_{14}$	神戸一中$_{11}$	関学中$_5$	神戸一中$_{12}$	神戸一中$_{13}$	神戸一中$_{14}$	神戸三中$_1$	尼崎中$_1$	兵　庫$_6$	長　田$_2$	神　戸$_{15}$	長　田$_3$	兵　庫$_7$	神　戸$_{16}$
								岡山一中$_1$	勝　山$_1$		関　西$_1$	岡山朝日$_2$	岡山朝日$_3$	関　西$_2$
										山口東$_1$		山　口$_2$		
修道中$_1$	広島一中$_6$	広島一中$_7$	広島一中$_8$	広島一中$_9$	広島一中$_{10}$	広島一中$_{11}$	修道中$_2$	広島高師附中$_1$	鯉　城$_{12}$	修　道$_3$	国泰寺$_{13}$		修　道$_4$	東千田$_2$
松山中$_1$							愛媛師$_1$	松山中$_2$						宇和島東$_1$
		香川師$_1$	高松中$_1$	高松商$_1$		高松中$_2$								
					高知商$_1$						高知農$_1$		高知農$_2$	
	徳島商$_1$								富岡一$_1$	富岡西$_2$		富岡西$_3$		
				嘉穂中$_1$				山田中$_1$	山　田$_2$					
	長崎師$_2$	長崎師$_3$	海星中$_1$		海星中$_2$	瓊浦中$_1$	長崎師$_4$							島　原$_1$
熊本師$_1$			熊本師$_2$		熊本師$_3$	熊本商$_1$		済々黌$_1$	済々黌$_2$			熊本工$_1$	熊本工$_2$	
							鹿児島商$_1$			鶴　丸$_1$	鶴　丸$_2$			
					崇仁商$_1$	培材中(棄)	普成中$_1$							
					台北一師$_1$	台北一中$_1$	長栄中$_1$							
大日本蹴球協会主催となる（関東大会を廃止して一本化）	8月に全国中学招待大会を開催（神戸一中が優勝）	8月に開催（第22回まで）					第23・24回大会は戦争のため中止、別に神宮大会などが行われた	会場は西宮、12月開催 21年8月に関西のみの復活招待大会が第25回として行われた（神戸一中が優勝） 明星中↑明星商	鯉城↑広島一中、兵庫↑神戸二中 学制改革により第27回より「全国高等学校蹴球選手権大会」となる。1月開催	上野↑上野北、富山中部↑神通中、富岡西↑富岡一、長田↑神戸三中、函館↑函館市中	神戸↑神戸一中、国泰寺↑鯉城	桐蔭↑和歌山中、三国丘↑堺中、岡山朝日↑岡山一中、山口↑山口東	金沢大附↑金沢高師附	決勝戦引き分け 東千田↑広島高師附中

回数	33	34	35	36	37	38	39	40	41	42	43	44	(45)	(46)
年	30年	31年	32年	33年	34年	35年	36年	37年	38年	39年	40年	41年	41年度	42年度
優勝校	**浦和$_2$**	**浦和$_3$**	**浦和西$_1$**	**秋田商$_1$**	**山城$_1$**	**浦和市立$_1$**	**浦和市立$_2$**	**修道$_2$**	**藤枝東$_1$**	**藤枝東$_2$**	**浦和市立$_3$**	**明星$_1$ 習志野$_1$**	**秋田商$_2$ 藤枝東$_3$**	**洛北$_1$ 山陽$_1$**
準優勝	**刈谷$_1$**	**秋田商$_1$**	**日立一$_1$**	**刈谷$_2$**	**広大附$_1$**	**明星$_4$**	**遠野$_1$**	**山城$_1$**	**浦和市立$_1$**	**明星$_5$**	**宇都宮学園$_1$**			
三位	**朝鮮人$_1$**	**韮崎$_2$**	**仙台育英$_1$**	**浦和西$_1$**	**教大附$_3$**	**神戸$_5$**	**藤枝東$_3$**	**宮城工$_1$**	**明星$_7$**	**豊田西$_1$**	**仙台育英$_2$**	**新島学園$_1$**	**浦和市立$_2$**	**習志野$_1$**
(四位)	**熊本工$_1$**	**宇都宮工$_2$**	**藤枝東$_1$**	**明星$_5$**	**明星$_6$**	**藤枝東$_2$**	**秋田商$_1$**	**関学$_1$**	**広大附$_1$**	**浦和市立$_1$**	**鎌倉学園$_1$**	**京都商$_1$**	**神戸$_1$**	**韮崎$_1$**
参加校	20	20	25	25	26	26	26	32	32	32	32	32	16	16
北海道	北海$_2$	函館東$_1$	美唄工$_2$	北海$_3$	美唄工$_3$ 室蘭工$_1$	岩見沢東$_1$ 北海$_4$	清水丘$_1$ 美唄工$_4$	美唄工$_5$ 北海$_5$	室蘭商$_1$ 美唄工$_6$	函館有斗$_1$ 岩見沢東$_2$	釧路江南$_1$ 函館東$_2$	室蘭工$_2$ 釧路工$_1$	函館工$_2$	斜里$_1$
青森										五戸$_1$		十和田工$_1$	五戸$_2$	
岩手			遠野$_1$	遠野$_2$	遠野$_3$	遠野$_4$	遠野$_5$	遠野$_6$	盛岡商$_1$		釜石南$_1$			
秋田	秋田商$_3$	秋田商$_4$	秋田商$_5$	秋田商$_6$	秋田商$_7$	船川水産$_1$	秋田商$_8$	秋田商$_9$	秋田商$_{10}$	西目農$_1$	秋田商$_{11}$	西目農$_2$	秋田商$_{12}$	秋田商$_{13}$
山形														
宮城	仙台育英$_2$	仙台一$_3$	仙台育英$_3$	仙台育英$_4$	宮城県工$_1$	仙台育英$_5$	仙台育英$_6$	宮城県工$_2$	宮城県工$_3$	宮城県工$_4$	仙台育英$_7$	仙台育英$_8$		仙台育英$_9$
福島														
東京	朝鮮人$_1$	青山学院$_2$	私城北$_1$	暁星$_2$	教大附$_4$	私城北$_2$	帝京$_1$	早大学院$_1$	私城北$_3$	帝京$_2$	帝京$_3$	帝京$_4$		帝京$_5$
千葉									習志野$_1$	習志野$_2$		習志野$_3$		習志野$_4$
茨城			日立一$_1$	日立工$_1$	日立一$_2$	日立一$_3$	日立一$_4$	日立一$_5$			日立一$_6$			
群馬					館林$_1$		館林$_2$		館林$_3$			新島学園$_1$		
栃木	宇都宮工$_2$	宇都宮工$_3$	喜連川$_1$	喜連川$_2$		宇都宮工$_4$		宇都宮工$_5$		宇都宮学園$_1$	宇都宮学園$_2$			
埼玉	浦和$_4$	浦和$_5$	浦和西$_2$	浦和西$_3$	浦和$_6$	浦和市立$_1$	浦和市立$_2$	浦和市立$_3$	浦和市立$_4$	浦和市立$_5$	浦和市立$_6$	川口工$_1$	浦和南$_1$ 浦和市立$_7$	浦和南$_2$ 浦和市立$_8$
神奈川			栄光学園$_1$		鎌倉学園$_1$		横浜商$_1$	湘南$_4$	小田原$_4$	栄光学園$_2$	鎌倉学園$_2$	湘南$_5$		
山梨	日川$_2$	韮崎$_8$		韮崎$_9$		日川$_3$		甲府工$_1$	韮崎$_{10}$	甲府工$_2$	甲府工$_3$	甲府商$_1$	甲府工$_4$	韮崎$_{11}$
静岡		藤枝東$_1$	藤枝東$_2$	藤枝東$_3$	藤枝東$_4$	藤枝東$_5$	藤枝東$_6$	藤枝東$_7$	藤枝東$_8$	藤枝東$_9$	藤枝東$_{10}$	藤枝北$_1$	藤枝東$_{11}$	
愛知	刈谷$_9$		刈谷$_{10}$	刈谷$_{11}$	熱田$_1$	熱田$_2$	豊田西$_1$	刈谷$_{12}$	刈谷$_{13}$	豊田西$_2$	豊田西$_3$	刈谷$_{14}$	刈谷$_{15}$	刈谷$_{16}$
岐阜								岐阜商$_1$	大垣工$_1$	大垣工$_2$	岐阜商$_2$	大垣工$_3$	大垣工$_4$	
三重	上野$_6$	上野$_7$	上野商工$_2$	上野商工$_3$	上野商工$_4$	上野商工$_5$	上野商工$_6$	上野商工$_7$	上野$_8$	上野$_9$	上野工$_8$	上野工$_9$		上野工$_{10}$
新潟											新潟明訓$_1$			
長野			松本深志$_1$	穂高$_1$	穂高$_2$	松本深志$_2$	穂高$_3$	松本県ヶ丘$_1$	松本県ヶ丘$_2$	松本県ヶ丘$_3$		松本深志$_3$	松本県ヶ丘$_4$	上田$_1$
富山	富山中部$_3$	富山中部$_4$	富山中部$_5$	富山中部$_6$	富山中部$_7$		富山北部$_1$	富山北部$_2$	富山商$_2$	高岡工芸$_1$	富山第一$_1$	富山第一$_2$		
福井						小浜水産$_1$								
石川														
大阪	三国丘$_{11}$	明星$_{17}$	三国丘$_{12}$	明星$_{18}$	明星$_{19}$	明星$_{20}$	明星$_{21}$	明星$_{22}$	明星$_{23}$	明星$_{24}$	明星$_{25}$	明星$_{26}$	明星$_{27}$	
和歌山	桐蔭$_4$	桐蔭$_5$	古座$_1$	星林$_1$	桐蔭$_6$	新宮$_1$	古座$_2$	串本$_1$	新宮$_2$	新宮$_3$	新宮$_4$	新宮商$_1$		
奈良														
滋賀		甲賀$_1$						甲賀$_2$	甲賀$_3$	甲賀$_4$	甲賀$_5$	甲賀$_6$		甲賀$_7$
京都	桂$_1$		山城$_1$	城南$_1$	山城$_2$	京都商$_1$	山城$_3$	山城$_4$	山城$_5$	山城$_6$	山城$_7$	京都商$_2$		洛北$_1$
兵庫	夢野台$_1$	芦屋$_1$	神戸$_{17}$	神戸$_{18}$	関西学院$_6$	神戸$_{19}$	兵庫工$_1$	関西学院$_7$	兵庫工$_2$	神戸$_{20}$	関西学院$_8$	鳴尾$_1$	神戸$_{21}$	
岡山	関西$_3$	関西$_4$	勝山$_2$	関西$_5$			岡山工$_1$	勝山$_3$	勝山$_4$	勝山$_5$	関西$_6$	津山工$_1$		
鳥取														
島根					大社$_1$	浜田$_1$								
山口						山口$_3$		多々良学園$_1$	山口$_4$	小野田工$_1$	多々良学園$_2$	小野田工$_2$		
広島	舟入$_1$	山陽$_1$	修道$_5$	舟入$_2$	広大附$_3$		広大附$_4$	修道$_6$	広大附$_5$	山陽$_2$	山陽$_3$	広島市商$_1$	広大附$_6$	山陽$_4$
愛媛	松山商$_1$	松山商$_2$	北宇和$_1$	宇和島東$_2$	宇和島東$_3$	松山商$_3$	松山商$_4$	南宇和$_1$	松山北$_1$	松山商$_5$	新居浜東$_1$	松山工$_1$		
香川											高松商$_2$			
高知				高知農$_3$				高知農$_4$	高知農$_5$	佐川$_1$		高知農$_6$		
徳島	富岡西$_4$	富岡西$_5$	徳島商$_2$		徳島商$_3$	徳島商$_4$	徳島商$_5$	徳島商$_6$	徳島商$_7$	徳島商$_8$	徳島商$_9$	徳島商$_{10}$	徳島商$_{11}$	徳島商$_{12}$
福岡													山田$_3$	
大分						中津東$_1$		中津東$_2$	中津南$_1$	中津南$_2$	中津南$_3$	中津商$_3$	大分工$_1$	中津工$_1$
長崎	島原$_2$	島原$_3$	島原商$_1$	島原商$_2$	島原商$_3$	島原商$_4$	島原商$_5$	島原商$_6$	島原商$_7$	島原商$_8$	島原商$_9$	島原商$_{10}$		
佐賀														
熊本	熊本工$_3$	熊本工$_4$			熊本商$_2$	八代$_1$	熊本工$_5$	熊本商$_3$	熊本商$_4$	熊本商$_5$	熊本工$_6$	熊本工$_7$		
宮崎			延岡向洋$_1$	延岡恒富$_1$	延岡向洋$_2$		延岡向洋$_3$	延岡向洋$_4$	延岡向洋$_5$	延岡向洋$_6$	延岡向洋$_7$			
鹿児島			鶴丸$_3$	鹿児島商$_2$								出水工$_1$		
沖縄														
校名変更および備考					教大附←高師附中 広大附←東千田 関西学院←関学中					大阪靭《うつぼ》公園が主会場になる	大阪長居競技場が主会場になる 上野工←上野商工	決勝戦引き分け 中津商←中津東	会場が西宮に戻る 毎日新聞社が主催から外れる。高校総体、国体上位校は推薦で出場 三位決定戦が実施される 決勝戦引き分け	決勝戦引き分け

(47)	(48)	(49)	(50)	(51)	(52)	(53)	(54)	(55)	(56)	(57)	(58)	59	60	61
43年度	44年度	45年度	46年度	47年度	48年度	49年度	50年度	51年度	52年度	53年度	54年度	55年度	56年度	57年度
初芝1	**浦和南1**	**藤枝東4**	**習志野2**	**浦和市立4**	**北陽1**	**帝京1**	**浦和南2**	**浦和南3**	**帝京2**	**古河一1**	**帝京3**	**古河一2**	**武南1**	**清水東1**
山陽1	**初芝1**	**浜名1**	**壬生川工1**	**藤枝東1**	**藤枝東2**	**清水東1**	**静岡工1**	**静岡学園1**	**四日市中央工1**	**室蘭大谷1**	**韮崎3**	**清水東2**	**韮崎4**	**韮崎5**
広島県工1	**広島市商1**	**浦和南1**	**帝京1**	**関西大倉1**	**相模工大附1**	**児玉1**	**愛知1**	**帝京3**	**北陽1**	**八千代1**	**水戸商1**	**韮崎3**	**古河一1**	**帝京4**
遠野1	**韮崎2**	**初芝1**	**清水市商1**	**帝京2**	**四日市中央工1**	**相模工大附2**	**広島県工2**	**八幡浜工1**	**浦和南2**	**本郷1**	**愛知2**	**岡崎城西1**	**清水市商1**	**守山1**
16	16	16	24	24	28	28	29	31	31	32	32	32	48	32
函館有斗2	美唄工7	室蘭大谷1	室蘭大谷2	室蘭大谷3	室蘭大谷4	室蘭大谷5	室蘭大谷6	室蘭大谷7	函館有斗3	室蘭大谷8	札幌光星1	室蘭大谷9	札幌光星2	室蘭大谷10
五戸3			五戸4	五戸5	五戸6	五戸7					五戸8		五戸9	
遠野7	遠野8						遠野9	遠野10	遠野11	遠野12		遠野13	盛岡商2	盛岡商3
秋田商14			秋田商15	秋田商16	秋田商17	秋田商18			西目農3	西目農4	秋田商19	西目農5	秋田商20	秋田商21
							日大山形1	日大山形2					日大山形3	
		仙台育英10	仙台育英11	仙台育英12		仙台育英13	仙台育英14		仙台育英15	仙台育英16	仙台育英17		仙台向山1	東北学院3
		郡山商1			郡山商2			郡山商3				磐城1	安積商1	
		帝京6	帝京7	帝京8	本郷1	帝京9	本郷2	帝京10	帝京11	本郷3	帝京12	帝京13	帝京14 創価1	帝京15
習志野5		習志野6	習志野7	習志野8			八千代1	習志野9	習志野10	八千代2	八千代3	八千代松陰1	八千代4	習志野11
					古河一1	水戸商1		古河一2	日立一7	古河一3	水戸商2	古河一4	古河一5	水戸商3
			新島学園2				前橋工1	前橋工2				前橋工3	高崎1	
	宇都宮工6			宇都宮学園3	宇都宮工7	宇都宮学園4			宇都宮農1	宇都宮農2	今市1		今市2	矢板東1
県立川口1	浦和南3	浦和南4	浦和市立9	浦和市立10	浦和西4	児玉1	浦和南5	浦和南6	浦和南7	浦和南8	武南1	浦和南9	武南2	浦和南10
	相模工大附1			希望ヶ丘1	相模工大附2	相模工大附3	日大1	相模工大附4	日大2	相模工大附5	旭1	相模工大附6	旭2	旭3
韮崎12	韮崎13		韮崎14		韮崎15		韮崎16	韮崎17	韮崎18	韮崎19	韮崎20	韮崎21	韮崎22	韮崎23
藤枝東12	藤枝東13 清水市商1	浜名1 藤枝東14	清水市商2	藤枝東15	藤枝東16	清水東1	静岡工1	静岡学園1	浜名2	静岡学園2	藤枝東17	清水東2	清水市商3	清水東3
	熱田3				岡崎城西1	熱田4	愛知1	刈谷17	愛知2	愛知3	愛知4	岡崎城西2	岡崎城西3	中京1
	大垣工5							大垣工6			吉城1		岐阜工1	
			上野10	四日市中央工1	四日市中央工2	四日市中央工3	上野11		四日市中央工4	四日市中央工5		四日市中央工6	上野工11	四日市中央工7
				新潟明訓2	新潟明訓3	巻1	巻2			新潟工1	新潟工2	新潟工3	新潟工4	新潟工5
松本県ヶ丘5	松本深志4		松本県ヶ丘6			蘇南1	丸子実1	松本県ヶ丘7	松本工1	豊科1		豊科2	豊科3	上田東1
		富山工1	魚津工1	富山工2				富山東1	富山東2		富山第一3		富山第一4	
					三国1								丸岡1	
						金沢経大 星稜1	金沢桜丘1	河北台商1	金沢経大 星稜2	金沢経大 星稜3	金沢西1	金沢西2	金沢西3	金沢西4
初芝1	初芝2	初芝3	初芝4	関西大倉1	北陽1	初芝5	摂津1	初芝6	北陽2	清風1	北陽3	北陽4	清風2	摂津2
			新宮商2	和歌山北1	和歌山北2	和歌山北3	新宮5	新宮6	新宮商3				和歌山北4	和歌山北5
										大淀1	大淀2	大淀3	天理1	
					甲賀8	膳所1			水口9	守山1	水口10		守山2	守山3
		嵯峨野1	朱雀1	嵯峨野2			紫野1	京都商3				洛北2	京都商4	
関西学院9	西宮東1		報徳学園1	神戸22	神戸23	報徳学園2	神戸24	神戸25	御影工1	御影工2	東灘1	御影工3	御影工4	御影1
						水島工1		玉野1	水島工2	水島工3			作陽1	作陽2
					米子工1		米子工2				米子東1	米子工3	米子工4	
			益田農林1	浜田2				松江南1					浜田3	益田農林2
			山口5		岩国工1	山口6	山口7		山口8	山口9	山口10	多々良学園3	小野田工3	
山陽5 広島県工1	広島市商2	広大附7 国泰寺14		広島県工2	広島県工3	広島県工4	広島県工5	崇徳1	広島県工6	国泰寺15	広島県工7	広島県工8	広島県工9	広島県工10
	壬生川工1		壬生川工2	壬生川工3	東予工4	新田1	東予工5	八幡浜工1	東予工6		南宇和2		新田2	八幡浜工2
										高松商3		高松商4	高松南1	
					高知工1								高知1	
徳島商13		徳島商14	徳島商15	徳島商16		徳島商17	徳島商18	川島1	徳島商19	徳島商20	徳島商21	徳島商22	徳島商23	徳島商24
				福岡商1	福岡商2	福岡商3	福岡商4	門司工1	門司工2	福岡商5	東福岡1	東福岡2	東海大五1	東海大五2
中津工2			大分工2	大分工3	大分工4	中津工3	大分工5		大分工6			大分工7	鶴崎工1	中津工4
島原工1	島原工2	島原商11			島原商12	島原商13	島原商14	島原商15	島原商16	島原商17	島原商18	島原商19	島原商20	島原商21
			佐賀北1							佐賀商1	佐賀学園1		佐賀商2	
				済々黌3				八代工1				済々黌4	熊本農1	九州学院1
								都城工1		宮崎工1	宮崎工2		都城工2	
		鹿児島工1	鹿児島工2		鹿児島商3	鹿児島商4	鹿児島工3		鹿児島商5	鹿児島実1	鹿児島実2	鹿児島実3	鹿児島商6	鹿児島実4
								豊見城1	中部農林1	コザ1	前原1	北谷1	西原1	浦添1
		日本テレビ系が後援、全国大会を放映。高校総体の一、二位のみ推薦出場	再び大阪長居競技場が主会場になる　全国民放テレビが後援、予選から放映。推薦出場制度は廃止	三位決定戦引き分け	東予工↑壬生川工	三位決定戦引き分け	三位決定戦廃止	国立競技場が主会場になる　首都圏（東京・埼玉）開催になる	水口《みなくち》↑甲賀　全国民放テレビ41社が共催に加わる	三ツ沢（神奈川）が会場に加わる		回数制が復活する　都合により三ツ沢が会場から外れる	60回の記念大会として東京から2校、各道府県から各1校参加	等々力（神奈川）、千葉県総合運動場が会場に加わる

回数	62	63	64	65	66	67	68	69	70	71	72	73	74	75
年	58年度	59年度	60年度	61年度	62年度	63年度	平成元年度	2年度	3年度	4年度	5年度	6年度	7年度	8年度
優勝校	**帝京4**	**帝京5 島原商1**	**清水市商1**	**東海大一1**	**国見1**	**清水市商2**	**南宇和1**	**国見2**	**四日市中央工1 帝京6**	**国見3**	**清水市商3**	**市立船橋1**	**鹿児島実1 静岡学園1**	**市立船橋2**
準優勝	**清水東3**		**四日市中央工2**	**国見1**	**東海大一1**	**市立船橋1**	**武南1**	**鹿児島実1**		**山城2**	**国見2**	**帝京1**		**桐光学園1**
三位	**韮崎4** **四日市中央工1**	**藤枝東4** **武南1**	**宇都宮学園1** **秋田商2**	**秋田商3** **室蘭大谷1**	**四日市中央工2** **市立船橋1**	**前橋商1** **暁星2**	**前橋商2** **国見1**	**東海大五1** **武南2**	**国見2** **市立船橋2**	**武南3** **習志野2**	**鹿児島実1** **東福岡1**	**奈良育英1** **守山北1**	**東福岡2** **初芝橋本1**	**徳島商1** **静岡学園1**
参加校	48	48	48	48	48	48	48	52	48	48	48	48	48	48
北海道	室蘭大谷11	室蘭大谷12	室蘭大谷13	室蘭大谷14	室蘭大谷15	室蘭大谷16	室蘭大谷17	北海6	室蘭大谷18	室蘭大谷19	登別大谷1	室蘭大谷20	室蘭大谷21	室蘭大谷22
青森	五戸10	五戸11	五戸12	光星学院1	五戸13	光星学院2	五戸14	光星学院3	青森山田1	光星学院4	光星学院5	三本木農1	青森山田2	光星学院6
岩手	遠野14	盛岡商4	盛岡商5	盛岡商6	盛岡商7	盛岡商8	盛岡商9	遠野15	盛岡市立1	盛岡市立2	盛岡商10	遠野16	盛岡商11	大船渡1
秋田	西目農6	秋田経法附1	秋田商22	秋田商23	秋田経法附2	秋田商24	西目7	秋田商25	秋田商26	秋田商27	秋田経法附3	秋田商28	秋田商29	西目8
山形	鶴岡南1	山形東1	日大山形4	日大山形5	日大山形6	日大山形7	鶴商学園1	日大山形8	山形中央1	日大山形9	日大山形10	日大山形11	山形中央2	山形市商1
宮城	仙台向山2	東北1	仙台育英18	仙台育英19	東北学院4	仙台育英20	仙台育英21	宮城県工5	仙台育英22	仙台育英23	宮城県工6	仙台育英24	東北2	仙台育英25
福島	安積商2	磐城2	磐城3	郡山北工1	平工1	郡山商4	平工2	福島工1	福島工2	郡山1	磐城4	郡山2	福島東1	郡山商5
東京	暁星3 帝京16	帝京17 暁星4	修徳1 帝京18	私城北4 暁星5	帝京19 暁星6	帝京20 暁星7	帝京21 堀越1	暁星8 帝京22	帝京23 堀越2	久留米1 帝京24	暁星9 修徳2	帝京25 東亜学園1	帝京26 東海大菅生1	修徳3 國學院久我山1
千葉	八千代5	八千代松陰2	市立船橋1	市立船橋2	市立船橋3	市立船橋4	習志野12	市立船橋5 ㈹習志野13	市立船橋6	習志野14	市立船橋7	市立船橋8	市立船橋9	市立船橋10
茨城	日立工2	日立工3	古河一6	古河一7	古河一8	水戸商4	日立工4	水戸商5	水戸商6	古河一9	水戸短大附1	水戸短大附2	鹿島1	水戸商7
群馬	前橋商1	前橋商2	前橋商3	前橋育英1	前橋商4	前橋商5	前橋商6	前橋育英2	前橋育英3	前橋育英4	前橋育英5	前橋育英6	前橋商7	前橋育英7
栃木	今市3	國學院栃木1	宇都宮学園5	宇都宮学園6	佐野日大1	真岡3	真岡4	宇都宮学園7	真岡5	真岡6	矢板東2	作新学院1	真岡7	佐野日大2
埼玉	浦和市立11	武南3	大宮東1	大宮東2	大宮東3	武南4	武南5	大宮東4 ㈹武南6	武南7	武南8	武南9	大宮東5	浦和東1	浦和市立12
神奈川	鎌倉1	藤沢西1	鎌倉2	日大藤沢1	旭4	湘南6	桐蔭学園1	旭5	桐蔭学園2	桐蔭学園3	桐光学園1	向上1	桐光学園2	桐光学園3
山梨	韮崎24	東海大甲府1	東海大甲府2	機山工1	機山工2	機山工3	韮崎25	帝京第三1	韮崎26	韮崎工1	韮崎27	帝京第三2	帝京第三3	韮崎28
静岡	清水東4	藤枝東18	清水市商4	東海大一1	東海大一2	清水市商5	清水東5	清水東6 ㈹清水市商6	清水市商7	静岡学園3	清水市商8	清水市商9	静岡学園4	静岡学園5
愛知	愛知5	刈谷18	中京2	愛知6	岡崎城西4	愛知7	中京3	中京4	中京5	愛知8	愛知9	中京6	岡崎城西5	松蔭1
岐阜	岐阜工2	岐阜工3	岐阜工4	岐阜工5	岐阜工6	岐阜工7	岐阜工8	岐阜工9	岐阜工10	大垣工7	岐阜工11	岐阜工12	岐阜工13	各務原1
三重	四日市中央工8	四日市工1	四日市中央工9	四日市中央工10	四日市中央工11	四日市中央工12	四日市中央工13	四日市中央工14	四日市中央工15	四日市中央工16	四日市中央工17	四日市中央工18	上野工12	四日市中央工19
新潟	新潟工6	新潟工7	新潟西1	新潟工8	新潟工9	新潟西2	東京学館新潟1	新潟工10	新潟工11	東京学館新潟2	東京学館新潟3	新潟工12	新潟明訓4	新潟工13
長野	上田東2	上田東3	上田東4	松本筑摩1	松本深志5	上田2	松本県ヶ丘8	上田東5	松本県ヶ丘9	上田東6	松商学園1	松商学園2	松商学園3	松商学園4
富山	富山第一5	富山第一6	富山第一7	富山中部8	富山第一8	水橋1	富山第一9	富山第一10	富山工3	富山第一11	富山第一12	伏木1	富山第一13	富山工4
福井	北陸1	大野1	丸岡2	大野2	丸岡3	丸岡4	丸岡5	丸岡6	北陸2	丸岡7	丸岡8	丸岡9	丸岡10	丸岡11
石川	金沢錦丘1	金沢西5	金沢西6	金沢桜丘2	星稜4	金沢1	星稜5	金沢2	星稜6	金沢桜丘3	金沢桜丘4	星稜7	金沢桜丘5	星稜8
大阪	高槻南1	北陽5	北陽6	高槻南2	北陽7	大阪商1	北陽8	東海大仰星1	北陽9	高槻南3	高槻南4	北陽10	近畿大附1	近畿大附2
和歌山	和歌山北6	和歌山北7	那賀1	那賀2	和歌山工1	和歌山工2	和歌山工3	田辺1	新宮商4	近大和歌山1	新宮7	初芝橋本1	初芝橋本2	初芝橋本3
奈良	大淀4	大淀5	大淀6	天理2	奈良育英1	上牧1	上牧2	奈良育英2	大淀7	奈良育英3	広陵1	奈良育英4	耳成1	奈良育英5
滋賀	膳所2	守山4	水口11	守山5	水口12	守山6	守山7	水口13	水口14	草津東1	守山北1	守山北2	守山北3	水口15
京都	京都商5	山城8	京都商6	山城9	京都商7	山城10	山城11	京都学園8	洛南1	山城12	洛南2	城陽1	東山1	東山2
兵庫	北須磨1	伊丹西1	御影2	滝川第二1	滝川第二2	神戸弘陵1	滝川第二3	滝川第二4	滝川第二5	神戸弘陵2	神戸弘陵3	滝川第二6	神戸弘陵4	神戸弘陵5
岡山	作陽3	作陽4	作陽5	玉野光南1	作陽6	玉野2	玉野光南2	玉野光南3	倉敷工1	玉野光南4	作陽7	作陽8	作陽9	作陽10
鳥取	米子東2	米子工5	米子東3	米子東4	米子工6	米子工7	米子工8	米子北1	米子工9	米子東5	米子東6	米子工10	米子北2	米子東7
島根	浜田4	大社2	益田農林3	松江東1	松江東2	大社3	益田1	大社4	大社5	出雲工1	出雲1	大社6	益田2	淞南学園1
山口	多々良学園4	山口11	山口12	山口13	多々良学園5	山口14	山口15	山口16	山口17	山口18	多々良学園6	多々良学園7	多々良学園8	多々良学園9
広島	国泰寺16	広島県工11	広島県工12	広島県工13	広島県工14	国泰寺17	国泰寺18	国泰寺19	広島県工15	山陽6	福山葦陽1	沼田1	沼田2	美鈴が丘1
愛媛	南宇和3	南宇和4	八幡浜工3	南宇和5	南宇和6	南宇和7	南宇和8	南宇和9	八幡浜工4	南宇和10	南宇和11	南宇和12	南宇和13	南宇和14
香川	高松商5	高松商6	高松商7	高松商8	高松商9	高松商10	高松商11	高松商12	高松商13	高松商14	高松商15	香川西1	高松北1	高松北2
高知	高知小津1	高知農7	高知2	高知3	高知4	高知5	高知6	高知小津2	高知農8	高知7	高知小津3	高知商2	高知追手前1	高知農9
徳島	徳島商25	徳島商26	徳島市立1	徳島商27	徳島市立2	徳島商28	徳島商29	徳島市立3	徳島市立4	徳島市立5	徳島市立6	徳島市立7	徳島市立8	徳島商30
福岡	東海大五3	東海大五4	東海大五5	東海大五6	東海大五7	東海大五8	伝習館1	東海大五9	福大大濠1	東海大五10	東福岡3	東福岡4	東福岡5	東海大五11
大分	大分工8	中津工5	別府商1	中津工6	大分上野丘1	大分鶴崎1	大分工9	大分鶴崎2	大分工10	大分工11	情報科学1	情報科学2	大分豊府1	大分1
長崎	島原商22	島原商23	平戸1	国見1	国見2	国見3	国見4	鎮西学院1 ㈹国見5	国見6	国見7	国見8	国見9	国見10	国見11
佐賀	佐賀学園2	佐賀商3	佐賀学園3	佐賀商4	佐賀学園4	佐賀学園5	佐賀商5	佐賀学園6	佐賀商6	佐賀商7	佐賀商8	佐賀学園7	佐賀商9	佐賀学園8
熊本	熊本農2	九州学院2	九州学院3	九州学院4	大津1	大津2	熊本農3	熊本農4	荒尾1	熊本農5	熊本商大付1	熊本農6	熊本商6	大津3
宮崎	宮崎工3	小林工1	都城農1	宮崎工4	宮崎中央1	宮崎中央2	宮崎工5	宮崎工6	鵬翔3	宮崎工7	鵬翔4	宮崎工8	鵬翔5	日章学園1
鹿児島	鹿児島実5	鹿児島商7	鹿児島実6	鹿児島実7	鹿児島実8	加治木工1	鹿児島実9	鹿児島実10	鹿児島実11	れいめい1	鹿児島実12	鹿児島実13	鹿児島実14	鹿児島実15
沖縄	中部工1	与勝1	知念1	与勝2	小禄1	西原2	那覇西1	西原3	与勝3	南部農林1	那覇西2	那覇西3	与勝4	宜野湾1
校名変更および備考	大会規模を拡大し東京から2校、各道府県から各1校参加。浦和市駒場競技場が会場に加わる	決勝戦引き分け 江戸川区営競技場、習志野市秋津サッカー場が会場に加わる			星稜←金沢経大星稜	昭和天皇崩御のため、準決勝、決勝戦が二日間順延となる	元号が「平成」に 西目←西目農	日本サッカー協会の推薦により4校が予選免除で出場 京都学園←京都商	決勝戦引き分け 鵬翔←宮崎中央	川越運動公園陸上競技場と平塚競技場が会場に加わる		12月30日に開会式を実施する年末年始開催となり、休養日が3日間になる	決勝戦引き分け	高体連加盟校以外の専門学校等にも門戸を開放 選手登録が25人となる

76	77	78	79	80	81	82	83	84	85	86	87	88	89	90
9年度	10年度	11年度	12年度	13年度	14年度	15年度	16年度	17年度	18年度	19年度	20年度	21年度	22年度	23年度
東福岡1	**東福岡2**	**市立船橋3**	**国　見4**	**国　見5**	**市立船橋4**	**国　見6**	**鹿児島実2**	**野　洲1**	**盛岡商1**	**流経大柏1**	**広島皆実1**	**山梨学院1**	**滝川第二1**	**市立船橋5**
帝　京2	**帝　京3**	**鹿児島実2**	**草津東1**	**岐阜工1**	**国　見3**	**筑陽学園1**	**市立船橋2**	**鹿児島実3**	**作　陽1**	**藤枝東3**	**鹿児島城西1**	**青森山田1**	**久御山1**	**四日市中央工3**
丸　岡1	**滝川第二1**	**前橋育英2**	**富山第一2**	**前橋育英3**	**滝川第二2**	**滝川第二3**	**国　見3**	**多々良学園1**	**八千代2**	**津　工1**	**鹿島学園1**	**矢板中央1**	**立正大淞南1**	**大　分1**
藤枝東5	**前橋育英1**	**富山第一1**	**青森山田1**	**鹿児島実2**	**桐蔭学園1**	**鹿児島実3**	**星　稜1**	**遠　野1**	**神村学園1**	**高川学園2**	**前橋育英4**	**関西大一1**	**流経大柏1**	**尚　志1**
48	48	48	49	48	48	48	48	48	48	48	48	48	48	48
室蘭大谷23	室蘭大谷24	室蘭大谷25	旭川実1	帯広北1	室蘭大谷26	札幌第一1	北　海7	北　海8	室蘭大谷27	室蘭大谷28	北　海9	旭川実2	室蘭大谷29	旭川実3
青森山田3	青森山田4	青森山田5	青森山田6	青森山田7	青森山田8	青森山田9	青森山田10	青森山田11	青森山田12	青森山田13	青森山田14	青森山田15	青森山田16	青森山田17
大船渡2	遠　野17	大船渡3	遠　野18	遠　野19	盛岡商12	盛岡商13	盛岡商14	遠　野20	盛岡商15	遠　野21	不来方1	盛岡市立3	遠　野22	盛岡商16
秋田商30	秋田商31	秋田商32	西　目9	秋田西1	秋田商33	西　目10	秋田商34	西　目11	秋田商35	秋田商36	秋田商37	秋田商38	秋田商39	西　目12
日大山形12	山形中央3	山形中央4	山形中央5	鶴岡東2	山形中央6	鶴岡東3	羽　黒1	山形中央7	羽　黒2	羽　黒3	山形中央8	山形中央9	羽　黒4	羽　黒5
仙台育英26	東　北3	仙台育英27	東　北4	東　北5	仙台育英28	仙台育英29	仙台育英30	利　府1	利　府2	宮城県工7	東　北6	東　北7	宮城県工8	聖和学園1
福島工3	平　工3	磐　城5	郡　山3	平　工4	福島東2	福島東3	福島東4	湯　本1	尚　志1	尚　志2	富　岡1	尚　志3	尚　志4	尚　志5
帝　京27 駒　場1	帝　京28 修　徳4	帝　京29 國學院久我山2	東海大菅生2 修　徳5	帝　京30 国士舘1	帝　京31 国士舘2	成　立1 国士舘3	実践学園1 修　徳6	成立学園2 修　徳7	久留米2 暁　星10	帝　京32 三　鷹1	帝　京33 國學院久我山3	東久留米総合1 帝　京34	駒　場2 駒澤大高1	東久留米総合2 國學院久我山4
八千代6	習志野15	市立船橋11	(推)市立船橋12 渋谷幕張1	市立船橋13	市立船橋14	市立船橋15	市立船橋16	流経大柏1	八千代7	流経大柏2	市立船橋17	八千代8	流経大柏3	市立船橋18
水戸短大附3	鹿　島2	鹿　島3	水戸短大附4	鹿　島4	鹿　島5	水戸商8	鹿島学園1	鹿島学園2	鹿島学園3	水戸短大附5	鹿島学園4	鹿　島6	鹿島学園5	鹿島学園6
前橋商8	前橋育英8	前橋育英9	前橋商9	前橋育英10	前橋商10	前橋育英11	前橋商11	伊勢崎商1	前橋育英12	前橋育英13	前橋育英14	前橋育英15	前橋育英16	桐生第一1
國學院栃木2	佐野日大3	真　岡8	真　岡9	宇都宮白楊3	佐野日大4	佐野日大5	矢板中央1	真　岡10	真　岡11	矢板中央2	宇都宮白楊4	矢板中央3	佐野日大6	矢板中央4
浦和東2	浦和東3	武　南10	武　南11	浦和南11	武　南12	武　南13	西武台1	浦和東4	武　南14	埼玉栄1	市立浦和13	西武台2	西武台3	浦和東5
逗　葉1	桐蔭学園4	日大藤沢2	桐蔭学園5	桐蔭学園6	桐蔭学園7	桐蔭学園8	麻布大渕野辺1	麻布大渕野辺2	桐光学園4	日大藤沢3	桐光学園5	武　相1	座　間1	桐光学園6
帝京第三4	韮　崎29	韮　崎30	帝京第三5	帝京第三6	韮　崎31	帝京第三7	韮　崎32	甲府東1	帝京第三8	韮　崎33	韮　崎34	山梨学院1	山梨学院2	山梨学院3
藤枝東19	清水市商10	静岡学園6	清水市商11	静岡学園7	静岡学園8	藤枝東20	藤枝東21	常葉橘1	静岡学園9	藤枝東22	藤枝東23	藤枝明誠1	静岡学園10	清水商12
愛産大三河1	刈　谷19	東　邦1	中京大中京7	東　邦2	岡崎城西6	東　邦3	東海学園1	中京大中京8	中京大中京9	中京大中京10	東海学園2	中京大中京11	中京大中京12	中京大中京13
岐阜工14	岐阜工15	岐阜工16	各務原2	岐阜工17	岐阜工18	岐阜工19	各務原3	岐阜工20	帝京大可児1	岐阜工21	岐阜工22	岐阜工23	帝京大可児2	帝京大可児3
四日市工2	四日市中央工20	四日市中央工21	暁1	四日市中央工22	日生学園第二1	四日市中央工23	津　工1	四日市中央工24	四日市中央工25	津　工2	四日市中央工26	四日市中央工27	四日市中央工28	四日市中央工29
新潟工14	新潟工15	新潟明訓5	帝京長岡1	東京学館新潟4	北　越1	長岡向陵1	北　越2	帝京長岡2	高　志1	北　越3	北　越4	北　越5	新潟西3	新潟西4
明　科1	松商学園5	松商学園6	松商学園7	松商学園8	地球環境1	松商学園9	東海大三1	上田西1	東海大三2	松商学園10	武蔵工大二1	松商学園11	松商学園12	都市大塩尻2
富山第一14	水　橋2	富山第一15	富山第一16	水　橋3	水　橋4	富山第一17	富山第一18	富山第一19	富山第一20	富山第一21	富山第一22	富山第一23	水　橋5	富山南1
丸　岡12	丸　岡13	丸　岡14	丸　岡15	丸　岡16	丸　岡17	丸　岡18	丸　岡19	丸　岡20	丸　岡21	福井商1	丸　岡22	丸　岡23	丸　岡24	北　陸3
星　稜9	金沢桜丘6	星　稜10	星　稜11	星　稜12	星　稜13	星　稜14	星　稜15	星　稜16	星　稜17	星　稜18	星　稜19	星　稜20	星　稜21	星　稜22
関西大一1	金光第一1	関西大一2	大阪朝鮮1	東海大仰星2	金光大阪2	近畿大附3	東海大仰星3	大阪朝鮮2	大阪朝鮮3	近畿大附4	大阪桐蔭1	関西大一3	関西大一4	近畿大附5
近大和歌山2	初芝橋本4	初芝橋本5	初芝橋本6	近大和歌山3	初芝橋本7	初芝橋本8	近大和歌山4	和歌山北8	初芝橋本9	近大和歌山5	近大和歌山6	近大和歌山7	初芝橋本10	初芝橋本11
奈良育英6	奈良育英7	奈良育英8	耳　成2	奈良育英9	一　条1	奈良育英10	奈良育英11	一　条2	一　条3	奈良育英12	一　条4	一　条5	香　芝1	奈良育英13
草津東2	草津東3	草津東4	草津東5	草津東6	野　洲1	守山北4	草津東7	野　洲2	野　洲3	野　洲4	野　洲5	野　洲6	野　洲7	守山北5
山　城13	洛　北3	久御山1	久御山2	久御山3	伏見工1	京都朝鮮1	城　陽2	城　陽3	福知山成美1	久御山4	京都橘1	立命館宇治1	久御山5	立命館宇治2
滝川第二7	滝川第二8	神戸弘陵6	神戸弘陵7	滝川第二9	滝川第二10	滝川第二11	滝川第二12	滝川第二13	滝川第二14	神戸科学技術1	滝川第二15	神戸科学技術2	滝川第二16	市立西宮1
東岡山工1	玉野光南5	作　陽11	岡山理大附1	作　陽12	水島工4	作　陽13	玉野光南6	作　陽14	作　陽15	作　陽16	作　陽17	作　陽18	作　陽19	作　陽20
米子工11	米子東8	境1	境2	境3	境4	米子北3	米子北4	米子北5	境5	境6	境7	境8	米子北6	米子北7
大　社7	益　田3	淞南学園2	淞南学園3	立正大淞南4	立正大淞南5	立正大淞南6	益　田4	立正大淞南7	立正大淞南8	江の川1	立正大淞南9	立正大淞南10	立正大淞南11	大　社8
多々良学園10	多々良学園11	多々良学園12	多々良学園13	多々良学園14	多々良学園15	多々良学園16	多々良学園17	多々良学園18	高川学園19	高川学園20	西　京1	山　口19	宇　部1	高川学園21
沼　田3	広島皆実1	山　陽7	広島皆実2	広島皆実3	広島皆実4	広島皆実5	広島観音1	広島観音2	広島皆実6	広島皆実7	広島皆実8	広島観音3	広島皆実9	山　陽8
新居浜工1	南宇和15	新居浜工2	新居浜西1	南宇和16	松山工2	南宇和17	済　美1	松山工3	済　美2	済　美3	松山北2	松山北3	宇和島東4	済　美4
高松商16	高松商17	高松北3	高松商18	高松商19	高松商20	高松北4	尽誠学園1	高松商21	香川西2	香川西3	香川西4	香川西5	香川西6	香川西7
高　知8	岡　豊1	土　佐1	明徳義塾1	明徳義塾2	高　知9	高　知10	高　知11	明徳義塾3	高　知12	高知中央1	高　知13	高　知14	明徳義塾4	土　佐2
徳島市立9	徳島市立10	徳島商31	徳島商32	徳島市立11	鳴　門1	徳島商33	徳島商34	徳島商35	鳴　門2	徳島商36	徳島商37	徳島商38	徳島商39	徳島市立12
東福岡6	東福岡7	東福岡8	東海大五12	東福岡9	東福岡10	筑陽学園1	東福岡11	東福岡12	九州国際大付1	東福岡13	筑陽学園2	東福岡14	九州国際大付2	東海大五13
情報科学3	大　分2	大分鶴崎3	大　分3	大　分4	大　分5	情報科学4	大　分6	柳ヶ浦1	大分鶴崎4	大分鶴崎5	情報科学5	中津東1	大分鶴崎6	大　分7
国　見12	国　見13	国　見14	国　見15	国　見16	国　見17	国　見18	国　見19	国　見20	国　見21	島原商24	長崎日大1	国　見22	国　見23	長崎日大2
佐賀商10	佐賀商11	佐賀北2	佐賀北3	佐賀学園9	佐賀北4	佐賀商12	佐賀東1	佐賀東2	佐賀東3	佐賀北5	佐賀東4	佐賀東5	佐賀北6	佐賀東6
大　津4	熊本国府1	大　津5	大　津6	大　津7	大　津8	大　津9	大　津10	大　津11	大　津12	ルーテル学院1	大　津13	ルーテル学院2	大　津14	ルーテル学院3
鵬　翔6	宮崎工9	日章学園2	日章学園3	鵬　翔7	日章学園4	鵬　翔8	鵬　翔9	鵬　翔10	鵬　翔11	日章学園5	日章学園6	日章学園7	日章学園8	日章学園9
鹿児島実16	鹿児島工4	鹿児島実17	鹿児島城西1	鹿児島実18	鹿児島実19	鹿児島実20	鹿児島実21	鹿児島実22	神村学園1	鹿児島実23	鹿児島城西2	神村学園2	神村学園3	鹿児島城西3
那覇西4	宜野湾2	具志川1	宮　古1	与　勝5	那覇西5	那覇西6	那覇西7	那覇西8	那覇西9	那　覇1	那覇西10	南風原1	那覇西11	那覇西12
		開会式直後に開幕試合を実施する	前回優勝の市立船橋は予選なしで推薦出場。決勝戦引き分け両校優勝がなくなる 中京大中京←中京	推薦出場制度は廃止 鶴岡東←鶴商学園 宇都宮白楊←宇都宮農 立正大淞南←淞南学園	決勝戦が成人の日開催となり、勝利校の校歌演奏が廃止される 金光大阪←金光第一	決勝戦のみ45分ハーフで実施	決勝戦、延長PK方式で優勝校を決定	決勝戦は延長で優勝校決定 成立学園←成立	高川学園←多々良学園		準決勝も45分ハーフで実施 市立浦和←浦和市立	三ツ沢球技場改修中のため平塚競技場を使用。フクダ電子アリーナが会場に加わる	駒沢競技場、うらわ駒場競技場改修中のため江戸川陸上競技場と大宮サッカー場を使用	決勝戦は延長で優勝校決定 都市大塩尻←武蔵工大二 清水商←清水市商

注：第88回大会大分県代表・中津東は学校統合による校名変更のため第38・40回出場校とは別扱い

回数	91	92	93	94	95	96	97	98	99	100	101	102	103	104
年	24年度	25年度	26年度	27年度	28年度	29年度	30年度	令和元年度	2年度	3年度				
優勝校	**鵬翔1**	**富山第一1**	**星稜1**	**東福岡3**	**青森山田1**	**前橋育英1**	**青森山田2**	**静岡学園2**	**山梨学院2**	**青森山田3**				
準優勝	**京都橘1**	**星稜1**	**前橋育英1**	**國學院久我山1**	**前橋育英2**	**流経大柏1**	**流経大柏2**	**青森山田2**	**青森山田3**	**大津1**				
三位	**星稜2** **桐光学園1**	**四日市中央工3** **京都橘1**	**日大藤沢1** **流経大柏2**	**星稜3** **青森山田2**	**東海大仰星1** **佐野日大1**	**上田西1** **矢板中央2**	**尚志2** **瀬戸内1**	**矢板中央3** **帝京長岡1**	**帝京長岡2** **矢板中央4**	**高川学園3** **関東第一1**				
参加校	48	48	48	48	48	48	48	48	48	48				
北海道	旭川実4	札幌大谷1	大谷室蘭30	札幌大谷2	旭川実5	旭川実6	旭川実7	北海10	札幌大谷3	北海11				
青森	青森山田18	青森山田19	青森山田20	青森山田21	青森山田22	青森山田23	青森山田24	青森山田25	青森山田26	青森山田27				
岩手	盛岡中央1	遠野23	遠野24	遠野25	遠野26	遠野27	遠野28	専大北上1	遠野29	専大北上2				
秋田	西目13	秋田商40	新屋1	秋田商41	秋田商42	秋田商43	秋田商44	秋田商45	明桜4	秋田商46				
山形	山形中央10	米沢中央1	東海大山形1	日大山形13	山形中央11	羽黒6	羽黒7	山形中央12	日大山形14	羽黒8				
宮城	仙台育英31	東北8	聖和学園2	聖和学園3	聖和学園4	仙台育英32	仙台育英33	仙台育英34	仙台育英35	仙台育英36				
福島	聖光学院1	富岡2	尚志6	尚志7	尚志8	尚志9	尚志10	尚志11	学法石川1	尚志12				
東京	修徳8 実践学園2	修徳9 國學院久我山5	國學院久我山6 三鷹2	國學院久我山7 駒澤大高2	駒澤大高3 関東第一1	実践学園3 関東第一2	国士舘4 駒澤大高4	東久留米総合3 國學院久我山8	堀越3 関東第一3	堀越4 関東第一4				
千葉	八千代9	市立船橋19	流経大柏4	市立船橋20	市立船橋21	流経大柏5	流経大柏6	市立船橋22	市立船橋23	流経大柏7				
茨城	鹿島学園7	水戸啓明6	第一学院1	明秀日立1	鹿島学園8	明秀日立2	明秀日立3	明秀日立4	鹿島学園9	鹿島学園10				
群馬	前橋育英17	桐生第一2	前橋育英18	前橋育英19	前橋育英20	前橋育英21	前橋育英22	前橋育英23	前橋商12	前橋育英24				
栃木	佐野日大7	矢板中央5	矢板中央6	矢板中央7	佐野日大8	矢板中央8	矢板中央9	矢板中央10	矢板中央11	矢板中央12				
埼玉	正智深谷1	市立浦和14	昌平1	正智深谷2	正智深谷3	昌平2	浦和南12	昌平3	昌平4	西武台4				
神奈川	桐光学園7	桐光学園8	日大藤沢4	桐光学園9	桐光学園10	桐蔭学園9	桐光学園11	日大藤沢5	桐蔭学園10	桐光学園12				
山梨	日本航空1	帝京第三9	山梨学院4	帝京第三10	山梨学院5	山梨学院6	日本航空2	日大明誠1	山梨学院7	山梨学院8				
静岡	常葉橘2	藤枝東24	静岡学園11	藤枝東25	藤枝明誠2	清水桜が丘1	浜松開誠館1	静岡学園12	藤枝明誠3	静岡学園13				
愛知	東邦4	東海学園3	中京大中京14	中京大中京15	東邦5	中京大中京16	東邦6	愛工大名電1	東海学園4	中部大第一1				
岐阜	帝京大可児4	岐阜工24	岐阜工25	各務原4	中京1	帝京大可児5	岐阜工26	帝京大可児6	帝京大可児7	帝京大可児8				
三重	四日市中央工30	四日市中央工31	宇治山田商1	四日市中央工32	海星1	三重1	四日市中央工33	四日市中央工34	海星2	三重2				
新潟	帝京長岡3	帝京長岡4	開志学園JSC1	新潟明訓6	帝京長岡5	日本文理1	帝京長岡6	帝京長岡7	帝京長岡8	帝京長岡9				
長野	創造学園1	松商学園13	都市大塩尻3	都市大塩尻4	創造学園2	上田西2	都市大塩尻5	松本国際3	松本国際4	市立長野1				
富山	富山第一24	富山第一25	水橋6	富山第一26	富山第一27	富山第一28	富山第一29	富山第一30	富山第一31	富山第一32				
福井	丸岡25	丸岡26	丸岡27	丸岡28	北陸4	北陸5	丸岡29	丸岡30	丸岡31	丸岡32				
石川	星稜23	星稜24	星稜25	星稜26	鵬学園1	星稜27	星稜28	鵬学園2	星稜29	星稜30				
大阪	東海大仰星4	履正社1	履正社2	阪南大高1	東海大仰星5	大阪桐蔭2	大阪学院大高1	興國1	履正社3	阪南大高2				
和歌山	和歌山北9	初芝橋本12	初芝橋本13	初芝橋本14	和歌山北10	初芝橋本15	和歌山北11	和歌山工4	初芝橋本16	近大和歌山8				
奈良	香芝2	一条6	郡山1	香芝3	一条7	一条8	一条9	五條1	山辺1	奈良育英14				
滋賀	野洲8	綾羽1	草津東8	野洲9	野洲10	草津東9	草津東10	草津東11	近江1	草津東12				
京都	京都橘2	京都橘3	京都橘4	京都橘5	京都橘6	京都橘7	東山3	京都橘8	京都橘9	東山4				
兵庫	滝川第二17	神戸弘陵8	滝川第二18	神戸弘陵9	滝川第二19	滝川第二20	関西学院10	神戸弘陵10	神戸弘陵11	滝川第二21				
岡山	作陽21	玉野光南7	作陽22	玉野光南8	岡山学芸館1	作陽23	岡山学芸館2	岡山学芸館3	作陽24	岡山学芸館4				
鳥取	米子北8	米子北9	米子北10	米子北11	米子北12	米子北13	米子北14	米子北15	米子北16	米子北17				
島根	立正大淞南12	立正大淞南13	立正大淞南14	大社9	立正大淞南15	立正大淞南16	立正大淞南17	立正大淞南18	大社10	大社11				
山口	聖光1	西京2	高川学園22	山口鴻城1	高川学園23	高川学園24	西京3	高川学園25	高川学園26	高川学園27				
広島	広島観音4	広島皆実10	広島皆実11	広島皆実12	広島皆実13	広島皆実14	瀬戸内1	広島皆実15	広島皆実16	瀬戸内2				
愛媛	松山工4	松山商6	松山北4	松山工5	松山北5	松山工6	宇和島東5	今治東中等1	新田3	今治東中等2				
香川	香川西8	香川西9	香川西10	高松南2	高松商22	高松商23	四学大香川西11	大手前高松1	大手前高松2	高松商24				
高知	高知15	高知商3	明徳義塾5	明徳義塾6	明徳義塾7	高知西1	高知西2	高知16	明徳義塾8	高知17				
徳島	鳴門3	徳島市立13	徳島市立14	鳴門4	徳島市立15	徳島北1	徳島市立16	徳島市立17	徳島市立18	徳島商40				
福岡	東海大五14	東福岡15	東福岡16	東福岡17	東福岡18	東福岡19	東福岡20	筑陽学園3	東福岡21	東福岡22				
大分	中津東2	中津東3	中津東4	大分8	大分9	大分西1	大分10	大分11	日本文理大附1	中津東5				
長崎	長崎総科大附1	長崎総科大附2	長崎総科大附3	長崎南山1	長崎総科大附4	長崎総科大附5	長崎総科大附6	長崎総科大附7	創成館1	長崎総科大附8				
佐賀	佐賀商13	佐賀東7	佐賀東8	佐賀北7	佐賀東9	佐賀東10	龍谷1	龍谷2	佐賀東11	佐賀東12				
熊本	大津15	熊本国府2	秀岳館1	大津16	ルーテル学院4	東海大熊本星翔1	大津17	熊本国府3	ルーテル学院5	大津18				
宮崎	鵬翔12	日章学園10	日章学園11	日章学園12	鵬翔13	日章学園13	日章学園14	日章学園15	宮崎日大1	宮崎日大2				
鹿児島	鹿児島城西4	神村学園4	鹿児島城西5	鹿児島城西6	鹿児島城西7	神村学園5	神村学園6	神村学園7	神村学園8	神村学園9				
沖縄	宮古2	那覇西13	前原2	那覇西14	那覇西15	宜野湾3	那覇西16	前原3	那覇西17	西原4				
校名変更および備考	相模原麻溝公園競技場を使用。決勝戦は降雪のため4日間順延、延長PK方式で優勝校を決定	国立競技場最後の大会 水戸啓明←水戸短大附	開会式、開幕戦は駒沢競技場で、準決勝、決勝戦は埼玉スタジアムで実施 交代枠が3→4、登録人数25→30に 大谷室蘭→室蘭大谷			交代枠が4→5に	四学大香川西←香川西	元号が「令和」に 松本国際←創造学園	新型コロナウイルス感染拡大の影響で開幕戦が中止 飲水タイム導入 明桜←秋田経法附	開会式、開幕戦、準決勝、決勝は新・国立競技場で実施 飲水タイムなし 連戦なしの日程へ変更				

選考合宿（時之栖）

令和2年度 第49回日本高校選抜 活動報告
2021 Japan High School Selection Team's Report

団長 **滝本 寛**
都立南葛飾高校

2年連続の欧州遠征中止の中で

100年に一度のパンデミックの中、第99回全国高校サッカー選手権大会が開催され、出場選手の中から39名の優秀選手が選ばれました。例年は、優秀選手と選手権に出ることができなかった最大5名の選手を加えた中から18名を選考し、高校選抜チームを編成し、欧州遠征を実施します。しかし、今回は新型コロナウイルス感染症拡大の影響もあり、選考の対象を大会優秀選手に絞り、さらに大学進学予定者と在校生から選考することとしました。また、感染症の影響でデュッセルドルフのユース大会が中止となったため、海外渡航は断念し、国内の活動のみとなりました。

スタッフは昨年のメンバーがそのままスライドして任務にあたりました。一方で、4度の国内合宿を行い、選手たちの目標となり、達成感を得られるイベントを計画することが求められました。そして、第99回全国高校サッカー選手権日本高校選抜は、1月半ばの時之栖合宿を皮切りに、手探りの中でその活動を開始しました。

❶選考合宿（静岡県御殿場市）

1月22日から3泊4日で静岡県御殿場市時之栖に30名が集まって、選考合宿を行いました。2月中旬のNEXT GENERATION MATCHに参加するメンバーを選ぶことが目的です。2日間のトレーニングと、3日目には東京国際大学とのトレーニングマッチを行い、その中で登録する23名を選びました。

❷強化合宿（埼玉県さいたま市）

2月17日からさいたま市を拠点に、1次選考を通過した23名で3泊4日の合宿を行いました。宿舎やピッチでのミーティングでチームコンセプトを共有し、定着を図るべくトレーニングや紅白戦を行いました。最終日のNEXT GENERATION MATCHは埼玉スタジアム2〇〇2で行われ、J1優勝チームのアカデミーである川崎フロンターレU-18と対戦。コンディションにばらつきがあり、連係が不十分なこともあって1-2で敗れました。

❸デンソーカップ合宿（埼玉県熊谷市）

3月初めに行われる静岡県ヤングサッカーフェスティバルが中止となり、行き場に困っていた高校選抜に大学サッカー連盟が救いの手を差し伸べてくださり、幸運にもデンソーカップチャレンジサッカー大会に参加できることとなりました。今年度の高校選抜はプロ内定の選手は呼ばず、原則すべての活動に参加できる選手を優先しました。また、怪我などで練習に参加できない選手もチームサポートとして参加を希望するなど、同じメンバーでトレーニングやゲームを重ね、次第に一体感が見られるようになってきました。

予選リーグでは1分1敗となり、トーナメント進出は逃しましたが、トーナメントに進めなかった選手同士の交流戦で初めて結果を出すなど、大学生チームを相手に遜色なく戦えるチームへと成長できました。

❹Jヴィレッジ合宿@Jヴィレッジ

合宿も4度目となり、選手・スタッフともにチームコンセプトやチーム戦術を共有し、互いの性格や特徴も理解し合い、自然とチームとしてのまとまりが強くなってきました。そして、この活動の最終目標を「JヴィレッジでU-18日本代表候補とのトレーニングマッチに勝利し、高校選抜チームの総決算とする」ことと決めました。合宿最終日、多くのスカウトやメディアが見守る中、U-18日本代表候補との試合をトータルスコア3-1で勝利し、選手スタッフともに大きな喜びと達成感を得ると同時に「有終の美」を飾ることができました。

❺まとめ

欧州遠征が2年連続で中止となり残念な思いもありましたが、限られた条件下で最大限の可能性を追求し、試行錯誤する中で予想外の収穫もありました。また、大学進学予定者と在校生を優先して選考したことで、結果的にチーム作りがスムーズになり、一体感を強く持つことができました。次年度の静岡県ヤングサッカーフェスティバルへの参加については課題が残りますが、デンソーカップチャレンジサッカー大会で大学生の選抜チームと真剣勝負ができたことは大変ありがたく、今後も引き続き参加できる可能性が広がったことは大きいと考えています。

選手団名簿

役員・スタッフ

■団長	滝本　寛	東京都立南葛飾高校
■総務	小阪　康弘	福井県立丸岡高校
■監督	蒲原　晶昭	佐賀県立佐賀東高校
■コーチ	中村　真吾	米子北高校
■GKコーチ	佐々木篤史	作陽高校
■トレーナー	服部　浩史	はっとり整骨院
■主務	川北　康博	埼玉県立松伏高校
■主務	杉田　俊幸	千葉県立京葉高校
■記録	小林　洋	高体連記録部・高校サッカー年鑑

選手

1	GK	熊倉　匠	山梨学院高校▶立正大学
17		藤井　陽登	矢板中央高校2年
2	DF	長田　京兵	市立船橋高校▶拓殖大学
3		一瀬　大寿	山梨学院高校▶山梨学院大学
4		井上　太聖	堀越高校▶順天堂大学
5		小澤　亮太	昌平▶日本体育大学
13		板倉　健太	山梨学院高校▶東京国際大学
15		飯田　晃明	丸岡高校▶駒澤大学
19		木内　拓海	市立船橋高校▶順天堂大学
20		内田　陽介	青森山田高校▶明治大学
6	MF	小宅　空大	帝京大可児高校▶関東学院大学
7		新井　爽太	山梨学院高校▶日本大学
8		川上　航立	帝京長岡高校▶立正大学
10		安斎　颯馬	青森山田高校▶早稲田大学
11		荒井　悠汰	昌平高校1年
12		青木　俊輔	東福岡高校▶法政大学
16		廣井　蘭人	帝京長岡高校1年
21		吉田　陣平	佐賀東高校2年
22		宇野　禅斗	青森山田高校2年
23		永吉　飛翔	神村学園高等部▶桐蔭横浜大学
9	FW	崎山　友太	米子北高校▶駒澤大学
14		野田　武瑠	山梨学院高校▶順天堂大学
18		福田　師王	神村学園高等部1年

❻お礼

まずは、選手の皆さん。欧州遠征が中止になったにもかかわらず、自分の将来のため、チームのために、高いモチベーションで精一杯取り組んでくれた君たちを誇りに思うとともに、心から感謝いたします。今後の大きな飛躍を期待しています。

コロナ禍にもかかわらず、素晴らしい環境下でこの活動を全うすることができましたのは、多くの方々の温かなご支援のおかげです。

今回の活動を物資面で支えてくださったニューバランスジャパンの酒井さん、宿泊・施設面でお世話になった時之栖の皆さん、Jヴィレッジの皆さん、トレーニングマッチの相手をしてくださった駒澤大学、東京国際大学の皆さん、最大のピンチを救ってくださった大学連盟の中野先生、U-18代表とのトレーニングマッチを快諾してくださった影山U-18日本代表監督並びに代表スタッフの方々、様々な調整に動いてくださったJFA、セイムトゥーの皆さん、カメラマンの小林さん、高校選抜の成功と高体連の発展のために、あらゆる角度からご配慮、大きなご支援をくださったJFA林副会長、本当にありがとうございました。

チームを代表し、応援してくださったすべての皆さんに、心より感謝申し上げます。

監督 **蒲原晶昭**
県立佐賀東高校

充実した国内での活動

コロナ禍の影響により、2年連続して日本高校サッカー選抜チームでの国際試合経験の場を失うことになりました。残念ではありましたが、国内での活動は様々な方々のご協力により、充実したものとなりました。

チームづくりを行ううえで、昨年同様に「ハードワーク」「切り替え」「コミュニケーション」「テクニック」の4つをコンセプトとして活動しました。プレーの原則は映像を使って伝え、チームとしての方向性を示しました。その中で、個性を最大限発揮していくことを要求しました。

1月22日〜25日、静岡県時之栖キャンプの目的は、コンセプトを理解し、チームのために戦ってくれる23名を選考することでした。東京国際大学に胸を借りたゲームでは、迫力あるスピーディなゲームを展開してくれました。特に、前からボールを奪いに行くための「ハードワーク」、「切り替え」は見応えもあり、選考への意気込みが感じられました。選考に漏れた選手もいましたが、優秀選手に選ばれるだけあって素晴らしいパフォーマンスを発揮してくれたと思っています。

2月17日〜20日、埼玉県にてキャンプを行いました。NEXT GENERATION MATCHでは川崎フロンターレU-18に惜敗しましたが、前からのボール奪取を起点とした攻撃で得点できたことは次に繋がる収穫でした。

そして、3月3日~7日のデンソーカップチャレンジサッカー大会参戦です。サッカー協会関係者、大学サッカー連盟等の方々のご尽力で初参戦が決まり、最高の舞台となりました。しかも予選リーグでは優勝経験のある関東選抜A、関西選抜の組に入り、チャレンジするにはこの上ないチャンスをいただきました。初戦の関西選抜では、2得点するも同点にされ、一時は突き放したものの最後は逆転される大接戦の末3-4で敗れました。選手たちの悔しがる姿に頼もしさを感じました。関東選抜A戦ではトップクラスの大学生にも引けを取らない積極的な姿勢で戦いました。終盤に失点しましたが、すぐに同点とする粘り強さを見せてくれました。決勝トーナメント進出とはなりませんでしたが、「高校選抜の勇姿は称賛に値する活躍だ」と評価していただきました。

3月25日からのキャンプの最後の目的は、U-18日本代表候補との試合に勝利することでした。我々にとっては、このチームの集大成であり、チームスタッフ、選手が一体感を持って戦いました。序盤、押し込まれるも徐々にペースを摑み先制点。そして追加点。1点返されましたが、最後は右サイドを完璧に崩し、クロスからの得点で3-1の勝利を摑みました。選抜チームが一丸となり、単独チームのようにコミュニケーションがとれ、素晴らしい日本高校選抜チームができあがり感無量です。今後の選手のさらなる飛躍を期待してやみません。

最後に、第99回全国高校サッカー選手権大会及び、日本高校サッカー選抜活動が新型コロナウイルス感染者を出すことなく、無事に終了したことに関して、運営に携わっていただいた全ての方々に、深く感謝申し上げます。次の記念すべき第100回大会が大成功に終わることを祈念し、また、私自身も高校サッカー界の発展のために微力ながら尽力していきたいと思います。

FUJI XEROX SUPER CUP 2021「NEXT GENERATION MATCH」

日本高校サッカー選抜 (1-2) 川崎フロンターレU-18

第35回デンソーカップチャレンジサッカー 熊谷大会

▶ 予選リーグ

グループA	関東選抜A	関西選抜	日本高校選抜	勝点	得失点差	順位
関東選抜A		3○0	1△1	4	3	1
関西選抜	0●3		4○3	3	−2	2
日本高校選抜	1△1	3●4		1	−1	3

グループB	九州選抜	関東B・北信越選抜	北海道・東北選抜	勝点	得失点差	順位
九州選抜		0△0	5○1	4	4	1
関東B・北信越選抜	0△0		5○0	4	5	2
北海道・東北選抜	1●5	0●5		0	−9	3

グループC	関東C・北信越選抜	東海選抜	中国・四国選抜	勝点	得失点差	順位
関東C・北信越選抜		5○1	5○0	6	9	1
東海選抜	1●5		1○0	3	−3	2
中国・四国選抜	0●5	0●1		0	−6	3

▶ 決勝トーナメント

関東選抜A(グループA1位) 2
関東B・北信越選抜(グループB2位) 0
九州選抜(グループB1位) 3
関東C・北信越選抜(グループC1位) 4
3
1
優勝
関東選抜A

▶ 3位決定戦

関東B・北信越選抜 4
九州選抜 2
3位
関東B・北信越選抜

練習試合　日本高校選抜vs.U-18日本代表候補 ※45分×3本

〔Match 1〕 **日本高校サッカー選抜 (1-0) U-18日本代表候補**

〔Match 2〕 **日本高校サッカー選抜 (0-0) U-18日本代表候補**

〔Match 3〕 **日本高校サッカー選抜 (2-1) U-18日本代表候補**

コーチ **中村真吾**
米子北高校

海外遠征に代わる貴重な舞台

各種大会が中止となった2019年度に続き、2020年度の日本高校選抜も滝本団長、蒲原監督の下でスタートしました。デュッセルドルフ国際ユース大会と静岡県ヤングサッカーフェスティバルは今年度も中止となりましたが、3月に行われたデンソーカップチャレンジサッカー大会に出場できました。U-18日本代表候補との練習試合を含め、貴重な機会を作っていただいた皆さまに深く御礼を申し上げます。

今年度もハードワーク、切り替え、コミュニケーション、テクニックを柱にしたチーム戦術を練習しました。特に前線からボールを組織的に奪いに行くハイプレスは、選考合宿から意識させた部分です。選手には組織的に戦いながらも、各々の特徴を発揮してほしいとも伝えました。2月に行った駒澤大学との練習試合では意図する守備ができましたが、川崎フロンターレU-18と対戦したNEXT GENERATION MATCHでは、1-2で敗れました。ハイプレスをかける際のポジショニングや選手同士の距離感が悪く、チャレンジ&カバーや縦関係のコミュニケーションも上手くいかない場面が多く出てしまいました。

反省を踏まえ、デンソーカップチャレンジサッカー大会では、ハイプレスとブロックを併用した守備を採用しました。時間帯や点差、相手との力関係に応じた守備を判断するのは難しかったと思いますが、身体を張ってゴール前を守ってくれました。初戦の関西選抜戦は逆転負けとなりましたが、練習してきたクロスからの得点などで2点を先取できました。2戦目の関東選抜Aとの試合は引き分けとなりましたが、体格差のある大学生相手でも互角以上の戦いを見せてくれたのは収穫です。グループリーグの3位となり、大会4日目と5日目はフレンドリーマッチに回りましたが、中国・四国選抜に勝利するなど選手は想定以上の活躍を見せてくれました。大会前日の集合という難しい状況ながらも、各自がコンディションを整えていたのも評価すべき点です。

活動の締めくくりとしてU-18日本代表候補と練習試合を行いました。「勝って終わろう」という想いとともに「活躍できれば日本代表に入れる」と意気込む選手が多かったのが印象的です。チームとしてもまとまっていたため、3-1で勝利することができました。多くの方の尽力によって海外遠征に代わる貴重な舞台を用意していただいたおかげで、高校生の成長を加速させるには、レベルの高い舞台が重要だと改めて感じました。個人としても素晴らしい選手と多くの先生方に関われたことは大きな財産になりました。活動に関わっていただいた皆様に感謝しています。

日本高校選抜海外遠征記録

回	参加大会	大会成績	団長	監督	訪問先
1		1勝3敗	山之内繁夫	中田貞三	フィリピン、タイ
2		2勝1敗1分	川口玲雄	森 貞男	シンガポール、マレーシア
3		3勝1敗	川崎富康	松本暁司	シンガポール、タイ
4		1勝3敗	宮田賢三	松本暁司	シンガポール、マレーシア
5		2勝1敗1分	小林与三次	鈴木勇作	中国
6		1勝2敗1分	魚永 正	魚永 正	西ドイツ、イギリス
7	第39回ベリンツォーナ大会6位	1敗3分	松浦利夫	倉岡誠親	オランダ、スイス
8	第40回ベリンツォーナ大会5位	2勝2敗	松浦利夫	勝沢 要	オランダ、スイス
9	親善試合のみ		川口玲雄	三沢好章	オランダ、西ドイツ
10	第42回ベリンツォーナ大会7位	1勝3敗	川口玲雄	横森 巧	オランダ、スイス
11	第21回デュッセルドルフ大会6位	4分	加藤三郎	勝沢 要	オランダ、西ドイツ
12	第44回ベリンツォーナ大会7位	1勝3敗	加藤三郎	古沼貞雄	オランダ、スイス
13	第23回デュッセルドルフ大会8位	1勝3敗1分	加藤三郎	古沼貞雄	オランダ、西ドイツ
14	ブルガリアユース代表と引き分け		鈴木勇作	高橋正弘	オランダ、ブルガリア
15	第25回デュッセルドルフ大会6位	2勝2敗1分	鈴木勇作	望月保次	オランダ、西ドイツ
16	第48回ベリンツォーナ大会3位	2勝1敗1分	鈴木勇作	山成宣彦	西ドイツ、スイス
17	第27回デュッセルドルフ大会4位	1勝2敗3分	三澤好章	沢村哲郎	スイス、西ドイツ
18	第50回ベリンツォーナ大会2位	2勝1敗1分	加藤三郎	小泉敏治	西ドイツ、スイス
19	第29回デュッセルドルフ大会5位	3勝1敗1分	馬越敏行	栗屋昌俊	スイス、ドイツ
20	第52回ベリンツォーナ大会3位	3勝1敗	清水眞事	古沼貞雄	ドイツ、スイス
21	第31回デュッセルドルフ大会5位	2勝1敗2分	高田久行	長谷川二三	スイス、ドイツ
22	第54回ベリンツォーナ大会7位	1勝3敗	高田久行	天久 弘	ドイツ、スイス
23	第33回デュッセルドルフ大会7位	1勝1敗3分	三澤好章	志波芳則	スイス、ドイツ
24	第56回ベリンツォーナ大会優勝	3勝1敗	山成宣彦	林 義親	ドイツ、スイス
25	第35回デュッセルドルフ大会2位	4勝1敗1分	高田久行	久下恭功	スイス、ドイツ
26	第58回ベリンツォーナ大会3位	3勝1敗	上野二三一	逢坂利夫	ドイツ、スイス
27	第37回デュッセルドルフ大会9位	1敗3分	伊藤克臣	上間政彦	スイス、ドイツ
28	第60回ベリンツォーナ大会7位	2勝2敗	天久 弘	加藤栄治	ドイツ、スイス
29	第39回デュッセルドルフ大会3位	4勝 1分	平山隆造	今泉守正	スイス、ドイツ
30	第62回ベリンツォーナ大会3位	3勝1敗1分	天久 弘	齋藤重信	ドイツ、スイス
31	第41回デュッセルドルフ大会3位	3勝 2分	徳永哲彦	樋口士郎	スイス、ドイツ
32	第64回ベリンツォーナ大会2位	1勝2敗2分	上野二三一	平 清孝	ドイツ、スイス
33	第43回デュッセルドルフ大会5位	2勝1敗1分	植村 久	大森貞夫	スイス、ドイツ
34	第66回ベリンツォーナ大会優勝	3勝 1分	秋森 学	松崎博美	ドイツ、スイス
35	第45回デュッセルドルフ大会10位	4敗	大倉健史	河崎 護	スイス、ドイツ
36	第68回ベリンツォーナ大会4位	2勝1敗2分	栗原鏡成	悦勝公豪	ドイツ、スイス
37	第47回デュッセルドルフ大会9位	3敗1分	大倉健史	砂金 伸	スイス、ドイツ
38	第70回ベリンツォーナ大会7位	1勝3敗	樋川利雄	大浦恭敬	ドイツ、スイス
39	第49回デュッセルドルフ大会5位	2勝2敗1分	中川 潔	平岡和徳	スイス、ドイツ
40	第72回ベリンツォーナ大会7位	1勝2敗1分	横田智雄	山下正人	ドイツ、スイス
41	第51回デュッセルドルフ大会優勝	4勝 2分	栗田和彦	野村雅之	スイス、ドイツ
42	第52回デュッセルドルフ大会8位	1勝3敗	滝本 寛	山田耕介	ドイツ
43	第53回デュッセルドルフ大会6位	2勝3敗	松田 司	大野聖吾	オランダ、ドイツ
44	第54回デュッセルドルフ大会3位	4勝1敗1分	横田智雄	早稲田一男	オランダ、ドイツ
45	第55回デュッセルドルフ大会5位	3勝1敗1分	栗田和彦	黒田 剛	オランダ、ドイツ
46	第56回デュッセルドルフ大会優勝	3勝 3分	田内成人	平野直樹	オランダ、ドイツ
47	第57回デュッセルドルフ大会6位	1勝1敗3分	三井 耕	朝岡隆蔵	オランダ、ドイツ
48	第58回デュッセルドルフ大会	中止	新型コロナウイルス感染拡大の影響により		
49	第59回デュッセルドルフ大会	中止	新型コロナウイルス感染拡大の影響により		

日本高校選抜活動日程

1月9日(土)、11日(月)	選考	▶1次選考会	埼玉県さいたま市
1月22日(金)～25日(月)	選考	▶選考合宿 ▶練習試合(vs.東京国際大学)	静岡県御殿場市
2月17日(水)～20日(土)	強化合宿 親善試合	▶強化合宿 ▶練習試合(vs.駒澤大学) ▶FUJI XEROX SUPER CUP 2021 「NEXT GENERATION MATCH」	埼玉県さいたま市
3月2日(火)～7日(日)	強化合宿 大会 交流戦	▶強化合宿 ▶第35回デンソーカップチャレンジサッカー 熊谷大会 ▶交流試合(vs.中国・四国選抜)(vs.東海選抜)	埼玉県熊谷市 SFAフットボールセンター
3月25日(木)～28日(日)	強化合宿 練習試合	▶強化合宿 ▶練習試合(vs.U-18日本代表候補)	福島県双葉郡

2021年1月9日〜3月28日

令和2年度 第49回日本高校選抜

3月27日、U-18日本代表候補とのトレーニングマッチを勝利で終え、選手、スタッフ全員が充実の表情

▶合宿の最初は日本サッカー協会（ＪＦＡ）の副会長ら育成に携わる方々の講演から始まった。自分たちの、そして日本サッカーの未来に関する話に選手たちは真剣に聞き入った

▲世界で勝つ日本の実現に向け、育成の重要性を説いた林義規JFA副会長
▼日本の育成のさらなる発展を掲げる小野剛JFA技術委員会副委員長

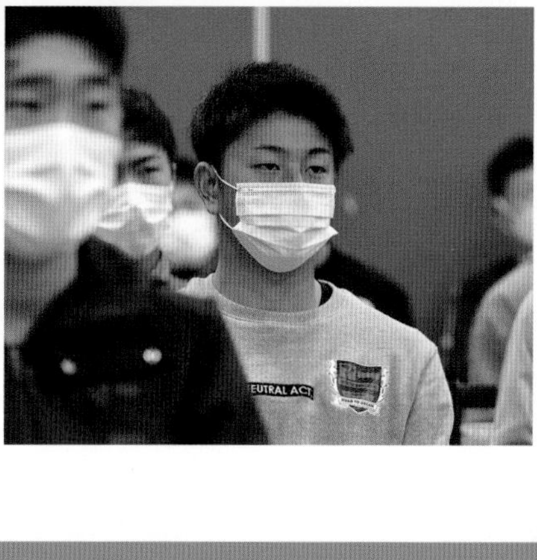

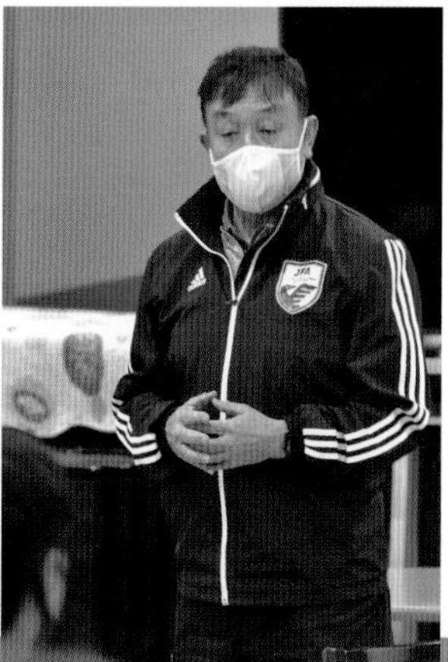

1月22日～1月25日 選考合宿

新型コロナウイルス感染拡大の影響により、2年連続で海外遠征は中止。しかし、デンソーカップチャレンジサッカー大会への参戦や、U-18日本代表候補との試合など、新しい試みにチームのモチベーションは高い。昨年に引き続き監督の任を務める蒲原監督の掲げる4つのコンセプト、「ハードワーク」「切り替え」「コミュニケーション」「テクニック」の実現へ向けた挑戦が始まった。

富士山の麓に位置する静岡県御殿場市の時之栖で始動。最初は緊張と期待が交錯する

▲◀▼コミュニケーションを重ね、選手たちの顔にも徐々に笑顔が。一方で初の練習試合を前に集中力を高める。気持ちの切り替えはきっちりできていた

▶東京国際大学との練習試合は1本目引き分け、2～3本目は勝利。このほか、紅白戦も行い、実戦感覚を高める

▲活動中は常に感染対策を徹底。規制の多い活動の中で常に気を張り続けた

2月20日 FUJI XEROX SUPER CUP 2021 NEXT GENERATION MATCH

10:20キックオフ　40分ハーフ　埼玉スタジアム2○○2　／　得点者:安斎（41分）

日本高校サッカー選抜 1（0-1 / 1-1）2 川崎フロンターレU-18

ともに1-4-4-2のシステム。前半、高校選抜は前線の積極的なプレスから川崎のパスワークを寸断。高い位置でボールを奪い素早くゴールに迫る。しかしシュートが枠をとらえない。川崎は徐々に自分たちのペースを掴む。前半24分、川崎は右サイドにできたスペースでワンツーを使い、DFの裏をとって先制する。後半、高校選抜は前線を一気に4人入れ替え、前線からのプレスを徹底する。後半1分、安斎が相手CBのボールを奪いゴールに流し込み同点に。しかしその4分後、今度は川崎が前線のプレスから高校選抜のミスを誘いリードを奪う。互いに最後まで勝利の執念を見せた好ゲームは2-1で川崎の勝利となった。

GK	熊倉匠
DF	内田陽介
	井上太聖
	一瀬大寿
	小澤亮太▶木内拓海
MF	宇野禅斗
	川上航立▶永吉飛翔
	新井爽太▶野田武瑠
	吉田陣平▶青木俊輔
	安斎颯馬
FW	崎山友太▶福田師王

▲後半開始早々、安斎が川崎のCBのボールをカット。そのままシュートへ持ち込み同点とする
▼試合開始前、選手とスタッフで入念にプランを確認

▲後半開始から左SBに入った木内は果敢に攻めるもミドルシュートはブロックされた
◀後半から出場の青木は鋭い動き出しでチャンスを作るもゴールを決め切れず

3月3日 第35回デンソーカップチャレンジサッカー 熊谷大会　予選グループA　第1戦

10:00キックオフ　45分ハーフ　会場非公開　／　得点者:福田(9分、26分)、安斎(60分)

日本高校サッカー選抜 3 (2-1 / 1-3) 4 関西選抜

高校選抜は1-4-4-2、関西選抜は1-4-5-1のシステム。格上の大学生に挑む最初の公式戦。関西選抜は即席チームも個人能力が高い。しかし、予想以上に高校選抜のプレスが機能。SB内田とSH荒井のコンビネーション、MF安斎の飛び出しからチャンスを作り、9分、26分ともに右サイドを攻略して福田が2得点。関西選抜もPKで1点を返す。後半、DFラインとMFラインの間のスペースを突かれ両サイドに展開される形から追いつかれる。高校選抜も安斎が角度のないところからFKを決め突き放すが、足が止まり始めた高校選抜のクリアミスから追いつかれ、最後はPKで逆転を許した。

GK	藤井陽登	
DF	井上太聖	
	板倉健太	
	木内拓海	
	内田陽介	▶長田京兵
MF	安斎颯馬	
	荒井悠汰	▶新井爽太
	青木俊輔	▶小澤亮太
	宇野禅斗	
	永吉飛翔	▶川上航立
FW	福田師王	▶崎山友太

▲大学生の地域選抜の大会に初参戦。選手たちの表情は明るい

▼前半26分、右サイドの安斎からのクロスに合わせた1年生福田が2ゴール目を決める

▲大学生相手にも物怖じすることなく、果敢にチャレンジ

◀キャプテンマークを巻いた安斎は1ゴール1アシスト。全得点に絡む活躍を見せた

3月4日　第35回デンソーカップチャレンジサッカー 熊谷大会　予選グループA　第2戦

10:00キックオフ　45分ハーフ　会場非公開　／　得点者:宇野（79分）

日本高校サッカー選抜 1（0-0 / 1-1）1 関東選抜A

ともに1-4-4-2のシステム。高校選抜は前線の果敢なプレスから関東選抜Aのパスワークを断ち切る。高い位置でボールを奪うことでチャンスを作る。しかし関東選抜Aは慌てることなく前後左右に揺さぶりながらペースを掴み、一気にスピードアップしてゴールを狙う。後半、高校選抜に疲労が見え始めると、関東選抜Aは前半に引き続き大きな展開でスペースを突き、後半32分に先制する。しかし高校選抜もすぐさまペナルティエリア内でのドリブルの仕掛けから宇野が同点ゴールを決める。優勝候補と目されていた相手に高校選抜の健闘が光った。

GK 藤井陽登
DF 長田京兵
板倉健太
飯田晃明
木内拓海
MF 小宅空大▶川上航立
安斎颯馬
廣井蘭人▶荒井悠汰
吉田陣平▶青木俊輔
宇野禅斗
FW 福田師王▶野田武瑠

▲失点から2分後、積極的な仕掛けから宇野が押し込んで同点に。関東選抜AのGKはかつて高校選抜にも選ばれた青森山田の先輩・飯田雅浩だった

▶この大会、怪我の主将GK熊倉に代わり2年生の藤井が活躍。シュート16本を浴びるも最少失点

▲優勝候補の相手チームに堂々と渡り合ってみせた。決勝トーナメント進出はならなかったものの、大きな収穫を得た大会となった

◀耐え忍んで迎えた後半32分、こぼれ球を拾われてからの失点。しかし集中力は切れなかった

3月27日 トレーニングマッチ

45分×3本　Jヴィレッジ　／　得点者:長田（1本目35分）、福田（3本目2分）、永吉（3本目44分）

日本高校サッカー選抜 3（1-0／0-0／2-1）1 U-18日本代表候補

◀福島合宿中も食事は隣との間にアクリル板を置いて新型コロナウイルス感染対策

▶合宿中に福島県楢葉町にある震災関連施設を訪問。サッカーができる幸せを改めて心に刻む

▼今回の高校サッカー選抜の活動の集大成と位置付けていた試合を前に、「絶対に勝とう」と全員で精神統一を図る

▲移動中は常にマスク。いつもとは異なる状況の中で、それでも選手とスタッフはコミュニケーションを深めていった

▼気合の乗ったチームを体現するように1本目35分、長田が思い切ったシュートで先制ゴール

▶デンソーカップチャレンジサッカー大会に続き、この試合でも福田がゴール。著しい成長と自信を身に付けた

1本目スタメン

GK	熊倉匠
DF	長田京兵
	一瀬大寿
	小澤亮太
	板倉健太
MF	小宅空大
	新井爽太
	安斎颯馬
	廣井蘭人
	吉田陣平
	宇野禅斗

2本目スタメン

GK	熊倉匠
DF	井上太聖
	飯田晃明
	木内拓海
	内田陽介
MF	川上航立
	安斎颯馬
	荒井悠汰
	青木俊輔
	永吉飛翔
FW	福田師王

3本目スタメン

GK	藤井陽登
DF	長田京兵
	一瀬大寿
	板倉健太
	木内拓海
MF	小宅空大
	新井爽太
	廣井蘭人
	吉田陣平
	宇野禅斗
FW	福田師王

◀相手のU-18日本代表候補にはチェイス・アンリ（尚志／背番号4）ら高体連から選ばれた選手が8名いた

お互い1-4-4-2のシステム。高校選抜として最後のゲーム。戦う気持ちがそのままゲームに出る。インテンシティが高く、攻守において強度が高い。高校選抜は1本目の35分、相手のクリアミスを長田がダイレクトで蹴り込み先制。代表の意地があるU-18も攻勢に出るが2本目まで無得点。3本目になると互いに疲労が出たが強度は落ちず。ロングボールから相手GKのミスを誘った福田が2点目を奪う。すぐに1点を返されるが、高校選抜は右サイドで内田が川上とのワンツーで抜け出しラストパス。これを受けた永吉が落ち着いて決め、最後のゲームを勝利で締め括った。

▲松木（青森山田／背番号8）はU-18日本代表候補で出場。高校選抜の内田、宇野、安斎らチームメイトと敵に分かれて対戦することに

◀3点目の永吉のゴールは、蒲原監督が今回の活動中チームに求めていた形での得点。見事に有終の美を飾った

▼試合後には内田篤人ロールモデルコーチから激励の言葉をいただいた

後半と延長後半の終了間際にゴール 青森山田が逆転で16年ぶりの夏の王者に！

土壇場で見せた強さと高さ 米子北は初V目前から涙の準優勝

決勝戦 青森山田 2-1 米子北

▲青森山田は16年ぶりの優勝。黒田監督が大阪体育大の先輩である米子北・城市総監督と健闘を称え合う

後半34分、青森山田はショートの左スローインから、ＭＦ小原がクロス。ＣＢ丸山（左端）が頭で合わせて同点に

▲前半10分、米子北はＦＷ福田が獲得したＰＫをＭＦ佐野（Ｊ２岡山加入）が決めて先制

◀延長後半ラストプレー、青森山田は左ＣＫから「自分が点を決めて勝つ」との強い思いを持っていたＣＢ丸山がこの日２点目の決勝ヘッド

▲青森山田の高さに米子北は対抗。GK山田やMF佐野、CB鈴木らが懸命に弾き返した

▶初優勝目前から逆転負け。米子北CB鈴木は「(相手のほうが)サッカー面すべてのところでも、もちろん人間性の部分でも優れていた」

◀青森山田のU－22日本代表MF松木（J1・FC東京加入）は1年時から2年連続で選手権準優勝。悲願のトーナメント戦日本一に歓喜の涙

優勝 青森山田

沼田晃季、大戸太陽、多久島良紀、三輪椋平、丸山大和、宇野禅斗、小原由敬、田中栄勢、名須川真光、松木玖生、藤森颯太、鈴木尋、中山竜之介、小野暉、小湊絆、田澤夢積、渡邊星来

準優勝 米子北

西山飛源、渡部颯斗、鈴木慎之介、牧野零央、海老沼慶士、野田徹生、木村愛斗、山中奨、福田秀人、佐野航大、片山颯人、小橋川海斗、飯島巧貴、中井唯斗、原佳太朗、橋本淳史、山田陽介

試合最終盤までもつれる激闘
米子北が12年ぶりの決勝進出！

星稜は2点差追いつくも、3位に

▲殊勲の米子北・牧野は「『出たら、決める』みたいな感じがあった」。自信が大仕事に繋がった

準決勝 米子北 3-2 星稜

▲後半35+3分に追いつかれた米子北は同35+5分、交代出場のMF牧野が決勝点。09年以来となる決勝進出

▶前半8分、米子北はMF渡部が強烈な右足シュートを叩き込んで先制

◀星稜は0-2から1点を返すと、さらに35+3分、交代出場MF前出が同点ゴール。だが、14年ぶりの決勝には届かなかった

第3位
星稜

山内友登、石田達己、井上陽向大、山田凌平、中村実月、前出悠杜、戸川期雄、前田一勇、伊藤大雅、岡田伯斗、山崎陸成、河合伸悟、山下陸、髙橋鴻太、黒田大翔、福島元基、加藤夕暉

▶青森山田のMF松木（右）と左SB多久島が静岡学園のMF古川（J1磐田加入）を挟み込む。被シュート0で〝王国〟の名門を破った

▲青森山田で光っていたのはSHの運動量の多さ。藤森は先制アシストに加え、守備でも貢献

▲後半4分、青森山田はMF松木が直接FKを決めて3点目。一大会のチーム総得点数を27とし、帝京（1982年）、東福岡（2014年）の最多記録（26得点）を超えた

青森山田が被シュート0の完勝
一大会通算28得点とし最多記録更新

静岡学園は攻撃不発 準決勝で敗退に

準決勝 青森山田 4-0 静岡学園

第3位
静岡学園

生嶋健太郎、三宅優翔、行徳瑛、伊東進之輔、菊池柊哉、小泉龍之介、清水和馬、玄理吾、持山匡佑、古川陽介、川谷凪、荒井駿希、野村海翔、西村湧志、白井柚希、髙橋隆大、中村圭佑

総体男子 準々決勝

前半に先制点奪った4校が準々決勝突破

静岡学園は東海勢で10年ぶりの準決勝進出

星稜 2-1 岡山学芸館

▶後半27分、星稜はMF福島が左サイドを突破し、MF前田が身体を投げ出す形で決勝点。14年ぶりの準決勝へ
▼岡山学芸館は後半35分にMF山岡が1点を返したが、岡山県勢初の4強入りは叶わなかった

米子北 3
神村学園 1

◀米子北のCB鈴木（右）が神村学園のＵ－18日本代表候補ＦＷ福田に対応。米子北は強風の中、前からのプレッシングで神村学園を呑み込んだ
▼前半30分、米子北は左CKからMF木村がこの日2得点目のゴール。12年ぶりの準決勝進出

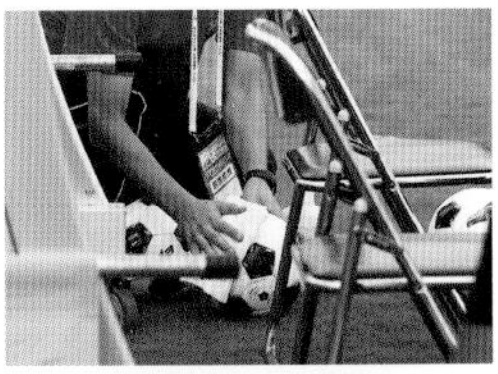

◀青森山田はMF田澤（右）の2得点など5得点。一方でミスから今大会初めてゴールを奪われるなど2失点を猛省

▼後半35+4分、東山は交代出場のMF阪田が右足でゴールを破る。敗れたが、次へ繋がる終盤の2得点だった

青森山田 5
東山　　 2

静岡学園 1-0 大津

▶前半34分、静岡学園はFW持山が先制ヘッド。11年大会以来の4強進出は、東海勢にとっても10年ぶりのこと

▼静岡学園はプレミアリーグ勢の大津相手に圧倒的なポゼッションを披露。MF古川は3度の切り返しからのクロスで決勝点をアシスト

総体

令和3年度 全国高等学校総合体育大会
2021 JAPAN INTER HIGH SCHOOL ATHLETIC MEET

女子

輝け君の汗と涙 北信越総体 2021
走れ北信越の大地を とべ北信越の大空へ

神村学園が九州勢初の「夏の女王」に！
延長前半のミドルシュートで決勝点

藤枝順心は決勝で初失点、2度目の頂点届かず

決勝戦

神村学園 2
藤枝順心 1

▲5日間で4試合目。それでも両校の選手たちは相手以上に走り、戦おうとしていた

◀後半25分、藤枝順心はロングボールのこぼれ球をMF窓岩が右足で決めて同点に追いつく

▼神村学園MF川浪はチームメートたちの思いを乗せた一撃で優勝ゴール

▲神村学園のMF愛川はテクニックとアイディアを存分に発揮。奪い返しでの貢献度も高かった

▶延長前半9分、神村学園はMF川浪が左サイドからミドルシュートを決めて決勝点。神村学園は九州勢初の総体女子制覇

▶前半9分、藤枝順心は1年生MF久保田が右サイドからミドルシュートを決めて先制。前年度全日本高校女子選手権優勝校が決勝進出

◀帝京長岡は相手にシュート14本を撃たれたが、GK佐怒賀を中心に1失点。敗れたものの、初出場で3位に

藤枝順心 1

帝京長岡 0

準決勝

藤枝順心が冬夏連覇へ王手!

帝京長岡は惜敗も初出場で3位

神村学園が九州勢初の決勝進出!

準決勝

作陽は4度目の3位に

神村学園 2

作陽 0

▶過去準優勝1回、3位3回の作陽はCB梶原やCB森の好守などで準決勝進出。来年、悲願の日本一に再挑戦する

◀後半17分、神村学園は1年生MF黒岩が右足ミドルを決めて2点目。7回目の出場で初の決勝進出を果たした

優勝 神村学園

坂口波、井手口怜央、古川陽菜、幸福征良、神水流琴望、川浪実歩、立野ひなの、黒岩沙羽、益田萌花、田上歩実、三冨りりか、小倉莉彩、澤田瑞希、愛川陽菜、黒木愛理、岩下心々愛、山田怜愛

準優勝 藤枝順心

小野未織、松崎花菜、鍵谷天、下吉優衣、井手ひなた、浅田幸子、安藤麻耶、堀内意、斉藤花菜、窓岩日菜、山田歩美、仁藤千智、正野瑠菜、久保田真生、大川和流、青井麻衣、高岡澪

第3位 帝京長岡

佐怒賀理子、熱田日和、黒川愛奈、安達雪乃、榮田涼乃、三宅亜依、阿部琉亜海、吉岡花菜、安島美優、吉田玲音、川本美羽、末次結依、荒明乃亜、高橋菜津希、北市小春、小山田百恵、鈴木菫

第3位 作陽

草苅希羽、阪口心音、梶原美咲、森宙舞、梶山朋恵、望月咲良、西山ひとみ、大倉弓佳、伊藤真生、生田七彩、大西夏奈、鈴木優莉奈、村上菜月、中野琴音、島春香、尾添有紗、松本彩花

2021 U-17日本高校選抜活動

Jヴィレッジドリームカップ

2021年11月25日～28日

高校2年生世代が集結したU-17日本高校選抜。育成の将来を占う取り組みとして、この大会から新たな一歩を踏み出した。

高校3年生世代のU-18ではなく2年生世代のU-17日本高校選抜は、令和3年度の総体優秀選手を中心に組織された

	U-16日本代表候補	福島県U-16選抜	横浜FCユース	U-17日本高校選抜	勝点	勝	分	負	順位
U-16日本代表候補		3○1	0△0	3○2	7	2	1	0	1
福島県U-16選抜	1●3		1●2	2○0	3	1	0	2	4
横浜FCユース	0△0	2○1		0●3	4	1	1	1	2
U-17日本高校選抜	2●3	0●2	3○0		3	1	0	2	3

▲前日に集合したチーム。福島県U-16選抜との初戦は、連係不足で敗戦

▲横浜FCユースとの2戦目は3-0で快勝。阪田(東山2年)は後半3分にGKをかわしゴール

▼U-16日本代表候補との最終戦は後半アディショナルタイムに失点。悔しさを味わった

▼新型コロナウイルス感染拡大防止措置は徹底された

▶監督、コーチは第49回日本高校選抜チームと変わらず蒲原監督と中村コーチのタッグ

Jヴィレッジドリームカップの詳細は183ページへ

総体

令和3年度 全国高等学校総合体育大会
2021 JAPAN INTER HIGH SCHOOL ATHLETIC MEET

男子

輝け君の汗と涙 北信越総体 2021
走れ北信越の大地を とべ北信越の大空へ

東北、山陰から決勝進出

九州勢4校がベスト16入り

大会は無観客開催。ただし、開催市内在住者に限り、事前申込制により大会前に発行した「チア隊員証」を持参した人のみ入場。距離を空けて観戦した

検温・消毒など新型コロナウイルス感染予防対策を徹底したうえで大会は開催された

[優勝] **青森山田**

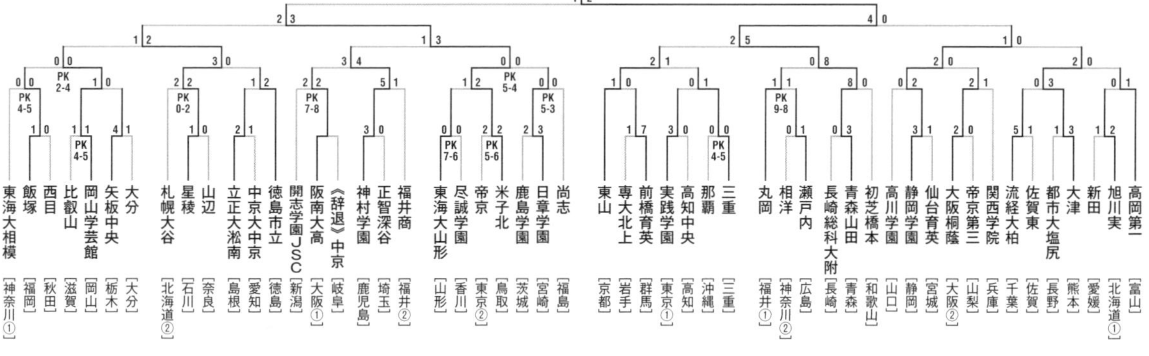

総体 男子 1回戦

コロナ禍、大雨の中で全力プレー

22大会ぶり出場の東海大山形などが2回戦へ
全国復帰の帝京はPK方式で涙

岡山学芸館 1 [5 PK 4] 比叡山 1

▼岡山学芸館はPK方式の末に初戦突破。GK寺島は2本を止めて勝利の立て役者に

先 岡山学芸館	PK	比叡山
山岡 ×	1	○ 津隈
岡本 ○	2	○ 東田
小野 ○	3	○ 野田
竹川 ○	4	× 仲川
木村 ×	5	× 堀江
坂田 ○	6	○ 鶴山
山田 ○	7	× 黒木
寺島	GK	津隈

◀初出場の比叡山はFW仲川が先制点を決めるなど健闘したが、初白星は来年以降に

飯塚 1 西目 0

初出場の飯塚は後半8分にFW髙尾（J3鳥取加入）が獲得したPKをMF吉田が決め、初陣白星

矢板中央はセットプレーや高さを活かして快勝。後半2分にはMF田邉が頭で2点目

矢板中央 4 大分 1

1点ビハインドで後半を迎えた立正大淞南だったが、8分と10分に連続ゴールで逆転。FW加藤の決勝点を喜ぶ

立正大淞南 2 中京大中京 1

中京大中京は突破力を示していたMF光本がCKから先制点。だが、相手の縦に速い攻撃に屈した

星稜 1 山辺 0

星稜は後半35+2分、左CKをファーサイドのCB中村が左足ダイレクトで決めて決勝点

1998年大会以来の出場となった東海大山形と、2003年大会以来の出場となった尽誠学園が激突。東海大山形がPK方式の末に初白星

先 東海大山形	PK	尽誠学園
柴田 ○	1	× 田中
梅津 ○	2	○ 辻岡
森岡 ○	3	○ 合田
長岡 ×	4	○ 村上(晟)
小野 ×	5	× 森部
浦山 ○	6	○ 宇田
須貝 ○	7	○ 古家
宇津井 ○	8	○ 仲谷
古川 ○	9	× 片山
太田(朋)	GK	仁尾谷

東海大山形 0 [7 PK 6] 0 尽誠学園

阪南大高 中止 中京

※中京が出場を辞退。阪南大高が2回戦へ進出

神村学園 3-0 正智深谷

神村学園は埼玉県予選で全試合1-0勝利の正智深谷から3得点。前半25分、MF篠原が左足でゴールを破る

先 帝京	PK	米子北
狩野 ○	1	○ 佐野
島貫 ○	2	○ 橋本
荻野 ○	3	○ 中井
福地 ○	4	○ 牧野
岸本 ○	5	○ 福田
齊藤 ×	6	○ 海老沼
岸本	GK	山田

米子北 2 [6 PK 5] 2 帝京

▶PK方式6人目に米子北の左SB海老沼が決めて決着。GK山田と勝利を喜ぶ

▲13大会連続出場の米子北と優勝3回、2010年大会以来の出場となった帝京が初戦で激突。激闘を繰り広げた
◀帝京は前半35+2分にMF前野が先制点を決めるなど2度リードを奪ったが、勝ち切ることができなかった

総体男子 1回戦

日章学園 3
鹿島学園 2

▲日章学園はMF葭岡が2得点を奪うなど3点を先取。鹿島学園の反撃を振り切った

鹿島学園は2年生の技巧派FW林が反撃の中心に。ドリブル、スルーパスでチャンスを創出

拮抗した展開となった一戦は、実践学園がMF渡辺の2得点など後半の3得点で勝利

実践学園 3-0 高知中央

前橋育英 7
専大北上 1

前橋育英は前半に同点ゴールを許したものの、その後、U-17日本代表候補MF小池のゴールなどで突き放して快勝

三重のFW吉良（右）と那覇のCB池間が競り合う。PK方式の末、三重が2013年大会以来の白星

先 那覇		PK		三重
源河	×	1	○	吉良
山口	○	2	○	竹松
森田	○	3	○	藤本
知念	○	4	○	逵村
吉野	○	5	○	井上
上地		GK		田端

三重 0 [5 PK 4]
那覇 0

▶瀬戸内は後半6分、ＦＷ佐野のアシストからＭＦ長谷川（右）が決勝点。広島王者が初戦を突破した

◀相洋は激戦区・神奈川を突破し、初出場。特長の堅守から相手を上回るシュート9本を放つも初戦敗退に

瀬戸内 1
相洋 0

静岡学園 3
仙台育英 1

◀特に気を吐いていた仙台育英FW佐藤は、後半35+3分に抜け出しからの意地のゴール

▼静岡学園は後半33分にFW川谷（右、J1清水加入）がゴール。2得点のFW持山が祝福する

青森山田 3-0 長崎総科大附

▲長崎総科大附は2年生MF竹田が精力的な動きを見せるなど食い下がったが、後半の3失点で敗退

◀2019、20年度選手権準優勝の青森山田は雨中で長崎総科大附と激しい攻防戦。中盤での好守が光ったMF宇野（J2町田加入）は2点目のゴールも

総体男子　1回戦

大阪桐蔭 2-0 帝京第三

◀大阪桐蔭はU-16日本代表候補の1年生CB尾崎（3番）がFKから先制ヘッド。先輩たちの祝福を受ける
▼帝京第三は長短のパスを交えて反撃するも、大阪桐蔭の連動性の高い守備に苦しみ、無得点

流経大柏 5-1 佐賀東

流経大柏は〝心臓〟MF渋谷中心に攻守で強さを見せて快勝。佐賀東はMF吉田（右、J2新潟加入）のスルーパスから挙げた1点のみに

大津 3-1 都市大塩尻

大津はU-17日本代表候補の2年生FW小林が191cmの高さを活かして先制ゴール

2017年大会で8強入りしている旭川実が初戦突破。堅守の中心・CB中村は先制点も決めた

旭川実 2
新田　1

総体 男子 2回戦

史上初! 関東勢が2回戦で全滅

地元・丸岡、初出場の飯塚などが3回戦へ

▶飯塚がPK方式の末に勝利。激戦区・福岡を勝ち抜いてきた初出場校が3回戦へ進出した

▲飯塚はファーストディフェンスが速く、神奈川第1代表の東海大相模の攻撃を封鎖

飯塚 0 [5 PK 4] 0 東海大相模

先 東海大相模	PK	飯塚
橋本 ○	1	× 築田
吉良 ○	2	○ 吉田
大久保 ×	3	○ 村井
品田 ○	4	○ 村越
内藤 ○	5	○ 中川
五十嵐 ×	6	○ 池田(光)
境野	GK	別所

2点を先取された星稜だったが、1点差とすると、後半32分にCB中村が同点ゴール。PK方式を制して3回戦進出

星稜 2 [2 PK 0] 2 札幌大谷

先 札幌大谷	PK	星稜
岡本 ×	1	○ 前田
高桑 ×	2	× 岡田
安食 ×	3	○ 髙橋
秋山 ×	4	
門間	GK	加藤

岡山学芸館 1 矢板中央 0

前半35+4分、岡山学芸館MF田中が2年連続選手権3位の堅守・矢板中央から先制点

徳島市立 2 立正大淞南 1

前回大会8強の徳島市立は後半アディショナルタイムにFW藤島が2ゴール。大逆転で16強入り

総体男子 2回戦

阪南大高 2 [8 PK 7] 2 開志学園JSC

先 阪南大高	PK	開志学園 JSC
鈴木 ×	1	○ 中島
櫻井 ○	2	○ 東
今西 ○	3	× 村松
宮崎 ○	4	○ 駿藤
西田 ○	5	○ 澤田
稲垣 ○	6	○ 金子
保田 ○	7	○ 佐々木
菊川 ○	8	○ 須崎
福井 ○	9	× 森
山形	GK	中島

阪南大高は前半17分、FKからCB西田（5番）が勝ち越しヘッド。同点後のPK方式を制して3度目の16強進出

神村学園 5 福井商 1

神村学園のU-18日本代表候補FW福田が3得点。開催県第2代表の福井商を破って3回戦進出

米子北は東海大山形に先制を許したが、前半17分にMF中井が同点ゴール。前半の2得点で逆転勝ちを果たした

米子北 2-1 東海大山形

日章学園 0 [5 PK 3] 0 尚志

先 日章学園	PK	尚志
木脇 ○	1	○ チェイス
橋 ○	2	× 新谷
片井野 ○	3	○ 村上
前田 ○	4	○ 高橋
葭岡 ○	5	
後藤	GK	鮎澤

U-22日本代表CBチェイスを擁する尚志は初戦で敗退。チェイスは「情けない」と悔しがった

日章学園は前回大会3位の尚志をPK方式で撃破。選手たちの笑顔が弾ける

東山 1
前橋育英 0

2018年大会3位の東山が初戦突破。ハイプレスで前橋育英の攻撃を封じ、MF松橋の挙げた1点を守り抜いた

三重 1
実践学園 0

三重は守備の粘り強さを発揮。2試合連続無失点で初の16強入りを果たした

▲丸岡のシュート数は瀬戸内の3分の1の4本。それでも、前半35+5分にFW小野木が頭で先制ゴール
◀開催県第1代表の丸岡が初戦突破。PK方式10人目を止めたGK田邊を中心に喜びを爆発させる

丸岡 1 [9 PK 8]
瀬戸内 1

先 瀬戸内	PK	丸岡
風呂迫 ○	1	○ 徳川
佐野 ○	2	○ 明間
松浦 ×	3	○ 東出
正法地 ○	4	× 山田
長谷川 ○	5	○ 横山
江川 ○	6	○ 山次
伯野 ○	7	○ 徳山
有吉 ○	8	○ 小関
梁 ○	9	○ 田邊
平山 ×	10	○ 奥村
大木	GK	田邊

青森山田 8
初芝橋本 0

1本1本のシュートを大事に戦う青森山田は、13本のシュートで8得点。交代出場のMF小野は2得点の活躍

総体男子　2回戦

▼1967年大会以来の出場となった関西学院はMF西谷が先制点。だが、初白星を挙げることはできなかった

大阪桐蔭 2-1 関西学院

▲前半30分、大阪桐蔭はFW中塚が同点ゴール。関西勢対決で逆転勝ちを収めた

静岡学園 2
高川学園 0

▲攻撃力に注目の集まる静岡学園だが、守りも安定。GK生嶋がハイボールをクリアする

大津 3
流経大柏 0

◀プレミアリーグ勢対決となった一戦は大津が快勝。前半32分、スルーパスで抜け出したＭＦ一村が右足でゴール

高岡第一 1-0 旭川実

前回大会準優勝の富山第一を破って出場の高岡第一は、4回目の挑戦で全国初勝利。チームの歴史を塗り替えた

総体 男子 3回戦

岡山学芸館が初の準々決勝進出！
撃ち合い制した神村学園、
公立の大津なども3回戦突破

中国、九州勢から2校ずつ8強へ
四国勢はすべて姿消す

初出場の飯塚は2勝。この試合を含めて全3試合無失点と守りの堅さを示したが、3回戦で敗退となった

▲PK方式1人目、PKに絶対の自信を持つ岡山学芸館GK寺島が右へ跳んでストップ

岡山学芸館 0［4 PK 2］0 飯塚

◀岡山学芸館は5回目の出場で初の準々決勝進出。GK寺島を中心に喜びを爆発させる

先 岡山学芸館		PK		飯塚
山岡	○	1	×	築田
檀野	○	2	○	吉田
小野	×	3	×	村井
竹川	○	4	○	村越
坂田	○	5		
寺島		GK		別所

▲PK方式直前、岡山学芸館GK寺島（右）と飯塚GK別所がグータッチ。この日は互いに好守を見せ合った

星稜 3
徳島市立 0

▶星稜は大会期間中に確認、修正、徹底を繰り返し、内容を向上。MF前田の2ゴールなど3-0で準々決勝へ

▼2019年大会8強の徳島市立はFW林のシュートなどでゴールを目指したが、無得点で敗退

神村学園 4
阪南大高 3

▼前半11分、神村学園はMF若水が相手ハンドで獲得したPKを決めて先制

◀阪南大高は３点を先取される苦しい展開。その後巻き返し、後半35＋１分のＦＷ石川のゴールで１点差に

▲前半19分、神村学園はMF若水（左）が2点目のゴール。スルーパスでアシストしたU−17日本代表候補MF大迫も大喜び

▲PK方式5人目、米子北CB鈴木が決めて決着。後方でGK山田がガッツポーズ
◀日章学園GK後藤が米子北MF渡部のヘディングシュートをファインセーブ

米子北 0 [5 PK 4] 0 日章学園

先 日章学園		PK		米子北
木脇	×	1	○	佐野
片井野	○	2	○	橋本
金川	○	3	○	牧野
芝	○	4	○	海老沼
葭岡	○	5	○	鈴木
後藤		GK		山田

東山は後半28分に追いつかれたものの、同35+3分に勝ち越し。この日2得点目を決めた右SB知田は笑顔

東山 2-1 三重

▲惜敗の三重は悔し涙。それでも、6度目の出場で初の16強

青森山田 8-0 丸岡

◀青森山田は開催県第1代表の丸岡を8-0で圧倒。FW名須川ら異なる8人が得点した

総体男子 3回戦

静岡学園 2
大阪桐蔭 0

▲前半35+2分、ミドルシュートを決めた静岡学園MF玄（J2徳島加入）がゴールを喜ぶ

▼大阪桐蔭MF奥野がボールキープ。相手を上回るシュート8本も実らなかった

大津 2
高岡第一 0

▼大津は後半12分、右WB日高がヘディングシュートを決めて先制

◀ゴールを決めた日高を中心に喜ぶ大津イレブン。公立校で唯一8強入りを果たした

▼高岡第一はセットプレーからゴールを目指すが、大津の長身GK佐藤が立ちはだかる

令和3年度
全国高等学校総合体育大会記録一覧

第1回戦　8月15日（日）
日東シンコースタジアム丸岡人工芝グラウンド北コート（晴）

（主）藤田亮　（副）加藤展裕，清水俊佑

飯塚★（福岡県） 1（0-0／1-0）0 西目（秋田県）

得	S	学	飯塚	背		背	西目	学	S	得
0	0	③	別所	1	GK	12	鈴木	②	0	0
0	0	③	菊本	3	DF	2	斎藤	③	0	0
0	0	①	坂本	4		4	畠山	③	0	0
0	0	❸	中川	6		13	(佐藤(大))	②	0	0
						5	佐藤(康)	③	0	0
						6	高橋	③	0	0
1	2	③	吉田	7	MF	3	齊藤	②	0	0
0	0	③	池田(光)	8		8	渡辺	③	0	0
0	0	③	(中隈)	16		14	(竹内)	②	0	0
0	0	②	村井	10		9	小川	❸	1	0
0	0	②	池田(悠)	11		15	加川	②	0	0
0	0	③	築田	15						
0	1	③	村越	9	FW	10	嵯峨	③	0	0
0	0	①	(藤井)	17		17	宮野	②	0	0
0	3	③	髙尾	13						
1	6			6	GK	11			1	0
				4	CK	1				
				7	FK	11				
				1	PK	0				

【得点経過】
後半 8分〔飯〕**PK吉田S**

▼警告
〔飯〕築田

■飯塚，総体初出場初勝利
個々の技術で試合の主導権を握り，ボールポゼッションを高めたい飯塚。西目はDFラインを高く保ち，前線からのチェイシングでショートカウンターのチャンスを窺う。西目の2列目の守備が素晴らしく，DFラインの前でフィルターとなり，ラインを突破させない守備が光った。また，奪ったボールを簡単にクリアして逃げないことで，流れを引き寄せようとする意図が感じられた。後半に入り，前半の縮図でゲームが進むかと思われたが，飯塚FW髙尾の突破からPKを獲得し，先制する。流れに乗りたい飯塚は，MF村井と築田が縦関係になり，村井がより高い位置に侵入できるようになり，チャンスを増やしていく。西目は，耐える展開から，シンプルなクロスやミドルシュートなどで攻撃を活性化させる。またFW嵯峨のロングスローからチャンスを作った。徐々に敵陣の高い位置でプレーができるようになった西目は，厚みのある攻撃を展開するようになってきた。ビハインドなので，両SBが上がり，CBが2枚残り，リスクに対応する。サイズ感があり，身体能力の高いMF齊藤を最前線に上げ，スピーディにゴールに迫ろうとするが，タイムアップ。飯塚が2回戦に駒を進めた。

戦評　山口達也（糸島農業高校）

第1回戦　8月15日（日）
日東シンコースタジアム丸岡人工芝グラウンド南コート（晴）

（主）本郷行秀　（副）水野智也，水野健斗

比叡山（滋賀県） 1（1-1／0-0）1 岡山学芸館★（岡山県）
4 PK 5

得	S	学	比叡山	背		背	岡山学芸館	学	S	得
0	0	③	津隈	1	GK	1	寺島	③	0	0
0	0	③	鶴山	2	DF	4	小池	③	0	0
0	0	②	柿畑	3		5	坂田	③	0	0
0	0	③	堀江	4						
0	0	③	川北	5						
0	0	②	東田	6	MF	6	木村	②	0	0
0	0	③	植西	8		7	竹川	③	1	0
0	0	③	(八木)	13		10	山岡	❸	1	0
0	0	③	山田	11		13	山田	②	1	0
0	0	②	(奥村)	17		14	田中	③	3	0
						9	(寺脇)	③	0	0
						16	中尾	②	0	0
						8	(岡本)	②	0	0
						17	檀野	③	0	0
						3	(小野)	③	0	0
0	0	③	野田	9	FW	11	今井	②	2	1
1	2	❸	仲川	10						
0	0	③	宮本	14						
0	0	②	(松田)	7						
0	0	③	(黒木)	16						
1	2			8	GK	6			8	1
				1	CK	6				
				13	FK	2				
				0	PK	0				

【得点経過】
前半 3分〔比〕FK山田→**仲川HS**
〃 12分〔岡〕寺島→**今井S**

■岡山学芸館，先制されるも落ち着き失わず
比叡山は開始早々に得たFKをMF山田が蹴りFW仲川がタイミングよく合わせて先制。嫌な雰囲気を断ち切りたい岡山学芸館は相手の前線へのロングボールに素早く反応し，ボランチのMF木村が拾い，幅を使ってボールを落ち着かせる。サイドから崩しにかかる中で，GK寺島のロングボールに反応したFW今井が裏へ抜け出し，浮き球を落ち着いて決め，同点に追いつく。後半から岡山学芸館はFW小野を左サイドの高い位置に入れ，MF山岡をボランチに下げ，右サイドへの展開からクロスを狙う。比叡山もDFラインの押し上げに伴い，3ラインのバランスが安定し，前線からのチェイスが機能。終盤は中央に起点を作りながら，幅を使って素早く攻めたい岡山学芸館に対し，比叡山はトップ1人以外は守備に回り自陣の球際で身体を張る様相に。同点で迎えたPK方式では岡山学芸館のGK寺島が4人目，5人目を止めて2回戦進出を決めた。

戦評　後藤輝好（倉敷南高校）

第1回戦　8月15日（日）
日東シンコースタジアム丸岡人工芝グラウンド北コート（晴）

（主）高橋海星　（副）黒川健吾，伴勇

矢板中央★（栃木県） 4（1-0／3-1）1 大分（大分県）

得	S	学	矢板中央	背		背	大分	学	S	得
0	0	❸	藤井	1	GK	1	塩治	③	0	0
0	1	③	小出	2	DF	2	今田(倖)	②	0	0
0	0	③	森山	3		14	(尾藤)	③	0	0
0	0	③	山越	4		3	阿南	③	0	0
0	0	②	畑岡	5		4	大石	②	0	0
						6	岡松	③	0	0
						8	(吉川)	②	0	0
1	1	②	田邉	6	MF	5	板井	③	0	0
0	0	③	(柴田)	15		7	青山	②	1	0
1	1	③	大畑	7		10	前園	❸	1	0
0	0	③	(太田)	13						
1	2	③	藤野	9						
0	0	③	(小森)	16						
1	1	③	黒澤	17						
0	1	③	(唐橋)	8						
0	4	③	星	10	FW	9	小畑	③	0	0
0	2	③	林	11		11	進藤	③	0	0
0	0	③	(片岡)	14		15	(長尾)	②	1	0
						16	今田(昴)	②	0	0
						17	(佐藤(翼))	②	1	1
4	13			5	GK	13			4	1
				4	CK	2				
				5	FK	3				
				0	PK	0				

【得点経過】
前半18分〔矢〕TI小出→×**黒澤S**
後半 2分〔矢〕藤野→大畑→**田邉HS**
〃 15分〔矢〕TI小出→田邉H→**藤野HS**
〃 26分〔矢〕TI小出×(相手FP)(クリア)藤野H→**大畑HS**
〃 32分〔大〕長尾～S(相手GK)(こぼれ球)**佐藤(翼)S**

▼警告
〔大〕岡松

■統率のとれた矢板中央，着実に加点
矢板中央はGK藤井を中心とした統率のとれた組織的な守備から，前線の2人のFWにボールを供給し，シュートを狙う。飲水タイム直前のロングスローからゴール前の混戦を作り出し，MF黒澤が押し込んで幸先よく先制に成功。得点後は大分が中盤の中央での数的優位を活かし，アンカーのMF板井の冷静な配球からコンビネーションで矢板中央のギャップを突く。しかし，矢板中央が選手間の距離を縮めて危険なスペースをコミュニケーションで適切に管理し，大分に自由にプレーさせない。後半は，開始直後から矢板中央が前線の選手の正確なポストプレーから流れるような崩しでシュートを撃つなどチャンスを作り，右サイドからMF大畑の良質なファーサイドへのクロスボールをMF田邉がヘディングで決めてリードを広げる。大分は前線の動きの変化を期待し，選手交代やポジションチェンジを行ったが，1点を返すにとどまった。

戦評　小野隆儀（会津学鳳中高校）

第1回戦 8月15日（日）
日東シンコースタジアム丸岡人工芝グラウンド南コート（晴）

（主）椎野大地　（副）田中陽達，榎波俊太

星稜 ★（石川県） **1**（0-0 / 1-0）**0** **山辺**（奈良県）

得	S	学		背		背		学	S	得
0	0	③	山内	1	GK	1	岸端	②	0	0
0	0	②	（加藤）	17						
0	1	③	石田	2	DF	2	森	③	0	0
0	0	③	井上	3		3	山下	③	0	0
1	1	❸	中村	5		4	森岡	③	0	0
0	0	③	黒田	15		14	辻	①	0	0
0	1	③	戸川	7	MF	5	浅倉	②	0	0
0	0	②	（福島）	16		6	中川	②	0	0
0	0	③	前田	8		7	芦邉	①	0	0
0	0	③	岡田	10		15	山口	②	0	0
0	0	③	河合	12						
0	0	③	伊藤	9	FW	9	濱岡	②	0	0
0	1	②	（山下）	13		10	佐藤	❷	1	0
0	2	③	山崎	11						
1	6			3	GK	15			1	0
				8	CK	1				
				11	FK	5				
				0	PK	0				

【得点経過】
後半35+2分〔星〕CK前田→**中村S**

▼警告
〔星〕伊藤，河合

■アディショナルタイムのセットプレーで決着

星稜は立ち上がりから左サイドを崩そうとするシーンが続いたが，山辺は中盤をコンパクトに保ち，左右のスライドも行い統率のとれた守備を意識。ゲームプランは堅守速攻でカウンターも2～3人で行うことが多かった。対して星稜は前線で主導権を握るために，相手の背後をシンプルに狙いつつ，セカンドボールを回収することやMF前田のスピードに乗ったドリブル突破でゴールを目指すシーンが多く見られた。後半も立ち上がりから前半と同じような展開。星稜はサイドの高い位置でボールを持った場合は，正確なクロスからのシュートを撃つことができていたのだが，意図的にボールを動かせていないので，再現性は依然低いまま。原因として，山辺の前半からの1stDFの決定とアプローチの素早さが後半も落ちなかったことが挙げられる。星稜はラスト10分から猛攻。何度もサイドからの崩しを試みることで，シュートチャンスを演出。星稜は終了間際にGKを交代することで，PK方式に備えていたが，アディショナルタイムにCKを獲得。DF中村がファーサイドから冷静に左足ボレーシュートを決め，勝負がついた。

戦評　山口敬宣（奈良学園中高校）

第1回戦 8月15日（日）
三国運動公園人工芝グラウンド（晴）

（主）小久保遼　（副）山形秀俊，柳原鉄平

立正大淞南 ★（島根県） **2**（0-1 / 2-0）**1** **中京大中京**（愛知県）

得	S	学		背		背		学	S	得
0	0	❸	長野	1	GK	1	岡	③	0	0
0	1	③	郷原	2	DF	2	近藤	③	0	0
0	0	②	今野	4		3	福谷	③	0	0
0	0	③	岩本	5		4	横井	❸	0	0
0	1	③	加古	9						
0	0	③	三原	10	MF	5	戸谷	③	0	0
0	0	②	ダ シルバ	13		6	蛭田	②	0	0
0	0	③	（古内）	11		8	安藤	③	1	0
0	0	②	肥塚	15		7	（大重）	③	1	0
0	0	③	（谷野）	7		10	光本	③	2	1
0	1	③	井川	17		11	久田	③	3	0
0	0	③	（門脇）	8		16	（能登）	③	0	0
						15	井戸	③	1	0
						14	（田中）	③	0	0
1	1	③	加藤	14	FW	17	溝口	②	0	0
1	1	②	香西	16		9	（竹内）	③	0	0
2	5			12	GK	8			8	1
				7	CK	2				
				9	FK	9				
				0	PK	0				

【得点経過】
前半33分〔中〕**CK光本S**
後半 8分〔立〕今野→**香西～S**
〃 10分〔立〕香西～→三原～→**加藤S**

▼警告
〔中〕安藤，横井

■立正大淞南，後半の連続得点で逆転

立正大淞南はFW加藤，香西にロングボールを入れ，セカンドボールの奪い合いで相手を上回りリズムを掴む。前線4枚とボランチMF井川のスピードに乗ったワンタッチのコンビネーションでペナルティエリア内に何度も進入していく。中京大中京は相手のプレッシングスピードに序盤押し込まれながらも，DF横井を中心にゴール前で粘り強く対応。前半23分，中京大中京のFW竹内が交代で入ると試合が動く。竹内を起点に相手を押し込み手に入れた最初のCKをMF光本が直接決める。最終ラインの4枚が相手のロングボールに慣れ，リズムを得た瞬間での得点だった。後半，1点を追う立正大淞南は選手交代でプレッシングスピードをさらに上げ相手に圧力をかける。その中でカウンターから同点。その勢いのままサイドからの崩しで逆転に成功。残り15分，中京大中京は1-3-4-2-1にシステムを変え何とか同点を狙う。光本の緩急あるドリブルで再三チャンスを作るが，立正大淞南は最後まで集中力を切らさなかった。

戦評　桂田光（門真なみはや高校）

第1回戦 8月14日（土）
テクノポート福井総合公園スタジアム（晴）

阪南大高（大阪府第1）　**中京**（岐阜県）【辞退】

中京の出場辞退により阪南大高が2回戦へ進出

第1回戦 8月14日（土） テクノポート福井総合公園芝生広場（雨）

（主）加藤展裕　（副）小久保遼，増田裕之

神村学園 ★（鹿児島県） 3（1-0 / 2-0）0 正智深谷（埼玉県）

得	S	学		背		背		学	S	得
0	0	③	前　納	1	GK	1	小　櫃	③	0	0
0	0	②	（広川）	17						
0	0	③	大　坪	4	DF	2	中　山	③	0	0
0	0	③	前　原	5		14	（江川）	②	0	0
0	0	②	（笠置）	15		3	大澤(航)	③	0	0
0	0	③	比　良	6		4	小　屋	②	0	0
0	1	❸	抜　水	7		5	森　下	❸	0	0
0	0	③	佐　藤	8	MF	7	大　野	③	3	0
1	2	③	若　水	9		8	平　田	③	0	0
0	0	③	（片山）	2		12	（大澤(弘)）	②	0	0
0	1	③	畠　中	10		10	増　子	③	0	0
0	0	③	（丸山）	12		11	渡　辺	③	1	0
1	1	③	篠　原	11		13	（寺田）	③	0	0
0	0	③	（山元）	16		15	初　雁	②	0	0
1	2	②	大　迫	14		6	（秋山）	③	1	0
0	1	②	福　田	13	FW	9	山　口	③	0	0
						16	（春山）	②	0	0
3	8			7	GK	6			5	0
				7	CK	2				
				7	FK	8				
				0	PK	0				

【得点経過】
前半25分〔神〕佐藤→福田→**篠原S**
後半 6分〔神〕大迫→佐藤→**若水S**
〃　8分〔神〕(相手FP)(インターセプト)**大迫S**

■後半，相手の狙い封じた神村学園

大雨の影響で2時間45分遅れてのキックオフ。神村学園はポゼッション時は両SB前原，抜水がアンカーMF畠中の両脇に位置を上げて，中央で数的優位を作りつつ，両SHが高い位置をとることで相手を押し込んで優勢に試合を進める。正智深谷は変則的なポジションをとってくる神村学園の攻撃時にできるスペースを活用し，カウンターに活路を見出す。しかし25分，正智深谷のカウンター攻撃をカットした神村学園が自陣深くから流れるようにパスを繋いで，最後はMF篠原が鋭いシュートを突き刺して先制する。後半，神村学園は1-4-2-3-1へシステムを変更。ビルドアップ時に中央へ寄る前半の形から，両SBがワイドにポジションをとってピッチ幅を使って組み立てる。両SBがタッチライン際にいる時間が長くなったことで前半は不安定だった守備ラインが安定する。この狙いが功を奏し，前半繰り返されていた正智深谷のカウンターが鳴りを潜め，神村学園が後半6分と8分に追加点を挙げることに成功した。

戦評　横山晃一（南稜高校）

第1回戦 8月14日（土） テクノポート福井総合公園芝生広場（雨）

（主）水野智也　（副）本郷行秀，長野夏明

東海大山形（山形県） 0（0-0 / 0-0）0 尽誠学園 ★（香川県）
7 PK 6

得	S	学		背		背		学	S	得
0	0	③	太田(智)	1	GK	1	仁尾谷	❸	0	0
0	0	③	（太田(朋)）	17						
0	0	③	浦　山	3	DF	2	田　中	③	0	0
0	0	③	森　岡	4		5	村上(晏)	①	0	0
0	0	③	宇津井	5		6	辻　岡	③	0	0
0	1	③	柴　田	13		9	万　々	②	0	0
						3	（森部）	③	0	0
						16	仲　谷	②	0	0
0	2	③	小　野	7	MF	7	合　田	③	2	0
0	1	③	長　岡	8		10	古　家	②	0	0
0	0	❸	梅　津	14		13	宇　田	③	0	0
0	1	③	半　澤	16		17	石　川	②	0	0
0	0	③	（齋藤）	11		8	（村上(晟)）	③	0	0
0	1	③	伊　藤	9	FW	15	大　谷	②	0	0
0	0	②	（古川）	12		11	（横倉）	②	0	0
0	1	③	鈴　木	15		14	（片山）	②	0	0
0	1	②	（須貝）	6						
0	8			5	GK	11			2	0
				6	CK	1				
				8	FK	7				
				0	PK	0				

▼警告
〔東〕小野
〔尽〕横倉

■9人目までもつれこんだPK方式

大雨の影響で2時間45分遅れてのキックオフとなり，終始大雨だった。東海大山形はサイドにボールを展開し，クロスを試みる意図が見られた。一方，尽誠学園もDF陣がフリーで持った際に，ビルドアップを試みる意図が見られた。飲水タイムの前後あたりから，徐々に東海大山形がルーズボールを拾う割合が増加。それにより，クロスやCKの回数も増えてきた。対する尽誠学園は劣勢の中，DF仲谷のスピードを活かしたドリブル突破から，シュートチャンスを作る。前半の終了前，東海大山形の攻撃陣が尽誠学園のプレッシャーに慣れてきたのか，相手の動きを見てパスとドリブルの判断を冷静にすることで，ゴール前まで侵入する機会を増やす。後半飲水タイム前に東海大山形は選手交代をし，MF小野をFWにすることで，より前の起点を意識したプレーを多用して，ゴールに迫る。尽誠学園は，CKなどのセットプレーもマンツーマンで集中力を切らさず，堅守に徹したことで，勝負はPK方式に。PK方式はサドンデスに入り，9人目で勝敗が決した。PK方式直前にGKを交代した東海大山形が功を奏した。

戦評　山口敬宣（奈良学園中高校）

第1回戦 8月14日（土） 日東シンコースタジアム丸岡サッカー場（雨）

（主）中山健太　（副）小野裕太，平島一起

帝　京 ★（東京都第2） 2（1-0 / 1-2）2 米子北（鳥取県）
5 PK 6

得	S	学		背		背		学	S	得
0	0	❸	岸　本	1	GK	17	山　田	③	0	0
0	0	②	小　林	2	DF	3	鈴　木	❸	0	0
0	0	②	入　江	3		5	海老沼	③	0	0
0	0	②	島　貫	4		13	飯　島	③	0	0
0	0	③	荻　野	12		16	（橋本）	③	0	0
						15	原	③	0	0
						4	（牧野）	③	0	0
0	0	②	押　川	8	MF	2	渡　部	③	2	0
0	0	②	橋　本	9		7	木　村	③	0	0
1	2	③	（福地）	7		14	（中井）	②	1	1
1	1	②	前　野	15		8	山　中	③	0	0
0	0	②	（山下）	14		10	佐　野	③	0	0
0	0	③	（狩野）	6						
0	2	②	藤　﨑	17						
0	0	②	伊　藤	10	FW	11	片　山	③	2	0
0	0	②	（並木）	11		6	（野田）	②	0	0
0	0	②	齊　藤	13		12	小橋川	②	1	0
						9	（福田）	②	3	1
2	5			12	GK	5			9	2
				3	CK	8				
				8	FK	7				
				0	PK	0				

【得点経過】
前半35+2分〔帝〕齊藤→**前野～S**
後半 2分〔米〕原→(相手FP)(こぼれ球)**福田S**
〃　22分〔帝〕齊藤→**福地S**
〃　35+3分〔米〕牧野→**中井S**

▼警告
〔帝〕山下

■2度のビハインドを追いついた米子北

帝京は米子北のロングフィードに対して，DFラインの安定した跳ね返しと，ボランチの的確なポジショニングからセカンドボールを拾うとロングカウンターを仕掛ける。対する米子北は，DFラインから徹底して2トップにロングボールを送り，攻撃の起点を高い位置に作り，両SBも攻撃に積極的に参加しクロスからチャンスを窺う。30分過ぎから米子北が相手を押し込むが，帝京はロングボールから相手の一瞬の隙を突き先制。雨が強まった後半，米子北は途中交代のFW福田がDFラインの背後をとり同点ゴールを奪う。勢いに乗った米子北は何度も決定機を作るが，帝京のGK岸本のファインセーブにより得点は奪えず。対する帝京は両SHとFWを代えて勢いを取り戻そうとすると後半22分，途中交代で入ったMF福地が得点を決め再びリードを奪う。米子北は，ロングスローやCKで何度もゴール前に迫ると，試合終了間際に追いつく。試合は，PK方式の結果，米子北が勝利した。

戦評　清水健普（富士北稜高校）

第1回戦　8月14日（土）　日東シンコースタジアム丸岡サッカー場（雨）

（主）中村秀人　（副）長谷拓，岩村真斗

鹿島学園 2（0-1／2-2）3 日章学園

（茨城県）　　　　　　　　（宮崎県）★

得	S	学		背		背		学	S	得
0	0	③	小副川	1	GK	1	後　藤	③	0	0
0	0	②	櫻　井	2	DF	2	片井野	③	0	0
0	0	③	高　井	3		4	工　藤	②	1	0
1	1	①	（森）	9		5	芝	②	0	0
0	0	③	佐々木	4		16	藤本(晃)	①	0	0
0	0	❸	渕	5		12	（蔵屋）	②	0	0
0	0	②	上　原	15						
0	2	③	横須賀	6	MF	6	金　川	②	1	0
0	0	③	鈴　木	10		7	葭　岡	③	2	2
0	0	③	上　野	17		8	藤本(優)	③	0	0
1	1	③	（西川）	16		13	（石﨑）	②	0	0
						9	橋	③	1	0
						11	前　田	③	2	1
0	0	③	山　口	7	FW	10	木　脇	❸	4	0
0	0	②	（熊倉）	14						
0	1	②	林	8						
2	5			5	GK	3			11	3
				1	CK	4				
				7	FK	8				
				0	PK	0				

【得点経過】

前半27分〔日〕CK金川→前田H→**葭岡HS**

後半19分〔日〕葭岡→木脇～S（相手GK）（こぼれ球）**葭岡S**

〃 23分〔日〕前田→木脇→**前田～S**

〃 29分〔鹿〕佐々木→**森S**

〃 31分〔鹿〕（相手FP）（こぼれ球）**西川S**

■鹿島学園の追撃振り切った日章学園

鹿島学園は，FW林を中心に中盤でリズムの良い攻撃を繰り返した。日章学園は，4バックとボランチが良い連係を取り，集中力の高いリスクマネジメントを行った。MF葭岡とFW木脇のコンビネーションで，タメを作りチャンスを増やす。すると，左CKから葭岡のヘディングで日章学園が先制。後半も日章学園は，DFラインのコントロールと3ラインの距離間をコンパクトに保つことで，相手に中盤のスペースを作らせない守備からチャンスを窺う。左サイドから展開し，セカンドボールを回収した葭岡が2点目。さらに左サイドからコンビネーションを増やし，MF前田が3点目を決める。鹿島学園は，前線の交代カードを3枚同時に行うと，左サイドからFW森が落ち着いてシュートを流し込み1点を返した。前線の高い位置で，2次攻撃を行えるようになってきた鹿島学園が攻撃の手を強め，FW西川が2点目を決める。しかし，追撃も及ばずタイムアップを迎えた。

戦評　山口達也（糸島農業高校）

第1回戦　8月14日（土）　日東シンコースタジアム丸岡人工芝グラウンド北コート（雨）

（主）表慶　（副）高橋海星，筒井勇気

専大北上 1（1-3／0-4）7 前橋育英

★（岩手県）　　　　　　　　（群馬県）

得	S	学		背		背		学	S	得
0	0	③	及　川	1	GK	1	渡　部	③	0	0
0	0	①	小原(多)	3	DF	2	岡　本	③	1	0
0	0	②	（藤原）	2		4	桑　子	❸	0	0
0	0	③	伊　藤	4		5	柳　生	③	2	2
0	0	②	高　橋	13		6	岩　立	③	0	0
0	0	①	葛　西	15						
0	1	③	鎌　田	5	MF	7	根　津	②	0	0
0	0	③	阿　部	6		17	（大竹）	③	0	0
0	0	③	小原(希)	8		10	笠　柳	③	2	2
0	0	③	（鳥谷部）	7		11	渡　辺	③	5	1
0	0	②	川　上	16		8	（鈴木）	③	0	0
						14	徳永(涼)	②	0	0
						3	（徳永(崇)）	③	0	0
1	4	③	佐　藤	9	FW	9	守　屋	③	2	1
0	0	❸	吉　武	10		13	（池田）	③	1	0
0	0	①	（金田）	12		16	高　足	②	1	0
						15	（小池）	②	1	1
1	5			5	GK	5			15	7
				1	CK	6				
				5	FK	4				
				0	PK	0				

【得点経過】

前半 3分〔前〕CK岩立→**柳生HS**

〃 6分〔専〕川上→阿部→**佐藤～S**

〃 12分〔前〕桑子→**笠柳～ S**

〃 22分〔前〕高足H→**守屋S**

後半 4分〔前〕小池→守屋S（相手GK）（こぼれ球）**渡辺S**

〃 13分〔前〕岡本→小池→**笠柳S**

〃 16分〔前〕根津→岡本→（相手FP）（こぼれ球）**小池S**

〃 35+2分〔前〕CK岩立→**柳生HS**

■スリッピーなピッチでも技術際立つ前橋育英

前半3分，前橋育英が右CK，DF岩立の右足からのボールをDF柳生が頭で合わせ先制点を奪うことに成功。対する専大北上も6分にMF阿部からのボールをFW佐藤が胸コントロールで相手DFラインを破り豪快にゴールへ蹴りこみ追いつく。その後，専大北上が中盤をコンパクトに保ちながらボールを奪いカウンターに繋げる展開に。しかし個人能力で上回る前橋育英が専大北上の隙を逃さずに追加点を奪い前橋育英リードで前半を折り返す。後半から，専大北上はボールホルダーへのプレッシャーを強める。対する前橋育英は徐々に相手の戦い方に対応し，個人の技術の高さと判断の良さを発揮。後半4分にカウンターでゴールを奪うと，その後はボールを保持しながら13分，16分と立て続けにゴールを奪った。

戦評　入江寛（福井工大福井高校）

第1回戦　8月14日（土）　三国運動公園人工芝グラウンド（雨）

（主）伴野弘大　（副）杉浦一輝，佐藤佑樹

実践学園 3（0-0／3-0）0 高知中央

（東京都第1）　　　　　　　　（高知県）★

得	S	学		背		背		学	S	得
0	0	③	齊　藤	1	GK	1	池　添	③	0	0
0	2	③	長　友	4	DF	5	松　橋	③	1	0
0	0	③	秋　元	5		8	松　木	③	0	0
0	0	③	（狩野）	3		12	小　寺	②	0	0
0	1	❸	土　方	10		3	（加藤）	③	0	0
0	0	③	田　村	15		13	多　田	②	0	0
0	0	③	稲　場	6	MF	6	室　津	③	0	0
2	4	③	渡　辺	8		7	鎌　倉	②	1	0
0	0	③	（雨宮）	2		16	（髙城）	②	0	0
0	1	③	和　田	14		11	片　山	②	0	0
0	0	③	（岩永）	7		14	米　﨑	③	2	0
0	1	③	笹　原	11	FW	9	和　氣	②	0	0
0	2	③	入　江	12		4	（中西）	②	0	0
0	1	③	（野村）	16		10	室	❸	0	0
0	1	③	川　上	13						
1	1	②	（牧山）	9						
3	14			7	GK	10			4	0
				5	CK	1				
				7	FK	9				
				0	PK	0				

【得点経過】

後半23分〔実〕笹原→牧山→**渡辺HS**

〃 30分〔実〕入江→秋元S（こぼれ球）**渡辺S**

〃 35分〔実〕笹原→**牧山S**

■スタイル貫いた実践学園が後半3得点

両チームとも滑りやすいピッチにDFラインが対応できず，FWに裏をとられる場面があったが，抜け出したFWのシュートは枠をとらえることができない。後半に入り，実践学園は中盤で横にボールを動かしてサイドからの攻撃を増やし，それによって中央のスペースが空くとFWの足元にボールを入れて高知中央のペナルティエリアに侵入する攻撃を増やす。高知中央は2トップが縦にポジションチェンジを繰り返し，DFからのロングボールで相手DFラインの裏を狙うが，実践学園のCB土方，秋元が的確なチャレンジ＆カバーで弾き返す。終盤，高知中央のDFラインが引いてマークの受け渡しが甘くなったところを突いて，実践学園がペナルティエリア内でのシンプルなパス交換からヘディングで先制。さらにCKからのこぼれ球を押し込んで2点目を奪う。残り時間わずかになったところではFKからダメ押しの3点目を奪った。堅い守備でボールを奪い，チャンスでは人数をかけて攻撃した実践学園が勝利した。

戦評　髙橋孝介（聖学院高校）

第1回戦　8月14日（土）　日東シンコースタジアム丸岡人工芝グラウンド北コート（雨）

（主）山形英俊　（副）藤田亮，望月純樹

那覇 0（0-0 / 0-0）0 三重★
（沖縄県）　4 PK 5　（三重県）

得	S	学		背		背		学	S	得
0	0	❸	上　地	1	GK	1	田　端	③	0	0
0	0	③	大　濱	2	DF	2	黒　田	③	0	0
0	0	③	吉　田	4		4	大地山	③	0	0
0	0	③	源　河	5		5	藤　本	③	0	0
0	0	③	池　間	17		6	野　呂	③	3	0
0	0	③	森　田	6	MF	7	逵　村	③	0	0
0	0	③	知　念	7		11	竹　松	③	0	0
0	0	③	吉　野	8		15	村　上	③	0	0
0	0	③	仲　里	10		16	（世古）	③	1	0
0	0	③	新　谷	13						
0	0	③	山　口	11	FW	9	浅　井	②	1	0
						8	（齊藤）	③	0	0
						10	吉　良	❸	2	0
						13	井　上	③	1	0
0	0			8	GK	7			8	0
				5	CK	4				
				7	FK	6				
				0	PK	0				

■被シュート0本の三重，PK方式で勝利

前半，那覇は中盤MF仲里，新谷，森田のパス交換からサイドへボールを広げてチャンスを窺い，守備面では中盤の密集を早めてボール奪取を狙う。三重も中盤MF竹松，村上，DF野呂のパス交換からFW吉良，浅井，井上へ展開し，さらにDF大地山のオーバーラップなど，スピード感をもってペナルティエリア内への侵入を試み，ボールを失った後は切り替えを早めて竹松と井上の規制から高い位置でのボール奪取を狙う。お互い決定的なシュート場面が作れずに前半を終了した。後半，三重はFW世古を投入し，前線での守備の圧力を増すと，攻撃面でも起点となり，徐々に那覇陣内へ押し込む回数が多くなる。飲水タイム後，三重は世古，吉良の2トップにシステムを変更し，奪ったボールを早めに2トップに集めて那覇DFラインを崩しにかかり，吉良のシュートなど，攻勢を増す。那覇も粘り強く対応しながらカウンターを狙うが，三重守備陣も高い位置でボールを奪い返し，那覇を前進させない。その後緊迫した展開のまま後半が終了し，PK方式の末，三重が2回戦への進出を決めた。

戦評　原伸洋（長岡高校）

第1回戦　8月14日（土）　三国運動公園人工芝グラウンド（雨）

（主）黒川健吾　（副）田代雄大，金子彰

相洋 0（0-0 / 0-1）1 瀬戸内★
（神奈川県第2）　（広島県）

得	S	学		背		背		学	S	得
0	0	③	関　野	1	GK	1	大　木	②	0	0
0	0	③	近　藤	2	DF	2	伯　野	③	0	0
0	0	③	（山崎）	9		3	有　吉	③	0	0
0	0	③	山　口	3		4	松　浦	③	0	0
0	0	③	岩　野	5		5	平　山	③	0	0
0	0	③	工　藤	6	MF	6	正法地	③	0	0
0	0	③	（吉田）	4		7	長谷川	③	1	1
0	1	❸	後　藤	7		14	江　川	②	0	0
0	1	③	杉　本	8						
0	1	③	浅　倉	10						
0	3	②	松　澤	14						
0	0	③	高　橋	17						
0	0	②	（重松）	15						
0	3	②	進　藤	11	FW	10	佐　野	③	0	0
0	0	③	（杉田）	13		8	（越田）	③	1	0
						9	（風呂迫）	③	1	0
						11	梁	❸	1	0
						15	（前田）	③	0	0
						17	澤　田	②	0	0
						16	（岩崎）	②	0	0
0	9			7	GK	7			4	1
				3	CK	8				
				2	FK	3				
				0	PK	0				

【得点経過】
後半 6分〔瀬〕澤田→佐野→**長谷川S**
▼警告
〔相〕山口

■相洋の守備破った瀬戸内・長谷川のシュート

瀬戸内はDFラインから丁寧に繋いで相手を動かしスペースを作ろうとするが，相洋の前線からの連動したプレスによりリズムを作れない。時折，DF有吉がFW梁の裏へロングボールを配球するなど変化をつける。特に両SBの裏をとろうとするが，相洋の素早い戻りにより決定機には至らず。相洋は，ボールへのチャレンジだけでなくプレスバックも良く，中盤で相手を自由にさせず，高い位置でボールを奪いシュートまで持ち込む。リズムを掴みきれない瀬戸内と，連動した守備により優位に立ちたい相洋の拮抗したゲームが動いたのは，後半の立ち上がり。守備の人数の多い相手ゴール前でボールを丁寧に繋ぎ，MF長谷川が思い切りの良いシュートを放ち瀬戸内が先制する。瀬戸内は選手交代やポジションチェンジにより追加点を狙う。相洋も運動量を落とさず，ボールを動かす瀬戸内を粘り強く追いかけ簡単に主導権を握らせない。さらに前線の選手交代で攻撃の起点を作り，サイドへの展開後の早いクロスにより得点機会を作り出す。しかし，瀬戸内の守備陣は最後まで集中力を切らさず，1点を守りきった。

戦評　後藤輝好（倉敷南高校）

第1回戦　8月14日（土）　テクノポート福井総合公園スタジアム（雨）

（主）長田望　（副）椎野大地，榎波亮介

長崎総科大附 0（0-0 / 0-3）3 青森山田★
（長崎県）　（青森県）

得	S	学		背		背		学	S	得
0	0	②	亀　井	1	GK	1	沼　田	③	0	0
0	0	③	深　町	2	DF	2	大　戸	③	1	0
0	0	❸	児　玉	5		8	（田中）	③	0	0
0	0	③	大　谷	6		3	多久島	②	1	1
						13	（中山）	②	0	0
						4	三　輪	③	0	0
						5	丸　山	③	1	0
0	0	③	原　口	4	MF	6	宇　野	③	1	1
0	0	②	竹　田	8		10	松　木	❸	4	0
0	0	③	別　府	14		11	藤　森	③	1	0
0	0	③	高　良	15		16	田　澤	③	3	0
0	0	③	（城間）	10		14	（小野）	③	0	0
0	0	③	芦　高	7	FW	9	名須川	③	1	1
0	0	③	（石山）	13		15	（小湊）	②	0	0
0	0	③	牧　田	9		17	渡　邊	③	0	0
0	0	②	西　岡	11		7	（小原）	③	0	0
0	0			15	GK	2			13	3
				0	CK	8				
				5	FK	7				
				0	PK	0				

【得点経過】
後半 4分〔青〕渡邊～→**名須川S**
〃 24分〔青〕藤森→**宇野S**
〃 28分〔青〕×宇野→**多久島HS**

■青森山田，相手にシュート許さず後半攻略

両チームともゴールに最短距離で迫るべく，FWへの素早い配球から豊富な運動量とボール際の勝負へ持ち込もうとする，スピードと力強さがぶつかり合う緊迫したゲームが展開された。雨が降り続くスリッピーなピッチコンディションの中，前半は青森山田FW名須川，渡邊へロングボールを入れて押し込もうとするが，長崎総科大附のMF原口，DF児玉の打点の高いヘディングにボールを奪われ，攻撃の糸口を抑えられた。長崎総科大附も同様な展開でチャンスを作り出せない。後半開始早々に青森山田は長崎総科大附の後方でのパスミスを逃さず名須川が冷静に押し込んで先制に成功する。その後は地力に勝る青森山田が終始ゲームをコントロールし，相手陣内でゲームを進め，右サイドの崩しからMF宇野が加点するなど3得点を奪い勝負を決めた。長崎総科大附は後半から攻撃陣のメンバーとポジションの変更をして打開を図ろうとしたが，青森山田の出足の鋭い守備に持ち味を発揮できなかった。

戦評　小野隆儀（会津学鳳中高校）

第1回戦 8月15日（日） テクノポート福井総合公園芝生広場（曇のち晴）

（主）黒澤央　（副）中村秀人，中村豪

静岡学園 3（1-0 / 2-1）1 仙台育英

★（静岡県）　　（宮城県）

得	S	学		背		背		学	S	得
0	0	❸	生　嶋	1	GK	1	落　合	②	0	0
0	0	③	三　宅	2	DF	3	石　田	③	0	0
0	0	②	行　徳	3		4	大　塚	③	0	0
0	0	③	野　村	13		5	松　井	③	0	0
						16	笹　谷	③	0	0
						2	（石川）	②	0	0
0	0	③	菊　池	5	MF	10	島　野	❸	1	0
0	0	②	（白井）	15		11	染　野	③	0	0
0	1	③	玄	8		14	松　本	③	0	0
0	0	③	（小泉）	6		7	（明石）	③	0	0
0	3	③	古　川	10		15	小　林	③	0	0
0	0	②	（髙橋）	16		13	（大久保）	③	0	0
0	2	③	荒　井	12						
0	0	③	西　村	14						
2	3	③	持　山	9	FW	8	村　井	③	0	0
1	2	③	川　谷	11		17	（浅野）	③	1	0
0	0	③	（清水）	7		9	佐　藤	③	3	1
3	11			6	GK	10			5	1
				7	CK	2				
				14	FK	7				
				0	PK	0				

【得点経過】

前半12分〔静〕古川→野村～→**持山S**

後半12分〔静〕（相手FP）（クリア）**持山～S**

〃 33分〔静〕古川～S（ポスト返り）**川谷S**

〃 35+3分〔仙〕明石→**佐藤S**

■サイド攻撃が際立った静岡学園

静岡学園の基本システムは1-3-5-2だが，守備の時はSHがDFラインに入って4バックでサイドのスペースを埋め，攻撃時はSHが高い位置をとって相手サイドを崩しにかかる。マイボールを安易に蹴らず，横に繋いで相手を左右に振る攻撃を続け，左サイドからのクロスをニアで合わせて先制。一方の仙台育英も攻撃時はSBが高い位置でボールを受け，そこから手数をかけずにFW佐藤をターゲットにロングボールを狙う。しかし静岡学園DFラインが中央を固めてシュートまでいくシーンを作れない。仙台育英は後半立ち上がりから，プレスを強め押し込むが，静岡学園FW持山が中央からドリブルで持ち込んでミドルシュートを決め試合を有利に進める。終了間際，サイドを大きく使った静岡学園が3点目を奪って試合を決める。仙台育英はボールを奪うと2トップの早い動き出しでDFラインの背後を狙い，アディショナルタイムに1点を返すが，静岡学園が2回戦に駒を進めた。

戦評　高橋孝介（聖学院高校）

第1回戦 8月15日（日） 三国運動公園人工芝グラウンド（晴）

（主）榎波亮介　（副）中山健太，堀江晃生

大阪桐蔭 2（2-0 / 0-0）0 帝京第三

（大阪府第2）　　（山梨県）★

得	S	学		背		背		学	S	得
0	0	③	薮　中	1	GK	1	金　子	③	0	0
0	0	③	丹　羽	2	DF	2	安　原	③	0	0
0	0	③	（馬場）	11		4	岩　川	③	0	0
1	1	①	尾　崎	3		5	白　鳥	❸	0	0
0	0	❸	小　林	4		12	初　鹿	③	0	0
1	1	③	朝　山	5						
0	1	③	大　倉	6	MF	7	菅　野	③	1	0
0	0	③	溝　口	9		8	小　林	③	0	0
0	0	③	（室）	8		13	山　本	③	1	0
0	0	③	藤　澤	14		10	（趙）	③	0	0
0	1	②	柳	15		15	雨　宮	②	2	0
0	0	③	（東村）	16		11	（横田）	③	0	0
0	1	③	田　中	17		16	岡　田	②	0	0
0	0	③	（奥野）	7		14	（大久保）	③	0	0
0	1	③	中　塚	10	FW	9	細　田	③	0	0
0	0	③	（高垣）	13						
2	6			4	GK	3			4	0
				2	CK	2				
				8	FK	7				
				0	PK	0				

【得点経過】

前半15分〔大〕FK田中→**尾崎HS**

〃 27分〔大〕田中→中塚～→**朝山S**

▼警告

〔大〕小林

■自らリズムを取り戻しペース掴んだ大阪桐蔭

帝京第三は，FW細田が深さを作るとともに攻撃のターゲットとなり，そこからサイドに展開してトップ下とSHのコンビネーション，SBの攻撃参加により得点のチャンスを作る意図が見られた。大阪桐蔭は素早いスライドと巧みなラインコントロールにより，コンパクトな陣形を形成すると，力強いコンタクトと複数での囲い込みによりボールを奪い，奪ったボールを素早く前線に送り，攻撃を試みた。試合序盤は相手の勢いに押し込まれた大阪桐蔭であったが，徐々に落ち着きを取り戻すと，セカンドボールの奪い合いで相手を上回り始め，FKから先制に成功。さらに，突破力に優れたFW中塚のチャンスメイクから追加点を挙げた。後半，風上に立った帝京第三が前への圧力を高めて相手陣内でボールを持つが，大阪桐蔭のコンパクトな守備を突破できない。攻撃的な選手を入れ替え，攻撃を活性化し，FKやロングスローからチャンスを掴みかけるが，決め切ることはできなかった。その後得点は動くことなく，豊富な運動量と決定力で上回った大阪桐蔭が2回戦進出を決めた。

戦評　清水健普（富士北稜高校）

第1回戦 8月15日（日） 三国運動公園陸上競技場（晴時々曇）

（主）表慶　（副）伴野弘大，尾上顕大

流経大柏 5（1-0 / 4-1）1 佐賀東

（千葉県）　　（佐賀県）★

得	S	学		背		背		学	S	得
0	0	②	デューフエマニエル	1	GK	1	松　雪	②	0	0
0	0	②	大　川	2	DF	2	平　川	③	0	0
0	0	③	田　口	5		3	宝　納	②	0	0
0	0	③	（橋本）	12		5	坂　本	③	0	0
0	0	③	山　﨑	13		13	石　橋	②	0	0
0	1	①	新　保	16						
0	2	②	（堀川）	15						
0	0	③	西　岡	3	MF	6	山　内	③	0	0
0	1	③	松　本	6		7	中　山	③	0	0
0	0	③	（伊藤）	17		12	（上村）	③	0	0
0	0	❸	渋　谷	7		8	森田（悠）	❸	2	1
0	0	③	小　林	8		10	吉　田	③	1	0
2	5	③	川　畑	10	FW	9	溝　口	③	0	0
0	0	③	（高足）	14		14	（小島）	②	0	0
1	1	③	清　水	11		11	川　原	③	0	0
2	2	③	（石川）	9		15	（小嶋）	②	0	0
5	12			3	GK	14			3	1
				4	CK	0				
				5	FK	12				
				0	PK	0				

【得点経過】

前半17分〔流〕（相手FP）→大川（インターセプト）～→**清水S**

後半11分〔流〕渋谷→**川畑HS**

〃 14分〔流〕石川→**川畑S**

〃 15分〔流〕大川→**石川S**

〃 16分〔流〕堀川→**石川S**

〃 32分〔佐〕吉田～→**森田（悠）S**

▼警告

〔流〕小林

■強いインテンシティで流経大柏が支配

流経大柏は攻撃時にボールサイドのSBがひとつポジションを上げて1-3-5-2の位置取りをする。特に右サイドではMF小林がハーフレーンにポジションをとってDF大川が後方からタイミングのよい駆け上がりを見せて攻撃に厚みをもたせ，タッチライン際からボックス内への侵入を繰り返そうとする。先制点はこの形から生まれる。右サイドを崩し，大川の精度の高いクロスに飛び込んだＦＷ清水が合わせた。後半，流経大柏が2人の交代とポジションチェンジをしたことや，佐賀東が投入したばかりのFW小嶋にライン間でボールを受けさせてボールが収まるようになったことで，佐賀東が攻勢に出る時間帯が続く。しかし，11分に失点すると，飲水タイムまでの間に立て続けに失点。佐賀東は終盤1点を返すことに成功するも，流経大柏が2回戦へと駒を進めた。

戦評　横山晃一（南稜高校）

第1回戦　8月15日（日）　三国運動公園陸上競技場（晴）

（主）矢島光　（副）井上知昭，片山卓博

都市大塩尻 1 (0-1 / 1-2) 3 大津

★（長野県）　（熊本県）

得	S	学		背		背		学	S	得
0	0	③	石見	1	GK	1	佐藤	③	0	0
0	1	❸	北野	2	DF	2	和田	③	0	0
0	0	③	川原	3		3	日髙	③	1	1
0	0	②	鷲見	13		4	川副	③	0	0
						5	寺岡	③	0	0
0	0	③	後町	5	MF	6	薬師田	③	2	0
0	0	①	（高橋）	17		7	川口	③	3	0
0	0	③	和田	6		17	（田原）	②	0	0
0	1	①	中村	8		10	森田	③	0	0
0	1	③	（髙井）	9		15	（宮川）	③	0	0
0	1	③	髙橋	15		12	岩本	③	1	0
0	0	②	清野	16						
0	0	③	中嶋	10	FW	9	小林	②	2	2
1	1	③	高木	11		8	（上塚）	③	0	0
0	1	③	（村松）	14		11	一村	❸	2	0
						14	（碇）	①	0	0
1	6			8	GK	7			11	3
				4	CK	4				
				2	FK	6				
				0	PK	0				

【得点経過】
前半21分〔大〕CK岩本→**小林HS**
後半 5分〔都〕中嶋→**高木S**
〃 15分〔大〕一村〜→**日髙S**
〃 25分〔大〕一村S(相手GK)(こぼれ球)**小林S**

■大津，後半追いつかれるも落ち着いて加点

前半，大津は最終ラインのチャレンジ＆カバーでボールを収めると，MF森田を中心に，FW一村，小林とMF川口，岩本が関わってボールをテンポよく動かしながら突破を窺い，右サイドの日髙のクロスやペナルティエリア内外でのシュートでゴールへ迫る。飲水タイム前のCKから小林がヘディングでゴールを奪うとゲームは落ち着き，都市大塩尻も最終ラインでボールを動かしながら，右SH髙橋のクロスなどでチャンスを作る。後半，都市大塩尻はMF清野が中盤でボールを左右に供給しはじめ，髙橋のクロスからチャンスが生まれ，FW高木が決めて同点とする。しかし，大津は慌てずボールを動かし，右サイドを中心に攻撃を仕掛け，日髙のゴールで再びリードを奪う。その後，大津は都市大塩尻DFとMFの間のスペースを小林，一村，川口が巧みに使い，攻撃陣がパワーをもって仕掛けることができるようになるとシュート場面が多くなり，追加点を奪った。

戦評　原伸洋（長岡高校）

第1回戦　8月15日（日）　テクノポート福井総合公園芝生広場（晴）

（主）杉浦一輝　（副）津崎泰生，木戸洋平

新田 1 (0-1 / 1-1) 2 旭川実

★（愛媛県）　（北海道第1）

得	S	学		背		背		学	S	得
0	0	❸	田中	1	GK	1	関	③	0	0
0	0	②	宮領	2	DF	6	大井	③	1	0
0	0	③	白石	3		7	中村	❸	1	1
0	0	②	（山田）	14		8	渋谷	③	0	0
0	0	③	小野	4						
0	0	②	（福島）	13						
0	0	②	森	5						
0	1	③	東尾	6	MF	4	串田	③	0	0
0	0	③	福井	9		10	居林	③	0	0
0	0	③	（中越）	7		12	柴谷	③	2	0
0	1	③	青野	10		14	大野	③	3	0
0	0	②	（檜谷）	15		17	（領家）	③	0	0
0	0	②	篠﨑	16		15	樫山	②	0	0
1	1	③	永野	8	FW	2	門馬	③	0	0
0	0	②	（枕田）	12		3	（柏木）	③	1	1
0	2	③	日浦	11		9	榎	③	0	0
						13	（西條）	③	0	0
						5	（髙橋）	③	0	0
1	5			13	GK	4			8	2
				2	CK	4				
				7	FK	15				
				0	PK	0				

【得点経過】
前半 3分〔旭〕CK居林→**中村HS**
後半 7分〔新〕CK東尾→**永野HS**
〃 31分〔旭〕串田H→渋谷→**柏木S**

■旭川実，後半途中出場の柏木が決勝点

旭川実はFW門馬のポストプレーを起点にし，MF居林からサイドに展開しゴールに迫る形を多く作る。前半3分に旭川実がCKをニアで合わせ幸先よく先制。その後もサイドに展開し，FW榎，MF柴谷を中心にボールを動かしながら追加点を狙う。新田は立ち上がりから押し込まれる展開が続いたが，4バックと4人のMFで2ラインのブロックを形成し，奪ったらFW日浦の裏への飛び出しからカウンターを仕掛ける。クーリングブレイク後から，新田も落ち着いてボールを繋ぎ，相手陣内に侵入する回数が増える。後半は両チームとも球際に厳しく寄せ，奪ったボールを縦に素早く繋ぐ形からチャンスを窺う。新田はショートパスを少ないタッチで繋ぎながら，SHやFWがタイミングよくサイドのスペースに抜け出す回数が増え，その流れから獲得したCKをヘディングで合わせ後半7分に追いつく。その後は拮抗した展開が続くも，旭川実は交代出場したDF柏木が後半31分にミドルシュートを決め決勝点を奪った。

戦評　西村俊彦（三国中学校）

第2回戦　8月16日（月）　テクノポート福井総合公園スタジアム（曇）

（主）加藤展裕　（副）増田裕之，望月純樹

東海大相模 0 (0-0 / 0-0) 0 飯塚

4 PK 5

（神奈川県第1）　（福岡県）★

得	S	学		背		背		学	S	得
0	0	③	境野	1	GK	1	別所	③	0	0
0	0	③	内藤	2	DF	3	菊本	③	1	0
0	1	③	石川	3		4	坂本	①	0	0
0	0	①	根岸	4		6	中川	❸	0	0
0	0	③	磯村	5						
0	0	③	橋本	6	MF	7	吉田	③	0	0
0	0	②	大久保	7		8	池田(光)	③	0	0
0	0	③	山田	8		10	村井	②	0	0
0	0	③	（五十嵐）	15		11	池田(悠)	②	0	0
0	0	❸	品田	10		15	築田	③	0	0
0	0	③	坂本	13	FW	9	村越	③	3	0
0	0	③	（森田）	11		13	髙尾	③	1	0
0	0	③	髙橋	16						
0	0	③	（吉良）	14						
0	1			3	GK	5			5	0
				0	CK	8				
				9	FK	10				
				0	PK	0				

■互いに守備を突破できずPK方式で決着

立ち上がりから試合が落ち着いてくると，東海大相模のFW髙橋が左サイドから流動的にインサイドをとりながら起点となり，SBも高い位置がとれるようになり，幅を使った厚みのある攻撃を展開。対する飯塚も1-4-1-4-1の形でビルドアップ。的を絞らせないようにボールを保持する。東海大相模は守備時に1-4-2-3-1となり，守備のかみ合わせを図り，中央レーンでの突破を阻んでいる。飯塚の守備ラインも1-4-4-2のフラットな3ラインを形成し，中盤のラインを突破させない。飯塚は1回戦からビルドアップのやり方に変化を持たせている。左サイドの吉田がハーフスペースを駆け上がるなど変化を加えている。後半開始から東海大相模は，両SHの2枚を交代。FW吉良と森田がシンプルに幅を作り，サイド攻撃を仕掛け，前半と変化をつけようとする。飯塚は膠着した展開を打破するためにDFラインを後ろに走らせる配球を増やすなどの意図が感じられた。クーリングブレイク前には，FW村越がシュートを放つがポストに阻まれる。お互いにゴール前を固められた際のアイディアや，ミドルシュートを放つなどの決め手に欠ける内容でタイムアップ。PK方式となり，5-4で飯塚が勝利した。

戦評　山口達也（糸島農業高校）

第2回戦　8月16日（月）　福井運動公園補助競技場（曇）

（主）伴野弘大　（副）藤戸佑圭，谷田大輔

岡山学芸館 1（1-0 / 0-0）0 矢板中央
（岡山県）　（栃木県）★

得	S	学		背		背		学	S	得
0	0	③	寺　島	1	GK	1	藤　井	❸	0	0
0	0	③	塩　見	2	DF	2	小　出	③	1	0
0	0	③	小　池	4		3	森　山	③	0	0
0	0	③	坂　田	5		4	山　越	③	0	0
0	0	③	竹　川	7		5	畑　岡	②	0	0
0	1	②	木　村	6	MF	6	田　邉	②	0	0
0	0	②	(山田)	13		15	(柴田)	③	0	0
0	6	❸	山　岡	10		7	大　畑	③	0	0
1	2	③	田　中	14		9	藤　野	③	0	0
0	0	①	(田口)	15		17	黒　澤	③	0	0
0	0	③	檀　野	17		8	(唐橋)	③	0	0
0	5	③	寺　脇	9	FW	10	星	③	0	0
0	0	③	(小野)	3		11	林	③	0	0
0	0	②	今　井	11		14	(片岡)	③	2	0
1	14			6	GK	14			3	0
				6	CK	8				
				11	FK	3				
				0	PK	0				

【得点経過】
前半35+4分〔岡〕木村→今井H→(相手GK)(こぼれ球)**田中S**

▼警告
〔矢〕森山

■貴重な先制点を守り切った岡山学芸館

岡山学芸館は幅を使った攻撃から，両ワイドのFW今井とMF田中からのクロスでチャンスを作る。中で合わせるFW寺脇やMF山岡のポジション取りも良い。ボランチがボールを落ち着かせることで前線の選手は良いポジションを取り，やや岡山学芸館が押し込む展開となる。一方，矢板中央は拾ったセカンドボールを素早くゴール前に走り込む選手に配球する。精度の高い楔のパスを丁寧にはたいてシュートに持ち込むような，ゴールに直結するプレーが連続する場面では，岡山学芸館も身体を張って守るしかない。前半終了間際，矢板中央のサイドアタックを懸命に追いかけ，中盤で奪取したボールを丁寧に繋いだ岡山学芸館が良い形を作り，クロスの折り返しを押し込み先制する。後半，矢板中央はMF大畑が状況に応じてボールを落ち着かせるなど，前半よりも幅を使った攻撃が見られるようになる。また，FW星のドリブルでのカウンターでゴールに迫るなど迫力あるプレーが続く。矢板中央は最後のセットプレーでGK藤井をゴール前に上げるなど何とか得点を狙うもゴールには至らず岡山学芸館が勝利した。

戦評　後藤輝好（倉敷南高校）

第2回戦　8月16日（月）　日東シンコースタジアム丸岡サッカー場（曇）

（主）黒澤央　（副）水野健斗，海道泰貴

札幌大谷 2（2-1 / 0-1）2 星稜
★（北海道第2）　0 PK 2　（石川県）

得	S	学		背		背		学	S	得
0	0	③	門　間	1	GK	1	山　内	③	0	0
						17	(加藤)	②	0	0
0	0	③	青山(稜)	2	DF	2	石　田	③	1	0
0	0	②	熊　谷	3		3	井　上	③	0	0
0	0	③	(青山(佳))	17		5	中　村	❸	1	1
0	0	②	安　食	4		15	黒　田	③	0	0
0	1	③	大　橋	5		4	(山田)	③	0	0
0	0	③	菊池(洋)	6	MF	7	戸　川	③	0	0
0	1	③	(秋山)	11		6	(前出)	③	0	0
0	0	③	福　田	8		8	前　田	③	0	0
0	0	③	(梅本)	14		10	岡　田	③	1	0
1	1	③	高　桑	9		12	河　合	③	0	0
0	0	❸	岡　本	10						
0	1	③	菊池(蓮)	12	FW	9	伊　藤	③	0	0
0	0	③	(竹内)	15		13	(山下)	②	1	0
0	0	②	(高橋(颯))	7		11	山　崎	③	2	1
1	1	③	西　出	13		14	(髙橋)	③	0	0
2	5			4	GK	7			6	2
				2	CK	1				
				16	FK	10				
				0	PK	0				

【得点経過】
前半13分〔札〕青山(稜)S(相手FP)(こぼれ球)菊池(蓮)→**高桑S**
〃 18分〔札〕青山(稜)H→**西出S**
〃 35+5分〔星〕岡田→山田→**山崎HS**
後半32分〔星〕山内→岡田→**中村S**

■2点ビハインドを追いついた星稜

札幌大谷は幅と厚みをとったポジショニングから，2トップの流動的な裏への抜け出しもあり，相手の3ラインの間を広げることに成功。セットプレーからグラウンダーのパスを受けたDF青山（稜）が放ったシュートのこぼれ球から最後MF高桑がシュートを決めて先制する。さらに星稜がボールホルダーへプレッシャーをかけられない状況を突き，FW西出が相手DFラインの前で浮き球でのシュートを決める。星稜は，DFを交代し守備を安定させ，セットプレーでチャンスを見出そうと試みると，前半終了間際にロングスローからの2次攻撃で1点を返す。後半，星稜が1-3-4-2-1に変更し，MF河合をCBに，DF中村を1トップにし反撃を試みる。札幌大谷はDFラインの上下動を相手の状況に合わせて的確に行い，容易にパワープレーを許さない。しかし，終了間際に星稜は相手がロングボールの処理に手間取っている隙を突き中村が同点ゴール。PK方式では終了間際に交代したGK加藤の活躍もあり，星稜が勝利した。

戦評　山口敬宣（奈良学園中高校）

第2回戦　8月16日（月）　テクノポート福井総合公園芝生広場（晴）

（主）黒川健吾　（副）長野夏明，岡田司

立正大淞南 1（0-0 / 1-2）2 徳島市立
（島根県）　（徳島県）★

得	S	学		背		背		学	S	得
0	0	❸	長　野	1	GK	1	藤　澤	②	0	0
0	0	③	郷　原	2	DF	2	稲　川	②	0	0
0	0	②	今　野	4		4	河　合	②	0	0
0	2	③	(伊藤)	3		12	野々村	②	0	0
0	2	③	岩　本	5						
0	0	③	加　古	9						
0	0	③	久　保	6	MF	5	佐　藤	③	2	0
0	0	②	(ダ シルバ)	13		6	柴　田	②	0	0
0	0	③	門　脇	8		7	織　田	②	1	0
0	0	③	(井川)	17		8	川　上	❸	0	0
0	3	③	三　原	10						
0	0	②	肥　塚	15						
1	2	③	加　藤	14	FW	10	林	②	3	0
0	1	②	香　西	16		11	藤　島	③	2	2
0	0	③	(古内)	11		16	笠　原	①	0	0
						13	(河村)	②	0	0
1	10			6	GK	11			8	2
				9	CK	4				
				3	FK	12				
				0	PK	0				

【得点経過】
後半 7分〔立〕×(こぼれ球)**加藤S**
〃 35+2分〔徳〕佐藤～→**藤島S**
〃 35+5分〔徳〕柴田→**藤島S**

■徳島市立，後半アディショナルタイムで逆転

立正大淞南はシンプルに2トップ目掛けてロングボールを入れ，中盤がセカンドボールを拾い，縦に速い攻撃を仕掛けていく。対する徳島市立は中盤の人数を厚くして，ボランチMF川上を中心にショートパスを繋ぎ相手ゴール前まで迫ろうとした。立正大淞南は3バックのサイドのスペースを2トップが狙おうとするが，徳島市立のDF野々村，河合が上手く対応。後半も膠着状態が続くかに思えたが，立正大淞南は右CKから，この試合初めてショートコーナーを使い変化をつけ，ゴール前の混戦からFW加藤が冷静にゴールを決めた。徳島市立は守備に割く時間が長くなり，同点に追いつくのは難しいと感じられた。しかしアディショナルタイム，左サイドからMF佐藤が個人技で2人をかわし，ゴールライン付近からのマイナスのクロスをFW藤島が押し込んで同点。息を吹き返した徳島市立は攻勢を強め，ラストワンプレーでMF柴田からの縦パスを受けた藤島がミドルシュートを決め，劇的な勝利を収めた。

戦評　鍋谷英利（敦賀気比高校）

第2回戦　8月16日（月）　日東シンコースタジアム丸岡人工芝グラウンド北コート（晴）

（主）矢島光　（副）田中陽達，平島一起

開志学園JSC 2（1-2 / 1-0）2 阪南大高
★（新潟県）　7 PK 8　（大阪府第1）

得	S	学		背		背		学	S	得
0	0	③	中島	1	GK	1	山形	③	0	0
1	1	③	駿藤	2	DF	4	櫻本	③	0	0
0	0	③	村松	3		15	（菊川）	②	0	0
0	0	❸	東	4		5	西田	③	1	1
0	0	③	長谷川	5		7	保田	②	0	0
0	0	③	（金子）	6		8	今西	②	0	0
0	1	③	松田	7	MF	6	稲垣	③	0	0
0	1	③	佐々木	8		10	櫻井	③	0	0
0	0	③	澤田	10		16	田中	③	2	0
0	0	③	西田	12		11	（宮崎）	①	0	0
1	2	③	（須崎）	9		17	松本(楓)	③	0	0
0	0	①	浅野	14		3	（稲場）	③	0	0
0	1	②	竹内	15						
0	0	③	（モーリス）	16						
0	0	③	（森）	11						
					FW	9	鈴木	❸	2	1
						14	石川	③	1	0
						13	（福井）	①	0	0
2	6			6	GK	7			6	2
				6	CK	3				
				9	FK	10				
				0	PK	1				

【得点経過】
前半 9分〔阪〕**PK鈴木S**
〃 16分〔開〕CK西田→**駿藤HS**
〃 17分〔阪〕FK櫻井→**西田HS**
後半35+4分〔開〕モーリス→松田→**須崎HS**
▼警告
〔阪〕菊川

■阪南大高，終了間際失点もPK方式で勝利

阪南大高は奪ったボールを広く動かし，SHがボールを保持するとSBが積極的に関わり，サイドでの数的優位を形成する。右SH松本（楓）や左SH田中のドリブル突破，左SB保田のクロス，FW鈴木，石川の突破でチャンスを作る。開志学園JSCはDFラインがボールを保持すると，ロングフィードで高い位置をとるMF長谷川，松田と澤田を狙う。阪南大高は松本（楓）の仕掛けからPKを獲得し先制するが，お互いマークの甘さからセットプレーで失点する。後半，開志学園JSCはFW須崎を投入して澤田とツートップとした1-3-4-1-2にシステムを変更。積極的にDFの背後を狙う。阪南大高はDFラインでボールを奪うと，攻撃参加した開志学園JSCのSHの裏のスペースにボールを送り込み，カウンターを仕掛ける。後半終了間際，開志学園JSCは左サイドを突破した松田のクロスを須崎がヘディングで合わせて同点とする。試合はPK方式により，阪南大高が勝利した。

戦評　原伸洋（長岡高校）

第2回戦　8月16日（月）　三国運動公園陸上競技場（曇）

（主）田代雄大　（副）宮崎扇空，稲田智成

神村学園 5（4-0 / 1-1）1 福井商
（鹿児島県）　（福井県第2）★

得	S	学		背		背		学	S	得
0	0	③	前納	1	GK	1	山下	③	0	0
0	0	③	大坪	4	DF	3	畑中	③	0	0
0	0	③	比良	6		4	佐々木(海)	③	0	0
0	1	❸	抜水	7		5	橋爪	②	0	0
0	0	②	笠置	15		6	大森	③	0	0
0	0	③	（前原）	5						
0	1	③	佐藤	8	MF	7	大谷(太)	③	0	0
0	1	③	（丸山）	12		8	若山	②	1	0
0	0	③	若水	9		9	阿波賀	③	0	0
0	0	③	（片山）	2		14	伊藤	②	0	0
0	0	③	畠中	10						
1	7	③	篠原	11						
0	0	③	（中俣）	3						
1	6	②	大迫	14						
3	6	②	福田	13	FW	10	中津	❸	2	1
0	0	③	（山元）	16		13	（清水）	②	0	0
						16	（岩原）	②	0	0
						17	大谷(仁)	①	1	0
						15	（佐々木(健)）	①	0	0
5	22			2	GK	12			4	1
				8	CK	1				
				2	FK	4				
				0	PK	0				

【得点経過】
前半16分〔神〕CK畠中→**篠原S**
〃 25分〔神〕大坪→**大迫S**
〃 27分〔神〕抜水→（相手FP）（クリア）（こぼれ球）**福田S**
〃 35+1分〔神〕篠原→**福田S**
後半 9分〔神〕篠原～→**福田S**
〃 16分〔福〕伊藤→**中津S**

■神村学園，地元の福井商に大勝

試合序盤，神村学園は攻撃時に両SBがアンカー脇にポジションをとり，ボール保持と前線への配球の役割を担い，両SHが幅と深さをとり相手を押し込んだ。対する福井商は，1-5-3-2のシステムにより最終ラインの枚数を増やし，さらに中盤の3枚で中央の縦パスを遮断しボールを奪うと，個人技に優れたFW中津に送りロングカウンターからチャンスを作った。CKから先制した神村学園は，両SHの積極的な仕掛けにSB，シャドーが絡んだサイド攻撃と，前線の素早い切り替えによる波状攻撃で得点を重ね前半で4-0とした。後半，得点を奪いたい福井商は相手陣地からボールへのプレッシャーを強め，ショートカウンターから中津がスピードを活かして得点した。神村学園は，失点の場面以外では相手のプレッシャーに対して複数の選択肢を作りながら慌てずにボール保持すると，前に出てきた相手の背後をうまく突き得点を決め，ゲームをコントロールし勝利した。

戦評　清水健普（富士北稜高校）

第2回戦　8月16日（月）　三国運動公園人工芝グラウンド（曇）

（主）本郷行秀　（副）山下貴暉，尾上顕大

東海大山形 1（1-2 / 0-0）2 米子北
★（山形県）　（鳥取県）

得	S	学		背		背		学	S	得
0	0	③	太田(智)	1	GK	17	山田	③	0	0
0	0	③	浦山	3	DF	3	鈴木	❸	0	0
0	0	③	森岡	4		5	海老沼	③	1	0
0	0	③	宇津井	5		13	飯島	③	0	0
0	0	③	柴田	13		16	（橋本）	③	1	0
0	0	③	（齋藤）	11		15	原	③	1	0
0	0	❸	梅津	14	MF	6	野田	②	1	0
0	3	②	須貝	6		7	木村	③	2	1
1	2	③	小野	7		2	（渡部）	③	1	0
0	0	③	長岡	8		10	佐野	③	3	0
0	0	③	半澤	16		14	中井	②	2	1
0	0	②	（古川）	12		8	（山中）	③	0	0
0	2	③	伊藤	9	FW	4	牧野	③	1	0
0	0	③	（芳賀）	10		9	（福田）	②	0	0
						12	小橋川	②	2	0
						11	（片山）	③	0	0
1	7			12	GK	6			15	2
				0	CK	9				
				9	FK	10				
				0	PK	0				

【得点経過】
前半15分〔東〕半澤～→**小野HS**
〃 17分〔米〕木村→牧野→**中井～S**
〃 32分〔米〕CK海老沼→佐野→**木村HS**
▼警告
〔米〕鈴木

■先制許すも，前半で逆転した米子北

前半15分，米子北のゴールキックを奪った東海大山形MF半澤がドリブルで運び，ゴール前にクロス。思い切りよく飛び込んだMF小野がヘディングで決め，東海大山形が先制。米子北はその直後，FW牧野からのパスをペナルティエリア付近で受けたMF中井が右足を振り抜き，同点に追いつく。その後，米子北はDF鈴木を中心に堅く守り，ボールを奪った後は切り替え早く，DFと中盤の間に縦パスを入れ，押し気味に試合を進めた。前半終盤に得たCKをMF佐野がボレーで合わせたボールをMF木村がヘディングで押し込み逆転。後半，東海大山形は半澤から繋いだパスを小野が受けGKと1対1となるが，米子北GK山田が好セーブ。直後，ペナルティエリア付近でFKを得るが，壁に防がれる。その後，米子北が高い位置でボールを奪い，左サイドから深い位置までドリブルで侵入する場面が増えた。試合終盤に東海大山形は攻撃的な選手を入れてロングスローを使うなど猛攻を仕掛けたが，米子北が冷静に守り切った。

戦評　木内健次（坂井中学校）

第2回戦 8月16日（月） 日東シンコースタジアム丸岡人工芝グラウンド南コート（晴）

（主）榎波亮介　（副）高橋海星，金子彰

日章学園（宮崎県） **0（0-0 / 0-0）0** **尚　志**（福島県）★

5 PK 3

得	S	学		背		背		学	S	得
0	0	③	後　藤	1	GK	1	鮎　澤	②	0	0
0	0	③	片井野	2	DF	3	安　江	③	0	0
0	0	②	工　藤	4		17	（入澤）	③	0	0
0	0	②	芝	5		4	チェイス	③	0	0
0	0	②	蔵　屋	12		5	高　橋	③	1	0
						15	鈴木(大)	②	0	0
0	0	②	金　川	6	MF	6	松　本	❸	0	0
0	1	③	葭　岡	7		9	（小池）	③	1	0
0	2	③	藤本(優)	8		7	新　谷	③	0	0
0	0	③	橋	9		8	齋　藤	③	0	0
0	0	③	前　田	11		13	（黒瀬）	③	0	0
						10	松　尾	③	0	0
						11	鈴木(彪)	③	1	0
						14	（草野）	③	0	0
0	0	❸	木　脇	10	FW	12	村　上	③	4	0
0	3			9	GK	5			7	0
				4	CK	2				
				10	FK	5				
				0	PK	0				

▼**警告**

〔尚〕入澤2

▼**退場**

〔尚〕入澤

■持ち味発揮もスコアレスでPK方式決着

日章学園は前線から最終ラインまでコンパクトに保ちながら中盤の中央での数的優位を作り，パスを繋いで得点力が高い前線の選手の攻撃力を高めようとする。対する尚志は最終ラインからの丁寧なビルドアップで前進し，中盤と前線の選手のコンビネーションから相手の守備網を突破し，フィニッシュに繋げようとする。日章学園はアタッキングサードのサイドで数的優位を作ってクロスを入れ，ゴール目前で決定機を作るもシュートを撃ち切れない。後半に入ると，尚志は攻撃選手の交代を行い，FW小池の正確なポストプレーからチャンスを作る。また，MF新谷，松尾の安定したパスワークからサイド攻撃も活性化し，相手ゴール前に迫る。日章学園もディフェンシブサードからショートパスでボールを前進させ，MF金川の意表を突くスルーパスから決定機を作る。アディショナルタイムに尚志が退場者を出すが，守備陣が奮闘し互いにスコアレス。PK方式により日章学園が勝ち進んだ。

戦評　小野隆儀（会津学鳳中高校）

第2回戦 8月16日（月） 三国運動公園陸上競技場（曇）

（主）小野裕太　（副）増澤輝矢，柳原鉄平

東　山（京都府） **1（1-0 / 0-0）0** **前橋育英**（群馬県）★

得	S	学		背		背		学	S	得
0	0	②	佐　藤	1	GK	1	渡　部	③	0	0
0	0	③	井　上	2	DF	2	岡　本	③	0	0
0	0	③	石　原	3		4	桑　子	❸	0	0
0	0	②	新　谷	4		5	柳　生	③	0	0
0	0	②	仲　里	12						
0	2	②	真　田	6	MF	6	岩　立	③	0	0
0	0	②	阪　田	7		7	根　津	②	1	0
1	1	②	松　橋	8		11	渡　辺	③	1	0
0	0	②	（石井）	16		16	（高足）	②	2	0
0	2	③	李	9		14	徳永(涼)	②	0	0
						15	小　池	②	0	0
						13	（池田）	③	0	0
0	0	❸	藤　枝	10	FW	9	守　屋	③	0	0
0	2	②	中　野	15		10	笠　柳	③	1	0
0	0	②	（北村）	13						
1	7			5	GK	5			5	0
				5	CK	4				
				9	FK	3				
				0	PK	0				

【得点経過】

前半 4分〔東〕李S（相手FP）（こぼれ球）**松橋S**

▼**警告**

〔前〕桑子

■前半4分の先制ゴールを守り切った東山

2年生を主体とした東山と初戦を大差で勝利した前橋育英との対戦。試合序盤，しっかりとした守備でボール奪取を狙い，縦に速く攻めようとする東山が，後ろからゲームを作ろうとする前橋育英CBのミスパスを奪い，MF松橋がミドルシュートを決めて先制した。一方，失点した前橋育英は焦ることなく，両SBが広がり幅を使い，前線の選手が相手守備の間に立ってボールを動かす。しかし，間を埋める東山の守備に対し慎重になり，攻撃のスイッチが入らない。前半終盤には，東山が力強いFW陣を中心に押し込み，東山優勢のままハーフタイムを迎えた。後半になると，前橋育英は東山の守備ブロックの間に積極的にボールを入れ，ペースを掴んでいく。シュートまで持ち込む場面も増え，試合終盤には東山ゴールを脅かすが，東山の集中力のある粘り強い守備にゴールを割ることができない。お互い集中力を保ち，強度の高い好ゲームであった。最後まで1点を守り切った東山が3回戦進出を決めた。

戦評　富田雅人（福井県サッカー協会）

第2回戦 8月16日（月） 福井運動公園補助競技場（曇）

（主）中村秀人　（副）表慶，岩村真斗

実践学園★（東京都第1） **0（0-1 / 0-0）1** **三　重**（三重県）

得	S	学		背		背		学	S	得
0	0	③	齊　藤	1	GK	1	田　端	③	0	0
0	0	③	狩　野	3	DF	2	黒　田	③	1	0
0	0	③	長　友	4		4	大地山	③	0	0
0	0	❸	土　方	10		5	藤　本	③	0	0
0	0	③	田　村	15						
0	0	③	（雨宮）	2						
0	1	③	稲　場	6	MF	6	野　呂	③	0	0
0	0	③	（秋元）	5		7	逵　村	③	0	0
0	1	③	渡　辺	8		9	浅　井	②	0	0
0	0	③	野　村	16		15	村　上	③	0	0
0	0	③	（和田）	14						
0	2	③	笹　原	11	FW	10	吉　良	❸	2	1
0	0	③	入　江	12		11	竹　松	③	0	0
0	0	③	（岩永）	7		16	（世古）	③	0	0
0	0	③	川　上	13		13	井　上	③	0	0
0	0	②	（牧山）	9						
0	4			4	GK	7			3	1
				4	CK	2				
				9	FK	10				
				0	PK	0				

【得点経過】

前半30分〔三〕井上→黒田S（相手FP）（クリア）**吉良S**

■三重，高い守備意識を貫き無失点勝利

実践学園は得点にはならなかったが右CKからMF渡辺のヘディングシュートでチャンスを作る。またFW川上を起点にバイタルエリアまでボールを運ぶがシュートに結びつけることができなかった。対する三重はMF野呂からの展開で打開策を探り，FW吉良や井上の背後への飛び出しなど縦への速い攻撃でペースを掴もうとする。すると，右サイドからのクロスを井上がゴール前に折り返しこぼれたボールを吉良が左足で押し込み先取点を奪った。後半立ち上がり，実践学園はDF長友の個人技や細かいパスワークでリズムを掴もうとするが，三重の粘り強い守備と前線からのプレスバックなどで攻撃の糸口を見出せない。状況打開のため攻撃の選手を2人交代。さらにより攻撃的に出たい実践学園は選手を入れ替え，三重DFラインを崩そうとする。粘り強い守備に対して実践学園ベンチはDF土方を中盤に上げて前線やサイドへの配球を多くしたが，最後のシュートまで繋げることができなかった。三重は1トップ以外全員が守備意識を持ち，最後まで集中力を切らさずに守り切った。

戦評　大倉英一（道守高校）

第2回戦　8月16日（月）　日東シンコースタジアム丸岡サッカー場（曇）

（主）長谷拓　（副）堀江晃生，牧宗市

丸岡 1（1-0 0-1）1 瀬戸内

★（福井県第1）　9 PK 8　（広島県）

得	S	学		背		背		学	S	得
0	0	③	田　邊	1	GK	1	大　木	②	0	0
0	0	②	山　田	4	DF	2	伯　野	③	0	0
0	0	③	東　出	5		3	有　吉	③	0	0
0	0	❸	横　山	7		4	松　浦	③	1	0
0	1	②	徳　山	16		5	平　山	③	1	0
0	0	①	奥　村	2	MF	6	正法地	③	2	0
0	0	③	明　間	6		7	長谷川	③	1	0
0	1	①	渡　辺	14		8	越　田	③	0	0
						9	（風呂迫）	③	1	1
						14	江　川	②	3	0
0	0	③	佐　藤	8	FW	11	梁	❸	1	0
0	0	③	（山次）	9		17	澤　田	②	0	0
0	0	②	伊　藤	11		10	（佐野）	③	2	0
0	0	③	（德川）	10						
1	1	③	小野木	13						
0	1	②	（小関）	15						
1	4			6	GK	8			12	1
				3	CK	10				
				11	FK	9				
				0	PK	0				

【得点経過】
前半35+5分〔丸〕CK徳山→奥村→**小野木HS**
後半15分〔瀬〕CK長谷川→梁～→**風呂迫HS**

■地元・丸岡が猛攻をしのいでPK方式で勝利

瀬戸内は立ち上がり，FW梁の突破からMF正法地がシュートを放つが丸岡GK田邊のファインセーブに阻まれる。その後連続してCKを得た瀬戸内であったが，丸岡の身体を張った守備により得点ならず。対する丸岡は守備の時間が長くなるものの，前線の限定からDFラインのチャレンジ＆カバーを徹底。クーリングブレイク後からは丸岡の守備がさらに機能し，中盤でのボール奪取からFW佐藤へ縦に速いボールを送り，攻撃の起点を作ろうとする。試合が動いたのは前半終了間際。CKを得た丸岡は，ショートコーナーを受けたMF奥村のクロスからFW小野木がヘディングシュートを決め，待望の先制点。後半は瀬戸内がボールをキープしつつじっくりと攻撃を組み立てる時間が長くなり，丸岡ゴールへ襲いかかる場面が増える。すると後半15分にCKを得て，ボールを受けた梁のクロスから途中出場のFW風呂迫が合わせ同点に。瀬戸内はさらに攻勢を強め，幾度となく決定機を作るが決め切れなかった。PK方式の結果，丸岡が3回戦へと進出した。

戦評　江端達也（藤島中学校）

第2回戦　8月16日（月）　テクノポート福井総合公園芝生広場（曇）

（主）藤田亮　（副）高田直人，佐藤佑樹

青森山田 8（3-0 5-0）0 初芝橋本

★（青森県）　（和歌山県）

得	S	学		背		背		学	S	得
0	0	③	沼　田	1	GK	1	住　友	③	0	0
0	0	③	（鈴木）	12						
0	0	③	大　戸	2	DF	4	七　星	③	0	0
0	0	②	多久島	3		5	植　仲	③	0	0
1	1	③	三　輪	4		12	西　本	②	0	0
1	1	③	丸　山	5		13	松　永	②	0	0
0	0	③	宇　野	6	MF	6	片　山	③	1	0
0	0	②	（中山）	13		7	大　月	③	1	0
1	1	③	小　原	7		8	（坂口）	③	0	0
0	0	③	（田中）	8		10	岡　本	❸	0	0
1	2	❸	松　木	10		16	（東野）	②	0	0
0	2	③	藤　森	11		14	飯　野	②	0	0
0	1	③	田　澤	16						
2	2	③	（小野）	14						
1	1	③	名須川	9	FW	11	荻　野	③	0	0
1	2	②	（小湊）	15		15	（吉田）	②	0	0
						9	朝　野	①	0	0
						3	（吉村）	②	0	0
8	13			4	GK	9			2	0
				12	CK	4				
				2	FK	12				
				0	PK	0				

【得点経過】
前半11分〔青〕CK松木→**三輪S**
〃 15分〔青〕CK松木→**丸山HS**
〃 35+2分〔青〕名須川→藤森→**松木S**
後半 5分〔青〕CK松木→三輪H→**小原HS**
〃 17分〔青〕藤森S（ポスト返り）松木→**名須川S**
〃 28分〔青〕藤森～→**小野S**
〃 33分〔青〕×（こぼれ球）**小湊S**
〃 34分〔青〕松木～→**小野HS**

■7選手がゴールを記録した青森山田

青森山田はFW名須川の身体を張ったポストプレーからこぼれ球を拾い，少しずつ相手を押し込んでいく。セットプレーから何度かチャンスを作り，11分，15分とMF松木の右CKから立て続けに得点。前半クーリングブレイク以降，青森山田はMF宇野を中心にDFラインから丁寧にビルドアップし攻撃しようとする。初芝橋本もセットプレーからゴールに迫るが，逆にCKからカウンターを受け失点し，リードを広げられてしまう。後半もリードしている青森山田がピッチを広く使ったボール回しで主導権を握る。初芝橋本は自陣近くで防戦一方となるが，奪ったボールをFW朝野に繋ぎ，なんとかシュートまで持ち込もうとするも決定的なチャンスとはならない。青森山田はメンバー交代を行いながらも，プレーの質を落とすことなく試合を進め，CKやカウンターから得点を重ねていった。

戦評　西村俊彦（三国中学校）

第2回戦　8月16日（月）　日東シンコースタジアム丸岡人工芝グラウンド北コート（曇）

（主）中山健太　（副）筒井勇気，礪波恵照

高川学園 0（0-1 0-1）2 静岡学園

（山口県）　（静岡県）★

得	S	学		背		背		学	S	得
0	0	③	徳　若	17	GK	1	生　嶋	❸	0	0
0	0	③	田　島	2	DF	2	三　宅	③	0	0
0	0	③	加　藤	3		3	行　徳	②	1	1
0	0	③	中　村	12		13	野　村	③	1	0
0	1	③	（那須）	6		14	西　村	③	0	0
0	0	❸	奥　野	13						
0	0	③	桑　原	5	MF	5	菊　池	③	0	0
0	0	③	村　上	7		8	玄	③	0	0
0	0	②	（長野）	15		10	古　川	③	2	0
0	0	③	北	8		12	荒　井	③	0	0
0	0	③	林（晴）	10						
0	1	③	中　山	9	FW	9	持　山	③	5	1
0	0	③	林（良）	11		11	川　谷	③	0	0
0	0	③	（西澤）	14		16	（髙橋）	②	2	0
0	2			6	GK	5			11	2
				3	CK	5				
				5	FK	12				
				0	PK	0				

【得点経過】
前半33分〔静〕CK野村→**行徳HS**
後半35+6分〔静〕荒井→古川～→**持山S**

▼警告
〔静〕行徳，野村

■要所での対応光った静岡学園

この試合が初戦の高川学園は，立ち上がりからの約10分間は中盤及び静岡学園最終ラインに激しくプレスをかける。前日からの連戦で動きの重い静岡学園は，持ち味のパス交換をさせてもらえず押し込まれCKを与えるが，このピンチをしのいで徐々に落ち着きを取り戻す。クーリングブレイク前後から相手のプレスが緩むと静岡学園が支配し始める。MF玄が中盤で受け，ボールを動かしながら高川学園守備陣のスペースを突き，ペナルティエリア内に侵入する場面が増える。30分過ぎ，サイド攻撃から得た左CKを長身のDF行徳がマークをはがしてヘディングで押し込み先制。同点を狙う高川学園は，後半からMF西澤を投入しサイドに張り出させて前線を3トップ気味に。DFラインの裏にロングボールを入れるが，静岡学園はボールホルダーにプレッシャーをかけ，ボールの出所を封じて対応。アディショナルタイムに高川学園は攻撃の人数をかけて1点を奪いにいくが，逆に静岡学園はMF古川のドリブル突破から最後はFW持山が押し込んで試合を決めた。

戦評　髙橋孝介（聖学院高校）

第2回戦 8月16日（月）
テクノポート福井総合公園スタジアム（曇）

（主）水野智也　（副）浦田大雅，清水俊佑

大阪桐蔭 2（1-1／1-0）1 関西学院
★（大阪府第2）　（兵庫県）

得	S	学		背		背		学	S	得
0	0	③	薮　中	1	GK	1	斎　藤	③	0	0
0	0	①	尾　崎	3	DF	3	上　田	③	0	0
0	0	③	（東村）	16		4	東	❸	0	0
0	0	❸	小　林	4		5	紀伊野	③	0	0
0	0	③	朝　山	5		13	田　中	①	0	0
0	0	③	大　倉	6	MF	6	西　谷	③	1	1
1	2	③	奥　野	7		7	岩　﨑	②	0	0
0	0	③	室	8		11	（五十嵐）	③	0	0
0	0	③	馬　場	11		10	田　村	③	0	0
0	1	③	藤　澤	14		15	河　崎	③	0	0
0	1	②	（柳）	15		16	伊　東	②	0	0
						17	（奥田）	①	0	0
1	2	③	中　塚	10	FW	9	冨　江	②	0	0
0	1	③	高　垣	13		8	（安野）	②	0	0
0	0	③	（田中）	17						
2	7			8	GK	12			1	1
				4	CK	5				
				10	FK	6				
				1	PK	0				

【得点経過】
前半16分〔関〕CK岩﨑→**西谷HS**
〃 30分〔大〕PK中塚(相手GK)(こぼれ球)**中塚S**
後半13分〔大〕朝山→柳H→**奥野S**
▼警告
〔関〕上田

■大阪桐蔭，先制許すも逆転

1回戦から4人メンバーを変更した大阪桐蔭はコンパクトな守備ブロックと豊富な運動量で局面では数的優位に立つ。攻撃ではFW中塚のキープ力を使い，そこからサイドへの展開でチャンスを狙う。関西学院はFW冨江，MF河崎を背後に走らせて相手ラインを押し下げ，高い位置からのプレスでショートカウンターを狙う。素早い切り替えからボールを保持する時間帯が増え，そこで得たCKから先制する。追いつきたい大阪桐蔭は，両SHがインサイドにポジションをとり，中央の優位性を活かしショートパス主体にして，攻撃が活性化される。そこから流れは大阪桐蔭になりPKで同点に追いつく。後半，関西学院は冨江，河崎にボールを集め両SHの田村，伊東のスピードに乗った仕掛けでゴールに迫るも，ペナルティエリア内に進入できない。膠着状態が続く中，大阪桐蔭は攻撃のアクセントとしてMF柳を入れた直後，その柳の緩急を活かしたドリブルから逆転に成功。大阪桐蔭が3回戦進出を決めた。

戦評　桂田光（門真なみはや高校）

第2回戦 8月16日（月）
三国運動公園人工芝グラウンド（曇）

（主）椎野大地　（副）伴勇，麻生慶彦

流経大柏 0（0-2／0-1）3 大　津
★（千葉県）　（熊本県）

得	S	学		背		背		学	S	得
0	0	②	デューフエマニエル	1	GK	1	佐　藤	③	0	0
0	0	②	大　川	2	DF	2	和　田	③	0	0
0	0	③	田　口	5		3	日　髙	③	0	0
0	1	③	小　林	8		4	川　副	③	0	0
0	0	③	山　﨑	13		5	寺　岡	③	0	0
0	0	③	西　岡	3	MF	6	薬師田	③	1	1
0	2	③	松　本	6		10	森　田	❸	0	0
0	0	③	（橋本）	12		11	一　村	③	1	1
0	1	❸	渋　谷	7		8	（上塚）	③	0	0
0	0	②	堀　川	15		12	岩　本	③	0	0
0	0	③	（高足）	14						
0	1	③	川　畑	10	FW	7	川　口	③	0	0
0	0	③	清　水	11		15	（宮川）	③	0	0
0	2	③	（石川）	9		9	小　林	②	1	0
						14	（碇）	①	0	0
0	7			4	GK	7			3	2
				4	CK	1				
				9	FK	14				
				0	PK	0				

【得点経過】
前半 1分〔大〕FK川口→川副→(相手FP)(オウンゴール)
〃 32分〔大〕日髙→薬師田→**一村～S**
後半24分〔大〕FK岩本→**薬師田HS**
▼警告
〔流〕小林，西岡

■大津，シュート3本で効率よく得点

試合開始早々先制点を挙げたのは大津。ハイボールの競り合いで得たFKをファーサイドにいたDF川副が思い切りよく鋭いクロスをあげる。このボールがゴール前にいた相手DFに当たりコースが変わってオウンゴールとなる。対する流経大柏は1回戦とは違い細かいポジションチェンジで相手マークをはがして前進しようと試みる。強度の高いボディコンタクトが繰り返され，攻守が目まぐるしく変わる展開のなか，一瞬の隙を突いてDFラインの隙間に走りこんだ大津MF一村が追加点を挙げ，前半を終える。後半に入り，交代とポジションチェンジによって流経大柏のSH小林が中央にポジションを絞り，距離間を縮めたことでコンビネーションプレーが増え，バイタルエリアに侵入する回数が増える。押し込まれる時間が続く大津だったが，飲水タイム後に獲得したFKをボランチ薬師田が中央で豪快なヘッドで叩き込んで3点差とする。終盤まで厚みのある攻撃を繰り返した流経大柏であったが，最後までゴールを割れなかった。

戦評　横山晃一（南稜高校）

第2回戦 8月16日（月）
日東シンコースタジアム丸岡人工芝グラウンド南コート（曇）

（主）山形秀俊　（副）横井瑠真，礪波壮一朗

旭川実 0（0-0／0-1）1 高岡第一
★（北海道第1）　（富山県）

得	S	学		背		背		学	S	得
0	0	③	関	1	GK	1	大　野	③	0	0
0	1	③	柏　木	3	DF	3	高　田	③	0	0
0	0	③	串　田	4		4	四　柳	③	0	0
0	0	③	（髙橋）	5		5	栗　原	③	0	0
0	0	❸	中　村	7		6	麻　生	③	1	0
0	0	③	渋　谷	8		2	（渡辺）	③	0	0
0	1	③	榎	9	MF	8	佐　藤	③	0	0
0	1	③	柴　谷	12		7	（谷内）	②	0	0
0	0	②	（樫山）	15		14	上　久	②	0	0
0	0	③	大　野	14		15	稗　田	③	0	0
0	0	③	（西條）	13						
0	0	③	領　家	17						
0	0	③	門　馬	2	FW	9	唐　沢	②	1	1
0	0	③	（大井）	6		13	（横田）	②	0	0
0	0	③	居　林	10		10	高　畑	❸	1	0
						11	今　田	③	0	0
						16	（中井）	②	0	0
0	3			2	GK	7			3	1
				9	CK	3				
				9	FK	10				
				0	PK	0				

【得点経過】
後半 4分〔高〕高畑～→**唐沢S**
▼警告
〔高〕中井

■手堅く1点を守り通した高岡第一

高岡第一は立ち上がりロングボールを多用して高いラインを保ちながら前進し，積極的な攻撃を見せた。対する旭川実は，守備時は中央を固めコンパクトに守り，攻撃時はDFラインの高い高岡第一の裏のスペースに積極的に抜け出し，カウンターを狙っていく。徐々に旭川実は攻撃時に両サイドをワイドに広げ，高岡第一のプレッシングを分散化。ボールポゼッション率を高めていく。特に右サイドの攻撃が活性化し，右SB串田のアーリークロスや，右MF榎のサイド突破から相手ゴールに迫る場面がいくつか見られた。後半の立ち上がり，高岡第一FW高畑が相手SBとCBの間のスペースに積極的に抜け出したことで，相手DFは裏への抜け出しを警戒しラインを下げた。これにより高岡第一は，高いラインでボールを奪うことができるように。高岡第一は，後半4分に挙げた先制点をきっかけにラインを下げ，引いて守る形をとる。旭川実はボールポゼッション率を高めるが，高岡第一の守備を崩せない。ロングスローを活用するなど様々な戦術で攻め込むが，最後まで牙城を崩せなかった。

戦評　夏井元気（灯明寺中学校）

第3回戦 8月18日（水） 日東シンコースタジアム丸岡サッカー場（曇）

（主）榎波亮介　（副）麻生慶彦，原崇史

飯塚★（福岡県） **0**（0-0 / 0-0）**0** **岡山学芸館**（岡山県）
2 PK 4

得	S	学		背		背		学	S	得
0	0	③	別所	1	GK	1	寺島	③	0	0
0	0	③	菊本	3	DF	4	小池	③	0	0
0	0	①	坂本	4		5	坂田	③	1	0
0	0	❸	中川	6		7	竹川	③	0	0
0	0	③	吉田	7						
0	1	③	池田(光)	8	MF	6	木村	②	1	0
0	0	②	村井	10		8	岡本	②	0	0
0	1	②	池田(悠)	11		10	山岡	❸	4	0
0	0	③	築田	15		13	山田	②	1	0
						15	（田口）	①	0	0
						14	田中	③	1	0
						11	（今井）	②	1	0
						17	檀野	③	1	0
0	2	③	村越	9	FW	9	寺脇	③	0	0
0	2	③	髙尾	13		3	（小野）	③	1	0
0	0	③	（中隈）	16						
0	0	①	（藤井）	17						
0	6			9	GK	10			11	0
				3	CK	5				
				2	FK	9				
				0	PK	0				

▼警告
〔飯〕村井，築田

■岡山学芸館，今大会2度目のPK方式勝利

ボールポゼッション率を高め，試合の主導権を握りたい飯塚と，ピッチを広く使い，幅を持たせた攻撃を展開する岡山学芸館の一戦。飯塚はFW髙尾にボールを集め，チャンスを窺う。岡山学芸館は，MF山岡を中心にボールを動かし，相手ライン間にズレを作り出す意図が感じられた。飲水タイム後，岡山学芸館が高い位置でチャンスを作り出そうとする。ボランチで縦関係となったMF木村と檀野のコンビネーションが攻撃のテンポアップとなり好機を生む。飯塚は，3ラインをコンパクトに保ち，ボールを中心に集中力の高い守備を見せる。8枚で人数をかけて粘り強い守備を見せた。飯塚の攻撃は，左サイドを中心に，DF吉田がハーフスペースに立ち，MF池田（悠）のサイドでの突破を活かせるような位置取りで打開を図った。後半立ち上がり，飯塚MF村井のスルーパスに髙尾が抜け出しチャンスを作り，圧力を強める。流れを変えたい岡山学芸館は，選手の2枚替えを行い，チャンスを窺う。アンカーとなったMF檀野の脇からチャンスを作り出す。両チームともに好機は作ったが，シュート，クロスの質に課題が残るゲームとなった。スコアレスでPK方式となり，岡山学芸館が勝利した。

戦評　山口達也（糸島農業高校）

第3回戦 8月18日（水） 三国運動公園陸上競技場（曇）

（主）加藤展裕　（副）上野剛史，佐藤佑樹

星稜（石川県） **3**（2-0 / 1-0）**0** **徳島市立**★（徳島県）

得	S	学		背		背		学	S	得
0	0	③	山内	1	GK	1	藤澤	②	0	0
0	0	③	石田	2	DF	2	稲川	②	0	0
0	0	②	（福島）	16		4	河合	②	0	0
0	0	③	井上	3		12	野々村	②	0	0
0	1	③	山田	4						
0	0	③	（黒田）	15						
0	0	❸	中村	5						
2	3	③	前田	8	MF	5	佐藤	③	2	0
0	1	③	岡田	10		6	柴田	②	0	0
0	0	③	河合	12		7	織田	②	0	0
						13	（河村）	②	0	0
						8	川上	❸	0	0
0	1	③	伊藤	9	FW	10	林	②	2	0
0	0	③	（髙橋）	14		11	藤島	③	0	0
0	0	③	山崎	11		16	笠原	①	0	0
1	1	②	山下	13						
0	0	③	（戸川）	7						
3	7			4	GK	7			4	0
				5	CK	4				
				4	FK	8				
				0	PK	0				

【得点経過】
前半33分〔星〕岡田→**山下S**
〃 35分〔星〕中村→岡田→（相手GK）（こぼれ球）**前田S**
後半22分〔星〕河合→戸川～→**前田S**

■徳島市立の自由を奪い続けた星稜

立ち上がり，徳島市立はラインを低く設定し，守備時には5バックの陣形で星稜のロングボールに対応。対する星稜は，ビルドアップ時に比較的プレッシャーの少ない両SBを高く上げ，位置的優位を保とうと試みる。前線からのプレス及び中盤でのボール奪取は効果的で，ショートカウンターでシュートに至るシーンが出てきた。また，星稜はロングスローなどセットプレーのアイディアが豊富で，相手の状況を見てショートパスに切り替えたりもできていた。前半終了間際に，星稜が高い位置でボールを奪い返すことで，立て続けに2点をとり，前半を折り返した。星稜は後半も，守備時にはFWが限定を行うことで相手の選択肢を奪い，ロングボールに対しても，セカンドボールの回収を徹底。徳島市立は，ビルドアップ時にMF川上やFW藤島が相手3ラインの間で受けようという意図は感じられたが，成功には至らない。星稜はロングスローやシンプルなカウンターで3点目を狙いにきていたが，飲水タイム直後に追加点を挙げた。

戦評　山口敬宣（奈良学園中高校）

第3回戦 8月18日（水） テクノポート福井総合公園芝生広場（曇時々雨）

（主）水野智也　（副）山辺雅司，長瀬慶太

阪南大高（大阪府第1） **3**（0-2 / 3-2）**4** **神村学園**★（鹿児島県）

得	S	学		背		背		学	S	得
0	0	③	山形	1	GK	17	広川	②	0	0
1	1	③	西田	5	DF	4	大坪	③	0	0
1	1	②	保田	7		6	比良	③	0	0
0	0	②	今西	8		3	（中俣）	③	0	0
0	0	②	菊川	15		7	抜水	③	0	0
						16	（山元）	③	0	0
						15	笠置	②	0	0
						5	（前原）	③	0	0
0	1	③	稲垣	6	MF	8	佐藤	③	0	0
0	0	③	櫻井	10		9	若水	❸	2	2
0	0	①	宮崎	11		2	（片山）	③	0	0
0	0	③	（櫻本）	4		10	畠中	③	0	0
0	0	③	松本(楓)	17		11	篠原	③	2	0
						14	大迫	②	3	1
0	1	❸	鈴木	9	FW	13	福田	②	2	1
1	4	③	石川	14						
3	8			5	GK	4			9	4
				6	CK	0				
				5	FK	6				
				0	PK	2				

【得点経過】
前半11分〔神〕**PK若水S**
〃 19分〔神〕福田→大迫→**若水S**
後半 1分〔神〕**大迫～S**
〃 3分〔阪〕CK今西→**西田HS**
〃 12分〔神〕畠中→大迫→**福田S**
〃 19分〔阪〕石川→松本（楓）→**保田S**
〃 35+1分〔阪〕×鈴木→**石川S**

▼警告
〔阪〕稲垣，菊川

■追い上げられるもリード保った神村学園

前半11分，神村学園の右サイドからのクロスのボールがペナルティエリア内で阪南大高DFのハンドとなり，神村学園がPKから先制する。クーリングブレイク直前には，自陣でFW福田がボールを収めると，素早くMF大迫がサポートに入り，裏へ鋭く抜け出したMF若水がパスを受けてそのまま持ち込み追加点を挙げる。後半立ち上がりにお互いが得点した後，阪南大高は高い位置からFWがプレッシャーをかけ始めてボールを奪い，FW鈴木，石川，MF宮崎がチャンスを作る。神村学園は大迫からのパスに絶妙のタイミングで抜け出した福田が得点するが，阪南大高は前線からのプレッシャーを継続して中盤でボールを保持すると，神村学園ゴール前へ押し込み始め，右サイドの展開からDF保田が得点。さらに終了直前，阪南大高は鈴木の力強い突破から石川が得点し，同点を狙うが試合終了となった。

戦評　原伸洋（長岡高校）

第3回戦 8月18日（水） 三国運動公園陸上競技場（雨）

（主）田代雄大　（副）椎野大地，海道泰貴

米子北 0（0-0 / 0-0）0 日章学園
（鳥取県）　5 PK 4　（宮崎県）★

得	S	学		背		背		学	S	得
0	0	③	山田	17	GK	1	後藤	③	0	0
0	0	❸	鈴木	3	DF	2	片井野	③	0	0
0	0	③	海老沼	5		4	工藤	②	0	0
0	0	③	飯島	13		5	芝	②	0	0
0	0	③	原	15		12	蔵屋	②	0	0
0	2	③	渡部	2	MF	6	金川	②	1	0
0	0	②	（野田）	6		7	葭岡	③	1	0
0	0	③	木村	7		8	藤本㈱	③	1	0
0	0	②	（中井）	14		14	（池部）	③	0	0
0	0	③	山中	8		9	橋	③	0	0
0	0	③	（牧野）	4		15	（松下）	②	0	0
0	3	③	佐野	10		11	前田	③	1	0
						13	（石﨑）	②	0	0
0	4	②	福田	9	FW	10	木脇	❸	1	0
0	1	③	（橋本）	16						
0	1	③	片山	11						
0	11			6	GK	15			5	0
				5	CK	3				
				7	FK	8				
				0	PK	0				

▼警告
〔米〕原
〔日〕片井野

■試合を押し続けた米子北，PK方式で勝利

米子北は2回戦から4人の先発メンバーの変更。FWへ素早くボールを入れ，突破ができればそのままフィニッシュ，ボールが収まる時にはMFが素早く関わって相手を押し込もうとする。対する日章学園は相手の攻撃に対し，DF工藤を中心とした粘り強い守備で対応。押し込まれてもロングカウンターで応戦し，攻撃陣のスピードを活かして戦うなど臨機応変にプレーする。クーリングブレイク後は日章学園が相手の素早い攻撃に慣れ始め，スペースを見つけて攻撃する。ボールホルダーに複数の選手が関わって局面を打開し，MF金川の冷静な展開力から攻撃陣が厚みをもって攻撃を仕掛ける。後半は開始から米子北が優勢にゲームを進める。キック力や競り負けないヘディングの強みを活かし，FWが相手DFの背後への飛び出しとクロスボールから決定機を迎える。米子北が常にFWへボールを入れることを徹底していることから，推進力のあるプレーが連続して展開され，前半に比べてプレー強度がより一層高まる。耐える時間が長く続く日章学園はセットプレーから活路を見出し，FW木脇が決定機を迎えるもヘディングは枠をとらえられない。決着はPK方式となり，米子北がベスト8に進出した。

戦評　小野隆儀（会津学鳳中高校）

第3回戦 8月18日（水） 日東シンコースタジアム丸岡サッカー場（曇）

（主）中山健太　（副）本郷行秀，礪波壮一朗

東山 2（0-0 / 2-1）1 三重
（京都府）　（三重県）★

得	S	学		背		背		学	S	得
0	0	②	佐藤	1	GK	1	田端	③	0	0
0	2	③	石原	3	DF	2	黒田	③	0	0
0	0	②	新谷	4		4	大地山	③	0	0
2	2	❸	夘田	5		5	藤本	③	0	0
						7	逵村	③	0	0
0	3	②	真田	6	MF	6	野呂	③	0	0
0	1	②	阪田	7		9	浅井	②	2	0
0	0	②	松橋	8		11	竹松	③	0	0
0	0	②	（石井）	16		16	（世古）	③	0	0
0	0	③	李	9		15	村上	③	0	0
0	0	②	（清水）	11						
0	0	②	仲里	12						
0	0	③	（井上）	2						
0	2	③	藤枝	10	FW	10	吉良	❸	2	1
0	0	②	中野	15		13	井上	③	0	0
0	0	②	（北村）	13						
2	10			8	GK	14			4	1
				4	CK	0				
				8	FK	8				
				0	PK	1				

【得点経過】
後半22分〔東〕CK真田→**夘田HS**
〃 28分〔三〕**PK吉良S**
後半35+3分〔東〕阪田→**夘田S**

▼警告
〔東〕清水，佐藤

■東山，アディショナルタイムに決勝ゴール

三重は左サイドのFW吉良が裏をとり，クロスボールから決定的なチャンスを作る。東山は，裏のスペースを消しながらも，DF夘田がマッチアップする三重の吉良へのパスをインターセプトするなど，積極的な守備を見せる。攻撃時には右SH阪田がカットインして中央の崩しを図ったり，左SH李もインサイドにポジションをとるなど両SBが高い位置をとる。前半は東山がボールを保持する時間が長く，三重はカウンターを狙う形となる。後半も東山が主導権を握り，DF石原のミドルシュートや交代で入ったMF清水がドリブルで仕掛ける中，CKから夘田が頭で合わせ先制。失点後，三重は吉良を中央の高い位置に置き，ボールを集めようとする。三重が前へとボールを運ぶ中，MF浅井が鋭いドリブルで仕掛けPKを獲得。これを吉良が決めて同点。両者の勢いは増し，東山は夘田のロングスロー，三重はFKに人数をかけ得点を狙う。そしてアディショナルタイム，東山はクロスに夘田が合わせ決勝点をもぎ取った。

戦評　後藤輝好（倉敷南高校）

第3回戦 8月18日（水） テクノポート福井総合公園スタジアム（曇）

（主）小野裕太　（副）石井伸幸，根本一行

丸岡 0（0-5 / 0-3）8 青森山田
（福井県第1）　（青森県）★

得	S	学		背		背		学	S	得
0	0	③	田邊	1	GK	1	沼田	③	0	0
0	0	①	（清水）	17						
0	0	①	奥村	2	DF	2	大戸	③	0	0
0	0	②	山田	4		3	多久島	②	1	0
0	0	③	東出	5		4	三輪	③	0	0
0	0	②	徳山	16		5	丸山	③	1	1
0	0	③	明間	6	MF	6	宇野	③	1	0
0	0	③	徳川	10		13	（中山）	②	0	0
0	0	③	（小野木）	13		10	松木	❸	3	1
0	0	①	渡辺	14		11	藤森	③	2	1
0	0	②	（伊藤）	11		8	（田中）	③	1	0
						16	田澤	③	1	1
						14	（小野）	③	0	0
0	0	❸	横山	7	FW	9	名須川	③	2	1
0	0	③	佐藤	8		15	（小湊）	②	1	1
0	0	②	小関	15		17	渡邊	③	2	1
0	0	③	（山次）	9		7	（小原）	③	2	1
0	0			12	GK	3			17	8
				0	CK	3				
				4	FK	5				
				0	PK	0				

【得点経過】
前半18分〔青〕宇野→多久島～→**丸山HS**
〃 24分〔青〕田澤～→渡邊→**名須川S**
〃 26分〔青〕藤森→三輪→**渡邊S**
〃 32分〔青〕田澤→名須川～S（相手GK）（こぼれ球）**藤森S**
〃 35+2分〔青〕田澤S（相手GK）（こぼれ球）名須川S（相手GK）（こぼれ球）**松木S**
後半 3分〔青〕多久島→藤森→**田澤S**
〃 14分〔青〕（相手GK）（クリア）田澤→**小原S**
〃 35+2分〔青〕小野→松木H→**小湊S**

■青森山田，2戦連続の8ゴール

青森山田がゲームを支配し，丸岡ゴール前でゲームが進む。対する丸岡はMF徳川，FW佐藤にボールを集めカウンターを試みようとするが，青森山田の両CBにボールを弾かれ，保持させてもらえない。青森山田は左SH田澤が起点となり，FW渡邊，MF松木が絡み，多くのチャンスを作る。先制点はロングスローのこぼれ球を左サイドに展開し，左SB多久島からのクロスをCB丸山がヘディングで得点。クーリングブレイク後も青森山田の圧力が強く，丸岡の攻撃の芽を摘み，チャンスを作らせない。青森山田は左サイドを中心に攻撃を組み立て，得点を重ね続け，前半に5点を奪う。後半も青森山田はゲーム終了まで集中を切らさず，コンスタントに得点を奪い，丸岡のシュートを0本に抑え完勝した。

戦評　鍋谷英利（敦賀気比高校）

第3回戦　8月18日（水）
テクノポート福井総合公園スタジアム（曇）

（主）八木あかね　（副）中門優，紺多学

静岡学園 2（2-0 / 0-0）0 大阪桐蔭
（静岡県）　　（大阪府第2）★

得	S	学		背		背		学	S	得
0	0	❸	生　嶋	1	GK	1	薮　中	③	0	0
0	0	③	三　宅	2	DF	2	丹　羽	③	1	0
0	0	②	行　徳	3		4	小　林	❸	1	0
1	1	③	小　泉	6		5	朝　山	③	0	0
0	0	③	野　村	13		16	東　村	③	0	0
0	0	③	(清水)	7		3	(尾崎)	①	0	0
1	1	③	玄	8	MF	6	大　倉	③	1	0
0	1	③	荒　井	12		14	(藤澤)	③	0	0
0	0	③	西　村	14		17	(田中)	③	0	0
0	1	③	(川谷)	11		7	奥　野	③	0	0
0	0	②	白　井	15		11	(馬場)	③	0	0
0	0	③	(菊池)	5		8	室	③	1	0
0	1	②	髙　橋	16		9	溝　口	③	2	0
0	0	③	(古川)	10		15	柳	②	2	0
0	1	③	持　山	9	FW	13	高　垣	③	0	0
2	6			5	GK	3			8	0
				5	CK	5				
				6	FK	13				
				0	PK	0				

【得点経過】
前半 3分〔静〕CK野村→(相手GK)(クリア)**小泉S**
〃35+2分〔静〕髙橋～→(相手FP)(クリア)**玄S**

▼警告
〔大〕小林，高垣

■静岡学園が前半シュート2本で2ゴール

静岡学園は開始早々にCKから先制した後も，ボールを保持しながら相手を動かし守備ブロックの穴を突いていこうとする。しかし，大阪桐蔭も素早いスライドと粘り強い守備で対応。またボールを奪うと相手SBが攻め上がったスペースを利用し，ゴール前に人数をかけて得点を狙い，あと一歩のところまで迫った。なかなかシュートを撃てなかった静岡学園であったが，前半終了間際にMF玄がミドルシュートを決め，リードを2点とした。後半，大阪桐蔭は，アグレッシブな守備でボールホルダーへの圧力を強める。静岡学園は，持ち味の攻撃が出せない時間が続いたが，選手交代でMF古川，FW川谷を両ワイド，MF菊池をアンカーに投入し，システムを1-4-1-4-1へと変更。個人で間が作れる選手が入ったことで相手ゴール前に迫るシーンが増え，攻撃の時間を増やした。その後スコアは動くことなく2-0で静岡学園が勝利した。

戦評　清水健普（富士北稜高校）

第3回戦　8月18日（水）
テクノポート福井総合公園芝生広場（曇時々雨）

（主）高橋海星　（副）阿部達也，稲田智成

大　津 2（0-0 / 2-0）0 高岡第一
（熊本県）　　（富山県）★

得	S	学		背		背		学	S	得
0	0	③	佐　藤	1	GK	1	大　野	③	0	0
0	0	③	(毛利)	16						
0	0	③	和　田	2	DF	3	高　田	③	0	0
1	1	③	日　髙	3		4	四　柳	③	0	0
0	0	③	川　副	4		5	栗　原	③	0	0
0	0	③	寺　岡	5						
0	2	③	薬師田	6	MF	6	麻　生	③	0	0
0	2	❸	森　田	10		2	(渡辺)	③	0	0
0	0	③	一　村	11		7	谷　内	②	0	0
0	0	②	(田原)	17		8	(佐藤)	③	0	0
0	1	③	岩　本	12		14	上　久	②	0	0
0	0	③	(宮川)	15		15	稗　田	③	0	0
1	3	③	川　口	7						
0	0	③	(上塚)	8						
0	3	②	小　林	9	FW	9	唐　沢	②	0	0
0	1	①	(碇)	14		11	(今田)	③	0	0
						10	高　畑	❸	0	0
						13	横　田	②	0	0
2	13			2	GK	17			0	0
				11	CK	1				
				1	FK	5				
				0	PK	0				

【得点経過】
後半12分〔大〕森田→小林H→**日髙HS**
〃 25分〔大〕森田→田原→**川口S**

■前半から攻め続けた大津，後半に攻略

大津がボールを保持しながら高岡第一を左右に揺さぶり，タッチライン際を崩しにかかる。高岡第一は2回戦時の1-3-4-3から両サイドの選手がポジションを落として，1-5-4-1のコンパクトな布陣で相手にスペースを与えずに対応。大津はクロスやCKから得点を狙うも，高岡第一が高さのあるGKと中央3人のDFを中心に跳ね返し続ける。大津もサイド一辺倒にはならずに，幅を使ってできたギャップにタイミングよく顔を出すFWにボールをつけて，中央でのコンビネーションも併用してボックスへの侵入を図る。後半も大津がボールを保持する中，12分にショートCKからのクロスをファーサイドのFW小林が折り返し，DF日高が頭で押し込んで先制に成功。さらにクーリングブレイク直後には高岡第一DFラインのわずかな綻びを見逃さず，MF森田から楔のボールが入り，落としたボールをMF川口が突き刺して追加点を奪う。終盤，高岡第一は立て続けに選手を交代して得点を奪いにいくが，大津も効果的な選手交代で主導権を渡さずに試合が終了した。

戦評　横山晃一（南稜高校）

準々決勝戦　8月19日（木）
三国運動公園陸上競技場（曇時々晴）

（主）内山翔太　（副）高橋海星，矢島光

岡山学芸館 1（0-1 / 1-1）2 星　稜
（岡山県）　　（石川県）★

得	S	学		背		背		学	S	得
0	0	③	寺　島	1	GK	1	山　内	③	0	0
0	0	③	小　池	4	DF	2	石　田	③	1	0
0	0	③	坂　田	5		3	井　上	③	1	0
0	2	③	竹　川	7		4	山　田	③	0	0
						15	(黒田)	③	0	0
						5	中　村	❸	0	0
0	2	②	木　村	6	MF	7	戸　川	③	2	0
0	0	②	岡　本	8		16	(福島)	②	0	0
0	2	②	(今井)	11		8	前　田	③	3	1
1	1	❸	山　岡	10		10	岡　田	③	0	0
0	0	②	山　田	13		12	河　合	③	0	0
0	0	③	(塩見)	2		6	(前出)	③	0	0
0	1	①	田　口	15						
0	1	③	(田中)	14						
0	0	③	檀　野	17						
0	1	③	寺　脇	9	FW	9	伊　藤	③	2	0
0	0	③	(小野)	3		13	(山下)	②	0	0
						11	山　崎	③	3	0
						14	(髙橋)	③	0	0
1	10			14	GK	6			12	1
				2	CK	1				
				9	FK	11				
				0	PK	0				

【得点経過】
前半31分〔星〕TI山田→(相手FP)(オウンゴール)
後半27分〔星〕黒田→福島～→**前田S**
〃 35分〔岡〕檀野→田中～→**山岡S**

■試合を通し組織的守備が奏功した星稜

前半31分，星稜ＦＷ山崎が左サイドで仕掛けたドリブルからスローインを得て，ＤＦ山田のロングスローがゴール前でＧＫのブラインドとなり，オウンゴールで星稜が先制する。前半の終了間際，岡山学芸館は高い位置からのロングスローでゴール前に配球し，得点を狙う。ロングスローからのこぼれ球をＦＷ寺脇がゴール正面で受け，GKと1対1の状況を作ったが，星稜GK山内のファインセーブにより，ゴールを奪うことができなかった。後半立ち上がり，星稜はセカンドボールを拾うと素早くDFラインの裏を狙い，両SHの戸川，前田のスピードを活かしてセンタリングを上げゴールを狙う。5分過ぎ，岡山学芸館は3人を同時に交代して，システムを1-3-5-2に変更し流れを変えようと試みる。ミドルサードでボールを奪うと，縦パスを効果的に入れながら幅を使い，センタリングからゴール前に配球し，得点を狙った。後半ともに得点する中でも，星稜はDFラインの連係がよく，岡山学芸館の攻撃を跳ね返す結果となった。

戦評　清水芳樹（春江中学校）

準々決勝戦　8月19日（木）　テクノポート福井総合公園芝生広場（雨）

（主）椎野大地　（副）田代雄大，榎波亮介

神村学園 1（0-2 / 1-1）3 米子北

★（鹿児島県）　　　　（鳥取県）

得	S	学		背		背		学	S	得
0	0	②	広　川	17	GK	17	山　田	③	0	0
0	0	③	大　坪	4	DF	3	鈴　木	❸	0	0
0	0	③	前　原	5		5	海老沼	③	0	0
0	0	②	笠　置	15		13	飯　島	③	0	0
						14	（中井）	②	0	0
						15	原	③	0	0
0	0	❸	抜　水	7	MF	2	渡　部	③	0	0
0	0	③	佐　藤	8		7	木　村	③	6	2
0	1	③	若　水	9		6	（野田）	②	1	0
0	0	③	（片山）	2		8	山　中	③	0	0
0	0	③	畠　中	10		4	（牧野）	③	0	0
0	1	③	篠　原	11		10	佐　野	③	3	0
0	0	②	大　迫	14						
1	3	②	福　田	13	FW	9	福　田	②	2	1
						16	（橋本）	③	1	0
						11	片　山	③	3	0
						12	（小橋川）	②	0	0
1	5			15	GK	6			16	3
				6	CK	5				
				7	FK	3				
				0	PK	0				

【得点経過】

前半12分〔米〕山中→原→**木村S**

〃 30分〔米〕CK海老沼→渡部H→**木村S**

後半11分〔米〕木村→福田～S（相手FP）（こぼれ球）**福田S**

〃 14分〔神〕畠中→**福田HS**

▼警告

〔神〕抜水

■米子北の豊富な運動量と連動した守備

神村学園は，ポゼッション時に両SBがアンカーの両脇に位置を上げて，中央で数的優位を作り，FW福田にボールを集めゴールを目指した。しかし，徐々に中盤を支配しだした米子北が，右SB原からのクロスを左SH木村が右足でワントラップし，落ち着いてゴールに流し込み先制。その後も米子北はボランチが高い位置をとり，2トップと連動して前線からプレスをかけ数多くのチャンスを作った。30分には，左SB海老沼のCKを右SH渡部が折り返したボールに，木村が素早く反応し追加点。後半も，米子北はボランチ佐野を中心に集中した守備で相手の攻撃の芽を摘み，素早く神村学園のゴールに迫った。11分には，木村からのスルーパスをFW福田がゴール前で受け，試合を決定づける3点目を決めた。神村学園もその3分後，MF畠中のクロスに福田がヘディングで合わせ1点を返す。しかし，飲水タイム後はまた米子北のペースで試合は進み試合は終了した。

戦評　牧田泰純（丸岡中学校）

準々決勝戦　8月19日（木）　三国運動公園陸上競技場（雨一時曇）

（主）八木あかね　（副）水野智也，海道泰貴

東山 2（0-3 / 2-2）5 青森山田

（京都府）　　　　（青森県）★

得	S	学		背		背		学	S	得
0	0	②	佐　藤	1	GK	1	沼　田	③	0	0
0	0	③	井　上	2	DF	2	大　戸	③	0	0
1	1	②	（阪田）	7		3	多久島	②	0	0
0	0	②	新　谷	4		4	三　輪	③	0	0
0	0	❸	夘　田	5		5	丸　山	③	1	0
0	0	②	（石井）	16						
0	0	③	石　原	3	MF	6	宇　野	③	1	1
0	0	②	真　田	6		13	（中山）	②	1	0
0	0	②	松　橋	8		10	松　木	❸	4	1
0	1	③	藤　枝	10		7	（小原）	③	0	0
0	0	②	仲　里	12		11	藤　森	③	1	0
0	0	②	北　村	13		16	田　澤	③	2	2
						14	（小野）	③	1	0
0	0	②	中　野	15	FW	9	名須川	③	2	0
1	1	③	（李）	9		15	（小湊）	②	0	0
						17	渡　邊	③	2	1
						8	（田中）	③	0	0
2	3			13	GK	3			15	5
				4	CK	5				
				10	FK	2				
				0	PK	2				

【得点経過】

前半14分〔青〕**PK松木S**

〃 19分〔青〕渡邊→藤森→**田澤S**

〃 33分〔青〕宇野→名須川→**渡邊S**

後半 3分〔青〕名須川→田澤→**宇野S**

〃 15分〔青〕渡邊→大戸→**田澤S**

〃 31分〔東〕阪田（カット）～→**李S**

〃 35+4分〔東〕**阪田（カット）S**

▼警告

〔東〕石原

〔青〕松木

■東山が意地見せるも，青森山田が圧倒

競り合いで分がある青森山田が徐々に相手のコートに侵入。東山も奪ったボールをサイドに散らし，左SH仲里のドリブル突破や右SB夘田のオーバーラップでサイドを崩そうと試みる。しかし前掛かりになった東山のサイドのスペースに青森山田がドリブルで仕掛けPKを獲得。MF松木が冷静に決め先制する。ここから青森山田はさらにプレスの強度を上げ，ロングボールのこぼれ球や，相手の縦パスのコントロールミスを素早く回収，得点を重ねる。後半，東山は両SBが高い位置をとり，中盤の枚数を増やす。対する青森山田は，手薄となったサイドのスペースを狙い，右SB大戸のクロスからMF田澤が追加点を決めるなど，攻撃の手を緩めない。東山も諦めず前線のプレスからショートカウンター。FW李が1点を返す。アディショナルタイムにもMF阪田がゴールするなど，最後まで運動量は落ちなかった。

戦評　夏井元気（灯明寺中学校）

準々決勝戦　8月19日（木）　テクノポート福井総合公園芝生広場（曇のち雨）

（主）小野裕太　（副）加藤展裕，藤田亮

静岡学園 1（1-0 / 0-0）0 大津

★（静岡県）　　　　（熊本県）

得	S	学		背		背		学	S	得
0	0	❸	生　嶋	1	GK	1	佐　藤	③	0	0
0	0	③	三　宅	2	DF	2	和　田	③	0	0
0	0	②	行　徳	3		15	（宮川）	③	0	0
0	0	③	清　水	7		3	日　髙	③	1	0
0	0	③	（野村）	13		4	川　副	③	0	0
0	0	③	荒　井	12		5	寺　岡	③	0	0
0	0	③	菊　池	5	MF	6	薬師田	③	0	0
0	1	③	玄	8		10	森　田	❸	1	0
0	1	③	古　川	10		13	（坂田）	③	0	0
0	2	③	川　谷	11		11	一　村	③	0	0
0	0	③	西　村	14		17	（田原）	②	1	0
0	1	③	（小泉）	6		12	岩　本	③	0	0
1	2	③	持　山	9	FW	7	川　口	③	0	0
						14	（碇）	①	0	0
						9	小　林	②	0	0
						8	（上塚）	③	0	0
1	7			4	GK	3			3	0
				2	CK	1				
				9	FK	6				
				0	PK	0				

【得点経過】

前半34分〔静〕古川～→**持山HS**

■プレッシャーに落ち着き失わない静岡学園

大津は守備時に両ワイドを落とし1–5–4–1で陣形を組んで待ち構え，相手のDFラインでのパス回しにはそれほどプレスをかけずに，縦パスを奪って攻撃に繋げる意図が見られた。奪ったボールはMF森田，FW川口を中心に少ないタッチ数でボールを動かしながら相手陣内に侵入し，右サイドのDF日髙のスピードを活かした攻撃参加からゴールに迫る。静岡学園も相手の様子を窺いながら，ショートパスを繋いでポゼッションを高める。止める，蹴る，外すといった個人のスキルが高く，多少のプレッシャーを受けても落ち着いてボールを動かし，MF玄，古川を中心に左サイドから深い位置まで進入しチャンスを作ろうとする。静岡学園が徐々に相手を押し込んでいき，前半34分に左サイドのクロスからFW持山がヘディングで合わせ先制。後半は，大津が高い位置でボールを奪おうと積極的にプレスをかけ，ボールを奪うと両サイドから攻め込む。静岡学園も前半に引き続き丁寧にボールを動かしながら応戦。大津は選手交代に伴いフォーメーションを1–4–4–2に変更し同点を狙うも，試合はそのまま終了した。

戦評　西村俊彦（三国中学校）

準決勝戦　8月21日（土）　三国運動公園陸上競技場（晴時々曇）

（主）小野裕太　（副）水野智也，榎波俊太

星稜（石川県） **2**（0-2 / 2-1）**3** **米子北**（鳥取県）★

得	S	学		背		背		学	S	得
0	0	③	山内	1	GK	17	山田	③	0	0
0	0	②	（加藤）	17						
0	0	③	石田	2	DF	3	鈴木	❸	0	0
0	0	③	井上	3		5	海老沼	③	1	0
0	1	③	山田	4		13	飯島	③	0	0
0	0	❸	中村	5		15	原	③	1	0
0	0	③	前田	8	MF	2	渡部	③	2	1
1	4	③	岡田	10		12	（小橋川）	②	0	0
0	0	③	河合	12		7	木村	③	1	0
1	3	③	（前出）	6		14	（中井）	②	1	0
0	0	②	福島	16		8	山中	③	0	0
0	0	③	（戸川）	7		16	（橋本）	③	1	0
						10	佐野	③	4	0
0	2	③	伊藤	9	FW	9	福田	②	1	0
0	0	③	（黒田）	15		6	（野田）	②	0	0
0	0	③	山崎	11		11	片山	③	2	1
0	0	②	（山下）	13		4	（牧野）	③	1	1
2	10			8	GK	2			15	3
				3	CK	6				
				7	FK	3				
				0	PK	0				

【得点経過】
前半 8分〔米〕木村→片山→**渡部S**
〃 10分〔米〕山田→木村→片山S（相手GK）（こぼれ球）**片山S**
後半25分〔星〕山崎→戸川→**岡田S**
〃 35+3分〔星〕山田→岡田→**前出S**
〃 35+5分〔米〕（相手FP）（クリア）渡部→**牧野S**

■後半アディショナルタイムに2度劇的ゴール

米子北は前半8分，左MF木村からDFを外す絶妙な動きをしたFW片山へ，そして右MF渡部へとパスを繋ぎ先制点を奪う。さらに10分，米子北は片山がシュートを決め，前半序盤で2点を奪う絶好の立ち上がりとなった。星稜は両SHのポジションを入れ替えたり，FW山崎を中心とした攻撃でリズムを作り出そうとする。後半，星稜は中盤2人を交代して果敢に仕掛けリズムを作ろうとするが，米子北の堅い守りにシュートを撃てない。米子北が優勢にゲームを進めていたが，星稜は25分，ロングボールに抜け出したMF戸川が中央に折り返したボールをMF岡田がシュートし1点を返した。さらに星稜はゲーム終盤，DF中村をトップに上げパワープレーを仕掛けた。するとサイドへのロングボールを岡田が中央に折り返し，MF前出が詰めて同点に追いつく。星稜が勢いを増したかに見えたが，途中出場の米子北MF牧野の劇的なシュートで追いすがる星稜を突き放した。

戦評　大倉英一（道守高校）

準決勝戦　8月21日（土）　日東シンコースタジアム丸岡サッカー場（曇）

（主）加藤正和　（副）竹長泰彦，本郷行秀

青森山田（青森県） **4**（2-0 / 2-0）**0** **静岡学園**（静岡県）★

得	S	学		背		背		学	S	得
0	0	③	沼田	1	GK	1	生嶋	❸	0	0
0	0	③	大戸	2	DF	2	三宅	③	0	0
0	0	②	多久島	3		3	行徳	②	0	0
0	0	③	三輪	4		4	伊東	③	0	0
0	1	③	丸山	5						
0	1	③	宇野	6	MF	5	菊池	③	0	0
2	2	❸	松木	10		6	（小泉）	③	0	0
0	0	③	田澤	16		8	玄	③	0	0
0	0	②	（小湊）	15		10	古川	③	0	0
						11	川谷	③	0	0
						12	荒井	③	0	0
						16	（髙橋）	②	0	0
						14	西村	③	0	0
						13	（野村）	③	0	0
1	4	③	名須川	9	FW	9	持山	③	0	0
1	1	③	（小原）	7						
0	1	③	藤森	11						
0	1	③	渡邊	17						
0	0	③	（小野）	14						
4	11			4	GK	6			0	0
				7	CK	1				
				8	FK	7				
				0	PK	0				

【得点経過】
前半14分〔青〕名須川→藤森～→**松木S**
〃 35分〔青〕松木→田澤～→**名須川S**
後半 4分〔青〕**FK松木S**
〃 35+4分〔青〕小野→**小原S**

▼警告
〔静〕持山，伊東，玄

■静岡学園にシュート許さなかった青森山田

青森山田はシンプルにFW名須川にロングボールを入れ，FW渡邊が背後のスペースに流れ，MF松木がセカンドボールを回収し，リスクを負わずに相手ゴール前に迫る。対する静岡学園は高さのあるCB伊東を初出場させ，青森山田の高さに対抗する意図が窺える。個々のテクニックを活かし，左SH古川，ボランチ玄を中心にドリブルとショートパスを使い，ボールを動かそうとするが，思うように攻撃をさせてはもらえない。徐々に青森山田が前線のプレスから中盤でボールを奪い，素早い攻守の切り替えからサイドでボールを展開しチャンスを作っていく。右SH藤森が相手に厳しくプレッシングし，名須川が拾い，カウンターから藤森が駆け上がり相手を1人かわし，マイナスのクロスを松木が冷静に突き刺し先制。その後も効果的な時間帯に3点を追加。青森山田は守備，切り替えの早さが徹底されており，静岡学園の時間帯を作らせずシュートを0本に抑え完勝した。

戦評　鍋谷英利（敦賀気比高校）

決勝戦　8月22日（日）　テクノポート福井総合公園スタジアム（晴）

（主）田代雄大　（副）小野裕太，加藤正和

米子北（鳥取県） **1**（1-0 / 0-1 / 0-0 / 0-1）**2** **青森山田**（青森県）★

得	S	学		背		背		学	S	得
0	0	③	山田	17	GK	1	沼田	③	0	0
0	0	❸	鈴木	3	DF	2	大戸	③	0	0
0	0	③	海老沼	5		14	（小野）	③	0	0
0	0	③	飯島	13		3	多久島	②	1	0
0	0	③	原	15		4	三輪	③	1	0
						5	丸山	③	2	2
0	2	③	渡部	2	MF	6	宇野	③	1	0
0	0	③	木村	7		10	松木	❸	1	0
0	0	②	（野田）	6		11	藤森	③	1	0
0	0	②	（中井）	14		16	田澤	③	1	0
0	0	③	山中	8		15	（小湊）	②	1	0
0	0	③	（牧野）	4						
1	3	③	佐野	10						
0	0	②	福田	9	FW	9	名須川	③	2	0
0	0	③	（橋本）	16		7	（小原）	③	1	0
0	1	③	片山	11		17	渡邊	③	0	0
						8	（田中）	③	0	0
1	6			17	GK	6			12	2
				0	CK	10				
				16	FK	7				
				1	PK	0				

【得点経過】
前半10分〔米〕**PK佐野S**
後半34分〔青〕多久島TI→小原→**丸山HS**
延後10+1分〔青〕CK藤森→**丸山HS**

▼警告
〔青〕渡邊，宇野，丸山

■延長ラストプレーで劇的優勝ゴール

序盤から青森山田DF多久島のロングスローやMF田澤の突破からペナルティエリア内での攻撃が続くが，米子北が粘り強く跳ね返す。すると前半10分，左サイドから米子北FW福田のスピードあるドリブルを青森山田DFが倒してPKを得ると，MF佐野がゴール右隅に決めて先制点を奪った。今大会初めて先制を許した青森山田は，全員が関わり前線への配球やサイド攻撃などで押し込む。しかし米子北の身体を張ったシュートブロックなどで得点を奪えず。後半，青森山田は田澤のスピードある突破からペナルティエリア内に何度も進入しチャンスを作り出す。さらにCKなどでチャンスを増やしていく。米子北は集中を切らさずしっかりと跳ね返し，疲れが見え始めると選手交代を早めに行う。青森山田は終了間際，スローインからボールを受けたMF小原のクロスをDF丸山が頭で合わせゲームを振り出しに戻し，延長戦に。延長戦もお互い運動量が落ちず一進一退だったが，試合終了直前のCKを青森山田の丸山が再び頭で決めて激闘を制した。

戦評　大倉英一（道守高校）

優勝監督 手記

黒田 剛
青森山田高校サッカー部監督

試合序盤からスピーディでアグレッシブに！

今年度のチームは「全国三冠」を合言葉に必死に取り組んできました。高円宮杯 JFA U-18サッカープレミアリーグ 2021 EASTも好調で開幕から7連勝。首位で後半戦を迎えることになります。対戦するＪリーグのユースチームも我々と対戦する際は本来の形を崩して挑んでくるなど、かなり警戒しているのが見て取れました。これは今までにない傾向でした。毎試合、あらゆるチームの標的とされながら、この一年間は進んでいくのだろうという印象を強く抱きました。過去の総体では暑熱に苦しみ、意図する試合が全くできない感覚がありました。しかし今大会は例年に比べると厳しい暑さがなく、「戦いやすい」という印象で大会に入っていけたと感じています。

総体は試合時間が70分で、準決勝まで引き分けは即PK方式という厳しいレギュレーションですが、逆に飲水タイムやクーリングブレイクがありますので、試合を4分割して考えられる利点もあったと思います。我々は大会前から優勝候補と目されていましたが、コンディションに恵まれたこともあり、序盤からスピーディでアグレッシブかつ平常心で試合に臨むことができました。

シュートを許さない守備意識

初戦は大雨の影響によりキックオフ時間が変更になりましたが、選手たちに動揺する素振りは全く見られませんでした。長崎総科大附の小嶺忠敏先生とは、公式戦では国見と長崎総科大附で1度ずつ対戦したことがありますが、どちらも負けています。長年、高校サッカーを牽引されてきた名将に対し、感謝の気持ちをもって乗り越えていきたい。個人的にはどうしても勝ちたかった一戦でした。前半は決定機を作りつつも0-0でしたが、選手たちは総体の戦い方をよく理解しながらプレーしてくれていました。結果、相手に1本のシュートも許すことなく、後半の3得点につなげられたのは、とても理想的な勝利だったと思います。

次の相手である初芝橋本は2回戦が初戦でした。相当研究されているであろうことは予想できたので、試合の立ち上がりから点を奪って優位に立つことを心がけました。結果、前半11分、15分とCKから2点を奪うことに成功したことで、選手たちも落ち着いて自分たちのサッカーに持ち込むことができたと思います。カウンターから3点目を取ることもできました。そして後半、さらに得点を伸ばすことで気持ちに余裕ができ、5人の交代枠を使い切れました。夏の大会は体力の消耗も著しいので、選手たちをバランスよく休ませながら後の試合に向けたコンディショニングをすることが重要です。

3回戦の丸岡は地元の利を活かして勢いよく来ることを予想していました。しかし実際は我々をリスペクトしてくれたのか動きが硬く、逆に畳み掛けていくことができました。それが大量得点という良い結果につながったと思います。この試合も初戦に続きシュートを1本も許しませんでした。シュートを許さない守備はこの大会で如実に出た面です。シュートを許す限り、こぼれ球やGKのファンブルなどから失点する可能性が生まれます。失点しないためにはシュートを許さない。シュートを許さないためにはクロスを上げさせない。クロスを上げさせないためには両SBもできるだけ高い位置でバトルし、相手の両SHに前を向かせない、走らせないようにコントロールしていく。我々の攻撃力を意識してもらえれば相手の重心は後方になるため、SBは比較的優位に守備ができたかもしれません。

最後に結実した気持ちの強さ

準々決勝で対戦した東山の福重良一監督は大阪体育大学時代の同級生ということもあり、対戦を楽しみにしていました。東山は2年生が多いチームでしたので、我々は3年生の気持ちの強さを前面に押し出し、前半は特に厳しくいくことを意識しました。序盤から迫力をもって戦えたことが前半の3得点につながったと思います。

一方で後半終盤に2失点を喫しました。試合を通じて許した枠内シュート2本が全て失点になってしまった。試合の大勢に影響はなかったとはいえ、交代メンバーの危機感や責任感など、多くの反省材料を持って準決勝に進めたことは、改めて緊張感を植え付ける上でとても有効だったと思います。

準決勝の相手・静岡学園は近年における一番のライバルチーム。一昨年に選手権の決勝戦において屈辱的敗戦を喫したことを選手たちは鮮明に覚えています。公式戦での連敗は我々にとって許される結果ではなかった。静岡学園は全員が強力でいつどこからでも多彩な攻撃を仕掛けてきます。一瞬でも気を抜くと一気に劣勢に立たされます。そこには十分に対策を講じて臨んだ一戦でした。攻守にわたるトランジションはテーマに掲げていた点でもあり、すごく奏功しました。結果、4-0の勝利でしたが数字以上に優勢を保ち、試合を通じて許したシュートも0本。ここまで上手く試合を運べるのかと驚くほどの内容になりました。一昨年のリベンジを果たすことができ、喜びもひとしおでした。

決勝戦は風がひとつのポイントとなりました。米子北は集中力の高いチームで、守備に重心を置きカウンターを徹底してきます。それだけ守備意識が高く、守勢の時間帯を凌ぐことにも慣れているぶん、我々としては絶対に先制しなければならない試合でした。前半は追い風でしたので先制点に対する意欲を前面に押し出し戦いました。しかし、チャンスは作るものの最後は粘られる状況で逆にPKを与えてしまい、先制点を奪われてしまいました。

ある程度は想定内だったものの、意図しない展開に多少の焦りはあったと思います。数あるリスタートもことごとくファウルを取られ、これまでの試合とは全く違う空気感になりました。時間が刻々と過ぎるなか、攻めても跳ね返され、まさに敗戦の空気が漂う展開になっていきました。

後半終了間際、リスタートから入った同点ゴール。ロングスローと見せかけ、近くの選手にボールを預けクロスを入れる形は事前から練習していたものでした。クロスにすることで相手が予測するターゲットをずらす。この形を試合のどのタイミングで出すかは、選手の判断に委ねていました。それがこの土壇場で判断できたのはとても良かったと思います。

そして延長戦後半、ラストプレーでの決勝ゴール。CKを獲得した時点で試合終了の笛が鳴ってもおかしくない状況。本当に最後のワンプレーとなる場面での一撃でした。1回戦と3回戦でPK方式を勝ち上がっている米子北とPK方式での勝負になることだけは絶対に避けたいと感じていました。まさに奇跡的なゴールでした。

過去には愕然とするような負け方を何度も経験してきたので、自分たちがこのような勝ち方をすることは想像もしていませんでした。今年度のチームの選手には、青森山田中学で2度、そして高校で2度、全国大会で準優勝に泣いた経験の持ち主が多くいます。その積もり積もった悔しさが、最後まで諦めない気持ちの強さにつながった結果だと思います。だからこそ、試合後に主将の松木玖生は涙を流したのだと思います。

感謝をもって
歴史の節目に名を刻みたい

16年ぶりの優勝となりましたが、これまで総体では暑さで動けなくなる印象がありました。特に連戦となる3回戦あたりで負けることが多くありました。今大会は例年の暑さがなく、1回戦と2回戦の間に休みが入ったことでコンディションが保てました。ウィークポイントを作らず、いかなる相手にも強みを示せるチーム作りで、今大会全30ゴール（大会新記録）を12選手で挙げることができました。真夏にプレーする選手たちのことを考えれば、ぜひ今後も今大会のようなスケジュールで開催してほしいと強く願いたいものです。

コロナ禍での開催でしたが、寮生の多い我々は普段と変わらない状態で大会期間を過ごすことができました。宿でも外部との接点を持つ状況はなく、感染リスクはほぼ100%回避することができたと思っています。一方で、福井県の大会関係者や全国高体連の方々は感染対策を万全に講じながら、常に気を遣って尽力してくださいました。本当に感謝しかありません。ありがとうございました。

2021年は日本サッカー協会創設100周年にして、高校サッカー選手権も100回大会を迎えます。戦争による大会中止、関西開催から首都圏開催への変更。長い間に様々な歴史を積み重ね、「高校サッカー」という第2種に分類するにはとどまらない影響力の大きいカテゴリーが形作られてきました。そこには数々の先人たちが尽力され、高校サッカーの魅力を高め続けてくださった努力があり、長期にわたって受け継いでこられた歴史があります。一世紀の節目の年に監督としていられることの喜び、またこの先に立てることの感謝をもって、次の100年へ受け継いでいく。その責任が我々にはあります。自分たちよりもまず先人の方々に対する敬意。これを示すことなく次の時代へは進めない一年であると考えています。そして歴史の節目の年に「三冠」を刻むべく、揺るぎない覚悟を持ってチャレンジしていきたいと思います。

2021

走れ
北信越の大地を
とべ
北信越の大空へ

男子 総評

八杉秀樹
高志高校

はじめに

令和3年度、「走れ 北信越の大地をとべ 北信越の大空へ」をスローガンに開催された全国高等学校総合体育大会サッカー競技大会は、8月14日~22日の9日間という日程で、福井県坂井市の日東シンコースタジアム丸岡を中心に近隣施設7会場と、福井市の福井運動公園補助競技場の1会場を使用し熱戦が繰り広げられました。

2年ぶりとなる大会の決勝は、青森山田と米子北の対戦となり、今大会で先制点を初めて許した青森山田が追う展開となりました。堅守からの速攻を狙う米子北と、前線からハイプレスを掛け続ける青森山田の構図は後半も続き、終盤に同点に追いつき延長戦にもつれ込む展開となりました。プレーの質・精度が落ちない青森山田が攻勢を強めペースを引き寄せると、逆転勝ちで優勝を飾りました。

今回の大会は、新型コロナウイルス感染症の影響が色濃く残る中での開催となり、いかに感染者を出さずに無事、終えられるかという大きな課題のもと、例年、苦慮している熱中症等の対策にも注意をはらい準備をして参りました。このコロナ禍で十分な練習ができない中、都道府県代表として52校が本大会の出場権を獲得され、体力面・戦術面での課題を抱えながら、ぎりぎりまで質や精度に磨きをかけ、ハードワークされてきたことと思います。

本大会は、少しでも多くの選手が安心してベストパフォーマンスを出せるようにと、1回戦を2日間に分け、2回戦後と準々決勝後に休息日をとり決勝戦を迎えるという9日間開催を、全国高体連サッカー専門部様と協議を重ねながら実現することができました。また、会場施設が坂井市と福井市で隣接(車移動も30分程度)していることや宿舎からも近いという利点により、選手は疲労回復に時間を費やしたり、役員等は打ち合わせなどの時間として有効に活用できたのではないでしょうか。

感染症対策

2年ぶりの開催が決定し新型コロナウイルス感染症の収束が見えない中、県をまたいで選手・審判・関係者等をどうコントロールするのか、感染者が出た場合はどう規制するのかなど、多くの課題・問題を抱えながらのスタートでありました。できる限りの対策をとり、少しでも安心・安全な大会にする覚悟で準備にあたりました。健康管理チェックシートの記入や提出、大会期間中の健康管理チェックの徹底をはかりました。ベンチテント数を2倍に増やし選手同士の密集を回避したり、次チームと更衣場所が重ならないようにテントの増設、試合終了後にベンチテントの消毒を行い、次チームの受け入れを行いました。観客については、事前申請(学校関係者・報道・高体連・スカウト)を行っている人以外は入場できないという制限を加えました。各会場では施設入り口はもちろん、その他必要となる場所(宿舎も含め)にも消毒液を設置しました。また、選手権大会で採用しているボールボーイと担架員を当該チームから出すことも行いました。その結果、スタッフ人員を減らすことに繋がりましたし、ボールを介した接触リスクを減らせる効果もあったように感じられます。

審判部では抗原簡易キットを準備し、県外から来られる審判員には、まず簡易検査を行い早期発見に努めました。そこで陽性者を発見することができ、何とか最小限に食い止めることができました。また、1チームが大会規定により参加辞退となりました。辞退されたチーム・関係者の皆様には、今後の奮起を願うばかりです。開催県としては、さらに感染対策への意識が高まりました。

大会の報告

【ベスト8】

東北:青森山田(青森)、北信越:星稜(石川)、東海:静岡学園(静岡)、関西:東山(京都)、中国:米子北(鳥取)、岡山学芸館(岡山)、九州:大津(熊本)、神村学園(鹿児島)が勝ち上がりました。ゲームの入り方、いかにチームスタイルが確立し徹底されているのか。コンセプトが明確でチーム意識が統一され連動しているかどうか、が重要な鍵となっていました。それぞれのチームスタイルを出しながらも相手チームのストロングポイントを出させない戦術・戦略が見られ、見応えのある試合となりました。その中でも青森山田はハイプレスを掛け続ける守備意識や体力、堅い守備意識から攻撃への切り替え、状況判断等のスピードはレベルが高く、他チームよりもやや抜けているという印象を受けました。

【攻撃】

高いキック精度と前線のスピードを活かしたシンプルな裏へ仕掛けるチーム。足元の高い技術を活かし、ショートパスを繋いで崩していくチーム。キープ力のある選手をターゲットにし、そこから組み立て攻撃していくチームなど、選手個々の特性が活かされた戦術が練られたチームが多かったように思います。さらに、選手交代を行いながら戦術を変更したりポジションを変更し局面の打開を図ったりできる選手層の厚いチームが、上位に進んだように思います。

今回、米子北はシンプルですが2トップが同時に相手DFの背後を狙う攻撃から、タイミングよく抜け出しシュートに持ち込む場面が多く見られ、迫力がありました。また決勝戦では青森山田に敗れはしましたが、先制点を奪った守備陣を脅かすドリブルからPKを得た場面では周囲を驚かせていました。

一方、勝ち上がれなかったチームの多くは高い守備力で攻撃を封じ込められてしまうと、それを打開する他のアイディアや工夫、選手交代で変化を見いだせない選手層から、苦戦を強いられていたように感じます。

【守備】

試合時間が70分。先制点が試合を優位に進める条件のひとつとなるため、まずは失点しない高い守備能力と組織力のあるチームが接戦を勝ち抜き、次の試合に繋げていたように思います。そのため、1対1では粘り強いタイトなマーク、最終局面では身体を投げ出せる強いフィジカル、セットプレーや背後へのロングキックなどを跳ね返す高さや個が持つ技術、体力が重視されてきたように思います。また、ボール保持者への素早いアタックとそのカバーができる2ndディフェンダーの距離感や、全体のコンパクトディフェンスを意識した高い戦術理解。クロスに対する隙を与えないマークや流れの中での受け渡し、GKとの連係からバイタルエリアへの侵入を阻止する組織的なラインコントロールなど、トレーニングにより積み上げられ精度を高めてきたチームが多く見られたように感じました。

大会を通じて

コロナ禍でリスクを伴う中での開催となりましたが、参加されるチーム・役員関係者の皆様が安心・安全な試合運営ができるようにと準備を重ね、9日間の大会を終えることができました。全国高体連サッカー専門部の皆様、日本サッカー協会テクニカル・スタディ・グループの皆様、その他各県から派遣された審判・役員関係者の皆様など、多くの方々のお力添えと御指導のおかげでこの総体をやりきることができました。皆様方からいただいた御指導や御支援が運営にあたる活力になりました。選手達の全力プレーが生む好プレーやフェアプレーは、多くの補助生徒に感動を与えこれからの目標となりました。本当に感謝しております。来年は、徳島県での開催となりますが、本県での課題等を活かして、よりスリムな大会になることを祈念しまして総評とさせていただきます。

本大会に関わってくださいました皆様方全てに感謝申し上げます。誠にありがとうございました。

男子大会優秀選手

GK	3年	生嶋　健太郎	静岡学園
	3年	佐藤　瑠星	大津
DF	3年	丸山　大和	青森山田
	3年	三輪　椋平	青森山田
	3年	鈴木　慎之介	米子北
	3年	海老沼　慶士	米子北
	2年	行徳　瑛	静岡学園
	3年	中村　実月	星稜
	3年	日髙　華杜	大津
	3年	抜水　昂太	神村学園
MF	3年	宇野　禅斗	青森山田
	3年	田澤　夢積	青森山田
	3年	藤森　颯太	青森山田
	3年	松木　玖生	青森山田
	3年	木村　愛斗	米子北
	3年	佐野　航大	米子北
	3年	山中　奨	米子北
	3年	玄　理吾	静岡学園
	3年	古川　陽介	静岡学園
	3年	前田　一勇	星稜
	3年	阪田　澪哉	東山
	2年	真田　蓮司	東山
	3年	森田　大智	大津
	3年	篠原　駿太	神村学園
	3年	檀野　世那	岡山学芸館
	3年	山岡　亮太	岡山学芸館
FW	3年	名須川　真光	青森山田
	3年	渡邊　星来	青森山田
	3年	片山　颯人	米子北
	2年	福田　秀人	米子北
	3年	持山　匡佑	静岡学園
	3年	山崎　陸成	星稜
	2年	福田　師王	神村学園

以上 33名
（公財）全国高等学校体育連盟サッカー専門部
技術委員会選出

2021

走れ
北信越の大地を
とべ
北信越の大空へ

E N T R Y

登録選手一覧

令和3年度
全国高等学校総合体育大会
サッカー競技

旭川実業 北海道第1

[監督]富居徹雄 [引率教員]斎藤達弘

背番号	位置	氏名	学年
1	GK	関 蓮楠	3
2	FW	門馬誇太郎	3
3	DF	柏木 楓雅	3
4	MF	串田 優斗	3
5	DF	髙橋 東吾	3
6	DF	大井 来流	3
⑦	DF	中村 大剛	3
8	DF	渋谷 一樹	3
9	FW	榎 俊平	3
10	MF	居林 聖悟	3
11	FW	安保 悠輝	2
12	MF	柴谷 幸輝	3
13	MF	西條 葵	3
14	MF	大野 隼弥	3
15	MF	樫山 一生	2
16	DF	長谷川羽空	2
17	MF	領家 滉人	3

札幌大谷 北海道第2

[監督]田部 学 [引率教員]高向隼人

背番号	位置	氏名	学年
1	GK	門間 翔平	3
2	DF	青山 稜	3
3	DF	熊谷 碧音	3
4	DF	安食 優斗	2
5	DF	大橋 燈生	3
6	MF	菊池 洋成	3
7	MF	高橋 颯汰	2
8	MF	福田心之丞	3
9	MF	高桑 輝人	3
⑩	MF	岡本 大地	3
11	FW	秋山 千颯	3
12	FW	菊池 蓮大	3
13	FW	西出あおい	3
14	MF	梅本 翔有	3
15	MF	竹内 海晴	3
16	GK	高橋 勇有	3
17	DF	青山 佳生	3

青森山田 青森県

[監督]黒田 剛 [引率教員]黒田 剛

背番号	位置	氏名	学年
1	GK	沼田 晃季	3
2	DF	大戸 太陽	3
3	DF	多久島良紀	2
4	DF	三輪 椋平	3
5	DF	丸山 大和	3
6	MF	宇野 禅斗	3
7	MF	小原 由敬	3
8	MF	田中 栄勢	3
9	FW	名須川真光	3
⑩	MF	松木 玖生	3
11	MF	藤森 颯太	3
12	GK	鈴木 尋	3
13	DF	中山竜之介	2
14	MF	小野 暉	3
15	FW	小湊 絆	2
16	MF	田澤 夢積	3
17	FW	渡邊 星来	3

専修大学北上 岩手県

[監督]小原昭弘 [引率教員]八重樫 良

背番号	位置	氏名	学年
1	GK	及川 康生	3
2	DF	藤原 清人	2
3	DF	小原 多貴	1
4	DF	伊藤 羽琉	3
5	MF	鎌田 悠生	3
6	MF	阿部 翔輝	3
7	MF	鳥谷部修平	3
8	MF	小原 希琉	3
9	FW	佐藤 裕翔	3
⑩	FW	吉武 皇雅	3
11	FW	鈴木 千翔	1
12	MF	金田 遼平	1
13	DF	髙橋 瑠	2
14	MF	名久井悠希	1
15	DF	葛西 創太	1
16	MF	川上 泰正	2
17	GK	野村 明史	1

仙台育英学園 宮城県

[監督]城福 敬 [引率教員]笹原義巳

背番号	位置	氏名	学年
1	GK	落合 孝昭	2
2	MF	石川 翔大	2
3	DF	石田 隼也	3
4	DF	大塚 俊輝	3
5	DF	松井 大翔	3
6	DF	菅原 天陽	3
7	MF	明石 海月	3
8	FW	村井 創哉	3
9	FW	佐藤 遼	3
⑩	MF	島野 怜	3
11	MF	染野 優輝	3
12	GK	亀山 龍平	3
13	MF	大久保太陽	3
14	MF	松本 銀士	3
15	MF	小林 純太	3
16	DF	笹谷 光成	3
17	FW	浅野 塁	3

県立西目 秋田県

[監督]安田洋介 [引率教員]今野正樹

背番号	位置	氏名	学年
1	GK	今野 翔	3
2	DF	斎藤 颯	3
3	MF	齊藤 大空	2
4	DF	畠山 康	3
5	DF	佐藤 康成	3
6	DF	高橋 琉斗	3
7	MF	小助川結都	3
8	MF	渡辺 大吾	3
⑨	MF	小川 拓	3
10	FW	嵯峨 琉央	3
11	MF	松永 周佑	3
12	GK	鈴木 暢天	2
13	DF	佐藤 丈誠	2
14	MF	竹内 大和	2
15	MF	加川 惇生	2
16	MF	池田 陽	1
17	FW	宮野 夏生	2

東海大学山形 山形県

[監督]五十嵐直史 [引率教員]栗村和彦

背番号	位置	氏名	学年
1	GK	太田 智大	3
2	DF	高松 怜慈	2
3	DF	浦山 翔亜	3
4	DF	森岡 蓮治	3
5	DF	宇津井優斗	3
6	MF	須貝 秋良	2
7	MF	小野 武人	3
8	MF	長岡 壱宗	3
9	FW	伊藤 広	3
10	MF	芳賀 隼斗	3
11	MF	齋藤 然	3
12	MF	古川 大誠	2
13	DF	柴田 航汰	2
⑭	MF	梅津 太智	3
15	FW	鈴木 琳平	2
16	MF	半澤 大地	3
17	GK	太田 朋輝	3

尚志学園尚志 福島県

[監督]仲村浩二 [引率教員]西田 潤

背番号	位置	氏名	学年
1	GK	鮎澤 太陽	2
2	MF	半谷 一太	3
3	DF	安江 海ラウル	3
4	DF	チェイス アンリ	3
5	DF	高橋 翔大	3
⑥	FW	松本 勇斗	3
7	MF	新谷 一真	3
8	MF	齋藤 幹太	3
9	FW	小池 悠斗	3
10	MF	松尾 春希	3
11	MF	鈴木 彪馬	3
12	FW	村上 力己	3
13	MF	黒瀬 舜	3
14	MF	草野 太貴	3
15	DF	鈴木 大翔	2
16	GK	友岡亜人武	2
17	DF	入澤 新大	3

鹿島学園 茨城県

[監督]鈴木雅人 [引率教員]石川秋彦

背番号	位置	氏名	学年
1	GK	小副川虎之介	3
2	DF	櫻井 稜	2
3	MF	高井 将太	3
4	DF	佐々木輝大	3
⑤	DF	渕 伸平	3
6	MF	横須賀麗仁	3
7	MF	山口 永遠	3
8	MF	林 結人	2
9	FW	森 龍ノ介	1
10	MF	鈴木 仁也	3
11	MF	中嶋 飛翔	3
12	GK	木村 和輝	2
13	MF	妹尾 俊兵	1
14	MF	熊倉 優希	2
15	DF	上原 悠平	2
16	FW	西川 竜瑛	3
17	FW	上野 光永	3

矢板中央 栃木県

[監督]高橋健二 [引率教員]金子文三

背番号	位置	氏名	学年
①	GK	藤井 陽登	3
2	DF	小出 勇翔	3
3	DF	森山 駿	3
4	DF	山越 結平	3
5	DF	畑岡 知樹	2
6	MF	田邊 海斗	2
7	MF	大畑 凜生	3
8	MF	唐橋 玖生	3
9	MF	藤野 和哉	3
10	FW	星 景虎	3
11	FW	林 廉斗	3
12	GK	羽渕 莉人	3
13	DF	太田 爽志	3
14	MF	片岡 駿太	3
15	MF	柴田 玲樹	3
16	FW	小森 雄斗	3
17	MF	黒澤 光成	3

前橋育英 群馬県

[監督]山田耕介 [引率教員]櫻井 勉

背番号	位置	氏名	学年
1	GK	渡部 堅蔵	3
2	DF	岡本 一真	3
3	DF	徳永 崇人	3
④	DF	桑子 流空	3
5	DF	柳生 将太	3
6	DF	岩立 祥汰	3
7	MF	根津 元輝	2
8	MF	鈴木楽維夢	3
9	FW	守屋練太郎	3
10	MF	笠柳 翼	3
11	MF	渡辺 亮平	3
12	GK	須永 大進	3
13	FW	池田 風真	3
14	MF	徳永 涼	2
15	MF	小池 直矢	2
16	FW	高足 善	2
17	MF	大竹 駿	3

正智深谷 埼玉県

[監督]小島時和 [引率教員]小島時和

背番号	位置	氏名	学年
1	GK	小櫃 政儀	3
2	DF	中山 光望	3
3	DF	大澤 航祐	3
4	DF	小屋 結世	2
⑤	DF	森下 巧	3
6	MF	秋山 敬吾	3
7	MF	大野 涼真	3
8	MF	平田 脩真	3
9	FW	山口 陽生	3
10	MF	増子 康介	3
11	MF	渡辺 友斗	3
12	MF	大澤 弘基	2
13	MF	寺田 海成	3
14	DF	江川優一都	2
15	MF	初雁 龍	2
16	FW	春山 朔也	2
17	GK	山際 匠	3

流通経済大学付属柏 千葉県

[監督]榎本雅大 [引率教員]斉藤礼音

背番号	位置	氏名	学年
1	GK	デューフエマニエル 凜太朗	2
2	DF	大川 佳風	2
3	DF	西岡 亮哉	3
4	DF	萩原 聖也	2
5	DF	田口 空我	3
6	MF	松本 洋汰	3
⑦	MF	渋谷 諒太	3
8	MF	小林 恭太	3
9	FW	石川 裕雅	3
10	FW	川畑 優翔	3
11	FW	清水蒼太朗	3
12	DF	橋本清太郎	3
13	MF	山崎 楽久	3
14	MF	高足 龍	3
15	FW	堀川 大夢	2
16	MF	新保 柊祐	1
17	FW	伊藤 孝将	3

実践学園 東京都第1

[監督]深町公一 [引率教員]内田尊久

背番号	位置	氏名	学年
1	GK	齋藤 陸	3
2	DF	雨宮 竜也	3
3	DF	狩野 希匠	3
4	DF	長友 星澄	3
5	DF	秋元 朝陽	3
6	MF	稲場 雄斗	3
7	MF	岩永 拓己	3
8	MF	渡辺 創太	3
9	FW	牧山 翔汰	2
⑩	DF	土方 飛人	3
11	FW	笹原勘太郎	3
12	FW	入江 友規	3
13	FW	川上宗一郎	3
14	MF	和田 葵生	3
15	DF	田村 英一	3
16	MF	野村 昌生	3
17	GK	金井 悠河	3

帝京 東京都第2

[監督]日比 威 [引率教員]日比 威

背番号	位置	氏名	学年
①	GK	岸本 悠将	3
2	DF	小林 佳太	2
3	DF	入江 羚介	2
4	DF	島貫 琢土	2
5	DF	藤本 優翔	2
6	MF	狩野 隆有	3
7	MF	福地 亮介	3
8	MF	押川 優希	2
9	MF	橋本マリーク 識史	2
10	FW	伊藤 聡太	2
11	MF	並木 雄飛	2
12	DF	荻野 海生	3
13	FW	齊藤 慈斗	2
14	MF	山下 凜	2
15	MF	前野 翔平	2
16	MF	大田 知輝	2
17	MF	藤崎 巧士	2

東海大学付属相模 神奈川県第1

[監督]有馬信二 [引率教員]増子 渉

背番号	位置	氏名	学年
1	GK	境野 秀音	3
2	DF	内藤 天志	3
3	DF	石川 竜	3
4	DF	根岸 優汰	1
5	DF	磯村 亜修	3
6	MF	橋本 一汰	3
7	MF	大久保元泰	2
8	MF	山田 琉矢	3
9	FW	齋藤 大地	3
⑩	MF	品田 希望	3
11	FW	森田 青流	3
12	GK	山城 陽斗	2
13	FW	坂本 隼	3
14	FW	吉良 優音	3
15	MF	五十嵐勇弥	3
16	FW	髙橋 莞大	3
17	DF	代谷 海翔	3

相洋 神奈川県第2

[監督]綱島陽介 [引率教員]綱島陽介

背番号	位置	氏名	学年
1	GK	関野 海斗	3
2	DF	近藤 雅公	3
3	DF	山口 聡三	3
4	DF	吉田 優希	3
5	DF	岩野 拳士	3
6	MF	工藤 瑠太	3
⑦	MF	後藤 康介	3
8	MF	杉本 颯太	3
9	FW	山崎 大翔	3
10	MF	浅倉 勇翔	3
11	FW	進藤 翼	2
12	GK	田山 慶太	2
13	FW	杉田 雄斗	3
14	MF	松澤 好輝	2
15	MF	重松 康平	2
16	MF	木原 聡太	3
17	MF	高橋 雷	3

帝京第三 山梨県

[監督]相良和弘 [引率教員]新村知仁

背番号	位置	氏名	学年
1	GK	金子 成那	3
2	DF	安原 太洋	3
3	DF	片岡 真也	2
4	DF	岩川 アレクシス駿	3
⑤	DF	白鳥 稜汰	3
6	MF	井野本将汰	3
7	MF	菅野 恭生	3
8	MF	小林凜太郎	3
9	FW	細田 皐太	3
10	FW	趙 浚杓	3
11	MF	横田 隆晟	3
12	DF	初鹿 新	3
13	MF	山本 圭吾	3
14	MF	大久保拓真	3
15	MF	雨宮 功典	2
16	MF	岡田 耀太	2
17	GK	梨本 陸功	2

東京都市大学塩尻 長野県

[監督]小松憲太 [引率教員]小原邦雄

背番号	位置	氏名	学年
1	GK	石見凜汰朗	3
②	DF	北野 大和	3
3	DF	川原 拓真	3
4	DF	上坪 卓真	3
5	MF	後町 大夢	3
6	DF	和田 哉太	3
7	MF	宮坂 奏汰	3
8	FW	中村 玲央	1
9	FW	高井伸之輔	3
10	FW	中嶋総太郎	3
11	FW	高木 彪雅	3
12	GK	遠藤 樹	3
13	DF	鷲見 紘翔	2
14	MF	村松 空清	3
15	MF	高橋 透生	3
16	MF	清野 夢紘	2
17	MF	高橋 圭太	1

開志学園JAPANサッカーカレッジ 新潟県

[監督]宮本文博 [引率教員]近江宏武

背番号	位置	氏名	学年
1	GK	中島 巧翔	3
2	DF	駿藤 隼哉	3
3	DF	村松 氷優	3
④	DF	東 界杜	3
5	DF	長谷川基尊	3
6	MF	金子 礼人	3
7	MF	松田 健吾	3
8	MF	佐々木楽登	3
9	FW	須崎 健太	3
10	FW	澤田優一朗	3
11	DF	森 碧大	3
12	DF	西田夏海人	3
13	FW	平 嵩矢	2
14	MF	浅野 夏輝	1
15	DF	竹内 皐樹	2
16	MF	モーリス ケンヤ	3
17	GK	石垣 奏空	3

高岡第一 富山県

[監督]松浦朗夫 [引率教員]西村太郎

背番号	位置	氏名	学年
1	GK	大野 航暉	3
2	MF	渡辺 赳仁	3
3	DF	高田 峻輔	3
4	DF	四柳 亨丞	3
5	DF	栗原 壱成	3
6	MF	麻生 輝斗	3
7	MF	谷内 一景	2
8	MF	佐藤 大吾	3
9	FW	唐沢 来輝	2
⑩	FW	高畑 優輝	3
11	FW	今田 理輝	3
12	GK	片山 蒼大	2
13	FW	横田真冴斗	2
14	MF	上久大来未	2
15	MF	稗田 伊織	3
16	MF	中井 翔空	2
17	FW	絹野 仁	1

星稜 石川県

[監督]河合伸幸 [引率教員]木原力斗

背番号	位置	氏名	学年
1	GK	山内 友登	3
2	DF	石田 達己	3
3	DF	井上陽向大	3
4	DF	山田 凌平	3
⑤	DF	中村 実月	3
6	MF	前出 悠杜	3
7	MF	戸川 期雄	3
8	MF	前田 一勇	3
9	FW	伊藤 大雅	3
10	MF	岡田 伯斗	3
11	FW	山崎 陸成	3
12	MF	河合 伸悟	3
13	FW	山下 陸	2
14	FW	髙橋 鴻太	3
15	DF	黒田 大翔	3
16	GK	福島 元基	2
17	GK	加藤 夕暉	2

県立丸岡 福井県第1

[監督]小阪康弘 [引率教員]宇城康太

背番号	位置	氏名	学年
1	GK	田邊 満記	3
2	DF	奥村 洋武	1
3	DF	木戸 太陽	3
4	DF	山田 健太	2
5	DF	東出 来輝	3
6	MF	明間 歩	3
⑦	MF	横山 潤成	3
8	FW	佐藤 流星	3
9	FW	山次鴻史朗	3
10	MF	德川 留野	3
11	FW	伊藤 大貴	2
12	MF	兀橋 斗羅	3
13	FW	小野木 仁	3
14	MF	渡辺 祥気	1
15	FW	小関 晴人	2
16	DF	徳山 港音	2
17	GK	清水 唯太	1

県立福井商業 福井県第2

[監督]高木謙治 [引率教員]野瀬 司

背番号	位置	氏名	学年
1	GK	山下 翔央	3
2	DF	明石 涼虎	3
3	DF	畑中 大悠	3
4	DF	佐々木海渡	3
5	DF	橋爪 太陽	2
6	MF	大森直太郎	3
7	DF	大谷 太紀	3
8	MF	若山 颯太	2
9	MF	阿波賀陸登	3
⑩	FW	中津 悠哉	3
11	FW	谷 柊呂	2
12	GK	倉橋 駿哉	3
13	MF	清水 諒	2
14	MF	伊藤 慎也	2
15	MF	佐々木健吾	1
16	DF	岩原 陽	2
17	FW	大谷 仁人	1

静岡学園 静岡県

[監督]川口 修 [引率教員]齋藤興龍

背番号	位置	氏名	学年
①	GK	生嶋健太郎	3
2	DF	三宅 優翔	3
3	DF	行徳 瑛	2
4	DF	伊東進之輔	3
5	MF	菊池 柊哉	3
6	MF	小泉龍之介	3
7	MF	清水 和馬	3
8	MF	玄 理吾	3
9	FW	持山 匡佑	3
10	MF	古川 陽介	3
11	FW	川谷 凪	3
12	MF	荒井 駿希	3
13	DF	野村 海翔	3
14	MF	西村 湧志	3
15	MF	白井 柚希	2
16	MF	髙橋 隆大	3
17	GK	中村 圭佑	1

中京大学附属中京 愛知県

[監督]鈴村真平 [引率教員]山口秀和

背番号	位置	氏名	学年
1	GK	岡 勇太	3
2	DF	近藤 諒	3
3	DF	福谷 大輔	3
④	DF	横井 文太	3
5	DF	戸谷 宇慧	3
6	MF	蛭田 郁海	2
7	MF	大重 優斗	3
8	MF	安藤 怜生	3
9	FW	竹内紅怜衣	3
10	MF	光本 和馬	3
11	MF	久田 倖生	3
12	GK	杉山 空	3
13	DF	武藤 海生	3
14	MF	田中 大暉	3
15	MF	井戸 伯	3
16	FW	能登 陽大	3
17	FW	溝口 絢人	2

学校法人三重 三重県

[監督]徳地俊彦 [引率教員]徳地俊彦

背番号	位置	氏名	学年
1	GK	田端 亮雅	3
2	DF	黒田 響平	3
3	DF	角谷 太一	3
4	DF	大地山 開	3
5	DF	藤本航太朗	3
6	DF	野呂 航正	3
7	MF	達村 健斗	3
8	MF	齊藤 琉矢	3
9	FW	浅井 勇飛	2
⑩	FW	吉良 元希	3
11	MF	竹松 純心	3
12	GK	後藤 崇亘	1
13	FW	井上 晃雅	3
14	MF	都築 愛翔	2
15	MF	村上 展太	3
16	FW	世古 千颯	3
17	DF	奥西 哉太	3

安達学園中京 岐阜県

[監督]熊谷大樹 [引率教員]福留直人

背番号	位置	氏名	学年
①	GK	秦 涼介	3
2	DF	小林 巧弥	3
3	DF	岩本 駿也	3
4	DF	伊藤 俊哉	3
5	DF	伊藤 威達	3
6	MF	中村 侑哉	3
7	MF	佐藤 連真	2
8	MF	倉本 航耀	3
9	MF	塩田 航輝	3
10	MF	桑原 柊斗	3
11	FW	瀬谷 巧	3
12	DF	蒲 侑祐	3
13	FW	井上 大舞	3
14	MF	鈴木 渉太	3
15	FW	中鉢 大貴	3
16	MF	桜井 翼	3
17	GK	大川 陸	1

延暦寺学園比叡山　滋賀県

[監督]林 孝紀 [引率教員]竹原雄大

背番号	位置	氏 名	学年
1	GK	津隈 淳希	3
2	DF	鶴山 浩生	3
3	DF	柿畑 翔大	2
4	DF	堀江 崚斗	3
5	DF	川北 晃暉	3
6	MF	東田 篤樹	2
7	MF	松田 京斗	2
8	MF	植西 玲太	3
9	FW	野田 陽大	3
⑩	FW	仲川晟太郎	3
11	MF	山田 優人	3
12	GK	佐々木蒼生	2
13	FW	八木 慈円	3
14	FW	宮本 北斗	3
15	MF	寺田 周人	3
16	DF	黒木 大夢	3
17	DF	奥村 陸	2

東山　京都府

[監督]福重良一 [引率教員]中原大亮

背番号	位置	氏 名	学年
1	GK	佐藤 瑞起	2
2	DF	井上 蒼太	3
3	DF	石原麟太朗	3
4	DF	新谷 陸斗	2
5	DF	夘田 大揮	3
6	MF	真田 蓮司	2
7	MF	阪田 澪哉	2
8	MF	松橋 啓太	2
9	MF	李 隆志	3
10	FW	藤枝 康佑	3
11	MF	清水楓之介	2
12	DF	仲里 勇真	2
13	MF	北村圭司朗	2
⑭	MF	森澤 快斗	3
15	FW	中野 翔真	2
16	MF	石井 亜錬	2
17	GK	中条 俊介	3

阪南大学　大阪府第1

[監督]濱田 豪 [引率教員]平野洋二郎

背番号	位置	氏 名	学年
1	GK	山形 慈温	3
2	DF	石井 大貴	3
3	MF	稲場 塁	3
4	DF	櫻本亜依万	3
5	DF	西田 祐悟	3
6	MF	稲垣 大燿	3
7	DF	保田 成琉	2
8	DF	今西 一志	2
⑨	FW	鈴木 章斗	3
10	MF	櫻井 文陽	3
11	MF	宮崎 悠大	1
12	GK	松本 健汰	2
13	FW	福井 旺	1
14	FW	石川 己純	3
15	DF	菊川 泰河	2
16	MF	田中 大翔	3
17	MF	松本 楓悟	3

大阪桐蔭　大阪府第2

[監督]永野悦次郎 [引率教員]中垣典明

背番号	位置	氏 名	学年
1	GK	薮中 優希	3
2	DF	丹羽 希	3
3	DF	尾崎 凱琉	1
④	DF	小林 柾輝	3
5	DF	朝山 大輝	3
6	MF	大倉 凜也	3
7	MF	奥野 龍登	3
8	MF	室 勇志	3
9	MF	溝口 響	3
10	FW	中塚 亮晴	3
11	MF	馬場啓太朗	3
12	GK	須田 遥斗	2
13	FW	高垣 佑椰	3
14	MF	藤澤 壮汰	3
15	MF	柳 秀聖	2
16	DF	東村 賢尚	3
17	MF	田中 俊真	3

初芝橋本　和歌山県

[監督]阪中義博 [引率教員]阪中義博

背番号	位置	氏 名	学年
1	GK	住友 蓮	3
2	DF	村田 未藍	3
3	MF	吉村 渉矢	2
4	DF	七星 優斗	3
5	DF	植仲 一樹	3
6	MF	片山翔太郎	3
7	MF	大月 志浩	3
8	MF	坂口 歩夢	3
9	FW	朝野 夏輝	1
⑩	MF	岡本 直大	3
11	FW	荻野 悟	3
12	DF	西本 真梧	2
13	DF	松永 健生	2
14	MF	飯野 朝陽	2
15	MF	吉田 脩作	2
16	FW	東野 啓太	2
17	GK	南 陽真	3

県立山辺　奈良県

[監督]長尾慎祐 [引率教員]浅見 卓

背番号	位置	氏 名	学年
1	GK	岸端 泰成	2
2	DF	森 純人	3
3	DF	山下 和真	3
4	DF	森岡侑太郎	3
5	MF	浅倉 莉久	2
6	MF	中川 泰玖	2
7	MF	芦邉 陸斗	1
8	MF	柳田 尋斗	2
9	FW	濱岡 聖流	2
⑩	FW	佐藤 琉生	2
11	FW	小原 一力	2
12	GK	中村 陵聖	1
13	FW	田中 翔	1
14	DF	辻 学人	1
15	MF	山口 光希	2
16	MF	安藤 礼喜	1
17	MF	西村 俊哉	2

関西学院　兵庫県

[監督]山根 誠 [引率教員]岡本歴大

背番号	位置	氏 名	学年
1	GK	斎藤慎之助	3
2	DF	鈴木 康生	2
3	DF	上田 勇徳	3
④	DF	東 昂希	3
5	DF	紀伊野敬大	3
6	MF	西谷 京祐	3
7	MF	岩﨑 陸歩	2
8	MF	安野 徹雄	2
9	FW	冨江 航世	2
10	MF	田村 亮弥	3
11	FW	五十嵐太郎	3
12	GK	増田 樹	2
13	DF	田中 翔大	1
14	DF	八田蓮成斗	1
15	MF	河崎 温人	3
16	MF	伊東 直哉	2
17	FW	奥田 和翔	1

翔英学園米子北　鳥取県

[監督]中村真吾 [引率教員]城市徳之

背番号	位置	氏 名	学年
1	GK	西山 飛源	2
2	DF	渡部 颯斗	3
③	DF	鈴木慎之介	3
4	MF	牧野 零央	3
5	DF	海老沼慶士	3
6	MF	野田 徹生	2
7	MF	木村 愛斗	3
8	MF	山中 奨	3
9	FW	福田 秀人	2
10	MF	佐野 航大	3
11	FW	片山 颯人	3
12	FW	小橋川海斗	2
13	DF	飯島 巧貴	3
14	MF	中井 唯斗	2
15	DF	原 佳太朗	3
16	FW	橋本 淳史	3
17	GK	山田 陽介	3

立正大学淞南　島根県

[監督]南 健司 [引率教員]野尻 豪

背番号	位置	氏 名	学年
①	GK	長野 大河	3
2	DF	郷原 颯斗	3
3	DF	伊藤 陽翔	3
4	DF	今野 寧音	2
5	DF	岩本 剛気	3
6	MF	久保 達也	3
7	MF	谷野 峻	3
8	MF	門脇 琉星	3
9	DF	加古 圭佑	3
10	MF	三原 弘稀	3
11	FW	古内 快成	3
12	GK	竹内 祐人	3
13	MF	ﾀﾞ ｼﾙﾊﾞ ｲｺﾞﾙ ﾔﾝ	2
14	FW	加藤 緒	3
15	MF	肥塚 秀斗	2
16	FW	香西銀二郎	2
17	MF	井川 真飛	3

岡山学芸館　岡山県

[監督]高原良明 [引率教員]金田泰弘

背番号	位置	氏 名	学年
1	GK	寺島紳太朗	3
2	DF	塩見 烈矢	3
3	FW	小野 大輝	3
4	DF	小池 春輝	3
5	DF	坂田 陸	3
6	MF	木村 匡吾	2
7	MF	竹川 奏	3
8	MF	岡本 温叶	2
9	FW	寺脇 琉生	3
⑩	MF	山岡 亮太	3
11	FW	今井 拓人	2
12	GK	難波 晴貴	3
13	MF	山田 蒼	2
14	MF	田中 壱晟	3
15	MF	田口 裕真	1
16	MF	中尾 誉	2
17	MF	檀野 世那	3

瀬戸内　広島県

[監督]田中健二郎 [引率教員]田中健二郎

背番号	位置	氏 名	学年
1	GK	大木 泰季	2
2	DF	伯野 航太	3
3	DF	有吉 勇人	3
4	DF	松浦 隆介	3
5	DF	平山 歩夢	3
6	MF	正法地 大	3
7	MF	長谷川大貴	3
8	MF	越田 陽輝	3
9	FW	風呂迫恵人	3
10	FW	佐野 竜眞	3
⑪	FW	梁 俊虎	3
12	GK	池田 伊織	3
13	FW	野上 凌雅	2
14	MF	江川 楓	2
15	MF	前田 壮介	3
16	FW	岩崎 幸大	2
17	FW	澤田 佳憲	2

高川学園　山口県

[監督]江本 孝 [引率教員]河村直樹

背番号	位置	氏 名	学年
1	GK	福島 真斗	2
2	DF	田島 黎門	3
3	DF	加藤 寛人	3
4	DF	山本 陽	2
5	MF	桑原 豪	3
6	DF	那須 太陽	3
7	MF	村上 一颯	3
8	MF	北 健志郎	3
9	FW	中山 桂吾	3
10	MF	林 晴己	3
11	FW	林 良真	3
12	DF	中村 一輝	3
⑬	DF	奥野 奨太	3
14	MF	西澤 和哉	3
15	MF	長野 恭大	2
16	FW	梅田 彪翔	2
17	GK	徳若 碧都	3

尽誠学園　香川県

[監督]森 陽介 [引率教員]明比隼希

背番号	位置	氏 名	学年
①	GK	仁尾谷昴正	3
2	DF	田中 秀斗	3
3	DF	森部雅玖斗	3
4	DF	人見 和樹	3
5	DF	村上 晏都	1
6	DF	辻岡 招真	3
7	MF	合田 紫童	3
8	MF	村上 晟進	3
9	DF	万々 憂輝	2
10	MF	古家 大陸	2
11	MF	横倉 大和	2
12	GK	石田 遥翔	1
13	MF	宇田 亮太	3
14	MF	片山絢太郎	2
15	FW	大谷真一郎	2
16	DF	仲谷 心温	2
17	MF	石川 愁	2

徳島市立　徳島県

[監督]河野博幸 [引率教員]藤本大地

背番号	位置	氏 名	学年
1	GK	藤澤 芭琉	2
2	DF	稲川 陽友	2
3	DF	諏訪一玖己	3
4	DF	河合 侑馬	2
5	MF	佐藤 秀一	3
6	MF	柴田 侑茉	2
7	MF	織田 大翔	2
⑧	MF	川上 楓雅	3
9	MF	日野 主義	2
10	FW	林 秀太	2
11	FW	藤島 涼介	3
12	DF	野々村泰成	2
13	MF	河村 壮真	2
14	MF	吉田 壮汰	2
15	MF	秋月 大和	2
16	FW	笠原 颯太	1
17	GK	安藝誠一郎	1

新田　愛媛県

[監督]清水祐貴 [引率教員]濱田和人

背番号	位置	氏 名	学年
①	GK	田中 藍人	3
2	DF	宮領 渉真	2
3	DF	白石慶次郎	3
4	DF	小野功太郎	3
5	DF	森 誠也	2
6	MF	東尾 翔太	3
7	MF	中越 翔悟	3
8	FW	永野 流星	3
9	MF	福井 優斗	3
10	MF	青野 宇矩	3
11	FW	日浦 和守	3
12	FW	杖田 凰夢	2
13	MF	福島 誠也	2
14	DF	山田 拓	2
15	MF	檜谷 隼雲	2
16	MF	篠﨑 亮輔	2
17	GK	岡澤 流星	2

高知中央　高知県

[監督]近藤健一朗 [引率教員]小出 湊

背番号	位置	氏 名	学年
1	GK	池添 郁哉	3
2	DF	植田 龍平	3
3	DF	加藤 太波	3
4	DF	中西 拓斗	2
5	DF	松橋 功策	3
6	MF	室津 慈恩	3
7	MF	鎌倉 陸	2
8	DF	松木 佑太	3
9	FW	和氣 有祐	2
⑩	FW	室 天舞	3
11	MF	片山 良雅	2
12	DF	小寺 智尋	2
13	FW	多田 晴登	2
14	MF	米﨑 希星	3
15	GK	関 大地	2
16	FW	髙城 有陽	2
17	MF	木村 駿太	2

嶋田学園飯塚　福岡県

[監督]中辻喜敬 [引率教員]島田一真

背番号	位置	氏 名	学年
1	GK	別所 利樹	3
2	DF	森園 楓月	3
3	DF	菊本 遼紫	3
4	DF	坂本海凪太	1
5	MF	松島 朝日	2
⑥	DF	中川 知哉	3
7	MF	吉田 龍介	3
8	MF	池田 光希	3
9	FW	村越 琉威	3
10	MF	村井 天	2
11	MF	池田 悠夢	2
12	GK	東谷 康平	2
13	FW	髙尾 流星	3
14	DF	佐藤 光清	3
15	MF	築田 匡	3
16	MF	中隈 聖大	3
17	FW	藤井 葉大	1

県立佐賀東　佐賀県

[監督]蒲原晶昭 [引率教員]杠 美津司

背番号	位置	氏 名	学年
1	GK	松雪 翔吾	2
2	DF	平川 周汰	3
3	DF	宝納 拓斗	2
4	DF	森田 裕斗	3
5	DF	坂本 空雅	3
6	MF	山内 創太	3
7	MF	中山 琉稀	3
⑧	MF	森田 悠斗	3
9	FW	溝口 貴也	3
10	MF	吉田 陣平	3
11	FW	川原 一太	3
12	MF	上村 新陽	3
13	DF	石橋 拓磨	2
14	MF	小島 琉生	2
15	FW	小嶋 悠央	2
16	DF	牧瀬 和也	3
17	GK	高山さくら	3

長崎総合科学大学附属　長崎県

[監督]小嶺忠敏 [引率教員]定方敏和

背番号	位置	氏 名	学年
1	GK	亀井 一起	2
2	DF	深町 綾我	3
③	MF	折尾 元斗	3
4	MF	原口 玖星	3
5	DF	児玉 勇翔	3
6	DF	大谷 幸希	3
7	FW	芦高 佑	3
8	MF	竹田 天馬	2
9	FW	牧田 陽太	3
10	MF	城間 琳	3
11	FW	西岡 紫音	2
12	GK	高城 亘	2
13	FW	石山 風吹	3
14	MF	別府 史雅	3
15	MF	高良 陸斗	3
16	DF	大門 凜	3
17	DF	徳田 壮馬	2

県立大津　熊本県

[監督]山城朋大 [引率教員]山城朋大

背番号	位置	氏 名	学年
1	GK	佐藤 瑠星	3
2	DF	和田 理央	3
3	DF	日髙 華杜	3
4	DF	川副 泰樹	3
5	DF	寺岡潤一郎	3
6	MF	薬師田 澪	3
7	MF	川口 敦史	3
8	FW	上塚 蓮	3
9	FW	小林 俊瑛	2
⑩	MF	森田 大智	3
11	MF	一村 聖連	3
12	MF	岩本昌大郎	3
13	DF	坂田 東梧	3
14	FW	碇 明日麻	1
15	MF	宮川 央佑	3
16	GK	毛利 優太	3
17	MF	田原 瑠衣	2

大分　大分県

[監督]小野正和 [引率教員]河合寛次郎

背番号	位置	氏 名	学年
1	GK	塩治 晴士	3
2	DF	今田 倖聖	2
3	DF	阿南 幸翔	3
4	DF	大石 吾乃	2
5	MF	板井 成磨	3
6	DF	岡松 泰亮	3
7	MF	青山京志郎	2
8	FW	吉川獅子心	2
9	FW	小畑 智竜	3
⑩	MF	前園 陽人	3
11	FW	進藤 基矢	3
12	GK	佐藤 隼	2
13	MF	後藤 悠介	3
14	DF	尾藤 啓太	3
15	FW	長尾 浩希	2
16	FW	今田 昴輝	2
17	FW	佐藤 翼	2

日章学園　宮崎県

[監督]原 啓太 [引率教員]原 啓太

背番号	位置	氏 名	学年
1	GK	後藤 大輝	3
2	DF	片井野皐史	3
3	DF	宮本 大誠	1
4	DF	工藤 珠凜	2
5	DF	芝 清人	2
6	MF	金川 羅彌	2
7	FW	葭岡 遥来	3
8	MF	藤本 優希	3
9	MF	橋 天飛磨	3
⑩	FW	木脇 蓮苑	3
11	MF	前田 聖七	3
12	DF	蔵屋 明徹	2
13	FW	石﨑 祥摩	2
14	MF	池部虎太郎	3
15	MF	松下 貴要	2
16	DF	藤本 晃士	1
17	GK	横山 洸	3

神村学園　鹿児島県

[監督]有村圭一郎 [引率教員]栢野裕一

背番号	位置	氏 名	学年
1	GK	前納 侑世	3
2	MF	片山 捷真	3
3	DF	中俣 琉華	3
4	DF	大坪 十維	3
5	DF	前原 慶維	3
6	DF	比良 柊斗	3
⑦	DF	抜水 昂太	3
8	MF	佐藤 璃樹	3
9	MF	若水 風飛	3
10	MF	畠中 健心	3
11	MF	篠原 駿太	3
12	MF	丸山 遼人	3
13	FW	福田 師王	2
14	MF	大迫 塁	2
15	DF	笠置 潤	2
16	FW	山元 陸未	3
17	GK	広川 豪琉	2

県立那覇　沖縄県

[監督]天願 匠 [引率教員]髙良義樹

背番号	位置	氏 名	学年
①	GK	上地悠大郎	3
2	DF	大濱 師幸	3
3	DF	村山 茉秀	3
4	DF	吉田 光汰	3
5	DF	源河 侑季	3
6	MF	森田 光哉	3
7	MF	知念 桂史	3
8	MF	吉野 凱	3
9	MF	大村龍之介	3
10	MF	仲里 凌司	3
11	FW	山口虎汰朗	3
12	GK	仲座 壱晟	3
13	MF	新谷 和馬	3
14	MF	眞榮城欣乃介	3
15	FW	與那嶺梓文	3
16	MF	赤嶺 琉紀	3
17	DF	池間 遼俊	3

全国高校
総合体育大会
都道府県大会記録

北海道

●決勝トーナメント

第１代表：旭川実　第２代表：札幌大谷

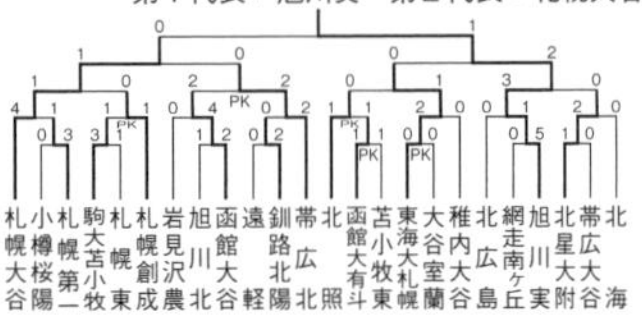

【函館支部】

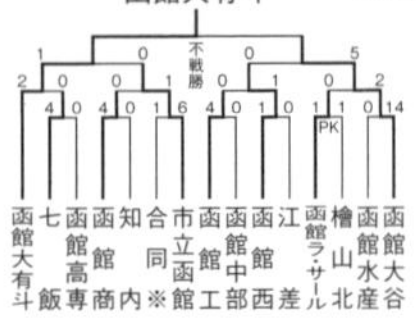

※合同＝森・大野農・南茅部・函館大柏稜・上磯

【空知支部】

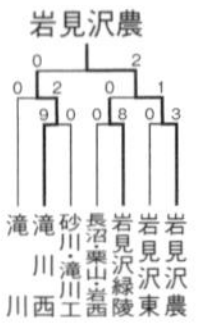

【小樽支部】

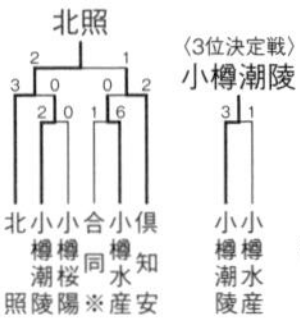

※合同＝岩内・小樽未来創造・高等養

【室蘭支部】

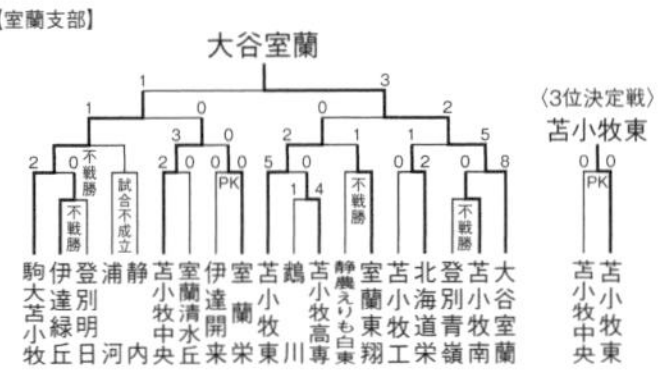

【旭川支部】

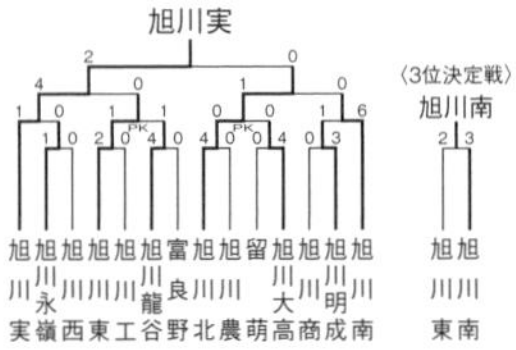

【札幌支部】

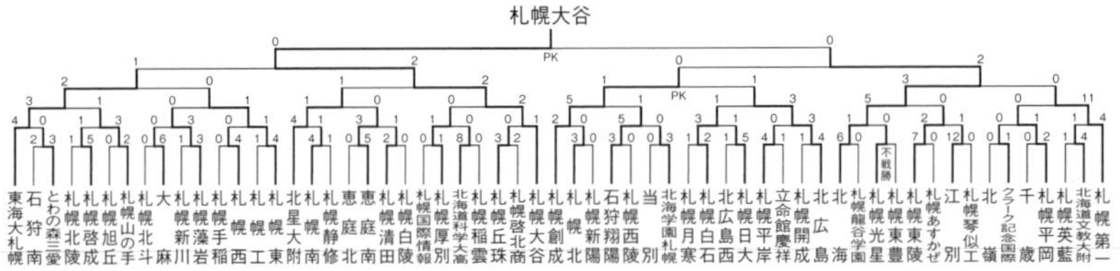

【オホーツク支部】

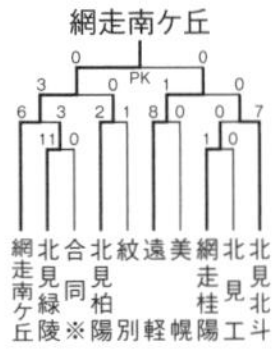

※合同＝津別・北見商・佐呂間

【十勝支部】

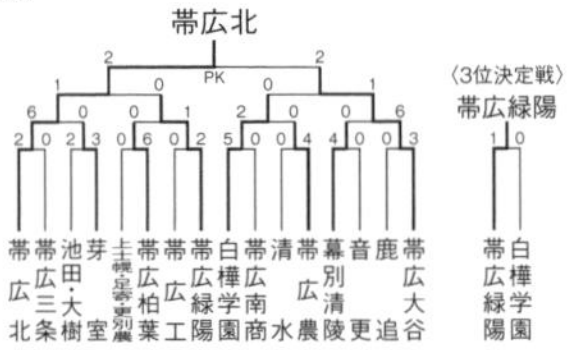

【釧根支部】

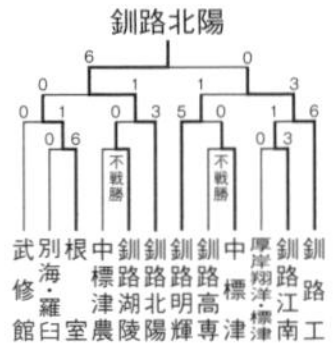

青森県

●決勝トーナメント

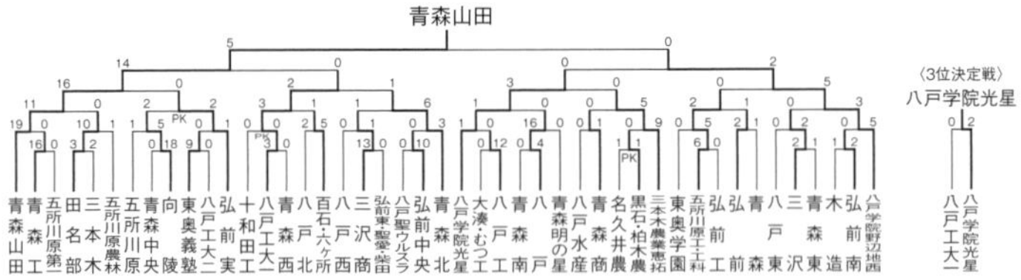

岩手県

●決勝トーナメント

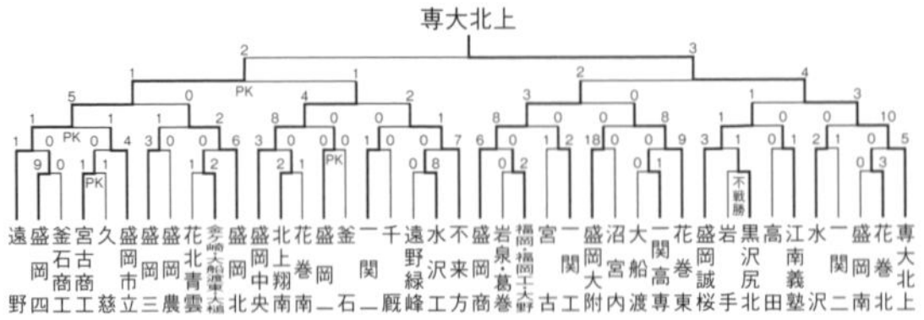

秋田県

●決勝トーナメント

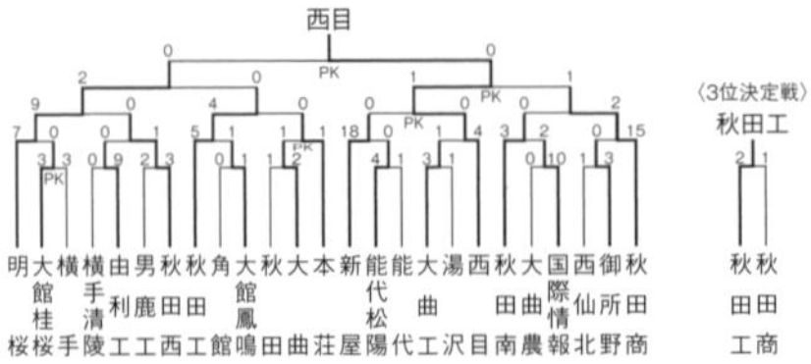

山形県

●決勝トーナメント

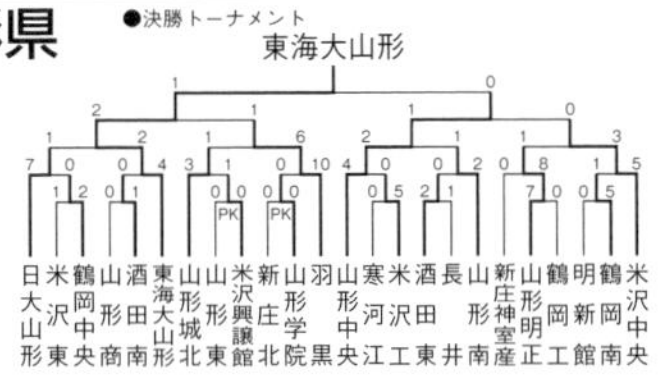

【庄内地区】

〈第5代表決定戦〉

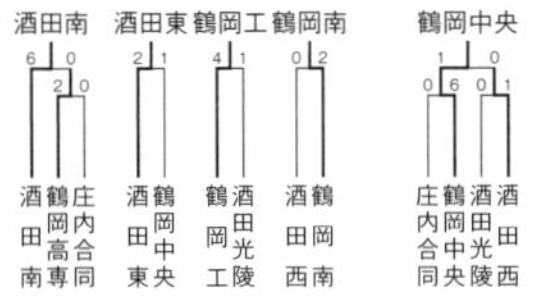

【最北地区】

	新庄神室産	新 庄 北	東桜学館	新 庄 東	村 山 産	順位
新庄神室産		0－0	4－1	2－2	7－0	1
新 庄 北	0－0		0－0	5－0	4－0	2
東桜学館	1－4	0－0		3－2	1－0	3
新 庄 東	2－2	0－5	2－3		6－0	4
村 山 産	0－7	0－4	0－1	0－6		5

【置賜地区】

●決勝戦

〈順位決定戦〉

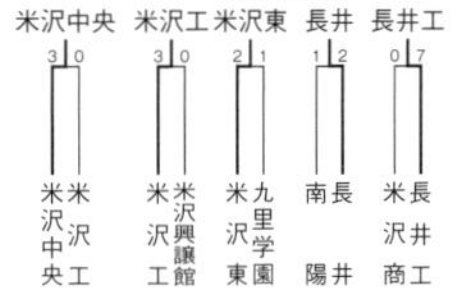

A	米 沢 工	米 沢 東	南 陽	米 沢 商	高 畠	順位
米 沢 工		1－0	2－0	9－0	9－0	1
米 沢 東	0－1		3－0	2－0	1－1	2
南 陽	0－2	0－3		4－0	1－1	3
米 沢 商	0－9	0－2	0－4		1－0	4
高 畠	0－9	1－1	1－1	0－1		5

B	長 井	米沢興譲館	長 井 工	九里学園	順位
長 井		0－1	4－0	2－0	2
米沢興譲館	1－0		1－0	2－0	1
長 井 工	0－4	0－1		1－1	4
九里学園	0－2	0－2	1－1		3

【村山地区】

●予選リーグ

A	山 形 工	明 新 館	寒河江工	順位
山 形 工		1－2		2
明 新 館	2－1			1
寒河江工				3

B	山 形 東	山形学院	山本学園	順位
山 形 東		0－0	3－0	1
山形学院	0－0		1－0	2
山本学園	0－3	0－1		3

C	寒 河 江	創 学 館	天 童	順位
寒 河 江		5－0	1－0	1
創 学 館	0－5		1－1	3
天 童	0－1	1－1		2

●順位決定トーナメント

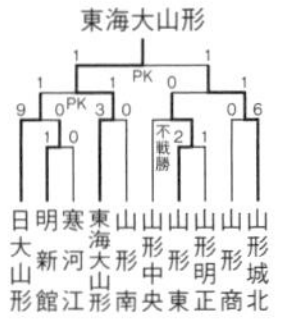

●2位リーグ

	山形学院	天 童	山 形 工	順位
山形学院		1－0	0－0	1
天 童	0－1		1－0	2
山 形 工	0－0	0－1		3

●3位リーグ

	山本学園	寒河江工	創 学 館	順位
山本学園		10－0	4－2	1
寒河江工	0－10		0－5	3
創 学 館	2－4	5－0		2

宮城県

●決勝トーナメント

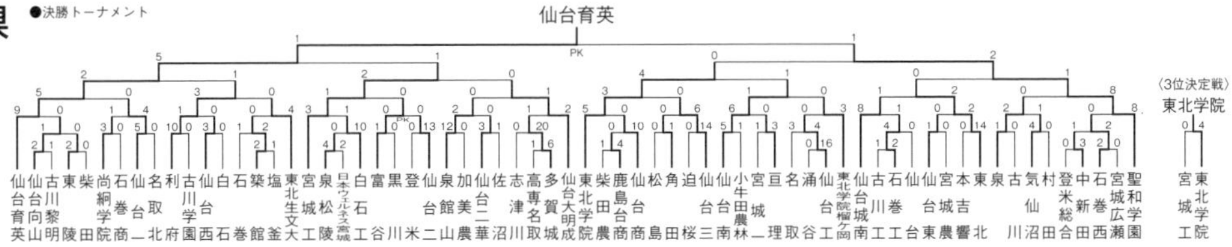

福島県

●決勝トーナメント

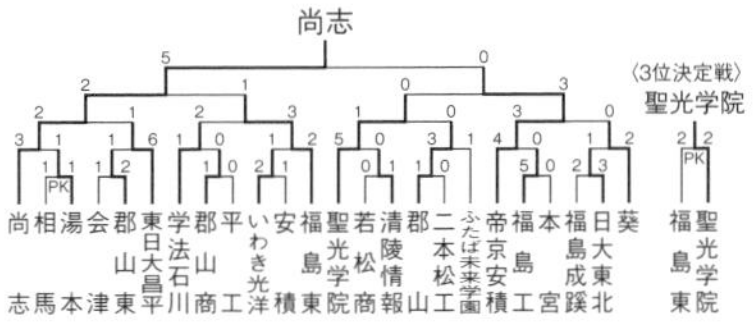

【県北地区】 ●決勝トーナメント 〈敗者復活トーナメント〉 〈5位決定戦〉

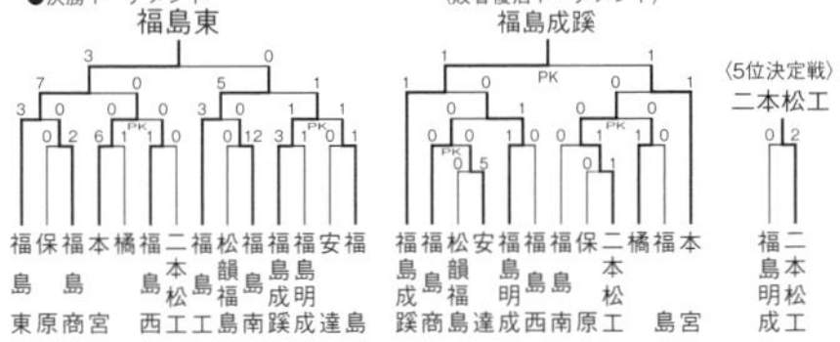

【会津地区】 ●決勝トーナメント 〈敗者復活トーナメント〉

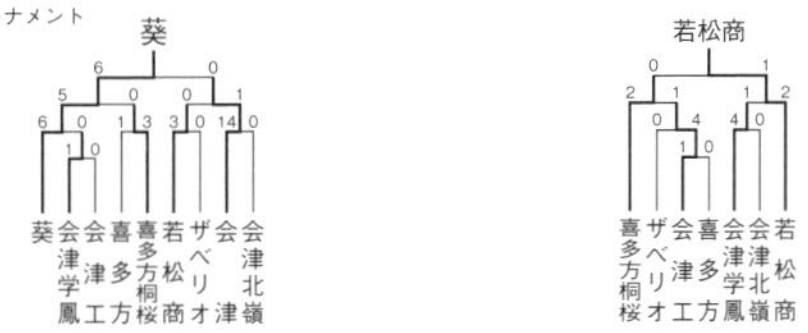

【県南地区】 ●決勝トーナメント 〈敗者復活トーナメント〉

【相双地区】 ●決勝トーナメント 〈敗者復活トーナメント〉

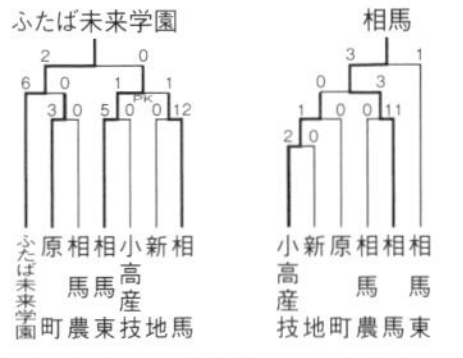

【いわき地区】 ●決勝トーナメント 〈敗者復活トーナメント〉

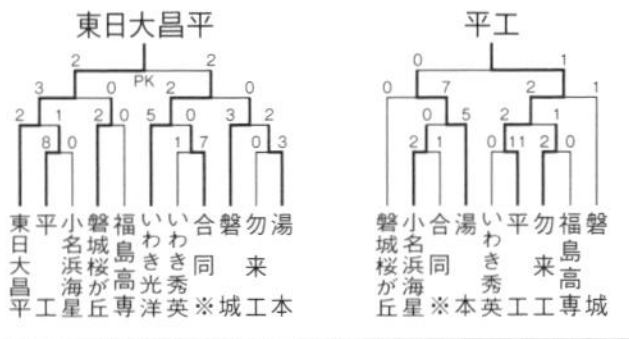

※合同＝遠野・平商・いわき総合・勿来

茨城県

●決勝トーナメント

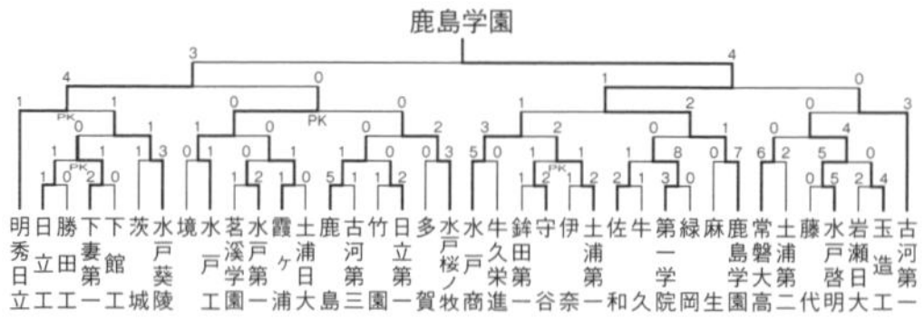

【県西地区】

※合同＝結城一・結城二・三和・明野・坂東清風・石下紫峰

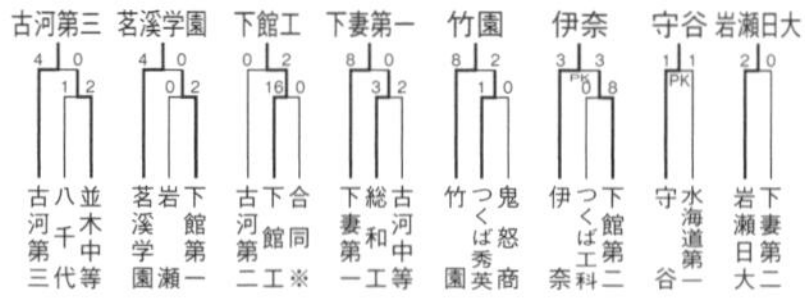

【県北地区】

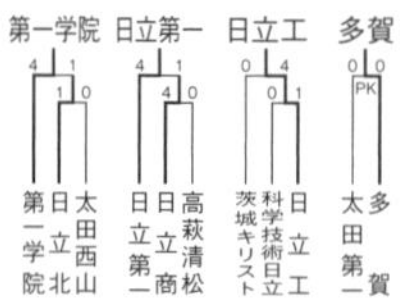

【県東地区】

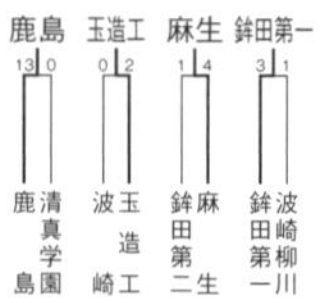

【水戸地区】

※合同＝大子清流・茨城朝鮮・茨城東・常陸大宮

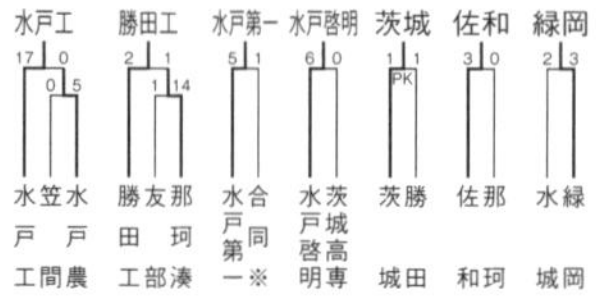

【県南地区】

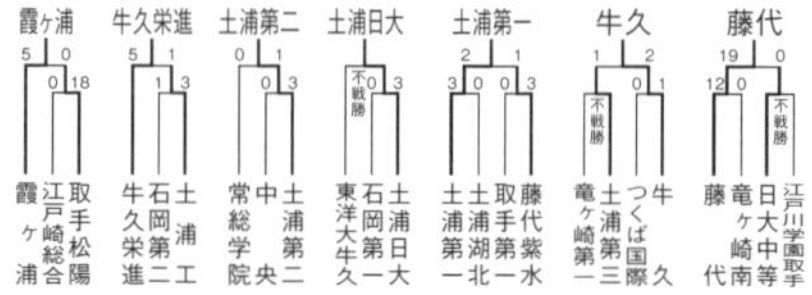

群馬県

●決勝トーナメント

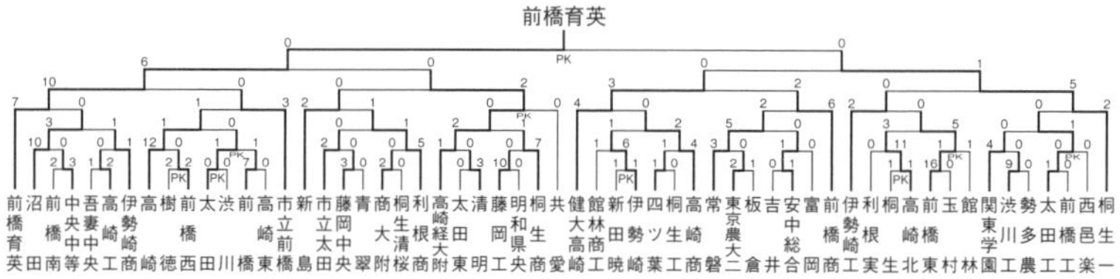

栃木県

●決勝トーナメント

※合同＝佐野日大中等・足利南

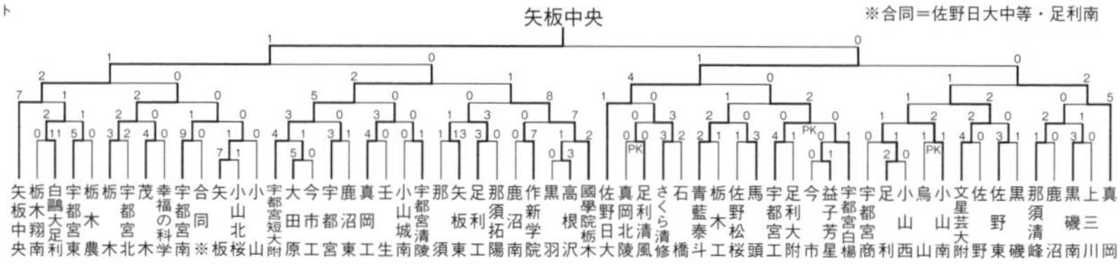

埼玉県

●決勝トーナメント

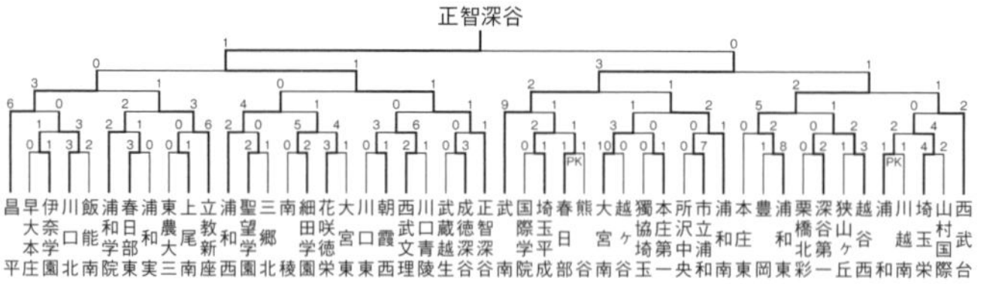

【南部地区】

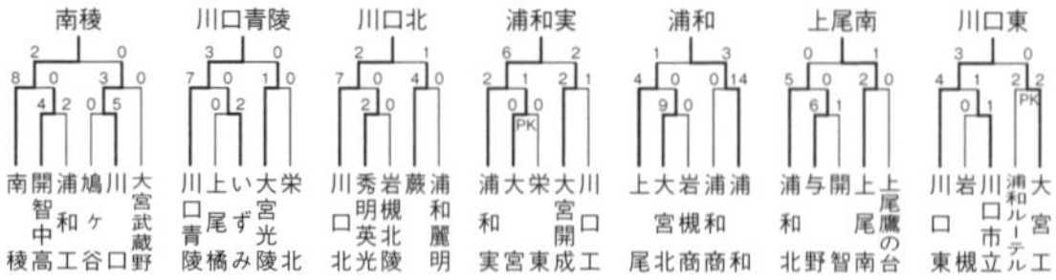

【東部地区】

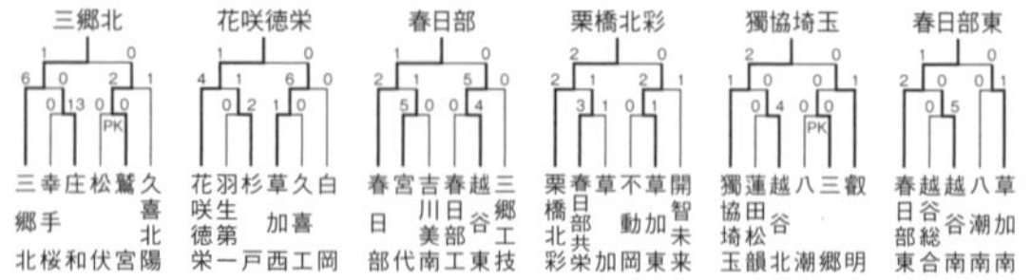

【西部地区】

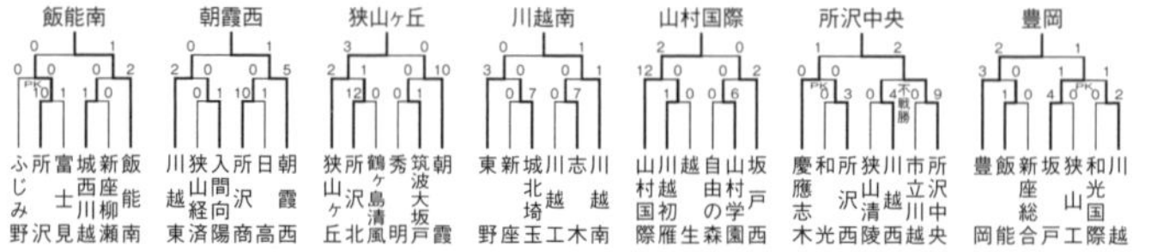

【北部地区】

※合同＝児玉・児玉白楊

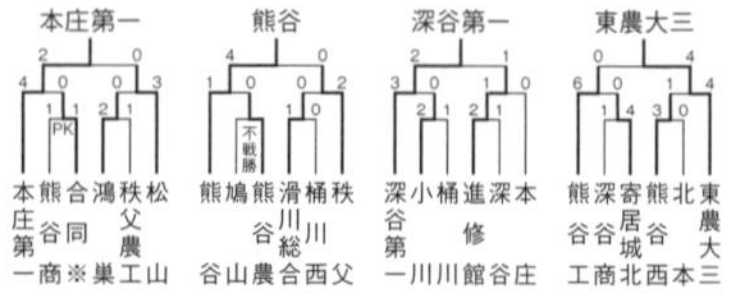

千葉県

●決勝トーナメント

流経大柏

流経大柏、船橋北、中央学院、東京学館、専修大松戸、東京学館浦安、千葉北、八千代、日体大柏、市立柏、千葉明徳、暁星国際、木更津総合、習志野、市原中央、市立船橋

【第1ブロック】

- 京葉：京葉、木更津高専、安房拓心
- 木更津：木更津、市原緑、天羽・館山総合
- 市原八幡：市原八幡、姉崎、安房
- 袖ヶ浦：袖ヶ浦、君津、市原、君津商

【第2ブロック】

- 茂原北陵：茂原北陵、大原、茂原
- 東金：東金、東金商、一宮商
- 成東：長狭、大網・横芝敬愛、成東
- 長生：長生、松尾、大多喜、茂原樟陽

【第3ブロック】

- 佐原白楊：佐原、東総工、佐原白楊
- 銚子商：成田国際、小見川、銚子商
- 成田：成田、市立銚子
- 成田北：成田北、匝瑳旭農

【第4ブロック】

- 佐倉：佐倉、佐倉西、八街
- 八千代東：八千代東、秀明八千代、四街道北
- 富里：富里、佐倉南、四街道
- 千葉黎明：千葉英和、八千代西、印旛明誠、千葉黎明

【第5ブロック】

- 千葉東：千葉東、泉、明聖
- 生浜：市立千葉、生浜、千葉商
- 千葉南：市立稲毛、千葉南、千葉工、千城台
- 千葉：桜林、千葉、犢橋、昭和秀英
- 千葉北：磯辺、千葉西、京葉工、千葉北

【第6ブロック】

- 船橋法典：船橋、船橋啓明、津田沼、船橋法典
- 船橋東：鎌ヶ谷西、船橋、薬園台、船橋東
- 鎌ヶ谷：鎌ヶ谷、東葉、東京学館船橋、東邦大東邦
- 日大習志野：船橋豊富、実籾、日大習志野
- 千葉日大一：船橋二和、船橋古和釜、千葉日大一

【第7ブロック】

- 野田中央：野田中央、関宿、二松柏、我孫子
- 沼南高柳：流山おおたかの森、麗澤、沼南高柳
- 西武台千葉：西武台千葉、我孫子東、流山南
- 柏陵：柏陵、我孫子二階堂、沼南
- 芝浦工大柏：芝浦工大柏、柏の葉、柏
- 柏中央：柏中央、清水・流山、流山北

【第8ブロック】

- 国分：市川学園、市川工・浦安南、国分
- 松戸六実：松戸六実、浦安、昭和学院
- 国府台：松戸馬橋、行徳、松戸、国府台
- 市川昴：市川昴、松戸向陽、千葉商大付
- 市川南：市川南、日出学園、市川東、松戸国際

●1次トーナメント

- 船橋北：翔凜、八千代東、東金、船橋北、若松
- 中央学院：中央学院、富里、成東、成田、白井、市立松戸
- 東京学館：東京学館、生浜、国府台、船橋東、沼南高柳、東葛飾
- 専修大松戸：専修大松戸、船橋法典、市原八幡、千葉、市川南、千葉経済大附
- 東京学館浦安：幕張総合、佐原白楊、野田中央、柏井、千葉南、東京学館浦安
- 千葉北：柏南、京葉、千葉北、検見川、拓大紅陵
- 市立柏：市立柏、松戸六実、日大習志野、敬愛学園、志学館
- 千葉明徳：千葉明徳、茂原北陵、国分、八千代松陰、柏中央、渋谷幕張
- 暁星国際：暁星国際、柏陵、長生、千葉日大一、千葉東、土気
- 木更津総合：木更津総合、銚子商、西武台千葉、成田北、芝浦工大柏、小金
- 習志野：習志野、市川昴、袖ヶ浦、木更津、佐倉、千葉敬愛
- 市原中央：東海大市原望洋、鎌ヶ谷、千葉黎明、市原中央、東海大浦安

東京都

●決勝トーナメント

第1代表：実践学園　第2代表：帝京

帝京、大成、日大二、日野台、関東第一、駒場、堀越、日大三、成立学園、國學院久我山、早大学院、暁星、国分寺、駿台学園、修徳、攻玉社、早稲田実、葛飾野、実践学園

●1次トーナメント

- 大成：東京、大成、農大一、目白研心
- 日大二：東海大高輪台、青稜、日大二、昭和
- 日野台：南葛飾、日野台、豊多摩、多摩大目黒
- 関東第一：関東第一、朋優学院、美原
- 駒場：駒場、東大和南、目黒学院
- 堀越：狛江、堀越、小松川、大森学園
- 日大三：日大三、東久留米総合、立教池袋、墨田川
- 成立学園：成立学園、東大和、鷺宮
- 早大学院：東海大菅生、早大学院、田無
- 暁星：駒澤大高、暁星、明星学園、東京都市大付
- 国分寺：国分寺、創価、武蔵丘、足立
- 駿台学園：駿台学園、石神井、東京実
- 修徳：修徳、武蔵村山、日大豊山、日体大荏原
- 攻玉社：大東文化第一、武蔵野北、攻玉社、本郷
- 早稲田実：駒込、早稲田実、府中東、東京朝鮮
- 葛飾野：国士舘、葛飾野、文京、拓大一

東支部【1・2地区】

- 立教池袋：豊南、葛西南、中央学院大学中央、獨協、足立新田、日大一、立教池袋
- 南葛飾：城東、開成、南葛飾、貞静学園、千早、中央大高、学習院
- 日大豊山：日大豊山、芝浦工大附、豊島学院、共栄学園、京華商、江北、本所
- 足立：足立学園、江戸川、葛飾商、竹台、小石川中等、昭和第一、足立
- 小松川：淑徳巣鴨、江東商、淵江、小松川、竹早、郁文館、足立西
- 葛飾野：葛飾野、巣鴨、葛飾総合、向丘、京華、筑波大附、日本橋
- 本郷：本郷、東、青井、豊島、晴海総合、足立東
- 墨田川：深川、東洋大京北、紅葉川、城西大城西、墨田川、第三商、科学技術、墨田工
- 文京：安田学園、小岩、両国、荒川工、文京、葛西工、篠崎、かえつ有明

中支部【3・4地区】

※合同＝大島海洋国際・大島

- 美原：高島、品川翔英、聖学院、順天、※、白鷗、美原
- 東京実：東京実、高輪、田園調布、三田、新宿、北園、芝商
- 大東文化第一：東京成徳大高、板橋有徳、芝、上野学園、淑徳、錦城学園、大東文化第一
- 日体大荏原：日体大荏原、大田桜台、青山学院、大山、國學院、城北、明治学院
- 暁星：保善、大崎、文教大附、成城、暁星、上野、広尾学園
- 目白研心：早稲田、つばさ総合、立正大付立正、二松学舎、日比谷、雪谷、目白研心
- 大森学園：大森学園、戸山、東洋、正則、麻布、九段中等、板橋
- 朋優学院：広尾、八潮、八丈、渋谷教育学園渋谷、朋優学院、飛鳥、武蔵野
- 青稜：桜丘、東工大附、青稜、王子総合、正則学園、北豊島工、青山
- 攻玉社：大智学園、海城、武蔵野大千代田、岩倉、大森、攻玉社、小山台

南支部【5・6地区】

早大学院：早大学院、駒場東邦、田無工、日大櫻丘、松原、大泉、佼成学園

豊多摩：豊多摩、目黒日大、三田国際、国際、私立武蔵、桜美林、明大中野

石神井：石神井、若葉総合、第四商、成瀬、杉並総合、自由ヶ丘学園、都市大等々力

日大二：日大二、東京立正、桜町、野津田、千歳丘、専修大附、小川

田無：大東学園、筑波大駒場、西、芦花、杉並工、杉並学院、田無

武蔵丘：日本学園、科学技術学園、山崎、武蔵丘、田柄、世田谷学園、井草

目黒学院：駒場学園、和光、町田工、総合工科、目黒学院、練馬工、学芸大附

東京都市大付：中大杉並、東京大付、練馬、東京都市大付、目黒、日工大駒場、光丘

東農大一：東農大一、日大鶴ヶ丘、町田総合、玉川学園、学芸大国際、富士、成城学園

鷺宮：杉並、町田、深沢、鷺宮、桜修館中等、文大杉並、宝仙学園、保谷

西支部【7・8地区】

明星学園：明星学園、法政大高、調布南、翔陽、明大明治、明学東村山、都立武蔵

日野台：日野台、多摩科学技術、中大附、明中八王子、神代、多摩、明星

東大和：東大和、八王子北、成蹊、南多摩中等、穎明館、東村山、羽村

昭和：昭和第一学園、久留米西、啓明学園、帝京八王子、拝島、昭和、上水

武蔵村山：国立、八王子実践、府中西、多摩工、武蔵村山、小金井北、日野

東大和南：東大和南（不戦勝）、帝京大高（不戦勝）、多摩大聖ヶ丘、府中、明法、八王子、秋留台

拓大一：拓大一、調布北、片倉、東村山西、清瀬、東京電機大高、青梅総合

府中東：松が谷、小平西、府中東、五日市、富士森、小平、桐朋、立川国際中等

武蔵野北：八王子東、永山、錦城、三鷹中等、武蔵野北、府中工、立川、中央国際

創価：福生、自由学園、国際基督教大高、工学院大附、小平南、聖徳学園、南平、創価

神奈川県

●決勝トーナメント

第１代表：東海大相模　第２代表：相洋

日大藤沢、座間、相模原弥栄、厚木北、星槎国際湘南、港北、東海大相模、横浜創学館、住吉、日本大高、横浜創英、藤沢西、三浦学苑、桐蔭学園、湘南学院、法政二、平塚学園、市立高津、新羽、湘南工科、相洋、藤沢清流、光明相模原、市立橘、慶應義塾、市立金沢、桐光学園

【A ブロック】

星槎国際湘南：星槎国際湘南、相原、保土ヶ谷、川崎北、山北、橘学苑、厚木東、向の岡工、横浜隼人、七里ガ浜、白山、茅ヶ崎西浜、多摩、公文国際、麻生総合、中大横浜、川和

【B ブロック】

港北：港北、湘南台、合同A※、綾瀬西、合同B※、横須賀、向上、藤沢工科、湘南、秦野、鶴見大附、秦野曽屋、大和西、相模原総合、慶應藤沢、平塚湘風、市立東

※合同Ａ＝平塚農商・小田原東・大井
※合同Ｂ＝三浦初声・横須賀工

【C ブロック】

住吉：横須賀総合、鶴見、寒川、瀬谷西、相模田名、鎌倉学園、平塚江南、茅ヶ崎、希望ヶ丘、西湘、住吉、上矢部、大師、舞岡、横浜翠陵、横浜立野、大和南

【D ブロック】

藤沢西：市ケ尾、茅ヶ崎北陵、市立戸塚、橋本、神奈川総合、横浜緑ヶ丘、相模原中等、県商工、綾瀬、生田東、関東六浦、上溝、岸根、栄光学園、鶴見総合、有馬、藤沢西

【E ブロック】

湘南学院：湘南学院、小田原、城北工、横須賀学院、大船、横浜商大高、聖光学院、足柄、麻溝台、鎌倉、横浜清風、逗子、金沢総合、柏木学園、森村学園、新栄、厚木

【F ブロック】

市立高津：大和、川崎工科、菅、横浜南陵、湘南学園、光陵、川崎総合科学、横浜SF、荏田、横浜氷取沢、合同C※、横浜国際、藤沢翔陵、旭丘、伊勢原、座間総合、市立高津

※合同Ｃ＝愛川・厚木商・厚木清南

【G ブロック】

新羽：市立桜丘、桐蔭中等、城郷、平塚中等、新羽、神奈川朝鮮、逗子開成、平塚工科、武相、海老名、横浜学園、高浜、相模原、追浜、横浜翠嵐、神奈川工、サレジオ学院、生田

【H ブロック】

藤沢清流：藤沢清流、藤嶺藤沢、横浜、横浜平沼、関東学院、城山、釜利谷、大和東、金井、市立南、市立幸、大磯、麻布大附、横浜栄、青山学院横浜英和、市立川崎、鶴嶺

【I ブロック】

光明相模原：上鶴間、横浜桜陽、磯子工、上溝南、神奈川総産、厚木西、新城、百合丘、柏陽、秦野総合、藤沢総合、霧が丘、元石川、松陽、津久井浜、横浜清陵、光明相模原

【J ブロック】

市立金沢：旭、立花学園、鵠沼、アレセイア湘南、横須賀大津、市立金沢、神奈川大附、横浜商、山手学院、麻生、伊志田、県立川崎、二宮、深沢、浅野、瀬谷、逗葉

山梨県

●決勝トーナメント

帝京第三：山梨学院（不戦勝）、韮崎工、富士北稜、吉田、市川・峡南・青洲、帝京第三、日大明誠、上野原、巨摩、甲府南、甲府昭和、白根、富士河口湖、都留興譲館、甲府商、北杜、都留、甲府第一、塩山、駿台甲府、笛吹、日川、甲斐清和、日本航空（不戦勝）、甲府工、甲府城西、東海大甲府、甲府東、農林、甲府西、韮崎

新潟県

●中央トーナメント

開志学園JSC：帝京長岡、新井、新津、塩沢商工、北越、小千谷西、万代、加茂暁星、巻工、新津、佐渡、上越総合技術、長岡、柏崎、村上桜ヶ丘、長岡工、新潟工、新潟西、国際情報、村上、巻総合、新潟産大附、長岡商、新潟東、十日町、敬和学園、長岡向陵、高志中等、関根学園、高田商、新発田、新潟第一、新潟北、三条商、開志学園JSC、新潟明訓、県央工、新潟青陵、燕中等、高田、新発田中央、長岡農、加茂農林、上越、長岡大手、直江津中等、新発田商、糸魚川、中越、加茂、見附、新潟向陽、東京学館新潟、新潟江南、小千谷、柏崎工、長岡高専、新発田南、三条、五泉、十日町、新潟商、開志国際、新潟南、津南中等、新潟、三条東、六日町、新津南、日本文理

＊＝不戦勝

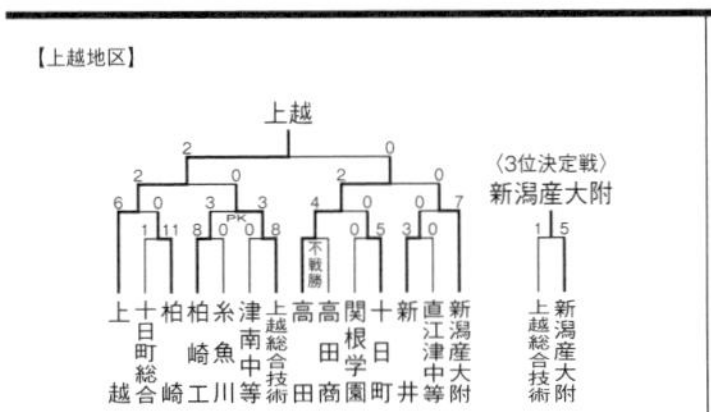

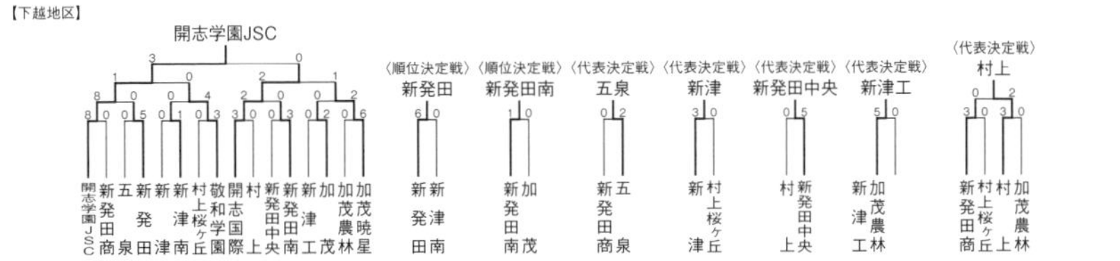

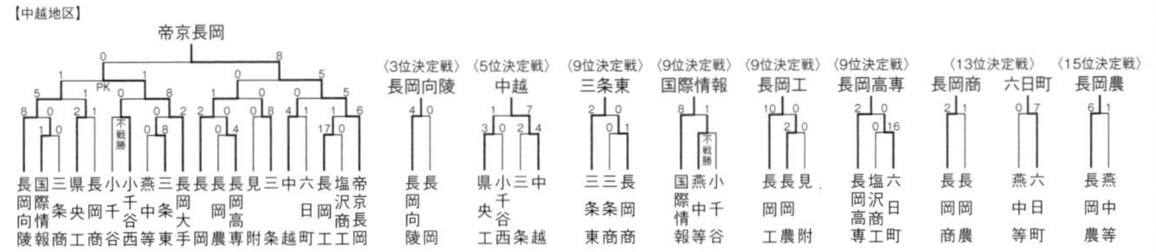

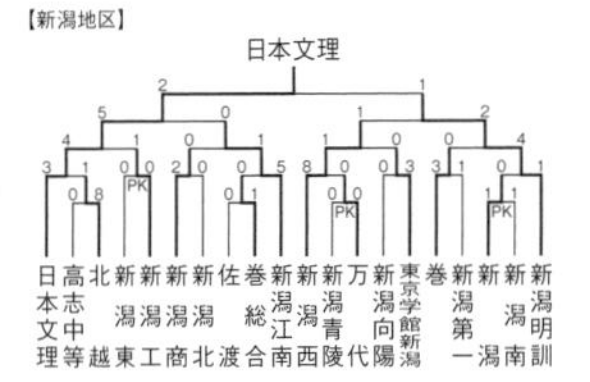

長野県

●決勝トーナメント

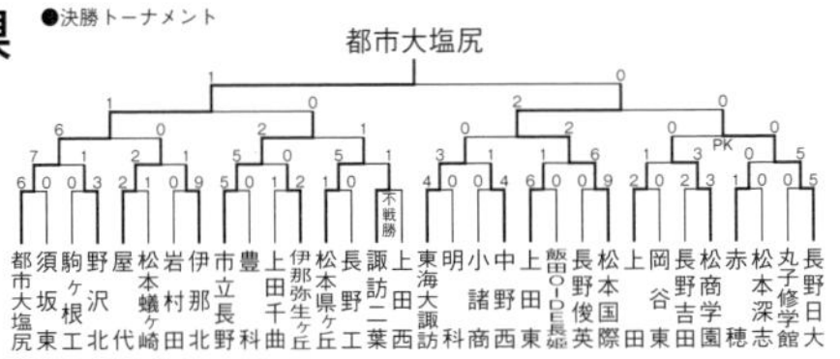

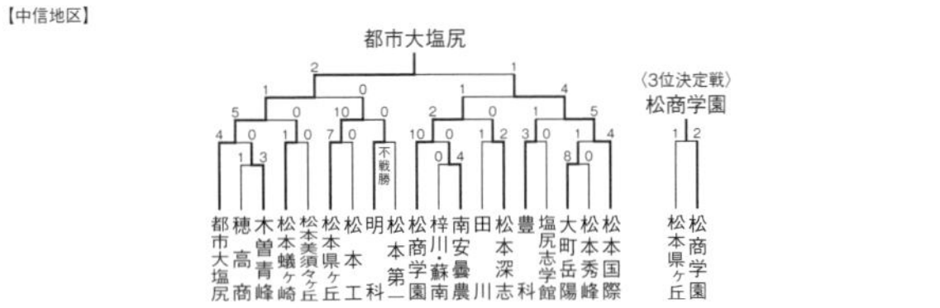

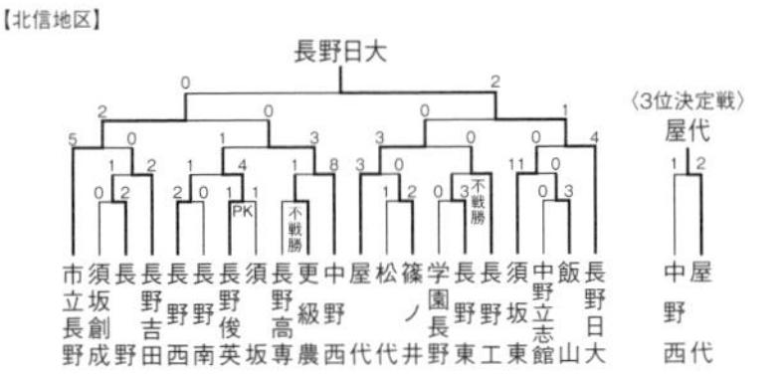

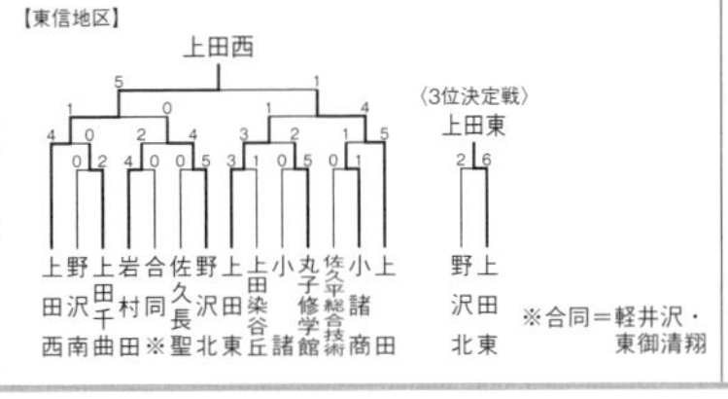

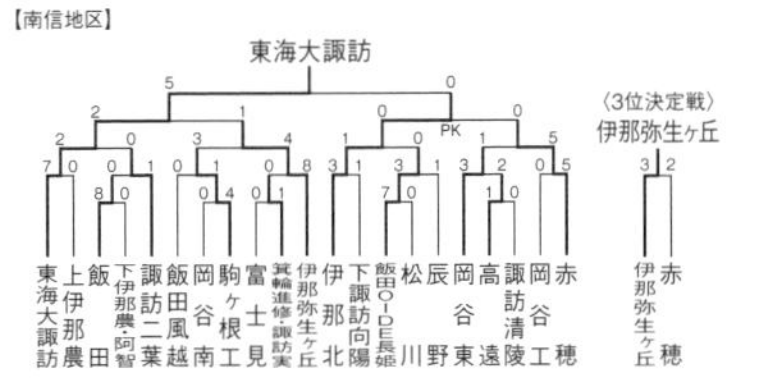

富山県

●決勝トーナメント

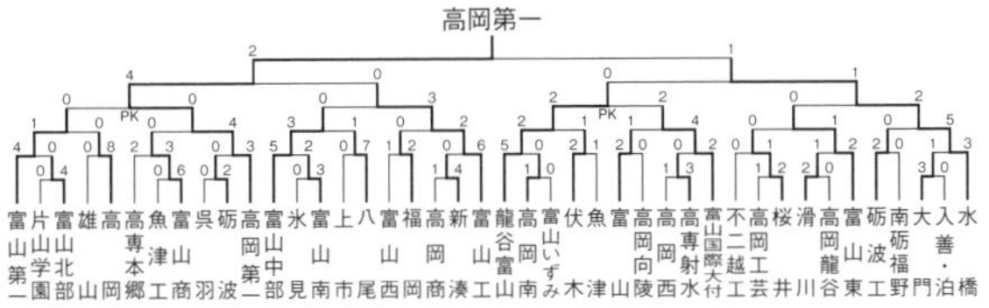

石川県

●決勝トーナメント

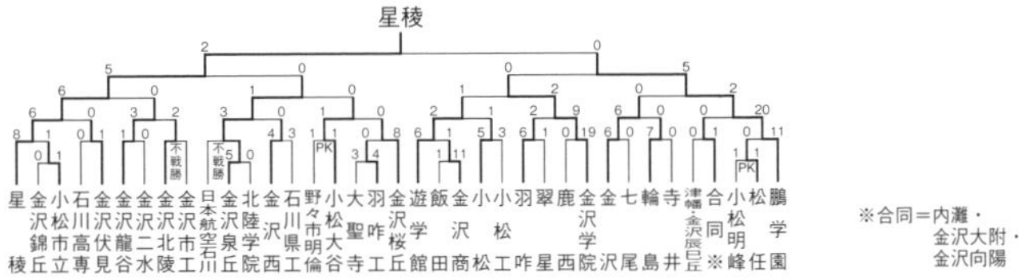

福井県

●決勝トーナメント

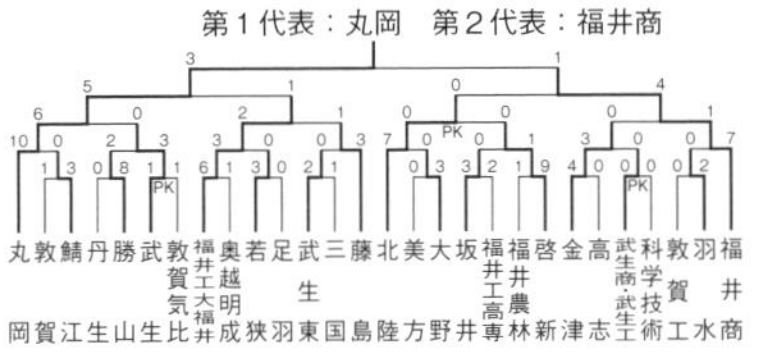

静岡県

●決勝トーナメント

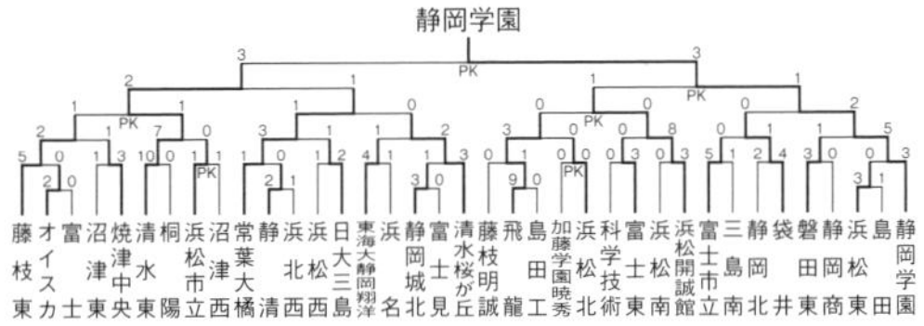

【東部地区】 ●代表決定トーナメント

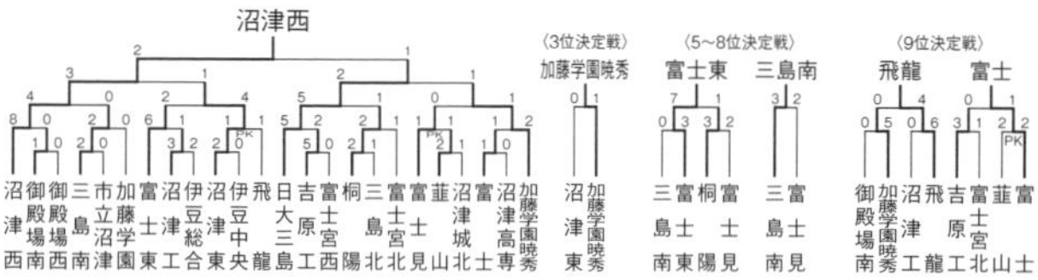

【中部地区】 ●代表決定トーナメント

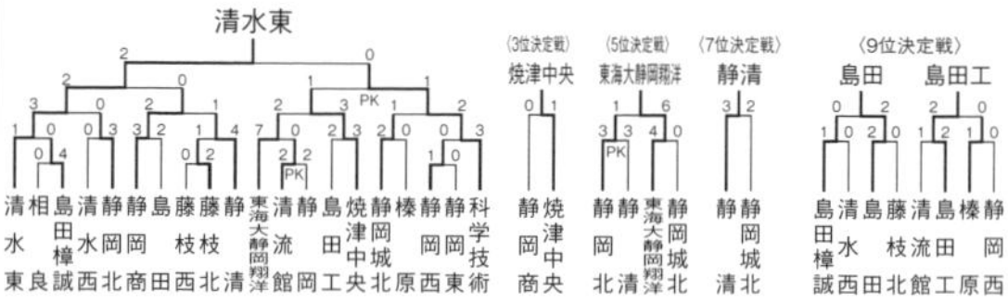

●予選リーグ

A	富　士	富岳館	伊豆中央	伊　東	順位
富　士	＼	1－0	1－0	1－0	1
富岳館	0－1	＼	0－4	2－3	4
伊豆中央	0－1	4－0	＼	6－2	2
伊　東	0－1	3－2	2－6	＼	3

B	御殿場南	御殿場	沼津高専	下　田	順位
御殿場南	＼	3－0	2－3	4－0	1
御殿場	0－3	＼	1－4	0－0	4
沼津高専	3－2	4－1	＼	0－1	2
下　田	0－4	0－0	1－0	＼	3

C	吉原工	田方農	御殿場西	吉　原	順位
吉原工	＼	4－0	3－1	4－1	1
田方農	0－4	＼	0－4	0－1	4
御殿場西	1－3	4－0	＼	1－1	2
吉　原	1－4	1－0	1－1	＼	3

D	沼津東	沼津商	富士宮西	小　山	順位
沼津東	＼	9－0	2－1	1－0	1
沼津商	0－9	＼	3－4	1－3	4
富士宮西	1－2	4－3	＼	2－0	2
小　山	0－1	3－1	0－2	＼	3

E	三島北	裾　野	知　徳	三島南	順位
三島北	＼	6－0	3－1	0－4	2
裾　野	0－6	＼	0－2	1－0	4
知　徳	1－3	2－0	＼	0－2	3
三島南	4－0	0－1	2－0	＼	1

F	韮　山	市立沼津	富士宮東	順位
韮　山	＼	3－0	6－0	1
市立沼津	0－3	＼	0－0	2
富士宮東	0－6	0－0	＼	3

G	沼津工	星　陵	沼津城北	順位
沼津工	＼	2－0	2－0	1
星　陵	0－2	＼	0－3	3
沼津城北	0－2	3－0	＼	2

H	桐　陽	沼津中央	伊豆総合	順位
桐　陽	＼	6－0	3－0	1
沼津中央	0－6	＼	0－6	3
伊豆総合	0－3	6－0	＼	2

【西部地区】 ●代表決定トーナメント

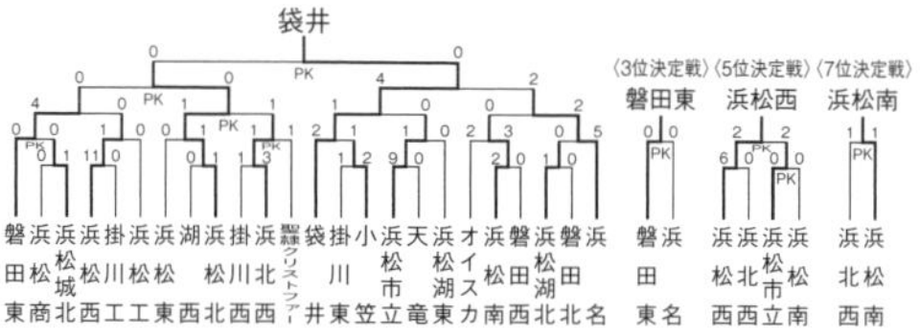

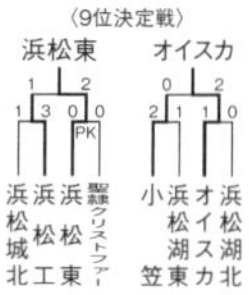

●1次リーグ

A	磐田北	浜松商	新　居	浜松日体	順位
磐田北	＼	2－0	0－0	1－1	2
浜松商	0－2	＼	2－0	3－1	1
新　居	0－0	0－2	＼	1－2	4
浜松日体	1－1	1－3	2－1	＼	3

B	浜松湖北	浜松城北工	浜松学芸	浜松聖星	順位
浜松湖北	＼	3－2	7－1	2－0	1
浜松城北工	2－3	＼	3－0	2－0	2
浜松学芸	1－7	0－3	＼	2－1	3
浜松聖星	0－2	0－2	1－2	＼	4

C	掛川東	浜北西	浜松学院	遠江総合	順位
掛川東	＼	1－0	6－0	1－0	1
浜北西	0－1	＼	6－0	3－0	2
浜松学院	0－6	0－6	＼	1－0	3
遠江総合	0－1	0－3	0－1	＼	4

D	浜松湖南	小　笠	大平台・啓陽	掛川西	順位
浜松湖南	＼	0－6	7－1	0－0	3
小　笠	6－0	＼	5－0	0－2	2
大平台・啓陽	1－7	0－5	＼	0－7	4
掛川西	0－0	2－0	7－0	＼	1

E	湖　西	天　竜	袋井商	池新田・修学舎	順位
湖　西	＼	4－0	5－1	4－0	1
天　竜	0－4	＼	3－2	5－0	2
袋井商	1－5	2－3	＼	0－0	3
池新田・修学舎	0－4	0－5	0－0	＼	4

F	浜松北	浜松市立	浜松江之島	横須賀	順位
浜松北	＼	3－3	3－0	8－0	2
浜松市立	3－3	＼	11－1	14－0	1
浜松江之島	0－3	1－11	＼	1－4	4
横須賀	0－8	0－14	4－1	＼	3

G	浜松南	掛川工	常葉大菊川	磐田南	順位
浜松南	＼	2－1	5－1	3－0	1
掛川工	1－2	＼	1－0	2－1	2
常葉大菊川	1－5	0－1	＼	1－6	4
磐田南	0－3	1－2	6－1	＼	3

H	浜松西	磐田西	磐田農	順位
浜松西	＼	2－1	8－0	1
磐田西	1－2	＼	12－0	2
磐田農	0－8	0－12	＼	3

●1次リーグ

A	清水西	清流館	静岡聖光	順位
清水西	＼	3－0	8－1	1
清流館	0－3	＼	4－0	2
静岡聖光	1－8	0－4	＼	3

B	島　田	静岡東	清水国際	順位
島　田	＼	3－0	8－0	1
静岡東	0－3	＼	5－0	2
清水国際	0－8	0－5	＼	3

C	静岡西	藤枝西	駿河総合	静岡大成	順位
静岡西	＼	0－0	2－0	0－1	2
藤枝西	0－0	＼	3－1	2－1	1
駿河総合	0－2	1－3	＼	1－1	4
静岡大成	1－0	1－2	1－1	＼	3

D	島田工	焼津水産	相　良	順位
島田工	＼	1－0	4－0	1
焼津水産	0－1	＼	0－3	3
相　良	0－4	3－0	＼	2

E	島田商	榛　原	藤枝北	順位
島田商	＼	0－1	0－1	3
榛　原	1－0	＼	2－0	1
藤枝北	1－0	0－2	＼	2

F	静岡市立	静　岡	島田樟誠	城南静岡	順位
静岡市立	＼	2－6	0－1	4－1	3
静　岡	6－2	＼	4－1	1－2	1
島田樟誠	1－0	1－4	＼	2－0	2
城南静岡	1－4	2－1	0－2	＼	4

愛知県

●決勝トーナメント

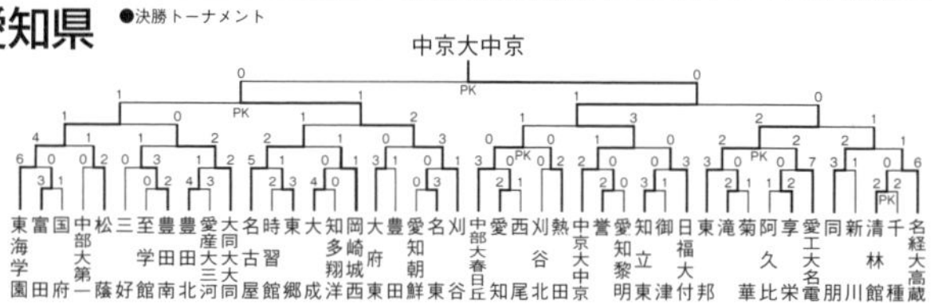

【知多支部】

●1次トーナメント

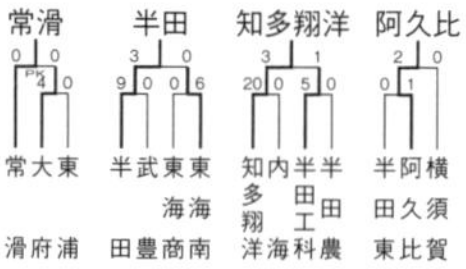

●決勝リーグ

	常　滑	阿久比	知多翔洋	半　田	順位
常　滑	＼	1－1	1－2	2－0	3
阿久比	1－1	＼	2－0	0－3	2
知多翔洋	2－1	0－2	＼	2－0	1
半　田	0－2	3－0	0－2	＼	4

【西三河支部】

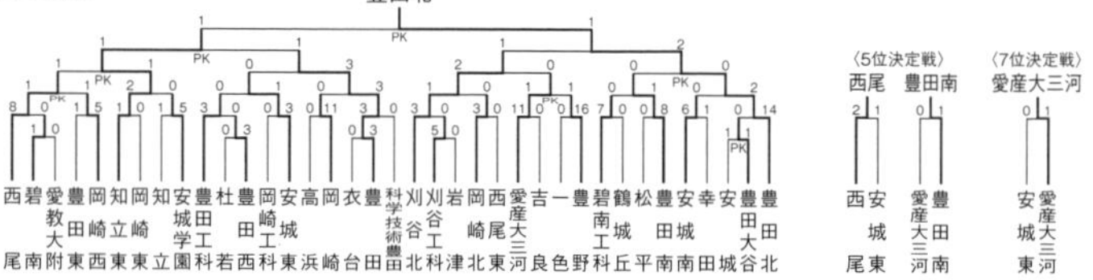

【東三河支部】

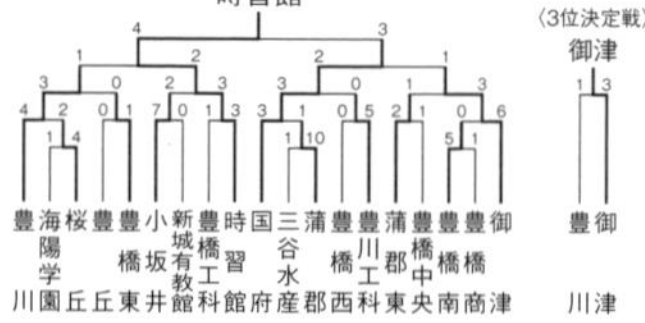

【名南支部】

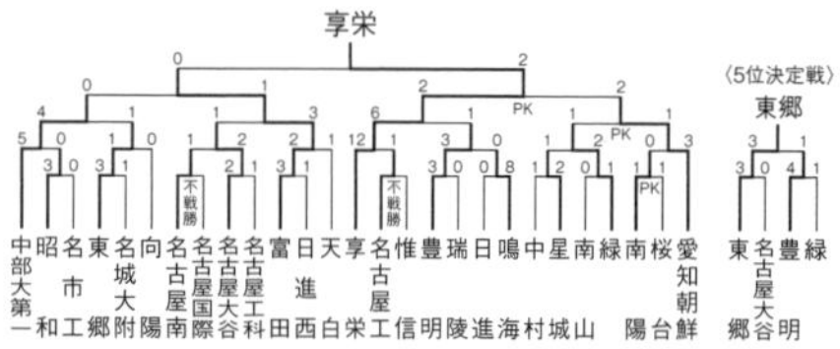

【名北支部】

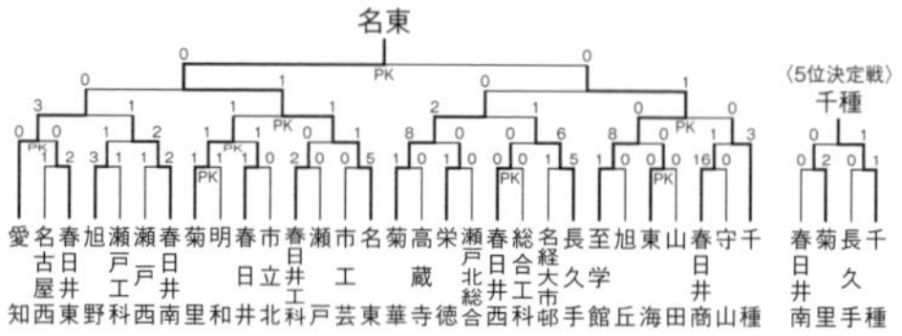

【尾張支部】

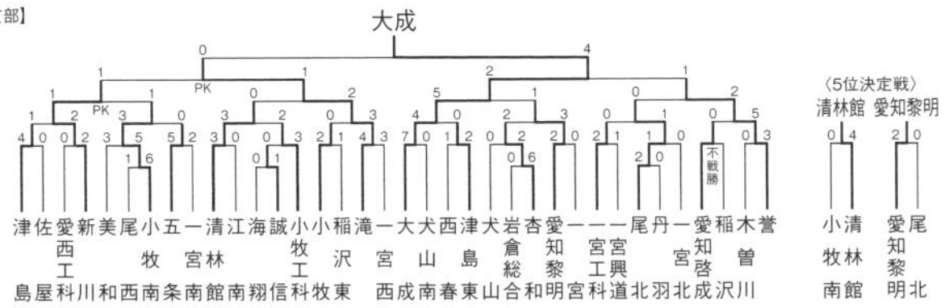

岐阜県

●決勝トーナメント

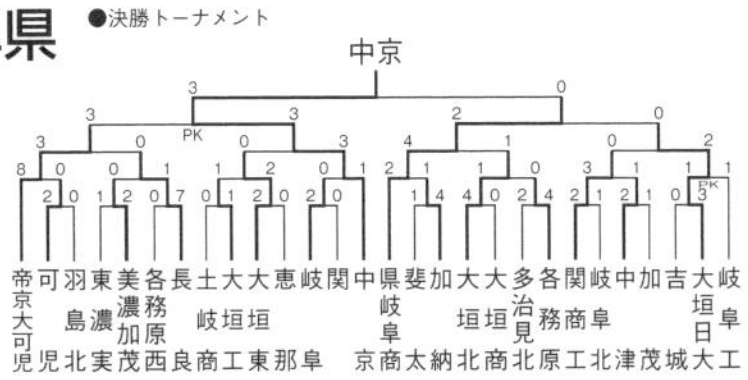

【岐阜地区】 ●予選リーグ

A	岐阜	岐阜東	岐阜高専	順位
岐阜		7－0	1－0	1
岐阜東	0－7		0－5	3
岐阜高専	0－1	5－0		2

B	加納	岐阜第一	富田	順位
加納		1－1	3－0	1
岐阜第一	1－1		0－3	3
富田	0－3	3－0		2

C	羽島北	各務原西	羽島	順位
羽島北		2－5	7－0	2
各務原西	5－2		7－0	1
羽島	0－7	0－7		3

D	岐阜北	岐山	岐阜聖徳	クラーク	順位
岐阜北		1－1	1－0	4－0	1
岐山	1－1		2－3	2－0	3
岐阜聖徳	0－1	3－2		4－1	2
クラーク	0－4	0－2	1－4		4

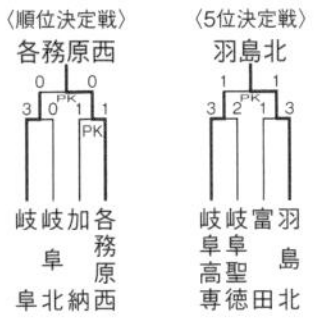

【東濃地区】 ●予選リーグ

A	多治見北	多治見	土岐紅陵	多治見西	順位
多治見北		3－1	6－0	3－0	1
多治見	1－3		1－0	1－2	3
土岐紅陵	0－6	0－1		0－3	4
多治見西	0－3	2－1	3－0		2

B	恵那	中津	麗澤瑞浪	中津川工	順位
恵那		2－0	1－0	4－1	1
中津	0－2		7－0	1－0	2
麗澤瑞浪	0－1	0－7		0－3	4
中津川工	1－4	0－1	3－0		3

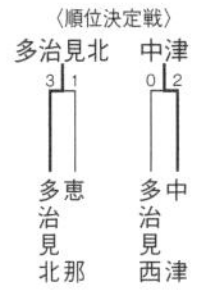

【飛騨地区】

	吉城	斐太	高山工	飛騨高山	高山西	飛騨神岡	順位
吉城		0－0	4－0	7－0	2－0	5－0	1
斐太	0－0		2－0	2－0	1－0	12－0	1
高山工	0－4	0－2		3－1	2－3	2－0	4
飛騨高山	0－7	0－2	1－3		0－0	4－0	5
高山西	0－2	0－1	3－2	0－0		7－0	3
飛騨神岡	0－5	0－12	0－2	0－4	0－7		6

【中濃地区】 ●予選リーグ

A	美濃加茂	関有知	八百津	順位
美濃加茂		1－0	7－0	1
関有知	0－1		2－0	2
八百津	0－7	0－2		3

B	郡上	東濃実	武義	可児	順位
郡上		0－1	2－1	0－4	4
東濃実	1－0		2－1	1－0	1
武義	1－2	1－2		1－0	3
可児	4－0	0－1	0－1		2

C	関	加茂	可児工	加茂農林	順位
関		4－1	4－1	6－0	1
加茂	1－4		2－1	5－1	2
可児工	1－4	1－2		0－1	4
加茂農林	0－6	1－5	1－0		3

●順位決定リーグ

1位	美濃加茂	東濃実	関	順位
美濃加茂		3－0	0－0	1
東濃実	0－3		1－1	3
関	0－0	1－1		2

2位	関有知	可児	加茂	順位
関有知		0－1	0－1	6
可児	1－0		0－0	4
加茂	1－0	0－0		5

【西濃地区】

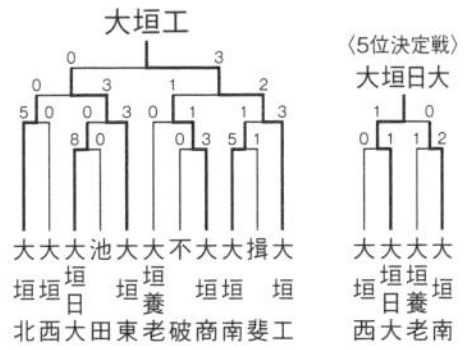

三重県

●決勝トーナメント

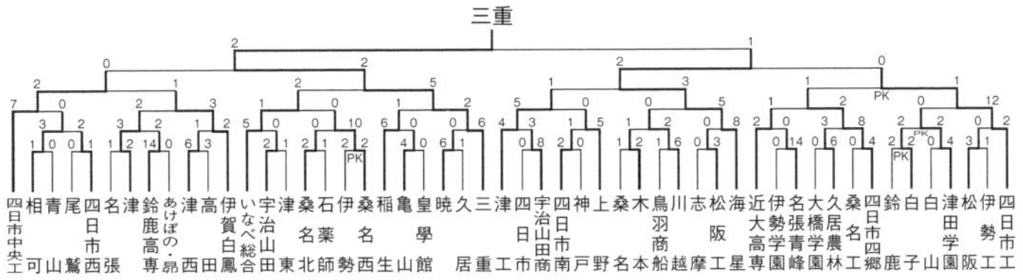

滋賀県

●決勝トーナメント

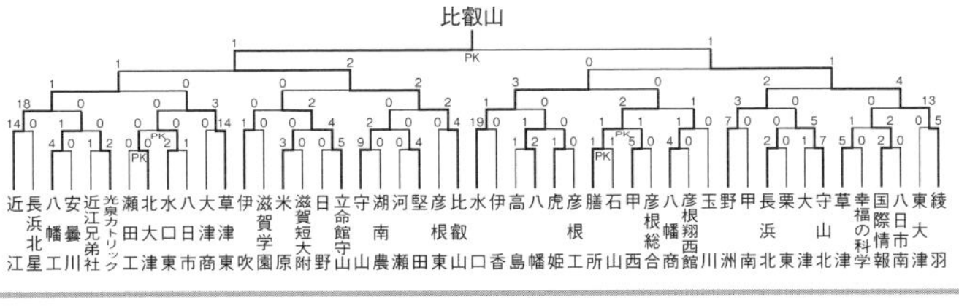

京都府

●決勝トーナメント

※合同＝宮津天橋・大江
＊＝不戦勝

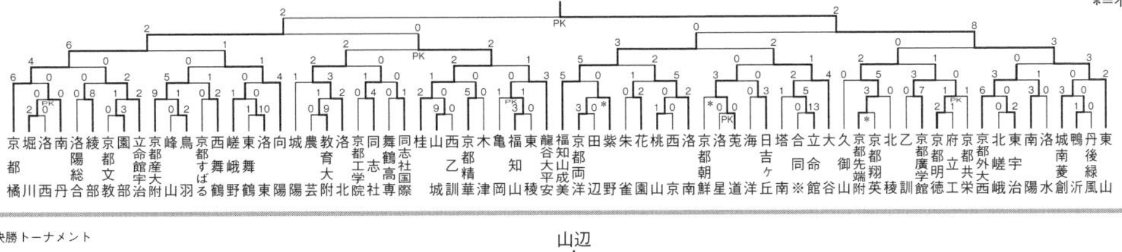

奈良県

●決勝トーナメント

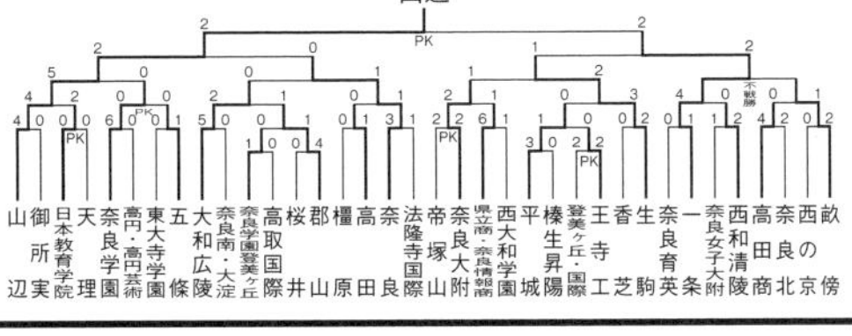

大阪府

●決勝リーグ

第１代表：阪南大高　第２代表：大阪桐蔭

金光大阪・賢明学院・近大附・大阪商大堺・阪南大高・大阪学院大高・東海大大阪仰星・東大阪大柏原・履正社・桃山学院・興國・関西大一・大阪桐蔭・大阪商大高・大阪産大附・清風

●１次トーナメント

＊＝不戦勝

金光大阪：金光大阪・久米田・東淀川・北摂つばさ・大手前・浪速・同志社香里・大阪緑涼・建国・花園・岸和田

賢明学院：賢明学院・大阪市立・西寝屋川・八尾・日新・東大谷・香里丘・西成・登美丘・教大平野・大阪学芸・豊島・三国丘・東住吉総合・交野・アサンプション・大商学園

近大附：近大附・関大高等部・西・淀商・みどり清朋・藤井寺・島本・勝山・布施北・精華・かわち野・平野・教大天王寺・高石・清水谷・大体大浪商

大阪商大堺：堺西・伯太・茨木・四條畷・吹田東・淀川清流・福泉・大冠・追手門・大阪商大堺・枚岡樟風・あべの翔学・美原・常翔学園

阪南大高：阪南大高・北野・城東工科・鳳・東淀工・星光・泉陽・市岡・東住吉・布施工科・箕面東

大阪学院大高：関大北陽・高津・茨木西・汎愛・都島工・貝塚南・夕陽丘・柴島・生野・長吉・信太・豊中・牧野・大阪学院大高

東海大大阪仰星：東海大大阪仰星・金蘭千里・富田林・関西創価・英真学園・関西大倉・枚方津田・上宮・吹田・初芝立命館

東大阪大柏原：河南・岬・刀根山・箕面・東大阪大敬愛・山田・箕面学園・阪南・近大泉州・旭・府立大高専・阿倍野・金光藤蔭・東大阪大柏原

履正社：履正社・堺工科・成城・槻の木・関西福祉科学・千里青雲・長野・今宮・国際大和田・泉大津・太成学院大高

桃山学院：清明学院・四天王寺東・藤井寺工科・扇町総合・箕面自由・市立堺・羽衣学園・上宮太子・寝屋川・大塚・門真西・電通大高・皐が丘・桃山学院

興國：興國・佐野工科・高槻北・金岡・泉尾工・八尾翠翔・桜塚・初芝富田林・池田・ヌヴェール

関西大一：桜宮・清教・和泉・枚方・昇陽・千里・早稲田摂陵・山本・泉北・門真なみはや・芦間・常翔啓光・港・関西大一

大阪桐蔭：大阪桐蔭・八尾北・松原・教大池田・淀川工科・貝塚・今宮工科・東・大阪・阿武野・枚方なぎさ

大阪商大高：大阪偕星学園・清風南海・開明・春日丘・佐野・布施・守口東・大阪商大高・東百舌鳥・堺東・追手門大手前・渋谷・西野田工科・野崎・狭山・三島・大阪朝鮮

大阪産大附：大阪産大附・大阪教育C附・住吉・大阪青凌・北千里・天王寺・長尾・緑風冠・福井・帝塚山泉ヶ丘

清風：摂津・明星・りんくう翔南・星翔・OBF・芥川・園芸・懐風館・堺上・咲くやこの花・高槻・金剛・茨田・清風

兵庫県

●第５回戦～決勝トーナメント

関西学院：神戸弘陵・市尼崎・神戸国際附・加古川東・琴丘・三木北・北摂三田・報徳・神戸鈴蘭台・三田松聖・飾磨・関西学院・神戸科学技術・県西宮・芦屋学園・滝川第二

〈3位決定戦〉**芦屋学園**：神戸国際附・芦屋学園

●第１～４回戦トーナメント

神戸弘陵：神戸弘陵・市伊丹・伊丹西・川西緑台・津名・洲本実・須磨翔風・東播磨・甲南・神戸学院

市尼崎：甲陽・山崎・香寺・三木・尼崎小田・須磨友が丘・網干・市尼崎・育英・夢前

神戸国際附：有馬・社・葺合・宝塚北・宝塚東・神戸国際附・姫路南・川西北陵・西宮北・舞子

加古川東：姫路西・姫路東・神戸龍谷・西脇・加古川東・仁川・神戸北・豊岡総合・赤穂・西脇工

琴丘：滝川・吉川・三木東・八鹿・姫路商・琴丘・柏原・神戸朝鮮・神戸・篠山産

三木北：明石・村野工・宝塚・伊川谷・姫路工・白陵・三木北・御影・夢野台・西宮南

北摂三田：六甲・明石城西・川西明峰・灘・明石西・武庫荘総合・西宮甲山・神戸甲北・北摂三田・尼崎北

報徳：明石高専・上郡・加古川北・明石北・猪名川・姫路・宝塚西・芦屋・神大附中等・報徳

神戸鈴蘭台：神戸星城・小野工・篠山鳳鳴・兵庫・加古川西・西宮今津・神戸鈴蘭台・長田・尼崎双星・夙川

三田松聖：福崎・明石南・近大豊岡・兵庫工・三田松聖・クラーク芦屋・出石・市西宮・加古川南・淡路三原

飾磨：伊丹北・星陵・相生・県農・飾磨工・神港学園・県尼崎工・佐用・相生産・飾磨

関西学院：鳴尾・和田山・須磨東・相生学院・高砂南・東灘・神戸高塚・県尼崎・淡路・関西学院

神戸科学技術：洲本・浜坂・松陽・啓明・六甲アイランド・神戸科学技術・龍野・明石清水・尼崎稲園・太子

県西宮：高砂・県西宮・姫路飾西・北条・県立大附・淳心・三田祥雲館・須磨学園・明石商・豊岡

芦屋学園：尼崎西・小野・神戸高専・龍野北・三田・北須磨・東播工・神戸第一・芦屋学園・蒼開

滝川第二：多可・伊川谷北・東洋大姫路・神港橘・三田西陵・西宮東・氷上・雲雀丘・県伊丹・滝川第二

和歌山県

●決勝トーナメント

初芝橋本：和歌山南陵・耐久・和歌山工・向陽・新翔・新宮・田辺工・紀北工・田辺・日高・粉河・市立和歌山・星林・和歌山北・近大和歌山・神島・開智・貴志川・桐蔭・和歌山高専・紀央館・近大新宮・海南・串本古座・和東・橋本・那賀・和歌山商・笠田・初芝橋本

鳥取県

●決勝トーナメント

米子北：米子北・米子高専・鳥取商・倉吉東・鳥取中央育英・鳥取敬愛・倉吉総産・鳥取湖陵・倉吉北・境総合・米子松蔭・境・鳥取工・米子工・米子西・八頭・鳥取東・鳥取城北・鳥取西・倉吉西・米子東

〈3位決定戦〉**境**：倉吉総産・境

島根県

●決勝トーナメント

立正大淞南：大社・出雲工・出雲・益田東・大田・平田・松江工・松江南・江津工・石見智翠館・浜田商・益田・出雲商・出雲西・松江東・明誠・浜田・吉賀・松江北・江津・情報科学・松江商・開星・松江高専・益田翔陽・出雲北陵・松江西・出雲農林・松江農林・三刀屋・立正大淞南

岡山県

●決勝トーナメント

岡山学芸館：岡山学芸館・東岡山工・勝山・倉敷青陵・岡山操山・倉敷翠松・玉野光南・関西・水島工・岡山芳泉・津山・倉敷工・明誠学院・倉敷・岡山龍谷・倉敷古城池・岡山一宮・倉敷南・津山工・津山東・創志学園・就実・倉敷天城・おかやま山陽・岡山工・玉島・岡山朝日・作陽

〈3位決定戦〉**創志学園**：関西・創志学園

【備前地区】

関西 玉野光南 創志学園 就実 岡山一宮 岡山工 岡山芳泉 明誠学院 東岡山工 岡山朝日 岡山操山

関西 玉野商工 玉野光南 岡山白陵 創志学園 岡山大安寺 就実 西大寺 岡山一宮 興陽 岡山工 岡山城東 岡山芳泉 瀬戸 明誠学院 山陽学園 東岡山工 岡山後楽館 邑久 玉野 岡山朝日 岡山理大附 岡山操山 和気閑谷 備前緑陽

【備中地区】

おかやま山陽 倉敷古城池 倉敷工 倉敷青陵 倉敷南 玉島 倉敷翠松 水島工 倉敷天城

おかやま山陽 笠岡 倉敷古城池 笠岡工 倉敷工 笠岡商 倉敷青陵 玉島商 倉敷南 井原 総社南 玉島 総社 倉敷翠松 水島工 倉敷鷲羽 高梁 倉敷天城 矢掛 金光学園

広島県

●決勝トーナメント

瀬戸内

広島観音 基町 崇徳 福山工 修道 日彰館 銀河学院 広島大附 尾道 広島新庄 広島朝鮮 大門 広島県工 府中 清水ヶ丘 広島工大高 広島皆実 高陽東 廿日市 広 広島国泰寺 五日市 三次青陵 広島国際学院 如水館 安古市 沼田 総合技術 山陽 呉高専 福山葦陽 瀬戸内

【尾三地区】

如水館

尾道商 尾道 忠海 総合技術 因島 尾道東 三原 大崎海星・世羅 尾道北 三原東 如水館

〈3位決定戦〉
総合技術

総合技術 尾道北

【美作地区】

津山東 勝山 津山 津山工

津山商 津山高専 津山東 真庭 勝山 林野 津山 美作 津山工

【三次地区】 ●予選リーグ

A	三次	合同※	三次青陵	順位
三次		0－2	3－1	2
合同※	2－0		3－6	3
三次青陵	1－3	6－3		1

B	吉田・向原	日彰館	庄原実	順位
吉田・向原		1－4	5－1	2
日彰館	4－1		10－1	1
庄原実	1－5	1－10		3

※合同＝庄原格致・西城紫水

〈出場校決定戦〉
三次青陵 日彰館

吉田・向原 三次青陵 三次 日彰館

【福山地区】 ●１次トーナメント

＊＝不戦勝

銀河学院

銀河学院 大門 近大福山 神辺 油木 市立福山 福山商 広大福山 福山工 盈進 福山葦陽 松永 神辺旭 府中 戸手 福山明王台 福山誠之館

〈第5代表決定戦〉
大門

大門 市立福山 盈進 福山誠之館

【呉地区】

A	清水ヶ丘	呉工	呉三津田・大柿	順位
清水ヶ丘		3－0	7－0	1
呉工	0－3		5－0	2
呉三津田・大柿	0－7	0－5		3

B	呉港	黒瀬	広	順位
呉港		21－0	0－1	2
黒瀬	0－21		0－18	3
広	1－0	18－0		1

C	呉高専	呉昭和	呉宮原	武田・市立呉	順位
呉高専		5－0	1－0	9－0	1
呉昭和	0－5		0－6	4－3	3
呉宮原	0－1	6－0		3－1	2
武田・市立呉	0－9	3－4	1－3		4

【広島地区】

A	広島国際学院	広島中等	広島市商	順位
広島国際学院		1－0	18－0	1
広島中等	0－1		3－0	2
広島市商	0－18	0－3		3

B	広島翔洋	広島朝鮮	千代田	順位
広島翔洋		0 PK 0	10－0	2
広島朝鮮	0 PK 0		5－0	1
千代田	0－10	0－5		3

C	山陽	近大東広島	広島城北	順位
山陽		18－0	10－0	1
近大東広島	0－18		0－1	3
広島城北	0－10	1－0		2

D	沼田	広陵	安芸府中	順位
沼田		3－1	3－0	1
広陵	1－3		2－0	2
安芸府中	0－3	0－2		3

E	広島国泰寺	安西	舟入	順位
広島国泰寺		3－0	2－0	1
安西	0－3		0－2	3
舟入	0－2	2－0		2

F	廿日市	廿日市西	広島学院	順位
廿日市		1－0	2 PK 2	1
廿日市西	0－1		0－2	3
広島学院	2 PK 2	2－0		2

G	五日市	可部	西条農	順位
五日市		3－2	8－1	1
可部	2－3		3－0	2
西条農	1－8	0－3		3

H	広島新庄	宮島工	広島桜が丘	順位
広島新庄		1－0	8－0	1
宮島工	0－1		7－0	2
広島桜が丘	0－8	0－7		3

I	広島県工	星槎国際広島	ＡＩＣＪ	順位
広島県工		8－0	10－0	1
星槎国際広島	0－8		6－1	2
ＡＩＣＪ	0－10	1－6		3

J	熊野	安古市	ひろしま協創	順位
熊野		1 PK 1	2－0	2
安古市	1 PK 1		4－0	1
ひろしま協創	0－2	0－4		3

K	崇徳	賀茂	安芸南	順位
崇徳		2－0	5－0	1
賀茂	0－2		0 PK 0	2
安芸南	0－5	0 PK 0		3

L	広島市工	広島大附	県立広島	順位
広島市工		0－1	5－0	2
広島大附	1－0		3－0	1
県立広島	0－5	0－3		3

M	広島井口	高陽東	広島なぎさ	順位
広島井口		0－6	1－2	3
高陽東	6－0		0 PK 0	1
広島なぎさ	2－1	0 PK 0		2

N	海田	基町	広島県商	並木学院	順位
海田		1 PK 1	8－0	15－0	2
基町	1 PK 1		18－0	10－0	1
広島県商	0－8	0－18		2－0	3
並木学院	0－15	0－10	0－2		4

O	高陽	修道	美鈴が丘	祇園北	順位
高陽		0－1	6－0	1－0	2
修道	1－0		8－0	2－0	1
美鈴が丘	0－6	0－8		0－2	4
祇園北	0－1	0－2	2－0		3

愛媛県

●決勝トーナメント

新田

帝京第五 小松 南宇和 今治北 八幡浜工 今治東 済美 大洲 松山北 新田 宇和島南 三島 新居浜東 今治西 新居浜工 松山商 松山聖陵 松山工 宇和島東

【南予地区】

宇和島東 八幡浜工

宇和島東 北宇和 野村 宇和 宇和島南 大洲 吉田 大洲農 南宇和 宇和島水産 内子 八幡浜工

〈3位決定戦〉
大洲

大洲 南宇和

〈5位決定トーナメント〉
宇和島南

内子 吉田 宇和島南 北宇和

【中予地区】

松山商 済美

松山北 松山中央 松山東 東温 松山南 愛光 松山商 松山聖陵 松山西 伊予農 松山工 伊予 済美平成 済美

〈第5代表決定戦〉
松山聖陵

松山東 松山南 松山聖陵 伊予

【東予地区】

今治西 新居浜工 今治北 小松 三島 新居浜東 今治北 新居浜東

今治西 新居浜商 川之江 新居浜工 東予 新居浜高専 西条 今治工 今治北 小松 丹原 三島 弓削商船 新居浜西 新居浜東 土居 小松 今治北 三島 新居浜東

山口県

●決勝トーナメント

高川学園

高川学園 下松工 下関工科 防府商工 徳山高専 光 高水 野田学園 成進 小野田 宇部工 慶進 宇部鴻城 下関西 下関商 下松 山口農 大島商船 山口中央 長門 豊浦 西京 南陽工 岩国工 徳山 下関北 萩 合同※ 徳山商工 早鞆 宇部フロンティア大付香川 山口県鴻城 聖光 宇部中央 宇部 厚狭 岩国 山口県桜ケ丘 田布施農工 防府西 小野田工 防府 山口

※合同＝高森・岩国総合・柳井学園

香川県

●決勝トーナメント

尽誠学園

尽誠学園 琴平 多度津 三木 津田 飯山 志度 坂出商 高松北 高松工芸 香川高専高松 丸亀 香川中央 高松東 高松商 香川誠陵中高 小豆島中央 丸亀城西 大手前高松 四学大香川西 観音寺総合 高松西 高松南 高瀬 藤井学園寒川 藤井 高松中央 高松第一 観音寺第一 英明 坂出第一 坂出 高松桜井 石田 三本松 善通寺第一 高松

徳島県

●決勝トーナメント

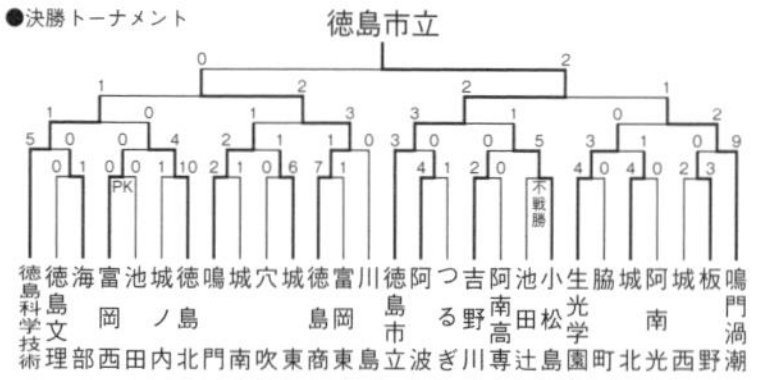

高知県

●決勝トーナメント

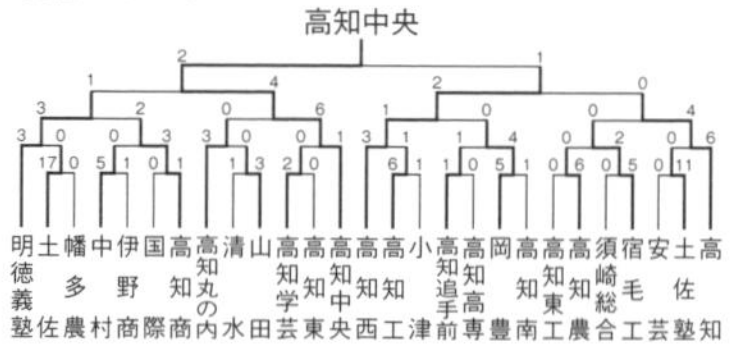

福岡県

●決勝トーナメント

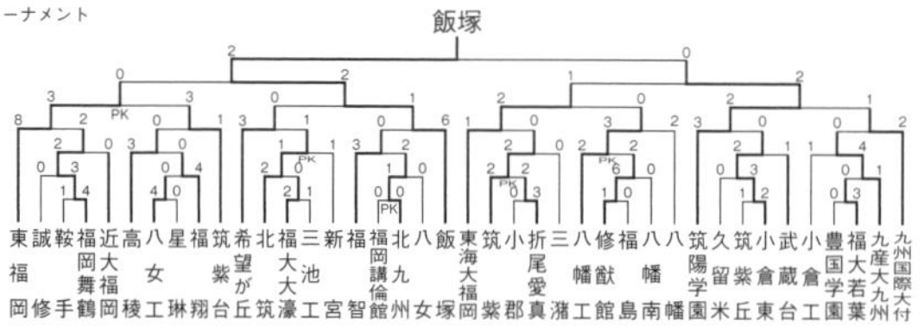

●３部トーナメント

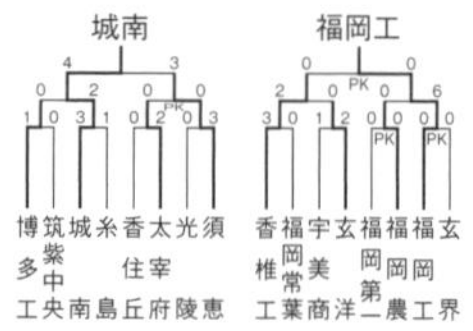

【中部地区】●ブロック予選会

1部A	新　　宮	筑　　紫	筑 紫 丘	福岡講倫館	福岡魁誠	順位
新　　宮		2－2	2－0	0－0	4－1	1
筑　　紫	2－2		1－0	1－2	2－1	2
筑 紫 丘	0－2	0－1		1－1	1－0	4
福岡講倫館	0－0	2－1	1－1		1－1	3
福岡魁誠	1－4	1－2	0－1	1－1		5

1部B	福　　翔	九産大九州	修 猷 館	博　　多	福岡舞鶴	順位
福　　翔		2－0	3－1	1－1	0－2	2
九産大九州	0－2		3－2	5－0	5－2	1
修 猷 館	1－3	2－3		4－0	2－1	3
博　　多	1－1	0－5	0－4		1－2	5
福岡舞鶴	2－0	2－5	1－2	2－1		4

2部A	柏　　陵	福　　岡	福工大城東	九 州 産	宗　　像	順位
柏　　陵		1－2	0－5	1－2	4－0	4
福　　岡	2－1		2－0	0－1	10－1	2
福工大城東	5－0	0－2		0－3	3－0	3
九 州 産	2－1	1－0	3－0		6－2	1
宗　　像	0－4	1－10	0－3	2－6		5

2部B	筑　　前	福大大濠	福岡西陵	春　　日	福大若葉	順位
筑　　前		1－2	2－0	1－0	1－4	3
福大大濠	2－1		0－0	0－2	1－2	4
福岡西陵	0－2	0－0		1－3	0－6	5
春　　日	0－1	2－0	3－1		2－0	2
福大若葉	4－1	2－1	6－0	0－2		1

3部A	博 多 工	香 椎 工	西南学院	順位
博 多 工		1－0	4－0	1
香 椎 工	0－1		1－0	2
西南学院	0－4	0－1		3

3部B	福岡常葉	筑紫中央	早　　良	順位
福岡常葉		1－3	3－1	2
筑紫中央	3－1		3－1	1
早　　良	1－3	1－3		3

3部CD	糸　　島	城　　南	上智福岡	宇 美 商	玄　　洋	順位
糸　　島				3－2	2－1	2
城　　南			5－1		4－1	1
上智福岡		1－5		0－4		5
宇 美 商	2－3		4－0			3
玄　　洋	1－2	1－4				4

3部EF	太 宰 府	福岡第一	香 住 丘	中村三陽	福 岡 農	順位
太 宰 府				3－0	2－1	2
福岡第一			0－3		5－1	3
香 住 丘		3－0		2－0		1
中村三陽	0－3		0－2			5
福 岡 農	1－2	1－5				4

3部GH	須　　恵	光　　陵	福 岡 工	玄　　界	糸 島 農	順位
須　　恵				2 PK 2	10－0	2
光　　陵			1－0		4－0	1
福 岡 工		0－1		2－1		3
玄　　界	2 PK 2		1－2			4
糸 島 農	0－10	0－4				5

●１部順位決定戦

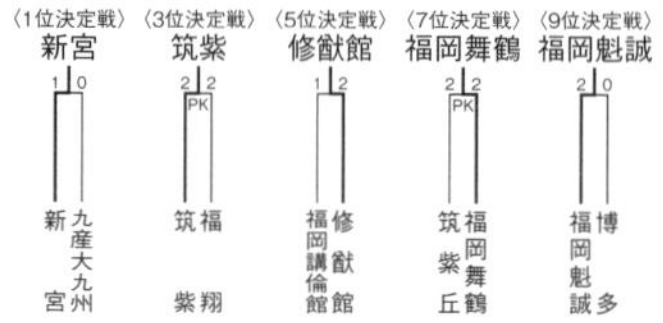

●２部順位決定戦

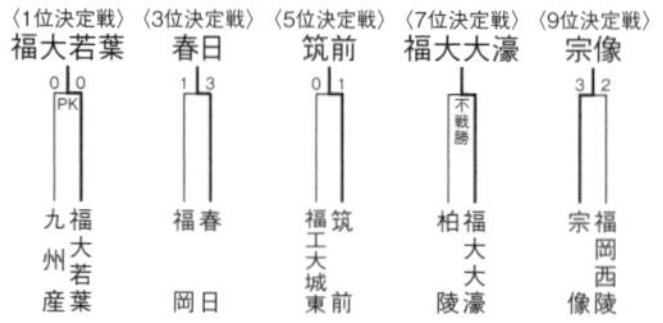

●代表決定トーナメント

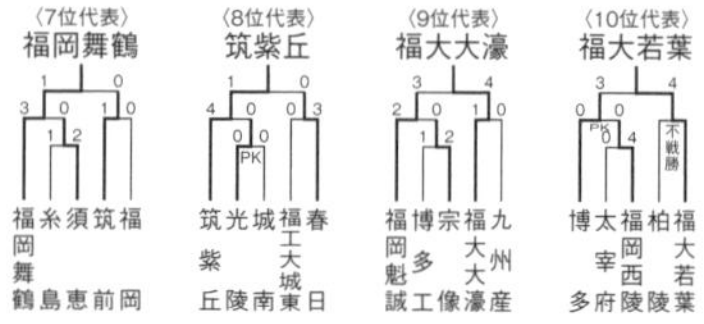

【南部地区】●１次リーグ

1部A	誠　　修	八 女 工	小　　郡	朝 倉 東	八　　女	順位
誠　　修		5－0	6－0	5－1	2－0	1
八 女 工	0－5		2－2	1－1	3－1	3
小　　郡	0－6	2－2		2－5	0－1	5
朝 倉 東	1－5	1－1	5－2		1－3	4
八　　女	0－2	1－3	1－0	3－1		2

1部B	三　　潴	久 留 米	八女学院	山　　門	明　　善	順位
三　　潴		2－0	3－0	2－0	1－0	1
久 留 米	0－2		3－0	1－1	2－0	2
八女学院	0－3	0－3		1－5	1－2	5
山　　門	0－2	1－1	5－1		1－1	3
明　　善	0－1	0－2	2－1	1－1		4

2部A	伝 習 館	久留米筑水	祐　　誠	有明高専	三 池 工	順位
伝 習 館		3－1	0－1	0－2	0－3	4
久留米筑水	1－3		2－3	2－0	0－5	5
祐　　誠	1－0	3－2		0－4	3－1	1
有明高専	2－0	0－2	4－0		0－0	3
三 池 工	3－0	5－0	1－3	0－0		2

2部B	久留米大附	福　　島	柳　　川	三　　池	朝　　倉	順位
久留米大附		0－6	0－1	1－0	2－2	3
福　　島	6－0		1－0	5－1	3－0	1
柳　　川	1－0	0－1		2－1	1－1	2
三　　池	0－1	1－5	1－2		2－2	5
朝　　倉	2－2	0－3	1－1	2－2		4

●１部順位決定戦

誠　　修（０—２）三　　潴
八　　女（１—０）久 留 米
八 女 工（３—０）山　　門
朝 倉 東（０—０）明　　善
（PK2—4）
小　　郡（０—０）八女学院
（PK6—5）

●２部順位決定戦

祐　　誠（２—０）福　　島
三 池 工（４—０）柳　　川
有明高専（０—０）久留米大附
（PK3—5）
伝 習 館（１—０）朝　　倉
久留米筑水（０—７）三　　池

●代表決定トーナメント

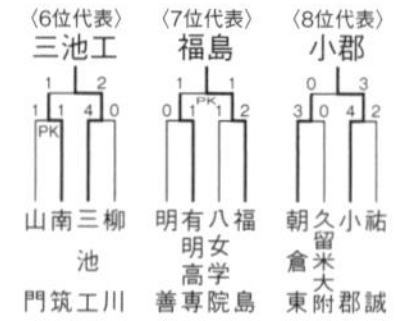

●３部上位トーナメント

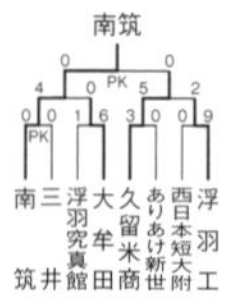

●３部 1st リーグ

（Ａパート）南　　筑（７—０）西日本短大附
（Ｂパート）浮羽究真館（０—９）久留米商
（Ｃパート）浮 羽 工（１—０）三　　井
（Ｄパート）大 牟 田（２—０）ありあけ新世

【北部地区】●ブロック予選会

1部A	折尾愛真	北 九 州	豊国学園	小　　倉	八 幡 工	八 幡 南	順位
折尾愛真		2－0	2－1	7－0	0－1	1－2	3
北 九 州	0－2		0－3	1－1	1－2	1－2	5
豊国学園	1－2	3－0		4－0	0－0	0－0	4
小　　倉	0－7	1－1	0－4		1－3	0－1	6
八 幡 工	1－0	2－1	0－0	3－1		1－0	1
八 幡 南	2－1	2－1	0－0	1－0	0－1		2

1部B	小 倉 東	北　　筑	常　　磐	星　　琳	京　　都	小 倉 工	順位
小 倉 東		0－0	1－2	1－0	5－0	1－5	3
北　　筑	0－0		3－0	3－1	2－1	1－5	2
常　　磐	2－1	0－3		2－4	1－0	1－1	5
星　　琳	0－1	1－3	4－2		0－0	1－0	4
京　　都	0－5	1－2	0－1	0－0		1－4	6
小 倉 工	5－1	5－1	1－1	0－1	4－1		1

2部A	八幡中央	小 倉 南	苅 田 工	明治学園	自由ケ丘	順位
八幡中央		1－1	0－1	0－1	0－2	5
小 倉 南	1－1		2－0	4－0	0－1	2
苅 田 工	1－0	0－2		1－0	0－1	3
明治学園	1－0	0－4	0－1		0－0	4
自由ケ丘	2－0	1－0	1－0	0－0		1

2部B	育 徳 館	青　　豊	戸　　畑	北九州高専	東　　筑	順位
育 徳 館		3－0	4－0	4－2	4－2	1
青　　豊	0－3		4－0	4－2	5－4	2
戸　　畑	0－4	0－4		3－2	1－2	4
北九州高専	2－4	2－4	2－3		0－3	5
東　　筑	2－4	4－5	2－1	3－0		3

3部A	中　　間	門司大翔館	戸 畑 工	九州朝鮮	遠賀・東筑紫	順位
中　　間		2－1	2－0	2－0	6－0	1
門司大翔館	1－2		6－0	1－0	7－0	2
戸 畑 工	0－2	0－6		0－3	1－0	4
九州朝鮮	0－2	0－1	3－0		5－0	3
遠賀・東筑紫	0－6	0－7	0－1	0－5		5

3部B	築 上 西	小 倉 商	北九州市立	若　　松	行橋・敬愛	順位
築 上 西		6－0	3－0	3－0	6－0	1
小 倉 商	0－6		0－0	0－1	4－2	4
北九州市立	0－3	0－0		2－3	4－2	3
若　　松	0－3	1－0	3－2		2－2	2
行橋・敬愛	0－6	2－4	2－4	2－2		5

●代表決定トーナメント

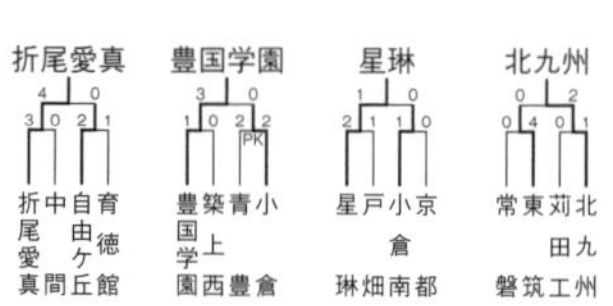

【筑豊地区】●1部リーグ

1部	福　智	鞍　手	嘉穂東	直　方	近大福岡	稲築志耕館	順位
福　智		2－1	2－1	3－1	2－3	9－1	1
鞍　手	1－2		1－0	1－1	0－0	3－1	3
嘉穂東	1－2	0－1		5－0	0－0	6－0	4
直　方	1－3	1－1	0－5		0－3	1－1	5
近大福岡	3－2	0－0	0－0	3－0		3－1	2
稲築志耕館	1－9	1－3	0－6	1－1	1－3		6

●2部リーグ

2部	田　川	嘉　穂	東　鷹	田川科技	鞍手竜徳	順位
田　川		1－2	4－0	5－0	6－0	2
嘉　穂	2－1		8－0	6－0	8－0	1
東　鷹	0－4	0－8		4－1	4－1	3
田川科技	0－5	0－6	1－4		2－2	4
鞍手竜徳	0－6	0－8	1－4	2－2		5

●代表決定トーナメント

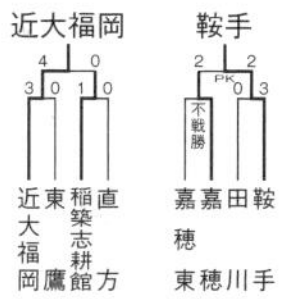

佐賀県

●決勝トーナメント

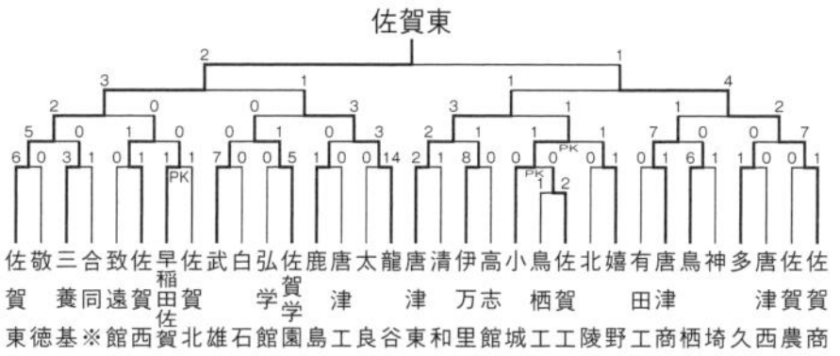

※合同＝青翔・唐津南・厳木

長崎県

●決勝トーナメント

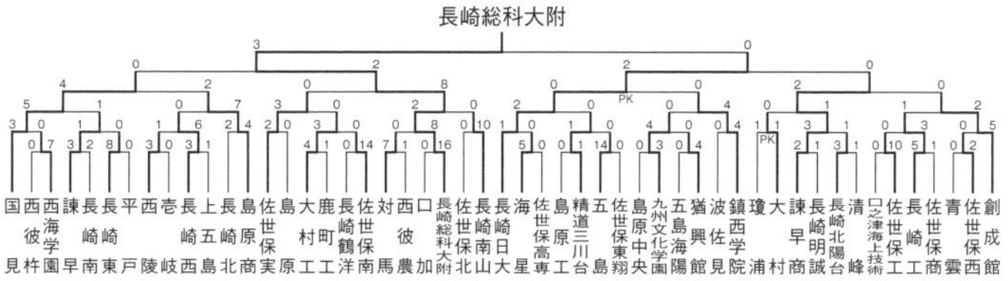

大分県

●決勝トーナメント

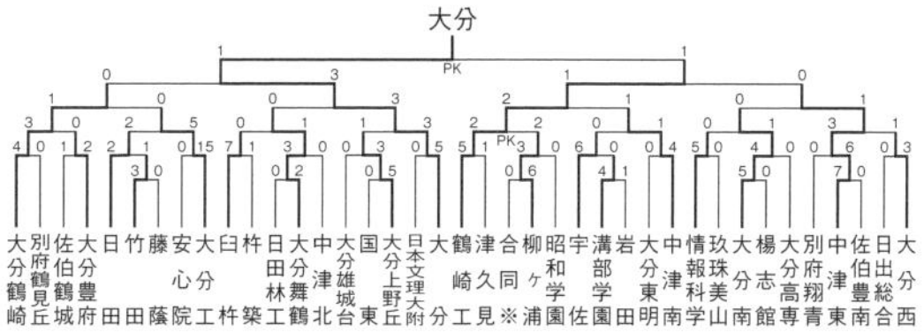

※合同＝大分商・大分国際情報

宮崎県

●決勝トーナメント

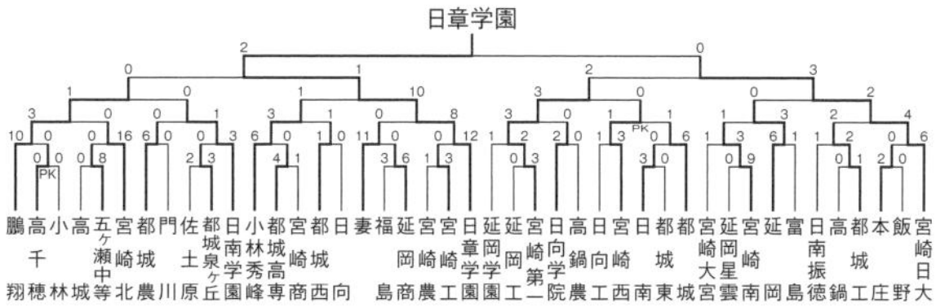

熊本県

●決勝トーナメント

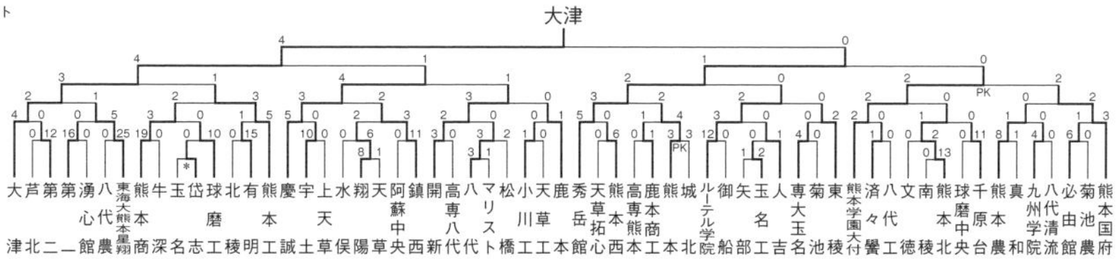

＊＝不戦勝

鹿児島県

●決勝トーナメント

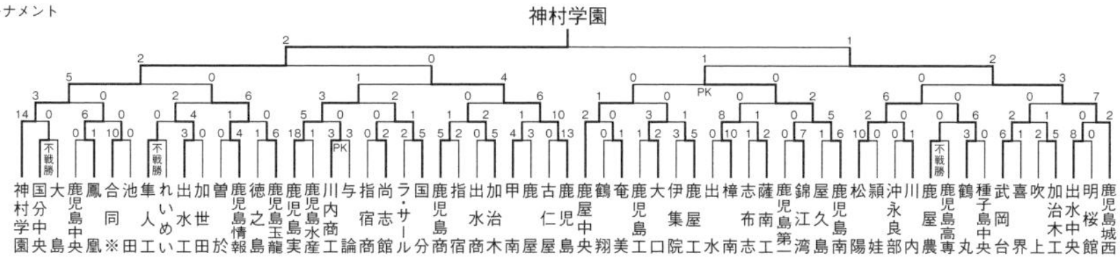

※合同＝川辺・枕崎・種子島

沖縄県

●決勝トーナメント

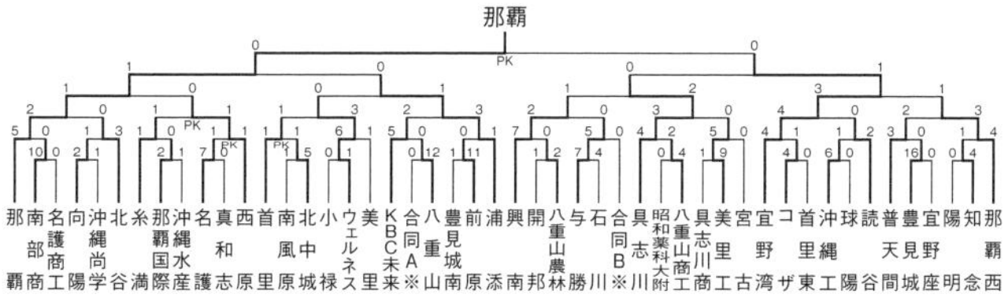

※合同A＝本部・嘉手納・美来工科・中部商・南部農林
※合同B＝浦添工・那覇工・久米島

全国高校総体サッカー大会出場校（男子）

年	S. 41	42	43	44	45	46	47	48	49	50	51	52	53	54
開催地	十和田 (青森県)	芦原, 三国 (福井県)	広島 (広島県)	宇都宮 (栃木県)	新宮 (和歌山県)	徳島 (徳島県)	山形 (山形県)	伊賀上野 (三重県)	佐賀 (佐賀県)	韮崎 (山梨県)	新潟 (新潟県)	岡山 (岡山県)	郡山 (福島県)	水口, 甲西 (滋賀県)
優勝校	**藤枝東$_1$**	**浦和市立$_1$**	**秋田商$_1$**	**浦和南$_1$**	**浜名$_1$**	**藤枝東$_2$**	**清水東$_1$**	**児玉$_1$**	**浜名$_2$**	**韮崎$_1$**	**帝京$_1$**	**島原商$_1$**	**北陽$_1$**	**水戸商$_1$**
準優勝	浦和市立$_1$	刈谷$_1$	習志野$_1$	清水市商$_1$	浦和南$_1$	広島県工$_1$	秋田商$_1$	北陽$_1$	児玉$_1$	児玉$_2$	古河第一$_1$	佐賀商$_1$	八千代$_1$	大分工$_1$
三位	習志野$_1$ 松本県ヶ丘$_1$	水戸商$_1$ 山城$_1$	初芝$_1$ 明星$_1$	宇都宮工$_1$ 宇都宮学$_1$	広島市商$_1$ 新宮$_1$	浦和市立$_1$ 初芝$_2$	児玉$_1$ 藤枝東$_1$	清水東$_1$ 遠野$_1$	北陽$_1$ 習志野$_2$	帝京$_1$ 水戸商$_2$	浦和南$_1$ 韮崎$_1$	山口$_1$ 広島県工$_1$	水戸商$_3$ 佐賀商$_1$	鹿児島実$_1$ 帝京$_2$
北海道	函館工$_1$ 美唄工$_1$	函館工$_2$ 斜里$_1$	函館東$_1$ 岩見沢東$_1$	美唄工$_2$ 札幌光星$_1$	室蘭大谷$_1$ 三笠高美$_1$	白糠$_1$ 室蘭大谷$_2$	室蘭大谷$_3$ 函館有斗$_1$	室蘭大谷$_4$ 三笠高美$_2$	室蘭大谷$_5$ 室蘭清水丘$_1$	旭川東$_1$ 北海$_1$	苫小牧東$_1$ 三笠高美$_3$	室蘭大谷$_6$ 札幌光星$_2$	室蘭大谷$_7$ 北海$_2$	室蘭大谷$_8$ 恵庭南$_1$
青森	十和田工$_1$ 五戸$_1$	五戸$_2$	八戸電波$_1$	青森商$_1$	七戸$_1$	光星学院$_1$	八戸北$_1$	五戸$_3$	五戸$_4$	三沢商$_1$	五所川原農林$_1$	三本木$_1$	五戸$_5$	光星学院$_2$
岩手	盛岡商$_1$	盛岡商$_2$	遠野$_1$	遠野$_2$	大槌$_1$	盛岡商$_3$	遠野$_3$	遠野$_4$	遠野$_5$	大槌$_2$	釜石北$_1$	遠野$_6$	遠野$_7$	遠野$_8$
秋田	秋田商$_1$	由利工$_1$	秋田商$_2$	(推)秋田商$_3$ 西目農$_1$	由利工$_2$	秋田商$_4$	秋田商$_5$	由利工$_3$	西目農$_2$	西目農$_3$	秋田商$_6$	秋田商$_7$	秋田商$_8$	秋田商$_9$
山形	鶴岡南$_1$	新庄北$_1$	鶴岡工$_1$	新庄工$_1$	鶴岡工$_2$	山形南$_1$	日大山形$_1$ 鶴岡南$_2$	米沢商$_1$	山形市商$_1$	山形東$_1$	庄内農$_1$	山形東$_2$	日大山形$_2$	鶴岡工$_3$
宮城	仙台育英$_1$	仙台育英$_2$	仙台育英$_3$	仙台第三$_1$	仙台育英$_4$	仙台育英$_5$	宮城県工$_1$	東北$_1$	仙台第二$_1$	東北$_2$	仙台育英$_6$	仙台育英$_7$	仙台第三$_2$	宮城県工$_2$
福島	郡山西工$_1$	安積$_1$	福島工$_1$	福島工$_2$	郡山商$_1$	郡山西工$_2$	相馬$_1$	郡山商$_2$	勿来工$_1$	勿来工$_2$	郡山商$_3$	磐城$_1$	郡山商$_4$ 勿来工$_3$	郡山商$_5$
新潟	吉田商$_1$	新潟東工$_1$	吉田商$_2$	巻$_1$	中越$_1$	長岡工$_1$	新潟明訓$_1$	新潟明訓$_2$	新潟$_1$	巻$_2$	新潟$_2$ 長岡工$_2$	新潟工$_1$	新潟工$_2$	新潟工$_3$
長野	松本県ヶ丘$_1$	上田$_1$	穂高$_1$	松本深志$_1$	松本県ヶ丘$_2$	松本県ヶ丘$_3$	松本県ヶ丘$_4$	蘇南$_1$	蘇南$_2$	上田東$_1$	須坂$_1$	松本深志$_2$	上田$_2$	豊科$_1$
富山	高岡工芸$_1$	富山第一$_1$	富山工$_1$	魚津工$_1$	富山工$_2$	富山工$_3$	富山工$_4$	高岡第一$_1$	富山東$_1$	砺波工$_1$	富山東$_2$	富山東$_3$	富山中部$_1$	富山中部$_2$
石川	金沢市工$_1$	金沢市工$_2$	金沢泉丘$_1$	金沢錦丘$_1$	金沢錦丘$_2$	羽咋工$_1$	金沢桜丘$_1$	金沢桜丘$_2$	金沢泉丘$_2$	金沢経大 星稜$_1$	金沢西$_1$	金沢経大 星稜$_2$	金沢西$_2$	金沢二水$_1$
福井	福井工$_1$	大野工$_1$ 丸岡$_1$	大野$_1$	坂井農$_1$	高志$_1$	三国$_1$	敦賀工$_1$	大野$_2$	三国$_2$	大野$_3$	大野$_4$	春江工$_1$	丸岡$_2$	丸岡$_3$
茨城	水戸商$_1$	水戸商$_2$	水戸商$_3$	日立第一$_1$	水戸商$_4$	古河第一$_1$	東洋大牛久$_1$	古河第一$_2$	古河第一$_3$	水戸商$_5$	古河第一$_4$	日立第一$_2$	水戸商$_6$	水戸商$_7$
栃木	宇都宮商$_1$	宇都宮工$_1$	宇都宮学園$_1$	宇都宮工$_2$ 宇都宮学園$_2$	矢板$_1$	那須$_1$	宇都宮工$_3$	宇都宮工$_4$	矢板東$_1$	宇都宮学園$_3$	宇都宮農$_1$	宇都宮工$_5$	矢板東$_2$	今市$_1$
群馬	館林$_1$	館林$_2$	新島学$_1$	太田$_1$	新島学$_2$	新島学$_3$	新島学$_4$	沼田$_1$	高崎$_1$	高崎商$_1$	高崎商$_2$	前橋工$_1$	前橋工$_2$	前橋商$_1$
埼玉	浦和市立$_1$	浦和市立$_2$	(推)浦和市立$_3$ 浦和南$_1$	浦和南$_2$	(推)浦和南$_3$ 浦和市立$_4$	浦和市立$_5$	児玉$_1$	児玉$_2$	(推)児玉$_3$ 浦和南$_4$	児玉$_4$	浦和南$_5$	浦和南$_6$	浦和南$_7$	浦和南$_8$
東京	私立城北$_1$ 学習院$_1$	帝京$_1$ 早大学$_1$	石神井$_1$ 早大学$_2$	中大付$_1$ 町田工$_1$	中大付$_2$ 本郷$_1$	帝京$_2$ 明法$_1$	帝京$_3$ 桐朋$_1$	中大付$_3$ 本郷$_2$	中大付$_4$ 帝京$_4$	中大付$_5$ 帝京$_5$	帝京$_6$ 本郷$_3$	(推)帝京$_7$ 國學院久我山$_1$ 修徳$_1$	國學院久我山$_2$ 帝京$_8$	帝京$_9$ 修徳$_2$
千葉	習志野$_1$	習志野$_2$	習志野$_3$	習志野$_4$	薬園台$_1$	習志野$_5$	茂原工$_1$	千葉経済$_1$	習志野$_6$	八千代$_1$	千葉経済$_2$	八千代$_2$	八千代$_3$	習志野$_7$
神奈川	小田原$_1$	鎌倉学$_1$	鎌倉学$_2$	相工大附$_1$	相模台工$_1$	相工大附$_2$	向の岡工$_1$	相工大附$_3$	相工大附$_4$	相工大附$_5$	厚木$_1$	旭$_1$	旭$_2$	鎌倉$_1$
山梨	韮崎$_1$	韮崎$_2$	韮崎$_3$	韮崎$_4$	甲府工$_1$	韮崎$_5$	韮崎$_6$	韮崎$_7$	韮崎$_8$	韮崎$_9$ 機山工$_1$	(推)韮崎$_{10}$ 北富士工$_1$	韮崎$_{11}$	韮崎$_{12}$	日川$_1$
静岡	藤枝東$_1$	(推)藤枝東$_2$ 清水東$_1$	藤枝東$_3$	清水市商$_1$	浜名$_1$	(推)浜名$_2$ 藤枝東$_4$	(推)藤枝東$_5$ 清水東$_2$	(推)清水東$_3$ 自動車工$_1$	浜名$_3$	(推)浜名$_4$ 静岡工$_1$	浜名$_5$	自動車工$_2$	藤枝東$_6$	清水市商$_2$
愛知	豊田西$_1$	刈谷$_1$	熱田$_1$	名商大付$_1$	津島$_1$	名古屋市北$_1$	岡崎城西$_1$	中京$_1$	熱田$_2$	熱田$_3$	熱田$_4$	愛知$_1$	岡崎城西$_2$	岡崎城西$_3$
岐阜	大垣工$_1$	大垣工$_2$	大垣工$_3$	大垣工$_4$	加納$_1$	大垣北$_1$	大垣工$_5$	長良$_1$	長良$_2$	大垣工$_6$	大垣工$_7$	多治見工$_1$	大垣工$_8$	大垣工$_9$
三重	上野工$_1$	名張$_1$	上野$_1$	上野工$_2$	上野工$_3$	上野$_2$	上野工$_4$	四日市中央工$_1$ 名張$_2$	上野$_3$	上野工$_5$	四日市中央工$_2$	四日市中央工$_3$	四日市中央工$_4$	上野$_4$
滋賀	甲賀$_1$	甲賀$_2$	甲賀$_3$	甲賀$_4$	日野$_1$	日野$_2$	甲賀$_5$	甲賀$_6$	膳所$_1$	能登川$_1$	水口$_7$	膳所$_2$	石山$_1$	水口$_8$ 守山$_1$
京都	山城$_1$	山城$_2$	京都教大附$_1$	京都商$_1$	洛北$_1$	朱雀$_1$	洛北$_2$	山城$_3$	朱雀$_2$	山城$_4$	京都教大附$_2$	京都商$_2$	京都商$_3$	京都商$_4$
奈良	大淀$_1$	智辯学$_1$	東大寺学$_1$	畝傍$_1$	奈良女大付$_1$	畝傍$_2$	五條$_1$	天理$_1$	智辯学$_2$	畝傍$_3$	奈良女大付$_2$	天理$_2$	大淀$_2$	天理$_3$
和歌山	和歌山北$_1$	新宮商$_1$	新宮商$_2$	和歌山北$_2$	新宮$_1$ 新宮商$_3$	星林$_1$	和歌山北$_3$	和歌山北$_4$	新宮$_2$	桐蔭$_1$	古座$_1$	和歌山北$_5$	新宮$_3$	那賀$_1$
大阪	明星$_1$ 初芝$_1$	和泉工$_1$ 北陽$_1$	初芝$_2$ 明星$_2$	初芝$_3$ 茨木$_1$	和泉$_1$ 明星$_3$	初芝$_4$ 浪速工$_1$	北陽$_2$ 初芝$_5$	北陽$_3$ 清風$_1$	北陽$_4$ 大教大付$_1$	北陽$_5$ 関西大倉$_1$	清風$_2$ 初芝$_6$	北陽$_6$ 摂津$_1$	北陽$_7$ 摂津$_2$	北陽$_8$ 摂津$_3$
兵庫	神戸$_1$	関西学院$_1$	芦屋$_1$	報徳$_1$	報徳$_2$	六甲$_1$	神戸$_2$	神戸$_3$	葺合$_1$	尼崎$_1$	長田$_1$	神戸$_4$	尼崎北$_1$	西宮東$_1$
岡山	関西$_1$	玉島商$_1$	津山$_1$	水島工$_1$	岡山大安寺$_1$	水島工$_2$	水島工$_3$	水島工$_4$	水島工$_5$	水島工$_6$	倉敷工$_1$	水島工$_7$ 玉野$_1$	津山工$_1$	倉敷工$_2$
鳥取		米子北$_1$	境港工$_1$	倉吉工$_1$	境港工$_2$	米子工$_1$	倉吉東$_1$	米子東$_1$	境港工$_3$	境港工$_4$	米子東$_2$	鳥取西$_1$	鳥取東$_1$	米子東$_3$
島根	松江南$_1$	浜田$_1$	益田農林$_1$	益田農林$_2$	益田農林$_3$	松江北$_1$	益田$_1$	益田農林$_4$	松江工$_1$	益田$_2$	益田$_3$	松江南$_2$	益田商$_1$	松江工$_2$
広島	国泰寺$_1$	広島県工$_1$	山陽$_1$ 広島市商$_1$	広島市商$_2$	広島市商$_3$	広島県工$_2$	広島市商$_4$	国泰寺$_2$	広島県工$_3$	広大付$_1$	広島県工$_4$	広島県工$_5$	国泰寺$_3$	広島県工$_6$
山口	小野田工$_1$	南陽工$_1$	防府$_1$	小野田工$_2$	小野田工$_3$	山口$_1$	山口$_2$	山口$_3$	山口$_4$	多々良学園$_1$	山口$_5$	山口$_6$	山口$_7$	山口$_8$
香川	高松商$_1$	高松商$_2$	高松商$_3$	高松商$_4$	高松商$_5$	高松商$_6$	高松商$_7$	高松工芸$_1$	高松工芸$_2$	高松工芸$_3$	高松商$_8$	高松商$_9$	高松商$_{10}$	高松商$_{11}$
徳島	鴨島商$_1$	鴨島商$_2$	徳島商$_1$	徳島商$_2$	川島$_1$	徳島商$_3$ 城北$_1$	城北$_2$	徳島商$_4$	徳島商$_5$	徳島工$_1$	川島$_2$	徳島商$_6$	徳島商$_7$	徳島商$_8$
高知	高知商$_1$	高知農$_1$	高知農$_2$	高知商$_2$	高知農$_3$	高知工$_1$	高知工$_2$	高知工$_3$	高知農$_4$	高知農$_5$	追手前$_1$	高知農$_6$	高知$_1$	高知農$_7$
愛媛	新田$_1$	松山工$_1$	松山東$_1$	新田$_2$	壬生川工$_1$	松山工$_2$	新田$_3$	八幡浜工$_1$	新田$_4$	八幡浜工$_2$	東予工$_2$	東予工$_3$	東予工$_4$	大洲$_1$
福岡	福岡商$_1$	福岡電波$_1$	福岡電波$_2$	山田$_1$	福岡商$_2$	嘉穂東$_1$	福岡商$_3$	福島$_1$	福岡商$_4$	福岡商$_5$	福岡商$_6$	八幡中央$_1$	福岡商$_7$	福岡商$_8$
佐賀	佐賀東$_1$	小城$_1$	佐賀実$_1$	佐賀実$_2$	小城$_2$	武雄$_1$	佐賀北$_1$	佐賀北$_2$	佐賀商$_1$ 佐賀学園$_3$	佐賀商$_2$	佐賀学園$_4$	佐賀商$_3$	佐賀商$_4$	佐賀商$_5$
長崎	島原商$_1$	島原商$_2$	島原商$_3$	長崎南$_1$	島原工$_1$	島原商$_4$	長崎南$_2$	島原商$_5$	島原商$_6$	島原商$_7$	島原商$_8$	島原商$_9$	島原商$_{10}$	島原商$_{11}$
大分	中津商$_1$	中津南$_1$	大分工$_1$	大分工$_2$	大分工$_3$	大分上野丘$_1$	中津工$_1$	大分工$_4$	中津工$_2$	大分上野丘$_2$	大分上野丘$_3$	大分工$_5$	大分上野丘$_4$	大分工$_6$
宮崎	延岡工$_1$	延岡工$_2$	宮崎商$_1$	宮崎商$_2$	延岡工$_3$	宮崎農$_1$	延岡工$_4$	延岡$_1$	延岡$_2$	宮崎実$_1$	小林工$_1$	宮崎工$_1$	宮崎工$_2$	宮崎工$_3$
熊本	熊本商$_1$	熊本二$_1$	熊本一工$_1$	熊本一工$_2$	宇土$_1$	八代第一$_1$	八代第一$_2$	宇土$_2$	松橋$_1$	八代工$_1$	宇土$_3$	熊本済々黌$_1$	東海大第二$_1$	鎮西$_1$
鹿児島	出水工$_1$	鹿児島実$_1$	鹿児島工$_1$	鹿児島商$_1$	鹿児島商$_2$	鹿児島工$_2$	鹿児島商$_3$	鹿児島商$_4$	鹿児島商$_5$	鹿児島商$_6$	鹿児島工$_3$	鹿児島実$_2$	鹿児島実$_3$	鹿児島実$_4$
沖縄	小禄$_1$	那覇$_1$		那覇$_2$	沖縄工$_1$	小禄$_2$	小禄$_3$	小禄$_4$	小禄$_5$	コザ$_1$	前原$_1$	小禄$_6$	前原$_2$	小禄$_7$
参加校	50	52	51	52	52	52	52	52	52	52	52	52	51	51
備考	鳥取県不参加	42年大会より前年度優勝校は推薦出場	沖縄県不参加					延長戦後同点の場合はPK方式で次回進出チームを決定することになる	佐賀学園←佐賀実		水口←甲賀 東予工←壬生川工		前年度優勝校推薦は、規模適正のため取り止め	

55	56	57	58	59	60	61	62	63	H.元	2	3	4	5	6
松山，砥部 (愛媛県)	藤沢，横浜 (神奈川県)	国分，隼人 (鹿児島県)	名古屋 (愛知県)	雄和，河辺 (秋田県)	根上，寺井，金沢 (石川県)	山口，防府，小郡 (山口県)	室蘭 (北海道)	神戸 (兵庫県)	高知，南国，春野，野市，伊野 (高知県)	利府，松島 (宮城県)	清水，藤枝，焼津 (静岡県)	宮崎 (宮崎県)	宇都宮，矢板 (栃木県)	富山，高岡 (富山県)
清水東2	**清水東3**	**帝京2**	**四日市中央工1**	**四日市中央工2**	**九州学院1**	**国見1**	**市立船橋1**	**市立船橋2**	**清水市商1**	**清水市商2**	**清水東4**	**徳島市立1**	**国見2**	**清水市商3**
今市1	室蘭大谷1	京都商1	水戸商1	広島県工2	室蘭大谷2	中京1	国見1	古河第一2	大宮東1	南宇和1	東海大一1	市立船橋1	鹿児島実1	帝京1
水戸商4	韮崎2	守山1	清水市商1	武南1	広島県工2	鹿児島実2	滝川第二1	徳島商1	南宇和1	北陽3	市立船橋1	清水東2	桐蔭学園1	広島皆実1
松江南1	相工大附1	大分工1	暁星1	八千代1	八千代2	札幌第一1	帝京3	武南2	北陽2	東北学院1	四日市中央工1	国見1	清水市商2	鹿児島実3
室蘭大谷9 札幌光星3	室蘭大谷10 札幌光星4	室蘭大谷11 札幌光星5	室蘭大谷12 札幌光星6	室蘭大谷13 札幌第一1	室蘭大谷14 札幌光星7	室蘭大谷15 札幌第一2	室蘭栄1 札幌光星8 札幌藻岩1	室蘭大谷16 登別大谷1	室蘭大谷17 登別大谷2	登別大谷3 北海3	札幌光星9 登別大谷4	室蘭大谷18 函館有斗2	室蘭大谷19 登別大谷5	室蘭大谷20 札幌光星10
五戸6	五戸7	三本木農1	光星学院3	五戸8	五戸9	光星学院4	光星学院5	五戸10	五戸11	光星学院6	青森山田1	三沢商2	光星学院7	三本木農2
遠野9	盛岡商4	盛岡商5	盛岡商6	遠野10	遠野11	遠野12	盛岡商7	盛岡商8	盛岡商9	盛岡商10	遠野13	盛岡市立1	盛岡商11	盛岡商12
秋田1	秋田2	秋田商10	由利工4	秋田経法付1 秋田商11	秋田経法付2	秋田商12	秋田経法付3	秋田商13	秋田経法付4	秋田商14	秋田3	秋田商15	秋田商16	秋田商17
日大山形3	日大山形4	鶴岡南3	日大山形5	山形東3	日大山形6	鶴岡工4	日大山形7	日大山形8	日大山形9	日大山形10	山形中央1	山形東4	日大山形11	山形中央2
宮城県工3	東北学院1	東北学院2	東北学院3	東北学院4	東北3	仙台育英8	仙台育英9	東北4	東北学院5	東北学院6 宮城県工4	仙台育英10	仙台育英11	利府1	東北学院7
磐城2	福島工3	磐城3	磐城4	磐城5	磐城6	郡山北工1	郡山北工2	平工1	郡山商6	磐城7	磐城8	福島東1	福島1	福島東2
津川1	新潟工4	新潟工5	新潟工6	新潟工7	新潟西1	新潟工8	新潟西2	新潟西3	新潟工9	新潟西4	新潟西5	新潟西6	新潟工10	新潟西7
豊科2	上田東2	上田3	上田東3	豊科3	田川1	長野1	松本深志3	松本県ヶ丘5	松商学園1	松商学園2	松商学園3	松商学園4	松商学園5	松商学園6
富山中部3	富山第一2	富山中部4	富山南1	富山工5	富山中部5	富山第一3	高岡工芸2	富山第一4	富山第一5	富山第一6	富山北部1	富山第一7	富山第一8	伏木1 富山第一9
金沢西3	金沢経大 星稜3	金沢西4	金沢西5	金沢桜丘3	金沢桜丘4 金沢西6	金沢桜丘5	星稜4	星稜5	金沢桜丘6	金沢桜丘7	星稜6	金沢桜丘8	星稜7	星稜8
北陸1	三国3	丸岡4	丸岡5	大野5	大野6	大野7	丸岡6	丸岡7	丸岡8	丸岡9	丸岡10	丸岡11	大野8	北陸2
水戸商8	水戸商9	古河第一5	水戸商10	日立工1	水戸商11	水戸商12	水戸商13	古河第一6	古河第一7	水戸商14	境1	水戸商15	水戸短大附1	日立工2
今市2	国学院栃木1	矢板東3	真岡1	宇都宮学園4	国学院栃木2	宇都宮学園5	佐野日大1	国学院栃木3	佐野日大2	佐野日大3	足利学園1	宇都宮学園6	真岡2 矢板東4	白鴎大足利2
前橋工3	前橋商2	前橋育英1	前橋工4	前橋商3	前橋商4	前橋商5	前橋商6	前橋商7	前橋育英2	前橋育英3	前橋商8	前橋商9	前橋商10	前橋商11
浦和南9	武南1	浦和市立6	武南2	武南3	武南4	大宮東1 武南5	武南6 浦和西1	武南7 川口工1	大宮東2 武南8	武南9 浦和南10	武南10 東農大三1	武南11 伊奈学園1	武南12 西武台1	武南13 大宮東3
帝京10	本郷4	暁星2	暁星3	帝京13	修徳4	修徳5	帝京15	修徳6	暁星7	暁星8	帝京16	暁星9	帝京17	帝京18
修徳3	暁星1	帝京11	帝京12	桐朋2	暁星4	帝京14	暁星5	暁星6	修徳7	東海大菅生1	堀越1	堀越2	修徳8	桐明3
八千代4	八千代5	八千代6	市原緑1	八千代7	八千代8	柏日体1	市立船橋1 八千代松陰1	八千代松陰2 市立船橋2	市立船橋3 習志野8	習志野9 市立船橋4	市立船橋5 八千代松陰3	市立船橋6 渋谷幕張1	習志野10 八千代9	八千代10 市立船橋7
小田原2	相工大附6 日大1	藤沢西1	鎌倉2	日大藤沢1 旭3	旭4 鎌倉3	藤沢西2 向上1	日大藤沢2 相工大附7	旭5 向上2	桐蔭学園1 向上3	日大藤沢3 横浜市立南1	相模原1 旭6	七里ヶ浜1 桐光学園1	桐蔭学園2 藤沢西3	日大藤沢4 桐光学園2
韮崎13	韮崎14	機山工2	日大明誠1	日大明誠2	東海大甲府1	東海大甲府2	韮崎15	韮崎16	韮崎17	韮崎18	日大明誠3	機山工3	韮崎19	韮崎20
清水東4	清水東5	藤枝東7	清水市商3	清水東6	静岡北3	清水東7	清水市商4	東海大一1	清水市商5	清水市商6	清水東9 東海大一2	清水東9	清水市商7	清水市商8
岡崎城西4	愛知2	愛知3	岡崎城西5 中京2	中京3	愛知4	中京4	中京5	中京6 刈谷北1	中京7 松蔭1	中京8 愛知5	中京9 刈谷2	刈谷3 中京10	中京11 松蔭2	豊田北1 知多1
大垣工10	岐阜工1	吉城1	中京商1	岐阜工2	岐阜工3	岐阜工4	岐阜工5	岐阜工6	大垣工11	大垣工12	岐阜工7	大垣工13	岐阜工8	岐阜工9
四日市中央工5	上野工6	四日市中央工6	四日市中央工7	四日市中央工8	四日市中央工9	四日市中央工10	四日市中央工11	四日市中央工12	四日市中央工13	四日市中央工14	四日市中央工15	四日市工1	四日市中央工16	四日市中央工17
守山2	守山3	守山4	守山5	守山6	水口9	守山7	水口10	守山8	草津1	水口11	水口東1	守山北1	守山北2	草津東1
洛陽工1	洛北3	京都商5	京都商6	京都商7	山城5	京都商8	山城6	山城7	山城8	山城9	洛南1	山城10	洛南2	洛北4
奈良育英1	大淀3	天理4	大淀4	奈良育英2	大淀5	大淀6	大淀7	奈良育英3	奈良育英4	大淀8	大淀9	奈良育英5	奈良育英6	奈良育英7
海南1	和歌山北6	海南2	田辺1	和歌山北7	那賀2	那賀3	和歌山北8	和歌山工1	近大和歌山1	田辺2	田辺3	初芝橋本1	初芝橋本2	初芝橋本3
大阪工大1	摂津4	清風3	三島1	生野1	摂津5	北陽10	大阪商2	北陽12	北陽13	北陽14	茨木2	北陽15	近畿大附1	大商学園3
高槻南1	北陽9	大阪商1	高槻南2	高槻南3	高槻南4	阿武野1	北陽11	阿武野2	高槻南5	東海大仰星1	初芝7	清風4	高槻南6	近畿大附2
御影工1	御影1	御影2	伊丹北1	小野1	御影工2	滝川第二1	滝川第二2	御影工3 八代学院1	滝川第二3	滝川第二4	滝川第二5	滝川第二6	滝川第二7	滝川第二8
作陽1	作陽2	岡山朝日1	作陽3	作陽4	作陽5	倉敷工3	作陽6	作陽7	玉野光南1	作陽8	玉野2	作陽9	玉野光南2	作陽10
米子工2	米子工3	米子東4	米子東5	米子東6	米子工4	米子工5	米子工6	米子工7	米子工8	米子北2	米子工9	米子工10	米子工11	米子工12
松江南3	益田4	益田農林5	益田農林6	大社1	松江南4	大社2	松江南5	松江東1	松江南6	益田5	大社3	出雲工1	松江北2	出雲工2
広島県工7	広島県工8	広島県工9	広島県工10	広島県工11	広島県工12	広島県工13	国泰寺4	広島県工14	広島県工15	広島皆実1	広島県工16	市立沼田1	広島県工17	広島皆実2
小野田1	山口9	宇部1	多々良学園2	山口10	山口11	山口農1 宇部工1	山口12	山口13	宇部工2	宇部2	多々良学園3	多々良学園4	多々良学園5	多々良学園6
高松商12	高松商13	高松商14	高松南1	高松商15	高松南2	高松商16	高松商17	高松商18	高松南3	高松商19	高松商20	高松商21	高松商22	高松商23
徳島商9	徳島工2	徳島商10	徳島商11	徳島商12	徳島商13	川島3	徳島市立1	徳島商14	徳島商15	徳島市立2	徳島市立3	徳島市立4	徳島市立5	徳島市立6
高知農8	高知2	高知3	高知小津1	高知4	高知5	高知6	高知農9	高知小津2	高知小津3 佐川1	高知小津4	高知7	高知8	高知商3	高知9
南宇和1 松山工3	新田5	南宇和2	南宇和3	南宇和4	南宇和5	南宇和6	南宇和7	南宇和8	南宇和9	南宇和10	南宇和11	南宇和12	南宇和13	新居浜工1
八幡中央2	福岡商9	東福岡1	東海大五1	東海大五2	東海大五3	東海大五4	東海大五5	東海大五6	豊国学園1	東海大五7	東海大五8	東海大五9	東海大五10	東海大五11
佐賀商6	佐賀学園5	佐賀学園6	佐賀学園7	佐賀商7	佐賀商8	佐賀学園8	佐賀学園9	佐賀商9	佐賀商10	佐賀北3	佐賀商11	佐賀商12	佐賀商13	佐賀商14
長崎日大1	島原商12	島原商13	島原商14	島原商15	国見1	国見2	国見3	国見4	長崎日大2	国見5	国見6	国見7	国見8	海星1
大分工7	大分工8	大分工9	大分工10	中津工3	中津工4	大分工11	大分工12	大分上野丘5	中津工5	大分上野丘6	中津工6	情報科学1	中津工7	情報科学2
都城工1	宮崎工4	都城工2	宮崎工5	都城農1	都城農2	宮崎工6	宮崎工7	都城農3	宮崎工8	鵬翔1	日章学園2	鵬翔2 宮崎工9	延岡工5	延岡工6
九州学院1	鎮西2	九州学院2	八代工2	九州学院3	九州学院4	熊本農1	九州学院5	大津1	大津2	大津3	熊本商2	九州学院6	熊本農2	熊本商3
鹿児島実5	鹿児島実6	鹿児島実7 鹿児島商7	鹿児島商8	鹿児島商9	鹿児島商10	鹿児島実8	鹿児島実9	鹿児島実10	鹿児島実11	鹿児島実12	鹿児島実13	鹿児島実14	鹿児島実15	鹿児島実16
西原1	西原2	与勝1	与勝2	与勝3	与勝4	中部農林1	浦添1	中部農林2	浦添2	西原3	与勝5	那覇西1	那覇西2	豊見城南1
51	51	51	51	52	52	53	54	55	55	55	55	55	55	55
	準決勝、決勝戦がナイトゲームで行われる			参加校数増加のため、神奈川県が二代表に	静岡北←自動車工	参加校数増加のため、埼玉県が二代表に	参加校数増加のため、千葉県が二代表に 星稜←金沢経大星稜	参加校数増加のため、愛知県が二代表に	元号が「平成」に		日章学園←宮崎実			高体連加盟校以外の学校にも門戸を開放する 白鴎大足利←足利学園 大商学園←大阪商

年	H. 7	8	9	10	11	12	13	14	15	16	17	18	19	20
開催地	鳥取 (鳥取県)	韮崎 (山梨県)	宇治, 城陽, 久御山 (京都府)	高松, 三木, 綾南 (香川県)	盛岡, 雫石, 滝沢 (岩手県)	古川, 宮川, 神岡 (岐阜県)	大津, 七城 (熊本県)	鹿嶋, 神栖, 波崎 (茨城県)	島原, 国見 (長崎県)	益田, 三隅, 美都 (島根県)	市原 (千葉県)	高槻, 吹田, 大阪, 堺 (大阪府)	鳥栖, 久留米, 小郡, 春日, うきは (佐賀・福岡)	さいたま, 越谷 (埼玉県)
優勝校	**習志野1**	**清水市商4**	**東福岡1**	**市立船橋3**	**八千代1**	**国見3**	**市立船橋4**	**帝京3**	**国見4**	**国見5**	**青森山田1**	**広島観音1**	**市立船橋5**	**流経大柏1**
準優勝	西武台1	帝京2	帝京3	岐阜工1	**広島皆実1**	國學院久我山1	藤枝東1	国見2	帝京4	市立船橋2	那覇西1	初芝橋本1	星稜1	**市立船橋6**
三位	高松商1 北陽4	韮崎3 桐光学園1	市立船橋2 国見2	高松商2 習志野3	多々良学園1 市立船橋3	八千代3 青森山田1	岐阜工1 鹿児島実4	多々良学園2 清水市商3	市立船橋4 東邦1	前橋育英1 成立学園1	桐蔭学園2 鹿島1	真岡1 帝京4	神村学園1 流経大柏1	佐賀東1 大津1
北海道	室蘭大谷21 登別大谷6	北海4 旭川東栄1	室蘭大谷22 登別大谷7	札幌第一3 北海5	登別大谷8 函館有斗3	帯広北1 札幌白石1	駒大苫小牧1 札幌第一4	室蘭大谷23 北海6	札幌白石2 釧路湖陵1	室蘭大谷24 札幌山の手1	帯広北2 札幌東1	室蘭大谷25 帯広北3	室蘭大谷26 札幌第一5	北海7 帯広北4
青森	光星学院8	光星学院9	青森山田2	青森山田3	光星学院10	青森山田4	青森山田5	青森山田6	青森山田7	青森山田8	青森山田9	青森山田10	青森山田11	青森山田12
岩手	盛岡商13	大船渡1	遠野14	遠野15	大船渡2 遠野16	大船渡3	盛岡商14	盛岡市立2	盛岡商15	盛岡商16	盛岡商17	盛岡商18	盛岡商19	不来方1
秋田	西目4	秋田商18	秋田商19	秋田商20	秋田商21	秋田商22	秋田商23	秋田商24	秋田商25	新屋1	秋田商26	秋田商27	秋田商28	西目5
山形	東海大山形1	鶴商学園1	鶴商学園2	東海大山形2	日大山形12	山形中央3	山形中央4	山形中央5	山形中央6	羽黒1	山形中央7	日大山形13	山形中央8	羽黒2
宮城	東北5	東北6	仙台育英12	東北学院8	東北7	東北学院9	東北8	仙台育英13	利府2	仙台育英14	東北9	宮城県工5	宮城県工6	東北10
福島	福島東3	郡山商7	郡山1	小高工1	磐城9	小高工2	聖光学院1	郡山2	福島東4	平工2	福島工4	湯本1	尚志1	尚志2
新潟	新潟工11	東京学館新潟1	東京学館新潟2	新潟工12	新潟江南1	新潟明訓3	東京学館新潟3	東京学館新潟4	新潟西8	帝京長岡1	北越1	帝京長岡2	北越2	帝京長岡3
長野	信州工1	松商学園7	松商学園8	松商学園9	松本県ヶ丘6	明科1	武蔵工大二2	上田西1	地球環境1	松商学園10	武蔵工大二3	上田4	長野日大1	松商学園11
富山	富山第一10	富山第一11	伏木2	富山第一12	富山第一13	富山第一14	富山第一15	富山第一16	水橋1	富山第一17	富山第一18	富山第一19	富山第一20	富山第一21
石川	金沢桜丘9	金沢桜丘10	星稜9	星稜10	星稜11	遊学館1	星稜12	星稜13	星稜14	星稜15	星稜16	星稜17	星稜18	小松市立1
福井	丸岡12	丸岡13	丸岡14	丸岡15	丸岡16	丸岡17	大野9	丸岡18	丸岡19	丸岡20	丸岡21	丸岡22	丸岡23	丸岡24
茨城	水戸商16	水戸桜ノ牧1	水戸商17	境2	水戸商18	水戸短大附2	水戸商19	鹿島1 境3	鹿島学園1	水戸商20	鹿島2	水戸葵陵1	鹿島学園2	鹿島学園3
栃木	真岡3	佐野日大4	真岡4	佐野日大5	宇都宮1	佐野日大6	佐野日大7	宇都宮2	真岡5	矢板中央1	真岡6	真岡7	矢板中央2	矢板中央3
群馬	前橋商12	前橋育英4	高崎2	前橋育英5	前橋育英6	常磐1	前橋育英7	前橋商13	前橋商14	前橋育英8	桐生第一1	前橋商15	桐生第一2	前橋育英9
埼玉	西武台2 大宮東4	浦和市立7 武蔵越生1	武南14 浦和学院1	浦和東1 浦和学院2	武南15 伊奈学園2	武南16 浦和東2	西武台3 武南17	伊奈学園3 市立浦和8	浦和東3 大宮東5	大宮東6 西武台4	浦和東4 西武台5	西武台6 大宮東7	埼玉栄1 市立浦和9	埼玉栄2 浦和東5 正智深谷1
東京	帝京19 堀越3	帝京20 日体荏原1	帝京21 東海大菅生2	帝京22 暁星10	帝京23 暁星11	帝京24 國學院久我山3	帝京25 駒場1	帝京26 国士舘1	帝京27 東海大菅生3	成立学園1 堀越4	実践学園1 國學院久我山4	國學院久我山5 帝京28	帝京29 関東第一1	國學院久我山6 国士舘2
千葉	市立船橋8 習志野11	市立船橋9 習志野12	市立船橋10 習志野13	市立船橋11 習志野14	市立船橋12 八千代11	市立船橋13 八千代12	習志野15 市立船橋14	幕張総合1 渋谷幕張2	市立船橋15 流経大柏1	市立船橋16 流経大柏2	流経大柏3 市立船橋17 千葉敬愛1	流経大柏4 市立船橋18	流経大柏5 市立船橋19	流経大柏6 市立船橋20
神奈川	日大2 茅ヶ崎北陵1	綾瀬西1 桐光学園3	桐蔭学園3 茅ヶ崎北陵2	逗葉1 桐蔭学園4	日大藤沢5 逗葉2	桐蔭学園5 桐光学園4	桐蔭学園6 逗葉3	武相1 桐光学園5	桐光学園6 厚木北1	桐光学園7 座間1	弥栄西1 桐蔭学園7	桐蔭学園8 武相2	桐光学園8 日大藤沢6	桐光学園9 麻布大渕野辺1
山梨	帝京第三1	帝京第三2 韮崎21	帝京第三3	韮崎22	帝京第三4	韮崎23	韮崎24	韮崎25	帝京第三5	韮崎26	韮崎27	韮崎28	帝京第三6	山梨学院大附1
静岡	清水市商9	清水市商10	清水市商11	藤枝東8	浜名6	清水市商12	藤枝東9	清水市商13	藤枝東10	藤枝東11	磐田東1	浜名7	藤枝東12	東海大翔洋1
愛知	愛知6 松蔭3	刈谷4 豊田大谷1	松蔭4 愛産大三河1	三好1 熱田5	松蔭5 中京大中京12	東邦1 熱田6	松蔭6 東邦2	名東1 愛工大名電1	東邦3 中京大中京13	東海学園1 愛知7	中京大中京14 刈谷5	東邦4 愛知8	愛産大三河2 中京大中京15	東邦5 刈谷6
岐阜	岐阜工10	各務原1	岐阜工11	岐阜工12	各務原2	岐阜工13 各務原3	岐阜工14	岐阜工15	岐阜工16	各務原4	中京2	岐阜工17	各務原5	各務原6
三重	四日市中央工18	四日市中央工19	四日市中央工20	四日市中央工21	暁1	四日市中央工22	津工1	四日市中央工23	三重1	暁2	四日市中央工24	四日市中央工25	津工2	津工3
滋賀	守山北3	守山北4	草津東2	守山北5	草津東3	草津東4	膳所3	野洲1	草津東5	草津東6	草津東7	水口12	草津東8	野洲2
京都	洛北5	洛北6	桃山1 山城11	洛北7	久御山1	久御山2	洛北8	平安1	向陽1	洛北9	伏見工1	久御山3	京都橘1	久御山4
奈良	上牧1	広陵1	広陵2	広陵3	奈良育英8	奈良育英9	奈良育英10	奈良育英11	奈良育英12	一条1	一条2	五條2	一条3	奈良育英13
和歌山	初芝橋本4	近大和歌山2	初芝橋本5	初芝橋本6	初芝橋本7	初芝橋本8	近大和歌山3	近大和歌山4	近大和歌山5	近大和歌山6	初芝橋本9	初芝橋本10	近大和歌山7	初芝橋本11
大阪	近畿大附3 北陽16	北陽17 金光第一1	北陽18 大冠1	清風5 北陽19	大阪朝鮮1 北陽20	関西大一1 金光大阪2	近畿大附4 北陽21	金光大阪3 近畿大附5	清明学院1 長尾1	関西大一2 履正社1	東海大仰星2 芥川1	関西大一3 金光大阪4 千里1	大阪桐蔭1 大阪朝鮮2	近畿大附6 大阪桐蔭2
兵庫	神戸弘陵1	滝川第二9	滝川第二10	御影工4	滝川第二11	滝川第二12	滝川第二13	滝川第二14	滝川第二15	滝川第二16	滝川第二17	神戸科学技術1	神戸科学技術2	滝川第二18
岡山	作陽11	作陽12	玉野光南3	玉野光南4	玉野光南5	作陽13	東岡山工1	玉野光南6	作陽14	作陽15	作陽16	作陽17	玉野光南7	作陽18
鳥取	米子東7 米子工13	米子東8	米子工14	米子東9	境1	境2	境3	境4	米子東10	米子北3	境5	境6	境7	米子北4
島根	大社4	大社5	益田東1	益田6	淞南学園1	大社6	大社7	益田7	大社8	立正大淞南2 益田8	大社9	松江南7	大社10	立正大淞南3
広島	広島皆実3	広島皆実4	山陽2	広島皆実5	広島皆実6	市立沼田2	広島朝鮮1	広島皆実7	山陽3	広島皆実8	広島皆実9	広島観音1	広島観音2	広島皆実10
山口	多々良学園7	多々良学園8	小野田工4	多々良学園9	多々良学園10	小野田工5	多々良学園11	多々良学園12	多々良学園13	多々良学園14	多々良学園15	多々良学園16	西京1	高川学園17
香川	高松商24	高松商25	高松商26	高松商27 香川西1	高松商28	香川西2	高松商29	高松北1	尽誠学園1	高松北2	香川西3	高松商30	香川西4	香川西5
徳島	徳島市立7	徳島商16	徳島市立8	徳島市立9	徳島市立10	徳島商17	徳島商18	鳴門1	徳島商19	城ノ内1	徳島市立11	徳島北1	徳島商20	鳴門2
高知	高知農10	高知小津5	高知10	高知工4	高知商4	明徳義塾1	高知11	高知12	明徳義塾2	明徳義塾3	明徳義塾4	明徳義塾5	明徳義塾6	高知中央1
愛媛	南宇和14	新居浜工2	新居浜工3	今治東1	新居浜西1	今治東2	今治東3	松山工4	済美1	済美2	松山工5	松山北1	済美3	松山工6
福岡	東福岡2	豊国学園2	東福岡3	東福岡4	東海大五12	東海大五13	東福岡5	東海大五14	東海大五15	東海大五16	東福岡6	東海大五17	東福岡7	東福岡8
佐賀	鹿島1	佐賀北4	佐賀商15	佐賀北5	佐賀北6	佐賀北7	佐賀北8	佐賀学園10	佐賀東2	佐賀東3	佐賀東4	佐賀東5	佐賀東6 佐賀学園11	佐賀東7
長崎	国見9	鎮西学院1	国見10	国見11	国見12	国見13	国見14	国見15	国見16 島原商16	国見17	長崎日大3	長崎日大4	国見18	海星2
大分	大分1	大分2	情報科学3	大分3	大分4	大分5	情報科学4	大分鶴崎1	大分6	情報科学5	大分7	情報科学6	大分鶴崎2	大分鶴崎3
宮崎	宮崎工10	延岡工7	宮崎西1	鵬翔3	日章学園3	日章学園4	日章学園5	鵬翔4	鵬翔5	鵬翔6	鵬翔7	日章学園6	日章学園7	鵬翔8
熊本	熊本商4	熊本農3	熊本商5	熊本国府1	大津4	大津5	熊本国府2 ルーテル学院1	大津6	大津7	大津8	大津9	大津10	大津11	大津12
鹿児島	鹿児島実17	れいめい1	鹿児島実18	鹿児島実19	鹿児島城西1	鹿児島実20	鹿児島実21	松陽1	鹿児島実22	鹿児島実23	鹿児島実24	松陽2	神村学園1	鹿児島城西2
沖縄	与勝6	那覇西3	那覇西4	宜野湾1	那覇西5	豊見城南2	那覇3	那覇西6	那覇西7	那覇西8	那覇西9	那覇西10	西原4	知念1
参加校	55	55	55	55	55	55	55	55	55	55	55	55	55	55
備考	決勝戦以外の延長戦が廃止される 西目←西目農		前後半に各1回、給水タイムが設けられる		中京大中京←中京 決勝戦は延長戦の末引き分け	金光大阪←金光第一	武蔵工大二←信州工	開会式を体育館で、準決勝、決勝をナイトゲームで実施 市立浦和←浦和市立	決勝戦は延長Vゴールで決着	準決勝、決勝をナイトゲームで実施 立正大淞南←淞南学園	準決勝、決勝をナイトゲームで実施 人工芝グラウンドが初めて使用される 中京←中京商	準決勝、決勝をナイトゲームで実施 徳島北は徳島商の代替出場	佐賀・福岡の2県で開催	決勝戦が雷雨のため中止、両校優勝 高川学園←多々良学園

21	22	23	24	25	26	27	28	29	30	R.元	2	3	4	5
橿原,葛城,御所,五條,大淀 (奈良県)	うるま,金武,恩納 (沖縄県)	秋田,男鹿,にかほ,由利本荘 (秋田県)	松本,大町,塩尻,千曲 (長野県)	福岡,春日 (福岡県)	韮崎 (山梨県)	神戸,三木 (兵庫県)	広島,東広島,呉,尾道,福山,三次 (広島県)	仙台,利府,松島,七ヶ浜 (宮城県)	鈴鹿,四日市,伊勢,伊賀 (三重県)	金武,南城,恩納,北谷,中城,西原,南風原,八重瀬 (沖縄県)	前橋 (群馬県)	坂井,福井 (福井県)		
前橋育英1	**市立船橋7**	**桐蔭学園1**	**三浦学苑1**	**市立船橋8**	**東福岡2**	**東福岡3**	**市立船橋9**	**流経大柏2**	**山梨学院1**	**桐光学園1**	——	**青森山田2**		
米子北1	滝川第二1	静岡学園1	武南1	流経大柏1	大津1	市立船橋3	流経大柏2	日大藤沢1	桐光学園1	富山第一1	——	米子北2		
大津2 佐賀東2	桐光学園2 西武台1	立正大淞南1 流経大柏2	立正大淞南2 大阪桐蔭1	正智深谷1 真岡2	青森山田2 前橋育英2	立正大淞南3 関東第一1	昌平1 青森山田3	前橋育英3 市立船橋5	東山1 昌平2	京都橘1 尚志1	—— ——	静岡学園1 星稜1		
旭川実1 旭川東2	札幌第一6 室蘭大谷27	旭川実2 東海大四1	旭川実3 札幌大谷1	大谷室蘭28 札幌大谷2	駒大苫小牧2 帯広北5	札幌大谷3 旭川実4	札幌大谷4 北照1	大谷室蘭29 旭川実5	札幌大谷5 北海8	札幌第一7 北海9	—— ——	旭川実6 札幌大谷6		
青森山田13	青森山田14	青森山田15	青森山田16	青森山田17	青森山田18	青森山田19	青森山田20	青森山田21	青森山田22	青森山田23	——	青森山田24		
遠野17	盛岡商20	遠野18	盛岡商21	遠野19	盛岡商22	盛岡商23	盛岡商24	遠野20	盛岡商25	専大北上1	——	専大北上2		
秋田商29	秋田商30	西目6 秋田南1	新屋2	秋田南2	秋田南3	秋田商31	秋田商32	秋田商33	西目7	秋田商34	——	西目8		
羽黒3	羽黒4	羽黒5	羽黒6	山形中央9	日大山形14	羽黒7	山形中央10	山形中央11	羽黒8	羽黒9	——	東海大山形3		
宮城県工7	聖和学園1	聖和学園2	東北11	仙台育英15	仙台育英16	東北12	仙台育英17	仙台育英18 東北学院10	仙台育英19	聖和学園3	——	仙台育英20		
富岡1	尚志3	尚志4	尚志5	尚志6	尚志7	尚志8	尚志9	尚志10	尚志11	尚志12	——	尚志13		
新潟西9	開志学園JSC1	新潟明訓4	帝京長岡4	新潟明訓5	開志学園JSC2	新潟明訓6	帝京長岡5	日本文理1	新潟明訓7	北越3	——	開志学園JSC3		
松商学園12	松商学園13	都市大塩尻4	上田西2 創造学園1	松商学園14	東海大三1	創造学園2	市立長野1	市立長野2	松本国際3	松本国際4	——	都市大塩尻5		
富山第一22	水橋2	富山第一23	富山第一24	富山第一25	高岡第一2	水橋3	高岡第一3	富山第一26	富山第一27	富山第一28	——	高岡第一4		
星稜19	星稜20	金沢桜丘11	星稜21	星稜22	星稜23	星稜24	星稜25	星稜26	星稜27	星稜28	——	星稜29		
丸岡25	丸岡26	丸岡27	丸岡28	丸岡29	福井工大福井1	福井商1	福井工大福井2	丸岡30	福井商2	丸岡31	——	丸岡32 福井商3		
水戸商21	鹿島学園4	水戸商22	明秀学園日立1	水戸啓明3	鹿島学園5	明秀学園日立2	鹿島学園6	鹿島学園7	明秀学園日立3	水戸商23	——	鹿島学園8		
真岡8	矢板中央4	矢板中央5	佐野日大8	真岡9	矢板中央6	佐野日大9	矢板中央7	真岡10	矢板中央8	矢板中央9	——	矢板中央10		
前橋育英10	伊勢崎商1	前橋育英11	前橋商16	前橋育英12	前橋育英13	桐生第一3	前橋商17	前橋育英14	前橋育英15	前橋育英16	——	前橋育英17		
浦和東6 浦和南11	西武台7 市立浦和10	浦和東7 武南18	西武台8 武南19	武南20 正智深谷2	西武台9 浦和東8	西武台10 西武文理1	昌平1 聖望学園1	昌平2 浦和西2	昌平3 浦和南12	西武台11	——	正智深谷3		
帝京30 東海大高輪台1	帝京31 駒場2	東久留米総合1 かえつ有明1	修徳9 実践学園2	成立学園2 國學院久我山7	駒澤大高1 成立学園3	関東第一2 國學院久我山8	関東第一3 東海大高輪台2	関東第一4 実践学園3	関東第一5 國學院久我山9	國學院久我山10 大成1	—— ——	実践学園4 帝京32		
習志野16 流経大柏7	流経大柏8 市立船橋21	市立船橋22 流経大柏9	流経大柏10 八千代13	市立船橋23 流経大柏11	習志野17 市立船橋24	流経大柏12 市立船橋25	流経大柏13 市立船橋26	流経大柏14 市立船橋27	習志野18 市立船橋28	日体大柏2	——	流経大柏15		
桐蔭学園9 日大3	桐光学園10 日大4	座間2 桐蔭学園10	桐光学園11 三浦学苑1	麻布大渕野辺2 横浜創英1	麻布大附3 向上4	桐光学園12 日大藤沢7	横浜創英2 慶應義塾1	東海大相模1 日大藤沢8	三浦学苑2 桐光学園13	桐光学園14 東海大相模2	—— ——	東海大相模3 相洋1		
日本航空1	山梨学院大附2	山梨学院大附3	帝京第三7	韮崎29	山梨学院大附4 帝京第三8	帝京第三9	日本航空2	帝京第三10	山梨学院5	韮崎30	——	帝京第三11		
清水商14	静岡学園1	静岡学園2	静岡学園3	静岡学園4	東海大翔洋2	清水桜が丘1	静岡学園5	静岡学園6	藤枝東13	清水桜が丘2	——	静岡学園7		
東海学園2 名東2	東邦6 東海学園3	東邦7 刈谷7	岡崎城西6 名東3	名古屋1 中京大中京16	東邦8 中京大中京17	中京大中京18 東海学園4	刈谷8 中京大中京19	中京大中京20 名経大高蔵1	東海学園5 刈谷9	名経大高蔵2	——	中京大中京21		
岐阜工18	岐阜工19	帝京大可児1	大垣工14	帝京大可児2	帝京大可児3	岐阜工20	帝京大可児4	帝京大可児5	中京学院大中京3	帝京大可児6	——	中京4		
海星1	海星2	四日市中央工26	四日市中央工27	三重2	海星3	四日市中央工28	三重3	三重4	三重5 伊賀白鳳1	四日市中央工29	——	三重6		
草津東9	草津東10	野洲3	草津東11	野洲4	野洲5	草津東12	綾羽1	近江1	草津東13	近江2	——	比叡山1		
久御山5	莵道1	福知山成美1	東山1	洛北10	京都橘2	久御山6	京都橘3	京都橘4	東山2	京都橘5	——	東山3		
一条4 奈良育英14	奈良育英15	奈良育英16	一条5	奈良育英17	奈良育英18	奈良育英19	一条6	一条7	一条8	五條3	——	山辺1		
近大和歌山8	近大和歌山9	初芝橋本12	近大和歌山10	和歌山北9	初芝橋本13	和歌山北10	近大和歌山11	初芝橋本14	初芝橋本15	初芝橋本16	——	初芝橋本17		
金光大阪5 大阪桐蔭3	近畿大附7 金光大阪6	桃山学院1 大阪桐蔭4	大阪桐蔭5 近畿大附8	阪南大高1 近畿大附9	大阪桐蔭6 金光大阪67	大阪桐蔭7 履正社2	大阪学院大高1 履正社3	東海大仰星3 阪南大高2	関西大北陽22 阪南大高3	阪南大高4 関西大一4	—— ——	阪南大高5 大阪桐蔭8		
神戸科学技術3	滝川第二19	滝川第二20	神戸科学技術4	滝川第二21	神戸弘陵2	滝川第二22 三田学園1	滝川第二23	市立尼崎1	神戸弘陵3	三田学園2	——	関西学院2		
玉野光南8	作陽19	玉野光南9	岡山学芸館1	作陽20	作陽21	岡山学芸館2	岡山学芸館3	岡山学芸館4	作陽22	作陽23	——	岡山学芸館5		
米子北5	米子北6	米子北7	米子北8	米子北9	米子北10	米子北11	米子北12	米子北13	米子北14	米子北15	——	米子北16		
立正大淞南4	立正大淞南5	立正大淞南6	立正大淞南7	立正大淞南8	立正大淞南9	立正大淞南10	立正大淞南11	立正大淞南12	立正大淞南13	大社11	——	立正大淞南14		
広島皆実11	瀬戸内1	瀬戸内2	瀬戸内3	瀬戸内4	広島皆実12	広島皆実13	広島皆実14 瀬戸内5	広島観音3	瀬戸内6	広島皆実15	——	瀬戸内7		
高川学園18	西京2	高川学園19	聖光1	西京3	高川学園20	山口鴻城1	西京4	高川学園21	高川学園22	西京5	——	高川学園23		
香川西6	香川西7	香川西8	高松商31	高松商32	坂出商1	高松南4	四学大香川西9	四学大香川西10	高松商33	四学大香川西11	——	尽誠学園2		
徳島商21	徳島北2	徳島市立12	徳島商22	鳴門3	徳島市立13	徳島市立14	徳島市立15	徳島市立16	徳島市立17	徳島市立18	——	徳島市立19		
高知13	明徳義塾7	土佐1	高知14	高知商5	高知商6	明徳義塾8	高知商7	明徳義塾9	高知中央2	高知15	——	高知中央3		
松山工7	宇和島東1	松山工8	松山工9	今治西1	松山北2	新田6	松山工10	済美4	宇和島東2	新田7	——	新田8		
東福岡9	筑陽学園1	筑陽学園2	東福岡10	東福岡11 九州国際大付1	東福岡12	東福岡13	東福岡14	東福岡15	東福岡16	東福岡17	——	飯塚1		
佐賀東8	佐賀北9	佐賀東9	佐賀東10	佐賀商16	佐賀東11	佐賀学園12	佐賀東12	佐賀東13	佐賀東14	佐賀北10	——	佐賀東15		
国見19	国見20	海星3	長崎総科大附1	海星4	海星5	長崎南山1	長崎総科大附2	長崎総科大附3	長崎日大5	長崎日大6	——	長崎総科大附4		
中津東1	大分鶴崎4	大分8	大分9	大分西1	柳ヶ浦1	大分10	中津東2	柳ヶ浦2	大分11	大分12	——	大分13		
日章学園8	鵬翔9	日章学園9	日章学園10	日章学園11	鵬翔10	鵬翔11	日章学園12	日章学園13	日章学園14	日章学園15	——	日章学園16		
大津13	ルーテル学院2	大津14	大津15	大津16	大津17	大津18	熊本国府3	東海大熊本星翔2	大津19	大津20	——	大津21		
神村学園2	鹿児島城西3	神村学園3	鹿児島城西4	鹿児島城西5	鹿児島実25	鹿児島実26	鹿児島城西6	神村学園4	神村学園5	神村学園6	——	神村学園7		
那覇西11	那覇西12 那覇4	南風原1	宜野湾2	那覇西13	前原3	那覇5	那覇西14	那覇西15	前原4	那覇西16 西原5	——	那覇6		
55	55	55	55	55	55	55	55	55	55	52	——	52		
清水商→清水市商		ブロック開催となる北東北ブロック大会で総合開会式は青森 都市大塩尻→武蔵工大二	北信越ブロック大会で総合開会式は新潟 女子の部始まる	北部九州ブロック大会で総合開会式は大分 大谷室蘭→室蘭大谷 水戸啓明→水戸短大附	南関東ブロック大会で総合開会式は東京 麻布大附→麻布大渕野辺		クーリングブレイク導入 四学大香川西→香川西	東海大熊本星翔→東海大第二	松本国際→創造学園 山梨学院→山梨学院大附 中京学院大中京→中京 関西大北陽→北陽	元号が「令和」に 埼玉県、千葉県、愛知県が一代表に 日体大柏→柏日体	新型コロナウイルス感染拡大の影響で中止	中京→中京学院大中京		

全国高校総体サッカー大会出場校（女子）

年	H. 24	25	26	27	28	29	30	R. 元	2	3	4	5	6	7
開催地	松本，大町 （長野県）	鳥栖，佐賀 （佐賀県）	世田谷，調布 （東京都）	神戸，三木 （兵庫県）	広島，東広島，尾道，福山，三次 （広島県）	仙台，利府，松島，七ヶ浜 （宮城県）	藤枝 （静岡県）	金武，南城，恩納，北谷，西原，八重瀬 （沖縄県）	前橋 （群馬県）	坂井，福井 （福井県）				
優勝校	**日ノ本学園1**	**村田女子1**	**日ノ本学園3**	**日ノ本学園4**	**藤枝順心1**	**日ノ本学園5**	**常盤木学園1**	**十文字1**	——	**神村学園1**				
準優勝	常盤木学園1	**日ノ本学園2**	京都精華女子1	大商学園1	作　陽1	藤枝順心1	日ノ本学園1	日ノ本学園2	——	藤枝順心2				
三　位	藤枝順心1 神村学園1	大商学園1 作　陽1	湘南学院1 作　陽2	鎮西学院1 修　徳1	日ノ本学園1 十文字1	作　陽3 星槎国際湘南1	藤枝順心2 前橋育英1	聖和学園1 鳴門渦潮1	—— ——	作　陽4 帝京長岡1				
北海道	大谷室蘭1	大谷室蘭2	北海道文教大明清1	北海道文教大明清2	北海道文教大明清3	大谷室蘭3	大谷室蘭4	北海道文教大明清4	——	大谷室蘭5				
青　森									——					
岩　手	水　沢1		専大北上1					専大北上2	——					
秋　田									——					
山　形		山形西1							——					
宮　城	常盤木学園1	常盤木学園2	常盤木学園3	聖和学園1	常盤木学園4	明　成1 常盤木学園5	常盤木学園6	聖和学園2	——	常盤木学園7				
福　島				富岡・ふたば未来学園1	桜の聖母学院1	桜の聖母学院2	桜の聖母学院3		——	尚　志1				
新　潟			開志学園JSC1	開志学園JSC2	開志学園JSC3			開志学園JSC4	——	帝京長岡1				
長　野	大町北1								——					
富　山									——					
石　川									——					
福　井	福井工大福井1	福井工大福井2				福井工大福井3	福井工大福井4		——	福井工大福井5				
茨　城									——					
栃　木									——					
群　馬				前橋育英1	前橋育英2	前橋育英3	前橋育英4	前橋育英5	——	前橋育英6				
埼　玉	本庄第一1			花咲徳栄1					——					
東　京	飛　鳥1	村田女子1	十文字1 飛　鳥2	修　徳1	十文字2		十文字3	十文字4	——	十文字5				
千　葉	幕張総合1							暁星国際1	——					
神奈川	湘南学院1	湘南学院2	湘南学院3		星槎国際湘南1	星槎国際湘南2	星槎国際湘南3		——					
山　梨		日本航空1	日本航空2			日本航空3			——	日本航空4				
静　岡	藤枝順心1	藤枝順心2	藤枝順心3	藤枝順心4	藤枝順心5	藤枝順心6	藤枝順心7 常葉大橘1	藤枝順心8	——	藤枝順心9				
愛　知				聖カピタニオ1	聖カピタニオ2	聖カピタニオ3	聖カピタニオ4		——	豊　川1				
岐　阜								帝京大可児1	——					
三　重	三　重1	三　重2	三　重3						——					
滋　賀									——					
京　都			京都精華女子1						——					
奈　良									——					
和歌山									——					
大　阪	大商学園1	大商学園2		大商学園3	大阪学芸1	大商学園4	大阪学芸2	大商学園5	——	大阪学芸3				
兵　庫	日ノ本学園1	日ノ本学園2	日ノ本学園3	日ノ本学園4 神戸第一1	日ノ本学園5	日ノ本学園6	日ノ本学園7	日ノ本学園8	——	日ノ本学園9				
岡　山		作　陽1	作　陽2	作　陽3	作　陽4	作　陽5	作　陽6	作　陽7	——	作　陽8				
鳥　取									——					
島　根									——					
広　島	広島文教女子大附1				広島文教女子大附2				——					
山　口									——					
香　川					四学大香川西1	四学大香川西2	四学大香川西3		——					
徳　島		鳴門渦潮1	鳴門渦潮2	鳴門渦潮3				鳴門渦潮4	——	鳴門渦潮5				
高　知									——					
愛　媛	松山東雲1								——					
福　岡				東海大五1			東海大福岡2		——	東海大福岡3				
佐　賀		神　埼1							——	——				
長　崎		鎮西学院1		鎮西学院2	鎮西学院3	鎮西学院4			——	——				
大　分						柳ヶ浦1		柳ヶ浦2	——	——				
宮　崎			宮崎日大1						——	——				
熊　本									——	——				
鹿児島	神村学園1	神村学園2	神村学園3		神村学園4		神村学園5	神村学園6	——	神村学園7				
沖　縄								コ　ザ1	——					
参加校	16	16	16	16	16	16	16	16	——	16				
備　考	女子の部始まる	1回戦雷雨のため全試合順延。準決勝で打ち切り両校優勝	日ノ本学園が三連覇	男子の部と同会場で実施 日ノ本学園が四連覇	クーリングブレイク導入		東海大福岡←東海大五	元号が「令和」に	新型コロナウイルス感染拡大の影響で中止					

2021 U-17日本高校選抜活動

2021年11月25日～28日

Jヴィレッジ ドリームカップ

▶チームは大会前日に集合。蒲原監督は「うまくいかなくてもネガティブにならないように」皆でのフォローを説いた

選手団名簿

役員・遠征スタッフ

■団長	滝本　寛	東京都立南葛飾高校
■総務	池田　一義	埼玉県立川口北高校
■監督	蒲原　晶昭	佐賀県立佐賀東高校
■コーチ	中村　真吾	米子北高校
■GKコーチ	佐々木　篤史	作陽高校
■トレーナー	服部　浩史	はっとり整骨院
■主務	髙松　慎	駒場東邦中学高校
■主務	川北　康博	埼玉県立越谷西高校
■記録	小林　洋	高体連記録部・高校サッカー年鑑

U-17日本高校選抜 選手

位置	背番号	氏名	学校名	学年
GK	1	デューフエマニエル凛太朗	流通経済大学付属柏高校	2
	17	藤澤　芭琉	徳島市立高校	2
DF	2	新谷　陸斗	東山高校	2
	3	保田　成琉	阪南大学高校	2
	4	宝納　拓斗	佐賀県立佐賀東高校	2
	5	鈴木　大翔	尚志高校	2
	6	大川　佳風	流通経済大学付属柏高校	2
	19	河合　侑馬	徳島市立高校	2
MF	7	真田　蓮司	東山高校	2
	8	阪田　澪哉	東山高校	2
	10	大迫　塁	神村学園高等部	2
	11	堀川　大夢	流通経済大学付属柏高校	2
	14	江川　楓	瀬戸内高校	2
	15	碇　明日麻	熊本県立大津高校	1
	18	小関　晴人	福井県立丸岡高校	2
	20	木村　匡吾	岡山学芸館高校	2
FW	9	福田　師王	神村学園高等部	2
	12	福田　秀人	米子北高校	2
	13	小林　俊瑛	熊本県立大津高校	2
	16	香西　銀二郎	立正大学淞南高校	2

▶18人中15人が尚志高校選手の相手に対し、ボランチに入った真田はキープ力を活かして中盤から攻撃のタクトを振った

第1戦

U-17日本高校選抜 0
福島県U-16選抜 2

後半から出場した福田(師)はU-18日本代表候補に招集される実力を見せたが負傷で退場。交代枠を使い切っていたチームは10人で戦うことに

Jヴィレッジドリームカップ

第2戦

U-17日本高校選抜 3
横浜FCユース 0

得点者:小林、阪田、大迫

▲後半から出場した背番号1のGKデューフエマニエルはPKのピンチもキャッチで切り抜け、チームの無失点勝利に貢献

▲前半20分過ぎ、木村のクロスを受けた小林が左足でシュートを決め、今大会チーム初得点をマーク
▶高校1、2年生主体のチームを相手にU-17日本代表候補に名を連ねる大迫が躍動。3点目のゴールも決めてみせた

第3戦

U-17日本高校選抜 2
U-16日本代表候補 3

得点者:香西、福田（秀）

◀勝てば優勝となる最終戦。試合前のロッカールームで集中力を高める。チームはわずかな活動期間の中でも団結力を強めていった

▲前半の終盤、香西がDF裏へ抜け出して持ち込み左足でシュート。これが決まり先制する

▲後半から出場した福田（秀）。一度逆転された後、15分過ぎにボールへの執着心を見せ同点ゴール
▼最高学年を除いた高校選抜の新たな活動。多くの収穫を得たであろう選手たちの今後の活躍が期待される

総体

令和3年度 全国高等学校総合体育大会
2021 JAPAN INTER HIGH SCHOOL ATHLETIC MEET

女子

輝け君の汗と涙 北信越総体 2021
走れ北信越の大地をとべ北信越の大空へ

九州・北信越勢が過去最高記録を更新

近畿勢は初めて4強に残れず

コロナ禍での表彰式。選手たちはソーシャルディスタンスを取って出席

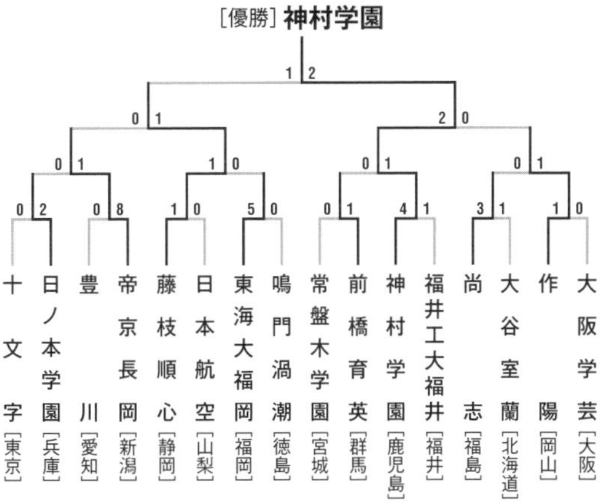

▲前回2019年大会決勝と同カードの1回戦は日ノ本学園が十文字にリベンジ
▶開催地代表の福井工大福井は初戦敗退も優勝校・神村学園に1得点

令和3年度 全国高等学校総合体育大会（女子の部）記録一覧

第1回戦　8月18日（水）　福井運動公園補助競技場（曇）

（主）藤田美智子　（副）坂下みらの，河野由依

十文字★（東京都）　**0（0-1 / 0-1）2**　**日ノ本学園**（兵庫県）

得	S	学		背		背		学	S	得
0	0	②	安田	1	GK	1	川幡	③	0	0
0	0	③	三村	2	DF	2	田中	②	1	0
0	0	③	守部	3		3	前田	❸	0	0
0	0	②	杉山	4		4	俣野	③	0	0
0	0	②	三谷	6		6	村上	③	2	0
						15	(菅原)	②	0	0
0	1	②	野村	7	MF	5	中垣	③	0	0
0	0	①	(三宅)	17		8	川井	③	3	0
0	0	③	丸尾	8		9	菅森	③	1	0
0	0	②	氏原	9		7	(塚本)	③	0	0
0	1	❸	藤野	10		11	篠田	③	3	2
0	0	②	野口	13		13	林	②	0	0
0	1	②	千葉	11	FW	10	内田	③	2	0
						14	(野本)	③	0	0
0	3			15	GK	4			12	2
				2	CK	4				
				3	FK	2				
				0	PK	0				

【得点経過】
前半13分〔日〕村上→前田→**篠田S**
後半16分〔日〕菅森→村上→**篠田S**

■一昨年の決勝カード，日ノ本学園が雪辱

スリッピーなピッチコンディションの中，リズムを掴んだのは日ノ本学園。FW内田をターゲットとし，MF川井，菅森が内田の作ったスペースに入りチャンスを作り出す。ボランチMF中垣，林のバランスが良く，常に前を向きボールを動かす。十文字は前線からのプレスとコンパクトな守備に苦しみ，単調な攻撃が目立つ。MF藤野にボールを集めるが，日ノ本学園の林がマークをし，動きを封じ込める。さらにサイドを起点として流れを変えるものの，日ノ本学園はDF前田を中心に素早いスライドで対応。後半，十文字もMF野口からテンポの良いパスでチャンスを作り出すが，日ノ本学園のバランスの良い守備を打破できない。日ノ本学園は，数多くチャンスを作り出してきた右サイドの菅森のクロスから最後はMF篠田が鮮やかなボレーで合わせ追加点を挙げる。十文字は飲水タイム後，藤野をトップに上げ得点を奪いにいくが，サポートが少なくシュートに至らなかった。

戦評　中野進治（成立学園高校）

第1回戦　8月18日（水）　三国運動公園人工芝グラウンド（曇時々雨）

（主）杉本美里　（副）佐々木浩明，釘抜謙太

豊川（愛知県）　**0（0-6 / 0-2）8**　**帝京長岡**★（新潟県）

得	S	学		背		背		学	S	得
0	0	③	伊藤(栞)	1	GK	1	佐怒賀	③	0	0
0	0	②	(横山)	12						
0	0	❸	酒井	3	DF	3	黒川	③	0	0
0	0	③	伊藤(芳)	4		4	安達	①	0	0
0	0	③	野原	8		14	(高橋)	①	1	0
0	0	①	(仲井)	16		6	三宅	①	0	0
0	0	②	高井	14		16	(小山田)	①	2	2
						10	吉田	①	0	0
0	0	③	北川	5	MF	5	榮田	①	1	0
0	0	③	(島田)	9		13	(荒明)	②	1	0
0	0	③	玉井	6		7	阿部	①	1	0
0	0	③	堀	7		9	安島	❸	0	0
0	0	②	(沓掛)	13		11	川本	②	2	2
0	2	③	平塚	10		2	(熱田)	③	0	0
0	0	①	猿渡	2	FW	12	末次	②	3	3
0	0	①	植田	11		8	(吉岡)	①	0	0
						17	鈴木	③	4	1
0	2			16	GK	4			15	8
				1	CK	4				
				7	FK	4				
				0	PK	0				

【得点経過】
前半 7分〔帝〕鈴木→**末次～S**
〃 9分〔帝〕CK安達→**鈴木HS**
〃 11分〔帝〕(相手FP)(クリア)**川本S**
〃 13分〔帝〕鈴木→**末次～S**
〃 24分〔帝〕三宅→**末次S**
〃 35+1分〔帝〕鈴木～→**川本S**
後半15分〔帝〕(相手FP)(クリア)**小山田～S**
〃 18分〔帝〕安島→鈴木～→**小山田S**

■テクニカルな帝京長岡が試合を支配

帝京長岡は，豊川の前線からのハイプレスに対応し，徐々にボールを回収できるようになったことで攻撃のリズムを生み，GKを含めたビルドアップからサイドに数的優位を作り出す。試合が動いたのは前半7分。FW末次のドリブルでの中央突破から帝京長岡が先制。この得点から帝京長岡は勢いに乗り，CKやペナルティエリア内でのこぼれ球，ドリブル突破から追加点を重ねる。豊川は前半途中からフォーメーションを1-4-2-3-1に変えるが，好機を作り出せず前半を終える。後半，豊川は攻撃の際もサイドに人数を掛けずカウンターに備えるが，帝京長岡のテクニカルな攻撃力に終始圧倒された。帝京長岡は後半途中出場のMF小山田が2得点し，チームを勢い付けた。

戦評　鈴木佳奈子（関東学園大学附属高校）

第1回戦　8月18日（水）　日東シンコースタジアム丸岡人工芝南コート（曇）

（主）赤木陽美　（副）礪波恵照，福島政博

藤枝順心（静岡県）　**1（1-0 / 0-0）0**　**日本航空**★（山梨県）

得	S	学		背		背		学	S	得
0	0	③	小野	1	GK	12	生野	②	0	0
0	1	②	鍵谷	3	DF	2	津田	③	0	0
0	0	③	(松崎)	2		3	淀川	❸	0	0
0	0	③	井手	5		7	沼中	②	0	0
0	0	②	安藤	7		16	北原	②	0	0
0	0	③	堀内	8						
0	0	②	浅田	6	MF	5	赤羽	③	1	0
1	3	❸	窓岩	10		6	五味	①	0	0
0	1	①	久保田	14		10	杉本	①	0	0
0	0	①	(青井)	16						
0	1	③	斉藤	9	FW	8	鶴岡	③	0	0
0	0	②	山田	11		17	(大島)	②	0	0
0	0	①	(大川)	15		9	一瀬	②	1	0
0	0	①	高岡	17		15	(簾崎)	①	0	0
0	0	②	(正野)	13		11	髙梨	③	0	0
						4	(市村)	①	0	0
1	6			5	GK	7			2	0
				5	CK	2				
				8	FK	4				
				0	PK	0				

【得点経過】
前半 4分〔藤〕山田→(相手FP)(クリアミス)**窓岩～S**

■前半4分の先制点を守り切った藤枝順心

藤枝順心は序盤，シンプルなボール運びから，相手陣内にボールを送り，試合開始早々，MF窓岩のシュートで先制する。日本航空は失点するも，藤枝順心の前線からのプレスに対し，ショートパスを使って回避しながら前線にボールを送る。ボールを保持する時間が続く藤枝順心は，流動的にポジションチェンジを繰り返しながら，幅を使ってボールを動かし相手を揺さぶる。日本航空も粘り強い守備からボールを奪い，大事に運びながら，両ウイングが幅をとって攻撃の起点を作る。後半，両チームとも前線の選手を交代しながらサイドを起点に攻撃を続けるが，膠着状態が続き，なかなかシュートまで持ち込めない。藤枝順心は窓岩がドリブルで仕掛けるなど，ゴール前に迫るが，日本航空もDF津田を中心とした対人の強さで阻む。逆にセットプレーから得点を狙うが，藤枝順心GK小野の安定したキャッチングでクロスに対応する。結果，1点を守り切った藤枝順心が，2回戦進出を決めた。

戦評　富田雅人（福井県サッカー協会）

第1回戦 8月18日(水)
日東シンコースタジアム丸岡人工芝北コート(曇)

(主) 上田千尋　(副) 宮川幸博, 山本宰

東海大福岡(福岡県) 5(3-0 2-0)0 鳴門渦潮(徳島県)★

得	S	学		背		背		学	S	得
0	0	③	池田	1	GK	1	廣瀬	②	0	0
0	0	❸	小緑	3	DF	2	清	❸	1	0
0	0	③	高橋	4		3	金城	②	0	0
0	0	③	井上	5		7	志津	③	0	0
1	2	③	吉村	8		5	(去来川)	③	0	0
						10	眞鍋	③	1	0
0	0	②	梅崎	6	MF	8	住友	②	0	0
0	0	②	(松田)	14						
0	0	②	西川	7						
0	0	③	(西崎)	12						
0	1	③	香椎	10						
0	1	①	山名	16						
0	0	②	(山田)	13						
2	5	③	松崎	9	FW	6	後藤	②	0	0
2	4	③	上永	11		4	(森)	③	0	0
						9	大平	③	0	0
						11	福島	②	0	0
						15	武田	①	0	0
						17	(石田)	①	0	0
						16	古田	①	0	0
						14	(新居)	③	0	0
5	13			2	GK	9			2	0
				5	CK	0				
				2	FK	5				
				0	PK	0				

【得点経過】

前半 6分〔東〕山名～→松崎～→**上永S**

〃 8分〔東〕池田→(相手FP)(こぼれ球)西川→**上永S**

〃 14分〔東〕山名～→**松崎～S**

後半 9分〔東〕CK香椎→**吉村HS**

〃 33分〔東〕井上→山田～→**松崎S**

■開始15分で優位に立った東海大福岡

立ち上がりより東海大福岡の高い位置からの守備と早い仕掛けの攻撃が続いた。FW上永と松崎を中心に15分で3得点を奪った。鳴門渦潮も落ち着いたビルドアップからMF住友，FW後藤の両ボランチを起点にテンポの良いパスワークでサイドを崩しチャンスを作る。しかし東海大福岡はGK池田のシュートストップをきっかけに鳴門渦潮に決定的チャンスまでは与えない。後半，東海大福岡は中盤の守備で鳴門渦潮のビルドアップに対応。奪ってからも一人一人のボールキープの技術を活かして落ち着いた攻撃を見せ，CKからDF吉村の高いヘディングで追加点を決めた。鳴門渦潮は丁寧なビルドアップからチャンスを作ろうとするが，東海大福岡DF小緑，高橋の両CBが鳴門渦潮のFWに対して前を向かせなかった。その後，さらに追加点を奪った東海大福岡が安定した戦いを見せ，初戦を突破した。

戦評　名倉正倫（高知高校）

第1回戦 8月18日(水)
日東シンコースタジアム丸岡人工芝北コート(雨)

(主) 横田碧　(副) 小竹恵美, 菊地伸

常盤木学園(宮城県) 0(0-1 0-0)1 前橋育英(群馬県)★

得	S	学		背		背		学	S	得
0	0	③	西川	1	GK	1	古賀	③	0	0
0	0	①	葛西	2	DF	2	新出	③	0	0
0	0	③	髙橋	3		4	石井	②	0	0
0	0	③	木村	4		5	相澤	③	0	0
0	0	❸	前田	5		6	松本	③	1	0
0	0	③	三浦	6						
0	2	③	菊地	7	MF	7	関根	③	1	0
0	1	②	高塚	8		14	伊藤	③	0	0
						15	岩渕	①	0	0
0	0	②	伊藤(瑞)	9	FW	10	大澤	❸	2	0
0	0	③	(安齋)	15		11	加藤	②	2	1
0	0	②	(伊藤(結))	16		16	奥山	①	1	0
0	3	③	中村	10		9	(木村)	③	0	0
0	3	③	佐藤	11						
0	9			5	GK	8			7	1
				4	CK	2				
				3	FK	3				
				0	PK	0				

【得点経過】

前半21分〔前〕岩渕→大澤～S(相手GK)(こぼれ球)大澤→**加藤S**

■前橋育英の豊富な運動量と高い集中力

常盤木学園はボールへの予測が早く，チャレンジとカバーの関係も良いため，シンプルに背後を狙いたい前橋育英に攻撃の形を作らせない。FW中村，MF高塚がボールに積極的にかかわり，奪ったボールをサイドに展開してチャンスを作り出す。しかし，前橋育英のDF陣が集中力を切らさずに守り，ゴールは奪わせない。前半の飲水タイム直後，一瞬の隙を突いてショートカウンターから前橋育英が先制する。先制後は前橋育英の出足が鋭くなり，前線からのプレスが連動し始める。後半から常盤木学園は高塚，DF葛西が相手ゴールに近い位置を取り，攻撃に厚みを持たせようとして，高塚と中村のポジションチェンジやサイドを広く使った攻撃でゴールに迫る。前橋育英は守備の時間が長くなったが，DF新出，松本を中心に跳ね返し，ラインを押し上げた。中盤の選手は運動量を落とさずにセカンドボールを拾い続け，スピードある3トップのカウンターで追加点を狙い続け，無失点で2回戦へ進出した。

戦評　堀達也（大宮武蔵野高校）

第1回戦 8月18日(水)
日東シンコースタジアム丸岡人工芝南コート(曇時々雨)

(主) 的崎睦子　(副) 清水明美, 山本幸弘

神村学園(鹿児島県)★ 4(2-0 2-1)1 福井工大福井(福井県)

得	S	学		背		背		学	S	得
0	0	③	坂口	1	GK	1	西條	③	0	0
0	0	②	井手口	2	DF	2	福岡	③	0	0
0	0	③	古川	3		3	木村(ゆ)	①	0	0
0	0	①	幸福	4		4	一井	③	0	0
1	1	③	神水流	5		5	金谷	③	0	0
0	0	②	(立野)	7						
0	0	③	川浪	6	MF	6	中川	❸	1	0
0	0	①	黒岩	8		8	片山	②	1	0
1	1	①	(岩下)	16		15	種村	③	0	0
0	0	③	田上	10		16	(松永)	①	2	0
0	0	②	(益田)	9						
0	1	①	三冨	11						
0	0	①	(山田)	17						
0	2	❸	愛川	14						
1	1	②	黒木	15	FW	9	木村(瑠)	③	1	0
0	0	③	(小倉)	12		17	(秋田)	①	0	0
						10	久保	③	2	1
						11	奥田	③	0	0
3	6			8	GK	7			7	1
				3	CK	3				
				6	FK	11				
				0	PK	0				

【得点経過】

前半14分〔神〕CK三冨→**神水流HS**

〃 16分〔神〕田上～→**黒木HS**

後半15分〔神〕CK三冨→(相手FP)(オウンゴール)

〃 16分〔神〕小倉～→**岩下S**

〃 20分〔福〕福岡→**久保～S**

▼警告

〔福〕片山

■効果的なゴールでリード広げた神村学園

神村学園は前半14分，序盤から続く激しい中盤の攻防からショートカウンターで押し込んでCKを獲得し，DF神水流の打点の高いヘディングシュートで先制する。さらに16分，右サイドから田上の折り返しをFW黒木が絶妙な動き出しでマークを外し，ゴールを決め前半を折り返す。福井工大福井は，特長である両サイドが守備に追われる時間が長く，ボールを奪ってからFW木村をターゲットにゴールへ向かう組み立てを試みるが，DF井手口，神水流を中心とした神村学園DF陣の前に孤立してしまう。後半，FW松永を入れFW久保をインサイドハーフへとポジション替えを行い中盤での主導権を握ろうと試みると，徐々にポゼッション率が上がる。しかし15分，神村学園がCKから加点すると，その後も得点を重ね2回戦へ進出した。

戦評　田中伸弥（三重高校）

第1回戦　8月18日（水）　三国運動公園人工芝グラウンド（曇）

（主）荒木裕里香　（副）竹本琉飛，上提奨悟

尚　志 ★（福島県） 3 (2-0 / 1-1) 1 大谷室蘭（北海道）

得	S	学		背		背		学	S	得
0	0	③	金　木	1	GK	1	丸　田	③	0	0
0	0	③	早　坂	4	DF	2	大　湯	③	0	0
0	0	③	星　野	15		3	塩　谷	③	0	0
0	1	②	内　田	16		5	（山﨑）	❸	0	0
						4	佐　武	③	0	0
0	2	③	佐　藤	6	MF	6	安　達	③	1	0
0	0	③	細　川	7		7	鈴　木	②	0	0
0	0	③	渡　邊	8		8	富　田	③	1	0
1	2	③	伊　藤	10		9	遠　藤	③	0	0
0	0	①	（竹野）	13		15	（米田）	②	0	0
0	1	②	今　井	14		13	丸　山	②	0	0
0	3	②	大　槻	9	FW	10	久　野	③	1	1
2	2	②	大　光	17		14	佐　藤	①	2	0
						17	（石崎）	②	0	0
3	11			9	GK	6			5	1
				3	CK	5				
				14	FK	2				
				0	PK	0				

【得点経過】
前半21分〔尚〕GK金木→大槻→**大光～S**
〃 30分〔尚〕佐藤→大槻～→**大光～ S**
後半 8分〔大〕**久野（カット）～S**
〃 12分〔尚〕今井H→大光～→**伊藤S**

■失点後も主導権を渡さなかった尚志

大谷室蘭は，相手にスペースを与えない粘り強い守備からボールを奪い，FW久野をターゲットにボールを集め，カウンター攻撃を狙う。一方，尚志はMF佐藤と今井が攻守にわたりバランスをとりゲームをコントロールする。中盤を支配する時間が増え，サイドDFの攻撃参加によりピッチを広く使えるようになる。FW大光がスペースへタイミング良く抜け出し，21分に待望の先制点を挙げる。さらに尚志は，相手に流れを与えることなく30分に追加点を決めた。後半，追いつきたい大谷室蘭はスピードのあるFWへボールを送り，個での打開によりゴールへ迫る。尚志DFの一瞬の隙を突き，8分に久野がGKをかわして得点。1点差に迫った大谷室蘭だったが，尚志は主導権を譲ることなく大光にボールを集め，サイドからのクロスボールをMF伊藤が12分に得点し，突き放した。

戦評　木村みき（湘南学院高校）

第1回戦　8月18日（水）　福井運動公園補助競技場（曇）

（主）國師えりな　（副）松井亮太，西野正樹

作　陽（岡山県） 1 (0-0 / 1-0) 0 大阪学芸 ★（大阪府）

得	S	学		背		背		学	S	得
0	0	③	草　苅	1	GK	1	酒　井	③	0	0
0	0	❸	梶　原	3	DF	2	内　田	②	0	0
0	0	③	森	4		3	廣　崎	②	0	0
0	0	③	梶　山	5		4	川　上	②	0	0
0	0	③	望　月	6		5	米　田	③	0	0
0	1	②	大　倉	8	MF	6	朝　倉	❸	0	0
0	0	③	大　西	11		7	江　口	①	1	0
0	0	②	（西山）	7		17	（滑川）	①	1	0
0	0	②	中　野	14		8	佐　藤	③	2	0
						10	小　川	②	2	0
						15	雪　山	③	1	0
						14	（山田）	①	0	0
0	0	②	伊　藤	9	FW	9	中　村	①	1	0
1	4	③	生　田	10		13	（西山）	③	1	0
0	1	③	鈴　木	12						
0	0	②	（松本）	17						
1	6			12	GK	9			9	0
				1	CK	2				
				8	FK	6				
				0	PK	0				

【得点経過】
後半33分〔作〕西山（カット）→**生田～S**
▼警告
〔大〕佐藤

■作陽，試合終了間際に決勝点

序盤，作陽は右サイドから攻め込みFW生田が積極的に仕掛ける。縦に速い攻撃で大阪学芸のゴールに迫るが決め切れない。クーリングブレイク後には，大阪学芸の中盤プレスが効き始めて上手くボールを前に運べない。大阪学芸は前掛かりになった作陽のバイタルエリアにMF小川が入り込み作陽ゴールに迫る。また，FW中村のポストプレーから小川が前向きで収めてリズムを作る。右サイドからもチャンスを作りだしていた。後半になると大阪学芸は中村に代わりスピードのあるFW西山を入れて前線に動きを出す。前からプレスをかけ作陽のビルドアップを妨げ中盤でボールを回収するが，作陽のDF森を中心とする守備陣に粘り強く対応されシュートまで持っていけない。試合が動いたのは後半33分，作陽の生田がクリアボールを収めドリブルで仕掛け豪快に決める。アディショナルタイムに大阪学芸がFKを獲得するが決定機を決め切ることができず，作陽が2回戦へと駒を進めた。

戦評　長岡寛子（相模原弥栄高校）

第2回戦　8月19日（木）　日東シンコースタジアム丸岡人工芝北コート（曇）

（主）上田千尋　（副）國師えりな，清水明美

日ノ本学園（兵庫県） 0 (0-0 / 0-1) 1 帝京長岡 ★（新潟県）

得	S	学		背		背		学	S	得
0	0	③	川　幡	1	GK	1	佐怒賀	③	0	0
0	0	②	田　中	2	DF	3	黒　川	③	0	0
0	0	❸	前　田	3		4	安　達	①	0	0
0	0	③	保　野	4		6	三　宅	①	0	0
0	1	③	村　上	6		10	吉　田	①	2	1
0	0	③	中　垣	5	MF	5	榮　田	①	1	0
0	2	③	川　井	8		7	阿　部	①	1	0
0	2	③	菅　森	9		9	安　島	❸	0	0
0	0	③	篠　田	11		11	川　本	②	0	0
0	0	②	林	13						
0	1	③	（塚本）	7						
0	1	③	内　田	10	FW	12	末　次	②	2	0
						17	鈴　木	③	1	0
0	7			8	GK	11			7	1
				4	CK	5				
				3	FK	6				
				0	PK	0				

【得点経過】
後半27分〔帝〕阿部H→安達→**吉田S**

■耐えた帝京長岡，CKからの好機で決勝点

日ノ本学園はMF菅森，篠田を起点に攻撃のチャンスを作る。対して帝京長岡はFW鈴木，末次のドリブル突破でチャンスを作る。クーリングブレイク後は日ノ本学園がペースを握り始める。MF川井が2列目から飛び出したりと，ミドルサードで落ち着いたボールキープとパスを出した後の意図的なサポートで，攻撃の安定感を出すゲームメイクを見せた。DF田中のタイミング良いオーバーラップも効果的だった。帝京長岡もGK佐怒賀を中心に多くのセットプレーを無失点で抑え前半を折り返す。後半，帝京長岡は縦に速いシンプルな配球とセカンドボールへの早さでゲームを優位に進める。しかし14分から雨が降ってパススピードが上がり，日ノ本学園ペースに。決定的チャンスが生まれるが，帝京長岡は佐怒賀がセーブで防ぐ。クーリングブレイク後，帝京長岡は前線の守備からの積極的な仕掛けで掴んだCKのセカンドボールからMF川本がシュートを打ち，DF吉田がコースを変え，ゴールを決めた。

戦評　名倉正倫（高知高校）

第2回戦 8月19日（木） 日東シンコースタジアム丸岡人工芝北コート（雨）

（主）的崎睦子　（副）荒木裕里香，河野由依

藤枝順心 1（0-0 1-0）0 東海大福岡

★（静岡県）　（福岡県）

得	S	学		背		背		学	S	得
0	0	③	小野	1	GK	1	池田	③	0	0
0	0	③	松崎	2	DF	3	小緑	❸	0	0
0	0	③	井手	5		4	高橋	③	0	0
0	0	②	安藤	7		13	（山田）	②	0	0
0	0	③	堀内	8		5	井上	③	0	0
						8	吉村	③	0	0
0	0	②	浅田	6	MF	6	梅崎	②	0	0
0	2	❸	窓岩	10		7	西川	②	0	0
0	0	①	大川	15		10	香椎	③	3	0
1	2	①	（久保田）	14		16	山名	①	0	0
0	0	③	斉藤	9	FW	9	松崎	③	1	0
0	0	②	正野	13		11	上永	③	1	0
0	0	①	高岡	17						
0	0	①	（青井）	16						
1	4			8	GK	10			5	0
				5	CK	4				
				7	FK	7				
				0	PK	0				

【得点経過】
後半14分〔藤〕正野→(相手FP)（クリアミス）**久保田S**

▼警告
〔藤〕高岡
〔東〕西川

■藤枝順心，守備で高い集中力を発揮

東海大福岡は，縦に速い攻撃で，FW松崎，上永が相手DFラインの背後を狙う。藤枝順心は，MF浅田，DF安藤がボールに積極的にかかわりながら丁寧にビルドアップし，長短のパスを織り交ぜながら両サイドのFW斉藤，MF大川の突破からチャンスを窺う。徐々に藤枝順心がボールを握る時間が増え，カウンターに対してもDF井手を中心に決定機を作らせないが，東海大福岡も集中した守備でゴールを守り，前半はスコアレスで折り返す。後半，藤枝順心はFW久保田を投入し，選手の配置を変えるとともに，流動的なポジションチェンジを繰り返しゴールに迫る。そして，MF窓岩の素晴らしい攻撃から守備への切り替えにより奪ったボールを，最後は久保田が押し込み先制。東海大福岡はMF山田を投入し，3バックにして攻撃の枚数を増やし得点を奪いにいく。左サイドからMF西川のクロスによってチャンスを作る回数が増えたものの，藤枝順心が最後まで高い集中力でリードを守り切った。

戦評　堀達也（大宮武蔵野高校）

第2回戦 8月19日（木） 日東シンコースタジアム丸岡人工芝南コート（曇）

（主）赤木陽美　（副）藤田美智子，小竹恵美

前橋育英 0（0-1 0-0）1 神村学園

★（群馬県）　（鹿児島県）

得	S	学		背		背		学	S	得
0	0	③	古賀	1	GK	1	坂口	③	0	0
0	0	③	新出	2	DF	2	井手口	②	0	0
0	0	②	石井	4		3	古川	③	0	0
0	0	①	（島村）	17		4	幸福	①	0	0
0	0	③	相澤	5		16	（岩下）	①	1	0
0	0	③	松本	6		5	神水流	③	0	0
0	0	③	関根	7	MF	6	川浪	③	0	0
0	0	③	伊藤	14		8	黒岩	①	0	0
0	1	①	岩渕	15		10	田上	③	2	0
						9	（益田）	②	0	0
						11	三冨	①	2	1
						14	愛川	❸	6	0
						7	（立野）	②	0	0
0	0	❸	大澤	10	FW	15	黒木	②	2	0
0	0	③	（木村）	9		12	（小倉）	③	1	0
0	1	②	加藤	11						
0	0	①	奥山	16						
0	2			12	GK	3			14	1
				2	CK	3				
				2	FK	1				
				0	PK	0				

【得点経過】
前半16分〔神〕黒岩→幸福～→**三冨S**

■攻守の切り替えの早さ際立つ神村学園

立ち上がりは前橋育英がセカンドボールを回収できたことにより主導権を握り，ゴールに迫っていた。しかし，神村学園は切り替えの早さや数的優位を作っての守備で徐々にペースを握り，テンポよくサイドからの崩しでゴールを目指す。試合が動いたのは前半16分，神村学園右サイドからのクロスボールに左サイドＭＦ三冨が中央に入ってきて得点する。後半，前橋育英が神村学園のハイプレスに対応し始め，ボールを奪いゴールに迫るシーンが増える。セカンドボールも拾い展開するが，神村学園の攻撃から守備への切り替えの早さが徹底されていてシュートが打てない。神村学園はドリブルが持ち味のＭＦ愛川をトップに上げさらに高い位置でボールを収めゴールへ襲い掛かる。前橋育英も粘り強い守備からボールを奪い，前線にロングボールが収まるようになったことで，サイドから何度もチャンスを作り出すが決められない。攻守ともにハードワークした神村学園が準決勝へ進んだ。

戦評　長岡寛子（相模原弥栄高校）

第2回戦 8月19日（木） 日東シンコースタジアム丸岡人工芝南コート（雨）

（主）杉本美里　（副）横田碧，坂下みらの

尚志 0（0-0 0-1）1 作陽

（福島県）　（岡山県）★

得	S	学		背		背		学	S	得
0	0	③	金木	1	GK	1	草苅	③	0	0
0	0	③	早坂	4	DF	3	梶原	❸	1	0
0	0	③	渡邊	8		4	森	③	1	0
0	0	③	星野	15		5	梶山	③	0	0
0	0	②	内田	16		6	望月	③	1	0
						15	（島）	②	0	0
						17	松本	②	1	0
0	0	③	佐藤	6	MF	7	西山	②	0	0
0	0	③	細川	7		11	（大西）	③	0	0
0	0	③	伊藤	10		13	村上	③	0	0
0	0	①	（竹野）	13		9	（伊藤）	②	3	0
0	0	②	今井	14		14	中野	②	2	1
0	1	②	大槻	9	FW	10	生田	③	1	0
0	0	②	大光	17		12	鈴木	③	0	0
						8	（大倉）	②	1	0
0	1			18	GK	4			11	1
				2	CK	3				
				8	FK	7				
				0	PK	0				

【得点経過】
後半31分〔作〕(直接FK)梶山→**中野～S**

■一瞬の隙を逃さなかった作陽

試合開始直前より豪雨となる悪天候の中でキックオフ。作陽は，ピッチ状況が悪い中でもサイドを起点にボールを繋ぎ，ゴール前へとクロスを入れてチャンスを作る。一方，尚志は作陽の攻撃を跳ね返し，スペースへ抜け出すFW大光に攻撃を託す展開。前半終了間際，作陽はクロスからの展開で尚志ゴールを脅かすが，両チーム無得点で後半へ折り返した。後半に入り，作陽の勢いある攻撃が続き尚志ゴールへ迫る。DF森の質の高いボールでサイドに展開，FW生田が起点となり，DF望月，松本がオーバーラップで攻撃に厚みを加え，サイドを崩し中央へクロスを入れる。しかし，シュートは枠をとらえることができない。尚志は守備の時間が長く続くが，セカンドボールを拾いFW大槻のドリブルから大光がスペースでボールを受ける回数が増え，チャンスを探る。31分，作陽がFKを獲得し，DF梶山からMF中野にボールがわたり，尚志の一瞬の隙を突き待望のゴールを奪い，準決勝へ駒を進めた。

戦評　木村みき（湘南学院高校）

準決勝戦　8月21日（土）　日東シンコースタジアム丸岡サッカー場（曇）

（主）國師えりな　（副）横田碧，井口朋恵

帝京長岡 ★（新潟県） 0（0-1 / 0-0）1 藤枝順心（静岡県）

得	S	学		背		背		学	S	得
0	0	③	佐怒賀	1	GK	1	小　野	③	0	0
0	0	③	黒　川	3	DF	2	松　崎	③	0	0
0	0	①	安　達	4		5	井　手	③	0	0
0	0	①	三　宅	6		7	安　藤	②	0	0
0	0	①	吉　田	10		8	堀　内	③	0	0
0	0	①	榮　田	5	MF	6	浅　田	②	1	0
0	0	①	阿　部	7		10	窓　岩	❸	1	0
0	0	❸	安　島	9		14	久保田	①	5	1
0	0	②	川　本	11		15	（大川）	①	1	0
0	0	①	（吉岡）	8		17	高　岡	①	1	0
0	1	②	末　次	12	FW	9	斉　藤	③	3	0
0	1	③	鈴　木	17		11	山　田	②	1	0
						13	（正野）	②	1	0
0	2			9	GK	1			14	1
				1	CK	6				
				8	FK	3				
				0	PK	0				

【得点経過】
前半　9分〔藤〕（相手GK）→**久保田（カット）S**

■藤枝順心，3戦連続1-0で決勝へ

序盤，前線からの守備でボールを奪い，幅を使って展開する藤枝順心がボールを保持してゲームを優位に進める。帝京長岡はFW末次を残し，FW鈴木が下がって1-4-2-3-1のような布陣で守備固めをして対応する。しかし，帝京長岡GK佐怒賀のゴールキックのこぼれ球を藤枝順心MF久保田が奪って放ったミドルシュートが，前掛かりになっていたGKの頭上を越え，ネットを揺らした。後半，風上になった帝京長岡は中盤でのボールの奪い合いから，少しずつ相手陣内で試合を進めるようになる。藤枝順心はボールを奪ってからはロングボールなどでサイドに預けて攻撃の起点を作り，中央の選手が相手DFの背後に飛び出していく。さらに，FW正野を投入してポジションを変更し，インサイドに配置されたMF窓岩がドリブルで仕掛ける。お互いゴール前までボールを運び脅かすが，粘り強い守備でゴールを割らせない。序盤の1点を守り切った藤枝順心が決勝進出を決めた。

戦評　富田雅人（福井県サッカー協会）

準決勝戦　8月21日（土）　三国運動公園陸上競技場（曇）

（主）藤田美智子　（副）荒木裕里香，河野由依

神村学園 ★（鹿児島県） 2（1-0 / 1-0）0 作　陽（岡山県）

得	S	学		背		背		学	S	得
0	0	③	坂　口	1	GK	1	草　苅	③	0	0
0	0	②	井手口	2	DF	3	梶　原	❸	1	0
0	0	③	古　川	3		4	森	③	0	0
0	0	①	幸　福	4		6	望　月	③	0	0
0	0	③	神水流	5		17	松　本	②	1	0
0	0	③	川　浪	6	MF	5	梶　山	③	1	0
1	1	①	黒　岩	8		9	伊　藤	②	1	0
0	0	①	（岩下）	16		11	大　西	③	0	0
0	1	③	田　上	10		7	（西山）	②	0	0
0	1	①	三　冨	11		12	鈴　木	③	0	0
0	0	②	（益田）	9		8	（大倉）	②	2	0
1	4	❸	愛　川	14		14	中　野	②	0	0
0	0	②	黒　木	15	FW	10	生　田	③	2	0
0	1	③	（小倉）	12						
2	8			11	GK	4			8	0
				2	CK	4				
				9	FK	6				
				0	PK	0				

【得点経過】
前半29分〔神〕黒木→田上→**愛川S**
後半17分〔神〕愛川→三冨→**黒岩S**

■神村学園，総体初の決勝進出

神村学園は，FW黒木が動き回り，ギャップにMF愛川，田上が顔を出し，両サイドのMF三冨，黒岩から攻撃を仕掛ける。一方，作陽はFW生田が前線でタメを作り，スペースにMF大西，伊藤が飛び出し攻撃のリズムを作る。拮抗したゲームは前半29分に動く。神村学園が中盤で激しいプレスを掛け，意図的にボールを奪うと，黒木を起点にショートカウンターを仕掛け田上がヒールで落としたパスを中央の愛川が冷静にゴール左隅に流し込み先制点を奪う。後半，作陽は伊藤を2トップの位置に配置換えし前線の起点を増やすと，徐々に攻撃にリズムが生まれ神村学園ゴール前に迫る。しかし，神村学園DF井手口，神水流が力強くこれを跳ね返す。作陽に押し込まれる時間が増えてきた神村学園だが，17分，左サイドでの三冨のキープからファーサイドの黒岩へロングパスを通すと，相手DFに寄せられながらも右足を一閃。2点目のゴールを奪った。

戦評　田中伸弥（三重高校）

決勝戦　8月22日（日）　日東シンコースタジアム丸岡サッカー場（曇）

（主）横田碧　（副）藤田美智子，荒木裕里香

藤枝順心（静岡県） 1（0-1 / 1-0 / 0-1 / 0-0）2 神村学園 ★（鹿児島県）

得	S	学		背		背		学	S	得
0	0	③	小　野	1	GK	1	坂　口	③	0	0
0	0	③	松　崎	2	DF	2	井手口	②	0	0
0	0	③	井　手	5		3	古　川	③	0	0
0	0	②	安　藤	7		4	幸　福	①	0	0
0	0	③	堀　内	8		16	（岩下）	①	0	0
						5	神水流	③	0	0
0	0	②	浅　田	6	MF	6	川　浪	③	2	1
1	4	❸	窓　岩	10		8	黒　岩	①	0	0
0	3	①	久保田	14		10	田　上	③	2	0
0	0	①	青　井	16		11	三　冨	①	2	1
0	0	①	（大川）	15		9	（益田）	②	0	0
0	0	②	（山田）	11		14	愛　川	❸	1	0
0	0	③	斉　藤	9	FW	15	黒　木	②	0	0
0	0	①	（下吉）	4		12	（小倉）	③	2	0
0	1	①	高　岡	17						
0	1	②	（正野）	13						
1	9			8	GK	11			9	2
				7	CK	2				
				6	FK	3				
				0	PK	0				

【得点経過】
前半　1分〔神〕愛川（カット）→**三冨S**
後半25分〔藤〕井手→（相手FP）（クリア）**窓岩S**
延前　9分〔神〕愛川→古川～→**川浪S**

■延長での決勝点で神村学園，初戴冠

キックオフ直後に素晴らしい出足からボールを奪った神村学園がMF三冨のミドルシュートにより先制。藤枝順心は，3枚のDFラインにボランチMF浅田が落ち，丁寧にビルドアップして両サイドを起点として徐々にペースを握り始める。神村学園は守備ラインが下がり中盤の守備が利かなくなるが，CB神水流を中心とした守備陣が落ち着いて対応し，前半をリードして終える。後半は藤枝順心が攻撃のギアを上げ，ポゼッション率を上げていく。25分，藤枝順心がMF窓岩のゴールで追いつき，延長戦に。延長戦も立ち上がりから，藤枝順心がFW斉藤，窓岩の両サイドを起点にゴールに迫るも，神村学園DFラインが高い集中力と組織力でことごとく跳ね返す。すると延長前半9分，長い距離を走った神村学園MF川浪が渾身のミドルシュート。これがゴール右隅に決まり追加点を奪取。藤枝順心の猛追をしのいだ神村学園がインターハイ初優勝を成し遂げた。

戦評　田中伸弥（三重高校）

E N T R Y

令和3年度
全国高等学校総合体育大会
サッカー競技

登録選手一覧｜女子

北海道大谷室蘭　北海道

[監督]渡邉純一 [引率教員]庭田尋生

背番号	位置	氏名	学年
1	GK	丸田　彩奈	3
2	DF	大湯　可琳	3
3	DF	塩谷　優月	3
4	DF	佐武ほのか	3
⑤	DF	山﨑　彩乃	3
6	MF	安達　沙織	3
7	MF	鈴木　璃萊	2
8	MF	富田　愛央	3
9	MF	遠藤光ノ美	3
10	FW	久野日芽香	3
11	MF	田淵　彩香	3
12	DF	山田　菜月	1
13	MF	丸山　雪月	2
14	FW	佐藤美沙希	1
15	MF	米田　凪咲	2
16	FW	松田　聖音	1
17	FW	石崎　唯依	2

常盤木学園　宮城県

[監督]阿部由晴 [引率教員]阿部由晴

背番号	位置	氏名	学年
1	GK	西川　佳那	3
2	DF	葛西　彩	1
3	DF	髙橋　明莉	3
4	DF	木村　莉捺	3
⑤	DF	前田　郁美	3
6	DF	三浦　音愛	3
7	MF	菊地　莉央	3
8	MF	高塚　映奈	2
9	MF	伊藤　璃胡	2
10	FW	中村　円香	3
11	FW	佐藤まどか	3
12	GK	中屋　音葉	2
13	FW	白木　珠奈	1
14	MF	山田　彩葉	3
15	FW	安齋　美羽	3
16	MF	伊藤　結菜	2
17	MF	保原　ひな	2

尚志学園尚志　福島県

[監督]松本克典 [引率教員]宗像純子

背番号	位置	氏名	学年
1	GK	金木　杏	3
2	DF	山本　珠寿	2
③	DF	長谷川珠侑	3
4	DF	早坂　瑠菜	3
5	DF	鈴木　萌生	3
6	MF	佐藤　寿奈	3
7	MF	細川　暖彩	3
8	MF	渡邊さくら	3
9	FW	大槻　美生	2
10	MF	伊藤　真緒	3
11	MF	大宮　愛乃	1
12	GK	福井　美月	1
13	MF	竹野　那奈	1
14	MF	今井　鈴那	2
15	DF	星野　海美	3
16	DF	内田　里奈	2
17	FW	大光　望結	2

十文字　東京都

[監督]岸本昌蔵 [引率教員]武井由貴子

背番号	位置	氏名	学年
1	GK	安田　優花	2
2	DF	三村　沙良	3
3	DF	守部　葵	3
4	MF	杉山　遥菜	2
5	MF	川﨑　和音	3
6	DF	三谷　友夏	2
7	MF	野村　亜未	2
8	MF	丸尾日奈子	3
9	MF	氏原里穂菜	2
⑩	FW	藤野あおば	3
11	FW	千葉梨々花	2
12	DF	徳本　優希	3
13	MF	野口　初奈	2
14	DF	米口　和花	1
15	DF	志波　葵	3
16	GK	中村　菫	1
17	MF	三宅　万尋	1

前橋育英　群馬県

[監督]松原真智子 [引率教員]松原真智子

背番号	位置	氏名	学年
1	GK	古賀あかね	3
2	DF	新出　翼	3
3	DF	魚田　萌花	2
4	DF	石井　舞桜	2
5	DF	相澤　希	3
6	MF	松本　和笑	3
7	MF	関根　実咲	3
8	MF	堀江　優香	2
9	FW	木村　藍	3
⑩	MF	大澤　百夏	3
11	FW	加藤満久花	2
12	GK	榎本　実祐	2
13	MF	相場　絵央	2
14	MF	伊藤　朱音	3
15	MF	岩渕　柚月	1
16	MF	奥山　莉乃	1
17	DF	島村　暖	1

日本航空　山梨県

[監督]渡邉将平 [引率教員]堀 祥太朗

背番号	位置	氏名	学年
1	GK	高田　帆夏	3
2	DF	津田穂乃香	3
③	DF	淀川　知華	3
4	MF	市村　萌那	1
5	MF	赤羽　紗貴	3
6	MF	五味　小暖	1
7	MF	沼中　彩里	2
8	FW	鶴岡　優月	3
9	FW	一瀬　葵夢	2
10	MF	杉本　結月	1
11	FW	髙梨　智穂	3
12	GK	生野　文悠	2
13	DF	保坂　瑠菜	3
14	DF	河西　小夏	2
15	FW	籏崎はるか	1
16	MF	北原　歩奈	2
17	FW	大島　暖菜	2

帝京長岡　新潟県

[監督]松野智樹 [引率教員]鴫原大介

背番号	位置	氏名	学年
1	GK	佐怒賀理子	3
2	MF	熱田　日和	3
3	DF	黒川　愛奈	3
4	DF	安達　雪乃	1
5	MF	槃田　涼乃	1
6	DF	三宅　亜依	1
7	MF	阿部琉亜海	1
8	FW	吉岡　花菜	1
⑨	MF	安島　美優	3
10	DF	吉田　玲音	1
11	MF	川本　美羽	2
12	FW	末次　結依	2
13	DF	荒明　乃亜	2
14	MF	高橋菜津希	1
15	GK	北市　小春	2
16	MF	小山田百恵	1
17	FW	鈴木　菫	3

福井工業大学附属福井　福井県

[監督]久保直也 [引率教員]有町紗也香

背番号	位置	氏名	学年
1	GK	西條　叶	3
2	DF	福岡　望愛	3
3	DF	木村　ゆず	1
4	DF	一井　美咲	3
5	DF	金谷しず葵	3
⑥	MF	中川　冬萌	3
7	MF	山﨑茉歩蕗	3
8	MF	片山　詠乃	2
9	FW	木村　瑠菜	3
10	FW	久保　華恩	3
11	FW	奥田　愛理	3
12	GK	恒石　彩華	3
13	DF	松本　彩良	3
14	DF	服部　陽向	2
15	MF	種村佳奈実	3
16	FW	松永　亜巳	1
17	FW	秋田　萌絵	1

藤枝順心　静岡県

[監督]中村 翔 [引率教員]中村 翔

背番号	位置	氏名	学年
1	GK	小野　未織	3
2	DF	松崎　花菜	3
3	DF	鍵谷　天	2
4	MF	下吉　優衣	1
5	DF	井手ひなた	3
6	MF	浅田　幸子	2
7	MF	安藤　麻耶	2
8	DF	堀内　意	3
9	FW	斉藤　花菜	3
⑩	MF	窓岩　日菜	3
11	FW	山田　歩美	2
12	GK	仁藤　千智	3
13	FW	正野　瑠菜	2
14	FW	久保田真生	1
15	MF	大川　和流	1
16	MF	青井　麻衣	1
17	MF	高岡　澪	1

豊川　愛知県

[監督]牛田佳祐 [引率教員]加藤秀隆

背番号	位置	氏名	学年
1	GK	伊藤　栞	3
2	FW	猿渡　凪菜	1
③	DF	酒井　咲良	3
4	DF	伊藤　芳	3
5	MF	北川　未唯	3
6	MF	玉井　萌	3
7	FW	堀　すず	3
8	FW	野原　華花	3
9	MF	島田　麻帆	3
10	MF	平塚　まゆ	3
11	DF	植田　真央	1
12	GK	横山　澄香	2
13	MF	沓掛　桃奈	2
14	DF	高井　知秋	2
15	MF	音成　美玖	3
16	DF	仲井　彩葉	1
17	MF	冨樫　咲来	2

大阪学芸　大阪府

[監督]副島博志 [引率教員]藤川真也

背番号	位置	氏名	学年
1	GK	酒井　優羽	3
2	DF	内田　衣泉	2
3	DF	廣崎　心	2
4	DF	川上　七奏	2
5	DF	米田　京	3
⑥	MF	朝倉加奈子	3
7	MF	江口　碧華	1
8	MF	佐藤　千優	3
9	FW	中村　優月	1
10	MF	小川　由姫	2
11	MF	北川　愛唯	1
12	GK	宜野座令愛	1
13	FW	西山　紗生	3
14	MF	山田　実来	1
15	MF	雪山　琴未	3
16	DF	三好　華乃	3
17	FW	滑川　藍	1

日ノ本学園　兵庫県

[監督]村上裕子 [引率教員]草苅文子

背番号	位置	氏名	学年
1	GK	川幡　凪	3
2	DF	田中　晴菜	2
③	DF	前田　花依	3
4	DF	保野　佑果	3
5	MF	中垣虹衣碧	3
6	DF	村上　水彩	3
7	MF	塚本　悠日	3
8	MF	川井　心咲	3
9	MF	菅森　杏	3
10	FW	内田　光	3
11	MF	篠田　帆花	3
12	GK	赤羽　柚寿	2
13	MF	林　織羽	2
14	FW	野本　花音	3
15	DF	菅原　眞名	2
16	MF	中垣和佳奈	2
17	MF	藤原　良	1

岡山県作陽　岡山県

[監督]池田浩子 [引率教員]山川莉々加

背番号	位置	氏名	学年
1	GK	草苅　希羽	3
2	DF	阪口　心音	3
③	DF	梶原　美咲	3
4	DF	森　宙舞	3
5	MF	梶山　朋恵	3
6	DF	望月　咲良	3
7	MF	西山ひとみ	2
8	MF	大倉　弓佳	2
9	FW	伊藤　真生	2
10	FW	生田　七彩	3
11	MF	大西　夏奈	3
12	FW	鈴木優莉奈	3
13	MF	村上　菜月	3
14	MF	中野　琴音	2
15	MF	島　春香	2
16	GK	尾添　有紗	3
17	DF	松本　彩花	2

鳴門渦潮　徳島県

[監督]佐藤城介 [引率教員]片岡真子

背番号	位置	氏名	学年
1	GK	廣瀬　歩実	2
②	DF	清　悠香	3
3	DF	金城来万鶴	2
4	DF	森　美咲	3
5	FW	去来川琳加	3
6	FW	後藤　希颯	2
7	DF	志津　七海	3
8	MF	住友　瑛	2
9	FW	大平　桃	3
10	DF	眞鍋　万琳	3
11	MF	福島　凛歌	2
12	GK	宮本向日葵	2
13	FW	新居　瑞稀	2
14	FW	新居ひかり	3
15	FW	武田　もえ	1
16	FW	古田　彩瑛	1
17	FW	石田　萌華	1

東海大学付属福岡　福岡県

[監督]山本ひろな [引率教員]福本拡志

背番号	位置	氏名	学年
1	GK	池田　帆希	3
2	DF	津田杏桜子	3
③	DF	小緑　瑠夏	3
4	DF	高橋　望華	3
5	DF	井上　麗叶	3
6	MF	梅崎　彩芭	2
7	MF	西川　綾子	2
8	DF	吉村あかり	3
9	FW	松崎こころ	3
10	MF	香椎　彩香	3
11	FW	上永ひかり	3
12	MF	西崎　帆花	3
13	MF	山田　心優	2
14	MF	松田てん里	2
15	DF	赤嶺　愛海	2
16	FW	山名　映理	1
17	GK	徳永　深南	2

神村学園　鹿児島県

[監督]寺師勇太 [引率教員]田中修平

背番号	位置	氏名	学年
1	GK	坂口　波	3
2	DF	井手口怜央	2
3	DF	古川　陽菜	3
4	DF	幸福　征良	1
5	DF	神水流琴望	3
6	MF	川浪　実歩	3
7	MF	立野ひなの	2
8	MF	黒岩　沙羽	1
9	FW	益田　萌花	2
10	MF	田上　歩実	3
11	MF	三冨りりか	1
12	FW	小倉　莉彩	3
13	GK	澤田　瑞希	2
⑭	MF	愛川　陽菜	3
15	FW	黒木　愛理	2
16	DF	岩下心々愛	1
17	FW	山田　怜愛	1

ブロック大会対戦結果

【北海道】

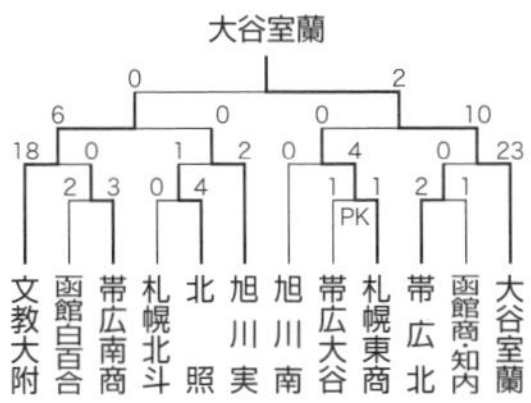

【東　北】

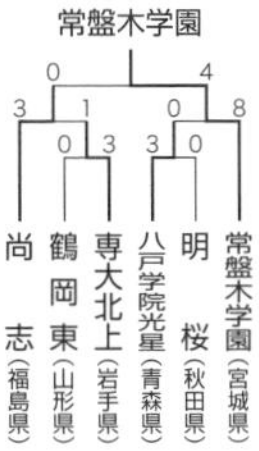

【関　東】

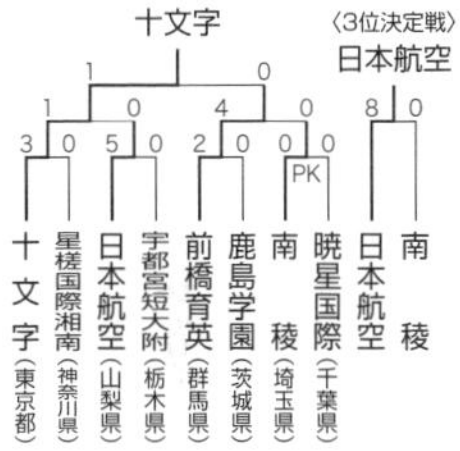

【北信越】

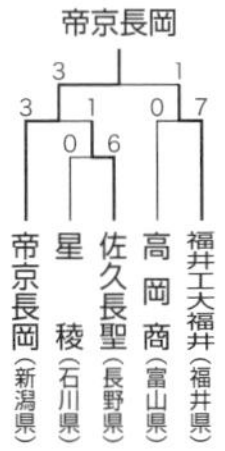

【東　海】

	藤枝順心（静岡県）	豊川（愛知県）	帝京大可児（岐阜県）	高田（三重県）	順位
藤枝順心（静岡県）		5 - 0	1 - 0	9 - 0	1
豊川（愛知県）	0 - 5		3 - 0	1 - 0	2
帝京大可児（岐阜県）	0 - 1	0 - 3		2 - 0	3
高田（三重県）	0 - 9	0 - 1	0 - 2		4

【近　畿】

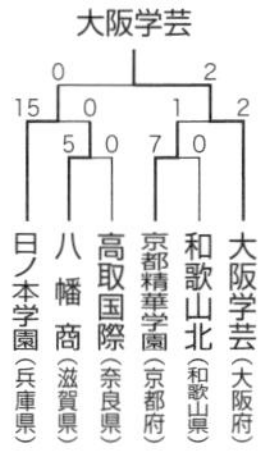

【中　国】

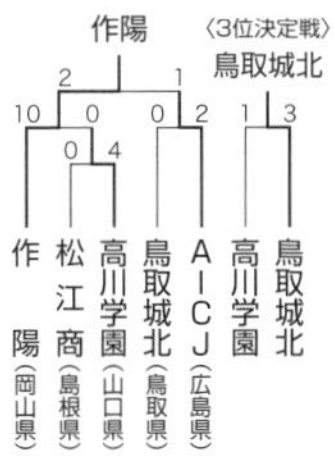

【四　国】

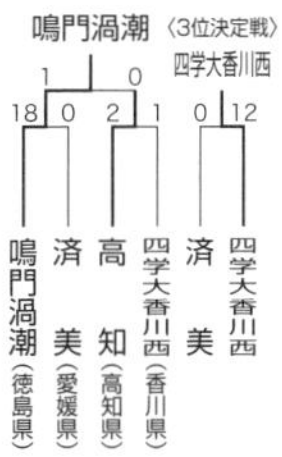

【九　州】

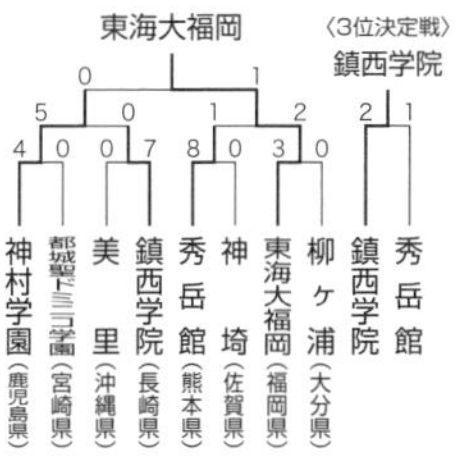

「輝け君の汗と涙 北信越総体 2021」

令和3年度 全国高等学校総合体育大会 女子サッカー競技

走れ 北信越の大地を とべ 北信越の大空へ

優勝監督手記

寺師勇太

神村学園高等部女子サッカー部監督

コロナ禍においての実施

昨今、世界に甚大なる被害を与え続けている新型コロナウイルス。その環境下において、全国高体連・福井県高体連・福井県サッカー協会・競技会場の市役所の皆様の手厚いサポートにより今大会が実施されたことは、高校生にとって大変喜ばしく、一生の思い出になりました。関係者の皆様のご尽力に頭が下がる想いです。ありがとうございました。

今大会においては、我々だけではなく、多くの指導者・選手たちにとって、全国大会が実施される期待感と責任感は、過去の全国大会とは比べ物にならないほど大きいものでした。しかしその反面、大会までの準備やコンディション調整や日程の組み方など、制限が多くあり、頭を悩ませている指導者は多くいたと思います。我々神村学園は、そのような環境下においても言い訳はせずに、自分たちの頑張りで報われる人が必ずいると信じて、毎試合余力を残すことなく全力を出し切って今大会を終えよう、と部員43名全員で共有して、今大会に臨みました。

ターニングポイントとなった九州大会決勝

今年のチームスローガンは、「奪取」を掲げました。文字通り、全国のタイトルをもう一度、自分たちの手にしようという意味です。しかし、九州大会決勝は我々にとって大きな意味合いを持つ試合となりました。

まず反省点として、私が今までの戦い方を変えてしまい、選手の良さであるアグレッシブさや連動連携を欠いてしまい、チームの色を全く出せないまま敗戦してしまいました。私の間違った判断が、チームを敗戦に追い込んでしまいました。鹿児島に帰った後、選手に頭を下げたことを未だに覚えています。この敗戦が、我々の原点である、闘う・球際・切り替え・運動量といった柱の重要性に気付かせてくれました。

この敗戦から得たものはとても大きいもので、私自身の判断でチームを敗戦に追い込んでしまう怖さを学びました。しかしそれと同時に、自分たちの色を毎試合出し切れば、このチームなら全国大会でやってくれるはずだと考えるきっかけとなりました。

全国大会での戦い方

全国大会では神村らしさ全開で闘うことができました。1回戦、地元である福井工大福井高校との試合は、初戦ならではの硬さが見られましたが、選手はアグレッシブにゴールに仕掛け、最後の最後まで走ることをやめず4-1で勝利。2回戦、前橋育英高校との戦いにおいては、初戦の硬さがなくなり、相手チームに必死に食らいつき、ボールを追いかけまわし、ボールを奪っては大事に運びながらも迫力をもってゴールに向かう闘いを表現してくれました。前半の得点を守り切り1-0で勝ち進むことができました。休息日を挟んで迎えた準決勝の作陽高校戦。この試合は、互いにチームの良さが出た試合となりました。試合開始からエンジン全開で作陽ゴールに向かい続け、球際において怯まずに相手に戦いを挑んだ場面が多々見られました。結果、2-0で厳しい試合をものにすることができました。待ち望んだ決勝の相手は藤枝順心高校。冬の全国高校女子サッカー選手権決勝で2回挑み、連敗している強豪校が相手となりました。自分たちの色で立ち向かっていこうとチーム全員で共有し試合に臨みました。開始1分でミドルシュートが決まり、後半に追いつかれ、延長戦に突入する大接戦となりました。延長前半に3年生のゴールで勝ち越し、そのまま逃げ切り、三度目の正直でなんとか全国大会の頂点を奪取することができました。

私は優勝した瞬間、思わず雄叫びをあげてしまいました。その様子を選手にイジられましたが、優勝したその景色をみんなで見ることができたことは私の誇りです。選手たちにはありがとうと伝えたいです。

鹿児島から勝ち上がることの意義

チームスローガン「奪取」とは別にもうひとつ、選手たちと常日頃から共有していたことがあります。それは、本州最南端の鹿児島からでも全国を獲れることを証明しようということです。今回、田舎らしさ全開の神村サッカーでしたが、そのスタイルは、全国の舞台においても十分に通用することが分かりました。自分たちのサッカースタイルは間違っていないと実感することもできました。そのスタイルで闘い、勝ち抜き、優勝まで勝ち進んでくれた43名の部員たちには、改めて感謝の想いを伝えたいです。

鹿児島・九州からでも、全国の舞台で闘えること。九州勢の意地を見せることができたこと。鹿児島県サッカーの復権に微力ながらも携われたこと。我々が勝つことで、少しでも鹿児島・九州に恩返しができたことは何よりも嬉しいことであり、光栄なことでした。「最後は神村が勝つという、そのようなチームを作りたい」と冬の決勝戦敗退後のインタビューで答えたあの時から5年。悔しい思いをした先輩たちが胸を張れる結果が残せてホッとしています。今後も、鹿児島・九州のサッカーのために少しでも恩返しができるような取り組みをしていきたいです。

最後に、日頃から神村学園女子サッカー部を温かく見守り続けてくださっている関係者の皆様、練習試合や遠征など、いつも嫌な顔もせずに付き合ってくださっている指導者の皆様に厚く御礼申し上げます。

「輝け君の汗と涙 北信越総体 2021」

令和3年度 全国高等学校総合体育大会 女子サッカー競技

女子 総評

田中伸弥

三重高校

　新型コロナウイルス感染症の蔓延により、開催自体も危ぶまれた全国高等学校総合体育大会でしたが、万全な感染症予防対策のもと、女子サッカー競技は福井県坂井市で8月18日に幕を開けました。北信越での開催、直前の豪雨もあり、暑熱対策よりも感染症への不安や、活動制限・自粛に伴うコンディション不良への懸念を抱きながらの大会となりました。

　その中で行われた今大会を守備面、攻撃面からそれぞれ振り返ってみます。

【守備】

　まず最初に感じたことは、天候やピッチコンディション、対戦チームのフォーメーションや戦術に対応できるチームや選手が増えてきたことです。その中で、近年の守備面の戦術的・技術的な向上は顕著です。

　2回戦以降の試合では1点差の拮抗した試合が多く見られました。特にバイタルエリアでは、守備の原理原則に則った堅実な守備を行えるチームが増えてきたように感じます。総体初優勝を成し遂げた神村学園の「チームとしての守備」は完成度が高いものでした。FWから献身的にボールを追いかけ、ミドルサードで枚数をかけ意図的にボールを奪う。徹底したチームとしての守備戦術・守備意識がこのような守備を可能にしているものと思われます。

【攻撃】

　一方、攻撃面では各チームで特徴が確立されてきていると感じました。藤枝順心のようにマイボールを大切に保持しながら攻撃を組み立てるチーム、堅守から速攻を試みるチームなど、今大会は遅攻型よりも速攻型のチームが良い結果を残しました。

　ロングカウンター、ショートカウンターを問わず、ボールを奪った後は時間をかけずにゴールへ向かう。神村学園は、ミドルサードで意図的にボールを奪い、ショートカウンターで得点を重ねました。一方、帝京長岡は自陣に相手を引き込み、ボールを奪ってからはスピードとパワーを持った2トップが攻撃を仕掛けました。ミドルシュートの精度も飛躍的に向上し、決勝戦での神村学園の2得点は、ともに素晴らしいコースに撃ったミドルシュートでした。

　一方で、組織立った守備や強固な守備をこじ開けるためのイマジネーションやコンビネーション、モビリティの改善が攻撃面の課題であるように感じられました。

終わりに

　前年度の高校総体中止から、本当に大変な状況下でも今大会を開催して頂いたことは感無量であり、改めて高校総体の意義を再認識できました。特に、運営にご尽力をいただいた福井県高体連の方々をはじめ、運営に携わっていただいた全ての方々に感謝の気持ちを申し上げ、総評とします。

女子大会優秀選手

GK	3年	小野　未織	藤枝順心
DF	3年	神水流　琴望	神村学園
	3年	堀内　意	藤枝順心
	3年	森　宙舞	作陽
MF	3年	愛川　陽菜	神村学園
	3年	川浪　実歩	神村学園
	3年	窓岩　日菜	藤枝順心
	2年	浅田　幸子	藤枝順心
	1年	久保田　真生	藤枝順心
	3年	川井　心咲	日ノ本学園
FW	2年	黒木　愛理	神村学園
	1年	三冨　りりか	神村学園
	3年	生田　七彩	作陽
	2年	伊藤　真生	作陽
	3年	鈴木　菫	帝京長岡
	2年	末次　結依	帝京長岡
	2年	大光　望結	尚志

以上 17名
（公財）全国高等学校体育連盟サッカー専門部
女子技術委員会選出

2021

走れ
北信越の大地を
とべ
北信越の大空へ

全国高校
総合体育大会 女子
都道府県大会記録

北海道

●決勝トーナメント

文教大附
函館白百合
帯広南商
札幌北斗
北照
旭川実
旭川南
帯広大谷
札幌東商
帯広北
函館商・知内
大谷室蘭

大谷室蘭

青森県

●決勝トーナメント

八戸学院光星
三本木
百石・三本木農
青森南
三沢
八戸工大二

八戸学院光星

〈3位決定戦〉

三本木 2
青森南 3
青森南

岩手県

●決勝トーナメント

専大北上
※合同
不来方
花北青雲
水沢

専大北上

※合同＝宮古商工・宮古・釜石

秋田県

●決勝

明桜 26
大館鳳鳴 0
明桜

山形県

●決勝トーナメント

酒田南
鶴岡中央
酒田光陵
鶴岡北
山形明正
鶴岡東
山形西
羽黒
山形城北
米沢中央

鶴岡東

〈3位決定戦〉

山形明正 0
米沢中央 1
米沢中央

宮城県

●決勝トーナメント

仙台大明成
宮城第一
聖ウルスラ
仙台育英
常盤木学園
東北生文大
※合同
聖和学園

常盤木学園

※合同＝広瀬・古川黎明・東北・大崎中央

〈3位決定戦〉

仙台育英 0
聖和学園 4
聖和学園

●予選リーグ

	聖ウルスラ	東北生文大	宮城第一	※合同	順位
聖ウルスラ		5－0	9－0	4－1	1
東北生文大	0－5		1－0	2－1	2
宮城第一	0－9	0－1		0－4	4
※合同	1－4	1－2	4－0		3

福島県

●決勝トーナメント

尚志
あさか開成
磐城桜が丘
桜の聖母学院
ふたば未来学園

尚志

〈3位決定戦〉

磐城桜が丘 0
ふたば未来学園 7
ふたば未来学園

茨城県

●決勝トーナメント

鹿島学園
水戸第三
土浦第二
霞ヶ浦
日立第二
※合同
常磐大高

鹿島学園

※合同＝大成女子・石岡第二・愛国学園大附龍ヶ崎

〈3位決定戦〉

土浦第二 0
常磐大高 2
常磐大高

〈5位決定戦〉

水戸第三 3
日立第二 1 / 0
※合同 0
水戸第三

群馬県

●決勝トーナメント

前橋育英
高崎女子
太田女子
関東学園大附
市立太田
桐生
渋川女子
健大高崎

前橋育英

●予選リーグ

A	市立太田	高崎女子	伊勢崎清明	高崎商大附	桐生第一	順位
市立太田		2－0	8－2	3－0	5－0	1
高崎女子	0－2		3－0	1－0	5－0	2
伊勢崎清明	2－8	0－3		2－1	5－1	3
高崎商大附	0－3	0－1	1－2		1－0	4
桐生第一	0－5	0－5	1－5	0－1		5

B	関東学園大附	渋川女子	前橋女子	館林女子	大間々	順位
関東学園大附		5－1	18－0	9－0	11－0	1
渋川女子	1－5		2－0	0－0	1－0	2
前橋女子	0－18	0－2		2－1	4－0	3
館林女子	0－9	0－0	1－2		3－0	4
大間々	0－11	0－1	0－4	0－3		5

C	太田女子	桐生	共愛学園	新島学園	沼田女子	順位
太田女子		4－0	7－0	4－0	26－0	1
桐生	0－4		2－1	3－2	11－0	2
共愛学園	0－7	1－2		3－1	12－0	3
新島学園	0－4	2－3	1－3		12－0	4
沼田女子	0－26	0－11	0－12	0－12		5

栃木県

●決勝トーナメント

宇都宮文星女子
栃木翔南
宇都宮女子
宇都宮中央女子
白鷗大足利
大田原女子
作新学院
宇都宮短大附

宇都宮短大附

●予選リーグ

A	宇都宮文星女子	宇都宮女子	順位
宇都宮文星女子		7－0	1
宇都宮女子	0－7		2

B	宇都宮短大附	大田原女子	益子芳星	順位
宇都宮短大附		5－2	23－0	1
大田原女子	2－5		9－0	2
益子芳星	0－23	0－9		3

C	白鷗大足利	作新学院	栃木女子	順位
白鷗大足利		9－0	3－0	1
作新学院	0－9		1－0	2
栃木女子	0－3	0－1		3

D	宇都宮中央女子	栃木翔南	城南・佐野東	順位
宇都宮中央女子		3－1	3－0	1
栃木翔南	1－3		4－0	2
城南・佐野東	0－3	0－4		3

千葉県

●決勝トーナメント

暁星国際
成田北
流山おおたかの森
匝瑳
柏の葉
千葉西
船橋法典
千葉明徳
※合同A
千葉経済大附
市川
幕張総合
八千代松陰
若松・薬園台
※合同B
県立千葉
船橋芝山
市立船橋
市立松戸
※合同C
※合同D
日体大柏
流経大柏

暁星国際

※合同A＝市原八幡・千葉南
※合同B＝市立柏・市川東
※合同C＝中央学院・成田国際
※合同D＝船橋芝山・浦安・行徳

〈3位決定戦〉

幕張総合 1
八千代松陰 0
幕張総合

埼玉県

●決勝トーナメント

本庄第一
大宮南
大宮武蔵野
寄居城北
熊谷女子
叡明
埼玉栄
埼玉平成
花咲徳栄
松山女子
※合同A
大宮開成
秋草学園
※合同B
宮代
久喜
市立川口
浦和実
山村学園
淑徳与野
昌平
本庄
浦和一女
和光国際
所沢
自由の森
浦和西
入間向陽
正智深谷
東野
越ヶ谷
庄和
川越南
狭山ヶ丘
市立浦和
南稜

南稜

※合同A＝杉田農・蓮田松韻
※合同B＝日高・鳩山・新座

〈3位決定戦〉

松山女子 0
浦和西 3
浦和西

東京都

●決勝トーナメント

修徳
飛鳥
王子総合
青梅総合
大泉
東久留米総合
大妻多摩
成城学園
芦花
世田谷総合
日大三
東大和
八王子実践
江戸川女子
東京成徳
清瀬
佼成学園
上水
日大櫻丘
晴海総合
杉並総合
ICU
帝京
第五商
戸山
駒沢学園女子
東京実
野津田
国分寺
狛江
広尾小石川
成立学園
吉祥女子
千早
日体大桜華
若葉総合
文京学院
十文字

十文字

神奈川県

●決勝トーナメント

星槎国際湘南
弥栄
大和
多摩
藤沢清流
白鵬女子
湘南学院
横浜翠陵

星槎国際湘南

〈3位決定戦〉

大和 2
白鵬女子 0
大和

●予選リーグ

A	横浜翠陵	慶應湘南藤沢	厚木東	神奈川総合	順位
横浜翠陵		4－0	5－0	12－0	1
慶應湘南藤沢	0－4		0－1	9－0	2
厚木東	0－5	1－0		0－3	3
神奈川総合	0－12	0－9	3－0		4

B	相模原弥栄	伊勢原	海老名	二宮	順位
相模原弥栄		1－0	9－0	4－0	1
伊勢原	0－1		3－1	3－0	2
海老名	0－9	1－3		1－0	3
二宮	0－4	0－3	0－1		4

C	多摩	桐蔭学園	湘南台	相模女子大	順位
多摩		2－1	1－2	3－0	1
桐蔭学園	1－2		2－0	3－2	2
湘南台	2－1	0－2		0－1	3
相模女子大	0－3	2－3	1－0		4

D	白鵬女子	相洋	法政国際	順位
白鵬女子		4－1	19－0	1
相洋	1－4		8－0	2
法政国際	0－19	0－8		3

山梨県

●決勝トーナメント

帝京第三
富士北稜
甲府商
日本航空

日本航空

〈3位決定戦〉

富士北稜 1
甲府商 7
甲府商

新潟県

●決勝トーナメント

帝京長岡
国際情報
※合同
北越
開志学園JSC
— 帝京長岡

※合同＝高田・高田商・長岡

〈3位決定戦〉

※合同
北越
— 北越

長野県

●決勝トーナメント

佐久長聖
※合同A
諏訪二葉
上田西（不戦勝）
東海大諏訪
塩尻志学館
※合同B
松商学園
— 佐久長聖

※合同A＝明科・大町岳陽・松本国際
※合同B＝辰野・長野日大・日本ウェルネス長野

富山県

●決勝トーナメント

高岡商
呉羽
富山国際大付
富山第一
— 高岡商

〈3位決定戦〉

呉羽
富山第一
— 富山第一

石川県

●決勝トーナメント

星稜
七尾
野々市明倫
金沢市立工
大聖寺
金沢伏見
— 星稜

福井県

福井工大福井

静岡県

●決勝トーナメント

磐田東
磐田北
桐陽
東海大静岡翔洋
常葉大橘
聖隷クリストファー
清流館
藤枝順心
— 藤枝順心

●予選リーグ

上位	藤枝順心	常葉大橘	磐田東	東海大静岡翔洋	順位
藤枝順心		1－0	0－0	0－0	2
常葉大橘	0－1		1－1	4－0	3
磐田東	0－0	1－1		3－1	1
東海大静岡翔洋	0－0	0－4	1－3		4

下位A	清流館	静岡大成	聖隷クリストファー	吉原	沼津西	順位
清流館		0－0	2－3	4－0	5－0	2
静岡大成	0－0		1－2	1－1	8－0	4
聖隷クリストファー	3－2	2－1		0－1	12－0	1
吉原	0－4	1－1	1－0		9－2	3
沼津西	0－5	0－8	0－12	2－9		5

下位B	桐陽	磐田北	浜松聖星	※合同	藤枝西	順位
桐陽		1－1	22－0	8－0	7－1	1
磐田北	1－1		8－0	4－0	7－0	2
浜松聖星	0－22	0－8		1－5	1－4	5
※合同	0－8	0－4	5－1		2－1	3
藤枝西	1－7	0－7	4－1	1－2		4

※合同＝清水南・清水国際・榛原

愛知県

●決勝トーナメント

豊川
日福大付
岩倉総合
小坂井
聖カピタニオ女子
愛知啓成
金城学院
高蔵寺
刈谷北
時習館
至学館
同朋
旭丘
松蔭
※合同
一宮商
南山
岡崎商
椙山女学園
清林館
安城学園
— 豊川

※合同＝春日井商・名経大市邨・菊里

〈シード順位決定戦〉

愛知啓成
安城学園
— 安城学園

岐阜県

帝京大可児

三重県

●決勝トーナメント

神村学園伊賀分校
三重
津田学園
高田
— 高田

〈3位決定戦〉

三重
津田学園
— 三重

●予選リーグ

A	神村学園伊賀分校	津田学園	桑名・稲生	四日市西	順位
神村学園伊賀分校		0－0	7－0	7－0	1
津田学園	0－0		2－1	6－0	2
桑名・稲生	0－7	1－2		1－1	3
四日市西	0－7	0－6	1－1		4

B	高田	三重	四日市南	津西	順位
高田		2－0	5－0	20－0	1
三重	0－2		7－0	19－0	2
四日市南	0－5	0－7		0－0	3
津西	0－20	0－19	0－0		4

滋賀県

●決勝リーグ

	八幡商	近江兄弟社	※合同	順位
八幡商		7－0	5－0	1
近江兄弟社	0－7		0－2	3
※合同	0－5	2－0		2

※合同＝国際情報・水口東・虎姫

京都府

●決勝トーナメント

京都精華学園
京都聖母学院
※合同
京都橘
京都西山
向陽
— 京都精華学園

※合同＝聖カタリナ・京都文教

奈良県

●決勝トーナメント

高取国際
奈良育英
登美ケ丘・国際
— 高取国際

和歌山県

●決勝トーナメント

和歌山北
神島
新宮
— 和歌山北

大阪府

●決勝トーナメント

追手門学院
大阪偕星学園
山本
千里青雲
リベルテ
大阪桐蔭
OBF
教大平野
高槻北
大阪教育C附
大阪女学院
大商学園
帝塚山学院
※合同
星翔
汎愛
桜宮
茨木西
鶴見商
山田
柴島
梅花
大阪学芸
— 大阪学芸

※合同＝大阪国際滝井・東住吉総合・布施北・東大阪大敬愛・東住吉・住吉・茨田

兵庫県

●決勝トーナメント

日ノ本学園
神戸学院
宝塚東・蒼開
明石南
北摂三田
啓明
社
三田祥雲館
六甲アイランド
北須磨
神戸弘陵
有馬
県西宮
三田西陵
神戸
夢野台
姫路女学院
— 日ノ本学園

〈3位決定戦〉

六甲アイランド
神戸弘陵
— 神戸弘陵

岡山県

●優勝決定戦

作陽
岡山学芸館
— 作陽

〈3位決定戦〉

岡山芳泉
林野
— 岡山芳泉

●リーグ戦

高梁日新
岡山芳泉
岡山学芸館
林野
総社
1-3
0(0PK3)0
0-10
2-1
2-1

広島県

●決勝トーナメント

AICJ
広陵
広島皆実
山陽女学園
高陽東
沼田
山陽
祇園北
福山明王台
盈進
廿日市
広島文教大附
— AICJ

〈3位決定戦〉

山陽女学園
山陽
— 山陽

鳥取県

●決勝トーナメント

鳥取城北
鳥取西
鳥取東
米子
鳥取敬愛
— 鳥取城北

〈3位決定戦〉

鳥取東
米子
— 鳥取東

島根県

●決勝

松江商
明誠
— 松江商

山口県

●決勝トーナメント

高川学園
サビエル
長門
防府西
熊毛南
— 高川学園

香川県

●決勝

四学大香川西
津田
— 四学大香川西

徳島県

●決勝トーナメント

鳴門渦潮
城東
鳴門
徳島市立
城北
徳島北
徳島商
— 鳴門渦潮

愛媛県

●決勝トーナメント

宇和島南
南宇和
松山東雲
新居浜商
小松
済美
— 済美

高知県

●決勝トーナメント

高知
高知東
高知商
— 高知

福岡県

●決勝トーナメント

東海大福岡
福岡工大城東
西日本短大附
北九州
福岡女子
飯塚・福岡舞鶴
福岡海星女子学院
福岡女学院
福岡農
九産大九州
福翔
福岡女子商
筑陽学園
— 東海大福岡

〈3位決定戦〉

福岡海星女子学院
筑陽学園
— 筑陽学園

佐賀県

●決勝トーナメント

神埼
佐賀学園
武雄
佐賀女子
— 神埼

長崎県

●決勝トーナメント

鎮西学院
海星
島原商
— 鎮西学院

大分県

●決勝

柳ヶ浦
竹田南
— 柳ヶ浦

熊本県

●決勝トーナメント

秀岳館
大津
ルーテル
慶誠
球磨中央
熊本農
東海大熊本星翔
— 秀岳館

宮崎県

●決勝トーナメント

都城聖ドミニコ学園
都城商
都城農
妻
聖心ウルスラ学園
宮崎日大
— 都城聖ドミニコ学園

鹿児島県

●決勝トーナメント

神村学園
鹿屋女子
※合同
鹿児島女子
鳳凰
— 神村学園

※合同＝鹿児島城西・明桜館

〈3位決定戦〉

鹿屋女子
鹿児島女子
— 鹿児島女子

沖縄県

●決勝トーナメント

美里
名護
小禄
宮古
那覇西
那覇商
読谷
前原
首里
豊見城南・興南
浦添
糸満
豊見城
向陽
那覇
西原（不戦勝）
八重山・嘉手納
北中城
球陽
那覇国際
浦添商
首里東
普天間
コザ
— 美里

令和3年度

第30回 全日本高等学校女子サッカー選手権大会

主催／（公財）日本サッカー協会、（公財）全国高等学校体育連盟、神戸市

決勝 女子選手権

神村学園 3-0 日ノ本学園

神村学園、16大会ぶり

7大会ぶり決勝進出の日ノ本学園、4度目のVならず

▲コロナ禍での決勝戦。徹底した感染対策のもと、試合前には吹奏楽の生演奏が

▶前半途中から出場の神村学園の稲田が後半、豪快に先制ゴール。「ボールを奪った瞬間、ゴールしか見ていなかった」

▼神村学園は後半アディショナルタイム、右からのクロスを三冨がダイレクトボレーで合わせ3点目。三冨は得点王タイに

3度目の“奪取”

後半終盤、大黒柱の愛川が優勝を引き寄せる追加点を決め歓喜する神村イレブン

決勝 女子選手権

後半40分、神村学園はWEリーグ神戸内定のキャプテン愛川がスルーパスに反応し確実に決め2点目

激しいプレスの応酬——こじ開けたのは神村

▲日ノ本学園の村上監督は「神村学園の中盤のプレスが強かった。パスの精度、1対1の勝負のしかけなど思い通りにプレーできなかった」。策を打つも1点が遠かった

▼日ノ本学園もチャンスは作った。しかしゴールネットを揺らせず

▶両チームともハードワークからのプレスが持ち味。前半から集中力の高い中盤のつばぜり合いが続いた

▶神村学園の寺師監督は「最高の相手に我々の良さを引き出してもらった」。前半にCBが負傷交代するアクシデントもありながらアグレッシブさを貫いた

▲日ノ本学園は、4度目の決勝で敗れたのは初めて。それでも立派な戦いぶりに胸を張る

◀日ノ本学園キャプテン、WEリーグ神戸内定の箕輪は後半トップ下に入ることでチャンスを演出。「それでも相手DFが粘り強かった」

夏、冬、全試合一度も先制を許すことなく2冠達成

持ち味のハードワークに技術が加味された
神村学園は、常に先制するパターンで2冠

戦評

序盤からお互いの良さを出し合う好ゲームとなった。両チームともにトランジションが早く、隙を作らない。日ノ本学園はMF箕輪、篠田の両サイドからチャンスを作り出し、FW野本が常に背後を狙う。MF川井のボールへの関わりが多く、リズムを作り出す。一方の神村学園は、MF田上の緩急をつけたパス、アンカーMF川浪の展開力から、右サイドMF黒岩のスピード溢れる突破力を活かしてゴールに迫る。日ノ本学園アンカーMF中垣のポジションどりが良く、神村学園の攻撃を跳ね返し、きちんと味方に配球する。共に球際、ボディコンタクトが強く、簡単にはボールを失わない。またコンパクトな守備が徹底されており、ラインの形成、スライドの早さ等、チームとして役割がきちんと習得されている。日ノ本学園GK川幡の守備範囲が広く、ハイボールにも強い。また視野も非常に広く、GKから攻撃の拠点としてパスの配球もできている。後半、日ノ本学園は2名の攻撃的な選手を投入し勝負をかける。箕輪が中に入ることにより攻撃の厚みが出る。しかし神村学園は冷静に対応し、セカンドボールを支配しゲームを有利に進める。スプリント力が高く、常に数的優位を作り出す運動量が後半に入っても全く落ちない神村学園は20分、負傷交代で投入されたMF稲田のスーパーゴールで先制する。その後、日ノ本学園も箕輪から篠田がチャンスを作り出すもゴールが奪えず。神村学園が川浪のインターセプトからMF愛川が抜け出し2点目、終了間際にもMF三冨の鮮やかなボレーシュートが決まり、神村学園が2冠を達成した。

中野進治（成立学園高校）

第30回全日本高校女子サッカー選手権大会優秀選手20名

GK	3年	川幡　凪	日ノ本学園
	3年	西川佳那	常盤木学園
DF	3年	神水流 琴望	神村学園
	3年	前田花依	日ノ本学園
	3年	俣野佑果	日ノ本学園
	2年	保原ひな	常盤木学園
	3年	岸波優妃	AICJ
MF	3年	愛川陽菜	神村学園
	3年	田上歩実	神村学園
	3年	川浪実歩	神村学園
	1年	三冨りりか	神村学園
	3年	中垣虹衣碧	日ノ本学園
	3年	箕輪千慧	日ノ本学園
	2年	山田歩美	藤枝順心
	3年	朝倉加奈子	大阪学芸
FW	2年	黒木愛理	神村学園
	3年	中村円香	常盤木学園
	3年	窓岩日菜	藤枝順心
	3年	吉川はなの	修徳
	3年	太田凪砂	追手門学院

選考／公益財団法人全国高等学校体育連盟
女子サッカー専門部技術委員会

準決勝 女子選手権

名門・日ノ本学園
藤枝順心の3連覇阻む

▲藤枝順心が前半31分に決定機を迎えるも、日ノ本学園CB前田が身体を張って死守。その後も混戦を守り抜き失点を免れた

準決勝 女子選手権 日ノ本学園 1-0 藤枝順心

▲後半6分、日ノ本学園の篠田がボールを奪取するとドリブルで独走。冷静にシュートを決め値千金の先制点を挙げる

▼藤枝順心の猛攻に耐えてタイムアップ。選手権2連覇中の絶対王者を下し、歓びが弾ける

戦評

ゲーム序盤から藤枝順心は個々のテクニックを発揮してプレーする。攻撃は前線の3枚が流動的に動きながら効果的なスペースを作り出してゴールへと迫る。また、MF久保田が前線に張りながらFW正野、齋藤の前を向いた時のドリブルの仕掛けからチャンスを作り出していく。守備は前線から規制して相手の状況を悪くしながら2列目、3列目での強固さを見せる。対する日ノ本学園の攻撃はFW内田がターゲットとなり起点を作りながらゴールへと迫る。MF林、川井がタイミングよく関わりながら両サイドのMF箕輪、篠田が仕掛けてサイドからチャンスメイクをする。また、ビルドアップ時も相手を見ながら受け手が間にうまく顔を出して、ボールを丁寧に運んでいるのも印象的であった。守備は前線から積極的にボールを奪う姿勢が見られた。特に守備面で両チームともに切り替えが早く、相手の時間とスペースを消してハードワークし続けていた。試合は後半6分に日ノ本学園の篠田が前線で予測を持ち、インターセプトしたプレーから独走して落ち着いてゴールを決める。これが決勝点となり日ノ本学園が決勝戦へと駒を進めた。

井尻真文（星翔高校）

後半25分、ドリブルで抜け出した神村学園の黒木が左足でこの試合2点目を決め、試合を決定づけた

夏の女王、
大会無失点の常盤木学園から3ゴール

準決勝
女子選手権

神村学園　3
常盤木学園 0

戦評

神村学園は、MF愛川を中心にFW黒木がターゲットとなり、効果的なパスを多く繰り出し展開力のあるMF田上、スピード溢れるMF黒岩がチャンスメイクをする。常盤木学園は、2トップのFW高塚の運動量とテクニックを活かしたドリブル、突破力のあるFW中村がDFの背後を狙いゴールに迫る。MF菊地が守備のバランスを取り、神村学園の攻撃の芽を摘んでいく。サイドからチャンスを作り出していた神村学園は前半35分、サイドを突破した愛川からのクロスを黒木が流し込み先制する。その4分後、FKから追加点を奪い2-0で前半を終える。後半、常盤木学園は両SBを交代させ、スプリント力のあるDF保原を上げ、流動的なポジショニングから攻撃を仕掛ける。守備の意識、出だしの良さ、切り替えの早さが目立つ神村学園は、慌てずに対応し、中盤で激しいプレスをかけて意図的にボールを奪うとショートカウンターを仕掛け、黒木が個人技でゴールを奪う。常盤木学園もテクニックを駆使してチャンスを作り出すが、孤立してしまいゴールに繋がらない。その後も神村学園は、高い守備意識と素早い攻守の切り替えを貫徹し、決勝進出を決めた。

中野進治（成立学園高校）

▲神村学園のプレスに苦しみながらもシュート2本を記録した常盤木学園のエースストライカー中村
▼複数得点＆完封勝利となった神村学園は、試合を経るごとに自分たちのサッカーを取り戻していた

1回戦
女子選手権

藤枝順心 1
筑陽学園 0

▲後半、攻撃のギアを上げた藤枝順心はシュート7本を放ち、被シュートは0。山田が10分に決勝点を挙げた
◀筑陽学園の柴田はCKから正確なキックを上げチャンスを演出した

▶藤枝順心の9番を背負う齋藤はエース窓岩と並びチーム最多3本のシュートを放って攻撃を牽引

9試合が1点差内
初出場校・追手門学院は初勝利
前回大会ベスト4の帝京長岡 姿消す

▲後半12分、常葉大橘は稲葉のヘディングゴールで勝ち越すが、3年連続PK方式での初戦負けに
▶後半35分、暁星国際は細矢が左サイドから持ち込んで豪快な左足シュート。これが同点弾に

▶PK方式で全員が成功させた暁星国際。前回大会初出場でベスト8に続き2年連続初戦突破

暁星国際 2 [5 PK 4]
常葉大橘 2

先 常葉大橘	PK	暁星国際
大箸 ○	1	○ 田倉
秦 ○	2	○ 荒井
榊原 ×	3	○ 北見
小泉 ○	4	○ 久野
稲葉 ○	5	○ 細矢
吉田	GK	北見

◀初出場で初勝利。激戦の関西地区を2位で勝ち上がった実力を示した追手門学院

追手門学院 3
大谷室蘭 2

▼点の取り合いとなった試合。競り合う追手門学院の中内と大谷室蘭の佐武はともに得点を記録

▲聖カピタニオはオーライリー（右から4人目）がスピードを武器に2ゴールを挙げ勝利

▲鳴門渦潮は大きい数字の背番号をつける選手が多いのが特徴的。中盤で激しく競り合う

聖カピタニオ 2
鳴門渦潮 0

大阪学芸 1
日本航空 0

▶関東第1代表の日本航空は、前半シュートを0に抑え込まれ終了間際にはPKを献上。リズムを作れなかった

▼3回目の出場となる大阪学芸。過去2回はベスト8とベスト4。今大会も初戦を突破し選手権での強さを見せつける

1回戦 女子選手権

作陽 3-0 専大北上

▼作陽の生田は試合開始1分で先制ゴールを記録し、チームに安心と勢いをもたらした

▶後半10分に3点目を決めた作陽の望月は、滑り込みながらシュートを決め、倒れながらガッツポーズ

鹿島学園 2 姫路女学院 1

▶前半25分、鹿島学園は玉井が右サイドで粘った武内からのクロスに頭で合わせ同点ゴール

▲前半18分に先制点を決めた地元・姫路女学院の立野は観客席へ一直線

日ノ本学園 1-0 前橋育英

両チームのGKが好セーブを見せた試合。後半11分、ノーマークでボールを受けた日ノ本学園の篠田が狙いすましてゴールを決める

修徳 3
福井工大福井 1

▲FWとして、キャプテンとして攻撃を引っ張る修徳の吉川（は）。後半19分には角度のないところからファインシュートを決めた
▶修徳がこの試合で得たCKは10本。1点目、2点目ともにCKから奪い、セットプレーから主導権を得た

星槎国際湘南 2-1 開志学園JSC

◀星槎国際湘南は前半10分、宮本が押し込み4大会連続初戦突破へ幸先よく先制する
▼前半21分、開志学園JSCは走り込んだ山本が豪快に右足を振り抜き追いつく

四学大香川西 1-0 文教大附

▼四学大香川西はFWでキャプテンの西山（背番号9）の活躍もあり3大会ぶりの初戦突破

▲後半35分、四学大香川西の人見が右足で放ったシュートは、絶妙なコースを辿りファー側のサイドネットへ

1回戦 女子選手権

神村学園 1-0 聖和学園

テクニカルな聖和学園とハードワークの神村学園の対決は、シュート数で10対11とほぼ互角

常盤木学園 2 広島文教大附 0

▼広島文教大附の村上はアグレッシブな動きで両チーム最多のシュート4本を記録

▲スコアが動いたのは後半。スタメンでチャンスメイクを続けた常盤木学園の伊藤（璃）は34分に2点目を決める

◀常盤木学園はピンチのシーンもあったものの、ゴールを割らせることはなかった

▲開始2分に失点したものの、前半のうちに4点を奪い京都精華学園はベンチも含め歓喜の輪
◀柳ヶ浦は後半20分、右からのクロスに松木が右足で合わせ反撃の1点を返す

京都精華学園 4
柳ヶ浦 2

東海大福岡 7
帝京長岡 1

▼帝京長岡のキャプテン安島は前半25分に自らゴールを奪い、一度は試合を振り出しに戻したが…

▼この試合で東海大福岡の上永（背番号11）は2得点、松崎（背番号9）はハットトリックの大活躍

▼1点目は自ら決め、2点目のPKをもらうドリブルも見せた桑原。AICJの攻撃の中心を担う

▶後半21分、ＡＩＣＪの櫻田がクロスに頭で合わせたシュートはＧＫの頭上を越えゴールに。3点目が生まれる

AICJ 3-1 帝京第三

2回戦
女子選手権

ジュート22本を放った藤枝順心。後半25分、三宅の豪快なヘディングシュートで先制

追手門学院、AICJが初のベスト8へ
前回大会準優勝の作陽が敗れる

藤枝順心 2
暁星国際 0

追手門学院 0 [5 PK 4] 0 聖カピタニオ

先 聖カピタニオ	PK	追手門学院
都筑 ○	1	○ 徳弘
山田 ○	2	○ 庄司
浦前（彩） ○	3	○ 太田
オーライリー ○	4	○ 島野
岡田 ×	5	○ 森
花田	GK	西尾

▲1回戦で大活躍した聖カピタニオのオーライリーは自由にさせてもらえず。チームもシュート1本に抑え込まれた
▶PK方式で最後のキックを成功させた森の元に集まる追手門学院の選手たち

▶大阪学芸の山田は後半17分に貴重な追加点をマーク

▲粘り強さが身上の作陽も果敢に攻め上がるが、大阪学芸の守備を崩せず

大阪学芸 2
作陽 0

前半5分、大阪学芸の小川が左サイドから持ち込み、滑り込みながらGKのニアを抜くシュートを決め先制

▼後半、篠田の2ゴールにより勝利した日ノ本学園。鹿島学園のシュートを1本に抑えた

日ノ本学園 2-0 鹿島学園

▲初戦ゴールの玉井もこの試合では不発。しかし鹿島学園は出場3回目にして選手権初勝利を記録した

2回戦 女子選手権

▶修徳GK長峰はPK方式で3、4人目のキックを連続で阻止する大活躍。勝利の瞬間、イレブンが駆け寄る
▼自陣ゴール前では身体を張って粘りの守備を見せた修徳。その集中力は最後まで切れなかった

修徳 0［3 PK 1］星槎国際湘南 0

先 星槎国際湘南	PK	修徳
鈴木（真） ×	1	○ 吉川（は）
長山 ○	2	○ 小林
加藤 ×	3	○ 守屋
吉田 ×	4	
出濱	GK	長峰

◀厳しい守備網をかいくぐりチャンスを作っていた星槎国際湘南。修徳GK長峰の好セーブもあり均衡を破れず

▲3点リードされても諦めない四学大香川西は後半残り10分から2点を奪い返した

▲前半17分、神村学園は右CKから井手口がヘディングシュートを決め早くも2点をリードする

神村学園 3-2 四学大香川西

▲後半29分、左からのクロスを頭でねじこんだ常盤木学園の佐藤。後半5分のヘディングでのゴールに続き2点目
◀攻撃の形は作れても点が奪えない。無失点で勝ち上がってきた常盤木学園の守備を京都精華学園も崩せず

常盤木学園　3
京都精華学園　0

▲京都精華学園も随所で身体を張った守備で対抗。気持ちの強さを見せた

AICJ　3
東海大福岡　0

▶前半33分、AICJの疋田が右CKのボールを右足で合わせる。一度はブロックされるがこぼれ球をすぐさま押し込み先制
▼先制点から5分後、AICJは森田が角度のないところから右足を振り抜きゴール

準々決勝
女子選手権

追手門学院、初出場の勢い及ばず
藤枝順心4ゴール

▶前半12分、クリアボールを拾った藤枝順心1年生MF久保田が右足を振り抜き2点目

藤枝順心 4-1 追手門学院

◀前半25分、左サイドから齋藤がドリブルで持ち上がりタッチライン際で切り返してシュートを決め、藤枝順心が3点目
▶追手門学院も前半39分、右CKから1点を返す。藤枝順心はこれが今大会初失点

▶追手門学院のFW太田はチームを盛り立てるシュート4本を放った

戦評

開始3分に試合が動く。左SB中井が流れるようなパスワークでサイドを攻略してクロスを入れると、そのこぼれ球を自ら押し込んで藤枝順心が先制。その後も藤枝順心は、相手を見ながらのポジションどりが非常にうまく、運動量が豊富でモビリティの高い攻撃を続ける。高いボールコントロール技術と多彩なアイディアを兼ね備えた攻撃に、追手門学院は必然的に受けに回る時間が長くなる。守備ではブロックを組むことで狙いを持った対応をしたいが、藤枝順心のポジションどりのうまさに奪いどころが決められずに対応が遅れてしまう。CKのこぼれ球を押し込んで得点を奪ったことでペースを取り戻したいが、後半に入っても構図は変わらず。終始試合巧者であった藤枝順心がボールを動かしながら、主導権を握り続けた。

水津雅夫（佐野工科高校）

▶前半14分、GKがファンブルしたボールを日ノ本学園の野本が気迫で押し込み同点に追いつく

先 日ノ本学園		PK		大阪学芸
保野	○	1	○	小川
箕輪	○	2	×	佐藤
前田	○	3	×	雪山
中垣	×	4	○	米田
内田	×	5	○	朝倉
川井	○	6	○	山田
菅森	○	7	○	北川
田中	○	8	○	川上
林	○	9	○	西山
新谷	×	10	×	三好
川幡	○	11	○	酒井
保野	○	12	○	小川
箕輪	○	13	×	佐藤
川幡		GK		酒井

日ノ本学園 1
大阪学芸 1

[10 PK 9]

▶前半9分、大阪学芸の米田が左サイドから蹴ったFKは、ゴール前でバウンドしてGKの頭上を越えそのままゴールへ

◀流れが二転三転したPK方式は2巡目に入って決着

戦評

大阪学芸は、前線のFW中村をターゲットに1.5列目からFW小川が関わりながら中央を突き、相手を集結させて両サイドのMF佐藤、山田からチャンスメイクをする。また、ダブルボランチの朝倉、北川が相手を見て変化を感じながらゲームコントロールをする。守備はミドルサードからブロックを作り、前線の選手が規制して2列目、3列目がしっかりと連動する。日ノ本学園の攻撃はボールを動かし、相手を変化させながらFW野本のタイミングの良いファーストアクションを起点に連動・連続して展開する。サイド攻撃ではMF箕輪、篠田の仕掛けからSBが関わる。両チーム共にコレクティブに三角形を形成してボールを動かしながらタイミングの良いアクション、関わりからゴールを目指す。試合は1-1の同点のままPK方式になり、日ノ本学園が勝利して準決勝へと駒を進めた。

井尻真文（星翔高校）

関西決戦は PK方式13人目で 決着

▶大阪学芸最後のキッカーになった佐藤は、キックを止められた後しばらく起き上がれず

準々決勝 女子選手権

走る神村、修徳を押し切る

▲前半7分、自ら獲得したPKを決める神村学園キャプテン愛川

戦評

神村学園は試合開始から豊富な運動量でプレスを仕掛ける。すると、前半7分にドリブルの仕掛けからペナルティエリア内で倒されPKを獲得。これを決めて早くも試合が動く。対する修徳は、前線のターゲットFW吉川（は）、那須野にボールを集めたいが、攻守の切り替えの早い神村学園の寄せの速さに焦ってしまう。積極的な守備で完全にペースを摑んだ神村学園は、ボールを奪うとMF川浪が起点となり、少ないタッチで長短織り交ぜながら丁寧にボールを動かす。両サイドMFのモビリティの高い動き、運動量は素晴らしく、修徳DFラインを掻き乱す。点の欲しい修徳は、神村学園の一瞬の隙を逃さず、得意の那須野への楔から吉川（は）のスピードに乗ったドリブルというコンビネーションで1点を返す。しかし、神村学園は慌てることなく狙いをもった流動的な攻撃で修徳を苦しめ続けた。

水津雅夫（佐野工科高校）

▶修徳のトップでボールを待ち続けた那須野は後半10分に速攻からゴールを奪った
◀テクニックに加え、強気な走力で押し込んだ神村学園。常に追加点を狙い続けた

神村学園 3-1 修徳

前半23分、神村学園の愛川が反転からミドルシュートを決めこの試合2点目。試合を支配した

▲前半6分、常盤木学園の中村が冷静な左足シュートで先制。早々に主導権を握る

常盤木学園 1-0 AICJ

東北の名門、3大会ぶりベスト4へ

▶ＡＩＣＪは桑原を中心に攻撃を仕掛けるが、常盤木学園ＧＫ西川の牙城を崩し切ることができず

▲常盤木学園は最後まで食らいつく守備で3戦連続無失点

戦評

常盤木学園の攻撃は丁寧に相手を見て判断しながらボールを動かし、アタッキングサードへと侵入して行く。MF葛西と菊地がボールをさばきながらゲームをコントロールする。2トップの関係性から起点を作り、前向きで関わりながら効果的なスペースを使ってゴールへと迫る。守備は前線の規制から前向きでボールを奪いたい意図が見られた。AICJは前線のFW桑原を起点にFW森田、梅津のサイドの仕掛けからチャンスメイクをする。守備は前線の規制から2列目、3列目でブロックを作り、入るボールに対してプレスバックしながらコンパクトに守る。試合は前半6分に一瞬の隙を突いた常盤木学園のFW中村が、タイミング良い動き出しで先制点を奪い、1-0で勝利して準決勝へと駒を進めた。両チーム共に堅守で、しっかりした判断の伴った見応えのあるテクニカルなゲームであった。

井尻真文（星翔高校）

第30回全日本高等学校女子サッカー選手権大会

優勝監督 手記

寺師勇太

神村学園高等部
女子サッカー部監督

「上手な選手が走るチームは強い」

本心は「上手」と思っていた

総体を制した後、「夏冬連覇」という言葉を周りの方々からよくいただきました。ただ、女子サッカーも進化し様々なスタイルが出てくる中で、相当難しいことは分かっていました。選手権に関しては「初戦負けか優勝か」、という極端な考え方をしていました。そして実際に夏冬連覇を果たせたのは、正直できすぎだと思います。

指導者として「上手な選手が走るチームは強い」と感じています。その点、今年度の神村学園は上手で走れるチームだった、と客観的に見ても思います。これまでの神村学園は走ることには長けていても足元が苦手だったり、守備が苦手だったり、体力と技術の歯車がうまくかみ合わず、チームが思い通りに機能できない時がありました。しかし、今年度のチームはSBの選手が駆け上がって中にも入っていけば、FWもピンチの際はペナルティエリア内に戻ってクリアをする。上手な選手が走って、さらに私が言わずとも自分たちで適切な判断ができる。それが大きく異なっていました。

もっとも、選手たちに「上手」とは絶対に言いませんでした。チームの盛り上げ方として「下手でもやり切るぞ」と叱咤することで選手たちが一生懸命走ってくれたからです。でも、試合を見返すと「やっぱり上手だな」と思っていました。これが本心です。

「初戦負けか優勝か」

「試合から試合へ」。これは私が口癖のように選手へ言っていた言葉です。後先を考えず、そのつど切り換えて試合へ。この言葉が、夏から選手権までの間に当てはまりました。

総体で優勝し、鹿児島へ戻って待っていたのは3日間の隔離措置でした。コロナ禍の中で新学期が迫っていたことに加え県からの要請もあり、全員がPCR検査の結果が出るまでの間、市内のホテルで過ごしました。

隔離期間中、チーム内では「サッカーをしたい」「ボールを蹴りたい」意欲が募っていきました。総体優勝の余韻に浸ることも燃え尽き症候群に陥ることもなく、逆にサッカーへの飢えが増したのは良かった点です。そして隔離期間が明けると、間もなく選手権の県予選が始まり、それが終わると皇后杯の予選、そして選手権の九州大会と試合が立て込んだので、選手たちは総体優勝を実感している間もなかったようでした。そういう意味でも気持ちを切り換え続け、「試合から試合へ」臨めたのはプラスでした。

そして迎えた選手権では「初戦負けか優勝か」という考えでしたので、1月3日の初戦を最大の山場と考え、合わせていきました。

初戦の相手は名門の聖和学園。伝統的にテクニカルなチームですが、各ポジションにマンマークをつけてきて、ドリブルで細かく繋ぐというより、縦に蹴って前線でテクニックを発揮しようとしているように見受けられました。我々は前線からどんどんプレッシャーをかけたかったのですが機能せず、この一戦に集中して準備してきたにもかかわらずいいところが感じられませんでした。後半のゴールにより、唯一勝利という結果を残せたことが良かった点でした。

「ベスト8からが本番だ」に奮起

初戦を突破したことで、優勝へ向けて勢いに乗るかと思いましたが、2回戦も最悪の出来でした。四学大香川西高校は頑張るチーム。なので圧倒しなければなりません。実際、後半序盤までに3点をリードできました。しかし、ここから選手たちが疲れたくないのか、意図の感じられないバックパスをするようになりました。相手が点を取りに来るところで気のないバックパスをしていれば、自然と奪われる場所は危険なゾーンになります。本来は選手交代しながら更に追加点を狙うべきところを反撃に遭い、その不甲斐なさに見切りをつけた私は途中からベンチに座り込んでしまいました。3-2でなんとか逃げ切りましたが、私は後のことはコーチに任せ、試合終了3分後には帰途についてしまいました。

翌日の中日。私は選手たちに活を入

れました。物足りなさを感じたのです。もっとひたむきに、神村学園らしさを出していこうと話しました。唯一、勝ち残っていることだけが救いで「ベスト8からが本番だ」と叱咤しました。その後の練習から見違えるほどスイッチが入った選手たち。その変わり身に、チームの潜在能力の高さを感じました。

翌日の準々決勝は、神村らしさが出た試合となりました。自分たちのハイテンポ、ハイプレスで走る展開に持ち込んだほうが、相手の修徳高校は嫌なのではと分析していました。先制点、追加点とキャプテンの愛川が取ってくれたことで、チームも勢いに乗りました。このチームはすごい、と感じたのは2点を取った後も3点目を取りに行ったことです。2回戦の反省点を次の試合できっちり活かすことができました。

「先制すれば勝てる」自信

準決勝の常盤木学園との対戦は、個人的に純粋に楽しみでした。監督になって8年ですが、総体、選手権を通じ、これまで一度も対戦したことがなかったからです。戦いたかったチームと選手権決勝を懸けて争えることは光栄でした。準々決勝から連戦となったぶん、普段から走り切る体力や、やり切る精神力を追求している我々のほうに有利に働いたかもしれません。加えて、それまでの試合でも選手交代をしながら体力的に余力を残しておけたのと、前の修徳戦の出来のよさもプラスとなり、選手たちはとてもアグレッシブにプレーできました。1点、2点と取っても3点目を狙っていく姿勢で押し込むことができ、とても楽しみにしていた試合を3-0で勝利できたことは嬉しかったです。

そして迎えた決勝戦。「先に1点取ればいける」という考えがありました。総体からここまで、我々は全ての試合を先制して勝利しています。一年を通じて逆転された試合が思い浮かばないほど「先制すれば勝てる」戦い方の基準というものが、チームには根付いていました。

日ノ本学園の印象は「上手くて走れる」。そのようなチームに、やはりやりづらさを覚えていました。前半にCBがアクシデントで交代することになりましたが、急遽入った稲田が後半、スーパーゴールで先制。もともと後半から投入する予定でしたが、予定よりかなり前倒しでの交代出場となりました。ですが逆に前半からピッチの熱量に慣れたのがゴールに繋がったのかもしれません。自分の中で試合への入りをうまく調整してくれました。

結局3-0で優勝。振り返れば、選手権は2回戦以降全て3得点しての勝利となりました。優勝が決まった瞬間の喜びは正直、夏の総体決勝で延長戦の激闘をした後のほうが大きかったかもしれません。冬の選手権決勝は3点リードしていましたし、終わった瞬間は淡々としていたと思います。募ってきた思いはむしろ、「3年生を中心としたこのチームとも最後なんだ」という寂しさでした。最後は私から言わなくても、貪欲に追加点を狙いにいってくれました。

関係者への感謝

大会期間中には、新型コロナウイルス感染拡大により感染者が急増しました。男子の選手権では準決勝に進出したチームが辞退を余儀なくされる中、女子の選手権は全試合が行われ完結できたことに、まず感謝を申し上げます。運営されていた日本サッカー協会、兵庫県サッカー協会、高体連の関係者の方々は非常に神経質になったと思いますが、本当にありがとうございました。

選手権で16大会ぶりの優勝。優勝直後は淡々としていましたが、今振り返るとこの16大会の間負け続けた先輩たちがいるわけで、彼女たちが神村学園女子サッカー部の卒業生だと胸を張って言える結果が残せたことは、とても嬉しく思います。

私は男女差を感じさせないサッカーにとてもこだわっています。この選手権で神村学園のサッカーにおもしろさを感じ、女子でもこんなにできるんだと感じてもらえれば、それが私にとって最高の誉め言葉です。

そして総体の優勝監督手記でも書かせていただきましたが、九州の鹿児島からでも勝てるということ。これまで小学校、中学校で選手を育てていただいた指導者の方々に対して恩返しができたことも嬉しかったことです。結果を出すことは簡単ではありませんが、今後も期待を寄せてもらえるよう、頑張っていきたいと思います。

第30回全日本高等学校女子サッカー選手権大会

藤枝順心 1（0-0 / 1-0）0 筑陽学園

第1回戦　1月3日　三木総合防災公園陸上競技場　主 朝倉みな子　副 奥田哲矢、寺田公保

★ 藤枝順心（東海1／静岡）　筑陽学園（九州3／福岡）

得	S	学		藤枝順心	背	背	筑陽学園		学	S	得
0	0	③	GK	小野 未織	1	25	山下 美優	GK	①	0	0
0	0	③	DF	松崎 花菜	2	3	井上 茉緒	DF	❸	0	0
0	0	③	DF	堀内 意	8	5	占部 遥香	DF	③	0	0
0	0	②	DF	安藤 麻耶	14	15	川上 志佳	DF	②	0	0
0	0	②	DF	中井 佑姫奈	20	18	有吉 優里菜	DF	①	0	0
1	1	②	MF	山田 歩美	15	6	柴田 夏美	MF	②	1	0
0	1	②	MF	浅田 幸子	16	7	渡邉 明音	MF	③	0	0
0	2	①	MF	久保田 真生	26	10	桑野 優莉亜	MF	③	0	0
0	3	③	FW	齋藤 花菜	9	11	綿貫 心華	MF	②	1	0
0	3	❸	FW	窓岩 日菜	10	16	関 智美	MF	①	0	0
0	0	②	FW	正野 瑠菜	17	8	田川 葵	FW	③	0	0

【交代】（藤枝順心）齋藤花菜→三宅怜（49分）、山田歩美→兵庫生芽（62分）、兵庫生芽→加島希夏（74分）／（筑陽学園）田川葵→吉田風花（51分）、綿貫心華→別當映彩（68分）、吉田風花→原田栞（79分）
【得点】（藤枝順心）山田歩美（50分）

暁星国際 2（1-1 / 1-1）2 常葉大橋　5 PK 4

第1回戦　1月3日　三木総合防災公園第2陸上競技場　主 緒方実央　副 田代善弘、稲畑克海

暁星国際（関東4／千葉）　常葉大橋（東海2／静岡）★

得	S	学		暁星国際	背	背	常葉大橋		学	S	得
0	0	❸	GK	北見 汐	1	16	吉田 佳菜	GK	①	0	0
0	0	③	DF	荒井 美寿	3	5	小泉 麻琴	DF	③	0	0
0	0	②	DF	石井 結	4	14	青木 夕奈	DF	②	0	0
0	0	③	DF	久野 藍夏	5	15	井出 心花	DF	②	0	0
1	1	②	DF	長山 綾花	22	23	脇川 あかり	DF	①	0	0
0	1	①	MF	角田 莉夏	14	6	大箸 桜子	MF	②	2	0
0	0	②	MF	秋山 実莉	21	10	稲葉 菜々香	MF	❸	3	2
1	3	③	FW	細矢 貴鼓	7	12	榊原 琴乃	MF	②	1	0
0	0	②	FW	土屋 琳音	9	17	芝田 美雛	MF	②	2	0
0	0	③	FW	田倉 葵	10	18	北 菜々子	MF	②	1	0
0	2	③	FW	桑原 舞音	11	7	秦 菜々実	FW	③	3	0

【交代】（暁星国際）秋山実莉→黒川夢（71分）、石井結→松木美乃（80+2分）
【得点】（暁星国際）長山綾花（32分）、細矢貴鼓（75分）／（常葉大橋）稲葉菜々香（4分、52分）

追手門学院 3（1-0 / 2-2）2 大谷室蘭

第1回戦　1月3日　五色台運動公園メイングラウンド　主 吉永真紀　副 小林清訓、西嶋咲音

★ 追手門学院（関西2／大阪）　大谷室蘭（北海道2）

得	S	学		追手門学院	背	背	大谷室蘭		学	S	得
0	0	③	GK	西尾 今日子	1	1	丸田 彩奈	GK	③	0	0
0	0	③	DF	島野 杏梨	2	3	塩谷 優月	DF	③	0	0
0	0	③	DF	東 優希	3	4	佐武 ほのか	DF	③	1	1
0	1	③	DF	小堀 茉緒	4	5	山﨑 彩乃	DF	❸	0	0
0	0	❸	DF	徳弘 海羽	10	13	丸山 雪月	DF	②	0	0
0	3	②	MF	森 早苗	5	6	安達 沙織	MF	③	0	0
0	4	②	MF	安田 直生	9	7	鈴木 璃莱	MF	②	1	0
0	1	③	MF	石橋 花子	14	8	富田 愛央	MF	③	3	1
0	0	①	MF	藤田 祐穂	15	15	米田 凪咲	MF	②	0	0
1	7	③	FW	中内 花咲	8	10	久野 日芽香	FW	③	1	0
1	6	③	FW	太田 凪砂	11	18	藺井 琳	FW	②	0	0

【交代】（追手門学院）安田直生→庄司佐和子（66分）／（大谷室蘭）丸山雪月→大湯可琳（67分）、藺井琳→佐藤美沙希（70分）、山﨑彩乃→山田菜月（75分）、鈴木璃莱→松田聖音（80分）
【得点】（追手門学院）太田凪砂（15分）、中内花咲（49分）、庄司佐和子（68分）／（大谷室蘭）佐武ほのか（52分）、富田愛央（53分）

聖カピタニオ女子 2（2-0 / 0-0）0 鳴門渦潮

第1回戦　1月3日　五色台運動公園サブグラウンド　主 足立正輝　副 北村朋也、大西悠斗

★ 聖カピタニオ女子（東海3／愛知）　鳴門渦潮（四国1／徳島）

得	S	学		聖カピタニオ女子	背	背	鳴門渦潮		学	S	得
0	0	②	GK	花田 実悠	17	21	宮本 向日葵	GK	②	0	0
0	0	③	DF	中道 遥	4	2	清 悠香	DF	❸	2	0
0	0	❸	DF	山田 まりあ	9	28	金城 来万鶴	DF	②	0	0
0	0	①	DF	浦前 遥楓	21	37	武田 もえ	DF	①	0	0
0	0	①	DF	坂下 利里奈	25	43	後藤 希颯	DF	②	0	0
0	0	②	MF	岡田 萌衣	5	10	眞鍋 万琳	MF	③	0	0
0	0	③	MF	都筑 かんな	10	32	住友 瑛	MF	②	1	0
0	1	②	MF	浦前 彩楓	14	9	大平 桃	FW	③	0	0
0	0	②	MF	下枝 彩音	15	23	古田 彩瑛	FW	①	0	0
0	1	②	MF	荒川 風香	19	29	福島 凜歌	FW	②	0	0
2	3	①	FW	オーライリー 詩奈	20	42	佐久間 綾乃	FW	②	0	0

【交代】（聖カピタニオ女子）中道遥→井川玲菜（54分）、下枝彩音→熊崎せり乃（74分）、荒川風香→青木理咲（80分）、山田まりあ→増村みすず（80+3分）／（鳴門渦潮）佐久間綾乃→石田萌華（31分）、福島凜歌→由良あいこ（HT）、大平桃→井上凜花（77分）
【得点】（聖カピタニオ女子）オーライリー詩奈（21分、37分）

日本航空 0（0-1 / 0-0）1 大阪学芸

第1回戦　1月3日　みきぼうパークひょうご第2球技場　主 長野涼華　副 中村翔太、久世繁輝

日本航空（関東1／山梨）　大阪学芸（関西3／大阪）★

得	S	学		日本航空	背	背	大阪学芸		学	S	得
0	0	②	GK	生野 文悠	1	1	酒井 優羽	GK	③	0	0
0	0	①	DF	城山 にこ	3	2	内田 衣泉	DF	②	1	0
0	0	❸	DF	津田 穂乃香	4	4	川上 七奏	DF	②	1	0
0	1	③	DF	髙梨 智穂	5	5	米田 京	DF	③	0	0
0	0	②	DF	北原 歩奈	6	26	正木 美里	DF	②	0	0
0	0	②	MF	沼中 彩里	7	6	朝倉 加奈子	MF	❸	2	0
0	0	①	MF	五味 小暖	17	7	北川 愛唯	MF	①	0	0
0	0	①	MF	杉本 結月	21	8	佐藤 千優	MF	③	0	0
0	1	②	FW	一瀬 葵夢	9	11	山田 実来	MF	①	1	0
0	1	②	FW	大島 暖菜	10	9	滑川 藍	FW	①	0	0
0	0	①	FW	市村 萌那	19	10	小川 由姫	FW	②	1	1

【交代】（日本航空）城山にこ→高橋柊（52分）、市村萌那→松原萌乃（63分）、一瀬葵夢→鶴岡優月（74分）／（大阪学芸）滑川藍→西山紗生（57分）、佐藤千優→鈴木雛子（64分）、北川愛唯→雪山琴未（67分）、正木美里→三好華乃（74分）、山田実来→難波奏（80+1分）
【得点】（大阪学芸）小川由姫（40+2分）

作陽 3（2-0 / 1-0）0 専大北上

第1回戦　1月3日　五色台運動公園サブグラウンド　主 大本剛志　副 佐藤翔太、久保雅範

作陽（中国2／岡山）　専大北上（東北3／岩手）★

得	S	学		作陽	背	背	専大北上		学	S	得
0	0	③	GK	草苅 希羽	1	1	藤原 萌菜	GK	②	0	0
1	1	③	DF	望月 咲良	2	4	佐藤 絵菜	DF	②	0	0
0	0	❸	DF	梶原 美咲	3	5	小野寺 紘那	DF	③	0	0
0	0	②	DF	西山 ひとみ	12	7	加藤 空	DF	③	0	0
0	0	②	DF	松本 彩花	13	9	村上 明衣	MF	②	0	0
0	1	③	MF	梶山 朋恵	5	10	及川 純奈	MF	❸	0	0
1	4	③	MF	生田 七彩	7	11	二瓶 華菜	MF	③	0	0
1	1	③	MF	井手段 祐有	10	14	平野 佑和	MF	②	0	0
0	0	③	MF	鈴木 優莉奈	11	16	白石 朝香	MF	①	1	0
0	1	②	MF	中野 琴音	14	15	昆野 めい	FW	①	1	0
0	1	②	FW	伊藤 真生	9	18	佐藤 なごみ	FW	①	0	0

【交代】（作陽）鈴木優莉奈→佐々木穂乃花（52分）、西山ひとみ→村上菜月（53分）、望月咲良→森宙舞（62分）、草苅希羽→尾添有紗（67分）、中野琴音→松浦あさひ（69分）／（専大北上）佐藤なごみ→川村瑠葵（57分）、村上明衣→大竹夏姫（57分）、白石朝香→山本楓来（78分）
【警告】（作陽）西山ひとみ（28分）
【得点】（作陽）生田七彩（1分）、井手段祐有（26分）、望月咲良（50分）

鹿島学園 2（1-1 / 1-0）1 姫路女学院

第1回戦　1月3日　五色台運動公園メイングラウンド　主 大森啓子　副 福吉海偉、藤原悠人

鹿島学園（関東2／茨城）　姫路女学院（開催県／兵庫）★

得	S	学		鹿島学園	背	背	姫路女学院		学	S	得
0	0	②	GK	福田 はな	1	1	田中 美緒	GK	②	0	0
0	0	②	DF	武内 愛乃	2	4	原田 愛	DF	❸	0	0
0	0	❸	DF	三次 杏奈	3	5	長野 心菜	DF	②	0	0
0	0	①	DF	中村 乃奈	4	17	中野 つぶら	DF	③	0	0
0	1	③	DF	望月 みずほ	5	21	中尾 友希乃	DF	②	1	0
0	3	②	MF	鳴海 真緒	7	7	荒木 優彩	MF	②	1	0
1	1	③	MF	増原 遥花	10	20	古林 采奈	MF	②	0	0
0	1	①	MF	野澤 里桜	13	28	孝橋 日瑶里	MF	①	0	0
0	0	②	MF	清水 菜々羽	15	2	安藤 真桜	FW	②	0	0
0	0	①	MF	花谷 理沙	17	15	立野 心愛	FW	①	3	1
1	4	①	FW	玉井 小春	11	19	淺見 花乃	FW	①	1	0

【交代】（鹿島学園）野澤里桜→木下陽菜（63分）／（姫路女学院）安藤真桜→田村梓（40分）、淺見花乃→香山京子（40分）、孝橋日瑶里→川又柚月（61分）、原田愛→高橋佑未子（74分）
【得点】（鹿島学園）玉井小春（25分）、増原遥花（73分）／（姫路女学院）立野心愛（18分）

前橋育英 0（0-0 / 0-1）1 日ノ本学園

第1回戦　1月3日　三木総合防災公園陸上競技場　主 國師えりな　副 村田裕紀、丸山航希

★ 前橋育英（関東7／群馬）　日ノ本学園（関西1／兵庫）

得	S	学		前橋育英	背	背	日ノ本学園		学	S	得
0	0	③	GK	古賀 あかね	1	1	川幡 凪	GK	③	0	0
0	0	❸	DF	新出 翼	2	2	田中 晴菜	DF	②	0	0
0	0	②	DF	石井 舞桜	4	3	前田 花依	DF	③	0	0
0	0	③	DF	関根 実咲	7	4	保野 佑果	DF	③	0	0
0	0	①	DF	島村 暖	26	18	菅原 眞名	DF	②	0	0
0	0	②	MF	相場 絵央	8	5	中垣 虹衣碧	MF	③	0	0
0	0	③	MF	伊藤 朱音	14	7	箕輪 千慧	MF	❸	0	0
0	1	①	MF	岩渕 柚月	18	8	川井 心咲	MF	③	1	0
0	0	③	FW	松本 和笑	3	11	篠田 帆花	MF	③	1	1
0	2	②	FW	加藤 満久花	11	13	林 織羽	MF	②	0	0
0	0	②	FW	松本 きらら	13	14	野本 花音	FW	③	1	0

【交代】（前橋育英）松本きらら→奥山莉乃（61分）、島村暖→相澤希（63分）、松本和笑→大澤百夏（74分）／（日ノ本学園）野本花音→内田光（HT）、菅原眞名→菅森杏（66分）、川井心咲→新谷楓華（73分）、箕輪千慧→広瀬鈴華（80+1分）
【得点】（日ノ本学園）篠田帆花（51分）

第1回戦 1月3日 三木総合防災公園第2陸上競技場 主 稲葉里美 副 山口隆平、佐伯裕貴

福井工大福井 1（0-0 / 1-3）3 修徳 ★

（北信越1／福井）　（関東6／東京）

得	S	学			背	背			学	S	得
0	0	③	GK	西條 叶	1	1	長峰 怜愛	GK	②	0	0
0	0	③	DF	福岡 望愛	2	2	永井 あや	DF	③	1	0
0	0	①	DF	木村 ゆず	3	4	寺田 梨乃	DF	③	1	1
0	0	③	DF	金谷 しず葵	5	5	吉川 絢女	DF	③	0	0
0	0	③	DF	木村 瑠菜	9	7	守屋 ゆかり	DF	③	0	0
0	0	❸	MF	中川 冬萌	6	13	山本 來未	DF	③	1	1
0	0	③	MF	種村 佳奈実	7	6	加瀬 百花	MF	③	1	0
0	3	③	MF	久保 華恩	10	8	小倉 琉海	MF	②	1	0
0	2	②	FW	片山 詠乃	8	10	小林 愛果	MF	③	1	0
0	0	③	FW	奥田 愛理	11	9	吉川 はなの	FW	❸	3	1
0	4	①	FW	秋田 萌絵	28	19	那須野 陽向	FW	①	1	0

【交代】（福井工大福井）金谷しず葵→松本彩良（51分）、種村佳奈実→河合結月（51分）／（修徳）吉川絢女→岡部萌衣（75分）、小倉琉海→曽我来未（77分）
【警告】（福井工大福井）福岡望愛（79分）
【得点】（福井工大福井）河合結月（80+1分）／（修徳）山本來未（47分）、寺田梨乃（55分）、吉川はなの（59分）

第1回戦 1月3日 いぶきの森球技場Aグラウンド 主 藤田美智子 副 大瀬良篤、田内実

開志学園JSC 1（1-1 / 0-1）2 星槎国際湘南 ★

（北信越3／新潟）　（関東5／神奈川）

得	S	学			背	背			学	S	得
0	0	③	GK	土屋 咲綺	17	1	出濵 花音	GK	③	0	0
0	0	②	DF	鈴木 優心	2	2	小村 琴子	DF	③	2	0
0	1	②	DF	大井 花鈴	3	3	山本 怜	DF	②	0	0
0	0	③	DF	兜 絢香	4	5	鈴木 真央	DF	③	0	0
0	0	③	DF	大貫 楓夏	5	13	中野 希音	DF	①	0	0
0	0	②	MF	面来 佑夏	6	4	小石川 叶夢	MF	①	0	0
0	1	②	MF	伊藤 凛莉	7	6	加藤 弥紀	MF	③	2	1
0	0	①	MF	柚留木 咲希	14	7	宮本 和心	MF	①	3	1
0	4	❸	FW	北沢 明未	9	8	長山 萌花	FW	③	5	0
1	3	②	FW	山本 葉桜	10	10	鈴木 陽笑	FW	❸	2	0
0	3	③	FW	砂川 莉里佳	11	11	中島 咲友菜	FW	①	1	0

【交代】（開志学園JSC）伊藤凛莉→森田心（78分）、柚留木咲希→岩田こむぎ（80+3分）／（星槎国際湘南）中島咲友菜→国吉花吏埜（50分）、小石川叶夢→吉澤美波（65分）
【得点】（開志学園JSC）山本葉桜（21分）／（星槎国際湘南）宮本和心（10分）、加藤弥紀（59分）

第1回戦 1月3日 いぶきの森球技場Bグラウンド 主 草処和江 副 中川稜脩、小西浩司

文教大附 0（0-0 / 0-1）1 四学大香川西 ★

（北海道1）　（四国2／香川）

得	S	学			背	背			学	S	得
0	0	②	GK	高見 颯希	1	1	小栗栖 遥	GK	③	0	0
0	0	①	DF	鶴間 みのり	2	2	秋山 来実	DF	②	1	0
0	0	②	DF	中島 智香	8	3	松村 紗弥	DF	②	0	0
0	0	①	DF	生井 千晶	23	4	浜浦 美瞳	DF	②	0	0
0	0	②	DF	矢津田 明莉	35	17	低田 妃良莉	DF	③	0	0
0	1	②	MF	金井 里和	4	6	松永 一紗	MF	②	0	0
0	0	③	MF	及川 小枝	7	10	人見 有咲	MF	③	1	1
0	0	③	MF	宮下 侑奈	9	13	石橋 春果	MF	③	0	0
0	0	③	MF	猪又 月菜	11	15	市川 幸来	MF	②	1	0
0	0	❸	FW	江藤 里桜奈	10	8	金銅 望海	FW	②	3	0
0	1	③	FW	槻木澤 眞彩	18	9	西山 菜々	FW	❸	2	0

【交代】（文教大附）槻木澤眞彩→小林悠夏（56分）、宮下侑奈→駒水那名（78分）／（四学大香川西）石橋春果→上田空那（71分）、金銅望海→酒野円花（80分）
【得点】（四学大香川西）人見有咲（75分）

第1回戦 1月3日 みきぼうパークひょうご第1球技場 主 横田碧 副 福島惇輝、張宇植

聖和学園 0（0-0 / 0-1）1 神村学園

★（東北2／宮城）　（九州1／鹿児島）

得	S	学			背	背			学	S	得
0	0	③	GK	石黒 彩乃	1	1	坂口 波	GK	③	0	0
0	0	③	DF	池添 聖佳	2	2	井手口 怜央	DF	②	0	0
0	0	②	DF	早瀬 彩来	3	3	古川 陽菜	DF	③	0	0
0	0	②	DF	川原 梨寧	17	5	神水流 琴望	DF	③	2	0
0	0	②	DF	小笠原 由衣	18	15	幸福 征良	DF	①	0	0
0	4	③	MF	柳原 希帆	6	6	川浪 実歩	MF	③	0	0
0	2	③	MF	櫻井 まどか	10	8	黒岩 沙羽	MF	①	2	1
0	1	②	MF	本城 茉弥佳	15	10	田上 歩実	MF	③	1	0
0	1	①	MF	本田 悠良	25	11	三冨 りりか	MF	①	2	0
0	0	③	FW	高橋 朝静	4	14	愛川 陽菜	MF	❸	3	0
0	1	❸	FW	櫨川 結菜	7	17	黒木 愛理	FW	②	0	0

【交代】（聖和学園）高橋朝静→袴田小梅（48分）、本田悠良→片岡花海（64分）／（神村学園）田上歩実→小倉莉彩（57分）、黒木愛理→稲田雛（65分）、幸福征良→岩下心々愛（71分）
【得点】（神村学園）黒岩沙羽（46分）

第1回戦 1月3日 みきぼうパークひょうご第2球技場 主 的崎睦子 副 小林秀之、兵庫信行

常盤木学園 2（0-0 / 2-0）0 広島文教大附 ★

（東北1／宮城）　（中国3／広島）

得	S	学			背	背			学	S	得
0	0	③	GK	西川 佳那	1	1	巻 胡花	GK	❸	0	0
0	1	③	DF	髙橋 明莉	3	4	松岡 心奈	DF	①	0	0
0	0	③	DF	木村 莉捺	4	5	寺村 穂香	DF	③	0	0
0	0	❸	DF	前田 郁美	5	8	原田 沙南	DF	③	0	0
0	0	③	DF	三浦 音愛	6	14	藤川 琥珀	DF	①	0	0
0	0	③	MF	菊地 莉央	7	3	城下 柚菜	MF	②	1	0
1	2	②	MF	伊藤 璃胡	9	6	美輪 佳音	MF	③	0	0
0	0	③	MF	佐藤 まどか	11	7	西田 紗理菜	MF	①	0	0
0	1	②	MF	伊藤 結菜	21	9	木地本 菜月	MF	②	1	0
0	2	②	FW	高塚 映奈	8	10	中村 愛理	FW	①	0	0
0	0	③	FW	中村 円香	10	11	村上 穂乃実	FW	③	4	0

【交代】（常盤木学園）髙橋明莉→保原ひな（HT）、伊藤結菜→葛西彩（HT）、伊藤璃胡→安齋美羽（77分）、佐藤まどか→竹内瀬戸香（77分）、木村莉捺→宮下あつき（80分）／（広島文教大附）木地本菜月→七蔵司真琴（77分）、中村愛理→横山真鈴（77分）
【得点】（常盤木学園）葛西彩（65分）、伊藤璃胡（74分）

第1回戦 1月3日 みきぼうパークひょうご第1球技場 主 吉田瑞希 副 清田将矢、富森純二

柳ヶ浦 2（1-4 / 1-0）4 京都精華学園 ★

（九州4／大分）　（関西4／京都）

得	S	学			背	背			学	S	得
0	0	③	GK	川内 花純	1	1	梅北 葵	GK	③	0	0
0	0	③	DF	植木 莉香	2	2	梶田 燈莉	DF	①	0	0
0	1	③	DF	富田 幸実	3	4	石田 萌絵	DF	②	0	0
0	0	②	DF	三代 淑世	4	17	藤本 希梨	DF	③	0	0
0	0	①	DF	重松 日菜	5	6	桃原 愛歌	MF	③	0	0
1	2	①	MF	松岡 優空	7	7	佐藤 向日葵	MF	❸	2	1
0	5	❸	MF	川添 ゆず	8	9	丸山 日和	MF	③	2	2
1	2	②	MF	松木 葵	9	10	森 三紘	MF	③	2	0
0	0	③	MF	永野 琹菜	11	16	小酒井 更咲	MF	③	0	0
0	0	③	MF	木田 光咲	13	18	平原 花珠	MF	②	1	1
0	5	③	FW	安倍 乃花	10	14	木須 みそら	FW	③	0	0

【交代】（柳ヶ浦）木田光咲→和田碧（27分）／（京都精華学園）木須みそら→前田柊（64分）、丸山日和→山岡加奈（79分）、森三紘→大西ひなた（80+1分）
【得点】（柳ヶ浦）松岡優空（2分）、松木葵（60分）／（京都精華学園）平原花珠（4分）、佐藤向日葵（24分）、丸山日和（31分、38分）

第1回戦 1月3日 いぶきの森球技場Aグラウンド 主 桐原純子 副 野澤陽介、黒田隆孔

帝京長岡 1（1-3 / 0-4）7 東海大福岡

★（北信越2／新潟）　（九州2／福岡）

得	S	学			背	背			学	S	得
0	0	③	GK	佐怒賀 理子	1	1	池田 帆希	GK	③	0	0
0	0	①	DF	吉田 玲音	2	3	小緑 瑠夏	DF	❸	0	0
0	1	③	DF	黒川 愛奈	3	4	高橋 望華	DF	③	0	0
0	1	①	DF	三宅 亜依	5	5	井上 麗叶	DF	③	0	0
1	3	❸	MF	安島 美優	7	8	吉村 あかり	DF	③	1	0
0	1	①	MF	桒田 涼乃	8	6	梅崎 彩芭	MF	②	0	0
0	1	②	MF	川本 美羽	9	7	西川 綾子	MF	②	1	1
0	0	①	MF	川村 美咲	15	10	香椎 彩香	MF	③	1	0
0	1	②	MF	吉田 遙	16	9	松崎 こころ	FW	③	4	3
0	3	③	FW	鈴木 菫	10	11	上永 ひかり	FW	③	7	2
0	2	②	FW	末次 結依	12	16	山名 映理	FW	①	1	1

【交代】（帝京長岡）吉田遙→安達雪乃（50分）、桒田涼乃→吉原かな（55分）／（東海大福岡）山名映理→津田和奏（66分）、香椎彩香→松田てん里（74分）、西川綾子→西崎帆花（80+2分）
【得点】（帝京長岡）安島美優（25分）／（東海大福岡）上永ひかり（6分、57分）、西川綾子（37分）、山名映理（40分）、松崎こころ（50分、74分、79分）

第1回戦 1月3日 いぶきの森球技場Bグラウンド 主 勝又美沙希 副 小久保遼、辛川天空

帝京第三 1（1-0 / 0-3）3 AICJ

★（関東3／山梨）　（中国1／広島）

得	S	学			背	背			学	S	得
0	0	③	GK	佐藤 環	1	1	富永 若葉	GK	③	0	0
0	0	③	DF	根岸 ひなた	2	2	樋口 三夏	DF	①	0	0
0	0	③	DF	谷古宇 羽花	4	4	松川 杏美	DF	③	0	0
0	0	②	DF	今井 乃愛	5	10	岸波 優妃	DF	③	1	1
0	0	❸	DF	中山 涼	6	8	櫻田 真衣	MF	③	1	1
0	1	③	MF	山崎 麻琴	3	11	疋田 祝華	MF	❸	1	0
0	0	③	MF	衆徒 桃羽	7	13	鶴岡 朱音	MF	③	1	0
0	0	③	MF	齊藤 愛梨咲	8	15	打田 もえ	MF	①	0	0
0	0	①	MF	中根 舞姫	9	20	桑原 藍	FW	②	3	1
0	0	①	MF	小嶋 夏凛	14	23	森田 千尋	FW	②	3	0
1	2	③	FW	神立 美百合	11	24	梅津 真央	FW	②	4	0

【交代】（帝京第三）根岸ひなた→堀添悠良（63分）、中根舞姫→内田幸花（74分）／（AICJ）森田千尋→坂本葵彩（69分）、桑原藍→中谷和月（78分）、松川杏美→政岡那奈子（78分）、鶴岡朱音→小田こころ（80+1分）
【得点】（帝京第三）神立美百合（24分）／（AICJ）桑原藍（46分）、岸波優妃（58分）、櫻田真衣（61分）

第2回戦 1月4日 三木総合防災公園第2陸上競技場
主 稲葉里美 副 草処和江、亀田詩真

藤枝順心（東海1／静岡） 2（0-0 / 2-0）0 **暁星国際**（関東4／千葉） ★

得	S	学			背	背			学	S	得
0	0	③	GK	小野 未織	1	1	北見 汐	GK	❸	0	0
0	0	③	DF	堀内 意	8	3	荒井 美寿	DF	③	0	0
0	1	②	DF	安藤 麻耶	14	4	石井 結	DF	②	0	0
0	1	②	DF	中井 佑姫奈	20	5	久野 藍夏	DF	③	0	0
0	0	②	DF	加島 希夏	22	22	長山 綾花	DF	②	0	0
0	1	③	MF	松崎 花菜	2	14	角田 莉夏	MF	①	0	0
0	1	②	MF	浅田 幸子	16	21	秋山 実莉	MF	②	0	0
0	2	①	MF	久保田 真生	26	7	細矢 貴鼓	FW	③	1	0
0	3	③	FW	齋藤 花菜	9	9	土屋 琳音	FW	②	0	0
0	4	❸	FW	窓岩 日菜	10	10	田倉 葵	FW	③	0	0
0	2	②	FW	山田 歩美	15	11	桑原 舞音	FW	③	0	0

【交代】（藤枝順心）山田歩美→正野瑠菜（HT）、齋藤花菜→三宅怜（52分）、窓岩日菜→粟田桃子（78分）、久保田真生→高岡澪（78分）、堀内意→青井麻衣（79分）／（暁星国際）秋山実莉→黒川夢（67分）、角田莉夏→中後碧（75分）
【得点】（藤枝順心）三宅怜（65分、74分）

第2回戦 1月4日 みきぼうパークひょうご第2球技場
主 緒方実央 副 横田碧、西尾憲太

★ **追手門学院**（関西2／大阪） 0（0-0 / 0-0）0 **聖カピタニオ女子**（東海3／愛知）
5 PK 4

得	S	学			背	背			学	S	得
0	0	③	GK	西尾 今日子	1	17	花田 実悠	GK	②	0	0
0	0	③	DF	島野 杏梨	2	4	中道 遥	DF	③	0	0
0	0	③	DF	東 優希	3	9	山田 まりあ	DF	❸	0	0
0	1	③	DF	小堀 菜緒	4	21	浦前 遥楓	DF	①	0	0
0	1	❸	DF	徳弘 海羽	10	25	坂下 利里奈	DF	①	0	0
0	2	②	MF	森 早苗	5	5	岡田 萌衣	MF	②	0	0
0	0	②	MF	安田 直生	9	10	都筑 かんな	MF	③	0	0
0	0	③	MF	石橋 花子	14	14	浦前 彩楓	MF	②	0	0
0	0	①	MF	藤田 祐穂	15	15	下枝 彩音	MF	②	0	0
0	0	③	FW	中内 花咲	8	19	荒川 風香	MF	②	0	0
0	3	③	FW	太田 凪砂	11	20	オーライリー 詩奈	FW	①	1	0

【交代】（追手門学院）安田直生→庄司佐和子（58分）、石橋花子→冨江満帆（70分）、藤田祐穂→草水胡桃（73分）／（聖カピタニオ女子）中道遥→井川玲菜（HT）

第2回戦 1月4日 三木総合防災公園陸上競技場
主 勝又美沙希 副 堀善仁、塩路香菜

★ **大阪学芸**（関西3／大阪） 2（1-0 / 1-0）0 **作陽**（中国2／岡山）

得	S	学			背	背			学	S	得
0	0	③	GK	酒井 優羽	1	1	草苅 希羽	GK	③	0	0
0	0	②	DF	内田 衣泉	2	3	梶原 美咲	DF	❸	1	0
0	0	②	DF	川上 七奏	4	4	森 宙舞	DF	③	0	0
0	1	③	DF	米田 京	5	13	松本 彩花	DF	②	0	0
0	0	②	DF	正木 美里	26	5	梶山 朋恵	MF	③	2	0
0	0	❸	MF	朝倉 加奈子	6	10	井手段 祐有	MF	③	1	0
0	0	①	MF	北川 愛唯	7	11	鈴木 優莉奈	MF	③	0	0
0	1	③	MF	佐藤 千優	8	12	西山 ひとみ	MF	②	0	0
1	1	①	MF	山田 実来	11	14	中野 琴音	MF	②	1	0
1	2	②	FW	小川 由姫	10	7	生田 七彩	FW	③	0	0
0	1	①	FW	中村 優月	19	9	伊藤 真生	FW	②	0	0

【交代】（大阪学芸）正木美里→三好華乃（40分）、北川愛唯→鈴木雛子（65分）、内田衣泉→雪山琴未（69分）、山田実来→難波奏（77分）、佐藤千優→西山紗生（80+3分）／（作陽）鈴木優莉奈→大倉弓佳（27分）、西山ひとみ→望月咲良（51分）
【得点】（大阪学芸）小川由姫（5分）、山田実来（57分）

第2回戦 1月4日 みきぼうパークひょうご第1球技場
主 杉本美里 副 渡辺一翔、松木大

★ **鹿島学園**（関東2／茨城） 0（0-0 / 0-2）2 **日ノ本学園**（関西1／兵庫）

得	S	学			背	背			学	S	得
0	0	②	GK	福田 はな	1	1	川幡 凪	GK	③	0	0
0	0	②	DF	武内 愛乃	2	2	田中 晴菜	DF	②	0	0
0	0	❸	DF	三次 杏奈	3	3	前田 花依	DF	③	1	0
0	0	①	DF	中村 乃奈	4	4	保野 佑果	DF	③	0	0
0	0	③	DF	望月 みずほ	5	18	菅原 眞名	DF	②	1	0
0	0	②	MF	鳴海 真緒	7	5	中垣 虹衣碧	MF	③	0	0
0	0	③	MF	増原 遥花	10	7	箕輪 千慧	MF	❸	0	0
0	0	①	MF	野澤 里桜	13	8	川井 心咲	MF	③	2	0
0	0	②	MF	清水 菜々羽	15	11	篠田 帆花	MF	③	3	2
0	0	①	MF	花谷 理沙	17	13	林 織羽	MF	②	2	0
0	1	①	FW	玉井 小春	11	14	野本 花音	FW	③	0	0

【交代】（鹿島学園）清水菜々羽→伊井つばさ（HT）、野澤里桜→木下陽菜（51分）／（日ノ本学園）野本花音→内田光（HT）、菅原眞名→菅森杏（55分）、林織羽→新谷楓華（63分）
【得点】（日ノ本学園）篠田帆花（45分、80+2分）

第2回戦 1月4日 三木総合防災公園第2陸上競技場
主 長野涼華 副 寺岡大輔、深田修也

★ **修徳**（関東6／東京） 0（0-0 / 0-0）0 **星槎国際湘南**（関東5／神奈川）
3 PK 1

得	S	学			背	背			学	S	得
0	0	②	GK	長峰 怜愛	1	1	出濱 花音	GK	③	0	0
0	0	③	DF	寺田 梨乃	4	2	小村 琴子	DF	③	0	0
0	0	③	DF	吉川 絢女	5	3	山本 怜	DF	②	1	0
0	0	③	DF	守屋 ゆかり	7	5	鈴木 真央	DF	③	0	0
0	0	③	DF	山本 來未	13	13	中野 希音	DF	①	0	0
0	1	③	MF	永井 あや	2	4	小石川 叶夢	MF	①	0	0
0	0	③	MF	加瀬 百花	6	6	加藤 弥紀	MF	③	0	0
0	2	②	MF	小倉 琉海	8	7	宮本 和心	MF	①	1	0
0	1	③	MF	小林 愛果	10	8	長山 萌花	FW	③	1	0
0	0	❸	FW	吉川 はなの	9	9	国吉 花吏埜	FW	①	2	0
0	5	①	FW	那須野 陽向	19	10	鈴木 陽笑	FW	❸	6	0

【交代】（星槎国際湘南）国吉花吏埜→中島咲友菜（62分）、小石川叶夢→吉田笑（68分）

第2回戦 1月4日 みきぼうパークひょうご第2球技場
主 赤木陽美 副 福岡渉、中尾祐一郎

★ **四学大香川西**（四国2／香川） 2（0-2 / 2-1）3 **神村学園**（九州1／鹿児島）

得	S	学			背	背			学	S	得
0	0	③	GK	小栗栖 遥	1	1	坂口 波	GK	③	0	0
0	0	②	DF	秋山 来実	2	2	井手口 怜央	DF	②	1	1
0	0	②	DF	松村 紗弥	3	3	古川 陽菜	DF	③	0	0
0	0	②	DF	浜浦 美瞳	4	5	神水流 琴望	DF	③	1	1
0	2	③	DF	低田 妃良莉	17	15	幸福 征良	DF	①	0	0
0	0	②	MF	松永 一紗	6	6	川浪 実歩	MF	③	0	0
0	1	③	MF	人見 有咲	10	8	黒岩 沙羽	MF	①	0	0
0	0	③	MF	石橋 春果	13	10	田上 歩実	MF	③	1	0
0	1	②	MF	市川 幸来	15	14	愛川 陽菜	MF	❸	5	0
1	1	②	FW	金銅 望海	8	9	小倉 莉彩	FW	③	3	0
1	2	❸	FW	西山 菜々	9	17	黒木 愛理	FW	②	0	0

【交代】（四学大香川西）石橋春果→上田空那（38分）／（神村学園）黒木愛理→三冨りりか（HT）、小倉莉彩→益留琉菜（HT）、古川陽菜→稲田雛（60分）
【得点】（四学大香川西）金銅望海（71分）、西山菜々（79分）／（神村学園）神水流琴望（10分）、井手口怜央（17分）、三冨りりか（49分）

第2回戦 1月4日 三木総合防災公園陸上競技場
主 朝倉みな子 副 藤田美智子、松岡伸幸

常盤木学園（東北1／宮城） 3（0-0 / 3-0）0 **京都精華学園**（関西4／京都） ★

得	S	学			背	背			学	S	得
0	0	③	GK	西川 佳那	1	1	梅北 葵	GK	③	0	0
0	0	③	DF	木村 莉捺	4	2	梶田 燈莉	DF	①	0	0
0	0	❸	DF	前田 郁美	5	4	石田 萌絵	DF	②	0	0
0	0	③	DF	三浦 音愛	6	17	藤本 希梨	DF	③	0	0
0	4	②	DF	保原 ひな	14	6	桃原 愛歌	MF	③	0	0
0	2	③	MF	菊地 莉央	7	7	佐藤 向日葵	MF	❸	2	0
0	3	②	MF	伊藤 璃胡	9	9	丸山 日和	MF	③	0	0
2	2	③	MF	佐藤 まどか	11	10	森 三紘	MF	③	1	0
1	1	①	MF	葛西 彩	18	16	小酒井 更咲	MF	③	0	0
0	1	②	FW	高塚 映奈	8	20	山田 奈緒	MF	①	2	0
0	1	③	FW	中村 円香	10	13	前田 柊	FW	①	0	0

【交代】（常盤木学園）木村莉捺→宮下あつき（76分）、伊藤璃胡→茂垣咲椰夏（76分）、佐藤まどか→竹内瀬戸香（79分）／（京都精華学園）山田奈緒→平原花珠（28分）、前田柊→木須みそら（38分）
【得点】（常盤木学園）佐藤まどか（45分、69分）、葛西彩（71分）

第2回戦 1月4日 みきぼうパークひょうご第1球技場
主 吉田瑞希 副 國師えりな、藤田和昭

東海大福岡（九州2／福岡） 0（0-2 / 0-1）3 **AICJ**（中国1／広島） ★

得	S	学			背	背			学	S	得
0	0	③	GK	池田 帆希	1	1	富永 若葉	GK	③	0	0
0	2	❸	DF	小緑 瑠夏	3	2	樋口 三夏	DF	①	0	0
0	0	③	DF	高橋 望華	4	4	松川 杏美	DF	③	0	0
0	2	③	DF	井上 麗叶	5	10	岸波 優妃	DF	③	0	0
0	0	③	DF	吉村 あかり	8	8	櫻田 真衣	MF	③	0	0
0	0	②	MF	梅崎 彩芭	6	11	疋田 祝華	MF	❸	2	1
0	0	②	MF	西川 綾子	7	13	鶴岡 朱音	MF	③	1	0
0	0	③	MF	香椎 彩香	10	15	打田 もえ	MF	①	0	0
0	0	③	FW	松崎 こころ	9	20	桑原 藍	FW	②	1	1
0	2	③	FW	上永 ひかり	11	23	森田 千尋	FW	②	5	1
0	3	①	FW	山名 映理	16	24	梅津 真央	FW	②	2	0

【交代】（東海大福岡）高橋望華→津田杏桜子（29分）、津田杏桜子→津田和奏（63分）／（AICJ）森田千尋→植野沙耶（75分）、松川杏美→江藤侑生（80分）、鶴岡朱音→小田こころ（80分）
【警告】（東海大福岡）山名映理（12分）
【得点】（AICJ）疋田祝華（33分）、森田千尋（38分）、桑原藍（78分）

準々決勝戦

1月6日 三木総合防災公園陸上競技場
主 草処和江 副 井口朋恵、長野涼華

藤枝順心（東海1／静岡） 4（3-1 / 1-0）1 **追手門学院**（関西2／大阪） ★

得	S	学			背	背			学	S	得
0	0	③	GK	小野 未織	1	1	西尾 今日子	GK	③	0	0
0	0	③	DF	堀内 意	8	2	島野 杏梨	DF	③	0	0
0	0	②	DF	安藤 麻耶	14	3	東 優希	DF	③	0	0
1	2	②	DF	中井 佑姫奈	20	4	小堀 菜緒	DF	③	0	0
0	1	②	DF	加島 希夏	22	10	徳弘 海羽	DF	❸	0	0
0	0	②	MF	山田 歩美	15	5	森 早苗	MF	②	1	0
0	0	②	MF	浅田 幸子	16	9	安田 直生	MF	②	0	0
1	3	①	MF	久保田 真生	26	14	石橋 花子	MF	③	0	0
1	1	③	FW	齋藤 花菜	9	15	藤田 祐穂	MF	①	0	0
0	0	❸	FW	窓岩 日菜	10	8	中内 花咲	FW	③	1	1
0	2	①	FW	高岡 澪	18	11	太田 凪砂	FW	③	4	0

【交代】（藤枝順心）山田歩美→井手ひなた（HT）、齋藤花菜→正野瑠菜（HT）、窓岩日菜→松崎花菜（53分）、久保田真生→下吉優衣（57分）、浅田幸子→鈴木愛理沙（73分）／（追手門学院）石橋花子→冨江満帆（55分）、安田直生→庄司佐和子（60分）、藤田祐穂→草水胡桃（73分）、中内花咲→秋田悠里（78分）
【得点】（藤枝順心）中井佑姫奈（3分）、久保田真生（12分）、齋藤花菜（25分）、正野瑠菜（52分）／（追手門学院）中内花咲（39分）

準々決勝戦

1月6日 三木総合防災公園第2陸上競技場
主 赤木陽美 副 近藤恭子、吉田瑞希

★ **大阪学芸**（関西3／大阪） 1（1-1 / 0-0）1 **日ノ本学園**（関西1／兵庫）
9 PK 10

得	S	学			背	背			学	S	得
0	0	③	GK	酒井 優羽	1	1	川幡 凪	GK	③	0	0
0	1	②	DF	川上 七奏	4	2	田中 晴菜	DF	②	0	0
1	1	③	DF	米田 京	5	3	前田 花依	DF	③	0	0
0	0	②	DF	正木 美里	26	4	俣野 佑果	DF	③	0	0
0	0	❸	MF	朝倉 加奈子	6	18	菅原 眞名	DF	②	0	0
0	0	①	MF	北川 愛唯	7	5	中垣 虹衣碧	MF	③	0	0
0	1	③	MF	佐藤 千優	8	7	箕輪 千慧	MF	❸	1	0
0	0	①	MF	山田 実来	11	8	川井 心咲	MF	③	1	0
0	0	③	MF	雪山 琴未	15	11	篠田 帆花	MF	③	0	0
0	0	②	FW	小川 由姫	10	13	林 織羽	MF	②	0	0
0	0	①	FW	中村 優月	19	14	野本 花音	FW	③	1	1

【交代】（大阪学芸）中村優月→西山紗生（68分）、正木美里→三好華乃（77分）／（日ノ本学園）篠田帆花→内田光（HT）、菅原眞名→菅森杏（50分）、野本花音→新谷楓華（73分）
【得点】（大阪学芸）米田京（9分）／（日ノ本学園）野本花音（14分）

準々決勝戦

1月6日 三木総合防災公園陸上競技場
主 横田碧 副 緒方実央、杉本美里

★ **修徳**（関東6／東京） 1（0-2 / 1-1）3 **神村学園**（九州1／鹿児島）

得	S	学			背	背			学	S	得
0	0	②	GK	長峰 怜愛	1	1	坂口 波	GK	③	0	0
0	1	③	DF	寺田 梨乃	4	2	井手口 怜央	DF	②	1	0
0	0	③	DF	吉川 絢女	5	3	古川 陽菜	DF	③	0	0
0	0	③	DF	守屋 ゆかり	7	5	神水流 琴望	DF	③	1	0
0	0	③	DF	山本 來未	13	15	幸福 征良	DF	①	0	0
0	0	③	MF	永井 あや	2	6	川浪 実歩	MF	③	1	0
0	0	③	MF	加瀬 百花	6	7	稲田 雛	MF	③	0	0
0	0	②	MF	小倉 琉海	8	8	黒岩 沙羽	MF	①	3	0
0	0	③	MF	小林 愛果	10	10	田上 歩実	MF	③	3	0
0	1	❸	FW	吉川 はなの	9	14	愛川 陽菜	MF	❸	3	2
1	1	①	FW	那須野 陽向	19	17	黒木 愛理	FW	②	0	0

【交代】（修徳）吉川絢女→岡部萌衣（25分）／（神村学園）稲田雛→三冨りりか（HT）、田上歩実→小倉莉彩（74分）、黒木愛理→益留琉菜（74分）
【得点】（修徳）那須野陽向（50分）／（神村学園）愛川陽菜（7分、23分）、三冨りりか（71分）

準々決勝戦

1月6日 三木総合防災公園第2陸上競技場
主 國師えりな 副 藤田美智子、勝又美沙希

★ **常盤木学園**（東北1／宮城） 1（1-0 / 0-0）0 **AICJ**（中国1／広島）

得	S	学			背	背			学	S	得
0	0	③	GK	西川 佳那	1	1	富永 若葉	GK	③	0	0
0	0	③	DF	木村 莉捺	4	2	樋口 三夏	DF	①	0	0
0	0	❸	DF	前田 郁美	5	4	松川 杏美	DF	③	0	0
0	0	③	DF	三浦 音愛	6	10	岸波 優妃	DF	③	0	0
0	0	②	DF	保原 ひな	14	8	櫻田 真衣	MF	③	0	0
0	0	③	MF	菊地 莉央	7	11	疋田 祝華	MF	❸	0	0
0	1	②	MF	伊藤 璃胡	9	13	鶴岡 朱音	MF	③	0	0
0	1	③	MF	佐藤 まどか	11	15	打田 もえ	MF	①	1	0
0	0	①	MF	葛西 彩	18	20	桑原 藍	FW	②	2	0
0	1	②	FW	高塚 映奈	8	23	森田 千尋	FW	②	1	0
1	1	③	FW	中村 円香	10	24	梅津 真央	FW	②	1	0

【交代】（常盤木学園）佐藤まどか→竹内瀬戸香（64分）、木村莉捺→宮下あつき（75分）／（AICJ）森田千尋→植野沙耶（52分）、打田もえ→石本千弥（63分）、樋口三夏→坂本葵彩（71分）、植野沙耶→江藤侑生（76分）
【得点】（常盤木学園）中村円香（6分）

準決勝戦

1月7日 ノエビアスタジアム神戸
主 藤田美智子 副 柳彩乃、赤木陽美

★ **藤枝順心**（東海1／静岡） 0（0-0 / 0-1）1 **日ノ本学園**（関西1／兵庫）

得	S	学			背	背			学	S	得
0	0	③	GK	小野 未織	1	1	川幡 凪	GK	③	0	0
0	0	③	DF	井手 ひなた	5	2	田中 晴菜	DF	②	0	0
0	1	③	DF	堀内 意	8	3	前田 花依	DF	③	0	0
0	0	②	DF	安藤 麻耶	14	4	俣野 佑果	DF	③	0	0
0	0	②	DF	中井 佑姫奈	20	18	菅原 眞名	DF	②	1	0
0	2	②	MF	山田 歩美	15	5	中垣 虹衣碧	MF	③	0	0
0	1	②	MF	浅田 幸子	16	7	箕輪 千慧	MF	❸	0	0
0	1	①	MF	久保田 真生	26	8	川井 心咲	MF	③	1	0
0	0	③	FW	齋藤 花菜	9	11	篠田 帆花	MF	③	2	1
0	1	❸	FW	窓岩 日菜	10	13	林 織羽	MF	②	0	0
0	2	②	FW	正野 瑠菜	17	10	内田 光	FW	③	0	0

【交代】（藤枝順心）齋藤花菜→松崎花菜（HT）、山田歩美→兵庫生芽（65分）、中井佑姫奈→加島希夏（72分）、兵庫生芽→三宅怜（80分）
【得点】（日ノ本学園）篠田帆花（51分）

準決勝戦

1月7日 ノエビアスタジアム神戸
主 井脇真理子 副 的崎睦子、井口朋恵

神村学園（九州1／鹿児島） 3（2-0 / 1-0）0 **常盤木学園**（東北1／宮城） ★

得	S	学			背	背			学	S	得
0	0	③	GK	坂口 波	1	1	西川 佳那	GK	③	0	0
0	0	②	DF	井手口 怜央	2	4	木村 莉捺	DF	③	0	0
0	0	③	DF	古川 陽菜	3	5	前田 郁美	DF	❸	0	0
0	2	③	DF	神水流 琴望	5	6	三浦 音愛	DF	③	0	0
0	1	①	DF	幸福 征良	15	14	保原 ひな	DF	②	1	0
0	0	③	MF	川浪 実歩	6	7	菊地 莉央	MF	③	1	0
0	1	①	MF	黒岩 沙羽	8	9	伊藤 璃胡	MF	②	0	0
0	1	③	MF	田上 歩実	10	11	佐藤 まどか	MF	③	0	0
1	2	①	MF	三冨 りりか	11	18	葛西 彩	MF	①	1	0
0	2	❸	MF	愛川 陽菜	14	8	高塚 映奈	FW	②	0	0
2	3	②	FW	黒木 愛理	17	10	中村 円香	FW	③	2	0

【交代】（神村学園）幸福征良→稲田雛（69分）、黒木愛理→小倉莉彩（77分）、田上歩実→岩下心々愛（82分）、三冨りりか→立野ひなの（87分）／（常盤木学園）佐藤まどか→髙橋明莉（HT）、木村莉捺→宮下あつき（HT）、保原ひな→竹内瀬戸香（81分）、伊藤璃胡→伊藤結菜（81分）、中村円香→白木珠奈（87分）
【得点】（神村学園）黒木愛理（35分、70分）、三冨りりか（39分）

決勝戦

1月9日 ノエビアスタジアム神戸
主 柳彩乃 副 近藤恭子、稲葉里美

日ノ本学園（関西1／兵庫） 0（0-0 / 0-3）3 **神村学園**（九州1／鹿児島） ★

得	S	学			背	背			学	S	得
0	0	③	GK	川幡 凪	1	1	坂口 波	GK	③	0	0
0	0	②	DF	田中 晴菜	2	2	井手口 怜央	DF	②	0	0
0	0	③	DF	前田 花依	3	3	古川 陽菜	DF	③	0	0
0	0	③	DF	俣野 佑果	4	5	神水流 琴望	DF	③	0	0
0	0	②	DF	菅原 眞名	18	15	幸福 征良	DF	①	0	0
0	0	③	MF	中垣 虹衣碧	5	6	川浪 実歩	MF	③	0	0
0	1	❸	MF	箕輪 千慧	7	8	黒岩 沙羽	MF	①	0	0
0	2	③	MF	川井 心咲	8	10	田上 歩実	MF	③	1	0
0	1	③	MF	篠田 帆花	11	11	三冨 りりか	MF	①	3	1
0	0	②	MF	林 織羽	13	14	愛川 陽菜	MF	❸	2	1
0	1	③	FW	野本 花音	14	17	黒木 愛理	FW	②	0	0

【交代】（日ノ本学園）林織羽→菅森杏（HT）、野本花音→内田光（HT）、篠田帆花→塚本悠日（84分）／（神村学園）井手口怜央→稲田雛（38分）、黒木愛理→小倉莉彩（73分）
【得点】（神村学園）稲田雛（65分）、愛川陽菜（85分）、三冨りりか（90+2分）

全日本高校女子選手権大会
【地区・地域大会記録】

北海道

●決勝トーナメント

文教大附 / 帯広北 / 札幌東商 / 北照 / 旭川南 / 旭川実 / 帯広大谷 / ※合同 / 札幌北斗 / 大谷室蘭

→ 文教大附

※合同＝函館白百合・知内・函館商

青森県

第1代表：八戸学院光星

第2代表：八戸工大二

※コロナ禍の影響により、予選大会は行わず、推薦により決定

岩手県

●決勝トーナメント

専大北上 12－0 不来方

花北青雲 3－0 水沢

→ 専大北上

〈3位決定戦〉

不来方 4－0 水沢 → 不来方

秋田県

明桜

山形県

●決勝トーナメント

鶴岡東 / 山形城北 / 羽黒 / 山形商 / 山形明正 / 米沢中央 / 鶴岡北 / 山形西 / 酒田光陵 / 鶴岡中央 / 酒田南

→ 酒田南

宮城県

●決勝トーナメント

常盤木学園 / 聖ウルスラ / 仙台育英 / 聖和学園 / ※合同 / 宮城第一 / 明成

→ 聖和学園

※合同＝広瀬・東北・古川黎明・大崎・東北生文大

〈第3シード決定戦〉

仙台育英 0－5 明成 → 明成

●予選リーグ

	聖ウルスラ	※合同	宮城第一	順位
聖ウルスラ		2－0	4－0	1
※合同	0－2		1－1	2
宮城第一	0－4	1－1		3

福島県

●決勝トーナメント

尚志 / 磐城桜が丘 / あさか開成 / ふたば未来学園 / 桜の聖母学院

→ 尚志

〈3位決定戦〉

あさか開成 0－11 ふたば未来学園 → ふたば未来学園

茨城県

●決勝トーナメント

鹿島学園 / 水戸第三 / 土浦第二 / 常磐大高 / 日立第二 / ※合同 / 霞ヶ浦

→ 霞ヶ浦

※合同＝石岡第二・愛国学園大附龍ケ崎

〈3位決定戦〉

土浦第二 0－4 常磐大高 → 常磐大高

〈5,6位決定戦〉

水戸第三 / 日立第二 / ※合同 → 日立第二

群馬県

●決勝トーナメント

前橋育英 / 大間々 / 太田女子 / 共愛学園 / 渋川女子 / 館林女子 / 高崎商大附 / 関東学園大附 / 健大高崎 / 桐生第一 / 高崎女子 / 沼田女子 / 前橋女子 / 桐生 / 伊勢崎清明 / 市立太田

→ 前橋育英

〈3位決定戦〉

関東学園大附 1－3 市立太田 → 市立太田

栃木県

●決勝トーナメント

宇都宮短大附 / 栃木翔南 / 大田原女子 / 栃木女子 / 宇都宮女子 / 白鷗大足利 / 益子芳星 / 宇都宮中央女子 / 作新学院 / 小山城南 / 宇都宮文星女子

→ 宇都宮文星女子

〈3位決定戦〉

宇都宮女子 0－3 白鷗大足利 → 白鷗大足利

千葉県

●決勝トーナメント

暁星国際 / 船橋芝山 / 成田北 / 船橋法典 / 千葉西 / ※合同 / 千葉経済大附 / 八千代松陰 / 幕張総合 / 市立松戸 / 日体大柏 / 千葉明徳 / 市立船橋 / 浦安・行徳 / 柏の葉 / 流経大柏

→ 暁星国際

※合同＝成田国際・中央学院

〈3位決定戦〉

八千代松陰 0－2 幕張総合 → 幕張総合

●予選リーグ

A	市立松戸	船橋法典	おおたかの森	順位
市立松戸		1－3	3－0	2
船橋法典	3－1		1－0	1
おおたかの森	0－3	0－1		3

B	千葉明徳	成田北	若松	順位
千葉明徳		2－0	2－0	1
成田北	0－2		3－2	2
若松	0－2	2－3		3

C	市立船橋	市立柏	千葉経済大附	順位
市立船橋		5－0	4－1	1
市立柏	0－5		1－2	3
千葉経済大附	1－4	2－1		2

D	千葉西	県立千葉	柏の葉	順位
千葉西		6－0	1－0	1
県立千葉	0－6		0－1	3
柏の葉	0－1	1－0		2

E	浦安・行徳	※合同	千葉南・八幡	順位
浦安・行徳		0－2	2－1	2
※合同	2－0		2－0	1
千葉南・八幡	1－2	0－2		3

F	日体大柏	船橋芝山	市川	順位
日体大柏		1－1	6－0	1
船橋芝山	1－1		3－3	2
市川	0－6	3－3		3

埼玉県

●決勝トーナメント

南稜 / 越ヶ谷 / ※合同A / ※合同B / 庄和 / 川越南 / 大宮武蔵野 / 浦和実 / 入間向陽 / 市立川口 / 寄居城北 / 大宮開成 / 自由の森学園 / 本庄 / 宮代 / 正智深谷 / 松山女子 / 浦和西 / 大宮南 / 浦和一女 / 市立浦和 / 埼玉栄 / 山村学園 / 久喜 / 所沢 / 本庄第一 / 昌平 / 狭山ヶ丘 / 和光国際 / 淑徳与野 / 秋草学園 / 熊谷女子 / 埼玉平成 / 叡明 / 花咲徳栄

→ 花咲徳栄

※合同A＝日高・新座・鳩山

※合同B＝蓮田松韻・北本・大妻嵐山・杉戸農

〈3位決定戦〉

松山女子 0－9 本庄第一 → 本庄第一

東京都

●決勝トーナメント

修徳 / 広尾小石川 / 大泉 / 東大和 / 若葉総合 / 第四商 / 飛鳥 / 青梅総合 / 野津田 / 東京実 / 共立第二 / 東京成徳 / 日大三 / 吉祥女子 / ICU / 八王子実践 / 日大櫻丘 / 清瀬 / 国分寺 / 世田谷総合 / 晴海総合 / 戸山 / 帝京 / 狛江 / 成立学園 / 成城学園 / 千早 / 第五商 / 芦花 / 王子総合 / 駒沢女子 / 東久留米総合 / 大妻多摩 / 国際 / 文京学院 / 杉並総合 / 日体大桜華 / 十文字

→ 十文字

〈3位決定戦〉

国分寺 2－0 成立学園 → 国分寺

神奈川県

●決勝トーナメント

星槎国際湘南 7－0 桐蔭学園

大和 0－1 湘南学院

→ 星槎国際湘南

〈3位決定戦〉

桐蔭学園 0－2 大和 → 大和

●予選リーグ

A	藤沢清流	厚木東	神奈川総合	法政国際	順位
藤沢清流		10－0	12－0	25－0	1
厚木東	0－10		3－0	4－1	2
神奈川総合	0－12	0－3		1－1	3
法政国際	0－25	1－4	1－1		4

B	桐蔭学園	湘南台	三浦学苑	慶應湘南藤沢	順位
桐蔭学園		2－0	6－0	14－0	1
湘南台	0－2		3－1	2－0	2
三浦学苑	0－6	1－3		2－0	3
慶應湘南藤沢	0－14	0－2	0－2		4

C	相模女子大高	相模原弥栄	横浜翠陵	多摩	順位
相模女子大高		1－0	0－0	3－0	1
相模原弥栄	0－1		2－1	7－0	2
横浜翠陵	0－0	1－2		3－0	3
多摩	0－3	0－7	0－3		4

D	伊勢原	相洋	二宮	海老名	順位
伊勢原		1－1	2－0	6－0	1
相洋	1－1		0－0	6－1	2
二宮	0－2	0－0		4－0	3
海老名	0－6	1－6	0－4		4

山梨県

●決勝トーナメント

日本航空 31－0 富士北稜

甲府商 0－5 帝京第三

→ 日本航空

〈3位決定戦〉

富士北稜 0－3 甲府商 → 甲府商

新潟県

●決勝トーナメント

帝京長岡
北　　越
開志学園JSC

優勝：帝京長岡

長野県

●決勝トーナメント

佐久長聖
※合同A
塩尻志学館
上田西
※合同B
東海大諏訪
松商学園

優勝：佐久長聖

※合同A＝飯山・辰野・長野日大・ウェルネス長野
※合同B＝明科・大町岳陽・諏訪二葉・松本国際

富山県

●決勝トーナメント

高岡商
呉　羽
富山第一
富山国際大付

優勝：高岡商

〈3位決定戦〉

呉　羽
富山第一

富山第一

石川県

●決勝トーナメント

星　稜
野々市明倫
※合同
七　尾
金沢伏見

優勝：星　稜

※合同＝金沢市立工・大聖寺・内灘・金沢商

福井県

福井工大福井

静岡県

●決勝トーナメント

藤枝順心
東海大静岡翔洋
桐　陽
藤枝西
※合同
浜松聖星
磐田北
聖隷クリストファー
吉　原
沼津西
静岡大成
清流館
常葉大橘
磐田東

優勝：藤枝順心

※合同＝清水国際・清水南・榛原

〈プレーオフ〉

東海大静岡翔洋
常葉大橘

常葉大橘

愛知県

●決勝トーナメント

聖カピタニオ女子
岩倉総合
小坂井
高蔵寺
愛知啓成
松　蔭
岡崎商
刈谷北
椙山女学園
時習館
豊　川
至学館
旭　丘
金城学院
清林館
安城学園
南　山
日福大付
一　宮
春日井商
名経大市邨
同　朋

優勝：聖カピタニオ女子

〈シード順位決定戦〉

豊　川
同　朋

豊　川

岐阜県

帝京大可児

三重県

●決勝トーナメント

高　田
稲　生
津　西
津田学園
三　重
四日市西
四日市南
神村学園伊賀

優勝：神村学園伊賀

〈3位決定戦〉

津田学園
三　重

津田学園

滋賀県

●決勝リーグ

	八幡商	近江兄弟社	※合同	順位
八幡商		2－1	12－0	1
近江兄弟社	1－2		2－2	2
※合同	0－12	2－2		3

※合同＝国際情報・水口東・虎姫・滋賀短大附・北大津・湖南農

京都府

●決勝トーナメント

京都精華学園
※合同
京都西山
京都聖母学院
向　陽
京都橘

優勝：京都精華学園

※合同＝京都文教・聖カタリナ

奈良県

●決勝

高取国際
登美ケ丘・国際

高取国際

和歌山県

●決勝リーグ

	和歌山北	新宮	神島	順位
和歌山北		1－1	8－0	2
新宮	1－1		16－0	1
神島	0－8	0－16		3

大阪府

●決勝リーグ

	大阪学芸	大商学園	追手門学院	大阪桐蔭	順位
大阪学芸		4－0	2－0	1－1	1
大商学園	0－4		2－2	0－1	4
追手門学院	0－2	2－2		3－0	2
大阪桐蔭	1－1	1－0	0－3		3

●1次トーナメント

大阪学芸
帝塚山学院
大阪教育C附
大阪女学院
山　本
山　田

大阪学芸

星　翔
大阪偕星学園
大阪国際滝井
教大平野
柴　島
大商学園

大商学園

追手門学院
OBF
※合同A
千里青雲
梅　花
高槻北

追手門学院

リベルテ
汎　愛
桜　宮
茨木西
※合同B
大阪桐蔭

大阪桐蔭

※合同A＝鶴見商・大阪緑涼
※合同B＝東住吉総合・布施北・東大阪大敬愛・住吉・茨田・花園

兵庫県

●決勝ラウンド

	日ノ本学園	姫路女学院	神戸弘陵	六甲アイランド	順位
日ノ本学園		0－1	1－0	8－2	2
姫路女学院	1－0		0－0	4－1	1
神戸弘陵	0－1	0－0		4－0	3
六甲アイランド	2－8	1－4	0－4		4

●1次ラウンド

日ノ本学園

日ノ本学園

姫路女学院
明石南
三田西陵
有馬・蒼開
夢野台

姫路女学院

神戸弘陵
神　戸
神院大附
社
北須磨

神戸弘陵

六甲アイランド
啓　明
三田祥雲館
県西宮

六甲アイランド

岡山県

●優勝決勝戦

作　陽
岡山学芸館

作　陽

〈3位決定戦〉

高梁日新
総　社

高梁日新

●リーグ戦

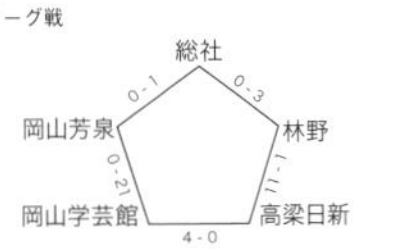

広島県

●決勝トーナメント

AICJ
盈　進
広島皆実
広島文教大附

優勝：AICJ

〈3位決定戦〉

盈　進
広島皆実

広島皆実

●予選トーナメント

山　陽
広　陵
祇園北
広島皆実
廿日市
福山明王台
沼　田
盈　進
高陽東
山陽女学園

広島皆実

鳥取県

●決勝トーナメント

鳥取城北
鳥取西
米　子
鳥取東
鳥取敬愛

優勝：鳥取城北

島根県

●決勝

松江商
明　誠

松江商

山口県

●決勝トーナメント

高川学園
防府西
長　門
熊毛南

優勝：高川学園

香川県

四学大香川西

徳島県

●決勝トーナメント

鳴門渦潮
城　北
城　東
鳴　門
徳島北
徳島市立
徳島商

優勝：鳴門渦潮

愛媛県

●決勝トーナメント

済　美
新居浜商
松山東雲
南宇和
小　松
宇和島南

優勝：済　美

高知県

●決勝トーナメント

高　知
高知東
高知商

優勝：高　知

福岡県

●決勝トーナメント

東海大福岡／福岡女子／北九州／九産大九州／福岡女子商／福岡工大城東／福岡海星女子学院／筑陽学園／飯塚・福岡舞鶴／福翔／西日本短大附／福岡農／福岡女学院

- 福岡女子 0–8 北九州
- 九産大九州 0–2 福岡女子商
- 福岡工大城東 0–29 福岡海星女子学院
- 飯塚・福岡舞鶴 0–3 福翔
- 西日本短大附 21–0 福岡農
- 東海大福岡 15–0 北九州
- 福岡女子商 0–9 福岡海星女子学院
- 筑陽学園 12–0 福翔
- 西日本短大附 0–13 福岡女学院
- 東海大福岡 4–0 福岡海星女子学院
- 筑陽学園 1–0 福岡女学院
- 東海大福岡 3–1 筑陽学園

東海大福岡

〈3位決定戦〉

- 福岡海星女子学院 1–3 福岡女学院

福岡女学院

佐賀県

●決勝トーナメント

- 神埼 18–0 佐賀学園
- 武雄 0–1 佐賀女子
- 神埼 8–0 佐賀女子

神埼

長崎県

●決勝トーナメント

- 島原商 0–4 海星
- 鎮西学院 9–0 海星

鎮西学院

大分県

●決勝

- 柳ヶ浦 5–0 竹田南

柳ヶ浦

熊本県

●決勝トーナメント

秀岳館／球磨中央／熊本農／ルーテル学院／慶誠／大津／松橋／東海大熊本星翔

- 球磨中央 2–2 (PK) 熊本農
- 大津 15–0 松橋
- 球磨中央 0–5 ルーテル学院
- 慶誠 10–0 大津
- 秀岳館 10–0 ルーテル学院
- 慶誠 2–7 東海大熊本星翔
- 秀岳館 6–0 東海大熊本星翔

秀岳館

〈3位決定戦〉

- ルーテル学院 1–4 慶誠

慶誠

宮崎県

●決勝トーナメント

- 妻 1–0 日南学園
- 都城商 0–9 聖心ウルスラ
- 都城聖ドミニコ学園 5–0 妻
- 聖心ウルスラ 0–5 宮崎日大
- 都城聖ドミニコ学園 3–0 宮崎日大

都城聖ドミニコ学園

鹿児島県

●決勝トーナメント

- 神村学園 33–0 鹿屋女子
- 鹿児島女子 1–5 鳳凰
- 神村学園 3–0 鳳凰

神村学園

沖縄県

●決勝トーナメント

美里／小禄／浦添商／普天間／八重山嘉手納／那覇商／糸満／前原／名護／興南首里／浦添／那覇／那覇西／北中城／首里東／読谷／豊見城／宮古／球陽／那覇国際／向陽西原／コザ

- 小禄 5–0 浦添商
- 普天間 2–0 八重山嘉手納
- 名護 8–0 興南首里
- 那覇西 5–0 北中城
- 宮古 10–1 球陽
- 那覇国際 8–0 向陽西原
- 美里 2–0 小禄
- 普天間 0–0 (PK) 那覇商
- 糸満 2–0 前原
- 名護 4–1 浦添
- 那覇 4–1 那覇西
- 首里東 0–2 読谷
- 豊見城 3–1 宮古
- 那覇国際 0–13 コザ
- 美里 4–0 那覇商
- 糸満 0–4 名護
- 那覇 8–0 読谷
- 豊見城 0–9 コザ
- 美里 4–0 名護
- 那覇 2–6 コザ
- 美里 0–0 (PK) コザ

コザ

地域大会対戦結果

【北海道】

※222ページのトーナメント表と同一です

文教大附

文教大附／帯広北／札幌東商／北照／旭川南／旭川実／帯広大谷／※合同／札幌北斗／大谷室蘭

- 帯広北 1–7 札幌東商
- ※合同 0–16 札幌北斗
- 文教大附 12–0 札幌東商
- 北照 11–0 旭川南
- 旭川実 6–0 帯広大谷
- 札幌北斗 0–6 大谷室蘭
- 文教大附 9–0 北照
- 旭川実 0–2 大谷室蘭
- 文教大附 5–1 大谷室蘭

※合同＝函館白百合・知内・函館商

【東　北】

常盤木学園

聖和学園(宮城県①)／花北青雲(岩手県②)／八戸工大二(青森県②)／酒田南(山形県①)／尚志(福島県①)／常盤木学園(宮城県②)／鶴岡東(山形県②)／八戸学院光星(青森県①)／明桜(秋田県)／桜の聖母学院(福島県②)／専大北上(岩手県①)

- 花北青雲 0–10 八戸工大二
- 鶴岡東 2–2 (PK) 八戸学院光星
- 明桜 1–0 桜の聖母学院
- 聖和学園 11–0 八戸工大二
- 酒田南 1–3 尚志
- 常盤木学園 9–0 鶴岡東
- 明桜 0–6 専大北上
- 聖和学園 3–0 尚志
- 常盤木学園 3–0 専大北上
- 聖和学園 0–2 常盤木学園

〈3位決定戦〉

専大北上

- 尚志 1–3 専大北上

【関　東】

日本航空

十文字(東京都①)／鹿島学園(茨城県②)／宇都宮文星女子(栃木県①)／健大高崎(群馬県②)／花咲徳栄(埼玉県①)／帝京第三(山梨県②)／流経大柏(千葉県②)／星槎国際湘南(神奈川県①)／前橋育英(群馬県①)／宇都宮短大附(栃木県②)／日本航空(山梨県①)／湘南学院(神奈川県②)／霞ヶ浦(茨城県①)／修徳(東京都②)／南稜(埼玉県②)／暁星国際(千葉県①)

- 十文字 0–1 鹿島学園
- 宇都宮文星女子 0–2 健大高崎
- 花咲徳栄 0–2 帝京第三
- 流経大柏 1–6 星槎国際湘南
- 前橋育英 2–0 宇都宮短大附
- 日本航空 3–1 湘南学院
- 霞ヶ浦 0–0 (PK) 修徳
- 南稜 1–2 暁星国際
- 鹿島学園 6–0 健大高崎
- 帝京第三 2–1 星槎国際湘南
- 前橋育英 0–2 日本航空
- 修徳 0–0 (PK) 暁星国際
- 鹿島学園 0–0 (PK) 帝京第三
- 日本航空 2–0 暁星国際
- 鹿島学園 1–3 日本航空

〈3位決定戦〉

帝京第三

- 帝京第三 2–1 暁星国際

〈5位決定戦〉

星槎国際湘南

- 健大高崎 1–8 星槎国際湘南
- 前橋育英 0–2 修徳
- 星槎国際湘南 1–0 修徳

〈7位決定戦〉

前橋育英

- 健大高崎 0–6 前橋育英

【北信越】

福井工大福井

帝京長岡(新潟県①)／富山国際大付(富山県②)／佐久長聖(長野県①)／高岡商(富山県①)／福井工大福井(福井県)／星稜(石川県)／松商学園(長野県②)／開志学園JSC(新潟県②)

- 帝京長岡 11–0 富山国際大付
- 佐久長聖 10–0 高岡商
- 福井工大福井 7–0 星稜
- 松商学園 0–5 開志学園JSC
- 帝京長岡 1–0 佐久長聖
- 福井工大福井 3–1 開志学園JSC
- 帝京長岡 0–1 福井工大福井

〈3位決定戦〉

開志学園JSC

- 佐久長聖 0–0 (PK) 開志学園JSC

【東　海】

藤枝順心

藤枝順心(静岡県①)／帝京大可児(岐阜県)／聖カピタニオ女子(愛知県①)／神村学園伊賀(三重県)／至学館(愛知県②)／常葉大橘(静岡県②)

- 帝京大可児 1–2 聖カピタニオ女子
- 神村学園伊賀 3–2 至学館
- 藤枝順心 3–0 聖カピタニオ女子
- 神村学園伊賀 0–1 常葉大橘
- 藤枝順心 1–0 常葉大橘

〈3位決定戦〉

聖カピタニオ女子

- 聖カピタニオ女子 2–1 神村学園伊賀

【関　西】

日ノ本学園

大阪学芸(大阪府①)／新宮(和歌山県)／高取国際(奈良県)／日ノ本学園(兵庫県②)／追手門学院(大阪府②)／八幡商(滋賀県)／京都精華学園(京都府)／姫路女学院(兵庫県①)

- 大阪学芸 10–0 新宮
- 高取国際 0–8 日ノ本学園
- 追手門学院 10–0 八幡商
- 京都精華学園 3–0 姫路女学院
- 大阪学芸 0–2 日ノ本学園
- 追手門学院 5–1 京都精華学園
- 日ノ本学園 1–0 追手門学院

〈3位決定戦〉

大阪学芸

- 大阪学芸 5–1 京都精華学園

【中　国】

AICJ

作陽(岡山県①)／高川学園(山口県)／岡山学芸館(岡山県②)／鳥取城北(鳥取県①)／松江商(島根県)／広島文教大附(広島県②)／鳥取敬愛(鳥取県②)／AICJ(広島県①)

- 作陽 3–0 高川学園
- 岡山学芸館 0–3 鳥取城北
- 松江商 1–5 広島文教大附
- 鳥取敬愛 0–13 AICJ
- 作陽 2–0 鳥取城北
- 広島文教大附 0–2 AICJ
- 作陽 1–1 (PK) AICJ

〈3位決定戦〉

広島文教大附

- 鳥取城北 1–1 (PK) 広島文教大附

【四　国】

鳴門渦潮

鳴門渦潮(徳島県①)／高知商(高知県②)／済美(愛媛県①)／四学大香川西(香川県)／宇和島南(愛媛県②)／徳島商(徳島県②)／高知(高知県①)

- 高知商 0–1 済美
- 四学大香川西 7–0 宇和島南
- 徳島商 0–10 高知
- 鳴門渦潮 4–0 済美
- 四学大香川西 2–0 高知
- 鳴門渦潮 1–0 四学大香川西

〈3位決定戦〉

高知

- 済美 0–3 高知

【九　州】

神村学園

神村学園(鹿児島県①)／宮崎日大(宮崎県②)／神埼(佐賀県①)／竹田南(大分県②)／筑陽学園(福岡県②)／コザ(沖縄県①)／海星(長崎県②)／秀岳館(熊本県①)／東海大福岡(福岡県①)／鳳凰(鹿児島県②)／鎮西学院(長崎県①)／東海大熊本星翔(熊本県②)／佐賀女子(佐賀県②)／都城聖ドミニコ学園(宮崎県①)／美里(沖縄県②)／柳ヶ浦(大分県①)

- 神村学園 3–0 宮崎日大
- 神埼 1–0 竹田南
- 筑陽学園 6–0 コザ
- 海星 0–6 秀岳館
- 東海大福岡 2–0 鳳凰
- 鎮西学院 7–1 東海大熊本星翔
- 佐賀女子 0–3 都城聖ドミニコ学園
- 美里 0–14 柳ヶ浦
- 神村学園 7–0 神埼
- 筑陽学園 2–0 秀岳館
- 東海大福岡 2–0 鎮西学院
- 都城聖ドミニコ学園 1–2 柳ヶ浦
- 神村学園 4–1 筑陽学園
- 東海大福岡 2–0 柳ヶ浦
- 神村学園 2–1 東海大福岡

〈3位決定戦〉

筑陽学園

- 筑陽学園 3–2 柳ヶ浦

全日本高等学校女子サッカー選手権大会優勝校および本大会出場校

回　数	1	2	3	4	5	6	7	8	9	10	11	12	13
年	平成4年	5年	6年	7年	8年	9年	10年	11年	12年	13年	14年	15年	16年
優勝校	**聖和学園1**	**本庄第一1**	**埼　玉1**	**埼玉栄1**	**埼　玉2**	**啓明女学院1**	**聖和学園2**	**湘南女子1**	**啓明女学院2**	**聖和学園3**	**常盤木学園1**	**鳳　凰1**	**神村学園1**
準優勝	**埼　玉1**	**啓明女学院1**	**啓明女学院2**	**埼　玉2**	**啓明女学院3**	**埼　玉3**	**神村学園1**	**神村学園2**	**湘南学院1**	**湘南学院2**	**聖和学園1**	**常盤木学園1**	**常盤木学園2**
三　位	**入間向陽1** **埼玉栄1**	**石巻市立女子商1** **聖和学園1**	**石巻市立女子商2** **広島皆実1**	**西　山1** **啓明女学院1**	**石巻市立女子商3** **聖和学園2**	**京都橘女子1** **本庄第一1**	**啓明女学院2** **埼　玉1**	**藤枝西1** **聖和学園3**	**東経短大村田女子1** **聖和学園4**	**藤枝西2** **神村学園1**	**本庄第一2** **鳳　凰1**	**聖和学園5** **日ノ本学園1**	**聖和学園6** **文教大明清1**
参加校	16	16	16	16	16	16	16	16	16	16	16	16	16
北海道	札幌明清1	札幌明清2	札幌明清3	札幌明清4	札幌明清5	札幌明清6	札幌明清7	文教大札幌明清8	文教大明清9	文教大明清10	文教大明清11	文教大明清12	文教大明清13
青　森													
岩　手													
秋　田													
山　形													
宮　城	聖和学園1	石巻市立女子商1 聖和学園2	石巻市立女子商2 聖和学園3	石巻市立女子商3 聖和学園4	石巻市立女子商4 聖和学園5	石巻市立女子商5 聖和学園6	常盤木学園1 聖和学園7	常盤木学園2 聖和学園8	常盤木学園3 聖和学園9	常盤木学園4 聖和学園10	常盤木学園5 聖和学園11	常盤木学園6 聖和学園12	常盤木学園7 聖和学園13
福　島													
東　京									東経短大村田女子1		東経短大村田女子2	東経短大村田女子3 十文字1	
千　葉													
茨　城													
群　馬				高崎商科短大附1									
栃　木								宇都宮文星女子1			宇都宮文星女子2		
埼　玉	入間向陽1 埼　玉1 本庄第一1 埼玉栄1	松山女子1 埼　玉2 本庄第一2	埼　玉3 松山女子2 本庄第一3	埼　玉4 埼玉栄2	埼　玉5 埼玉栄3 本庄第一4	埼　玉6 本庄第一5	埼玉栄4 本庄第一6 埼　玉7	埼玉栄5	本庄第一7	本庄第一8 埼玉平成8	本庄第一9	埼玉栄6	埼玉栄7 埼玉平成9
神奈川						湘南女子1		湘南女子2	湘南学院3	湘南学院4		横浜国際翠陵1	横浜国際翠陵2
山　梨													
静　岡	桐　陽1	清水南1	桐　陽2	桐　陽3 榛　原1	桐　陽4 榛　原2	桐　陽5	藤枝西1 榛　原3	藤枝西2 沼津西1	藤枝西3 吉　原1	藤枝西4 吉　原2	藤枝西5 吉　原3	桐　陽6 吉　原4	吉　原5 藤枝順心1 桐　陽7
愛　知	春日井商1	春日井商2	春日井商3										
岐　阜													
三　重						四日市西1							
新　潟													
長　野													
富　山	呉　羽1	呉　羽2	呉　羽3	呉　羽4	呉　羽5	呉　羽6	呉　羽7	呉　羽8	高岡商1	高岡商2	高岡商3	高岡商4	
福　井													福井工大福井1
石　川													
大　阪													
和歌山											田辺商1		
奈　良	登美ヶ丘1								登美ヶ丘2				
滋　賀													
京　都	西　山1	京都橘女子1 西　山2	西　山3	西　山4	京都橘女子2 西　山5	京都橘女子3	京都橘女子4 西　山6	京都橘女子5	京都橘6	京都橘7			
兵　庫	啓明女学院1 塩原女子1	啓明女学院2	日ノ本学園1 啓明女学院3	須　磨1 啓明女学院4	啓明女学院5	啓明女学院6 塩原女子2	啓明女学院7	啓明女学院8 日ノ本学園2	啓明女学院9	啓明女学院10 日ノ本学園3	日ノ本学園4 啓明女学院11	日ノ本学園5 啓明女学院12	日ノ本学園6 啓明女学院13
岡　山								総　社1	総　社2				総　社3
鳥　取													
島　根													
山　口													
広　島	廿日市1	広島皆実1	広島皆実2	広島皆実3	廿日市2	廿日市3	広島皆実4			広島皆実5	広島皆実6	山陽女子1	
愛　媛	宇和島南1	宇和島南2	宇和島南3	済　美1	宇和島南4	宇和島南5	済　美2	済　美3	宇和島南6	済　美4	宇和島南7	宇和島南8	宇和島南9
香　川													
高　知													
徳　島													
福　岡							不知火女子1						豊国学園1
大　分													
長　崎													
佐　賀													
熊　本	大　津1	大　津2	大　津3		大　津4								
宮　崎													
鹿児島		鹿屋女子1	神村学園1	神村学園2 鹿児島女子1	神村学園3	神村学園4	神村学園5	神村学園6 鳳　凰1	神村学園7 鳳　凰2	神村学園8 鳳　凰3	神村学園9 鳳　凰4	神村学園10 鳳　凰5	神村学園11
沖　縄						那覇西1							
校名変更および備考	第1回から10回まで会場は神戸							文教大札幌明清←札幌明清	文教大明清←文教大札幌明清 湘南学院←湘南女子 京都橘←京都橘女子	埼玉平成←埼玉	会場は磐田に	グループリーグと決勝トーナメントの形式に 会場は越谷・妻沼に	会場は磐田に

回数	14	15	16	17	18	19	20	21	22	23	24	25	26
年	17年	18年	19年	20年	21年	22年	23年	24年度	25年度	26年度	27年度	28年度	29年度
優勝校	**神村学園2**	**藤枝順心1**	**鳳　凰2**	**常盤木学園2**	**常盤木学園3**	**日ノ本学園1**	**常盤木学園4**	**常盤木学園5**	**日ノ本学園2**	**日ノ本学園3**	**藤枝順心2**	**十文字1**	**藤枝順心3**
準優勝	**常盤木学園3**	**常盤木学園4**	**神村学園3**	**鳳　凰1**	**神村学園4**	**常盤木学園5**	**大阪桐蔭1**	**神村学園5**	**藤枝順心1**	**常盤木学園6**	**神村学園6**	**大商学園1**	**作　陽1**
三　位	**桐　陽1** **鳳　凰2**	**鳳　凰3** **湘南学院1**	**聖和学園7** **常盤木学園1**	**十文字1** **日ノ本学園2**	**十文字2** **日本航空1**	**日本航空2** **神村学園2**	**十文字3** **修　徳1**	**日ノ本学園3** **京都精華女子1**	**常盤木学園2** **神村学園3**	**村田女子2** **藤枝順心1**	**大商学園1** **修　徳2**	**神村学園4** **修　徳3**	**福井工大福井1** **大商学園2**
参加校	24	24	24	32	32	32	32	32	32	32	32	32	32
北海道	文教大明清14 室蘭大谷1	文教大明清15 室蘭大谷2	文教大明清16	文教大明清17 室蘭大谷3	文教大明清18 室蘭大谷4	文教大明清19 室蘭大谷5	文教大明清20 室蘭大谷6	文教大明清21 大谷室蘭7	文教大明清22 大谷室蘭8	文教大明清23 大谷室蘭9	文教大明清24 大谷室蘭10	文教大明清25 大谷室蘭11	文教大明清26 大谷室蘭12
青　森						千葉学園1	千葉学園2	千葉学園3					
岩　手												専大北上1	専大北上2
秋　田											明　桜1		
山　形	山形西1	山形西2						山形城北1					
宮　城	常盤木学園8 聖和学園14	常盤木学園9 聖和学園15	常盤木学園10 聖和学園16	常盤木学園11 聖和学園17 東　北1	常盤木学園12 聖和学園18 東　北2	常盤木学園13 聖和学園19	常盤木学園14 聖和学園20 明　成1	常盤木学園15 聖和学園21 明　成2	常盤木学園16 聖和学園22 仙台育英1 東　北3	常盤木学園17 聖和学園23	常盤木学園18 聖和学園24	常盤木学園19 聖和学園25	常盤木学園20 聖和学園26
福　島			富　岡1	富　岡2	富　岡3	富　岡4				富　岡5			
東　京	十文字2	村田女子4	飛　鳥1 十文字3 村田女子5	飛　鳥2 十文字4 晴海総合1	村田女子6 十文字5 成立学園1	修　徳1 十文字6 村田女子7 成立学園2	修　徳2 十文字7 村田女子8 成立学園3 晴海総合2	村田女子9 十文字8 修　徳3	飛　鳥3 十文字9 修　徳4	修　徳5 村田女子10	修　徳6 十文字10	修　徳7 十文字11	修　徳8 十文字12
千　葉		成田北1				幕張総合1		幕張総合2			幕張総合3		
茨　城													
群　馬								健大高崎1		前橋育英1	健大高崎2 前橋育英2	前橋育英3	前橋育英4
栃　木					宇都宮文星女子3	宇都宮文星女子4	宇都宮文星女子5						
埼　玉	埼玉栄8 埼玉平成10	埼玉栄9 埼玉平成11 本庄第一10	埼玉栄10 埼玉平成12	本庄第一11 埼玉平成13	本庄第一12			久　喜1	本庄第一13			花咲徳栄1	花咲徳栄2
神奈川	湘南学院5	湘南学院6	湘南学院7	湘南学院8	湘南学院9			湘南学院10	湘南学院11	湘南学院12 星槎国際湘南1	湘南学院13 星槎国際湘南2	湘南学院14 星槎国際湘南3	星槎国際湘南4
山　梨			日本航空1	日本航空2	日本航空3	日本航空4	日本航空5		日本航空6	日本航空7		日本航空8	帝京第三1 日本航空9
静　岡	清水南2 藤枝順心2 桐　陽8	吉　原6 藤枝順心3 桐　陽9	藤枝順心4 桐　陽10 常葉橘1	藤枝順心5 藤枝西6 常葉橘2 桐　陽11	藤枝順心6 磐田東1 常葉橘3	藤枝順心7 磐田東2 常葉橘4	藤枝順心8 磐田東3 常葉橘5	藤枝順心9 磐田東4 常葉橘6	藤枝順心10 常葉橘7	藤枝順心11 常葉橘8	藤枝順心12 常葉橘9	藤枝順心13 磐田東5	藤枝順心14 常葉大橘10
愛　知					聖カピタニオ女子1	聖カピタニオ女子2	聖カピタニオ女子3	聖カピタニオ女子4	聖カピタニオ女子5 椙山女学園1			聖カピタニオ女子6	聖カピタニオ女子7
岐　阜													
三　重										三　重1	三　重2		
新　潟									開志学園JSC1	開志学園JSC2	開志学園JSC3	開志学園JSC4	開志学園JSC5
長　野								大町北1		松商学園1	松商学園2		松商学園3
富　山	高岡商5			高岡商6	高　岡1	高岡商7	富山国際大付1					高岡商8	
福　井	福井工大福井2	福井工大福井3	福井工大福井4	福井工大福井5	福井工大福井6	福井工大福井7	福井工大福井8	福井工大福井9	福井工大福井10	福井工大福井11	福井工大福井12	福井工大福井13	福井工大福井14
石　川									星　稜1				
大　阪			大阪桐蔭1	大商学園1	大商学園2	大阪桐蔭2 大商学園3	大阪桐蔭3 大商学園4	大阪桐蔭4 大商学園5	大阪桐蔭5 大商学園6	大阪桐蔭6 大商学園7	大阪桐蔭7 大商学園8	大阪桐蔭8 大商学園9	大阪学芸1 大商学園10
和歌山													
奈　良													
滋　賀				八幡商1									
京　都	京都橘8				京都精華女子1			京都精華女子2		京都精華女子3	京都精華女子4		
兵　庫	日ノ本学園7 啓明学院14	日ノ本学園8 啓明学院15	日ノ本学園9	日ノ本学園10	日ノ本学園11	日ノ本学園12	日ノ本学園13	日ノ本学園14	日ノ本学園15	日ノ本学園16 神戸第一1	日ノ本学園17 神戸弘陵1	日ノ本学園18 北須磨1 神戸弘陵2	日ノ本学園19 六甲アイランド1 神戸弘陵3
岡　山				作　陽1	作　陽2	総　社4 作　陽3	作　陽4	作　陽5	作　陽6	作　陽7 高梁日新1	作　陽8 高梁日新2	作　陽9	作　陽10
鳥　取													
島　根	松江商1						松江商2	松江商3					
山　口													
広　島	山陽女学園2	広島文教女子1 山陽女学園3	広島文教女子2 山陽女学園4	広島文教女子3 山陽女学園5	広島文教女子4 山陽女学園6	広島文教女子5	広島文教女子6	広島文教女子7	広島文教女子8 山陽女学園7	広島文教女子9	広島文教女子10	広島文教女子11 山　陽1	広島文教女子12 山　陽2
愛　媛	済　美5	済　美6	済　美7	宇和島南中等10 済　美8	宇和島南中等11	宇和島南中等12 松山東雲1	宇和島南中等13 松山東雲2	松山東雲3	松山東雲4	松山東雲5			
香　川									津　田1	津　田2	津　田3	四学大香川西1	四学大香川西2
高　知													
徳　島	城　東1	城　東2	城　東3	城　東4	徳島市立1 鳴　門1	鳴　門2	鳴　門3	鳴門渦潮1	鳴門渦潮2	鳴門渦潮3	鳴門渦潮4	鳴門渦潮5	鳴門渦潮6
福　岡	豊国学園2	豊国学園3	豊国学園4	豊国学園5	豊国学園6						東海大第五1	福岡女学院1	東海大福岡2
大　分								柳ヶ浦1	柳ヶ浦2	柳ヶ浦3		柳ヶ浦4	
長　崎				鎮西学院1	鎮西学院2	鎮西学院3 島原商1	鎮西学院4	鎮西学院5	鎮西学院6	鎮西学院7	鎮西学院8	島原商2	
佐　賀													
熊　本													秀岳館1
宮　崎									宮崎日大1	宮崎日大2			
鹿児島	神村学園12 鳳　凰6	神村学園13 鳳　凰7	神村学園14 鳳　凰8	神村学園15 鳳　凰9	神村学園16 鳳　凰10	神村学園17 鳳　凰11	神村学園18 鳳　凰12	神村学園19	神村学園20	神村学園21	神村学園22 鳳　凰13	神村学園23	神村学園24 鳳　凰14
沖　縄							美　里1						
校名変更および備考	参加校が24校に 啓明学院←啓明女学院 山陽女学園←山陽女子		村田女子←東経短大村田女子	参加校が32校に トーナメント方式に 宇和島南中等←宇和島南						会場は神戸に			東海大福岡←東海大第五 常葉大橘←常葉橘

27	28	29	30	31	32	33	34	35	36	37	38	39	40
30 年度	令和元年度	2 年度	3 年度										
星槎国際湘南1	**藤枝順心4**	**藤枝順心5**	**神村学園3**										
常盤木学園7	**神村学園7**	**作　陽2**	**日ノ本学園1**										
東海大福岡1 **十文字4**	**修　徳4** **大阪学芸1**	**帝京長岡1** **大商学園3**	**常盤木学園3** **藤枝順心2**										
32	32	32	32										
文教大明清27 大谷室蘭13	文教大明清28 大谷室蘭14	文教大明清29 大谷室蘭15	文教大附30 大谷室蘭16										
専大北上3	専大北上4	専大北上5	専大北上6										
常盤木学園21 聖和学園27	常盤木学園22 聖和学園28	常盤木学園23 聖和学園29	常盤木学園24 聖和学園30										
修　徳9 十文字13	修　徳10 十文字14	修　徳11	修　徳12										
		暁星国際1	暁星国際2										
鹿島学園1		鹿島学園2	鹿島学園3										
前橋育英5	健大高崎3 前橋育英6	前橋育英7	前橋育英8										
	宇都宮文星女子6	宇都宮文星女子7											
花咲徳栄3													
星槎国際湘南5	星槎国際湘南6	湘南学院15 星槎国際湘南7	星槎国際湘南8										
日本航空10	日本航空11		日本航空12 帝京第三2										
藤枝順心15 磐田東6	藤枝順心16 常葉大橘11	藤枝順心17 常葉大橘12	藤枝順心18 常葉大橘13										
聖カピタニオ女子8	聖カピタニオ女子9		聖カピタニオ女子10										
		神村学園伊賀1											
開志学園JSC6 帝京長岡1	開志学園JSC7 帝京長岡2	開志学園JSC8 帝京長岡3	開志学園JSC9 帝京長岡4										
福井工大福井15	福井工大福井16	福井工大福井17	福井工大福井18										
大商学園11	大阪学芸2 大商学園12	大阪桐蔭9 大商学園13	大阪学芸3 追手門学院1										
京都精華学園5	京都精華学園6		京都精華学園7										
日ノ本学園20 播　磨1 神戸弘陵4	日ノ本学園21 神戸弘陵5	日ノ本学園22 姫路女学院1 神戸弘陵6	日ノ本学園23 姫路女学院2										
作　陽11	作　陽12	作　陽13	作　陽14										
		鳥取城北1											
松江商4													
広島文教女子13	AICJ1 広島文教大附14	AICJ2	AICJ3 広島文教大附15										
四学大香川西3	四学大香川西4	四学大香川西5	四学大香川西6										
鳴門渦潮7	鳴門渦潮8	鳴門渦潮9	鳴門渦潮10										
筑陽学園1 東海大福岡3	東海大福岡4	東海大福岡5	東海大福岡6 筑陽学園2										
		柳ヶ浦5	柳ヶ浦6										
	鎮西学院9												
秀岳館2	秀岳館3	秀岳館4											
神村学園25	神村学園26	神村学園27	神村学園28										
京都精華学園←京都精華女子	元号が「令和」に 広島文教大附←広島文教女子		文教大附←文教大明清										

コロナ禍で開催された 2度目の選手権

国立競技場の決勝には、4万2747人の観客が訪れた

青森山田が圧倒的な強さで日本一に輝いた一方、新型コロナウイルス陽性者が出たことで準決勝の1試合が不成立試合になったことも人々の記憶に刻まれた第100回全国高校サッカー選手権大会。同大会で感染症対策委員会委員長を務めた石川勝利先生が、半年にわたる事前準備、そして14日間の大会期間を振り返る。

石川勝利　東京都立東大和南高校

有観客での選手権を目指して

2021年6月、第100回選手権の感染症対策委員会委員長に、全国高等学校体育連盟（高体連）サッカー専門部の玉生謙介部長から任命されました。昨年度から選手権の実行委員会のメンバーだったこと、選手権が首都圏開催ということで東京都の高校の教員であること、高体連サッカー専門部総務副委員長であることが、私が選出された理由に挙げられます。

昨年度の選手権は、すべての試合でチケット販売が中止となった中で、今年度の選手権は「有観客で開催する」ことを、当初からの目標にしていました。

そのような中、7月8日の緊急事態宣言発出を受けて、東京2020オリンピックは1都3県（東京都、神奈川県、千葉県、埼玉県）の会場では無観客で開催することを発表。「オリンピックが無観客なら、選手権も難しいかもしれない」と思ったのが正直なところですが、昨年度の観客がいない中での選手権を思い返し、多くのサッカーファミリーのためにもスタジアムに観客を入れて開催することを、改めて目標としました。

翌8月には、福井県で2年ぶりにインターハイが開催されました。私も運営の一員として現地へ行き、昨年度の高体連サッカー専門部の感染症責任者であり、インターハイでも責任者を務められた田内成人先生（大阪府立富田林高校）の隣で、一から学ばせていただきました。

12月の選手権に向けては、日本サッカー協会（JFA）やJFAの医学委員会と、どのようにすれば安全に有観客で大会

東京2020オリンピックは宮城県、茨城県、静岡県を除く会場が、無観客で開催された（写真：Getty Images）

スタジアムに来場する観客には入場時に検温が行われ、声を出す応援や人と接触する応援などが禁止行為とされた

を行うことができるか、会議を重ねました。10月に入ったあたりから新型コロナウイルスの新規感染者数が減少傾向になったこともあり、有観客での選手権開催が現実的になってきました。

さらに、12月に開催された天皇杯の準決勝（12日）と決勝（19日）が、観客入場制限なしで開催されました。これにより選手権の準決勝と決勝もJFAが作成した感染対策の安全計画を基に、観客数の制限なしの方針で進めることができました。一方で、世の中の情勢を鑑みながら、観客入場制限をしたり、無観客にしたりする可能性も含めて、実行委員会で話し合いを重ねました。

国立競技場で第100回大会が開幕

11月15日の選手権抽選会は、昨年度に続いて各チームの主将と監督が地元のテレビ局から中継するリモート形式での開催に。昨年度の経験もありましたし、リスクを考えたときに、例年のような東京に集まって抽選会を行うという選択肢はありませんでした。翌日には、各チームの感染症対策責任者をオンラインで集めて「感染症対策会議」を行い、申し合わせ事項を確認して共有しました。

そのときは選手・スタッフ全員がPCR検査を行ってから開会式に臨む、という話で進んでいました。しかし、活動の前提となる新型コロナウイルス感染状況が、東京都はレベル2に達していないということで、JFAのガイドラインに沿って抗原検査を義務づけました。そして、12月27日の夕方に検査を行い、全員が陰性ということで翌28日の開会式が無事に行われ、8587人が集まった国立競技場で第100回大会の幕を開けることができたのです。各チームには抗原検査のキットを配布し、体調不良や発熱があればすぐに検査できるように準備をしました。

大会中の選手とスタッフの体調管理につきましては、「ONE TAP SPORTS（ワンタップスポーツ）」というソフトを運用しました。選手・スタッフ個人のスマートフォンから、起床したら検温して自分の体温や体調に不調をきたしていないか、ということを「ワンタップスポーツ」に入力する。スマートフォンを選手に持たせていないチームもあるので、その場合は感染症対策責任者が代理入力をする。そのデータを実行委員会がチェックし、健康状態に問題がなければ会場に入って試合に臨む、という流れです。試合がない日はもちろん、大会敗退後も2週間は「ワンタップスポーツ」の運用を続けていくことは、全チームに了承していただきました。

準決勝中止という苦渋の決断

選手権は1月4日に準々決勝が終了したのですが、5日に敗退した2チームの関係者から新型コロナウイルスの陽性者が出たことが判明しました。そこで、準決勝に進出した4チームにも万全を期すために、日本代表も採用している「SmartAmp（スマートアンプ）法」で急遽検査を行うことになり、準決勝前々日の6日夜に各チームに検査キットを配布。翌7日の朝に、実行委員会で手分けして各チームの宿舎を訪ねて検体を回収し、千葉県にあるJFA夢フィールドまで届けたのです。

その結果、残念なことに関東第一の2選手にコロナ陽性の疑いが認められ、病院での検査の結果、陽性と診断されました。大会感染対策ガイドラインでは、正規登録チームに代わって、予備登録チームでの出場が可能になっています。希望すれば予備登録をすることができて、関東第一は予備登録を行っていました。しかし、7日の夜、関東第一から予備登録の制度を使用せずに、出場を辞退する申し出があり、同日21時に大津との準決勝の第1試合の中止を発表しました。

感染症対策委員長という立場からすると、不成立試合を出さずに全日程をやり遂げることを目標としていたので、レギュレーションに則ったこととはいえ、本当にいたたまれない気持ちでした。実行委員会としても、安全な大会運営を一番に考慮し、苦渋の決断をすることになりました。準決勝の残り1試合、そして決勝を終えて、すべての日程を終了してから2週間後に、選手権の感染症対策委員長としての責務も終わりました。

大会を終えて、感染症対策にご協力いただいた観客の方々、感染症対策責任者をはじめ各チームの選手・スタッフ、運営に携わっていただいたスタッフ、実行委員会のみなさんには感謝の言葉しかありません。また、前任者の田内先生、JFA医学委員会の立石先生、JFAの市川さんと藤原さん、インフォメーションセンターの大木さんと井上さんには、この場をお借りして改めて御礼を述べさせていただきます。ありがとうございました。

新型コロナウイルスが相手なので、予想外のことが起きるということは、田内先生からアドバイスをいただいていました。とにかくいろいろなことを想定して、無駄になったとしても準備をすること。その大切さを学びました。この仕事がない、第101回大会になることを願っています。

第76回国民体育大会サッカー競技少年男子の部

三重とこわか国体
ときめいて人　かがやいて未来　2021

新型コロナ感染拡大による「三重とこわか国体」中止を受けて

三重県高体連 サッカー専門部
委員長

徳利英明
三重県立上野高校

できる限りの準備を

昨年度の「燃ゆる感動 かごしま国体」が延期となったことで、本年度三重県で開催されることになっていた「三重とこわか国体」も、新型コロナウイルス感染拡大の状況によっては開催できないことが想定されていました。しかし、そのような中でも、正式に中止が決定するまでは、三重県としてできる限りの準備を重ねてきました。

本来の国体の準備に加えて新型コロナウイルスの感染対策の準備もあり、何がベストの方法かを協議し、模索する日々でした。競技をサポートしてくれる会場補助員として地元の高校から生徒を出してもらう関係上とても心配で、慎重に進めてきました。

運営面に関しては、前回大会が延期になったことで視察をすることもかなわず、大きな不安がありました。ただ、2018年に三重県で開催された「2018彩る感動 東海総体」において、男子サッカーの会場は2種のメンバーを中心として運営しましたので、運営面のノウハウが身に付いており、今回の国体でも2種のメンバーを会場長にする予定のところもありました。

少年男子の部の会場であった四日市市では、国体推進課の方々が中心となって準備を進めてきました。天然芝のグラウンドを業者に依頼してきれいに整えていただき、人工芝のグラウンドも3面追加しました。備品についても、会場ごとに消しゴムひとつから得点ボードまで、大小さまざま全ての数を数え、現場で調査し、必要であれば発注するなど、数々のご苦労があったとの報告を会議の場で受けていました。

感染拡大第5波の中での中止決定

私は、三重県サッカー協会2種委員長として動く一方、成年男子の部、女子の部、少年男子の部の記録全体を集約、チェックする本部担当でした。記録の録り方、シュート数のカウントの仕方など、ミスが出ることのないように研修を通じて共有していきました。2018年の総体の経験に加え、ご協力いただいたなでしこリーグ所属の伊賀FCくノ一三重の方々も経験が豊富であるため、あらかじめ課題をあぶり出すことができ、それを会議の場で議論してきました。

会議も三重県サッカー協会だけの会議、各市町だけの会議、サッカー協会と各市町との会議など、相当数に上ったと思います。少年男子の部は四日市市のみの開催でしたが、サッカー競技自体は市をまたいでの開催になりますので、やり方にずれが生じないよう連携、共有に努めました。

ですが、できる限りの準備を進めていた8月26日、国体の中止が発表されました。当時は新型コロナウイルス感染拡大の第5波にあたり、三重県でもそれまでで最も感染者数が多い状況で

サッカー少年男子の部

1〜2回戦	2021年9月26日〜27日	四日市市中央陸上競技場、四日市市中央フットボール場、四日市大学第1グラウンド（すべて四日市市）
準々決勝	2021年9月28日	
準決勝	2021年9月29日	
決勝	2021年9月30日	

予定されていた日程と会場

少年の部の会場予定だった四日市市中央陸上競技場

した。もし国体を開催して感染者数を増やしてしまったらと、医療機関の方々のご負担を考える自分もいました。最終的な判断に従うしかなく、中止という結果が良い悪い、という話ではなかったと感じています。

一方で、本当に残念で辛い気持ちがあったことも確かです。鈴木英敬知事（当時）が「断腸の思い」と繰り返して中止を申し入れたように、私自身も複雑な気持ちでした。最も残念であったのは、今回の国体に向けて長年強化を続けてきた少年男子の部のチームに、その成果となる場を提供することができなかったことです。

三重県が総力をあげてのチーム強化

2016年1月、当時10歳以下の選手を「ターゲットエイジ」と位置付けて「チーム三重スタートアップキャンプU-10」を行いました。5年前から、今回の国体に向けた強化を始めたのです。本来は高校世代が担当の三重県サッカー協会2種の指導者が、U-10世代から関わっていくのは例年にない取り組みでした。

四日市中央工業高校の監督を長年務めておられた樋口士郎さんをアドバイザーとして、ターゲットエイジの活動に同行していただき助言を賜りました。城利英監督も、監督に就任する前からスペインやJリーグのガンバ大阪に研修に行って学んできました。他のスタッフも視察や分析を重ねてきました。そして何より、選手たちが三重県の代表としての自覚をもって取り組んでいました。まさに三重県が総力をあげて強化してきたと言えます。

そのチームがプレーする晴れ舞台がなくなってしまったことがとても残念で、申し訳ない気持ちになりました。中止が決まった後、監督には電話で「今まで取り組んできてもらったのに、残念です」という話をしました。さらに懸命に準備をしてきた協会のスタッフ、市の方の苦労――これらを考えると辛い思いがより一層募ってきました。

三重県の絆を作ったみなさまに感謝

しかし、国体は中止となってしまいましたが、残った財産は確実にあります。運営面のノウハウ、選手の育成の形、各市とサッカー協会の連携など「三重県のためにがんばろう」という気持ちでひとつになり、みんなで支え合い、万全の態勢を整えようという力が絆となって、いい準備ができていたと実感しています。今回活躍するはずだったチームの選手たちには、今回の経験をふまえ、サッカーが当たり前にできることのありがたみを胸に刻みつつ、今後も成長を続けて活躍してほしいと願っています。

開催判断が直前まで不透明であった中で、関わってくださった全ての方々にこの場をお借りして感謝を申し上げたいと思います。コロナ禍の不安の中でもひたむきに取り組んでくれた選手たち。各地区から彼らを送り出してくださっていたチームスタッフと保護者のみなさま。今回の国体チームにおいてたくさんの時間を費やしてくれたスタッフと三重県サッカー協会関係者。選手たちが小学、中学年代の頃に育成に関わっていた指導者のみなさま。運営準備に奔走してくださった各市の国体担当の方々。そして、応援グッズを製作してくれて、補助員として準備していてくれた地元の生徒のみなさん。本当にありがとうございました。

緊急対談

高校サッカーの2021年度と未来を語る

全国高体連サッカー専門部 部長

玉生謙介

全国高体連サッカー専門部 女子部委員長

床爪克至

さまざまな大会の運営や組織の管理など、
高校サッカーを統括している全国高等学校体育連盟（高体連）サッカー専門部。
玉生謙介部長と床爪克至女子部委員長が、2021年の年末に集い、
高校サッカーの現在、そして未来の展望について議論した。

撮影／小林洋　構成／奥山典幸
この取材は、2021年12月13日に、講談社にて行いました。

THEME 1

2021年度の高校サッカー

玉生　全日程を消化できたわけではないですが、プレミアリーグとプリンスリーグが開催できたことは、参加チームにとって非常に大きかったと思います。プレミアリーグもプリンスリーグも都道府県をまたいで試合を行う難しさがありますが、しっかりと新型コロナウイルスの感染対策をし、同時に開催があやういときはやらないという判断をしながら、年間を通して運営することができました。プレミアリーグやプリンスリーグに限らず、各都道府県のリーグ戦が開催されたことは、育成という観点からも意味がありました。

また、昨年度は中止になりましたが、今年度はインターハイを開催することができました。残念ながら男子の1チームが辞退することになってしまいましたが、決勝まで大会を行うことができましたし、プレーをしている選手の姿を見ると、開催できてよかったと強く感じました。

床爪　2年ぶりにインターハイが開催されたことが、高校年代の女子サッカーにとって今年一番のポイントだったと思います。2012年にインターハイで女子の部が採用されてから、高校年代の女子サッカーはだいぶ変わりました。何が変わったかというと、男子の先生に女子サッカーを知っていただく機会が増えたこと。それによって、サポート態勢をとれる学校が多くなってきていて、実際に男子の強豪校が女子サッカー部を創設したり、男子の指導者が女子も指導するようになってきました。こうして発展できているのは、インターハイの女子サッカーがはじまった成果だと実感しています。2021年度のインターハイは福井県での開催となりましたが、実は福井県の女子サッカー部は福井工大福井1校のみです。その福井県で開催するということは、男子のサポートが必要になってくるのですが、福井県は男子も決して加盟校数が多くありません。サッカーに携わっていない方たちが関わって競技役員を担当してくださったことで、女子サッカーを広く見ていただくことができました。改めて感謝申し上げます。

女子サッカーが、男子サッカーと同じように大会を行えるかといえば、そうではありません。選手権でいえば、開会式は費用の問題でむずかしいのが現状です。スポンサーをする企業のためにも、魅力ある競技になっていく必要があります。育成の面でも試行錯誤していこうとしている中で、男

インターハイ女子の部としては、2021年度で9度目の開催に。神村学園が初優勝をはたした

子サッカーの先生方が女子サッカーに携わってくださっています。たとえば、山下正人先生（元都三鷹、都駒場監督）は霞ヶ浦を指導されて、今年の関東大会（第30回 関東高等学校女子サッカー選手権大会［兼］第30回 全日本高等学校女子サッカー選手権大会関東予選）では、修徳相手にスコアレスの末のPK方式まで持ち込みました。百戦錬磨の先生方が、戦い方の本質を伝えてくださることを期待しております。

玉生　2021年度といえば、半月後に選手権が控えています。やはり高校年代で一番最後に行われる大会ですし、いまは無事に最後までやり遂げたい思いです。今年度は最後まで有観客で行う予定ですが、早々にチケットが売り切れになってしまった会場もあると聞いています。第100回大会ということで、注目度の高さを改めて感じています。とにかく、選手にとって少しでもいい環境を整える。お客さんを入れることもいい環境のひとつです。100回は一区切りではありますけど、101回に向けて弾みをつけられるような大会にできたらいいと思っています。

床爪　女子の選手権は神戸が開催地になって8年目を数え、男子が東、女子が西という形が定着してきました。決勝戦の日程は、2021年度でいえば、女子が2022年1月9日で、男子が1月10日というように、男子決勝の前日に、女子決勝を開催するというスタイルをここ何年かとっています。選手権はこれからになりますが、都予選を見ていると、

コロナ禍で練習量が少なかったことで明らかにチーム力が落ちていると感じました。一方で、第30回大会ということもありますので、高校女子選抜を編成していこうという動きがあります。選抜チームをつくることでモチベーションを上げることができたらと思っています。育成ということでいえば、2022年度から国体で16歳以下の「少年女子の部」が創設されます。組織としてできあがるまでには少し時間がかかるかもしれませんが、これがきっかけになって都道府県で技術の連携を構築していければ、と思っています。

玉生　昨年度に引き続き、コロナ禍でどうやって高校サッカーに取り組んでいくかという1年になりました。この2年間高校年代を過ごした選手たちは、高校サッカーに取り組む時間が少なくなってしまったのが現実です。目の前にある高校サッカーにどのように取り組んでいくのか。そのことを常に真剣に考えながら過ごしたのだと思います。マイナスのことばかりではなく、今回の経験を今後苦しいことに直面したときに活かして欲しいと強く願っています。

2年ぶりに有観客での開催となった第100回の選手権。選手たちからも喜びの声が多く聞こえた

THEME 2
高校サッカーの未来

玉生　いま一番に考えなければならないのは、リーグ戦と高体連の大会の、年間計画のところだと思っています。2022年度からはプレミアリーグの参加チーム数が増えるため、これまで連盟大会を行っていた日程にもリーグ戦が入ってきます。ある県の委員長さんに話を聞いたところ、インターハイ予選は平日も含めて短期間で開催しているので問題なく開催できます、とお答えいただきました。一方で、選手権予選はむずかしい。2022年度にプレミアリーグに参加する高体連の9チーム（青森山田、桐生第一、前橋育英、流経大柏、市立船橋、静岡学園、履正社、東福岡、大津）は、リーグ戦との日程の兼ね合いで選手権予選のベスト8からの参加にならざるを得なくなってしまいます。47都道府県すべての高体連サッカー専門部にご理解いただいたうえで、プレミアリーグ参加校は、ベスト8までシードということで進めていければと考えているのですが、今後さらにプレミアリーグに所属する高体連のチームが増えていく可能性もありますし、今後の大きな課題だと思います。

床爪　女子のほうも、2026年に向けて高校年代のリーグ戦をつくることを日本サッカー協会（JFA）からアナウンスされました。どうしても地域によって温度差があるのですが、私が女子サッカーの問題だと感じているのは、中学年代まではクラブチームが主体でやっているのに、高校年代になると高体連のチームに行く選手が多くなってしまうこと。そうなると、クラブはWeリーグの下部組織くらいしかでやっていけなくなることが危惧されます。その結果、女子サッカーの競技人口も増えなくなってしまう……。男子がやっているように、高体連とクラブの共存に向けて動いてはいま

夏のインターハイは、暑熱対策が課題に。比較的涼しい地域での開催で、選手の安全の確保に期待

す。具体的には、高体連とクラブのトップチームが競い合うようなリーグをつくらないとダメだという認識になりつつあります。

玉生　リーグ戦だけでなく、高体連の大会を高校生にとって魅力的なものにしていかなければなりません。インターハイに関しては暑熱対策として、2024年からの2年間は、男子は福島県、女子は北海道ということで、両道県に承認していただきました。少しでもいい環境で選手たちに試合をさせてあげたいという思いが実現できることはいいことですが、2026年以降も福島県と北海道で開催できるとは限りません。選手の安心、安全を確保しつつ、いい環境でプレーさせてあげる。そのための整備は今後も続けていきたいと思います。

　いい環境で、ということでいえば、選手権の100回大会から日程が変わり、連戦がなくなります。できれば1回戦から90分の試合にしたい思いも持っています。ただ、参加校数が増えるとなると、いろいろな問題も生じてくることも考えなければいけません。

床爪　高体連の先生たちから聞くのは「クラブチームと戦うと、試合の熱さが違う」ということです。高体連のチームはなんとか勝ちたいという気持ちが強くて、それに向けてどう準備をしていくかを考えていけるのではないでしょうか。たとえば、今年度のインターハイで優勝した神村学園のキャプテンは、「試合に集中させて欲しい」とメディアに伝えたといいます。彼女は自分がメジャーになることよりも、チームのためを考えられる選手ですよね。サッカーをしながら、帰属意識や組織を強化するためのプロセスを学ぶことができる。それが高体連のよさだと思います。

玉生　働き方改革の中で教員の負担を減らす目的で、サッカーをやりたいならこの学校に行ってクラブ活動をやりましょう、別の学校にはバスケットボールの先生がいるから、バスケットボールをやりたい人はこの学校に行きましょう、ということになるかもしれない。そうなると、学校対抗という構図が崩れてくる可能性があります。近い将来に中学年代からはじまる動きもあるようですが、いずれ高校年代にも上がってくることになるでしょう。そうなったときに、単体の高校対高校ではなくなってくるので、考え方や価値観も変わってくると思います。もしかしたら大会の在り方も影響を受ける可能性はあるでしょう。ただ、この話も先生の立場から見た話で、学校対学校でやりたいのは先生だけで、選手からしてみればそこの学校に行けばいい指導者がいて、いいサッカーができるのであれば、そのほうが環境はいいと思うんですよね。やりたい人たちが気持ちよくやるためには、悪い方法ではないと感じています。

女子サッカーは、47都道府県1代表での全国大会の実現を目指している

　いまのままだともしかしたら、クラブ活動を重荷に感じている先生のもとで選手たちがサッカーをやっているかもしれない。それこそ不幸なことではないかと思います。そうなったときに、全国大会の代表校はどうなっていくのか、いろいろ思うところもあるのですが、今後、働き方改革の波の中で、変化していく部分は出てくるのだろうと思っています。

床爪　強化とともに普及ということを考えたときに、加盟校数と競技人口の伸び悩みは昨年あたりから起こっています。カギを握るのは日本中学校体育連盟（中体連）の中学年代。小学生までは男女が一緒にプレーをしていても女子が活躍できる状況なのですが、中学生になって1年生までは通用するんだけど、2年生になったら出番もなくなってやめていってしまう状況がある。神奈川県は男子の中体連の先生が中心になって女子の選手を90人ぐらい集めた合同チームをつくっていて、中体連との関わりが今後は大きくなってくるのだと感じています。

玉生　床爪先生から中体連の合同チームのお話がありましたが、現在高体連の合同チームが全国大会に出ることはできないのですが、出場がかなうように検討をはじめています。ただ、ルールづくりは非常に大変だとは感じています。また、女子の全国大会を47都道府県から1代表ずつにすることは、日本サッカー協会の田嶋幸三会長からの要望でもあります。女子サッカーが盛り上がっていくには、高体連を盛り上げていく必要があると。そうなれば、全国各地で熱心にサッカーをはじめる高校も出てくるだろう、ということでした。なんとか床爪先生と力を合わせて推し進めていきたいと思っています。

　5年後、10年後というような計画をしっかり立てて、そこに向かって進んでいく。全国高体連サッカー専門部部長として、男子サッカー、女子サッカーのよりよい未来を考えていければと思っております。

国民体育大会記録

回(開催年)	1 (21年)	2 (22年)	3 (23年)	4 (24年)	5 (25年)	6 (26年)	7 (27年)	8 (28年)	9 (29年)	10 (30年)	11 (31年)	12 (32年)
開催地	西宮(兵庫県)	金沢(石川県)	福岡(福岡県)	武蔵野(東京都)	刈谷(愛知県)	広島(広島県)	仙台(宮城県)	松山(愛媛県)	岩見沢(北海道)	藤沢(神奈川県)	西宮(兵庫県)	藤枝(静岡県)
優勝	**湘南中$_1$**		**広島高師附属$_1$**	**浦和$_1$**	**修道$_1$**	**浦和$_2$**	**韮崎$_1$**	**修道$_2$**	**刈谷$_1$**	**刈谷$_2$**	**修道$_3$**	**藤枝東$_1$**
準優勝	神戸一中$_1$		湘南$_1$	宇都宮$_1$	浦和$_1$	三国丘$_1$	**明星$_1$**	韮崎$_1$	甲府一$_1$	神戸$_2$	藤枝東$_1$	山陽$_1$
三位			浜松一$_1$	修道$_1$	三国丘$_1$	甲府一$_1$	東千田$_1$	明星$_1$	修道$_2$	日立一$_1$	函館東$_1$	刈谷$_2$
四位			仙台一$_1$	池田$_1$	刈谷$_1$	国泰寺$_1$	鶴岡工$_1$	宇都宮工$_1$	上野$_1$	島原$_1$	遠野$_1$	関西学院$_1$
参加数	(2)	(0)	(8)	(16)	(12)	(12)	(24)	(30)	(22)	(29)	(32)	(32)
北海道			函館商$_1$	室蘭商$_1$	函館中部$_1$	函館中部$_2$	函館東$_1$	北海$_1$	函館商$_2$	北海$_2$	函館東$_2$	函館東$_3$
青森												弘前$_1$
岩手										遠野$_1$	遠野$_2$	盛岡一$_1$
秋田							秋田商$_1$	秋田商$_2$	秋田商$_3$	秋田商$_4$	秋田$_1$	秋田商$_5$
山形				鶴岡二$_1$	鶴岡$_1$	鶴岡工$_2$	鶴岡工$_3$	鶴岡工$_4$			鶴岡南$_2$	
宮城			仙台一$_1$					仙台育英$_1$	宮城工$_1$	宮城工$_2$	仙台育英$_2$	仙台育英$_3$
福島												
新潟												
長野							上田松尾$_1$	上田松尾$_2$	大町南$_1$	松本県ヶ丘$_1$	上田松尾$_3$	
富山				富山中部$_1$	富山中部$_2$	富山中部$_3$	入善$_1$	富山商$_1$		富山中部$_4$	富山中部$_5$	富山中部$_6$
石川							金沢大附属$_1$	金沢大附属$_2$	金沢大附属$_3$			
福井												福井農林$_1$
茨城								日立一$_1$		日立一$_2$	日立一$_3$	
栃木				宇都宮$_1$			宇都宮工$_1$	宇都宮工$_2$	真岡$_1$	宇都宮農$_1$	宇都宮工$_3$	喜連川$_1$
群馬									館林$_1$			館林$_2$
埼玉				浦和$_1$	浦和$_2$	浦和$_3$	浦和$_4$	浦和$_5$	浦和$_6$	浦和$_7$	浦和$_8$	浦和市立$_1$
東京				都立九高$_1$	大泉$_1$	北園$_2$	桐朋$_1$	教大附属$_1$	石神井$_1$	青山学院$_1$	教大附属$_2$	上井草$_1$
千葉							千葉一$_1$			長生一$_1$	長生一$_2$	千葉商$_1$
神奈川	湘南中$_1$		湘南$_2$					小田原$_1$		翠嵐$_1$	横浜商$_1$	鎌倉学園$_1$
山梨				甲府一$_1$		甲府一$_2$	韮崎$_1$	韮崎$_2$	甲府一$_3$	日川$_1$	甲府一$_4$	韮崎$_3$
静岡			浜松一$_1$		浜松北$_2$			藤枝$_1$		藤枝東$_2$	藤枝東$_3$	藤枝東$_4$
愛知				刈谷$_1$	刈谷$_2$	刈谷$_3$	刈谷$_4$	挙母$_1$	刈谷$_5$	刈谷$_6$	刈谷$_7$	刈谷$_8$
岐阜								岐阜商$_1$				岐阜工$_1$
三重			上野北$_1$				上野$_2$		上野$_3$	上野商工$_1$	上野商工$_2$	
滋賀								大津東$_1$	八幡$_1$	大津$_1$	甲賀$_1$	甲賀$_2$
京都				堀川$_1$			山城$_1$	城南$_1$	日吉ヶ丘$_1$	山城$_2$	山城$_3$	山城$_4$
奈良												
和歌山							桐蔭$_1$	桐蔭$_2$		桐蔭$_3$	桐蔭$_4$	古座$_1$
大阪				池田$_1$	三国丘$_1$	三国丘$_2$	明星$_1$	明星$_2$	明星$_3$	明星$_4$	追手門学院$_1$	天王寺$_1$
兵庫	神戸一中$_1$			神戸$_2$	長田$_1$	芦屋$_1$	神戸$_3$	兵庫工$_1$	神戸$_4$	神戸$_5$	神戸$_6$	関西学院$_1$
岡山				関西$_1$							関西$_2$	関西$_3$
鳥取												
島根											浜田$_1$	
広島			広島高師附属$_1$	修道$_1$	修道$_2$	国泰寺$_1$	東千田$_2$	修道$_3$	修道$_4$	国泰寺$_2$	修道$_5$	山陽$_1$
山口							多々良学園$_1$	多々良学園$_2$	山口$_1$	多々良学園$_3$		多々良学園$_4$
香川												高松商$_1$
徳島			富岡一$_1$	川島$_1$			富岡西$_2$	富岡西$_3$	徳島商$_1$	徳島商$_2$		徳島商$_3$
高知							高知農$_1$	高知農$_2$			高知農$_3$	
愛媛					松山東$_1$	松山南$_1$		松山南$_2$	松山商$_2$	松山工$_1$	南宇和$_1$	
福岡					山田$_1$		筑紫丘$_1$	筑紫丘$_2$	福岡商$_1$	福岡商$_2$		筑紫丘$_3$
佐賀								小城$_1$				
長崎				島原$_1$		島原$_2$				島原$_3$	島原商$_1$	島原商$_2$
大分								大分工$_1$		大分工$_2$	大分工$_3$	大分工$_4$
宮崎							富島$_1$				延岡向洋$_1$	
熊本				済々黌$_1$			八代$_1$	熊本工$_1$	熊本工$_2$	熊本工$_3$	松橋$_1$	熊本工$_4$
鹿児島			鹿児島$_1$								鶴丸$_1$	鹿児島$_2$
沖縄												
備考	中等学校の部としてスタート。東西対抗戦の形で二チームのみ参加	一般の部のみ実施され、中等学校の部は行われず	学制改革により高校の部となる 湘南←湘南中	三位決定戦行わず（5回まで） 神戸←神戸一中	浜松北←浜松一	北園←都立九高 鶴岡工←鶴岡二 三位決定戦が実施される	決勝戦引き分け、両校優勝 三位決定戦実施されず 東千田←広島高師附属 上野←上野北 富岡西←富岡一	以後、毎回三位決定戦が実施される	松山商←松山東	藤枝東←藤枝	鶴岡南←鶴岡	三位決定戦引き分け

13（33年）	14（34年）	15（35年）	16（36年）	17（37年）	18（38年）	19（39年）	20（40年）	21（41年）	22（42年）	23（43年）	24（44年）
高岡（富山県）	東京（東京都）	八代，松橋（熊本県）	仁賀保，西目（秋田県）	津山（岡山県）	小野田（山口県）	新潟（新潟県）	岐阜（岐阜県）	別府（大分県）	浦和（埼玉県）	三国，芦原（福井県）	島原（長崎県）
清水東$_1$	**浦和市立$_1$**	**山城$_1$**	**修道$_4$**	**浦和市立$_2$**	**浦和市立$_3$**	**明星$_2$**	**浦和西$_1$**	**藤枝東$_2$**	**浦和南$_1$**	**韮崎$_2$**	**浦和南$_2$**
山陽$_2$	広島大附属$_1$	秋田商$_1$	浦和市立$_1$	明星$_1$	上野$_1$	藤枝東$_2$	**仙台育英$_1$**	浦和南$_1$	韮崎$_2$	遠野$_1$	大垣工$_1$
宇都宮工$_1$	藤枝東$_1$	浦和市立$_1$	秋田商$_1$	山陽$_1$	藤枝東$_2$	広島市立商$_1$	明星$_2$	大分工$_1$	帝京$_1$	山陽$_2$	藤枝東$_3$
館林$_1$	宇都宮工$_2$	遠野$_2$	藤枝東$_1$	藤枝東$_2$	山城$_1$	都立駒場$_1$	京都商$_1$	秋田商$_2$	仙台育英$_1$	中津工$_1$	韮崎$_1$
(29)	(32)	(28)	(28)	(32)	(32)	(32)	(32)	(32)	(32)	(32)	(33)
函館有斗$_1$	美唄工$_1$	岩見沢東$_1$	室蘭清水丘$_1$	釧路工$_1$	室蘭工$_1$	函館工$_1$	函館工$_2$	釧路工$_2$	室蘭工$_2$	函館有斗$_2$	函館東$_4$
		五戸$_1$			五戸$_2$	三本木農$_1$			五戸$_3$		五戸$_4$
遠野$_3$	盛岡商$_1$	遠野$_4$	盛岡商$_2$	盛岡商$_3$		盛岡商$_4$	盛岡商$_5$	盛岡商$_6$		遠野$_5$	
秋田商$_6$	秋田商$_7$	秋田商$_8$	秋田商$_9$	船川水産$_1$	秋田商$_{10}$	西目農$_1$	秋田商$_{11}$	秋田商$_{12}$	秋田商$_{13}$	秋田商$_{14}$	
鶴岡南$_3$	興譲館$_1$		鶴岡工$_5$								
	宮城工$_3$		宮城工$_4$	石巻商$_1$	仙台育英$_4$	仙台育英$_5$	仙台育英$_6$	仙台育英$_7$	仙台育英$_8$	仙台育英$_9$	仙台育英$_{10}$
						安積$_1$	安積$_2$		安積$_3$	郡山西工$_1$	郡山商$_1$
						柏崎$_1$					
穂高$_1$	穂高$_2$	穂高$_3$	上田$_4$	松本県ヶ丘$_2$			穂高$_4$	松本県ヶ丘$_3$	上田$_5$	松本県ヶ丘$_4$	上田東$_1$
富山中部$_7$	富山商$_2$	富山北$_1$	富山北$_2$	富山一$_1$	高岡工芸$_1$	富山中部$_8$	富山中部$_9$	高岡工芸$_2$	富山中部$_{10}$		
						金沢商$_1$				金沢泉丘$_1$	
					小浜水産$_1$					坂井農$_1$	坂井農$_2$
日立一$_4$	日立一$_5$	日立一$_6$	日立工$_1$	日立一$_7$			水戸商$_1$	水戸商$_2$	水戸商$_3$		
宇都宮工$_4$	宇都宮工$_5$			宇都宮工$_6$	宇都宮工$_7$	宇都宮学園$_1$	宇都宮商$_1$	宇都宮工$_8$	宇都宮学園$_2$	宇都宮学園$_3$	宇都宮工$_9$
館林$_3$	館林$_4$	館林$_5$	館林$_6$		館林$_7$	新島学園$_1$	新島学園$_2$	館林$_8$	新島学園$_3$	高崎$_1$	新島学園$_4$
浦和市立$_2$	浦和市立$_3$	浦和市立$_4$	浦和市立$_5$	浦和市立$_6$	浦和市立$_7$	浦和市立$_8$	浦和西$_1$	浦和南$_1$	浦和南$_2$	浦和市立$_9$	浦和南$_3$
教大附属$_3$	教大附属$_4$	私立城北$_1$	私立城北$_2$	私立城北$_3$		都立駒場$_1$	帝京$_1$	私立城北$_4$	帝京$_2$		帝京$_3$
		長生一$_3$		習志野$_1$	習志野$_2$	習志野$_3$	習志野$_4$	習志野$_5$	千葉$_2$	習志野$_6$	習志野$_7$
鎌倉学園$_2$	鎌倉学園$_3$		湘南$_3$	湘南$_4$	鎌倉学園$_4$	鎌倉学園$_5$				相模工大附属$_1$	相模工大附属$_2$
甲府商$_1$	韮崎$_4$	日川$_2$	甲府商$_2$		甲府工$_1$	石和$_1$	韮崎$_5$	甲府工$_2$	韮崎$_6$	韮崎$_7$	韮崎$_8$
清水東$_1$	藤枝東$_5$	清水東$_2$	藤枝東$_6$	藤枝東$_7$	藤枝東$_8$	藤枝東$_9$	静岡工$_1$	藤枝東$_{10}$		藤枝東$_{11}$	藤枝東$_{12}$
挙母$_2$	豊田西$_3$		中京商$_1$	豊田西$_4$	豊田西$_5$			刈谷$_9$	刈谷$_{10}$	刈谷$_{11}$	熱田$_1$
	岐阜工$_2$					大垣工$_1$	大垣工$_2$	大垣工$_3$	大垣工$_4$	大垣工$_5$	大垣工$_6$
上野$_4$		上野商工$_3$	上野商工$_4$	上野$_5$	上野$_6$	上野$_7$	上野工$_5$		上野工$_6$		
甲賀$_3$	甲賀$_4$	甲賀$_5$	甲賀$_6$	甲賀$_7$	甲賀$_8$	甲賀$_9$	瀬田工$_1$	草津$_1$	甲賀$_{10}$	甲賀$_{11}$	甲賀$_{12}$
山城$_5$	山城$_6$	山城$_7$	山城$_8$	京都商$_1$	山城$_9$	京都商$_2$	京都商$_3$	京都商$_4$	山城$_{10}$	京都教大附属$_1$	洛北$_1$
									正強$_1$		
星林$_1$	古座$_2$			串本$_1$	新宮$_1$		新宮$_2$	串本$_2$		新宮$_3$	新宮$_4$
明星$_5$	明星$_6$	明星$_7$	明星$_8$	明星$_9$	明星$_{10}$	明星$_{11}$	明星$_{12}$	明星$_{13}$	明星$_{14}$	初芝$_1$	初芝$_2$
神戸$_7$	神戸$_8$	神戸$_9$	関西学院$_2$	兵庫工$_2$	神戸$_{10}$	関西学院$_3$	鳴尾$_1$	神戸$_{11}$	関西学院$_4$	関西学院$_5$	関西学院$_6$
	関西$_4$			久世$_1$	関西$_5$	津山工$_1$			玉島商$_1$		
大社$_1$		大社$_2$	大社$_3$	浜田$_2$	浜田$_3$		大社$_4$	益田産業$_1$		益田農林$_2$	益田農林$_3$
山陽$_2$	広島大附属$_3$	広島大附属$_4$	修道$_6$	山陽$_3$	修道$_7$	広島市立商$_1$	広島県工$_1$	山陽$_4$	修道$_8$	山陽$_5$	広島市立商$_2$
	山口$_2$	山口$_3$		多々良学園$_5$	小野田工$_1$	小野田工$_2$	小野田工$_3$	小野田工$_4$	小野田工$_5$	多々良学園$_6$	小野田工$_6$
									高松商$_2$	高松商$_3$	高松南$_1$
撫養$_1$	徳島商$_4$	徳島商$_5$		徳島商$_6$	徳島商$_7$		徳島商$_8$	徳島商工$_1$	徳島商$_9$	徳島商$_{10}$	
			高知農$_4$	追手前$_1$	追手前$_2$	追手前$_3$	追手前$_4$	高知商$_1$			高知農$_5$
南宇和$_2$	松山北$_1$	松山商$_3$	新居浜東$_1$	松山北$_2$	松山商$_4$	松山工$_2$	松山工$_3$	内子$_1$	新田$_1$	八幡浜工$_1$	壬生川$_1$
	嘉穂$_1$	福岡商$_3$		福岡商$_4$				山田$_2$			山田$_3$
	小城$_2$						小城$_3$	小城$_4$			多久$_1$
島原商$_3$	島原商$_4$	島原商$_5$	島原商$_6$		島原商$_7$	島原商$_8$	島原商$_9$	島原商$_{10}$	島原商$_{11}$	島原工$_1$	島原工$_2$
大分工$_5$		中津東$_1$	中津東$_2$	中津東$_3$	中津南$_1$	中津東$_4$	大分工$_6$	大分工$_7$	中津工$_1$	中津工$_2$	大分工$_8$
延岡向洋$_2$		延岡向洋$_3$	延岡向洋$_4$	延岡$_1$	延岡$_2$			宮崎商$_1$	延岡工$_5$		
熊本商$_1$	熊本商$_2$	松橋$_2$	熊本工$_5$	熊本商$_3$	熊本商$_4$	熊本工$_6$	熊本商$_5$		八代一$_1$	八代一$_2$	熊本一$_1$
	玉竜$_1$			蒲生$_1$	鹿児島商$_1$	蒲生$_2$				鹿児島工$_1$	
											那覇$_1$
	広島大附属←東千田 豊田西←挙母		上田←上田松尾				上野工←上野商工 決勝戦引き分け、両校優勝	三位決定戦引き分け	延岡工←延岡向洋 千葉←千葉一	益田農林←益田産業	

第25回大会より選抜チームが出場することに。次ページ以降「○」は選抜チーム、単独チームは校名を表記しています。

回(開催年)	25(45年)	26(46年)	27(47年)	特別(48年)	28(48年)	29(49年)	30(50年)	31(51年)	32(52年)	33(53年)	34(54年)	35(55年)	36(56年)	37(57年)	38(58年)	39(59年)	40(60年)	41(61年)	42(62年)	43(63年)	44(元年)	45(2年)	46(3年)
開催地	遠野 (岩手県)	新宮 (和歌山県)	鹿児島 (鹿児島県)	コザ (沖縄県)	市原 (千葉県)	日立 (茨城県)	伊賀上野 (三重県)	多久 (佐賀県)	十和田 (青森県)	大町 (長野県)	延岡 (宮崎県)	矢板 (栃木県)	水口 (滋賀県)	益田 (島根県)	藤岡 (群馬県)	橿原、大淀 (奈良県)	米子 (鳥取県)	韮崎 (山梨県)	那覇 (沖縄県)	宇治 (京都府)	室蘭 (北海道)	福岡 (福岡県)	金沢 (石川県)
優勝	**埼玉$_1$**	**静岡$_2$**	**埼玉$_2$**	**埼玉**	**静岡$_3$**	**茨城$_1$**	**静岡$_4$**	**静岡$_5$**	**静岡$_6$**	**東京$_1$**	**東京$_2$**	**静岡$_7$**	**長崎$_1$**	**兵庫$_1$**	**長崎$_2$**	**神奈川$_1$**	**静岡$_9$**	**東京$_3$**	**静岡$_{10}$**	**静岡$_{11}$**	**徳島$_1$**	**埼玉$_3$**	**静岡$_{12}$**
準優勝	**静岡$_1$**	大阪$_1$	静岡$_1$	静岡	埼玉$_1$	東京$_1$	兵庫$_1$	広島$_1$	京都$_1$	静岡$_2$	茨城$_1$	東京$_2$	埼玉$_2$	**静岡$_8$**	静岡$_3$	静岡$_4$	長崎$_1$	埼玉$_3$	滋賀$_1$	埼玉$_4$	神奈川$_1$	**千葉$_1$**	千葉$_1$
三位	広島$_1$	広島$_2$	鹿児島$_1$	鹿児島	大阪$_1$	静岡$_1$	埼玉$_1$	東京$_1$	埼玉$_2$	兵庫$_1$	千葉$_1$	栃木$_1$	滋賀$_1$	東京$_2$	埼玉$_3$	奈良$_1$	三重$_1$	栃木$_2$	埼玉$_4$	徳島$_1$	北海道$_1$	鹿児島$_2$	福井$_1$
四位	山口$_1$	千葉$_1$	秋田$_1$	高知	東京$_1$	栃木$_1$	東京$_2$	埼玉$_1$	茨城$_1$	神奈川$_1$	神奈川$_2$	長崎$_1$	茨城$_2$	富山$_1$	京都$_1$	茨城$_1$	茨城$_2$	岩手$_1$	東京$_3$	群馬$_1$	長崎$_2$	静岡$_2$	茨城$_3$
参加数	(32)	(32)	(32)	(8)	(32)	(32)	(32)	(32)	(32)	(32)	(32)	(32)	(32)	(32)	(32)	(32)	(32)	(32)	(32)	(32)	(32)	(32)	(32)
北海道	○	○	○		○	○	○	○	○	室蘭大谷$_1$	室蘭大谷$_2$	○	○	○	○	○	○	○	○	○	○	○	○
青森						○	○		○	○	○	○	○		○	○			○		○	○	
岩手	○			○							○	○	○	○	○	○	○	○	○	○	○	○	○
秋田	○	○	○		○	○	○	○	○	○							○	○					○
山形			○		○	○		○	○					○		○				○			
宮城	○	○	○			○	○	○	○	○	○			○			○	○	○	○	○	○	○
福島	○	○			○							○	○		○								
新潟					○					○	○	○			○	○			○		○	○	
長野	○	○	○		○		○	○	○	○	○	○	○	○	○		○				○	○	○
富山			○						○				○	○		○		○	○	○	○	○	○
石川		○				○			○					○	○	○	○	○	○	○			○
福井	○				○	○	○	○		○							○	○		○			○
茨城	○	○	○		○	○	○	○	○	○	○		○		○	○	○	○	○	○		○	○
栃木	○	○	○		○	○	○	○	○	○	○	○	○	○		○	○	○		○	○		○
群馬							○		○			○		○	○		○		○	○	○		○
埼玉	○	○	○	○	○	○	○	○	○	○	○	○	○	○	○	○	○	○	○	○	○	○	
東京	○	○	○		○	○	○	○	○	○	○	○	○	○	○	○	○	○	○			○	
千葉	○	○	○		○	○	○	○	○	○	○	○	○	○	○		○	○		○	○	○	○
神奈川	○	○	○		○	○		○	○	○	○	○	○	○	○	○		○	○	○	○	○	○
山梨	○	○	○		○	○	○	○		○	○	○	○		○	○		○	○		○	○	○
静岡	○	○	○	○	○	○	○	○	○	○	○	○	○	○	○	○	○	○	○	○	○	○	○
愛知	○	○	○		○	○	○	○	○	○		○		○	○	○	○	○	○	○	○	○	○
岐阜		○	○					○	○		○		○							○	○	○	
三重	○				○	○	○			四日市中央工$_1$	○	○	○	○	○	○	○	○	○		○		○
滋賀	○	○	○		○	○	○	○		○	○	○	○	○	○	○	○	○	○	○	○	○	○
京都	○	○	○	○	○	○	○	○	○	○	○	○	○	○	○	○		○	○	○	○	○	○
奈良			○						○	○		○			○	○	○			○			
和歌山	○	○			○	○	○	○	○		○	○	○										
大阪	○	○	○		○	○	○	○	○	○	○	○	○	○	○	○	○	○	○	○	○	○	○
兵庫	○	○	○		○	○	○	○	○	○	○		○	○		○	○	○	○	○	○	○	○
岡山	○	○	○	○	○	○			○		○	○	○	○		○	○		○	○		○	
鳥取								○	○	○		○		○		○	○			○	○		
島根		○			○	○	○			○				○	○			○					○
広島	○	○	○		○	○	○	○	○	○	○	○	○	○	○	○	○	○	○		○	○	○
山口	○		○				○	○			○		○		○		○	○	○	○	○	○	○
香川	○						○	○	○				○				○			○		○	
徳島	○	○					○	○	○	○	○	○		○	○	○		○	○	○	○	○	○
高知		○	○	○	○	○					○			○									
愛媛	○	○	○		○	○	○	○		○		○	○		○	○	○	○	○		○		○
福岡			○		○	○	○	○	○	○	○	○		○	○	○	○	○		○	○	○	○
佐賀		○				○	○	○		佐賀学園$_1$	○		○		○	○	○	○	○		○		
長崎	○	○	○		○	○	○	○	○	○	○	○	○	○	○	○	○	○	○	○	○	国見$_1$	国見$_2$
大分	○	○	○		○	○	○	○	○	○		○	○	○	○		○	○	○		○	○	○
宮崎		○	○		○		○				○	○		○	○		○	○	○	○		○	○
熊本	○	○	○			○					○	○	○	○		○			○	○	○	○	○
鹿児島			○	○	○			○	○	○	○	○	○	○	○	○	○	○	○	○	○	○	○
沖縄	○			○									○			○			○	○		○	
備考	決勝戦引き分け、両県優勝。各都道府県選抜チームが参加する形になる			沖縄本土復帰を記念する特別国体のため三位決定戦実施されず			高校の部から少年の部となる			単独校の出場も可能となる			外国籍の選手の参加も認められるようになる	決勝戦引き分け、両県優勝		三位決定戦引き分け	三位決定戦引き分け			成年二部実施のため登録選手が一チーム15名となる三位決定戦引き分け	昭和天皇崩御のため、元号が「平成」となる	決勝戦、三位決定戦ともに引き分け。両県優勝	三位決定戦引き分け

47(4年)	48(5年)	49(6年)	50(7年)	51(8年)	52(9年)	53(10年)	54(11年)	55(12年)	56(13年)	57(14年)	58(15年)	59(16年)	60(17年)	61(18年)	62(19年)	63(20年)	64(21年)	65(22年)	66(23年)	67(24年)	68(25年)	69(26年)	70(27年)
鶴岡 (山形県)	高松, 三木 (香川県)	刈谷 (愛知県)	郡山 (福島県)	広島 (広島県)	高槻, 吹田 (大阪府)	横浜 (神奈川県)	大津 (熊本県)	富山 (富山県)	七ヶ浜, 松島 利府, 鳴瀬 (宮城県)	南国, 野市 (高知県)	静岡 (静岡県)	さいたま (埼玉県)	倉敷, 岡山 (岡山県)	三木, 淡路, 洲本 (兵庫県)	にかほ (秋田県)	大分, 別府 (大分県)	新潟 (新潟県)	市原 (千葉県)	山口, 山陽小野田 (山口県)	飛騨 (岐阜県)	北区, 文京区, 府中, 調布 (東京都)	雲仙 (長崎県)	田辺, 上富田 (和歌山県)
静岡13 岡山1 茨城4 埼玉2	**静岡14** 兵庫2 長崎1 千葉2	**静岡15** 東京3 群馬2 千葉3	**千葉2** 静岡5 東京3 北海道1	**静岡16** 熊本1 大阪2 福岡1	**静岡17** 熊本2 千葉2 大阪3	**千葉3** 大阪2 岡山1 東京4	**千葉4** 静岡6 広島3 国見1	**国見1** 静岡7 福岡1 宮城1	**埼玉4** **静岡18** 広島4 東京5	**千葉5** 静岡8 長崎2 埼玉3	**神奈川2** 群馬1 岡山2 静岡1	**静岡19** 千葉2 埼玉5 石川1	**千葉6** 群馬2 滋賀2 東京6	**沖縄1** **千葉7** 兵庫2 石川2	**東京4** 神奈川2 京都1 宮崎1	**神奈川3** 大阪3 京都2 兵庫1	**神奈川4** 大阪4 兵庫3 京都2	**東京5** 大阪5 兵庫4 神奈川3	**千葉8** **静岡20** 広島5 大阪1	**兵庫2** 福岡1 大阪4 静岡2	**東京6** 大阪6 京都3 福島1	**神奈川5** 群馬3 京都4 新潟1	**神奈川6** **福岡1** 和歌山1 兵庫2
(32)	(32)	(32)	(32)	(32)	(32)	(32)	(32)	(32)	(32)	(32)	(32)	(32)	(32)	(24)	(24)	(24)	(24)	(24)	(24)	(24)	(24)	(24)	(24)
○	○	○	○	○	○	○	○	○	○	○	○	○	○	○	○	○	○	○	○	○	○	○	○
	○		○	○		○		○		○	○		青森山田1	○		○	○	青森山田2	○		青森山田3	○	青森山田4
○	○	○	○	○	○	○	○		○	○		○		○	○		○		○	○			
○		○			○		○		○		○				○	○							
○									○				○										
	○		○			○	○	○	○	○		○	○	○	○			○		○	○	○	○
○		○	○	○	○			○			○	○				○	○	○	○	○	○	○	○
○	○							○		○	○	○	○		○	○	○	○	○	○	○	○	○
○		○	○	○	○	○	○		○		○		○	○						○			
	○	○	○		○		○	○	○	○					○		○			○	○	○	
○		○	○	○	○	○	○	○		○	○	○	○	○	○	○	○	星稜1	○			○	○
	○			○		○		○	○			○											
○	○				○	○	○	○		○		○	○							○			○
○	○		○	○		○			○		○	○					○					○	
○	○	○			○	○	○	○	○	○	○	○	○			○						○	
○		○	○	○		○	○	○	○	○	○	○	○	○	○	○	○	○	○	○	○	○	
○	○	○	○	○	○	○	○	○	○	○	○	○	○		○	○		○	○	○	○		○
○	○	○	○	○	○	○	○		○	○	○	○	○	○	○		○	○	○	○			
	○	○	○	○	○	○	○	○	○	○	○	○	○	○	○	○	○	○			○	○	○
		○	○	○	○			韮崎9						○					○		○		○
○	○	○	○	○	○	○	○	○	○	○	○	○	○	○	○	○	○	○	○	○	○	○	○
○		○	○	○	○	○	○			○	○	○	○		○		○		○		○	○	○
	○	○	○		○	○		○	○		○		○	○		○				○			
○	○	○		○			○	○	○	○	○	○						○					
○			○	○	○			○	○	○	○	○	○									○	
○	○			○	○	○		○	○	○		○		○	○	○	○	○	○	○	○	○	
		○	○	○	○	○	○		奈良育英1	○	○	○	○		○								
	○	○					○					○											○
○	○	○	○	○	○	○	○	○		○	○		○	○		○	○	○	○	○	○	○	○
○	○	○	○		○	○	○	○	○		○		○	○	○	○	○	○	○	○	○		○
○	○		○	○	○	○	○	○	○	○	○		○	○	○		○	○	○		○	○	○
			○													○					○		○
○		○		○					○			○	○	○				○		○	○		
○	○	○		○	○	○	○	○	○	○	○	○	○	○	○	○	○	○	○	○		○	○
	○	○	○	○	○	○	○	○		○	○	○	○			○			○				
	○	○					○	○	○	○	○			○					○				
○	○		○	○	○	○	○		○	○			○		○			○		○	○	○	○
		○								○		○			○	○	○		○			○	○
○	○		○	○	○	○		○			○	○	○	○		○	○	○		○	○		
○	○	○	○	○	○	○	○	○	○		○	○	○		○	○			○	○	○	○	○
○	○						○			○					○	○		○		○			○
○	○	国見3	○	○	国見4	○	国見5	国見6	国見7	○	国見8	○	○				○	○			○	○	
○		○	○	○	○	○	○	○	○	○	○	○	○	○		○	○		○			○	○
○	○	○	○	○	○	○	○	○	○	○	○	○			○		○	○	○	○	○		
○	○		○	○	○	○	○	○		○	○	○	○	○				○		○	○		○
	鹿児島実1	○	○	○	○	○	○		○	○	○	○	○	○	○	○						○	
		○						○	○				○	○			○		○				
					三位決定戦引き分け 五位～八位決定戦が廃止される。延長戦にVゴール方式が導入される				決勝戦引き分け、両県優勝	夏季大会で実施。登録人数が一人ふえ16名となる。決勝戦延長Vゴール		決勝戦延長Vゴール		少年の部がU-16で実施され参加チームが24に。決勝戦引き分け。両県優勝					決勝戦引き分け、両県優勝				決勝戦引き分け、両県優勝

回(開催年)	71(28年)	72(29年)	73(30年)	74(元年)	75(2年)	76(3年)	77(4年)																
開催地	遠野(岩手県)	新居浜,西条(愛媛県)	坂井(福井県)	鹿嶋(茨城県)	南さつま(鹿児島県)	四日市(三重県)	真岡,下野,益子(栃木県)																
優勝	**広島$_{1}$**	**神奈川$_{7}$**	**埼玉$_{5}$**	**静岡$_{21}$**	——	——																	
準優勝	大阪$_{7}$	広島$_{2}$	石川$_{1}$	広島$_{3}$	——	——																	
三位	神奈川$_{1}$	大阪$_{5}$	千葉$_{3}$	山口$_{1}$	——	——																	
四位	東京$_{7}$	青森$_{1}$	青森$_{2}$	香川$_{1}$	——	——																	
参加数	(24)	(24)	(24)	(24)	——	——																	
北海道	○	○	○	○	——	——																	
青森	青森山田$_{5}$	○	○	青森山田$_{6}$	——	——																	
岩手	○				——	——																	
秋田					——	——																	
山形			○		——	——																	
宮城	○	○		○	——	——																	
福島		○	○	○	——	——																	
新潟	○	○	○		——	——																	
長野	○				——	——																	
富山	○			○	——	——																	
石川		○	○	○	——	——																	
福井			○		——	——																	
茨城	○	○	○	○	——	——																	
栃木					——	——																	
群馬		○			——	——																	
埼玉			○		——	——																	
東京	○			○	——	——																	
千葉	○	○	○	○	——	——																	
神奈川	○	○		○	——	——																	
山梨			○		——	——																	
静岡	○	○	○	○	——	——																	
愛知	○			○	——	——																	
岐阜		○	○		——	——																	
三重					——	——																	
滋賀				○	——	——																	
京都	○	○	○	○	——	——																	
奈良					——	——																	
和歌山					——	——																	
大阪	○	○	○	○	——	——																	
兵庫	○	○	○		——	——																	
岡山		○		○	——	——																	
鳥取					——	——																	
島根					——	——																	
広島	○	○	○	○	——	——																	
山口	○	○	○	○	——	——																	
香川	○			○	——	——																	
徳島		○	○	○	——	——																	
高知					——	——																	
愛媛	○	○	○		——	——																	
福岡	○	○	○		——	——																	
佐賀	○		○	○	——	——																	
長崎					——	——																	
大分		○		○	——	——																	
宮崎	○	○			——	——																	
熊本	○	○	○	○	——	——																	
鹿児島			○	○	——	——																	
沖縄					——	——																	
備考				元号が「令和」となる	新型コロナウイルス感染拡大の影響で令和5年の特別大会へ延期	新型コロナウイルス感染拡大の影響で中止																	

高円宮杯

高円宮杯 JFA U-18 サッカープレミアリーグ 2021

2021年の高円宮杯 JFA U-18 サッカープレミアリーグは、コロナ禍により多くの試合が延期となったため、EAST/WESTそれぞれ全18節/90試合の消化が困難に。これにより、EAST/WESTの1位同士の王者決定戦となる高円宮杯 JFA U-18 サッカープレミアリーグ 2021 ファイナルは開催中止。EAST/WESTの順位は、不成立試合があり全チームの試合数が異なる場合、リーグ概要の順位決定方式に基づき、実施委員会の判断の下、勝点平均（総勝点÷試合数）で決定

高円宮杯 JFA U-18 サッカープレミアリーグ 2021 プレーオフ

米子北高校	1		
桐生第一高校	3	4	桐生第一高校
帝京長岡高校		3	
北海道コンサドーレ札幌U-18	1		
阪南大学高校	3	0	川崎フロンターレU-18
川崎フロンターレU-18		3	
愛媛FC U-18	2		
旭川実業高校	0	Ex 2	静岡学園高校
静岡学園高校		3	
前橋育英高校	4		
仙台育英学園高校	0	2	前橋育英高校
V・ファーレン長崎U-18		0	
JFAアカデミー福島U-18	1		
神村学園高等部	0	0 PK 5	JFAアカデミー福島U-18
尚志高校		0 PK 4	
履正社高校	1		
ツエーゲン金沢U-18	0	5	履正社高校
カマタマーレ讃岐U-18		0	

EAST

チーム名	青森山田	エスパルス	マリノス	アルディージャ	レイソル	FC 東京	横浜 FC	流経大柏	市立船橋	レッズ	勝点	得点	失点	得失点差	順位
青森山田高校		0●2 3○1	— 4○1	1○0 1○0	2●3 4○1	1△1 2○0	2○0 4○0	4○0 3○0	9○0 —	1○0 4○0	40 (2.50)	45 (2.81)	9 (0.56)	+36	1
清水エスパルスユース	1●3 2○0		4○0 4○1	1○0 3○2	4○0 2△2	2○1 1●2	3○1 3●4	1△1 2○1	1○0 3○0	5○2 3○0	41 (2.27)	45 (2.50)	20 (1.11)	+25	2
横浜F・マリノスユース	1●4 —	1●4 0●4		1●4 1●6	3○2 3○2	4○1 1△1	5○0 3○1	3○2 0●2	1●2 1○0	6○2 5○2	28 (1.64)	39 (2.29)	39 (2.29)	0	3
大宮アルディージャ U18	0●1 0●1	2●3 0●1	6○1 4○1		2●3 0●5	1○0 0●2	3○1 0△0	0●4 1○0	3○0 4○1	2○1 0●1	25 (1.38)	28 (1.55)	26 (1.44)	+2	4
柏レイソルU-18	1●4 3○2	2△2 0●4	2●3 2●3	5○0 3○2		1△1 1○0	2○0 0●1	1△1 1△1	1△1 2●3	2△2 2○1	24 (1.33)	31 (1.72)	31 (1.72)	0	5
FC東京U-18	0●2 1△1	2○1 1●2	1△1 1●4	2○0 0●1	0●1 1△1		1○0 2△2	1●3 0△0	1○0 1△1	1○0 1○0	24 (1.33)	17 (0.94)	20 (1.11)	−3	6
横浜FCユース	0●4 0●2	4○3 1●3	1●3 0●5	0△0 1●3	1○0 0●2	2△2 0●1		1○0 1●4	2○1 1○0	2△2 1○0	21 (1.16)	18 (1.00)	35 (1.94)	−17	7
流通経済大学付属柏高校	0●3 0●4	1●2 1△1	2○0 2●3	0●1 4○0	1△1 1△1	0△0 3○1	4○1 0●1		0●2 1△1	1●2 2○1	20 (1.11)	23 (1.27)	25 (1.38)	−2	8
市立船橋高校	— 0●9	0●3 0●1	0●1 2○1	1●4 0●3	3○2 1△1	1△1 0●1	0●1 1●2	1△1 2○0		0△0 0●2	13 (0.76)	12 (0.70)	33 (1.94)	−21	9
浦和レッドダイヤモンズユース	0●4 0●1	0●3 2●5	2●5 2●6	1○0 1●2	1●2 2△2	0●1 0●1	0●1 2△2	1●2 2○1	2○0 0△0		12 (0.66)	18 (1.00)	38 (2.11)	−20	10

WEST

チーム名	サンフレッチェ	グランパス	ガンバ	大津	サガン	セレッソ	ヴィッセル	ジュビロ	東福岡	サンガ	勝点	得点	失点	得失点差	順位
サンフレッチェ広島F.Cユース		0●2 2△2	5○1 1●6	1○0 0●1	4○2 1△1	3○0 1○0	1○0 3○0	0△0 1○0	2○0 4○0	3○1 2○0	39 (2.16)	34 (1.88)	16 (0.88)	+18	1
名古屋グランパスU-18	2△2 2○0		4○1 3○2	1●5 —	4○0 —	1○0 2○1	2●3 1●2	0●1 1△1	— 2○1	3○1 3○2	29 (1.93)	31 (2.06)	22 (1.46)	+9	2
ガンバ大阪ユース	6○1 1●5	2●3 1●4		2△2 —	1●3 0●1	— 3○0	6○2 —	1○0 5○0	5○2 —	1△1 5○2	23 (1.64)	39 (2.78)	26 (1.85)	+13	3
大津高校	1○0 0●1	— 5○1	— 2△2		1△1 1△1	2●3 4○1	1○0 —	2○1 1●2	1○0 1△1	— 0△0	23 (1.64)	22 (1.57)	14 (1.00)	+8	4
サガン鳥栖U-18	1△1 2●4	— 0●4	1○0 3○1	1△1 1△1		2○1 2△2	— 2○0	7○0 1△1	3○2 —	1△1 1●3	24 (1.60)	28 (1.86)	22 (1.46)	+6	5
セレッソ大阪U-18	0●1 0●3	1●2 0●1	0●3 —	1●4 3○2	2△2 1●2		6○2 3○2	2○1 4○1	— 0●1	4○0 2●4	19 (1.18)	29 (1.81)	31 (1.93)	−2	6
ヴィッセル神戸U-18	0●3 0●1	2○1 3○2	— 2●6	— 0●1	0●2 —	2●3 2●6		2△2 1●2	2○0 1△1	3○0 2○1	17 (1.13)	22 (1.46)	31 (2.06)	−9	7
ジュビロ磐田U-18	0●1 0△0	1△1 1○0	0●5 0●1	2○1 1●2	1△1 0●7	1●4 1●2	2○1 2△2		0●3 0●1	2○0 1○0	19 (1.05)	15 (0.83)	32 (1.77)	−17	8
東福岡高校	0●4 0●2	1●2 —	— 2●5	1△1 0●1	— 2●3	1○0 —	1△1 0●2	1○0 3○0		2△2 1△1	13 (0.92)	15 (1.07)	24 (1.71)	−9	9
京都サンガF.C. U-18	0●2 1●3	2●3 1●3	2●5 1△1	0△0 —	3○1 1△1	4○2 0●4	1●2 0●3	0●1 0●2	1△1 2△2		11 (0.64)	19 (1.11)	36 (2.11)	−17	10

※勝点、得点、失点欄の（ ）内の数値は、1試合当たりの平均値

選手権 総体 国体 歴代記録

全国高校サッカー選手権大会 歴代記録

優勝回数

	校名	県名	回数
1	御影師範	兵庫	11
2	帝京	東京	6
	国見	長崎	6
4	神戸一中（神戸）	兵庫	5
	市立船橋	千葉	5

出場回数

	校名	県名	回数
1	秋田商	秋田	46
2	徳島商	徳島	40
3	仙台育英	宮城	36
4	帝京	東京	34
	韮崎	山梨	34
	四日市中央工	三重	34

勝利数

	校名	県名	回数
1	帝京	東京	78
2	国見	長崎	66
3	四日市中央工	三重	60
4	市立船橋	千葉	59
5	藤枝東	静岡	53

連続出場

	校名	県名	回数	期間
1	青森山田	青森	25	1997年度～（継続中）
2	国見	長崎	21	1986～2006年度
3	星稜	石川	17	1999～2015年度
4	丸岡	福井	15	1992～2006年度
	高川学園（多々良学園）	山口	15	1993～2007年度

※昭和21年度（1946年度）の第25回大会は臨時大会のため記録に数えず

連続優勝

	校名	県名	回数	期間
1	御影師範	兵庫	7	1918～1924年
2	御影師範	兵庫	2	1931、1932年
	浦和	埼玉	2	1955、1956年
	浦和市立（市立浦和）	埼玉	2	1960、1961年
	藤枝東	静岡	2	1963、1964年
	浦和南	埼玉	2	1975、1976年度
	帝京	東京	2	1983、1984年度
	東福岡	福岡	2	1997、1998年度
	国見	長崎	2	2000、2001年度

連続ベスト4

	校名	県名	回数	期間
1	御影師範	兵庫	9	1918～1926年
2	韮崎	山梨	5	1979～1983年度
	国見	長崎	5	1989～1993年度
	国見	長崎	5	2000～2004年度
5	姫路師範	兵庫	4	1918～1921年
	神戸一中	兵庫	4	1922～1925年
	星稜	石川	4	2012～2015年度
	青森山田	青森	4	2018年度～（継続中）

連続初戦突破

	校名	県名	回数	期間
1	国見	長崎	20	1986～2005年度
2	御影師範	兵庫	9	1918～1926年
	明星	大阪	9	1959～1967年
	韮崎	山梨	9	1975～1983年度
5	神戸一中（神戸）	兵庫	8	1918～1925年

全日本高校女子サッカー選手権大会 歴代記録

優勝回数

	校名	県名	回数
1	常盤木学園	宮城	5
	藤枝順心	静岡	5
3	聖和学園	宮城	3
	日ノ本学園	兵庫	3
	神村学園	鹿児島	3

出場回数

	校名	県名	回数
1	文教大附（文教大明清）	北海道	30
	聖和学園	宮城	30
3	神村学園	鹿児島	28
4	常盤木学園	宮城	24
5	日ノ本学園	兵庫	23

勝利数

	校名	県名	回数
1	常盤木学園	宮城	71
	神村学園	鹿児島	71
3	藤枝順心	宮城	52
4	聖和学園	宮城	49
	日ノ本学園	宮城	49

連続出場

	校名	県名	回数
1	文教大附（文教大明清）	北海道	30
	聖和学園	宮城	30
3	神村学園	鹿児島	28
4	常盤木学園	宮城	24
5	日ノ本学園	兵庫	21

連続ベスト4

	校名	県名	回数	期間
1	常盤木学園	宮城	13	2002～2014年度
2	聖和学園	宮城	7	1998～2004年度
3	啓明女学院	兵庫	6	1993～1998年度
4	埼玉	埼玉	5	1994～1998年度
5	鳳凰	鹿児島	4	2005～2008年度

連続初戦突破

	校名	県名	回数	期間
1	聖和学園	宮城	23	1992～2014年度
2	神村学園	鹿児島	19	1995～2013年度
3	常盤木学園	宮城	16	2001～2016年度
4	日ノ本学園	兵庫	14	2001～2014年度
	藤枝順心	静岡	14	2004～2017年度

国民体育大会（少年男子の部） 歴代記録 U-18時代（※第25～60回）

優勝回数

	都道府県名	回数
1	静岡県	19
2	千葉県	6
3	埼玉県	3
	東京都	3
	長崎県 ※国見単独チーム含む	3

出場回数

	都道府県名	回数
1	北海道 ※室蘭大谷単独チーム含む	36
	静岡県	36
	長崎県 ※国見単独チーム含む	36
4	大阪府	34
	広島県	34

勝利数

	都道府県名	回数
1	静岡県	141
2	東京都	79
3	埼玉県	76
	千葉県	76
5	長崎県 ※国見単独チーム含む	53

連続出場

	都道府県名	回数	期間
1	北海道 ※室蘭大谷単独チーム含む	36	1970～2005年
	静岡県	36	1970～2005年
	長崎県 ※国見単独チーム含む	36	1970～2005年
4	大阪府	31	1970～2000年
5	埼玉県	21	1970～1990年
	岩手県	21	1979～1999年

連続優勝

	都道府県名	回数	期間
1	静岡県	4	1991～1994年
2	静岡県	3	1975～1977年
3	静岡県	2	1970、1971年
	東京都	2	1978、1979年
	静岡県	2	1987、1988年
	静岡県	2	1996、1997年
	千葉県	2	1998、1999年

※昭和48年（1973年）の特別国体は記録に数えず

連続ベスト4

	都道府県名	回数	期間
1	静岡県	9	1970～1978年
2	静岡県	8	1990～1997年
3	静岡県	6	1999～2004年
4	東京都	4	1973～1976年
	静岡県	4	1982～1985年

連続初戦突破

	都道府県名	回数	期間
1	東京都	12	1973～1984年
2	静岡県	11	1987～1997年
3	埼玉県	9	1970～1978年
	静岡県	9	1970～1978年
5	福岡県	8	1993～2000年

全国高校総体（男子）歴代記録

優勝回数

	校名	県名	回数
1	市立船橋	千葉	9
2	国見	長崎	5
3	清水東	静岡	4
	清水商	静岡	4
5	帝京	東京	3
	東福岡	福岡	3

出場回数

	校名	県名	回数
1	秋田商	秋田	34
2	高松商	香川	33
3	帝京	東京	32
	丸岡	福井	32
5	韮崎	山梨	30

勝利数

	校名	県名	回数
1	市立船橋	千葉	89
2	帝京	東京	76
3	韮崎	山梨	58
	国見	長崎	58
5	清水商	静岡	48

連続出場

	校名	県名	回数
1	青森山田	青森	21
	期間	2000年度～（継続中）	
2	米子北	鳥取	13
	期間	2008年度～（継続中）	
3	武南	埼玉	12
	期間	1983～1994年度	
	丸岡	福井	12
	期間	2002～2013年度	
5	帝京	東京	11
	期間	1993～2003年度	
	流経大柏	千葉	11
	期間	2003～2013年度	
	立正大淞南	島根	11
	期間	2008～2018年度	
	尚志	福島	11
	期間	2010年度～（継続中）	

連続優勝

	校名	県名	回数
1	清水東	静岡	2
	期間	1980、1981年度	
	四日市中央工	三重	2
	期間	1983、1984年度	
	市立船橋	千葉	2
	期間	1987、1988年度	
	清水商	静岡	2
	期間	1989、1990年度	
	国見	長崎	2
	期間	2003、2004年度	
	市立船橋	千葉	2
	期間	2007、2008年度	
	東福岡	福岡	2
	期間	2014、2015年度	

連続ベスト4

	校名	県名	回数
1	児玉	埼玉	4
	期間	1972～1975年度	
2	水戸商	茨城	3
	期間	1978～1980年度	
	市立船橋	千葉	3
	期間	1997～1999年度	
	国見	長崎	3
	期間	2002～2004年度	
	市立船橋	千葉	3
	期間	2015～2017年度	

連続初戦突破

	校名	県名	回数
1	帝京	東京	11
	期間	1993～2003年度	
2	青森山田	青森	10
	期間	2000～2009年度	
3	韮崎	山梨	8
	期間	1971～1978年度	
	市立船橋	千葉	8
	期間	1994～2001年度	
	国見	長崎	8
	期間	1997～2004年度	
	立正大淞南	島根	8
	期間	2008～2015年度	

全国高校総体（女子）歴代記録

優勝回数

	校名	県名	回数
1	日ノ本学園	兵庫	5
2	村田女子	東京	1
	藤枝順心	静岡	1
	常盤木学園	宮城	1
	十文字	東京	1
	神村学園	鹿児島	1

出場回数

	校名	県名	回数
1	藤枝順心	静岡	9
	日ノ本学園	兵庫	9
3	作陽	岡山	8
4	常盤木学園	宮城	7
	神村学園	鹿児島	7

連続出場

	校名	県名	回数
1	藤枝順心	静岡	9
	期間	2012年度～（継続中）	
	日ノ本学園	兵庫	9
	期間	2012年度～（継続中）	
3	作陽	岡山	8
	期間	2013年度～（継続中）	
4	前橋育英	群馬	6
	期間	2015年度～（継続中）	
5	聖カピタニオ	愛知	4
	期間	2015～2018年度	

勝利数

	校名	県名	回数
1	日ノ本学園	兵庫	28
2	藤枝順心	静岡	15
3	作陽	岡山	13
4	常盤木学園	宮城	11
5	神村学園	鹿児島	8

連続優勝

	校名	県名	回数
1	日ノ本学園	兵庫	4
	期間	2012～2015年度	

連続ベスト4

	校名	県名	回数
1	日ノ本学園	兵庫	8
	期間	2012～2019年度	
2	藤枝順心	静岡	3
	期間	2016～2018年度	
3	作陽	岡山	2
	期間	2013、2014年度	
	作陽	岡山	2
	期間	2016、2017年度	

連続初戦突破

	校名	県名	回数
1	日ノ本学園	兵庫	9
	期間	2012年度～（継続中）	
2	作陽	岡山	6
	期間	2013～2018年度	
3	常盤木学園	宮城	3
	期間	2012～2014年度	
	常盤木学園	宮城	3
	期間	2016～2018年度	
	前橋育英	群馬	3
	期間	2016～2018年度	
	藤枝順心	静岡	3
	期間	2016～2018年度	
	神村学園	鹿児島	3
	期間	2018年度～（継続中）	

国民体育大会（少年男子の部）歴代記録 U-16時代（※第61回以降）

優勝回数

	都道府県名	回数
1	神奈川県	5
2	東京都	3
3	千葉県	2
	静岡県	2
5	沖縄県	1
	兵庫県	1
	福岡県	1
	広島県	1
	埼玉県	1

出場回数

	都道府県名	回数
1	北海道	14
	静岡県	14
3	京都府	13
	大阪府	13
	広島県	13

勝利数

	都道府県名	回数
1	神奈川県	31
	大阪府	31
3	静岡県	21
	兵庫県	21
5	東京都	20

連続出場

	都道府県名	回数
1	北海道	14
	期間 2006年～（継続中）	
	静岡県	14
	期間 2006年～（継続中）	
3	新潟県	12
	期間 2007～2018年	
	大阪府	12
	期間 2008年～（継続中）	
5	埼玉県	9
	期間 2006～2014年	
	京都府	9
	期間 2006～2014年	

連続優勝

	都道府県名	回数
1	神奈川県	2
	期間 2008、2009年	
	神奈川県	2
	期間 2014、2015年	

連続ベスト4

	都道府県名	回数
1	大阪府	6
	期間 2008～2013年	
2	神奈川県	4
	期間 2007～2010年	
	神奈川県	4
	期間 2014～2017年	
4	京都府	3
	期間 2007～2009年	
	兵庫県	3
	期間 2008～2010年	

連続初戦突破

	都道府県名	回数
1	大阪府	12
	期間 2008年～（継続中）	
2	神奈川県	5
	期間 2006～2010年	
	兵庫県	5
	期間 2006～2010年	
	神奈川県	5
	期間 2013～2017年	
5	静岡県	4
	期間 2009～2012年	
	東京都	4
	期間 2010～2013年	

高校サッカー

師弟対談

習志野（千葉）

本田裕一郎

本田裕一郎（ほんだ・ゆういちろう）
1947年5月1日、静岡県生まれ。千葉県市原市教育委員会を経て、1975年から市原緑の監督を務め、チームをインターハイに導く。1986年に習志野の監督に。1995年、インターハイで初の日本一に。2001年、流通経済大柏の監督に就任すると、選手権、インターハイ、高円宮杯の全国３冠を達成するなど、これまでに全国優勝６回を経験。2020年より国士舘高校のテクニカルアドバイザーに就任した。

習志野と流通経済大柏で６度の日本一に輝いた名将・本田裕一郎と、高校サッカーとしてはまだ無名校だった昌平を全国区の強豪校に押し上げた藤島崇之による、

指導者と仲間に恵まれた習志野

1996年に、藤島崇之は習志野サッカー部の門を叩く。その前年には、福田健二、廣山望、御厨景らを擁してインターハイで初優勝していた習志野。同校にとって2度目の選手権優勝時以来24年ぶりとなる日本一に導いたのは、就任10年目の本田裕一郎だった。

本田　習志野に入ってきたころの藤島は、スピードがあって、技術的にすごい上手いわけではなかったけど、パワフル。戦い上手な選手という印象だったかな。

藤島　僕はもともとFWでしたからね。先生、覚えてますか？　「親父（※編集部注：元サッカー日本代表・藤島信雄）がボランチだから、藤島も同じボランチだな」と言われてコンバートされたんですよ。

本田　（笑）

藤島　じつは、同級生に玉田圭司や菅野拓真がいて、FWを続けても難しいかなと感じていたところもあって……。そのタイミングで、「ボランチで」と声をかけていただいたんですよね。

本田　あのころは、いろいろなポジションに動かされていたでしょ？

藤島　はい、ほかの選手もさまざまなポジションをやっていました。

本田　SHとSBを入れ替えてみたり、CFをCBにしてみたり。

自由でおもしろい。
遊びの要素ばかりだった習志野のサッカー
藤島崇之

藤島崇之（ふじしま・たかゆき）
1980年4月12日、神奈川県生まれ。1996年4月、習志野高校に入学。３年時の国体のメンバーに選ばれ、習志野の同級生である玉田圭司らとともに千葉県選抜として優勝する。同年冬の選手権では初戦敗退ながら大会優秀選手に選出され、日本高校選抜として海外遠征に参加した。2007年から昌平の監督に就任し、2014年に選手権初出場。全国区の強豪校となった現在は、毎年Jリーガーを輩出している。

師弟対談が実現した。ともに高校サッカーを指導する立場にある２人の熱論は、出会いとなった習志野時代の話から、教育論まで、多岐にわたった――。

藤島　おそらく、一つのポジションだけをやっていた選手はいないですよね。

本田　「この選手、パフォーマンスが悪くなってきているな」と思ったらポジションを変えてみる。それがきっかけでパフォーマンスが向上することもあるし、変更したほうのポジションで輝いちゃったりすることもある。そのやり方は、いまでも変わらないかな。

藤島　自分のパフォーマンスが落ちているタイミングで、そういう変化を与えていただけたのは学びも多かったです。

本田　当時はミニゲームばかりやっていたよな。だから、いろいろなポジションでプレーできたんだと思う。

藤島　1年生のときは朝にリフティングをやって、ミニゲームをやって。午後もミニゲームをやるので、技術レベルは必然的に上がっていました。あのころの習志野の選手は、みんな技術が高かったですよね。

本田　いまでもあんなふうにやりたいなと思ったりするよ。

藤島　本当に仲間にも恵まれたと思います。玉田、菅野以外にも吉野智行もいたり。吉野はもう別格でした。同じサッカーをやっている感じがしなかったですよ。

本田　吉野はいまガイナーレ鳥取の強化部長か。藤島の前後の代はすごかったよ。

藤島　1つ下の学年の本間勲は、いまアルビレックス新潟のスカウトをやっていますね。

高校サッカーや教育現場の未来を語る教え子との対談に、本田は「冥利につきる」と笑み

本田　40歳前後か。いまが働き盛りだね。一番いいとき。

藤島　同級生の村松明人は、FC LAVIDA（※編集部注：昌平の全面協力を得て活動するジュニアユース年代のクラブチーム）の監督をやっていますし、菅野もスカウト関係とストライカー指導をやってくれています。そろそろ玉田も来ないかなぁと思っているんですけど（笑）。

本田　この前、玉田から電話があってね。「今後どうするんだ?」って聞いたら、「指導者の道に」ということを言っていて。「習高（習志野）みたいなチームにしたい」と。

藤島　僕も玉田と話したんですけど、「あのチームはおもしろかった。習高みたいなチームをつくりたい」と言っていました。

本田　ぴったりだな、彼の性格に。

藤島　習志野は自由度がかなり高かったですよね。ただ自由といっても、本田先生もよくおっしゃっていたような「規律ある自由」。僕もいまではよく使いますけど。本田先生から「責任を持て」というようなことを厳しく言われたわけではなかったですけど、「自分でやらなきゃいけない」と思うようになっていました。自由があるから判断を迫られる、という言い方が合っているかわからないですけど、自由には責任が伴うということをサッカーの中で教わりました。

本田　自制心が自然と身についていたような気がするね。言い方は悪いかもしれないけど、ある程度ほったらかしておいてもよかった。

藤島　最初に言われた「靴の船出」の話から、自分で考えて、判断することができていたのかもしれません。

本田　船が出て行くように靴を並べなさい。靴は縁起物だから。

藤島　並べることが目的ではなくて、並べる理由があると、子どもでも「そうなんだ」となります。やらされるのではなくて、自分でいいと思うからやる。いまでも同級生たちと話すと、「靴の船出」の話題はよく出てきますよ。

市立船橋という最大のライバル

1980年代中頃に、千葉県の勢力図が一変する。習志野、八千代、八千代松陰の3校で選手権の出場校を占めていたが、1985年の初出場を皮切りに布啓一郎率いる市立船橋が席巻。1980年代後半から1990年代は、本田率いる習志野と、市立船橋が千葉の高校サッカーを牽引した。

本田　私は大学を卒業して最初は市原市の教育委員会に行ったんだけど、現場でサッカーを指導してみたくなった。当時、現場といったら中学校しかなかったから、中学校で指導して、そうしたらわりとすぐに優勝できて。その後、高校の指導者になるわけだけど、藤島も中学で指導してから現在は高校の監督をやっているから、そこでも縁を感じるよね。

藤島　いま考えると、高校の指導者になるなら、一度中学生の指導をしたほうがいいと思います。高校に入る前の育成年代を見る必要があるかなと。

本田　なるほど。そうかもしれないね。

藤島　高校年代はある意味、勝負にこだわっちゃうところがありますからね。もちろん、勝負にこだわることは重要なんですけど、内容にこだわることも大事だと思っています。そういえば、フェスティバルでの試合のときに、「全部ダイレクトでプレーしろ」と本田先生に指示されたことがありました。

本田　（静岡県の）清水で行われたフェスティバル?

藤島　はい。僕はCBでプレーしていたんですけど、それでもダイレクト（苦笑）。そういう型にはまらない3年間でしたよね。

本田　なぜかというと、すぐ隣に市立船橋がいたから。市立船橋はどちらかというと、強烈な規律があるスタイル。それと同じことをやっても敵わないだろうなと思ったのはあった。市立船橋といいライバル関係が築けたおかげで、いまの藤島たちがあるんだろうし、いまの習志野も、いまの市立船橋もあるんじゃないかな。

藤島　僕らの代は毎年市立船橋と公式戦をやっていましたが、3年間で1回しか勝てなかったです。3年生の選手権予選の1回だけでした。

本田　市立船橋が一番強かったとき。

藤島　本当に強かったですね。僕が3年生のときのインターハイで、習志野は3位でしたけど、市立船橋は優勝しましたし。

本田　藤島たちの代は市立船橋と練習試合はやらなかった?

藤島　やっていないですね。

本田　じゃあ、もっと昔だ。私が習志野に赴任したころは、結果が出なくなっていたときで、逆に市立船橋は布監督になってグッと上がってきたときだった。あるとき、ドリブルしかしてはいけないというルールの練習試合をやったんだよ。そうしたら、1-0で勝ってね。それから布監督からは二度と電話がない（笑）。それ以後の試合で顔を合わせたら、お互いに鬼の形相になってグラウンドでは交流もないんだけど、試合を離れれば一緒に食事をしたりするくらい仲良しでね。千葉ってそういう感じだったな。選手同士は交流があったの?

藤島　僕は国体で同じチームになったりしていました。当時は千葉のトップレベルの選手が習志野組と市船組に分かれていて、村松とか関隆倫とかは、まさに習志野向きでしたよね。

本田　習志野に来る生徒は、何にでも適応できるタイプじゃなくて、結構自由に育ったタイプが多かったね。

藤島　本当に自由だったので、毎日おもしろかったです。

本田　習志野のサッカーは遊びの要素ばかりだった。

藤島　遊びでしたね、本当に。股抜きのオンパレード（笑）。

本田　それでいて、試合になると結構必死になるからね。

藤島　僕は技術的な部分でいうと、試合に出ていたメンバーで一番下手だったと思うんです。だからこそ、指導者になったいま、「テクニカルなサッカーがしたい」という気持ちが強いのかもしれないですね。

本田　そういうことか。

藤島　当時の習志野のフォーメーションは3-4-3で、僕は3バックの真ん中で実質3人で守っていましたよ。本田先生は「3点取られてもいいから、4点取れ!」。

本田　そうだった。

藤島　でも、1-3で負けて守備陣が怒られたことがあって。当時の僕からしたら、「4点取らないほうがダメなんじゃ……」と正直思ってました（笑）。

本田　負けたときに言うとダメだね。だいたいろくなこと言わない（苦笑）。

藤島　3バックといえば、市立船橋との選手権予選決勝ですよ。

本田　マンツーマンをやらせた。

藤島　僕は西紀寛。菅野は松田正俊。そこを封じれば勝てると本田先生が言って、実際勝ちました。1人退場して10人で勝ったんですけど、決勝点を決めた玉田様々でしたね。

教え子との課外活動や教育に関する議論

　習志野を卒業した藤島は、恩師の母校でもある順天堂大学へと進学。大学卒業後は、指導者への道を選ぶ。中学校での指導を経て高校の監督になる、という道筋も本田と藤島はリンクした。

本田　現在と比べると、習志野で指導していたときは勝ちにこだわる気持ちが強くなかったと思う。もちろん勝ちたいし、生徒にも勝てとは言うんだけど、体の芯から絶対勝ってやろうみたいな思いはなかったね。負けても次の日にはケロッとしていた。それぐらいプレッシャーもなかったし、生徒も自由だった。私立の監督になってからかな、負けられないっていう気持ちが強くなったのは。

藤島　本田先生が流経（流通経済大柏）に行かれて、すぐ結果を出されて、すごいことだと思います。僕は私立しか指導の経験がないんですけど、勝ち負けに関する部分を、いまそこまで言われているかと言ったら……。

本田　藤島が昌平に行ったころは、本当に弱かったから。私もこれからチームを強くしていくような学校ばかりに行ったけど、藤島が入ったときの昌平はほとんどゼロに近かった。藤島から「昌平に行く」と聞いたときは、「いい経験をするだろうな」と思いつつ、正直「大変だろうな」と思った。初めて選手権に出るまでに何年かかった?

藤島　7年です。昌平の話がきたとき、本田先生に相談したら、「行け。やったほうがいい」。当時の昌平サッカー部は、中学のときに野球部や剣道部だった選手がいたりもしました。

本田　ゼロの状態から強くしていったのがすごい。尚志の仲村浩二監督もそうだよね。昌平も、尚志も、いまや世間が認める強豪校。2人は苦労をしているから、ほかの指導者よりもいろいろなことを知ってる。そういう経験はなかなかできない。昌平は、サッカー部が全国の強豪になるわ、学校はたちまち進学校になるわ。

藤島　ちょうど学校も変革期でした。

本田　教頭になったのは、いくつのときだった?

藤島　36歳です。本田先生とお会いすると、サッカーの話よりも、学校経営の話が多くなってしまって……。

本田　私が心配しているのは、学校経営のほうに携わるには早すぎるんじゃないかってこと。サッカーと学校経営、どちらかに力が入っちゃうから、それを心配してます。

「おもしろさの中にも、いい意味での緊張感があった」と習志野時代を振り返る藤島

①1998年度選手権での習志野メンバー。前から２列目の左から２人目が藤島　②2007年度の選手権では、流通経済大柏を日本一に導いた本田。国立競技場の宙を舞った　③鋭い眼光をピッチに送る様子はいまでも変わらない　写真／小林洋①②③

藤島　はい、ありがとうございます。

本田　高校サッカー界を見ると、危機感は拭えない。約30年前にJリーグができて、その下部組織を見て「高校サッカーも時間の問題かな」なんて思ったこともあったけど、「いま頑張らないと」とはいつも危惧している。藤島にも私の想いを継いでいって欲しいんだけど、いま頑張らないと高校から課外活動が離れていくかもしれない。教育界全体がそういう傾向にある。労働基準法の問題もあるし、コロナ禍でもあるし、時間の制約が多くなって、いまは高校の3年間では人を育てるのがなかなかむずかしくなってきていると思う。これからは、「育てる」のではなく「見つける」時代。サッカーの上手い生徒を見つける、音楽の才能がある生徒を見つける、絵の上手い生徒を見つける。高校はそういう年代だと思う。残念だけどね。教師の職業柄、育てたいって言いたい。サッカーは教員と生徒の接点が多いほうで、そういう意味では、サッカーに限らず課外活動はいいコミュニケーションの場だよね。その素晴らしい環境を崩したくないし、消したくないから、いまが頑張りどきだと思ってる。

藤島　本田先生や布先生が中心になってつくられた関東スーパーリーグが、いまはプレミアリーグ、プリンスリーグという形につながっているように、高校の枠なのか、ユース年代の枠なのか、わかりませんが、新しいチャレンジを考えていかなければいけない年代に、僕もなってきたのだと感じています。

本田　関東スーパーリーグをつくったころは九州の高校が強かったときで、「なにかやらなきゃ」ということで、関東にある仲がいいチームを集めてリーグ戦をやろうと。それもいいグラウンドで、いい審判でやろう、ということになった。

藤島　僕が2年生のときでした。天然芝で試合をしていましたね。

本田　これまでヨーロッパのいろいろな国に行かせてもらったけど、どこも学校にグラウンドがついてない。午後になると学校から出てきて、それぞれクラブに行ってサッカーをする。一方、日本の場合、必ず学校にグラウンドがある。これほどの環境はヨーロッパにもないわけで、日本ならではのやり方ができるはずなんだよ。たとえば、FC LAVIDAは、昌平中学のチームじゃないでしょ？

藤島　いえ、違います。

本田　その辺り藤島は上手くやってるよね。それが日本スタイルなのかもしれないと思いながらも、日本のように校舎があってグラウンドがあるような環境は世界に類を見ないわけで。ラグビー日本代表のエディー・ジョーンズ元ヘッドコーチが言っていたような「ジャパンウェイ」が、日本サッカー界でできていくのか？　いまが分岐点だろうね。日本サッカー全体を俯瞰して、「世界にないものをつくりだそう」ということに若い世代には立ち向かって欲しい。藤島もそういう立場になってきた。早いねぇ。

藤島　日本で指導者の価値が高まらないと、厳しい側面もありますよね。

④3年時の選手権では初戦敗退もインターハイで3位、国体では優勝を飾った藤島　⑤指揮をとった昌平では2014年の初出場を皮切りに、通算4度選手権に出場　⑥コーチとして2019年の高校選抜欧州遠征に帯同。監督は市立船橋OBであり監督（当事）の朝岡隆蔵が務めた　写真／小林洋④⑤⑥

本田　まさにそう。

藤島　先ほど本田先生に挙げていただいたFC LAVIDAも含めて、うちはうまくスキームをつくれていると、正直思っています。結局、指導者が幸せに生活できないといい指導もできない。だから、FC LAVIDAで指導者の価値を高めたいと思ってるんです。これはサッカーに限らないですが、昔はいい指導者やコーチを採用するときに、学校の事務職として働くのが普通でしたけど、それだと学校の職員にならないといけない。そうではなくて、学校がクラブと契約をして、そこの指導者が教育のスタンスをしっかりと持っていればいい。そんなスキームを、いま実際に動かしているところなんですが、サッカー以外のスポーツも考えていかなければいけないと思っています。

本田　サッカーという領域からほかの領域にもつながることがいっぱいあるよね。サッカーの指導から学校経営、組織の在り方など、いろいろな領域を学べる立ち位置にいるわけだから、「いろんなことやり過ぎだよ」なんてまわりから言われるぐらいやったほうがいいと思うね。ぜひ頑張ってもらいたい。

藤島　スポーツに関わる人たちと話していても、サッカーが一番進んでいると感じます。バスケもリーグ戦がはじまりましたけど、事務局の方にリーグ戦についてよく聞かれるんです。「本田先生に聞いてください」と言おうと思ったんですけど、それはさすがに言えなくて（笑）。サッカーとバスケの違いを考えたときに、バスケは一日に2試合できるんじゃないかと。そうすると倍のスピードで経験値を高めていける……。そんなふうにバスケも進化しているなら、サッカーもさらに上をいかなきゃいけないと思ったりもします。

本田　いまリーグ戦の話題が出たけど、リーグ戦って本当にいい。何がいいかって、負けてももう1回試合ができること。「今日は負けたけどしょうがない。来週勝とう」という余裕ができるのがリーグ戦。さらに歴史を積んでいけば、ダービーも自然と生まれてくる。そうすると、地域を盛り上げる効果も期待できるよね。高校がない地域はないわけで、もっと地域を活性化していかないといけないと感じている。たとえば、地域をあげて強化していくことで各チームが切磋琢磨しだす。やがてライバル校が出てきて、地域全体が強くなっていく。選手権をいかに充実させていけるかは、地域を活性化して強くしていく必要があるんだろうな、……ってこんな話を教え子とできるのは幸せなことだよ。指導者冥利につきるね。

いい状況のときこそ なにかにチャレンジ

昌平に赴任するにあたり、本田から藤島にハガキが届く。そこに書かれていた「できない理由を探さない」という言葉に、藤島は勇気づけられる。時を経て、本田のように、藤島も高校サッカー界を牽引する指導者として期待を集める存在になった。

1998年度のインターハイ、玉田が魅せたごぼう抜きドリブルからのゴール動画に見入る２人

藤島　いまでも覚えていますね。「できない理由を探さない」って。本田先生、字がすごく上手いですよね。それもものすごくインパクトがありました。

本田　昌平と聞いても、正直知らない学校だった。そこへ行くって言うから、「できないなんて思うなよ」っていう意味を込めてね。

藤島　昌平に行くにあたっては、「環境のせいにしない」、「人のせいにしない」ということを常に思っていました。何かのせいにしても全部自分に返ってきますからね。7年かかって選手権に出ましたけど、僕が出たいというよりも、選手を出させてあげたい気持ちが強かったです。いろいろな経験を積めますからね。経験値ということでは、選手がメディアの方々と話すのはOKにしています。メディアの方々に対してもぜひ引き出してあげてください、というスタンスです。大人と話をすることで、変わっていったということがありましたね。

本田　選手のほうがね。

藤島　選手も考えながら話しているので、指導者と話をするとき以上に取材のときは言葉を選んでいる。それが学びにつながると思うんです。取材を受けるという意味でも、勝たせたいというのはありました。ただ、いまはもう昌平が勝つというより、埼玉県全体のレベルアップを考えましょうよっていうスタンスにはなっています。埼玉県勢はもう40年ぐらい日本一になっていないですから（※編集部注：選手権とインターハイで埼玉県勢が最後に優勝したのは1981年度選手権の武南）。さらに言えば、日本全体のレベルアップっていうところはもっと考えなきゃいけないと思っていますし、スペシャリティな選手を生みたいとも思っています。たぶんスペシャリティな選手って、指導者が教えるというよりも勝手に育つという言い方が合っているのかもしれないですけど。自分がいま管理職という立場にいるからこそ、自分のことだけじゃなく全体を見つつというところですかね。偉そうな話になっちゃいますけど、できることはやっていきたい。それが、本田先生がずっとやられてきた改革的な部分なので。

本田　立ち位置って変わっていくからね。学校が変わっただけでも立ち位置は変わるじゃない？　立ち位置が変われば、視野も変わっていく。不易流行じゃないけど、変えなきゃいけないことと、変えなくてもいいことを見極めないとね。そのレベルでの視野を見失わないこと。私もさ、50年監督をやってきて、日本一に6回しかなったことがない。

藤島　いえ、日本一ですから。

本田　半世紀でたった6回だよ。それよりも、県大会に出たよとか、全国大会に出たよというように、一つ上のステージにのぼろうっていう気持ちのほうが楽かもしれないね。「絶対日本一になってやろう」なんて思っていたけどさ、いざとったらなんてことないしね。

藤島　それは日本一をとった人にしかわからないと思うんですけど……。

本田　それよりももっと楽しいことがあるよ。

藤島　最近僕も考えるのが、現状維持イコール衰退。たぶん本田先生が、一番その認識が強いと思うんですが。

本田　それはダメだね。

藤島　本田先生から学んだのは、上手くいっているときに何か変えるほうが爆発的なエネルギーを生み出すのかもしれないということです。上手くいっているからそのまま続けるのではなく、上手くいっているときに変化をするべくチャレンジしていく。

本田　選手に対してもそう。負けたときに怒るのではなく、勝ったときに怒らないと。勝ってよかった、ではなくて勝った原因を考えないと。なんで負けたかはよく言うんだよね。負けた後のお説教は長い。だから、しゃべらないようにする。試合が終わったら「はい、ご苦労さん」。キレイに忘れちゃう。藤島が言うように、いいときにこそ前に進むためのアイディアはいっぱい出てくるんだよね。だから、まずはいい環境、楽しい環境をつくる。そうすると、自然と伸びていくよね、習志野のときのように。

藤島　本当にそうだと思います。

司会進行／池邉左千夫（全国高等学校体育連盟サッカー専門部）　撮影／小林洋　構成／奥山典幸
この取材は、2021年12月22日に、講談社にて行いました。

全国高体連サッカー専門部だより

2021年8月13日／福井県坂井市・坂井市役所3階大ホール

全国委員長会議議事録

司会：小川伸太郎（総務）

日本サッカー協会より

林義規JFA副会長よりご挨拶

審議事項

❶ 選手権第100回大会について

◉ 新型コロナウイルス感染対策協力のお願い
◉ 今大会の感染対策責任者を石川勝利総務副委員長に
◉ メディカルチェックのお願い。アンケート形式の調査を各県の委員長に依頼
◉ 記念イベントの案内。ヨーロッパ遠征について

❷ 高校選抜について

◉ 高校選抜2チーム編成で組むことの意義と目的、提案

❸ 総体のグラウンド規定について

◉ 天然芝及び人工芝フィールドにて行う文言を残す

❹ 2022年度　四国（徳島）総体について（徳島県より）

◉ 各種要項の確認と現状の進捗について

❺ 全国高体連サッカー専門部表彰者候補案について

◉ 令和3年度の先生方4名及び令和2年度の先生方についても表彰を行う

報告事項

❶（公財）全国高等学校体育連盟関係

◉体罰根絶について
◉2024年度以降、総体固定開催へ向け、男子については福島県開催。女子については現在北海道に書類を提出する段階
◉全国総体開催費用の個人負担金について
◉2023年度　北海道総体について　北海道の田中委員長より、開会式、競技日程、暑熱対策について説明があった

❷ 選手権第100回大会について

◉ スケジュール
地区大会　11月14日（日）終了予定
組み合わせ抽選会　11月15日（月）リモートで実施予定
開会式・開幕戦は国立競技場
準々決勝会場は千葉県会場と神奈川県会場
準決勝・決勝会場は国立競技場
◉ 日本テレビより地区大会運営に際するお願い
◉ 試合球提供、ビブス、審判ウェアについて

❸ 選手権第101回大会以降について

◉ 12月28日に開会式・開幕戦を行う

❹ 技術部より

◉ 選手権第100回大会の抽選会がリモートで行われる件について
◉ リーグ戦とトーナメント戦のスケジュールのバランスについて
◉ 全国高校総体の9地域からの派遣技術委員の輪番に関して
◉ 大会日程に関して
◉ 高校サッカー選抜選考の基準に関して
◉ 8月20日に行う予定だった指導者講習会に関して
◉ 選手権第100回大会のTSGに関して

❺ 審判部より

◉ ユニホーム規定について

❻ 記録部より

◉ 高校サッカー年鑑について

❼ 女子専門部より

◉ 女子の活動について
◉ アンダー18ファイナルズについて

❽ その他

◉ JFAのU-18日本代表候補と高校サッカー選抜の試合について
◉ 選手権第100回大会の予算配分について
◉ 次回、常任委員会・委員長会議の件

2020年12月30日／東京都文京区・機山館

全国委員長会議議事録

司会：小川伸太郎（総務）

日本サッカー協会より

反町康治JFA技術委員長、林義規JFA副会長よりご挨拶

審議事項

❶2022年度　四国（徳島）総体について

レギュレーションの変更（人工芝、大会登録人数）について

❷2024年度以降の総体について

❸人事について

◉ 副委員長を2名体制に
◉ 総務委員長、記録委員長の交代

報告事項

❶（公財）全国高等学校体育連盟関係

◉ 2023年度　北海道総体について

❷全国高等学校選手権大会関係（第101回大会）

◉ スケジュール
地区大会　11月20日（日）終了予定
組み合わせ抽選会　11月21日（月）汐留日本テレビタワー予定

開幕戦	1回戦	2回戦	3回戦	準々決勝	準決勝	決勝
12/28（水）	12/29（木）	12/31（土）	1/2（月）	1/4（水）	1/7（土）	1/9（月・祝）

準々決勝会場は未定。準決勝・決勝会場は国立競技場

❸技術部より

◉ テクニカルレポートとDVDについて

❹審判部より

◉ ユース審判員について

❺記録部より

◉ 高校サッカー年鑑について

❻女子部より

◉ 総体各地域代表の決め方について
◉ 女子高校選手権（兵庫）について

❼その他

◉ 全国高体連サッカー専門部表彰者について
◉ 今後の委員長会議日程について

❽全国大会関係

◉ 選手権第100回大会の新型コロナウイルス感染対策について
◉ 選手権第100回大会の視察、スカウト、VIP招待について
◉ 日本高校選抜、U-17日本高校選抜スケジュールについて
◉ 令和7年度の総体固定開催に向けての取り組み
◉ 令和6年度女子サッカー競技について
◉ 個人徴収金について

❾2種年代のゲーム環境＆カレンダーについて

◉ 連戦の解消、90分ゲーム、オフシーズン

❿ユース審判員について

徳島県 「躍動の青い力 四国総体 2022」を控えて

徳島県高体連サッカー専門部 委員長

村山孝博

徳島県立川島高校

はじめに

令和4年度の全国高等学校総合体育大会（全国高校総体）は、「燃え上がれ我らの闘志 四国の大地へ」をスローガンに四国4県と和歌山県（ヨット競技）で開催されます。

サッカー競技は、徳島県の5市町（徳島市、鳴門市、阿南市、吉野川市、板野町）の10会場で7月24日～30日まで男子、6会場で26日～30日まで女子の日程で開催されます。徳島県での全国高校総体サッカー競技は、昭和46年大会以来、51年ぶりの開催となります。開催まであとわずかとなり、徳島県実行委員会をはじめ、幹事市である徳島市実行委員会、また、各市町担当職員の方々とともに皆様方をお迎えすべく準備を進めているところです。

徳島県の現状

徳島県では平成3年に高円宮杯の前身・全日本ユース選手権と平成4年の全国高校総体（宮崎県開催）において徳島市立高校が優勝し、平成8年度全国高校サッカー選手権で徳島商業高校が第3位となって以来、全国大会での上位進出から遠ざかっていました。しかし、令和元年度の全国高校総体（沖縄県開催）と全国高校サッカー選手権で、男子の徳島市立高校がベスト8、女子の鳴門渦潮高校が全国高校総体で第3位と輝かしい結果を残してくれました。また同年、徳島県出身選手ではアジアカップにアル・アイン（UAE）に所属していた塩谷司選手（徳島商業高校→国士舘大学）が日本代表に招集され準優勝に貢献しました。さらに令和2年には徳島ヴォルティスが悲願のJ1昇格を果たしています。

令和3年度時点で、徳島県の高体連加盟チームは、男子28校、女子7校と全国でも非常に少ない登録数となっています。登録人数も男女で958名と少子化の影響を強く受けています。近年では県リーグでのセカンドチームの参加数が激減しており、部員数の減少に歯止めがかかりません。しかし、令和元年度からは徳島県サッカー協会の協力を得て、「2022インターハイ強化プロジェクト」を立ち上げ、徳島県内の中学生をターゲットエイジとし、強化に取り組んできました。この四国総体ではチームの中心選手として活躍してくれることを期待しています。

終わりに

令和2年、新型コロナウイルスが猛威をふるい、プロスポーツの試合の相次ぐ中止、あらゆる地域でのスポーツ活動が自粛され、スポーツの価値を改めて考えさせられる年となりました。令和3年度においても第4波・第5波とコロナ禍が続いています。徐々に行動制限が緩和されつつあるとはいえ、まだまだ多くの制約がある中で東京2020オリンピックをはじめ、様々なスポーツイベントが実施されています。令和3年度全国高校総体が開催された福井県においても多大な苦労があったこととお察しします。福井県高体連サッカー専門部の皆様から受け取ったバトンを令和5年度開催の北海道につなぐべく徳島県高体連サッカー専門部一同、ONE TEAMで令和4年度大会を成功に導くよう全力で準備を進めてまいりますので、今後とも皆様のご協力をいただければ幸いです。

都道府県レポート

栃木県 「いちご一会とちぎ国体 2022」を控えて

栃木県高体連サッカー専門部 委員長

臼井紀仁

栃木県立宇都宮白楊高校

はじめに

第77回国民体育大会「いちご一会とちぎ国体」は、「夢を感動へ。感動を未来へ。」をスローガンに、令和4年10月1日から栃木県で開催されます。サッカー競技は、10月2日から6日までの5日間、少年男子は真岡市・下野市・益子町、成年男子は宇都宮市・さくら市を会場地として開催されます。また、この大会から少年男子と同様、U-16年代による「少年女子」種別が矢板市・那須塩原市で開催されます。

栃木県の現状

県サッカー協会による自治体への要望活動もあり、近年、県内のグラウンドの天然芝・人工芝の数が増加してきました。高校年代においても、公式戦のほとんどが芝生の会場で実施できるようになっています。とちぎ国体の各会場についても、各市町と県協会が連携し、計画的に整備を進めているところです。

しかし、新型コロナウイルス感染症の拡大による鹿児島国体の延期、三重国体の中止、さらにはリハーサル大会として予定していた全国社会人サッカー選手権大会の中止により、視察や運営リハーサルができていない状況です。

国体に向けての強化

高校選手権では本県代表が上位入賞を続けている一方で、U-16化してからの国体少年男子の本大会出場は2回（第64回新潟、第69回長崎）のみです。関東ブロックの厚い壁をなかなか突破できず、本大会での経験値を積み上げることができていない状況です。とちぎ国体に向けては、県協会技術委員会が中心となり、2015年から早生まれを含めたターゲットエイジへの強化事業を開始し、2018年からは県協会主導のもと、大会運営体制強化や審判育成強化とともに、5年計画の選手強化を進めてきました。コロナ禍の影響により、計画の大きな修正を余儀なくされていますが、各種別ともできる限りの強化を継続し、第41回大会以来のサッカー競技「総合優勝」を目指しています。

終わりに

栃木県での国体開催は、昭和55年の「栃の葉国体」以来、42年ぶりとなります。選手たちが存分に力を発揮できる環境を整え、来県された皆様に栃木県の魅力を感じていただける大会になるよう、引き続き万全の準備をして皆様のお越しをお待ちしております。

令和4年度各都道府県　年間計画一覧

県名	総体予選	国体予選	選手権予選	地域大会予選	新人大会	総会（※）	技術研修会	県選抜強化	U-18リーグ	その他
北海道	5月下、6月中	6月中、7月上	8月中～下、10月中～下	6月中	—	—	6月中、11月上、1月中	7月中、8月中、9月上、11月上	4月下～9月下	専門委員会4月中、6月中、10月／室内1月中
青森	5月下～6月上	—	一次8月下、二次10月中～11月上	—	地区8月下～9月中、県11月中	5月上、7月中、9月上、10月中、2月中	6月中	6月中	4月中～9月中	春季大会4月下～5月上
岩手	5月下～6月上	—	10月上～11月上	—	11月中	4月中、8月下、3月中	—	7月上、3月中	4月中～9月下	選抜交流大会3月中
秋田	5月下、6月上	—	10月上～下	—	地区9月上、11月上～中	5月中、2月上	—	6月中～7月中、8月上	4月中～9月下	
山形	地区5月上、県5月下～6月上	8月中	10月上～下	—	地区9月上、11月上～中	—	11月中	4月～6月中～7月上～8月上	4月上～9月下	
宮城	地区4月下、県6月上	—	一次7月中、県10月下～11月中	—	地区9月下、県11月下	4月中、2月中	—	8月中、9月下、12月下、3月下	4月上～12月中	
福島	地区5月中、県5月下～6月上	—	9月下～11月上	—	地区11月中～下、12月上	7月上、2月下	—	4月下～8月上、9月上～10月中、2月中～3月中	4月上～10月上	県総体4月中
東北	総会（6月中）／東北選手権（6月中）／国体予選（8月中）／東北新人大会（1月下）／プリンスリーグ東北（4月中～9月中）									
茨城	地区5月下、県6月上～下	—	9月下～11月上	地区4月中、県4月下～5月中	地区11月下～12月上県1月中～下	4月下、6月上、9月下、1月上、2月中、3月中	8月上、12月上、1月下	5月～10月各上、11月中、12月～1月各上、2月下、3月中	3月下～11月下	
栃木	5月下～6月下	—	10月上～11月中	4月下～5月中	1月上～2月上	4月中、5月中、9月上、12月上、3月中	—	7月上～中、12月下、3月中	4月中～12月中	
群馬	5月下～6月中	—	一次8月下～9月中、二次10月中～11月上	4月下～5月中	1月中～2月上	4月中、7月上、2月上	2月中	3月中～下	3月中～11月下	
埼玉	支部5月上、県6月上～下	—	一次8月下、二次10月中～11月中	4月中～下	支部1月中～下、県2月中～下	支部4月中、県5月上	3月中	4月上～7月上、8月中、9月上～11月下、1月～3月下	4月～12月	U-16リーグ6月～9月
千葉	地区4月下～5月上、6月上～下	7月	一次7月中～8月上、決勝10月下～11月中	5月上～中	地区11月中～12月上、県1月中～2月上	2月下	10月上	6月下～7月中	4月～12月	U-16ブロック対抗戦9月～12月
東京	地区4月下～5月上、都5月上～6月下	5月	一次8月中～下、二次9月上～11月中	4月上～5月上	11月中、2月	4月上	12月	6月上、8月上、9月上	2月中～10月下	
神奈川	4月下～6月中	8月中	一次T7月中、二次T9月中～11月中	4月上～5月上	地区9月下～1月下	3月上	9月上、12月上	4～6月下、7月上、9～11月下、12月上、1月～3月下	3月中～12月下	
山梨	6月	8月中	10月中～11月中	4月下～5月中	1月中～2月上	4月中、5月中、7月上、9月上、10月下、12月上、2月下	2月中	4月上～6月下、8月中、9月上～11月下、1月～3月下	4月上～12月中	
関東	総会（6月上）／関東大会（6月上、12月上）／国体予選（8月中）／U-18関東リーグ（4月上～12月上）									
長野	地区5月上～中、県5月下～6月上	8月中	8月下～11月上	—	地区11月上～中、県11月下～12月上	2月上	—	7月上～8月上、1月中、2月中、3月下	4月上～9月下	
新潟	地区5月上、県5月下～6月上	—	9月中～11月上	—	9月中、11月中	4月中	2月下	6月中、7月下、8月中、9～12月各下、1,2月各中、3月下	4月下～10月上	国際ユースサッカー7月
富山	5月中～6月上	—	9月下～11月上	—	—	3月上	—	6月中、7月下、8月中、2月中、3月中	4月上～9月中	新人戦11月中～下
石川	5月下～6月上	—	9月下～11月上	—	11月中	5月中、8月中、10月下、11月下、2月下	—	4月～9月	4月上～9月中	春季大会4月下
福井	5月下～6月上	—	9月中～11月上	—	11月中	4月上、10月下	2月下	4月下～5月上、6月中～7月中、8月上～中	4月中～9月中	
北信越	北信越大会（6月中）／国体予選（8月中）／U-18北信越リーグ（4月上～10月上）									
静岡	支部4月中～5月上、県5月中～6月上	8月中	一次T9月中～10月中、決勝T11月上～中	—	12月中～1月下	支部4月上、12月上	11月下	4月下～9月下、12月下～3月中	4月上～12月上	SBSカップ8月下／フェスティバル3月下
愛知	支部4月中～5月上、県5月中～6月上	8月中	地区8月下～9月上県10月上～11月中	—	支部1月上～中、県1月下～2月中	2月	7月中、3月下	4月～3月	4月上～7月上8月下～12月上	
岐阜	5月中～6月上	8月中	9月下～11月中	5月中～6月上	1月下～2月上	2月中	11月下、2月	5月上、8月、2月下	4月～12月	大垣選抜大会3月
三重	5月	8月中	10月上～11月上	—	1月	4月中、12月上	12月上	4月～3月	4月～12月	伊勢市長杯4月上
東海	東海総体（6月中）／技術研修会（9月）／U-16リーグ（6月下～7月下、11月上～12月下）									
滋賀	5月中～6月上	8月中	10月下～11月中	—	12月中～1月下	4月下、9月下、11月下、2月下	11月下	5月上、7月下～8月中、3月下	2月中～10月上	
京都	4月下～6月上	8月中	地区7月下、府10月中～11月中	—	地区11月下、1月上～2月下	4月中	—	4月中～8月上	2月中～10月上	
奈良	5月上～6月上	—	10月上～11月中	5月上～6月上	1月中～2月中	4月下、5月下、7月上、9月上、10月下、3月上	1月下	5月上、6月下、7月下、8月、9月上	4月上～11月下	U-16ユースサッカー6月上～9月下
和歌山	5月下～6月上	8月中	10月下～11月中	—	1月上～2月中	5月上、9月中、2月下	2月下	7月下、8月中、3月下	2月中～10月上	
大阪	4月中～6月上	8月中	8月下～11月中	4月中～6月上	—	7月中、12月中、3月上	6月下、7月上、12月中	4月上、6月中、8月中、3月下	3月下～10月下	
兵庫	5月上～6月上	8月中	10月上～11月中	1月中～2月上	地区11月下～1月上、県1月中～2月上	4月中	11月上	6月中～7月下、8月上～9月中	4月～12月中	
近畿	近畿大会（6月下）／国体予選（8月中）／U-18関西リーグ（4月上～10月中）									
鳥取	5月下～6月上	8月下	10月中～下	—	11月中～下	4月下、9月中、2月中	3月上、6月下、11月下、12月上	4月下～8月上	4月上～10月上	
岡山	地区4月下、県5月下～6月中	6月中～下	9月下～10月下	地区12月下～1月上、県1月下～2月中	地区12月下～1月上、県1月下～2月中	2月下	—	7月下、8月中、3月中	—	県リーグ4月中～7月中、11月中～1月下
広島	地区4月上～下、県5月下～6月中	—	一次8月下～9月上、決勝T10月下～11月中	—	県1月中～2月上	2月中	7月下、8月中、12月下、2月中	6月下、8月上、12月下、2月上、3月下	4月上～12月上	
島根	5月下～6月上	—	10月下～11月上	—	2月上	2月中	—	7月下、8月中	4月～10月	
山口	5月下～6月中	8月	10月下～11月中	5月、6月	1月、2月	9月下、2月下	12月	4月、5月下、6月中、7月、8月	4月～12月	
中国	中国大会（6月下）／国体予選（8月下）／ユース（8月下）／全国大会出場校研修大会（12月上）／U-18中国リーグ（3月下～7月中）									
香川	5月下～6月上	—	10月中～11月上	—	1月下～2月上	4月上	12月上	4月下～8月上	4月～12月	
愛媛	6月上	—	地区8月下、県10月下～11月上	4月下	地区12月下、県1月下～2月上	6月中、11月中、2月下	11月上	7月下～8月上、2月中、3月中	4月～12月	審判研修会4月～5月
徳島	5月下～6月上	—	10月上～11月上	—	1月中～2月上	4月上	—	5月上、6月中	4月上～12月下	
高知	5月上～下	—	10月中～11月上	5月上～下	12月下～1月下	2月上	7月上、12月上	4月上、一次6月、二次7月下、8月上～中、3月中	4月上～下、6月中～9月中、11月中～12月中	
四国	四国大会（6月下）／国体予選（7月下）／ユース（8月中）／U-18プリンスリーグ四国（4月上～12月上）									
福岡	地区4月中～5月上、県5月中～6月上	—	一次7月下、二次10月中～11月中	—	地区12月上～1月上、県1月中～2月上	4月、11月	4月、11月	4月～7月、8月中、9月中	4月上～12月上	九州高校フェスティバル3月下／サニックス杯国際ユース3月下
佐賀	6月上	—	10月上～11月中	—	1月上～2月上	2月中	—	4月上～9月中、11月中、3月中	4月～12月	
熊本	5月下～6月上	—	10月中～11月中	—	1月中～2月上	4月上、11月下	3月上	4月中～5月中、6月中～7月中	開催	熊本フェスティバル8月上
長崎	6月上	—	地区8月上～9月上、10月上～11月中	—	地区12月下～1月上、県1月下～2月上	4月中、7月上、12月上	9月下	—	4月上～11月下	島原フェスティバル4月
大分	6月上	—	10月上～11月中	5月下	1月中～2月上	5月上、7月上、2月下	—	7,8月各中、9月中～下、10月、1月下、2月上、3月中～下	—	FAリーグ8月下
宮崎	5月下～6月上	—	10月中～11月上	—	12月中	5月上	—	6月中、11月中	4月上～12月上	1年生大会8月下
鹿児島	5月下	—	地区9月下～10月上、県10月下～11月上	—	1月下	—	3月下	7月、8月、3月	4月上～12月上	地区強化大会5月、12月下／1年生県大会7月下／招待サッカー12月上
沖縄	5月下～6月上	—	9月中、10月中～11月中	—	1月中～下	4月上	—	4月上～下、6月上～7月下、8月上～下、9月上～下	4月中～12月上	県サッカー祭7月下／地域強化リーグ12月中～下／招待サッカー3月下
九州	九州大会（6月下）／国体予選（8月下）／新人大会（2月中）／九州国際フェスティバル（3月下）／サニックス杯国際ユース大会（3月下）／U-18プリンスリーグ九州（4月上～12月中）									

※部または顧問・監督

注）北海道は地域と道の年間計画が重なるため、一つにまとめて表示しています。

北海道大会

6月15日～18日
於・小樽市望洋サッカー・ラグビー場ほか

(北海道大会は、総体の北海道予選決勝トーナメントを兼ねています。トーナメント表は166ページを参照ください)

決勝

6月18日(金)　望洋サッカー・ラグビー場Aコート（晴）
(主) 髙野佑哉　(副) 籾山智哉、関口航太

札幌大谷(札幌) **0 (0-0 / 0-1) 1** **旭川実**(旭川) ★

得	S	学		背		背		学	S	得
0	0	③	岩本	1	GK	1	関	③	0	0
0	0	❸	青山(稜)	2	DF	3	髙橋(叶)	②	0	0
0	0	③	(金子)	6		7	中村	❸	1	0
0	0	②	熊谷	3		8	(渋谷)	③	0	0
0	0	③	青山(佳)	17		13	古谷	③	1	0
0	0	③	菊地	18		16	長谷川	②	0	0
0	0	③	(岡本)	10		18	(渡辺)	②	0	0
0	0	③	福田	8	MF	6	大井	③	0	0
0	0	③	(梅本)	14		10	(鈴木)	②	0	0
0	0	③	高桑	9		12	柴谷	③	1	0
0	0	③	(西出)	13		15	(樫山)	②	0	0
0	0	③	吉田	12		19	西條	③	1	1
0	0	③	山本	19		20	五十嵐	②	0	0
0	0	②	安食	4	FW	11	安保	②	1	0
0	0	②	高橋	7		9	(榎)	③	2	0
0	0	③	(山﨑)	15		14	久保	②	5	0
0	0			18	GK	1			12	1
				1	CK	2				
				15	FK	10				
				0	PK	0				

【得点経過】
後半10分〔旭〕関→**西條～S**
▼警告
〔札〕熊谷

決勝 戦評

旭川実、全試合無失点で優勝

互いに1-4-4-2のシステムでスタート。札幌大谷は序盤から選手同士が距離をよく保ちながら自陣から丁寧にボールを繋ぎビルドアップしていきたい意図が窺える。対する旭川実は前線から連動した激しいプレスでボールを奪い、素早くDFライン裏にボールを入れることで状況を打開しようと試みる。後半に入ると旭川実は交代で出場したFW榎が起点となるアクションで攻撃のリズムを作り出しチャンスメイクしていく。終盤、札幌大谷も徐々にボール保持の時間が増えてきたが、対する旭川実は主将・中村を中心としたDFラインが粘り強く対応。両チームには、少ないチャンスを決め切る決定力や試合展開および状況を的確に判断しプレーする力を、一層レベルアップさせて全国大会に臨んでほしい。

戦評　勘七 誠(恵庭南高校)

総評

令和3年度第74回北海道高等学校サッカー選手権大会、ならびに令和3年度第10回北海道高等学校総合体育大会女子サッカー競技は、小樽市望洋サッカー・ラグビー場(小樽市、天然芝2面)とキロロリゾートサッカーコート(赤井川村、天然芝2面)の4会場において、高体連小樽支部、小樽桜陽高校を当番校とし、令和3年6月15日(火)から18日(金)の4日間の日程で実施されました。昨年は新型コロナウイルスの影響により中止となりましたが、今年度は出場チームの協力を得ながら2年ぶりに開催することができました。大会を通じておおむね天候にも恵まれ、素晴らしい環境のもと、男子24チーム、女子12チームによる熱戦が繰り広げられました。男子トーナメントの優勝は旭川実、準優勝に札幌大谷、3位に東海大札幌と帯広北という結果になりました。女子トーナメントの優勝は大谷室蘭、準優勝に文教大附、3位に札幌東商と旭川実という結果になりました。

女子の部の決勝戦は、共に数多くの全国大会を経験している大谷室蘭と文教大附のライバル対決となりました。序盤からセカンドボールの拾い合いで激しくぶつかり合う両校。攻撃では連覇を目指す文教大附がピッチを広く使い、両サイドの推進力を活かしたサイド攻撃で優位を保とうとするのに対し、大谷室蘭はFWを起点に縦に速い攻撃で中央突破を図ろうとする意図が見られ、前線の崩しの場面で両チームのストロングポイントを活かした攻撃で活路を見出そうとする戦術的意図が感じられました。守備では、互いに1stDFの決定が素早く、ボールに近い選手から積極的にチャレンジにいき、素早く守備ブロックを形成していました。ボールを奪えるチャンスを逃すまいとする姿勢や、ゴール前でのGK・CBを中心に身体を張ったシュートブロック等、気迫のこもったプレーは両校とも試合終了まで感じられました。試合経過と共に相手の良さを消しながら自チームの特長を発揮し、得点に結びつけた大谷室蘭に軍配があがりましたが、両校の惜しみないハードワークと組織化された守備には目を見張るものがありました。

男子の部、1～2回戦では公私対決が多く見られました。これまで私立校と対戦する公立校の多くは、相手の攻撃に対し構えながら守備を行い、相手のミスを誘いながら攻撃に転じる傾向が多く見られましたが、今大会の傾向として高い位置から積極的にボールを奪いに行き、ショートカウンターを狙う攻撃的な守備により、ゲームの主導権を握ろうとする意図を感じました。北広島や札幌東は、敗れはしたもののチームとして守備から攻撃の局面において明確なコンセプトがあり、組織化されたコンビネーションプレーが光っていました。準々決勝以降はすべて私学勢同士の対戦となりました。各校伝統の意地とプライドがぶつかり合い、どちらが勝ってもおかしくない接戦となる試合が多く見られましたが、組織化された守備によりゴール前の狭いスペースにおいてのプレッシャーがより厳しくなる中でも、ゴールを奪いに行けるストライカーの育成については今後も北海道としての課題であると感じました。

準優勝の札幌大谷は、初戦から選手個々の高い技術をベースとしたパスサッカーのスタイルを貫き、決勝まで駒を進めてきました。どの試合でも最終ラインから丁寧にビルドアップを行い、中盤の底を務めるMF岡本を軸にボールの出し入れを繰り返すことで、相手守備陣の隙やギャップを作り出し、前線や駆け上がってきたSBへ効果的な縦パスを送り好機を演出していました。引いて守る相手に対しても焦れることなくボールを循環させ、バイタルエリア付近ではパススピードや縦パスを入れるタイミングに変化を織り交ぜながら攻撃を仕掛け、相手ゴールに迫っていました。準々決勝では5バックで守り、サイドに追い込みショートカウンターを窺う札幌創成の守備に対し、ショートパスとドリブルを巧みに駆使しながら相手DF間のズレを発生させ、オーバーラップしてきた左SBへタイミング良くスルーパスを送り得点を奪った場面は、札幌大谷の明確なチームコンセプトの表れでした。

優勝した旭川実は、5試合で12得点無失点であり、攻守共に安定感のある戦いぶりでした。試合を重ねるごとに選手間の連係が深まり、チームの成熟度が高まっていきました。攻撃は優先順位が整理されており、ボールを奪うと前線の選手はシンプルに相手DFラインの背後を取り、出し手も受け手の動き出しにタイミングを合わせてパスを供給し得点機を演出していました。決勝戦の貴重な先制ゴールは相手FKをキャッチした旭川実GKからの素早いフィードから生まれた得点であり、旭川実の攻撃の特長が表れた場面でした。守備は、前線と中盤で高い位置から連動した素早いプレ

(総体予選を兼ねる女子の各地域大会の結果は191ページをご覧ください)

北海道大会

スでボールを奪いにいくプレーが多く、特にボールを失った後の切り替えを早くすることで、相手からボールを奪い返し、チャンスに繋げる場面も多く見られました。決勝前半では、札幌大谷の最終ラインからボランチを経由した丁寧なビルドアップに対し、FW安保、久保の2枚で対応していましたが、後半に入るとボランチが高めのポジションをとり、前線のプレスのかけ方に変化を加えながら守備の仕掛けを行い、札幌大谷に攻撃の糸口を作らせまいとする集中した守備は見事でした。

今大会を振り返ると男女共、新型コロナウイルスの影響で限られたトレーニング時間や対外試合の中で迎えた大会となりましたが、上位に勝ち上がったチームは攻守にハードワークし、球際でも臆することなく戦う姿勢が徹底されていました。大会前半は、個の力に依存する戦いやプレーが多く見られる傾向がありましたが、トーナメントが進むにつれ、攻守において組織的なプレーが随所に見られるようになっていきました。今後も新型コロナウイルスの影響を受けながらのトレーニングやリーグ戦の実施が予想されます。そのような状況下で各チームが工夫した取り組みで確かな強化を図り、次の大会では攻守においてさらに強度と質の高い試合を繰り広げていってもらいたいです。

本大会を開催・運営するにあたり、当番校や協力校などの学校関係者、サッカー協会、小樽市、赤井川村をはじめ、関係各位の多くのご支援を賜りました。この場を借りて深く御礼申し上げます。また、直前の緊急事態宣言下、無観客試合という人数制限のみならず、さまざまな場面で感染対策を最優先に考えた大会運営となりました。出場チームには急な対応を迫らざるを得ない場面もあり不便をおかけしたことと思います。本来であれば多くの方々に試合を観戦していただき、大声援の中で活躍する高校生の姿を見ていただきたいと強く思いますが、このような時代の中でも皆様のご協力のもと運営できたことに感謝すると共に、大過なく全日程を終了できたことをご報告申し上げ、本大会の総評といたします。

総評　沼佐一世（小樽水産高校）

地域大会記録2021

東北大会

※令和3年度東北高等学校選手権大会の開催について 東北高等学校体育連盟より、「全国高等学校総合体育大会予選を兼ねている競技・種目は実施することとし、それ以外の競技・種目は中止とする」との決定があったため、今年度の東北高等学校選手権大会は女子のみの開催となりました。

総評

令和3年度の東北選手権は、新型コロナウイルスの影響を受け男子競技の開催が中止となり、女子競技のみ無観客での開催となりました。場所は青森県五戸町・ひばり野公園陸上競技場、十和田市・高森山総合運動公園競技場の2会場で開催されました。女子の各県代表の6チームによるトーナメント戦を実施し、2枠のインターハイをかけた戦いが繰り広げられました。

インターハイ出場をかけた準決勝では、福島県代表尚志と岩手県代表の専大北上が対戦。早い段階で尚志が先制しますが、その後はお互いに丁寧なポゼッションからペナルティエリアに侵入を試みるも、DFが身体を張って侵入を許さず。後半8分にCKから尚志が追加点を取るも、その後22分に専大北上がサイドを攻略し、ゴール前でのオウンゴールを誘い、追随。その後も拮抗した展開が続きましたが、終盤、専大北上の選手が衝突で負傷離脱等もあり、落ち着かない状況の中、尚志が冷静に追加点を奪い試合を決めました。

もう一つの準決勝は、宮城県代表常盤木学園と青森県代表八戸学院光星が対戦。粘り強い守備からショートカウンターを狙う八戸学院光星に対して、終始ボールを支配し着実に得点を重ねた常盤木学園が決勝進出を決めました。

決勝戦では、前半、尚志がボールを繋ぎ、相手守備陣を崩そうと狙うもなかなか狙い通りの展開に持ち込めず。一方、常盤木学園は両サイドを起点とし縦の突破からフィニッシュを狙いにいきます。両チームとも互角の攻防が繰り広げられましたが、前半終了間際、常盤木学園がCKからの混戦を制し、先制点を奪います。後半になると、風上に立った常盤木学園が高い位置からのプレスを強めることで主導権を握り、得点を重ね優勝を勝ち取りました。

東北の女子サッカーの現状として、なかなか競技人口が増えず苦労しているチームも多いことが挙げられます。今大会では、そのような状況下でも各チームがトレーニングの成果を発揮し、好ゲームを展開してくれました。まだまだいろいろな課題はありますが、選手・スタッフ共に努力を続け、今後のさらなる発展に期待したいと思います。

今大会においては、新型コロナウイルスの影響を受けながらも、最終的に何事もなく大会を終えることができたこと、選手・スタッフ・関係者が一丸となって大会を運営できたことが、何よりも素晴らしいことだったと感じています。

最後になりますが、本大会の実施にあたり、ご理解とご支援を賜りました関係各位に感謝の意を表し、総評といたします。本当にありがとうございました。

総評　齋藤康弘（五所川原高校）

関東大会

6月5日~7日
於・JITリサイクルインクスタジアムほか

【Aグループ】西武台

実践学園（東京都1位）	1	5	前橋育英（群馬県1位）
日体大柏（千葉県1位）	2	0	日大藤沢（神奈川県1位）
明秀日立（茨城県1位）	3	0	真岡（栃木県1位）
西武台（埼玉県1位）	4	2	山梨学院（山梨県1位）
前橋育英	1	2	日体大柏
明秀日立	0	1	西武台
日体大柏	1	2	西武台

【Bグループ】桐生第一

佐野日大（栃木県2位）	0	1	韮崎（山梨県2位）
古河第一（茨城県2位）	0	5	國學院久我山（東京都2位）
桐生第一（群馬県2位）	5	4	八千代（千葉県2位）
桐光学園（神奈川県2位）	2	0	武南（埼玉県2位）
韮崎	1	0	國學院久我山
桐生第一	4	2	桐光学園
韮崎	1	3	桐生第一

決勝

6月7日（月） JITリサイクルインクスタジアム（晴）
（主）市來智紀 （副）里吉雄介、西河雅之

日体大柏 1（0-1 1-1）2 西武台
（千葉県1位） （埼玉県1位）★

得	S	学		背		背		学	S	得
0	0	③	早坂	1	GK	1	淺沼	③	0	0
0	0	③	谷口	4	DF	3	安木	③	0	0
0	0	②	柴田	5		5	原田	❸	0	0
0	0	③	児玉	15		16	武田	③	0	0
0	0	①	（神野）	21		22	齋藤	③	2	0
0	0	❸	須藤	18						
0	0	③	井上	6	MF	7	福沢	③	2	0
0	1	③	小村	10		14	（松原）	③	1	0
0	0	②	（寺村）	20		8	吉野	③	0	0
0	0	②	中原	16		20	岡田	③	0	0
0	0	③	（酒井）	2		24	（柿崎）	③	2	0
0	0	②	大江	22						
0	0	③	（沼田）	8						
0	1	③	鈴木	9	FW	9	丸山	③	1	0
0	0	②	（吉田）	19		18	（和田）	②	0	0
1	2	③	櫻井	11		10	市川	③	3	2
						17	山本	③	1	0
						21	（長谷川）	③	0	0
1	4			7	GK	7			12	2
				4	CK	4				
				7	FK	11				
				0	PK	0				

【得点経過】
前半29分〔西〕福沢～→安木→**市川HS**
後半20分〔日〕酒井→**櫻井HS**
〃 29分〔西〕安木→**市川～S**
▼警告
〔日〕酒井
〔西〕岡田

総評

昨年度、新型コロナウイルス感染拡大のため中止となった「関東高等学校サッカー大会」は，2年ぶりの開催となり64回目を迎えた。6月4日（金）に代表者会議を行い，6月5日（土）から7日（月）までの3日間、熱い戦いを繰り広げた。今も各地で多くのイベントが延期、中止となるなか、大会を無事に開催することができたのは、多くの皆様のお力添えがあったからこそである。各会場では無観客という条件のなかで、韮崎中央公園（天然芝2面）、御勅使南公園（天然芝）、長坂総合スポーツ公園（人工芝）、3位決定戦と決勝戦はJITリサイクルインクスタジアムで実施することができた。

今大会の登録人数は25名、これまでの登録人数から7名増えた。勝ち進めば3日間の連戦、またこの大会後、すぐに各都県でインターハイ予選を控えるというタイトな日程である。勝負と強化の両面を考慮するなかで25名の起用方法にも注目された。実際に前日のメンバーを大幅に入れ替え、ターンオーバーで登録メンバーをフルに起用するチームもあった。また交代枠5名も積極的に使うベンチワークも見られた。

決勝に駒を進めたのは、日体大柏（千葉県）と西武台（埼玉県）。技術と個人戦術の高さをベースにして、チーム戦術の共有を確立した両チームの対戦となった。優勝した西武台は丁寧なビルドアップから斜めの楔のパスやロングボールでリズムを作り、ポゼッションプレーからの突破で主導権を握ろうとする総合力の高さを見せた。日体大柏は守備時に5バックにして守備ブロックを形成、FWからの連動したプレスでボールを奪い、厚みのあるショートカウンターでゴールへ迫る姿勢が印象的だった。

大会を通じ、後方からポゼッションして、丁寧にビルドアップしていくチーム、突破力のあるウイングを配置しサイドアタックなどでチャンスを作るチーム、戦況によってフォーメーションを変化させゲームプランを立て直すチーム、FWが相手DFにアグレッシブに規制をかけて、狙いを定めた中盤の守備からショートカウンターでゴールを目指すチーム、5バックを採用し堅守速攻でゴールに迫るチームなど、様々なストロングポイントで勝負する試合が多く見られた。一方、上位進出を果たせなかったチームも、将来性のある選手や魅力的なチーム戦術など、関東らしい高いポテンシャルを感じさせた。

近年、熱中症予防および感染症防止対策のため「飲水タイム」が採用されているが、この時間帯に集中力が低下するのか、今大会は飲水タイム前後に得点が生まれることが多かった。ロングスローを活かしたセットプレーのパターンが増えてきたのも特徴のひとつといえる。また、この関東大会に、よりハイクオリティな内容のゲームを求めるのであれば、関東大会はもとより各都県のインターハイ予選のスケジューリングを見直すことも必要になってくるのではないかと考える。

全国高校総体への出場権（上位3校）を兼ねている関東女子大会。決勝戦は2年前と同じカード、十文字（東京都）と前橋育英（群馬県）の対戦となった。優勝した十文字は「フィニッシュまでの流れ」「パス、シュートの精度」など個人スキル、チームスキルが高く、レベルの違いを見せつけ2連覇を成し遂げた。3位決定戦では、日本航空（山梨県）が南稜（埼玉県）を破り、決勝に進出した2校とともに全国高校総体出場を決めた。

最後に好ゲームを見せてくれた選手、チームスタッフの皆様、本大会を開催するにあたり、ご尽力いただいたすべての関係者の皆様に感謝を申し上げ，総評といたします。

総評　植村映一（富士北稜高校）

北信越大会

6月18日~20日
於・日医工スポーツアカデミー

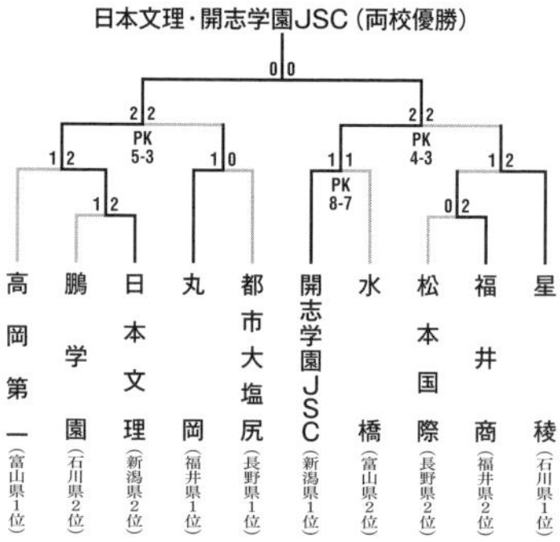

決勝

6月20日(日)　日医工スポーツアカデミー(シー)(晴)
(主)伴勇　(副)寺林巧矢、齋藤颯伸

日本文理 0 (0-0 / 0-0) 0 **開志学園JSC**
★(新潟県2位)　(新潟県1位)

得	S	学		背		背		学	S	得
0	0	③	齋藤(隼)	12	GK	1	中島	❸	0	0
0	0	②	小熊	2	DF	3	村松	③	0	0
0	0	③	南	4		7	(松田)	③	0	0
0	0	③	(松原)	13		12	西田	③	0	0
0	0	❸	齋藤(優)	5		15	駿藤	③	0	0
						22	竹内	②	0	0
0	1	②	塩崎	6	MF	6	金子	③	0	0
0	0	③	古俣	8		11	荒井	③	0	0
0	0	③	(石井)	7		13	岡田	③	0	0
0	0	③	(権田)	3		10	(澤田)	③	0	0
0	1	②	曾根	9		16	鈴木	③	0	0
0	0	③	浅野	16		18	(モーリス)	③	1	0
0	3	③	河合	17						
0	1	③	(鎌田)	18						
0	1	②	築井	19						
0	1	③	相澤	10	FW	19	平	②	1	0
0	1	③	(熊崎)	14		9	(須崎)	③	1	0
						20	安藤	③	0	0
						8	(佐々木)	③	0	0
0	9			3	GK	13			3	0
				5	CK	2				
				11	FK	6				
				0	PK	0				

決勝 戦評

70分でスコアレス、両校優勝

令和3年度北信越高等学校体育大会の決勝は、3試合の接戦を制して決勝へと駒を進めた日本文理と準々決勝・準決勝をともにPK方式の末に勝利した開志学園JSCが対戦した。日本文理のシステムは1-4-4-2。長身のFW相澤にボールを集め、MF河合、曾根が連係しながらDF小熊、南の両SBの攻撃参加を引き出し、左右幅広い攻撃でチャンスを作り出す。対する開志学園JSCは1-3-5-2のシステム。GK中島を起点にショートパスを繋ぎ、サイドチェンジを繰り返しながら相手DFラインの背後を目指す。前半、主導権を握り多くのチャンスを作り出したのは日本文理。セカンドボールへの反応が早く、両サイドからのクロスボールやミドルシュートなどでゴールへ迫る。シュート数で6-1と圧倒するが、開志学園JSCのGK中島の好守やDFの堅い守りに阻まれ得点することができない。さらに、連戦による疲労からか長身のDF村松が前半で交代するなど流れを引き寄せられない。スコアレスのまま後半に入ると、開志学園JSCはFW須崎、澤田を投入。徐々にボールを保持する時間が増え、さらにMF佐々木、モーリスと攻撃的な選手を次々と投入し攻勢を強める。後半18分、開志学園JSCは左サイドを抜け出したモーリスが決定機を迎えるが、日本文理GK齋藤(隼)の好セーブに遭い、得点には至らない。直後のCKでは、須崎が身体を投げ出してシュートを放つもボールはワンバウンドしてクロスバーを越え、得点ならず。終盤、両チームとも前線へのロングボールが増え、セカンドボールの攻防が激しさを増す。最後までゴールを目指し続けた両チームだが、70分で決着はつかず、両校優勝となった。

戦評　濱辺哲(龍谷富山高校)

総評

コロナ禍で2年ぶりに開催された令和3年度北信越高等学校体育大会・第57回北信越高等学校サッカー選手権大会は、男子が日本文理・開志学園JSCの両校優勝。女子は、帝京長岡の初優勝で幕を閉じた。

男子の試合では、9試合中8試合が1点差またはPK方式までもつれるなど、拮抗した試合が展開された。また、全22ゴールのうち半数以上がCKやロングスローが起点となったセットプレーからの得点であった。どのチームもトレーニングによって強化された守備組織・戦術を有し、最後までハードワークし続ける姿勢を持ち合わせている。70分の試合時間は、飲水タイムやハーフタイムで4分割されており、高い守備強度を維持することが可能となりつつある。そのような中でどうやって相手の守備組織を崩し、チャンスを作り、得点を挙げていくかという北信越の課題が浮き彫りとなった。また、拮抗した試合でこそ求められる、セットプレーにおける守備の準備や態勢をいかに分析・強化し、無失点に繋げていくかということも重要であろう。

男子決勝は、日本文理と開志学園JSCの新潟県代表同士の対決となり、両チームともに果敢にゴールを目指したが日本文理のGK齋藤(隼)と開志学園JSCのGK中島がともに好守を見せ、無失点で試合終了となり両校優勝であった。

また、女子の試合では、決勝へと勝ち進んだ帝京長岡と福井工大福井の2校がスキルやフィジカルなどあらゆる面で抜きん出ていた。決勝戦では、序盤のチャンスを活かした帝京長岡が追いすがる福井工大福井の反撃を1点に抑え、初優勝を果たした。

コロナ禍ということもあり、大会の準備や運営にあたり宿泊や選手の更衣、試合の進行に至るまで様々な場面で感染症対策を練り、大会の実施に尽力いただいた大会役員の方々に敬意を表したい。こうして無事に一つの大会を終えることができたことに感謝したい。

総評　濱辺哲(龍谷富山高校)

地域大会記録2021

東海大会

6月19日~20日
於・四日市市中央陸上競技場ほか

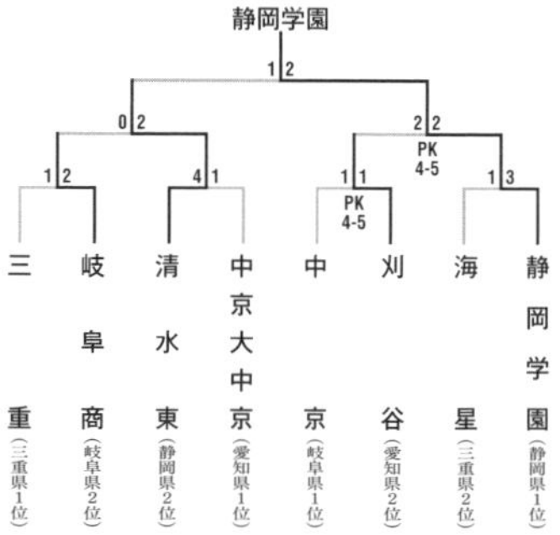

決勝

6月20日（日）　四日市市中央陸上競技場（晴）
（主）川喜田耕佑　（副）鈴木規志、水谷幸平

清水東 1 (0-2 / 1-0) 2 **静岡学園**
（静岡県2位）　（静岡県1位）★

得	S	学		背		背		学	S	得
0	0	③	服部	1	GK	1	古館	③	0	0
0	0	③	中澤	2	DF	2	三宅	③	0	0
0	3	③	黒江	3		5	齋藤	③	0	0
0	1	③	細川	4		13	野村	③	1	1
0	0	③	中村	5						
0	0	①	(田村)	12						
0	0	①	宮野	7						
0	0	①	(山崎)	15						
0	1	②	木内	6	MF	6	小泉	③	1	0
0	0	③	(佐藤)	14		16	(栗山)	③	1	0
0	0	❸	佐野	10		7	清水	❸	0	0
0	1	①	藤島	16		8	(高須)	③	0	0
						10	西村	③	0	0
						12	片桐	③	1	0
						14	(田嶋)	③	1	0
						15	谷川	③	0	0
1	1	③	望月	9	FW	4	中屋	③	1	1
0	3	②	中山	11		3	(竹内)	③	0	0
						11	鈴木	③	0	0
1	10			7	GK	10			6	2
				10	CK	1				
				9	FK	9				
				0	PK	1				

【得点経過】
前半10分〔静〕**PK野村S**
〃 18分〔静〕(相手FP)→中屋(カット)(相手GKミス)**中屋S**
後半 6分〔清〕中山→宮野→**望月S**

決勝 戦評

静岡学園、前半の2ゴールを守り切る

全国屈指の伝統校対決となった決勝戦。清水東は準決勝を岐阜商の粘りに苦しめられながら2-0で勝利、静岡学園は刈谷に対して2-2からPK方式で勝ち上がり、ともに前日からの連戦、そして当日は準決勝に続く2試合目となり満身創痍の中での戦いとなった。

清水東はビルドアップ時にはDF中澤、宮野をワイドに配置し前進を試みる。相手がビルドアップ段階に入れば、両ワイドが相手を見て判断のもと4バックまたは5バックとなる可変システムを駆使。攻守のバランスを保ち、サイドを起点にしたクロスボールとMF佐野を中心にチャンスを窺う。対する静岡学園は伝統のスタイルである個々のテクニックに裏打ちされた相手に的を絞らせないドリブルとコンビネーションによる局面の打開、ボールロスト後の切り替えと囲い込みの徹底により相手にペースを握らせない。

PKによる先制後も静岡学園は狭い地帯から効果的なサイドチェンジと個の仕掛けでチャンスを数多く作り、前半を優勢のまま終える。後半、2点を追う清水東は球際と運動量で優位に立ち、やや間延びしつつある静岡学園の中盤のスペースにMF木内、佐野が侵入し流れを一変させる。ラスト20分を切り、1点ビハインドの清水東はMF佐藤、FW山崎と2枚の交代カードを切り勝負に出るが静岡学園が最後まで集中力を切らさず守り切り、伝統の一戦を勝利した。連戦の中で死力を尽くし、互いのスタイルを遺憾なく発揮した両チームに拍手を送りたい。

戦評　伊室陽介（四日市中央工業高校）

総 評

令和3年度第68回東海高等学校総合体育大会サッカー競技は、6月19日（土）、20日（日）の2日間、三重県で開催された。男子の試合は四日市市中央陸上競技場ほかにて、女子の試合は伊勢フットボールヴィレッジAピッチ・Bピッチにて行われた。

男子の部は、東海4県から各県総体優勝・準優勝チームが出場し、トーナメント戦を行った。1日目には、1回戦の4試合が行われた。三重県の三重と岐阜県の岐阜商との一戦は2-1で岐阜商が、静岡県の清水東と愛知県の中京大中京との一戦は4-1で清水東が、岐阜県の中京と愛知県の刈谷の一戦はPK方式の末に刈谷が、三重県の海星と静岡県の静岡学園の一戦は3-1で静岡学園がそれぞれ勝利し、準決勝に進出した。

2日目には準決勝の2試合と決勝が行われた。岐阜商と清水東の一戦は2-0で清水東が、刈谷と静岡学園の一戦はPK方式の末に静岡学園がそれぞれ決勝戦に進出した。決勝戦は清水東と静岡学園の全国屈指の伝統校対決となった。両チームともに前日からの連戦と当日の2試合目となったため満身創痍の中での戦いとなった。静岡学園がPKで先制し、追加点によって前半を2-0で優勢に終えたが、後半開始早々に清水東が1点を返し、流れを一変させた。しかし、清水東の猛攻を静岡学園が最後まで集中力を切らさず守り抜き伝統の一戦を勝利し、8年ぶり7回目の優勝を飾った。

女子の部では、各県総体の優勝チームによるリーグ戦が行われた。2日間で3試合という厳しいレギュレーションの中、上位2チームに全国総体への出場権が与えられることもあり、白熱したゲームが繰り広げられた。優勝候補の藤枝順心が、初戦こそ帝京大可児の粘りに苦戦したものの順当に勝ち点を積み重ね、初出場となった高田も開催県代表として奮闘した。そのような中、2位争いは豊川と帝京大学可児の最終戦までもつれた。勝利が必須となった豊川は直接FKで先制すると、その後も加点し3-0で勝利。勝ち点3を積み重ね、優勝した藤枝順心とともに創部以来初の全国総体出場の切符を獲得した。

最後に、大会開催にあたって、ご協力いただいたすべての方々に感謝し、総評とします。

総評　徳利英明（上野高校）

地域大会記録2021　近畿大会

6月19日～21日
於・布引グリーンスタジアムほか

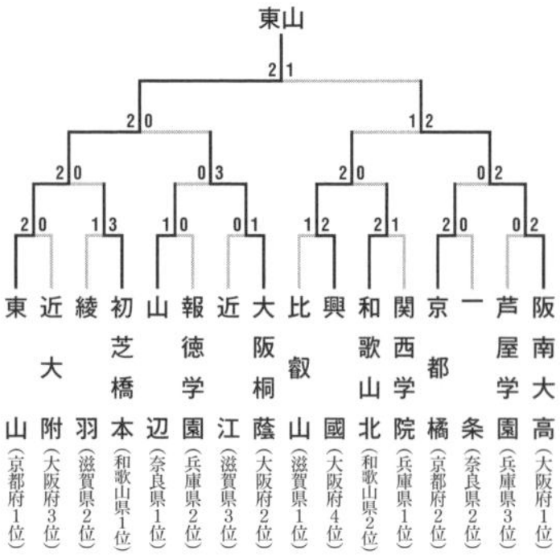

決勝

6月21日（月）　布引グリーンスタジアム（晴）

（主）今村義朗　（副）渡邊航大、吉水真吾

東　山 2（0-0 / 1-1 / 0-0 / 1-0）**1 阪南大高**

★（京都府1位）　（大阪府1位）

得	S	学		背		背		学	S	得
0	0	②	佐　藤	1	GK	12	永　田	③	0	0
						21	（松本）	②	0	0
0	1	③	井　上	2	DF	7	保　田	②	1	0
1	2	③	石　原	3		8	今　西	②	0	0
0	0	②	新　谷	4		14	石　井	③	0	0
1	1	②	仲　里	12		15	菊　川	②	0	0
0	0	②	真　田	6	MF	6	稲　垣	③	0	0
0	0	②	阪　田	7		10	櫻　井	❸	0	0
0	0	③	李	9		11	石　川	③	1	0
0	0	②	（清水）	16		18	田　中	③	1	0
0	0	❸	木　下	14		13	（藤井）	②	0	0
0	1	②	（松橋）	8						
0	0	③	（林）	15						
0	1	③	藤　枝	10	FW	24	辰　巳	②	1	1
0	0	②	中　野	19		2	（津田）	③	0	0
0	0	③	（森澤）	13		25	山　内	②	0	0
						3	（稲場）	③	1	0
2	6			7	GK	9			5	1
				4	CK	5				
				5	FK	7				
				0	PK	0				

【得点経過】

後半13分〔阪〕石川→**辰巳～S**

〃 24分〔東〕阪田→**仲里～S**

延後10分〔東〕×**石原S**

決勝 戦評

延長終了間際、東山が劇的決勝点

梅雨時期には珍しい快晴のもと、第74回近畿高等学校サッカー選手権大会の決勝戦が滋賀県の地で行われた。決勝戦の顔合わせは京都府第1代表の東山と大阪府第1代表の阪南大高であった。東山は1-4-4-2のシステムで、2トップを起点にサイド攻撃を仕掛け、ゴール前に積極的に人数をかける迫力ある攻撃で阪南大高ゴールに迫る。対する阪南大高はサイドを起点に、サイドチェンジや局面のコンビネーションを駆使して東山の守備の打開を試みる。前半互いの攻撃を、素早い攻守の切り替えと身体を張った守備でゴールを許さず、無得点で終了する。後半も一進一退の攻防が続く展開の中、阪南大高が後半13分にカウンターから抜け出したMF石川が逆サイドでフリーになったFW辰巳へパス。辰巳が東山DFを素早く外してシュートを決めて先制する。東山も反撃を繰り返す中、後半24分、右サイドDF石原からのクロスが左サイドで待っていたDF仲里に渡り同点ゴールを奪う。その後両チームチャンスを作るも無得点で延長戦へ突入する。延長に入っても互いに得点を狙った積極的な試合運びで、ゴール前の局面が多い、手に汗握る展開が続く。延長終了間際、東山・石原がゴール前の混戦から右足を振り抜き、劇的な決勝ゴールを奪った。直後に終了のホイッスルが鳴り、東山の近畿大会初優勝で幕を閉じた。決勝を戦った2チームは、長丁場の地方予選を戦い抜き、休む間もなくこの近畿大会にて3日間で4試合と、疲労困憊の状態であったことが想像される。そのような状況で集中力を持続させ、タフでレベルの高い好ゲームを展開した両チームは賞賛に値する。

戦評　吉田貴彦（立命館守山高校）

総評

第74回近畿高等学校サッカー選手権大会は、6月19日（土）～21日（月）の3日間の日程で、滋賀県東近江市布引運動公園陸上競技場布引グリーンスタジアムをメイン会場に、守山市野洲川歴史公園サッカー場ビッグレイクと滋賀県希望が丘文化公園球技場の計5会場（天然芝2面・人工芝3面）で開催された。

昨年度の近畿大会は中止となり、2年ぶりの開催となった今年の近畿大会も、新型コロナウイルスの脅威と闘いながらの開催となった。近畿の多くの府県において緊急事態宣言が出される中、出場チームも運営の我々も、無事に最後まで大会が行われるかどうかに大きな不安を感じながらの実施となった。そして各チームには大会運営の補助員のお願いをし、新型コロナウイルス対策のための無観客での大会運営など、例年とは違った形での開催となった。

男子は大阪から4校、兵庫から3校、京都・奈良・和歌山からそれぞれ2校、開催県の滋賀から3校の計16校が大会に参加した。1日目1回戦を終えた段階で大阪が3校、京都・和歌山が各2校、奈良が1校となり、3校の出場枠を持っていた兵庫・滋賀は全て姿を消した。

いずれの試合も1～2点差の接戦であり、各チーム持ち味を出した好ゲームであった。2日目は1日2試合の厳しい日程であったが、どのゲームも運動量が多い接戦が続く中、決勝に駒を進めたのは、京都府の東山と大阪府の阪南大高となった。3日目の決勝戦では両校とも連戦の疲れがあるはずであるが、それを感じさせない素早い攻守の切り替えから、一進一退の攻防が試合の各所に見られ、素晴らしい試合となった。延長までもつれたこの試合は終了間際、東山が劇的なゴールで勝利を摑み、東山の初優勝で幕を閉じた。

女子は各府県1校の計6校が出場し、上位2校がインターハイの出場権を獲得する。兵庫・大阪の2強が全国へ進む形が続いている中、1回戦を勝ち抜いた八幡商と京都精華学園が挑んだが、両チームの牙城は崩せなかった。決勝は5連覇を狙う日ノ本学園と大阪学芸が決勝に相応しい熱戦を繰り広げた。どちらに転んでもおかしくない攻防が続く中、先制点を奪った大阪学芸が終了間際にも追加点を奪い、嬉しい初優勝を飾った。

2年ぶりの開催となった本大会は、来年度から日程変更が予定されており、このような形での開催は最後になる。歴史ある近畿大会がまた形を変え、新しい歴史を作り近畿のレベルアップに繋がることを願う。最後にどのチームも欠けることなく最後まで大会が実施できたこと、そしてこの状況下での開催にご尽力いただいた関係者の皆様に深く感謝し、大会の総評としたい。

総評　前田健（米原高校）

地域大会記録2021　四国大会

6月19日~21日
於・春野総合運動公園

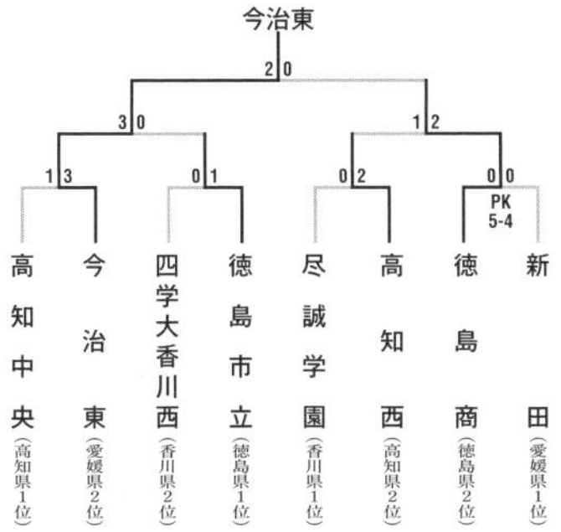

決勝

6月21日（月）　春野総合運動公園球技場（晴）

（主）青木智仁　（副）秦泉寺力、助村凜大郎

今治東 2（1-0 / 1-0）0 徳島商

（愛媛県2位）　（徳島県2位）★

得	S	学		背		背		学	S	得
0	0	③	藤原	1	GK	17	登	③	0	0
0	1	③	矢野(宏)	2	DF	2	湯浅	②	0	0
0	0	③	山本	3		3	増田	❸	0	0
0	0	❸	石山	4		4	森	②	0	0
0	0	③	大森	5		5	河野	③	0	0
0	0	③	市川	8	MF	6	作本	③	0	0
0	0	③	（岡本）	16		7	吉岡	②	2	0
0	0	③	中本	13		8	大坪	②	0	0
0	0	③	（清水）	6		13	冨士村	①	0	0
0	1	③	白川	14						
1	4	③	髙須賀	7	FW	10	小山	②	2	0
1	2	③	十亀	10		11	守岡	③	2	0
0	0	③	三好	11						
0	0	③	（田名後）	15						
2	8			11	GK	7			6	0
				3	CK	2				
				6	FK	6				
				0	PK	0				

【得点経過】

前半10分〔今〕十亀～→**髙須賀S**

後半35+1分〔今〕十亀～→三好→**十亀S**

▼警告

〔徳〕作本

決勝 戦評

今治東が初優勝

第70回四国高等学校サッカー選手権大会決勝戦は、今治東対徳島商の対戦となった。1-4-3-3のシステムでDFラインから細かくボールを繋ぎ攻撃を組み立てようとする今治東に対して、徳島商は1-4-4-2のシステムで粘り強く守備を行い、シンプルに前線にボールを運ぶ展開。今治東は前半10分にFW十亀がスピードに変化をつけたドリブルでゴール前まで運び、パスを受けたFW髙須賀が先制点を奪う。その後も今治東は、パスとドリブルを織り交ぜながら攻撃を組み立てるが、徳島商も粘り強い守備で得点を許さないまま前半が終了した。後半に入り、徳島商はFW守岡を目標にロングボールを入れ、セカンドボールを奪う機会が増え始め、今治東のゴールを脅かす。クーリングブレイク後も、徳島商は運動量を増やしチャンスを作ったが、決定機を決め切れない。そんな中今治東のカウンターが炸裂。十亀が個人技を活かしたドリブルで相手をかわし冷静にゴールを決め、試合を決定づけた。徳島商も優勝を目指し最後まで戦い抜いたが、2-0で今治東が四国大会優勝を決めた。

戦評　堀量輔（高知農業高校）

総評

男子第70回、女子第9回四国高等学校サッカー選手権大会が6月19日（土）~21日（月）の3日間、高知県立春野総合運動公園の3会場にて実施された。コロナ禍「特別警戒レベル4」で「無観客試合」の厳戒態勢のもと、また梅雨空から初夏の晴れ模様でまだ身体が暑さに慣れていない中の厳しいコンディション下での戦いとなった。

プリンスリーグ四国から順当に勝ち上がってきた5チーム、県リーグ1部に所属しながらインターハイ出場を勝ち取った新田（愛媛）をはじめとした3チーム、計8チームの出場となった。

1回戦は県2位校の3チーム勝ち上がり、1位校は徳島市立のみとなった。その徳島市立も準決勝の壁を越えることなく、2位校同士の決勝戦となった。どの県も1週間前に県総体の決勝戦を終えたばかりであるが、コロナ禍で少なからずコンディションに差が出ているように感じられた。

決勝戦は全体的に個人能力が高くバランスのとれた今治東と、全員のハードワークが持ち味の伝統校徳島商との戦いとなった。初優勝となった今治東は、個人技に優れるばかりでなく、攻守の切り替えも早く、70分の試合運びも優れていた。残念ながらこの2校はインターハイに出場することはないのだが、それだけ県内の戦いが拮抗しているものと窺える内容であった。

女子はインターハイ常連の四学大香川西を破って初めて決勝戦に上がった高知と鳴門渦潮の戦いとなった。鳴門渦潮が主導権を握りながらも、ともに一進一退の攻防を繰り返し、どちらも時間帯によってはチャンスを摑むが決定力を欠いた。何度か鳴門渦潮がボックス内に侵入するも、高知DFの身体を張った守備が光り、時間が進む。試合終了間際、クロスボールがゴール前に入り、ヘディングで後方にそらしたこぼれ球を決めた鳴門渦潮が、2年ぶり5度目のインターハイの出場権を勝ち取った。

連日の試合、しかも初夏の猛暑の中、レベルの高い激しい戦いを繰り広げた選手、チーム関係者の皆様、四国高体連運営委員の先生方、高知県高体連サッカー専門部運営委員の皆様には、この場を借りまして四国高等学校サッカー選手権大会が無事成功したことをご報告させていただきます。ご協力誠にありがとうございました。

総評　松本一雄（高知商業高校）

※2021年度の中国大会は中止、九州大会は一部中止（女子は開催）となりました

令和3年度 全国高等学校体育連盟サッカー部 加盟校

●校名 ●郵便番号 ●所在地 ●電話

北海道

札幌工業 060-0820 札幌市北区北20条西13 011(727)3341
札幌西 064-8624 札幌市中央区宮の森4条8—1 011(611)4401
札幌南 064-8611 札幌市中央区南18条西6 011(521)2311
市立札幌清田 004-8503 札幌市清田区北野3条4—6—1 011(882)1811
市立札幌旭丘 064-8535 札幌市中央区旭ヶ丘6—5—18 011(561)1221
[私]札幌龍谷学園 060-0004 札幌市中央区北4条西19—1—2 011(631)4386
札幌北 001-0025 札幌市北区北25条西11 011(736)3191
札幌北陵 002-0857 札幌市北区屯田7条8—5—1 011(772)3051
市立札幌新川 001-0925 札幌市北区新川5条14—1—1 011(761)6111
札幌国際情報 001-0930 札幌市北区新川717—1 011(765)2021
札幌英藍 002-8053 札幌市北区篠路町篠路372—67 011(771)2004
[私]札幌創成 001-8501 札幌市北区北29条西2—1—1 011(726)1578
札幌手稲 006-0829 札幌市手稲区手稲前田497—2 011(683)3311
札幌西陵 063-0023 札幌市西区平和3条4—2—1 011(663)7121
札幌あすかぜ 006-0860 札幌市手稲区手稲山口254 011(694)5033
札幌稲雲 006-0026 札幌市手稲区手稲本町6条4—1 011(684)0034
[私]札幌山の手 063-0002 札幌市西区山の手2条8—5—12 011(611)7301
市立札幌藻岩 005-0803 札幌市南区川沿3条2—1—1 011(571)7811
札幌丘珠 007-0881 札幌市東区北丘珠1条2—589—1 011(782)8370
札幌東陵 007-8585 札幌市東区東苗穂10条1—2—21 011(791)5055
札幌東豊 007-0820 札幌市東区東雁来町376—1 011(791)4171
札幌琴似工業 063-0833 札幌市西区発寒13条11—3—1 011(661)3251
札幌啓成 004-0004 札幌市厚別区厚別東4条8—6—1 011(898)2311
札幌東 003-0809 札幌市白石区菊水9条3 011(811)1919
札幌白石 003-0859 札幌市白石区川北2261 011(872)2071
札幌厚別 004-0069 札幌市厚別区厚別町山本750—15 011(892)7661
札幌月寒 062-0051 札幌市豊平区月寒東1条3—1—1 011(851)3111
札幌平岡 004-0874 札幌市清田区平岡4条6—13—1 011(882)8122
市立札幌平岸 062-0935 札幌市豊平区平岸5条18—1—2 011(812)2010
[私]北嶺 004-0839 札幌市清田区真栄448—1 011(883)4651
札幌南陵 061-2292 札幌市南区藤野5条10—1—1 011(591)2101
[私]札幌新陽 005-0005 札幌市南区澄川5条7—1 011(821)6161
市立札幌啓北商業 005-0841 札幌市南区石山1条2—15—1 011(591)2021
[私]立命館慶祥 069-0832 江別市西野幌640—1 011(381)8888
[私]東海大学付属札幌 005-8602 札幌市南区南沢5条1—1—1 011(571)5175
[私]札幌光星 065-0013 札幌市東区北13条東9—1—1 011(711)7161
[私]札幌北斗 065-0015 札幌市東区北15条東2 011(711)6121
[私]北星学園大学附属 004-0007 札幌市厚別区厚別町下野幌38 011(897)2881
[私]北海 062-8601 札幌市豊平区旭町4—1—41 011(841)1161
[私]北海学園札幌 062-8603 札幌市豊平区旭町4—1—42 011(841)1161

●校名 ●郵便番号 ●所在地 ●電話

[私]北海道科学大学 062-0922 札幌市豊平区中の島2条6—2—3 011(821)0173
[私]希望学園札幌第一 062-0021 札幌市豊平区月寒西1条9—10—15 011(851)9361
[私]札幌大谷 065-0016 札幌市東区北16条東9 011(731)2451
石狩翔陽 061-3248 石狩市花川東128—31 0133(74)5772
石狩南 061-3208 石狩市花川南8—5—1 0133(73)4181
江別 067-8564 江別市上江別444—1 011(382)2173
野幌 069-0805 江別市元野幌740 011(382)3477
大麻 069-0847 江別市大麻ひかり町2 011(387)1661
[私]とわの森三愛 069-8533 江別市文京台緑町569 011(386)3111
当別 061-0296 石狩郡当別町春日町84—4 0133(23)2444
札幌白陵 003-0876 札幌市白石区東米里2062—10 011(871)5500
市立札幌開成中等教育 065-8558 札幌市東区北22条東21—1—1 011(788)6987
[私]札幌静修 064-0916 札幌市中央区南16条西6—2—1 011(521)0234
函館工業 041-0844 函館市川原町5—13 0138(51)2271
函館西 040-0054 函館市元町7—17 0138(23)8415
函館中部 040-0012 函館市時任町11—3 0138(52)0303
市立函館 040-0002 函館市柳町11—5 0138(51)4475
函館商業 041-0812 函館市昭和1—17—1 0138(41)4248
[私]函館大学付属有斗 042-8588 函館市湯川町2—43—1 0138(57)1381
[私]函館大谷 041-0852 函館市鍛治1—2—3 0138(52)1834
[私]函館ラ・サール 041-8765 函館市日吉町1—12—1 0138(52)0365
[私]函館大学付属柏稜 042-0942 函館市柏木町1—34 0138(51)1481
江差 043-0022 檜山郡江差町字伏木戸町460—1 0139(53)6224
上磯 049-0156 北斗市中野通3—6—1 0138(73)2304
檜山北 049-4433 久遠郡せたな町北檜山区丹羽360 0137(84)5331
七飯 041-1112 亀田郡七飯町字鳴川5—13—1 0138(65)5093
森 049-2394 茅部郡森町字上台町326—48 01374(2)2059
函館水産 049-0111 北斗市七重浜2—15—3 0138(49)2411
知内 049-1103 上磯郡知内町字重内984 01392(5)5071
大野農業 041-1231 北斗市向野2—26—1 0138(77)8800
[国]函館高専 042-8501 函館市戸倉町14—1 0138(59)6300
八雲 049-3111 二海郡八雲町住初町88 0137(63)2105
旭川東 070-0036 旭川市6条通11 0166(23)2855
旭川西 070-0815 旭川市川端町5条9—1—8 0166(52)1215
旭川北 070-0901 旭川市花咲町3 0166(51)4620
旭川永嶺 079-8508 旭川市永山町3—102 0166(47)6006
旭川工業 078-8804 旭川市緑が丘4条1—1—1 0166(65)4115
旭川農業 079-8431 旭川市永山町14—153 0166(48)2887
旭川商業 070-0063 旭川市曙3条3 0166(22)3556
[国]旭川高専 071-8142 旭川市春光台2条2—1—6 0166(55)8000

●校名 ●郵便番号 ●所在地 ●電話

[私]旭川大学 079-8505 旭川市永山7条16—3—16 0166(48)1221
旭川南 078-8803 旭川市緑が丘東3条3—1—1 0166(65)8770
[私]旭川実業 071-8138 旭川市末広8条1 0166(51)1246
[私]旭川龍谷 078-8235 旭川市豊岡5条4—4—1 0166(39)2700
[私]旭川明成 070-0823 旭川市緑町14 0166(51)3220
留萌 077-0024 留萌市千鳥町4—91 0164(42)2474
富良野 076-0011 富良野市末広町1—1 0167(22)2174
小樽水産 047-0001 小樽市若竹町9—1 0134(23)0670
小樽潮陵 047-0002 小樽市潮見台2—1—1 0134(22)0754
小樽桜陽 047-0036 小樽市長橋3—19—1 0134(23)0671
小樽未来創造 047-8540 小樽市最上1—29—1 0134(23)6105
倶知安 044-0057 虻田郡倶知安町北7条西2 0136(22)1085
岩内 045-0012 岩内郡岩内町宮園43—1 0135(62)1445
[私]北照 047-8558 小樽市最上2—5—1 0134(32)0331
高等聾 047-0261 小樽市銭函1—5—1 0134(62)2624
室蘭栄 050-0083 室蘭市東町3—29—5 0143(44)3128
室蘭清水丘 051-0034 室蘭市増市町2—6—16 0143(23)1221
室蘭工業 050-0073 室蘭市宮の森町3—1—1 0143(44)5712
室蘭東翔 050-0072 室蘭市高砂町4—35—1 0143(44)4783
[私]北海道大谷室蘭 050-0061 室蘭市八丁平3—1—1 0143(44)5641
登別青嶺 059-0027 登別市青葉町42—1 0143(85)8586
登別明日中等教育 059-0016 登別市片倉町5—18—2 0143(85)0351
伊達 052-0011 伊達市竹原町44 0142(23)2525
伊達緑丘 059-0273 伊達市南稀府町180—4 0142(24)3021
苫小牧工業 053-0035 苫小牧市字高丘6—22 0144(32)3161
苫小牧東 053-8555 苫小牧市清水町2—12—20 0144(33)4141
苫小牧南 059-1272 苫小牧市のぞみ町1—2—10 0144(67)2122
[私]駒澤大学附属苫小牧 053-8541 苫小牧市美園町1—9—3 0144(32)6291
[国]苫小牧高専 059-1275 苫小牧市字錦岡443 0144(67)0213
白老東 059-0903 白老郡白老町日の出町5—17—3 0144(82)4280
浦河 057-0006 浦河郡浦河町東町かしわ1—5—1 0146(22)3041
静内 056-0023 日高郡新ひだか町静内ときわ町1—1—1 01464(2)1075
静内農業 056-0144 日高郡新ひだか町静内田原797 0146(46)2101
鵡川 054-0032 勇払郡むかわ町福住4—2 0145(42)2085
えりも 058-0203 幌泉郡えりも町字新浜208—2 01466(2)2405
[私]苫小牧中央 053-0811 苫小牧市光洋町3—13—2 0144(74)4300
[私]北海道栄 059-0908 白老郡白老町緑丘4—676 0144(82)2185
千歳 066-8501 千歳市北栄1—4—1 0123(23)9145
千歳北陽 066-8611 千歳市北陽2—10—53 0123(24)2818
恵庭北 061-1375 恵庭市南島松359—1 0123(36)8111
恵庭南 061-1412 恵庭市白樺町4—1—1 0123(32)2391
[私]北海道文教大学附属 061-1449 恵庭市黄金中央5—207—11 0123(25)5570

●校名 ●郵便番号 ●所在地 ●電話

北広島 061-1112 北広島市共栄305—3 011(372)2281
北広島西 061-1102 北広島市西の里東3—3—3 011(375)2771
[私]札幌日本大学 061-1103 北広島市虹ヶ丘5—7—1 011(375)3305
岩見沢東 068-0826 岩見沢市東山8—1—1 0126(22)0175
岩見沢西 068-0818 岩見沢市並木町30 0126(22)0071
岩見沢農業 068-0818 岩見沢市並木町1—5 0126(22)0130
岩見沢緑陵 068-0835 岩見沢市緑ケ丘74—2 0126(22)1851
栗山 069-1522 夕張郡栗山町中里64—18 0123(72)1073
長沼 069-1343 夕張郡長沼町旭町南2—11—1 0123(88)2512
滝川 073-0023 滝川市緑町4—5—77 0125(23)1114
滝川工業 073-0006 滝川市二の坂町西1—1—5 0125(22)1601
市立滝川西 073-0044 滝川市西町6—3—1 0125(24)7341
深川西 074-0012 深川市西町7—31 0164(23)2263
砂川 073-0122 砂川市吉野2条南4—1—1 0125(52)3168
稚内 097-0017 稚内市栄1—4—1 0162(33)4154
[私]稚内大谷 097-0012 稚内市富岡1—1—1 0162(32)2660
士別翔雲 095-0006 士別市東6条北6—24 0165(23)2914
名寄 096-0071 名寄市字徳田204—1 01654(3)6842
名寄産業 096-0035 名寄市西5条北5—1 01654(2)3067
剣淵 098-0323 上川郡剣淵町仲町22—1 01653(4)2549
美深 098-2252 中川郡美深町字西町40 01656(2)1681
枝幸 098-5822 枝幸郡枝幸町北幸町529—2 0163(62)1169
利尻 097-0401 利尻郡利尻町沓形字神居189—1 0163(84)2215
帯広農業 080-0834 帯広市稲田町西1線9 0155(48)2102
帯広柏葉 080-8503 帯広市東5条南1—1 0155(23)5897
帯広三条 080-2473 帯広市西23条南2—12 0155(37)5501
帯広緑陽 080-0861 帯広市南の森東3—1—1 0155(48)6605
帯広工業 080-0872 帯広市清流西2—5 0155(48)5650
[私]白樺学園 082-0082 河西郡芽室町北伏古東7線10—1 0155(62)7411
[私]帯広北 080-0833 帯広市稲田町基線8—2 0155(47)0121
[私]帯広大谷 080-2469 帯広市西19条南4—35—1 0155(35)5811
音更 080-0574 河東郡音更町駒場西1番地 0155(44)2201
芽室 082-0801 河西郡芽室町東めむろ1条北1—6 0155(62)2624
池田 083-0003 中川郡池田町字清見ヶ丘13 015(572)2663
広尾 089-2637 広尾郡広尾町並木通東1—10 01558(2)2198
鹿追 081-0213 河東郡鹿追町西町1—8 0156(66)3011
帯広南商業 080-2471 帯広市西21条南5—36—1 0155(34)5852
清水 089-0123 上川郡清水町北2条西2—2 0156(62)2156
足寄 089-3732 足寄郡足寄町里見が丘5—11 0156(25)2269
更別農業 089-1542 河西郡更別村字更別基線95 0155(52)2362
上士幌 080-1408 河東郡上士幌町字上士幌東1線227 01564(2)2549

●校名 ●郵便番号 ●所在地 ●電話

大樹 089-2155 広尾郡大樹町緑町１ 01558(6)2063
幕別清陵 089-0571 中川郡幕別町依田101—１ 0155(55)6500
北見北斗 090-0035 北見市北斗町１—１—11 0157(24)3195
北見柏陽 090-8533 北見市柏陽町567 0157(24)5107
北見緑陵 090-8558 北見市大正255 0157(36)4536
北見工業 099-0878 北見市東相内町602 0157(36)5524
網走桂陽 093-0084 網走市向陽ケ丘６—２—１ 0152(43)2930
網走南ケ丘 093-0031 網走市台町２—13—１ 0152(43)2353
佐呂間 093-0505 常呂郡佐呂間町字北311 01587(２)3653
紋別 094-8643 紋別市南が丘町６—３—47 0158(23)6848
遠軽 099-0414 紋別郡遠軽町南町１ 0158(42)2675
美幌 092-0017 網走郡美幌町報徳94 0152(73)4136
北見商業 099-2198 北見市端野町３区583—１ 0157(56)3566
津別 092-0225 網走郡津別町字共和32—２ 0152(76)2608
興部 098-1604 紋別郡興部町字興部125—１ 0158(82)2316
釧路北陽 085-0814 釧路市緑ケ岡１—11—８ 0154(41)4401
釧路明輝 085-0057 釧路市愛国西１—38—７ 0154(36)5001
(私)武修館 085-0806 釧路市武佐５—９—１ 0154(47)3211
釧路湖陵 085-0814 釧路市緑ヶ丘３—１—31 0154(43)3131
釧路工業 085-0821 釧路市鶴ケ岱３—５—１ 0154(41)1285
釧路江南 085-0051 釧路市光陽町24—17 0154(22)7987
(国)釧路高専 084-0916 釧路市大楽毛西２—32—１ 0154(57)8041
厚岸翔洋 088-1114 厚岸郡厚岸町湾月１—20 0153(52)3195
根室 087-0002 根室市牧の内146 0153(24)4675
中標津 086-1106 標津郡中標津町西６条南５—１ 0153(72)2492
別海 086-0214 野付郡別海町別海緑町70—１ 0153(75)2053
中標津農業 088-2682 標津郡中標津町計根別南２条西１—１ 0153(78)2053
羅臼 086-1834 目梨郡羅臼町礼文町９—３ 0153(87)2481

青 森 県

青森 030-0945 青森市桜川８—１—２ 017(742)2411
青森工業 039-3507 青森市馬屋尻字清水流204—１ 017(737)3600
青森商業 030-0913 青森市東造道１—６—１ 017(736)6116
青森北 038-0058 青森市羽白字富田80—７ 017(788)2893
青森南 030-0852 青森市西大野２—12—40 017(739)3421
青森東 030-0921 青森市原別３—１—１ 017(736)2440
青森西 038-0042 青森市新城字平岡266—20 017(788)0372
青森中央 030-0847 青森市東大野１—22—１ 017(739)5135
(私)青森山田 030-8520 青森市青葉３—13—40 017(739)2001
(私)東奥学園 030-0821 青森市勝田２—11—１ 017(775)2121
弘前 036-8558 弘前市新寺町１—１ 0172(32)0251
弘前工業 036-8585 弘前市馬屋町６—２ 0172(32)6241

●校名 ●郵便番号 ●所在地 ●電話

弘前実業 036-8155 弘前市中野３—６—10 0172(32)7151
弘前南 036-8247 弘前市大開４—１—１ 0172(88)2231
弘前中央 036-8550 弘前市蔵主町７—１ 0172(35)5000
(私)東奥義塾 036-8124 弘前市石川字長者森61—１ 0172(92)4111
(私)弘前学院聖愛 036-8144 弘前市原ヶ平字山元112—21 0172(87)1411
(私)弘前東 036-8103 弘前市川先４—４—１ 0172(27)6488
八戸 031-0021 八戸市長者４—４—１ 0178(44)0916
八戸工業 031-0801 八戸市江陽１—２—27 0178(22)7348
八戸水産 031-0822 八戸市白銀町人形沢６—１ 0178(33)0023
八戸北 031-0833 八戸市大久保町道８—３ 0178(33)0810
八戸西 039-1101 八戸市尻内町中根市14 0178(27)5365
八戸東 031-0001 八戸市類家１—４—47 0178(43)0262
(私)八戸学院光星 031-8507 八戸市湊高台６—14—５ 0178(33)4151
(私)八戸工業大学第一 031-0822 八戸市白銀町右岩淵通７—10 0178(33)5121
(私)八戸工業大学第二 031-8505 八戸市妙大開67 0178(25)4311
五所川原 037-0066 五所川原市中平井町３—３ 0173(35)3073
五所川原農林 037-0093 五所川原市一野坪朝日田12—37 0173(37)2121
五所川原工業 037-0035 五所川原市湊船越192 0173(35)3444
(私)五所川原第一 037-0044 五所川原市元町42 0173(34)2347
黒石 036-0388 黒石市西ケ丘65 0172(52)4321
三本木 034-0085 十和田市西五番町７—１ 0176(23)4181
三本木農業恵拓 034-8578 十和田市相坂高清水78—92 0176(23)5341
十和田工業 034-0001 十和田市三本木下平215—１ 0176(23)6178
三沢商業 033-0053 三沢市春日台２—154 0176(53)2880
田名部 035-0054 むつ市海老川町６—18 0175(22)1184
大湊 035-0096 むつ市大湊大近川44—84 0175(24)1244
むつ工業 035-0082 むつ市文京町22—７ 0175(24)2164
木造 038-3193 つがる市木造日向73—２ 0173(42)2066
柏木農業 036-0112 平川市荒田字上駒田130 0172(44)3015
板柳 038-3642 北津軽郡板柳町太田字西上林46 0172(73)2166
(私)八戸学院野辺地西 039-3156 上北郡野辺地町枇杷野51 0175(64)4166
七戸 039-2516 上北郡七戸町舘野47—31 0176(62)4111
百石 039-2223 上北郡おいらせ町苗平谷地46 0178(52)2088
名久井農業 039-0502 三戸郡南部町下名久井下諏訪平１ 0178(76)2215
三沢 033-0037 三沢市松園町１—１—１ 0176(53)2168
野辺地 039-3157 上北郡野辺地町松ノ木106—１ 0175(64)2266
六ヶ所 039-3215 上北郡六ヶ所村倉内笹崎305 0175(74)2304
(国)八戸高専 039-1192 八戸市田面木字上野平16—１ 0178(27)7223
(私)八戸聖ウルスラ学院 039-1104 八戸市田面木字上野平53—２ 0178(27)2245
(私)青森明の星 030-0961 青森市浪打２—６—32 017(741)0121
(私)向陵 031-0011 八戸市田向２—２—６ 0178(44)3866

●校名 ●郵便番号 ●所在地 ●電話

(私)柴田学園 036-8154 弘前市豊原１—２—１ 0172(32)0135

岩 手 県

盛岡第一 020-8515 盛岡市上田３—２—１ 019(623)4491
盛岡第三 020-0114 盛岡市高松４—17—16 019(661)1735
盛岡第四 020-0835 盛岡市津志田26—17—１ 019(636)0742
盛岡北 020-0632 滝沢市牧野林298—１ 019(687)2312
盛岡南 020-0833 盛岡市西見前20—113—１ 019(638)9373
不来方 028-3615 紫波郡矢巾町南矢幅９—１—１ 019(697)8247
盛岡農業 020-0605 滝沢市砂込1463 019(688)4211
盛岡商業 020-0866 盛岡市本宮２—35—１ 019(636)1026
盛岡市立 020-0053 盛岡市上太田上川原96 019(658)0491
(私)岩手 020-0062 盛岡市長田町７—60 019(624)4445
(私)江南義塾盛岡 020-0127 盛岡市前九年３—８—20 019(646)1866
(私)盛岡誠桜 020-0114 盛岡市高松１—21—14 019(661)3633
(私)盛岡大学附属 020-0124 盛岡市厨川５—４—１ 019(641)1121
(私)盛岡中央 020-0122 盛岡市みたけ４—26—１ 019(641)0458
(私)盛岡スコーレ 020-0851 盛岡市向中野５—５—１ 019(636)0827
花巻北 025-0061 花巻市本館54 0198(23)4134
花巻南 025-0053 花巻市中北万《マン》丁目288—１ 0198(23)4236
花北青雲 028-3172 花巻市石鳥谷町北寺林11—1825—１ 0198(45)3731
(私)花巻東 025-0066 花巻市松園町55—１ 0198(41)1135
遠野 028-0525 遠野市六日町３—17 0198(62)2823
遠野緑峰 028-0541 遠野市松崎町白岩21—14—１ 0198(62)2827
黒沢尻北 024-0012 北上市常盤台１—１—69 0197(63)2181
北上翔南 024-0051 北上市相去町高前檀13 0197(71)2123
(私)専修大学北上 024-8508 北上市新穀町２—４—64 0197(63)2341
金ケ崎 029-4503 胆沢郡金ケ崎町西根荒巻43—１ 0197(44)3141
水沢 023-0864 奥州市水沢字龍ヶ馬場５—１ 0197(24)3151
水沢工業 023-0003 奥州市水沢佐倉河字道下100—１ 0197(24)5155
(私)水沢第一 023-0875 奥州市水沢字森下20—１ 0197(24)6171
岩谷堂 023-1101 奥州市江刺岩谷堂字根岸116 0197(35)2018
一関第一 021-0894 一関市磐井町９—１ 0191(23)4311
一関第二 021-0041 一関市赤荻野中23—１ 0191(25)2242
一関工業 021-0902 一関市萩荘釜ケ淵50 0191(24)2331
(私)一関学院 021-0871 一関市八幡町５—24 0191(23)4240
千厩 029-0855 一関市千厩町千厩字石堂45—２ 0191(53)2091
釜石 026-0055 釜石市甲子町10—614—１ 0193(23)5317
釜石商工 026-0002 釜石市大平町３—２—１ 0193(22)3029
大槌 028-1131 上閉伊郡大槌町大槌15—71—１ 0193(42)3025
高田 022-0006 大船渡市立根町字萱中215—１ 0192(26)5565
大船渡 022-0004 大船渡市猪川町長洞７—１ 0192(26)4441
大船渡東 022-0006 大船渡市立根町冷

●校名 ●郵便番号 ●所在地 ●電話

清水１—１ 0192(26)2380
岩泉 027-0501 下閉伊郡岩泉町岩泉字松橋４ 0194(22)2721
宮古 027-0052 宮古市宮町２—１—１ 0193(62)1812
宮古商工 027-0202 宮古市赤前第１地割81 0193(67)2201
久慈 028-0033 久慈市畑田26—96 0194(55)2211
久慈東 028-0021 久慈市門前36—10 0194(53)4489
大野 028-8802 九戸郡洋野町大字大野58—12—55 0194(77)2125
葛巻 028-5402 岩手郡葛巻町葛巻５—178—１ 0195(66)2253
福岡 028-6101 二戸市福岡上平10 0195(23)3385
福岡工業 028-6103 二戸市石切所火行塚２—１ 0195(23)3315
沼宮内 028-4398 岩手郡岩手町大字五日市10—４ 0195(62)2334
(国)一関高専 021-8511 一関市萩荘字高梨 0191(24)4700
水沢農業 023-0402 奥州市胆沢小山字笹森１ 0197(47)0311

秋 田 県

秋田 010-0851 秋田市手形字中台１ 018(832)7200
秋田南 010-1437 秋田市仁井田緑町４—１ 018(833)7431
秋田工業 010-0902 秋田市保戸野金砂町３—１ 018(823)7326
新屋 010-1651 秋田市豊岩石田坂字鎌塚77—３ 018(828)5859
市立秋田商業 010-1603 秋田市新屋勝平台１—１ 018(823)4308
市立御所野学院 010-1413 秋田市御所野地蔵田４—１—１ 018(889)9150
(私)ノースアジア大学明桜 010-8525 秋田市下北手桜守沢８—１ 018(836)2471
(国)秋田高専 011-8511 秋田市飯島文京町１—１ 018(847)6005
能代 016-0184 能代市高塙２—１ 0185(54)2230
能代松陽 016-0851 能代市緑町４—７ 0185(89)2021
横手 013-0008 横手市睦成字鶴谷地68 0182(32)3020
横手清陵学院 013-0041 横手市大沢字前田174—１ 0182(35)4033
大曲 014-0061 大仙市大曲栄町６—７ 0187(63)4004
大曲農業 014-0054 大仙市大曲金谷町26—９ 0187(63)2257
大曲工業 014-0045 大仙市大曲若葉町３—17 0187(63)4060
大館鳳鳴 017-0813 大館市金坂後６ 0186(42)0002
大館桂桜 017-0872 大館市片山町３—10—43 0186(59)6299
本荘 015-8585 由利本荘市陳場岱６ 0184(22)0832
由利工業 015-8530 由利本荘市石脇字田尻30 0184(22)5520
西目 018-0604 由利本荘市西目町沼田字新道下２—142 0184(33)2203
男鹿工業 010-0341 男鹿市船越字内子１—１ 0185(35)3111
湯沢 012-0853 湯沢市字新町27 0183(73)1160
秋田西 010-0101 潟上市天王字追分西26—１ 018(873)5251
秋田北鷹 018-3314 北秋田市伊勢町１—１ 0186(60)0151
小坂 017-0201 鹿角郡小坂町小坂字館平66—１ 0186(29)3065
仁賀保 018-0148 にかほ市象潟町下浜山３—３ 0184(43)4791
角館 014-0335 仙北市角館町細越町37 0187(54)2560
西仙北 019-2112 大仙市刈和野字北ノ沢嶋山５—１ 0187(75)1002

●校名 ●郵便番号 ●所在地 ●電話

大館国際情報学院 017-0052 大館市松木字大上25—1 0186(50)6090

山形県

山形東 990-8525 山形市緑町1—5—87 023(631)3501
山形南 990-0034 山形市東原町4—6—16 023(622)3502
山形工業 990-0041 山形市緑町1—5—12 023(622)4934
山形中央 990-2492 山形市鉄砲町2—10—73 023(633)5494
山形市立商業 990-2481 山形市あかねケ丘1—9—1 023(643)4115
私山形学院 990-0039 山形市香澄町3—10—8 023(641)4116
私日本大学山形 990-2433 山形市鳥居ケ丘4—55 023(641)6631
私東海大学山形 990-2339 山形市成沢西3—4—5 023(688)3022
私山形明正 990-2332 山形市飯田1—1—8 023(631)2099
私山形城北 990-0824 山形市肴町1—13 023(645)3377
寒河江 991-8511 寒河江市六供町2—3—9 0237(86)2195
寒河江工業 991-8512 寒河江市緑町148 0237(86)4278
上山明新館 999-3193 上山市仙石650 023(672)1701
私山本学園 990-0832 山形市城西町3—13—7 023(643)0321
天童 994-0021 天童市大字山元850 023(653)6120
私創学館 994-0069 天童市清池東2—10—1 023(655)2321
米沢興譲館 992-1443 米沢市大字笹野1101 0238(38)4741
米沢工業 992-0117 米沢市川井300 0238(28)7050
米沢商業 992-0037 米沢市本町3—1—12 0238(22)8055
米沢東 992-0052 米沢市丸の内2—5—63 0238(22)3450
私米沢中央 992-0045 米沢市中央7—5—70—4 0238(22)4223
私九里学園 992-0039 米沢市門東町1—1—72 0238(22)0091
長井 993-0015 長井市四ツ谷2—5—1 0238(84)1660
長井工業 993-0051 長井市幸町9—17 0238(84)1662
南陽 992-0472 南陽市宮内4600 0238(47)7401
高畠 992-0334 東置賜郡高畠町一本柳2788 0238(58)5401
新庄北 996-0061 新庄市飛田字備前川61 0233(22)6022
新庄神室産業 996-0051 新庄市松本370 0233(28)8775
私新庄東 996-0051 新庄市松本596 0233(22)1562
鶴岡南 997-0037 鶴岡市若葉町26—31 0235(22)0061
鶴岡工業 997-0036 鶴岡市家中新町8—1 0235(22)5505
鶴岡中央 997-0017 鶴岡市大宝寺字日本国410 0235(25)5723
私鶴岡東 997-0022 鶴岡市切添町22—30 0235(22)0223
庄内農業 999-7601 鶴岡市藤島古楯跡221 0235(64)2151
国鶴岡高専 997-8511 鶴岡市井岡字沢田104 0235(25)9014
私羽黒 997-0296 鶴岡市羽黒町手向薬師沢198 0235(62)2105
庄内総合 999-7707 東田川郡庄内町廿六木字三ツ車8 0234(43)3452
酒田東 998-0842 酒田市亀ケ崎1—3—60 0234(22)0456
酒田西 998-0013 酒田市東泉町5—9—5 0234(22)1360
私酒田南 998-0025 酒田市南千日町4—50 0234(26)3111

●校名 ●郵便番号 ●所在地 ●電話

酒田光陵 998-0015 酒田市北千日堂前字松境7—3 0234(28)8833
村山産業 995-0011 村山市楯岡北町1—3—1 0237(55)2538
東桜学館 999-3730 東根市中央南1—7—1 0237(53)1540

宮城県

仙台第一 984-8561 仙台市若林区元茶畑4 022(257)4501
仙台第二 980-8631 仙台市青葉区川内澱橋通1 022(221)5626
仙台第三 983-0824 仙台市宮城野区鶴ケ谷1—19 022(251)1246
仙台向山 982-0832 仙台市太白区八木山緑町1—1 022(262)4130
仙台南 982-0844 仙台市太白区根岸町14—1 022(246)0131
仙台西 982-0806 仙台市太白区御堂平5—1 022(244)6151
仙台東 984-0832 仙台市若林区下飯田高野東70 022(289)4140
宮城工業 980-0813 仙台市青葉区米ケ袋3—2—1 022(221)5656
松島 981-0215 宮城郡松島町高城字迎山3—5 022(354)3307
宮城広瀬 989-3126 仙台市青葉区落合4—4—1 022(392)5512
泉 981-3132 仙台市泉区将監10—39—1 022(372)4111
泉松陵 981-3109 仙台市泉区鶴が丘4—26—1 022(373)4125
泉館山 981-3211 仙台市泉区長命ケ丘東1 022(378)0975
市立仙台 981-8502 仙台市青葉区国見6—52—1 022(271)4471
市立仙台工業 983-8543 仙台市宮城野区東宮城野3—1 022(237)5341
市立仙台商業 981-3131 仙台市泉区七北田字古内75 022(218)3141
塩釜 985-0056 塩釜市泉ケ岡10—1 022(362)1011
多賀城 985-0831 多賀城市笠神2—17—1 022(366)1225
利府 981-0133 宮城郡利府町青葉台1—1—1 022(356)3111
私東北学院 983-8565 仙台市宮城野区小鶴字高野123—1 022(786)1231
私仙台育英学園 983-0045 仙台市宮城野区宮城野2—4—1 022(256)4141
私東北 981-0905 仙台市青葉区小松島4—3—1 022(234)6361
私仙台城南 982-0836 仙台市太白区八木山松波町5—1 022(305)2111
富谷 981-3341 富谷市成田2—1—1 022(351)5111
私仙台大学附属明成 981-8570 仙台市青葉区川平2—26—1 022(278)6131
私東北学院榴ケ岡 981-3105 仙台市泉区天神沢2—2—1 022(372)6611
私聖和学園 982-0026 仙台市太白区土手内2—1—1 022(304)2030
私東北生活文化大学 981-8585 仙台市泉区虹の丘1—18 022(272)7511
仙台二華 984-0052 仙台市若林区連坊1—4—1 022(296)8101
私聖ウルスラ学院英智 984-0828 仙台市若林区一本杉町1—2 022(286)3557
市立仙台青陵中等教育 989-3201 仙台市青葉区国見ヶ丘7—144 022(303)5551
私尚絅学院 980-0873 仙台市青葉区広瀬町9—1 022(264)5881
宮城第一 980-0871 仙台市青葉区八幡1—6—2 022(227)3211
宮城農業 981-1242 名取市高舘吉田字吉合66 022(384)2511
名取 989-2474 岩沼市朝日50 0223(22)3151
名取北 981-1224 名取市増田柳田103 022(382)1261
亘理 989-2361 亘理郡亘理町舘南56—2 0223(34)1213

●校名 ●郵便番号 ●所在地 ●電話

白石 989-0247 白石市八幡町9—10 0224(25)3154
白石工業 989-0203 白石市郡山鹿野43 0224(25)3240
大河原商業 989-1201 柴田郡大河原町大谷西原前154—6 0224(52)1064
柴田農林 989-1233 柴田郡大河原町上川原7—2 0224(53)1049
柴田 989-1621 柴田郡柴田町大字本船迫十八津入7—3 0224(56)3801
角田 981-1505 角田市角田牛舘1 0224(63)3001
村田 989-1305 柴田郡村田町村田字金谷1 0224(83)2275
石巻 986-0838 石巻市大手町3—15 0225(93)8022
石巻商業 986-0031 石巻市南境大樋20 0225(22)9188
石巻工業 986-0851 石巻市貞山5—1—1 0225(22)6338
石巻北 986-1111 石巻市鹿又用水向126 0225(74)2211
石巻西 981-0501 東松島市赤井字七反谷地27 0225(83)3311
私日本ウェルネス宮城 981-0303 東松島市小野字裏丁1 0225(20)9030
古川 989-6155 大崎市古川南町2—3—17 0229(22)3034
古川工業 989-6171 大崎市古川北町4—7—1 0229(22)3166
岩出山 989-6437 大崎市岩出山城山2 0229(72)1110
中新田 981-4294 加美郡加美町一本柳南28 0229(63)3022
涌谷 987-0121 遠田郡涌谷町涌谷八方谷三・1 0229(42)3331
小牛田農林 987-0004 遠田郡美里町牛飼字伊勢堂裏30 0229(32)3125
鹿島台商業 989-4102 大崎市鹿島台広長字杢師前44 0229(56)2664
私古川学園 989-6143 大崎市古川中里6—2—8 0229(22)2545
黒川 981-3685 黒川郡大和町吉岡東柴崎62 022(345)2171
古川黎明 989-6175 大崎市古川諏訪1—4—26 0229(22)3148
私大崎中央 989-6105 大崎市古川福沼1—27—1 0229(22)2030
加美農業 981-4111 加美郡色麻町黒沢字北條152 0229(65)3900
築館 987-2216 栗原市築館字下宮野町浦22 0228(22)3126
岩ケ崎 989-5351 栗原市栗駒中野愛宕下1—3 0228(45)2266
佐沼 987-0511 登米市迫町佐沼末広1 0220(22)2022
登米 987-0702 登米市登米町寺池桜小路3 0220(52)2670
登米総合産業 987-0602 登米市中田町上沼字北桜場223—1 0220(34)4666
迫桜 989-5502 栗原市若柳川南戸ノ西184 0228(35)1818
気仙沼 988-0051 気仙沼市常楽130 0226(24)3400
志津川 986-0775 本吉郡南三陸町志津川廻館92—2 0226(46)3643
本吉響 988-0341 気仙沼市本吉町津谷桜子2—24 0226(42)2627
私東陵 988-0812 気仙沼市大峠山1—1 0226(23)3100

福島県

福島 960-8002 福島市森合町5—72 024(535)2391
福島商業 960-0111 福島市丸子辰之尾1 024(553)3451
福島明成 960-1192 福島市永井川北原田1 024(546)3381
福島工業 960-8003 福島市森合小松原1 024(557)1395
福島東 960-8107 福島市浜田町12—21 024(531)1551

●校名 ●郵便番号 ●所在地 ●電話

福島南 960-8141 福島市渡利字七社宮17 024(523)4740
福島西 960-8163 福島市方木田字上原37 024(546)3391
橘 960-8011 福島市宮下町7—41 024(535)3395
私福島成蹊 960-8134 福島市上浜町5—10 024(522)2049
私福島 960-8012 福島市御山町9—1 024(534)3480
私聖光学院 960-0486 伊達市字六角3 024(583)3325
保原 960-0604 伊達市保原町字元木23 024(575)3207
安達 964-0904 二本松市郭内2—347 0243(22)0016
二本松工業 964-0937 二本松市榎戸1—58—2 0243(23)0960
本宮 969-1101 本宮市高木字井戸上45 0243(33)2120
安積 963-8851 郡山市開成5—25—63 024(922)4310
郡山商業 963-8862 郡山市菜根5—6—7 024(922)0724
郡山北工業 963-8052 郡山市八山田2—224 024(932)1199
郡山 963-0201 郡山市大槻町字上篠林3 024(951)0215
郡山東 963-8832 郡山市山根町13—45 024(932)0898
あさか開成 963-8018 郡山市桃見台15—1 024(932)1714
私尚志 963-0201 郡山市大槻町字坦ノ腰2 024(951)3500
安積黎明 963-8017 郡山市長者2—3—3 024(932)0443
須賀川 962-0863 須賀川市緑町88 0248(75)3325
清陵情報 962-0403 須賀川市大字滑川字西町179—6 0248(72)1515
須賀川桐陽 962-0012 須賀川市陣馬町128 0248(75)2151
岩瀬農業 969-0401 岩瀬郡鏡石町桜町207 0248(62)3145
白河 961-0851 白河市南登り町54 0248(24)1116
白河実業 961-0822 白河市瀬戸原6—1 0248(24)1176
白河旭 961-0912 白河市旭町1—3 0248(22)2535
塙工業 963-5341 東白川郡塙町台宿字北原121 0247(43)2131
田村 963-7763 田村郡三春町持合畑88—1 0247(62)2185
船引 963-4398 田村市船引町船引石崎15—3 0247(82)1511
私帝京安積 963-0101 郡山市安積町日出山字神明下43 024(941)7755
私日本大学東北 963-1165 郡山市田村町徳定中河原1 024(956)8838
私石川 963-7853 石川郡石川町字大室502 0247(26)5151
私会津北嶺 965-0031 会津若松市相生町3—2 0242(22)1004
会津 965-0831 会津若松市表町3—1 0242(28)0211
若松商業 965-0875 会津若松市米代1—3—31 0242(27)0753
会津工業 965-0802 会津若松市徒之町1—37 0242(27)7456
葵 965-0877 会津若松市西栄町4—61 0242(27)5461
喜多方 966-0802 喜多方市桜が丘1—129 0241(22)0174
喜多方桐桜 966-0914 喜多方市豊川町米室字高吉4344—5 0241(22)1230
大沼 969-6262 大沼郡会津美里町字法憧寺北甲3473 0242(54)2151
坂下 969-6571 河沼郡会津坂下町白狐古川甲1090 0242(83)2911
会津学鳳 965-0003 会津若松市一箕町八幡字八幡1—1 0242(22)3491
私会津若松ザベリオ学園 965-0877 会津若松市西栄町1—18

●校名　●郵便番号　●所在地　●電話

0242(27)1970
ふたば未来学園　979-0403　双葉郡広野町大字下浅見川字築地12　0240(23)6825
相馬　976-0042　相馬市中村字大手先57—1　0244(36)1331
相馬東　976-0014　相馬市北飯渕字阿弥陀堂200　0244(36)6231
原町　975-0014　南相馬市原町区西町3—380　0244(23)6196
相馬農業　975-0012　南相馬市原町区三島町1—65　0244(23)5175
小高産業技術　979-2157　南相馬市小高区吉名字玉ノ木平78　0244(44)3141
新地　979-2703　相馬郡新地町小川貝塚西13—1　0244(62)2009
磐城　970-8026　いわき市平高月7　0246(23)2566
平工業　970-8032　いわき市平下荒川中剃1—3　0246(28)8281
平商業　970-8016　いわき市平中塩一水口37—1　0246(23)2628
磐城桜が丘　970-8026　いわき市平字桜町5　0246(25)9101
いわき総合　973-8404　いわき市内郷内町駒谷3—1　0246(26)3505
いわき光洋　970-8047　いわき市中央台高久4—1　0246(28)0301
湯本　972-8322　いわき市常磐上湯長谷町五反田55　0246(42)2178
勿来　979-0141　いわき市勿来町窪田町通2—1　0246(65)2221
勿来工業　974-8261　いわき市植田町堂ノ作10　0246(63)5135
遠野　972-0161　いわき市遠野町上遠野赤坂10—1　0246(89)2515
福島高専　970-8034　いわき市平上荒川字長尾30　0246(46)0705
小名浜海星　970-0316　いわき市小名浜下神白字館ノ腰153　0246(54)3001
(私)いわき秀英　971-8185　いわき市泉町滝ノ沢3—1　0246(75)2111
(私)東日本国際大学付属昌平　970-8011　いわき市平上片寄字上ノ内152　0246(57)1123

茨城県

水戸第一　310-0011　水戸市三の丸3—10—1　029(224)2254
水戸第三　310-0011　水戸市三の丸2—7—27　029(224)2044
水戸商業　310-0036　水戸市新荘3—7—2　029(224)4402
水戸工業　310-0836　水戸市元吉田町1101　029(247)5711
緑岡　310-0852　水戸市笠原町1284　029(241)0311
水戸桜ノ牧　310-0914　水戸市小吹町2070　029(243)3644
(私)茨城　310-0065　水戸市八幡町16—1　029(221)4936
(私)水戸啓明　310-0851　水戸市千波町464　029(241)1573
(私)水城　310-0804　水戸市白梅2—1—45　029(247)6509
(私)水戸葵陵　310-0851　水戸市千波町中山2369—3　029(243)7718
(私)常磐大学　310-0036　水戸市新荘3—2—28　029(224)1707
笠間　309-1611　笠間市笠間1668　0296(72)1171
那珂　311-0111　那珂市後台1710—1　029(295)2710
水戸農業　311-0114　那珂市東木倉983　029(298)6266
常陸大宮　319-2255　常陸大宮市野中町3257—2　0295(52)2175
茨城東　311-3157　東茨城郡茨城町小幡2524　029(292)6245
中央　319-0133　小美玉市張星500　0299(46)1321
大子清流　319-3526　久慈郡大子町大子224　0295(72)0079

●校名　●郵便番号　●所在地　●電話

日立第一　317-0063　日立市若葉町3—15—1　0294(22)6488
日立第二　317-0071　日立市鹿島町3—2—1　0294(22)3254
日立工業　317-0077　日立市城南町2—12—1　0294(22)1049
多賀　316-0036　日立市鮎川町3—9—1　0294(33)0044
日立商業　319-1222　日立市久慈町6—20—1　0294(52)4779
日立北　319-1411　日立市川尻町6—11—1　0294(43)2101
(私)茨城キリスト教学園　319-1295　日立市大みか町6—11—1　0294(52)3215
(私)明秀学園日立　317-0064　日立市神峰町3—2—26　0294(21)6328
(私)科学技術学園日立　316-0032　日立市西成沢町2—17—1(日専校内)　0294(35)6561
太田第一　313-0005　常陸太田市栄町58　0294(72)2115
太田西山　313-0007　常陸太田市新宿町210　0294(72)2136
那珂湊　311-1224　ひたちなか市山ノ上町4—6　029(262)2642
海洋　311-1214　ひたちなか市和田町3—1—26　029(262)2525
勝田工業　312-0016　ひたちなか市松戸町3—10—1　029(272)4351
勝田　312-0003　ひたちなか市足崎1458　029(273)7411
佐和　312-0061　ひたちなか市稲田636—1　029(285)1819
(国)茨城高専　312-8508　ひたちなか市中根866　029(272)5201
高萩清松　318-0001　高萩市赤浜1864　0293(23)4121
(私)第一学院　318-0001　高萩市赤浜2086—1　0293(20)5800
麻生　311-3832　行方市麻生1806　0299(72)0098
玉造工業　311-3501　行方市芹沢1552　0299(55)0138
潮来　311-2448　潮来市須賀3025　0299(66)2142
鉾田第一　311-1517　鉾田市鉾田1090—2　0291(33)2161
鉾田第二　311-1517　鉾田市鉾田1158　0291(33)2171
鹿島　314-0038　鹿嶋市城山2—2—19　0299(82)1903
(私)鹿島学園　314-0042　鹿嶋市田野辺141—9　0299(83)3211
(私)清真学園　314-0031　鹿嶋市宮中伏見4448—5　0299(83)1811
波崎　314-0343　神栖市土合本町2—9928—1　0479(48)0044
波崎柳川　314-0252　神栖市柳川1603—1　0479(46)2711
神栖　314-0125　神栖市高浜1468　0299(92)4169
土浦第一　300-0051　土浦市真鍋町4—4—2　029(822)0137
土浦第二　300-0041　土浦市立田町9—6　029(822)5027
土浦第三　300-0835　土浦市大岩田1599　029(821)1605
土浦湖北　300-0021　土浦市菅谷町1525—1　029(831)4170
土浦工業　300-0051　土浦市真鍋6—11—20　029(821)1953
(私)土浦日本大学　300-0826　土浦市小松ケ丘町4—46　029(822)3382
(私)常総学院　300-0849　土浦市中村西根1010　029(842)8771
石岡第一　315-0001　石岡市石岡1—9　0299(22)4135
石岡第二　315-0013　石岡市府中5—14—14　0299(23)2101
竜ケ崎第一　301-0844　龍ケ崎市平畑248　0297(62)2146
竜ケ崎南　301-0021　龍ケ崎市北方町120　0297(64)2167
取手第一　302-0013　取手市台宿2—4

●校名　●郵便番号　●所在地　●電話

—1　0297(72)1348
取手松陽　302-0001　取手市小文間4770　0297(77)8934
(私)江戸川学園取手　302-0025　取手市西1—37—1　0297(74)8771
藤代　300-1537　取手市毛有640　0297(82)6283
藤代紫水　300-1508　取手市紫水1—660　0297(83)6427
江戸崎総合　300-0504　稲敷市江戸崎甲476—2　029(892)2103
牛久　300-1204　牛久市岡見町2081—1　029(873)6220
牛久栄進　300-1201　牛久市東猯穴町876　029(843)3110
(私)東洋大学附属牛久　300-1211　牛久市柏田町1360—2　029(872)0350
(私)霞ヶ浦　300-0301　稲敷郡阿見町青宿50　029(887)0013
つくば工科　305-0861　つくば市谷田部1818　029(836)1441
(私)茗溪学園　305-8502　つくば市稲荷前1—1　029(851)6611
(私)つくば秀英　300-2655　つくば市島名151　029(847)1611
伊奈　300-2341　つくばみらい市福田711　0297(58)6175
古河第一　306-0012　古河市旭町2—4—5　0280(32)0434
古河第二　306-0024　古河市幸町19—18　0280(32)0444
古河第三　306-0054　古河市中田新田12—1　0280(48)2755
古河中等教育　306-0225　古河市磯部846　0280(92)4551
下館第一　308-0825　筑西市下中山590　0296(24)6344
下館第二　308-0051　筑西市岡芹1—37　0296(22)5361
下館工業　308-0847　筑西市玉戸1336—111　0296(22)3632
鬼怒商業　307-0011　結城市小森1513—2　0296(32)3322
結城第一　307-0001　結城市結城1076　0296(33)2141
結城第二　307-0001　結城市結城7355　0296(33)2195
下妻第一　304-0067　下妻市下妻乙226—1　0296(44)5158
下妻第二　304-0067　下妻市下妻乙348—8　0296(44)2549
水海道第一　303-0025　常総市水海道亀岡町2543　0297(22)0029
水海道第二　303-0003　常総市水海道橋本町3549—4　0297(22)1330
坂東清風　306-0631　坂東市岩井4319—1　0297(35)1667
境　306-0433　猿島郡境町175　0280(87)0123
総和工業　306-0211　古河市葛生1004—1　0280(92)0660
三和　306-0123　古河市五部54—1　0280(76)4959
友部　309-1738　笠間市大田町352—15　0296(77)7676
岩瀬　309-1294　桜川市岩瀬1511—1　0296(75)2475
(私)岩瀬日本大学　309-1453　桜川市友部1739　0296(75)2242
石下紫峰　300-2706　常総市新石下1192—3　0297(42)3118
八千代　300-3561　結城郡八千代町平塚4824—2　0296(48)1836
竹園　305-0032　つくば市竹園3—9—1　029(851)7515
並木中等教育　305-0044　つくば市並木4—5—1　029(851)1346
(私)つくば国際大学　300-0051　土浦市真鍋1—3—5　029(821)0670
守谷　302-0107　守谷市大木70　0297(48)6409
筑波　300-4231　つくば市北条4387　029(867)0041
明野　300-4515　筑西市倉持1176—1

●校名　●郵便番号　●所在地　●電話

0296(52)3121
(私)茨城朝鮮初中高級　310-0851　水戸市千波町2846　029(241)3535

栃木県

宇都宮　320-0846　宇都宮市滝の原3—5—70　028(633)1426
宇都宮東　321-0912　宇都宮市石井町3360—1　028(656)1311
宇都宮南　321-0123　宇都宮市東谷町660—1　028(653)2081
宇都宮北　321-0973　宇都宮市岩曽町606　028(663)1311
宇都宮商業　320-0014　宇都宮市大曽3—1—46　028(622)0488
宇都宮白楊　321-0954　宇都宮市元今泉8—2—1　028(661)1525
宇都宮工業　321-0198　宇都宮市雀宮町52　028(678)6500
宇都宮清陵　321-3236　宇都宮市竹下町908—3　028(667)6251
(私)文星芸術大学附属　320-0865　宇都宮市睦町1—4　028(636)8584
(私)作新学院　320-8525　宇都宮市一の沢1—1—41　028(648)1811
(私)宇都宮短期大学附属　320-8585　宇都宮市睦町1—35　028(634)4161
足利　326-0808　足利市本城1—1629　0284(41)3573
足利工業　326-0817　足利市西宮町2908—1　0284(21)1318
足利清風　326-0846　足利市山下町2110　0284(62)2011
足利南　326-0334　足利市下渋垂町980　0284(72)3118
(私)白鷗大学足利　326-0054　足利市伊勢南町3—2　0284(41)0890
(私)足利大学附属　326-0397　足利市福富町2142　0284(71)1285
真岡　321-4331　真岡市白布ケ丘24—1　0285(82)3413
真岡工業　321-4362　真岡市寺久保1—2—9　0285(82)3303
真岡北陵　321-4415　真岡市下籠谷396　0285(82)3415
大田原　324-0058　大田原市紫塚3—2651　0287(22)2042
栃木　328-0016　栃木市入舟町12—4　0282(22)2595
栃木工業　328-0063　栃木市岩出町129　0282(22)4138
栃木農業　328-0054　栃木市平井町911　0282(22)0326
栃木翔南　329-4407　栃木市大平町川連370　0282(24)4739
(私)國學院大學栃木　328-8588　栃木市平井町608　0282(22)5511
小山　323-0028　小山市若木町2—8—51　0285(22)0236
小山南　329-0205　小山市間々田23—1　0285(45)2424
小山西　323-0007　小山市松沼741　0285(37)1188
小山北桜　323-0802　小山市東山田448—29　0285(49)2932
(私)佐野日本大学　327-0192　佐野市石塚町2555　0283(25)0111
(私)佐野日本大学中等教育　327-0192　佐野市石塚町2555　0283(25)3987
佐野松桜　327-0102　佐野市出流原町643—5　0283(25)1313
佐野　327-0847　佐野市天神町761—1　0283(23)0161
佐野東　327-0025　佐野市金屋下町12　0283(23)0239
鹿沼　322-0043　鹿沼市万町960　0289(62)5115
鹿沼東　322-0002　鹿沼市千渡2050　0289(62)7051
鹿沼南　322-0524　鹿沼市みなみ町8—73　0289(75)2231
今市　321-1277　日光市千本木432　0288(22)0148

●校名　●郵便番号　●所在地　●電話

今市工業　321-2336　日光市荊沢615　0288(21)1127
矢板　329-2155　矢板市片俣618—2　0287(43)1231
矢板東　329-2136　矢板市東町4—8　0287(43)1243
私矢板中央　329-2161　矢板市扇町2—1519　0287(43)0447
黒磯　325-0051　那須塩原市豊町6—1　0287(62)0101
黒磯南　325-0026　那須塩原市上厚崎747—2　0287(63)0373
茂木　321-3595　芳賀郡茂木町茂木288　0285(63)1201
益子芳星　321-4216　芳賀郡益子町塙2382—1　0285(72)5525
高根沢　329-1204　塩谷郡高根沢町文挾32—2　028(676)0531
さくら清修　329-1311　さくら市氏家2807　028(682)4500
石橋　329-0511　下野市石橋845　0285(53)2517
壬生　321-0221　下都賀郡壬生町藤井1194　0282(82)0411
烏山　321-0641　那須烏山市中央3—9—8　0287(83)2075
那須拓陽　329-2712　那須塩原市下永田4—3—52　0287(36)1225
那須清峰　329-2712　那須塩原市下永田6—4　0287(36)1155
那須　329-3215　那須郡那須町寺子乙3932—48　0287(72)0075
黒羽　324-0234　大田原市前田780　0287(54)0179
馬頭　324-0613　那須郡那珂川町馬頭1299—2　0287(92)2009
上三川　329-0524　河内郡上三川町多功994—4　0285(53)2367
私幸福の科学学園　329-3434　那須郡那須町梁瀬487—1　0287(75)7777
私青藍泰斗　327-0501　佐野市葛生東2—8—3　0283(86)2511
小山城南　323-0820　小山市西城南4—26—1　0285(27)1245

群馬県

前橋　371-0011　前橋市下沖町321—1　027(232)1155
前橋東　371-0002　前橋市江木町800　027(263)2855
前橋南　379-2147　前橋市亀里町1　027(265)2811
前橋西　370-3574　前橋市清野町180　027(251)8686
市立前橋　371-0051　前橋市上細井町2211—3　027(231)2738
前橋工業　371-0006　前橋市石関町137—1　027(264)7100
前橋商業　371-0805　前橋市南町4—35—1　027(221)4486
私前橋育英　371-0832　前橋市朝日が丘町13　027(251)7087
私共愛学園　379-2185　前橋市小屋原町1115—3　027(267)1000
勢多農林　371-0017　前橋市日吉町2—25—1　027(231)2403
高崎　370-0861　高崎市八千代町2—4—1　027(324)0074
高崎北　370-3534　高崎市井出町1080　027(373)1611
高崎東　370-0014　高崎市元島名町1510　027(352)1251
高崎工業　370-0046　高崎市江木町700　027(323)5450
高崎商業　370-0041　高崎市東貝沢町3—4　027(361)7000
中央中等教育　370-0003　高崎市新保田中町184　027(370)6663
私東京農業大学第二　370-0864　高崎市石原町3430　027(323)1483
市立高崎経済大学附属　370-0081　高崎市浜川町1650—1　027(344)1230
私高崎健康福祉大学高崎　370-0033　高

●校名　●郵便番号　●所在地　●電話

崎市中大類町531　027(352)3460
私高崎商科大学附属　370-0803　高崎市大橋町237—1　027(322)2827
桐生　376-0025　桐生市美原町1—39　0277(45)2756
桐生清桜　376-0011　桐生市相生町3—551—1　0277(52)2455
桐生工業　376-0054　桐生市西久方町1—1—41　0277(22)7141
桐生市立商業　376-0026　桐生市清瀬町6—1　0277(44)2477
私桐生第一　376-0043　桐生市小曾根町1—5　0277(22)8131
私樹徳　376-0023　桐生市錦町1—1—20　0277(45)2258
伊勢崎商業　372-0001　伊勢崎市波志江町1116　0270(25)4551
伊勢崎工業　372-0042　伊勢崎市中央町3—8　0270(25)3216
市立四ツ葉学園中等教育　372-0013　伊勢崎市上植木本町1702—1　0270(21)4151
伊勢崎清明　372-0031　伊勢崎市今泉町2—331—6　0270(25)5221
伊勢崎　372-0033　伊勢崎市南千木町5239—1　0270(40)5005
太田　373-0033　太田市西本町12—2　0276(31)7181
太田東　373-0801　太田市台之郷町448　0276(45)6511
市立太田　373-0842　太田市細谷町1510　0276(31)3321
太田工業　373-0809　太田市茂木町380　0276(45)4742
私常磐　373-0817　太田市飯塚町141—1　0276(45)4372
沼田　378-0054　沼田市西原新町1510　0278(23)1313
利根実業　378-0014　沼田市栄町165—2　0278(23)1131
館林　374-0041　館林市富士原町1241　0276(72)4307
私関東学園大学附属　374-8555　館林市大谷町625　0276(74)1213
渋川　377-0008　渋川市渋川678—3　0279(22)4120
渋川工業　377-0008　渋川市渋川8—1　0279(22)2551
渋川青翠　377-0008　渋川市渋川3912—1　0279(24)2320
藤岡工業　375-0012　藤岡市下戸塚47—2　0274(22)2153
藤岡中央　375-0015　藤岡市中栗須909　0274(24)6660
富岡　370-2343　富岡市七日市1425—1　0274(63)0053
私新島学園　379-0116　安中市安中3702　027(381)0240
安中総合学園　379-0116　安中市安中1—2—8　027(381)0227
榛名　370-3342　高崎市下室田町953　027(374)0053
私明和県央　370-3511　高崎市金古町28　027(373)5773
大間々　376-0102　みどり市大間々町桐原193—1　0277(73)1611
西邑楽　370-0514　邑楽郡大泉町朝日2—3—1　0276(63)5851
館林商工　370-0701　邑楽郡明和町南大島660　0276(84)4731
板倉　374-0132　邑楽郡板倉町板倉2406—2　0276(82)1258
吾妻中央　377-0424　吾妻郡中之条町中之条町1303　0279(75)3455
新田暁　370-0347　太田市新田大根町999　0276(57)1056
尾瀬　378-0301　沼田市利根町平川1406　0278(56)2310
利根商業　379-1313　利根郡みなかみ町月夜野591　0278(62)2116
吉井　370-2104　高崎市吉井町馬庭1478—1　0273(88)3511
玉村　370-1134　佐波郡玉村町与六分14　0270(65)2309

●校名　●郵便番号　●所在地　●電話

埼玉県

浦和　330-9330　さいたま市浦和区領家5—3—3　048(886)3000
浦和西　330-0042　さいたま市浦和区木崎3—1—1　048(831)4847
浦和商業　336-0022　さいたま市南区白幡2—19—39　048(861)2564
浦和工業　338-0832　さいたま市桜区西堀5—1—1　048(862)5634
浦和北　338-0815　さいたま市桜区五関595　048(855)1000
浦和東　336-0976　さいたま市緑区寺山365　048(878)2113
市立浦和　330-0073　さいたま市浦和区元町1—28—17　048(886)2151
市立浦和南　336-0026　さいたま市南区辻6—5—31　048(862)2568
私浦和実業学園　336-0025　さいたま市南区文蔵3—9—1　048(861)6131
私浦和学院　336-0975　さいたま市緑区代山172　048(878)2101
私浦和ルーテル学院　336-0974　さいたま市緑区大崎3642　048(711)8221
私浦和麗明　330-0054　さいたま市浦和区東岸町10—36　048(885)8625
与野　338-0004　さいたま市中央区本町西2—8—1　048(852)4505
いずみ　338-0007　さいたま市中央区円阿弥7—4—1　048(852)6880
私開智中高　339-0004　さいたま市岩槻区徳力西186　048(795)0786
蕨　335-0001　蕨市北町5—3—8　048(443)2473
私武南　335-0002　蕨市塚越5—10—21　048(441)6948
上尾　362-0073　上尾市浅間台1—6—1　048(772)3322
上尾南　362-0052　上尾市中新井585　048(781)3355
上尾橘　362-0059　上尾市平方2187—1　048(725)3725
私秀明英光　362-0058　上尾市上野1012　048(781)8821
上尾鷹の台　362-0021　上尾市原市2800　048(722)1246
川口　333-0826　川口市新井宿諏訪山963　048(282)1615
川口工業　333-0846　川口市南前川1—10—1　048(251)3081
川口北　333-0831　川口市木曽呂1477　048(295)1006
川口東　333-0807　川口市長蔵3—1—1　048(296)7022
川口青陵　333-0832　川口市神戸東520—1　048(296)1154
川口市立　333-0844　川口市上青木3—1—40　048(483)5917
大宮　330-0834　さいたま市大宮区天沼町2—323　048(641)0931
大宮武蔵野　331-0061　さいたま市西区西遊馬1601　048(622)0181
大宮工業　331-0802　さいたま市北区本郷町1970　048(651)0445
市立大宮北　331-0822　さいたま市北区奈良町91—1　048(663)2912
大宮東　337-0021　さいたま市見沼区膝子567　048(683)0995
大宮南　331-0053　さいたま市西区植田谷本793　048(623)7329
大宮光陵　331-0057　さいたま市西区中野林145　048(622)1277
私埼玉栄　331-0078　さいたま市西区西大宮3—11—1　048(624)6488
私栄東　337-0054　さいたま市見沼区砂町2—77　048(651)4050
私大宮開成　330-8567　さいたま市大宮区堀の内町1—615　048(641)7161
私栄北　362-0806　伊奈町小室1123　048(723)7711
桶川西　363-0027　桶川市川田谷1531—2　048(787)0081
北本　364-0003　北本市古市場1—152　048(592)2200

●校名　●郵便番号　●所在地　●電話

南稜　335-0031　戸田市美女木4—23—4　048(421)1211
伊奈学園総合　362-0813　伊奈町学園4—1—1　048(728)2510
桶川　363-0008　桶川市坂田945　048(728)4421
私国際学院　362-0806　伊奈町小室10474　048(721)5931
鳩ケ谷　334-0005　川口市里225—1　048(286)0565
岩槻　339-0043　さいたま市岩槻区城南1—3—38　048(798)7171
岩槻北陵　339-0009　さいたま市岩槻区慈恩寺117—2　048(794)6060
私開智　339-0004　さいたま市岩槻区徳力西186　048(793)1370
岩槻商業　339-0052　さいたま市岩槻区太田1—4—1　048(756)0100
三郷　341-0041　三郷市花和田620—1　048(953)0021
三郷北　341-0022　三郷市大広戸808　048(952)0151
三郷工業技術　341-0003　三郷市彦成3—325　048(958)2331
春日部　344-0061　春日部市粕壁5539　048(752)3141
春日部東　344-0002　春日部市樋籠363　048(761)0011
春日部工業　344-0053　春日部市梅田本町1—1—1　048(761)5235
私春日部共栄　344-0037　春日部市上大増新田213　048(737)7611
不動岡　347-8513　加須市不動岡1—7—45　0480(61)0140
私花咲徳栄　347-8502　加須市花崎519　0480(65)7181
羽生実業　348-8502　羽生市羽生323　048(561)0341
羽生第一　348-0045　羽生市下岩瀬153　048(561)6511
杉戸　345-0025　杉戸町清地1—1—36　0480(34)6074
幸手桜　340-0111　幸手市北1—17—59　0480(42)1303
栗橋北彩　349-1121　久喜市伊坂1　0480(52)5120
吉川美南　342-0035　吉川市高久600　048(982)3308
庄和　344-0117　春日部市金崎583　048(746)7111
松伏　343-0114　松伏町ゆめみ野東2—7—1　048(992)0121
鷲宮　340-0213　久喜市中妻1020　0480(58)1200
私昌平　345-0044　杉戸町下野851　0480(34)3381
越ヶ谷　343-0024　越谷市越ヶ谷2788—1　048(965)3421
越谷北　343-0044　越谷市大泊500—1　048(974)0793
越谷南　343-0828　越谷市レイクタウン7—9　048(988)5161
越谷西　343-0801　越谷市野島460—1　048(977)4155
越谷東　343-0011　越谷市増林5670—1　048(966)8566
越谷総合技術　343-0856　越谷市谷中町3—100—1　048(966)4155
私獨協埼玉　343-0037　越谷市恩間新田寺前316　048(977)5441
久喜工業　346-0002　久喜市野久喜474　0480(21)0761
久喜北陽　346-0031　久喜市久喜本837—1　0480(21)3334
白岡　349-0213　白岡市高岩275—1　0480(92)1505
宮代　345-0814　宮代町東611　0480(32)4388
草加　340-0002　草加市青柳5—3—1　048(935)4521
草加南　340-0033　草加市柳島町66　048(927)7671
草加東　340-0001　草加市柿木町1110—1　048(936)3570

●校名　●郵便番号　●所在地　●電話

草加西　340-8524　草加市原町２—７—１　048(942)6141
八潮　340-0802　八潮市鶴ケ曽根650　048(996)1130
八潮南　340-0814　八潮市南川崎根通519—１　048(995)5700
蓮田松韻　349-0101　蓮田市黒浜4088　048(768)7820
私開智未来　349-1212　加須市麦倉1238　0280(61)2021
川越　350-0053　川越市郭町２—６　049(222)0224
川越工業　350-0035　川越市西小仙波町２—28—１　049(222)0206
市立川越　350-1126　川越市旭町２—３—７　049(243)0800
川越南　350-1162　川越市南大塚１—21—１　049(244)5223
川越西　350-1175　川越市笠幡2488—１　049(231)2424
川越初雁　350-1137　川越市砂新田2564　049(244)2171
私川越東　350-0011　川越市久下戸6060　049(235)4811
私城西大付属川越　350-0822　川越市山田東町1042　049(224)5665
私秀明　350-1175　川越市笠幡4792　049(232)6617
私城北埼玉　350-0014　川越市古市場585—１　049(235)3222
私星野　350-0824　川越市石原町２—71—11　049(222)4489
私山村学園　350-1113　川越市田町16—２　049(225)3565
所沢　359-1131　所沢市久米1234　04(2922)2185
所沢商業　359-1167　所沢市林２—88　04(2948)0888
所沢北　359-0042　所沢市並木５—４　04(2995)5115
所沢西　359-1155　所沢市北野新町２—５—11　04(2949)2411
所沢中央　359-0042　所沢市並木８—２　04(2995)6088
飯能　357-0032　飯能市本町17—13　042(973)4191
飯能南　357-0046　飯能市阿須298—２　042(974)1001
私聖望学園　357-0006　飯能市中山292　042(973)1500
私自由の森学園　357-8550　飯能市小岩井613　042(972)3131
狭山工業　350-1306　狭山市富士見２—５—１　04(2957)3141
狭山清陵　350-1333　狭山市上奥富34　04(2953)7161
狭山経済　350-1324　狭山市稲荷山２—６—１　04(2952)6510
私西武学園文理　350-1336　狭山市柏原新田311—１　04(2954)4080
松山　355-0018　東松山市松山町１—６—10　0493(22)0075
私東京農業大学第三　355-0005　東松山市松山1400—１　0493(24)4611
豊岡　358-0003　入間市豊岡１—15—１　04(2962)5216
入間向陽　358-0001　入間市向陽台１—１—１　04(2964)3805
私狭山ヶ丘　358-0011　入間市下藤沢981　04(2962)3844
私東野　358-8558　入間市二本木112—１　04(2934)5292
坂戸　350-0271　坂戸市上吉田586　049(281)3535
私山村国際　350-0214　坂戸市千代田１—２—23　049(281)0221
富士見　354-0002　富士見市上南畑950　049(253)1551
坂戸西　350-0245　坂戸市四日市場101　049(286)9473
国筑波大学附属坂戸　350-0214　坂戸市千代田１—24—１　049(281)1541
和光　351-0115　和光市新倉３—22—１　048(463)1207

●校名　●郵便番号　●所在地　●電話

和光国際　351-0106　和光市広沢４—１　048(467)1311
志木　353-0001　志木市上宗岡１—１—１　048(473)8111
私慶應義塾志木　353-0004　志木市本町４—14—１　048(471)1361
私細田学園　353-0004　志木市本町２—７—１　048(471)3255
新座　352-0015　新座市池田１—１—２　048(479)5110
新座柳瀬　352-0004　新座市大和田４—12—１　048(478)5151
新座総合技術　352-0013　新座市新塚１—３—１　048(478)2111
私立教新座　352-8523　新座市北野１—２—25　048(471)6640
私西武台　352-0005　新座市中野２—９—１　048(481)1701
朝霞西　351-0013　朝霞市膝折２—17　048(466)4311
朝霞　351-0015　朝霞市幸町３—13—65　048(465)1010
鳩山　350-0313　鳩山町松ヶ丘４—１—２　049(296)5395
日高　350-1203　日高市旭ケ丘806　042(989)7920
ふじみ野　356-0053　ふじみ野市大井1158—１　049(264)7801
鶴ヶ島清風　350-2223　鶴ヶ島市高倉946—１　049(286)7501
私武蔵越生　350-0417　越生町上野東１—３—10　049(292)3245
私埼玉平成　350-0434　毛呂山町市場333—１　049(295)1212
小川　355-0328　小川町大塚1105　0493(72)1158
滑川総合　355-0815　滑川町月の輪４—18—26　0493(62)7000
熊谷　360-0812　熊谷市大原１—９—１　048(521)0050
熊谷農業　360-0812　熊谷市大原３—３—１　048(521)0051
熊谷商業　360-0833　熊谷市広瀬800　048(523)4545
熊谷工業　360-0832　熊谷市小島820　048(523)3354
熊谷西　360-0843　熊谷市三ケ尻2066　048(532)8881
本庄　367-0045　本庄市柏１—４—１　0495(21)1195
私本庄東　367-0022　本庄市日の出１—４—５　0495(22)6351
私早稲田大学本庄　367-0035　本庄市栗崎239—３　0495(21)2400
深谷商業　366-0035　深谷市原郷80　048(571)3321
深谷第一　366-0034　深谷市常盤町21—１　048(571)3381
深谷　366-8515　深谷市宿根315　048(572)1215
私正智深谷　366-0801　深谷市上野台369　048(571)1065
秩父　368-0035　秩父市上町２—23—45　0494(22)3606
秩父農工科学　368-0005　秩父市大野原2000　0494(22)3017
児玉　367-0217　本庄市八幡山410　0495(72)1591
児玉白楊　367-0216　本庄市金屋980　0495(72)1566
寄居城北　369-1202　寄居町桜沢2601　048(581)3111
妻沼　360-0203　熊谷市弥藤吾480　048(588)6800
進修館　361-0023　行田市長野1320　048(556)6291
鴻巣　365-0054　鴻巣市大間1020　048(541)0234
私本庄第一　367-0002　本庄市仁手1789　0495(24)1331
私東京成徳大学深谷　366-0810　深谷市宿根559　048(571)1303
私叡明　343-0828　越谷市レイクタウン７—２—１　048(990)2211

●校名　●郵便番号　●所在地　●電話

千葉県

市原　290-0225　市原市牛久655　0436(92)1541
京葉　290-0034　市原市島野222　0436(22)2196
市原緑　290-0011　市原市能満1531　0436(75)0600
姉崎　299-0111　市原市姉崎2632　0436(62)0601
市原八幡　290-0062　市原市八幡1877—１　0436(43)7811
私市原中央　290-0215　市原市土宇1481—１　0436(36)7131
私東海大学付属市原望洋　290-0011　市原市能満1531　0436(74)4721
袖ケ浦　299-0257　袖ケ浦市神納530　0438(62)7531
木更津　292-0804　木更津市文京４—１—１　0438(22)6131
私木更津総合　292-8511　木更津市東太田３—４—１　0438(30)5511
私拓殖大学紅陵　292-8568　木更津市桜井1403　0438(37)2511
私暁星国際　292-8565　木更津市矢那1083　0438(52)3291
私志学館　292-8568　木更津市真舟３—29—１　0438(37)3131
国木更津高専　292-0041　木更津市清見台東２—11—１　0438(30)4000
君津　299-1142　君津市坂田454　0439(52)4583
私翔凜　299-1172　君津市三直1348—１　0439(55)1200
君津商業　293-0043　富津市岩瀬1172　0439(65)1131
天羽　299-1606　富津市数馬229　0439(67)0571
安房　294-0047　館山市八幡385　0470(22)0130
館山総合　294-8505　館山市北条106　0470(22)2242
安房拓心　299-2795　南房総市和田町海発1604　0470(47)2551
長狭　296-0001　鴨川市横渚100　0470(92)1225
大原　298-0004　いすみ市大原7985　0470(62)1171
大多喜　298-0216　夷隅郡大多喜町大多喜481　0470(82)2621
一宮商業　299-4301　長生郡一宮町一宮3287　0475(42)4520
私茂原北陵　299-4122　茂原市吉井上128　0475(34)3211
長生　297-0029　茂原市高師286　0475(22)3378
茂原　297-0029　茂原市高師1300　0475(22)4505
茂原樟陽　297-0019　茂原市上林283　0475(22)3315
東金　283-0802　東金市東金1410　0475(54)1581
東金商業　283-0805　東金市松之郷久我台1641—１　0475(52)2265
千葉学芸　283-0005　東金市田間1999　0475(52)1161
大網　299-3251　大網白里市大網435—１　0475(72)0003
成東　289-1326　山武市成東3596　0475(82)3171
松尾　289-1594　山武市松尾町大堤546　0479(86)4311
私横芝敬愛　289-1733　山武郡横芝光町栗山稔台4508　0479(82)1239
八街　289-1144　八街市八街ろ145—３　043(444)1523
私千葉黎明　289-1115　八街市八街ほ625　043(443)3221
匝瑳　289-2144　匝瑳市八日市場イ1630　0479(72)1541
私敬愛大学八日市場　289-2143　匝瑳市八日市場ロ390　0479(72)1588
佐原白楊　287-0003　香取市佐原イ861　0478(52)5137

●校名　●郵便番号　●所在地　●電話

旭農業　289-2516　旭市ロ１　0479(62)0129
東総工業　289-2505　旭市鎌数字川西5146　0479(62)2522
銚子商業　288-0813　銚子市台町1781　0479(22)5678
市立銚子　288-0814　銚子市春日町2689　0479(25)0311
多古　289-2241　香取郡多古町多古3236　0479(76)2557
小見川　289-0313　香取市小見川4735—１　0478(82)2146
下総　289-0116　成田市名古屋247　0476(96)1161
佐原　287-0003　香取市佐原イ2685　0478(52)5131
成田西陵　286-0846　成田市松崎20　0476(26)8111
成田国際　286-0036　成田市加良部３—16　0476(27)2610
成田北　286-0011　成田市玉造５—１　0476(27)3411
私成田　286-0023　成田市成田27　0476(22)2131
印旛明誠　270-1337　印西市草深1420—９　0476(47)7001
私東京学館　285-0902　印旛郡酒々井町伊篠21　043(496)3881
富里　286-0221　富里市七栄181—１　0476(92)1441
佐倉　285-0033　佐倉市鍋山町18　043(484)1021
佐倉西　285-0841　佐倉市下志津263　043(489)5881
四街道　284-0003　四街道市鹿渡809—２　043(422)6215
四街道北　284-0027　四街道市栗山1055—４　043(422)1788
私千葉敬愛　284-0005　四街道市四街道1522　043(422)0131
八千代　276-0025　八千代市勝田台南１—１—１　047(484)2551
八千代東　276-0028　八千代市村上881—１　047(482)1751
八千代西　276-0047　八千代市吉橋2405—１　047(450)2451
私八千代松陰　276-0028　八千代市村上727　047(482)1234
私千葉英和　276-0028　八千代市村上709—１　047(484)5141
私秀明八千代　276-0007　八千代市桑橋803　047(450)7001
佐倉南　285-0808　佐倉市太田1956　043(486)1711
千葉　260-0853　千葉市中央区葛城１—５—２　043(227)7434
千葉工業　260-0815　千葉市中央区今井町1478　043(264)6251
千葉南　260-0803　千葉市中央区花輪町45—３　043(264)1362
若松　264-0021　千葉市若葉区若松町429　043(232)5171
千城台　264-0004　千葉市若葉区千城台西２—１—１　043(236)0161
生浜　260-0823　千葉市中央区塩田町372　043(266)4591
泉　265-0061　千葉市若葉区高根町875—１　043(228)2551
私千葉明徳　260-8685　千葉市中央区南生実町1412　043(265)1612
土気　267-0067　千葉市緑区あすみが丘東２—24—１　043(294)0014
桜林　264-0029　千葉市若葉区桜木北１—17—32　043(233)8081
千葉東　263-0021　千葉市稲毛区轟町１—18—52　043(251)9221
千葉商業　260-0044　千葉市中央区松波２—22—48　043(251)6335
京葉工業　263-0024　千葉市稲毛区穴川４—11—32　043(251)4197
検見川　261-0011　千葉市美浜区真砂４—17—１　043(278)1218
千葉北　263-0005　千葉市稲毛区長沼町153　043(257)2753

●校名　●郵便番号　●所在地　●電話

磯辺　261-0012　千葉市美浜区磯辺2—7—1　043(277)2211
柏井　262-0041　千葉市花見川区柏井町1452　047(484)5526
犢橋　262-0012　千葉市花見川区千種町381—1　043(257)8511
千葉西　261-0012　千葉市美浜区磯辺3—30—3　043(277)0115
市立千葉　263-0043　千葉市稲毛区小仲台9—46—1　043(251)6245
市立稲毛　261-0003　千葉市美浜区高浜3—1—1　043(277)4400
(私)千葉経済大学附属　263-8585　千葉市稲毛区轟町4—3—30　043(251)7221
(私)敬愛学園　263-0024　千葉市稲毛区穴川1—5—21　043(251)6361
幕張総合　261-0014　千葉市美浜区若葉3—1—6　043(211)6311
(私)昭和学院秀英　261-0014　千葉市美浜区若葉1—2　043(272)2481
(私)渋谷教育学園幕張　261-0014　千葉市美浜区若葉1—3　043(271)1221
(私)明聖　260-0014　千葉市中央区本千葉町10—23　043(225)5622
市立習志野　275-0001　習志野市東習志野1—2—1　047(472)2148
津田沼　275-0025　習志野市秋津5—9—1　047(451)1177
実籾　275-0003　習志野市実籾本郷22—1　047(479)1144
(私)東邦大学付属東邦　275-8511　習志野市泉町2—1—37　047(472)8191
船橋　273-0002　船橋市東船橋6—1—1　047(422)2188
市立船橋　273-0001　船橋市市場4—5—1　047(422)5516
薬園台　274-0077　船橋市薬円台5—34—1　047(464)0011
船橋東　274-0816　船橋市芝山2—13—1　047(464)1212
船橋芝山　274-0816　船橋市芝山7—39—1　047(463)5331
船橋二和　274-0806　船橋市二和西1—3—1　047(447)4377
船橋古和釜　274-0061　船橋市古和釜町586　047(466)1141
船橋啓明　273-0041　船橋市旭町333　047(438)8428
船橋法典　273-0047　船橋市藤原4—1—1　047(438)0721
船橋豊富　274-0053　船橋市豊富町656—8　047(457)5200
船橋北　274-0056　船橋市神保町133—1　047(457)3115
(私)日本大学習志野　274-8504　船橋市習志野台7—24—24　047(469)5555
(私)千葉日本大学第一　274-0063　船橋市習志野台8—34—1　047(466)5155
鎌ヶ谷　273-0115　鎌ケ谷市東道野辺1—4—1　047(444)2171
鎌ヶ谷西　273-0121　鎌ケ谷市初富284—7　047(446)0051
白井　270-1425　白井市池の上1—8—1　047(491)1511
(私)東京学館船橋　274-0053　船橋市豊富町577　047(457)4611
柏　277-0825　柏市布施254　04(7131)0013
市立柏　277-0801　柏市船戸山高野325—1　04(7132)3460
(私)流通経済大学付属柏　277-0872　柏市十余二1—20　04(7131)5611
我孫子　270-1147　我孫子市若松18—4　04(7182)5181
我孫子東　270-1104　我孫子市新々田172　04(7189)4051
(私)中央学院　270-1131　我孫子市都部765　04(7188)1101
(私)我孫子二階堂　270-1163　我孫子市久寺家479—1　04(7182)0101
沼南　270-1445　柏市岩井678—3　04(7191)8121
関宿　270-0222　野田市木間ケ瀬4376

●校名　●郵便番号　●所在地　●電話

04(7198)5006
(私)二松學舍大学附属柏　277-0902　柏市大井2590　04(7191)5242
柏の葉　277-0882　柏市柏の葉6—1　04(7132)7521
東葛飾　277-0852　柏市旭町3—2—1　04(7143)4271
柏南　277-0033　柏市増尾1705　04(7173)2101
柏陵　277-0042　柏市逆井444—1　04(7174)8551
柏中央　277-0835　柏市松ケ崎884—1　04(7133)3141
(私)麗澤　277-8686　柏市光ケ丘2—1—1　04(7173)3700
(私)日本体育大学柏　277-0008　柏市戸張944　04(7167)1301
(私)芝浦工業大学柏　277-0033　柏市増尾700　04(7174)3100
沼南高柳　277-0941　柏市高柳995　04(7191)5281
流山　270-0114　流山市東初石2—98　04(7153)3161
流山おおたかの森　270-0122　流山市大畔275—5　04(7154)3551
流山南　270-0164　流山市流山9—800—1　04(7159)1231
流山北　270-0116　流山市中野久木7—1　04(7154)2100
清水　278-0043　野田市清水482　04(7122)4581
野田中央　278-0046　野田市谷津713　04(7125)4108
(私)西武台千葉　270-0235　野田市尾崎2241—2　04(7127)1111
小金　270-0032　松戸市新松戸北2—14—1　047(341)4155
松戸　270-0025　松戸市中和倉590—1　047(341)1288
松戸国際　270-2218　松戸市五香西5—6—1　047(386)0563
松戸六実　270-2203　松戸市六高台5—150—1　047(385)5791
松戸馬橋　271-0043　松戸市旭町1—7—1　047(345)3003
松戸向陽　270-2223　松戸市秋山682　047(391)4361
市立松戸　270-2221　松戸市紙敷2—7—5　047(385)3201
(私)専修大学松戸　271-8585　松戸市上本郷2—3621　047(362)9101
国府台　272-0827　市川市国府台2—4—1　047(373)2141
(私)千葉商科大学付属　272-0835　市川市中国分2—10—1　047(373)2111
国分　272-0831　市川市稲越2—2—1　047(371)6100
行徳　272-0127　市川市塩浜4—1—1　047(395)1040
市川東　272-0811　市川市北方町4—2191　047(338)6810
市川工業　272-0031　市川市平田3—10—10　047(378)4186
市川南　272-0013　市川市高谷1509　047(328)6001
(私)市川　272-0816　市川市本北方2—38—1　047(339)2681
市川昴　272-0833　市川市東国分1—1—1　047(371)2841
(私)日出学園　272-0824　市川市菅野3—23—1　047(324)0071
(私)昭和学院　272-0823　市川市東菅野2—17—1　047(323)4171
浦安　279-0003　浦安市海楽2—36—2　047(351)2135
浦安南　279-0023　浦安市高洲9—4—1　047(352)7621
(私)東海大学付属浦安　279-8558　浦安市東野3—11—1　047(351)2371
(私)東京学館浦安　279-0023　浦安市高洲1—23—1　047(353)8821

●校名　●郵便番号　●所在地　●電話

東京都

江戸川　132-0031　江戸川区松島2—38—1　03(3651)0297
小松川　132-0035　江戸川区平井1—27—10　03(3685)1010
葛西南　134-8555　江戸川区南葛西1—11—1　03(3687)4491
小岩　133-0044　江戸川区本一色3—10—1　03(3651)2250
篠崎　133-0063　江戸川区東篠崎1—10—1　03(3678)9331
葛西工業　132-0024　江戸川区一之江7—68—1　03(3653)4111
(私)関東第一　132-0031　江戸川区松島2—10—11　03(3653)1541
東　136-0074　江東区東砂7—19—24　03(3644)7176
深川　135-0016　江東区東陽5—32—19　03(3649)2101
城東　136-0072　江東区大島3—22—1　03(3637)3561
紅葉川　134-8573　江戸川区臨海町2—1—1　03(3878)3021
墨田工業　135-0004　江東区森下5—1—7　03(3631)4928
第三商業　135-0044　江東区越中島3—3—1　03(3641)0380
科学技術　136-0072　江東区大島1—2—31　03(5609)0227
(私)芝浦工業大学附属　135-8139　江東区豊洲6—2—7　03(3520)8501
(私)中央学院大学中央　136-0071　江東区亀戸7—65—12　03(5836)7020
江東商業　136-0071　江東区亀戸4—50—1　03(3685)1711
葛飾野　125-0061　葛飾区亀有1—7—1　03(3602)7131
南葛飾　124-0012　葛飾区立石6—4—1　03(3691)8476
葛飾商業　125-0051　葛飾区新宿3—14—1　03(3607)5170
農産　124-0002　葛飾区西亀有1—28—1　03(3602)2865
(私)修徳　125-8507　葛飾区青戸8—10—1　03(3601)0116
(私)共栄学園　124-0003　葛飾区お花茶屋2—6—1　03(3601)7136
葛飾総合　125-0035　葛飾区南水元4—21—1　03(3607)3878
両国　130-0022　墨田区江東橋1—7—14　03(3631)1815
墨田川　131-0032　墨田区東向島3—34—14　03(3611)2125
本所　131-0033　墨田区向島3—37—25　03(3622)0344
橘　131-0043　墨田区立花4—29—7　03(3617)8311
(私)安田学園　130-8615　墨田区横網2—2—25　03(3624)2666
(私)日本大学第一　130-0015　墨田区横網1—5—2　03(3625)0026
(私)立志舎　130-0012　墨田区太平2—9—6　03(5608)1033
日本橋　131-0041　墨田区八広1—28—21　03(3617)1811
荒川工業　116-0003　荒川区南千住6—42—1　03(3802)1178
竹台　116-0014　荒川区東日暮里5—14—1　03(3891)1515
(私)開成　116-0013　荒川区西日暮里4—2—4　03(3822)0741
(私)かえつ有明　135-8711　江東区東雲2—16—1　03(5564)2111
江北　120-0014　足立区西綾瀬4—14—30　03(3880)3411
足立　120-0011　足立区中央本町1—3—9　03(3889)2204
足立西　123-0872　足立区江北5—7—1　03(3898)7020
青井　120-0012　足立区青井1—7—35　03(3848)2783
足立東　120-0001　足立区大谷田2—3—5　03(3620)5991

●校名　●郵便番号　●所在地　●電話

淵江　121-0063　足立区東保木間2—10—1　03(3885)6971
足立新田　123-0865　足立区新田2—10—16　03(3914)4211
足立工業　123-0841　足立区西新井4—30—1　03(3899)1196
(私)足立学園　120-0026　足立区千住旭町40—24　03(3888)5331
(国)筑波大学附属　112-0012　文京区大塚1—9—1　03(3941)7176
竹早　112-0002　文京区小石川4—2—1　03(3811)6961
向丘　113-0023　文京区向丘1—11—18　03(3811)2022
小石川中等教育　113-0021　文京区本駒込2—29—29　03(3946)7171
(私)日本大学豊山　112-0012　文京区大塚5—40—10　03(3943)2161
(私)獨協　112-0014　文京区関口3—8—1　03(3943)3651
(私)郁文館　113-0023　文京区向丘2—19—1　03(3828)2206
(私)駒込　113-0022　文京区千駄木5—6—25　03(3828)4141
(私)京華　112-8612　文京区白山5—6—6　03(3946)4451
(私)東洋大学京北　112-8067　文京区白山2—36—5　03(3816)6211
(私)昭和第一　113-0033　文京区本郷1—2—15　03(3811)0636
(私)京華商業　112-8612　文京区白山5—6—6　03(3946)4491
(私)中央大学　112-8551　文京区春日1—13—27　03(3814)5275
豊島　171-0044　豊島区千早4—9—21　03(3958)0121
文京　170-0001　豊島区西巣鴨1—1—5　03(3910)8231
千早　171-0044　豊島区千早3—46—21　03(5964)1721
(私)学習院高等科　171-0031　豊島区目白1—5—1　03(3986)0221
(私)豊島学院　170-0011　豊島区池袋本町2—10—1　03(3988)5511
(私)豊南　171-0042　豊島区高松3—6—7　03(3959)5511
(私)本郷　170-0003　豊島区駒込4—11—1　03(3917)1456
(私)巣鴨　170-0012　豊島区上池袋1—21—1　03(3918)5311
(私)城西大学附属城西　171-0044　豊島区千早1—10—26　03(3973)6331
(私)淑徳巣鴨　170-0001　豊島区西巣鴨2—22—16　03(3918)6451
(私)立教池袋　171-0021　豊島区西池袋5—16—5　03(3985)2707
晴海総合　104-0053　中央区晴海1—2—1　03(3531)5021
(私)貞静学園　112-8625　文京区大塚1—2—10　03(3943)3711
板橋　173-0035　板橋区大谷口1—54—1　03(3973)3150
北園　173-0004　板橋区板橋4—14—1　03(3962)7885
板橋有徳　175-0083　板橋区徳丸2—17—1　03(3937)6911
大山　173-0037　板橋区小茂根5—18—1　03(3958)2121
高島　175-0082　板橋区高島平3—7—1　03(3938)3215
北豊島工業　174-0062　板橋区富士見町28—1　03(3963)4331
(私)城北　174-8711　板橋区東新町2—28—1　03(3956)3157
(私)帝京　173-8555　板橋区稲荷台27—1　03(3963)4711
(私)大東文化大学第一　175-8571　板橋区高島平1—9—1　03(5399)7890
(私)淑徳　174-8643　板橋区前野町5—14—1　03(3969)7411
(私)日本ウェルネス(東京キャンパス)　175-0094　板橋区成増1—12—19　03(3938)7500
上野　110-8717　台東区上野公園10—14

●校名 ●郵便番号 ●所在地 ●電話

03(3821)3706
白鷗 111-0041 台東区元浅草1—6—22 03(3843)5678
蔵前工業 111-0051 台東区蔵前1—3—57 03(3862)4488
(私)岩倉 110-0005 台東区上野7—8—8 03(3841)3086
(私)上野学園 110-0015 台東区東上野4—24—12 03(3847)2201
飛鳥 114-8561 北区王子6—8—8 03(3913)5071
王子総合 114-0023 北区滝野川3—54—7 03(3576)0602
(私)駿台学園 114-0002 北区王子6—1—10 03(3913)5735
(私)聖学院 114-8502 北区中里3—12—1 03(3917)5484
(私)成立学園 114-0001 北区東十条6—9—13 03(3902)5494
(私)順天 114-0022 北区王子本町1—17—13 03(3908)2966
(私)東京成徳大学 114-0002 北区王子6—7—14 03(3911)5196
(私)桜丘 114-8854 北区滝野川1—51—12 03(3910)6161
(私)武蔵野 114-0024 北区西ケ原4—56—20 03(3910)0151
戸山 162-0052 新宿区戸山3—19—1 03(3202)4301
新宿 160-0014 新宿区内藤町11—4 03(3354)7411
(私)海城 169-0072 新宿区大久保3—6—1 03(3209)5880
(私)成城 162-8670 新宿区原町3—87 03(3341)6141
(私)早稲田 162-8654 新宿区馬場下町62 03(3202)7674
(私)保善 169-0072 新宿区大久保3—6—2 03(3209)8756
(私)大智学園 169-0074 新宿区北新宿1—21—10 03(5925)2773
(私)目白研心 161-8539 新宿区中落合4—31—1 03(5996)3131
広尾 150-0011 渋谷区東4—14—14 03(3400)1761
青山 150-0001 渋谷区神宮前2—1—8 03(3404)7801
第一商業 150-0035 渋谷区鉢山町8—1 03(3463)2606
(私)國學院 150-0001 渋谷区神宮前2—2—3 03(3403)2331
(私)青山学院高等部 150-8366 渋谷区渋谷4—4—25 03(3409)3880
(私)渋谷教育学園渋谷 150-0002 渋谷区渋谷1—21—18 03(3400)6363
日比谷 100-0014 千代田区永田町2—16—1 03(3581)0808
千代田区立九段中等教育 102-0073 千代田区九段北2—2—1 03(3263)7190
(私)暁星 102-8133 千代田区富士見1—2—5 03(3262)3291
(私)東洋 101-0061 千代田区三崎町1—4—16 03(3291)3824
(私)正則学園 101-8456 千代田区神田錦町3—1 03(3295)3011
(私)二松學舍大学附属 102-0074 千代田区九段南2—1—32 03(3261)9288
(私)錦城学園 101-0054 千代田区神田錦町3—1 03(3291)3211
(私)大原学園 101-0051 千代田区神田神保町2—42 03(3237)3141
(私)武蔵野大学附属千代田 102-0081 千代田区四番町11 03(3263)6551
(国)東京工業大学附属科学技術 108-0023 港区芝浦3—3—6 03(3453)2251
芝商業 105-0022 港区海岸1—8—25 03(3431)0760
三田 108-0073 港区三田1—4—46 03(3453)1991
(私)芝 105-0011 港区芝公園3—5—37 03(3431)2629
(私)明治学院 108-0071 港区白金台1—2—37 03(5421)5011

●校名 ●郵便番号 ●所在地 ●電話

(私)麻布 106-0046 港区元麻布2—3—29 03(3446)6541
(私)高輪 108-0074 港区高輪2—1—32 03(3441)7201
(私)正則 105-0011 港区芝公園3—1—36 03(3431)0913
(私)東海大学付属高輪台 108-8587 港区高輪2—2—16 03(3448)4011
(私)広尾学園 106-0047 港区南麻布5—1—14 03(3444)7271
小山台 142-0062 品川区小山3—3—32 03(3714)8155
大崎 142-0042 品川区豊町2—1—7 03(3786)3355
(私)文教大学付属 142-0064 品川区旗の台3—2—17 03(3783)5511
(私)立正大学付属立正 143-8557 大田区西馬込1—5—1 03(6303)7683
(私)攻玉社 141-0031 品川区西五反田5—14—2 03(3493)0331
(私)青稜 142-8550 品川区二葉1—6—6 03(3782)1502
(私)朋優学院 140-8608 品川区西大井6—1—23 03(3784)2131
(私)品川翔英 140-0015 品川区西大井1—6—13 03(3774)1151
八潮 140-0002 品川区東品川3—27—22 03(3471)7384
大森 144-0051 大田区西蒲田2—2—1 03(3753)3161
雪谷 146-0085 大田区久が原1—14—1 03(3753)0115
田園調布 145-0076 大田区田園調布南27—1 03(3750)4346
蒲田 144-0053 大田区蒲田本町1—1—30 03(3737)1331
美原 143-0012 大田区大森東1—33—1 03(3764)3883
(私)東京 146-0091 大田区鵜の木2—39—1 03(3750)2635
(私)日本体育大学荏原 146-8588 大田区池上8—26—1 03(3759)3291
(私)大森学園 143-0015 大田区大森西3—2—12 03(3762)7336
(私)東京実業 144-0051 大田区西蒲田8—18—1 03(3732)4481
つばさ総合 144-8533 大田区本羽田3—11—5 03(5737)0151
六郷工科 144-8506 大田区東六郷2—18—2 03(3737)6565
大田桜台 143-0027 大田区中馬込3—11—10 03(6303)7980
大島海洋国際 100-0211 大島町差木地下原 04992(4)0385
八丈 100-1401 八丈島八丈町大賀郷3020 04996(2)1181
神津 100-0601 神津島村1620 0499(28)0706
大島 100-0101 大島町元町八重の水127 04992(2)1431
三宅 100-1211 三宅島三宅村坪田4586 0499(46)1136
小笠原 100-2101 小笠原村父島字清瀬 0499(82)2346
(国)東京学芸大学附属国際中等教育 178-0063 練馬区東大泉5—22—1 03(5905)1326
井草 177-0044 練馬区上石神井2—2—43 03(3920)0319
練馬 179-8908 練馬区春日町4—28—25 03(3990)8643
大泉 178-0063 練馬区東大泉5—3—1 03(3924)0318
石神井 177-0051 練馬区関町北4—32—48 03(3929)0831
光丘 179-0071 練馬区旭町2—1—35 03(3977)1501
練馬工業 179-8909 練馬区早宮2—9—18 03(3932)9251
田柄 179-0072 練馬区光が丘2—3—1 03(3977)2555
第四商業 176-0021 練馬区貫井3—45—19 03(3990)4221
(私)武蔵 176-0011 練馬区豊玉上1—26

●校名 ●郵便番号 ●所在地 ●電話

—1 03(5984)3741
(私)早稲田大学高等学院 177-0044 練馬区上石神井3—31—1 03(5991)4151
(国)東京大学教育学部附属中等教育 164-8654 中野区南台1—15—1 03(5351)9050
富士 164-0013 中野区弥生町5—21—1 03(3382)0601
鷺宮 165-0033 中野区若宮3—46—8 03(3330)0101
武蔵丘 165-0031 中野区上鷺宮2—14—1 03(3999)9308
中野工業 165-0027 中野区野方3—5—5 03(3385)7445
(私)明治大学付属中野 164-0003 中野区東中野3—3—4 03(3362)8704
(私)東亜学園 164-0002 中野区上高田5—44—3 03(3387)6331
(私)堀越 164-0011 中野区中央2—56—2 03(3363)7661
(私)実践学園 164-0011 中野区中央2—34—2 03(3371)5268
(私)宝仙学園 164-8628 中野区中央2—28—3 03(3371)7109
杉並 166-0016 杉並区成田西4—15—15 03(3391)6530
豊多摩 166-0016 杉並区成田西2—6—18 03(3393)1331
西 168-0081 杉並区宮前4—21—32 03(3333)7771
杉並工業 167-0023 杉並区上井草4—13—31 03(3394)2471
農芸 167-0035 杉並区今川3—25—1 03(3399)0191
杉並総合 168-0073 杉並区下高井戸5—17—1 03(3303)1003
(私)専修大学附属 168-0063 杉並区和泉4—4—1 03(3322)7171
(私)佼成学園 166-0012 杉並区和田2—6—29 03(3381)7227
(私)日本大学鶴ヶ丘 168-0063 杉並区和泉2—26—12 03(3322)7521
(私)中央大学杉並 167-0035 杉並区今川2—7—1 03(3390)3177
(私)日本大学第二 167-0032 杉並区天沼1—45—33 03(3391)9700
(私)國學院大學久我山 168-0082 杉並区久我山1—9—1 03(3334)1151
(私)杉並学院 166-0004 杉並区阿佐谷南2—30—17 03(3316)3311
(私)東京立正 166-0013 杉並区堀ノ内2—41—15 03(3312)1111
(私)文化学園大学杉並 166-0004 杉並区阿佐谷南3—48—16 03(3392)6636
田無工業 188-0013 西東京市向台町1—9—1 042(464)2225
田無 188-0013 西東京市向台町5—4—34 042(463)8511
保谷 202-0005 西東京市住吉町5—8—23 042(422)3223
桜修館中等教育 152-0023 目黒区八雲1—1—2 03(3723)9966
目黒 153-0052 目黒区祐天寺2—7—15 03(3792)5541
駒場 153-0044 目黒区大橋2—18—1 03(3466)2481
国際 153-0041 目黒区駒場2—19—59 03(3468)6811
(私)目黒学院 153-8631 目黒区中目黒1—1—50 03(3711)6556
(私)日本工業大学駒場 153-8508 目黒区駒場1—35—32 03(3467)2130
(私)多摩大学目黒 153-0064 目黒区下目黒4—10—24 03(3714)2661
(私)目黒日本大学 153-0063 目黒区目黒1—6—15 03(3492)3388
(私)自由ヶ丘学園 152-0035 目黒区自由が丘2—21—1 03(3717)0388
(国)東京学芸大学附属 154-0002 世田谷区下馬4—1—5 03(3421)5151
(国)筑波大学附属駒場 154-0001 世田谷区池尻4—7—1 03(3411)8521
芦花 157-0063 世田谷区粕谷3—8—1

●校名 ●郵便番号 ●所在地 ●電話

03(5315)3322
松原 156-0045 世田谷区桜上水4—3—5 03(3303)5381
千歳丘 156-0055 世田谷区船橋3—18—1 03(3429)7271
(私)大東学園 156-0055 世田谷区船橋7—22—1 03(3483)1901
桜町 158-0097 世田谷区用賀2—4—1 03(3700)4330
深沢 158-0081 世田谷区深沢7—3—14 03(3702)4145
世田谷総合 157-0076 世田谷区岡本2—9—1 03(3700)4771
総合工科 157-0066 世田谷区成城9—25—1 03(3483)0204
(私)駒場東邦 154-0001 世田谷区池尻4—5—1 03(3466)8221
(私)成城学園 157-8511 世田谷区成城6—1—20 03(3482)2104
(私)日本大学櫻丘 156-0045 世田谷区桜上水3—24—22 03(5317)9300
(私)東京都市大学付属 157-8560 世田谷区成城1—13—1 03(3415)0104
(私)駒澤大学 158-8577 世田谷区上用賀1—17—12 03(3700)6131
(私)日本学園 156-0043 世田谷区松原2—7—34 03(3322)6331
(私)世田谷学園 154-0005 世田谷区三宿1—16—31 03(3411)8661
(私)駒場学園 155-0032 世田谷区代沢1—23—8 03(3413)5561
(私)東京農業大学第一 156-0053 世田谷区桜3—33—1 03(3425)4481
(私)国士舘 154-8553 世田谷区若林4—32—1 03(5481)3136
(私)東京都市大学等々力 158-0082 世田谷区等々力8—10—1 03(5962)0104
(私)三田国際学園 158-0097 世田谷区用賀2—16—1 03(3707)5676
町田 194-0021 町田市中町4—25—3 042(722)2201
野津田 195-0063 町田市野津田町2001 042(734)2311
町田工業 194-0035 町田市忠生1—20—2 042(791)1035
山崎 195-0074 町田市山崎町1453—1 042(792)2891
成瀬 194-0044 町田市成瀬1222—1 042(725)1533
小川 194-0003 町田市小川2—1002—1 042(796)9301
町田総合 194-0037 町田市木曽西3—5—1 042(791)7980
(私)玉川学園 194-8610 町田市玉川学園6—1—1 042(739)8111
(私)桜美林 194-0294 町田市常盤町3758 042(797)2667
(私)和光 195-0051 町田市真光寺町1291 042(734)3403
(私)日本大学第三 194-0203 町田市図師町11—2375 042(793)2123
狛江 201-0013 狛江市元和泉3—9—1 03(3489)2241
若葉総合 206-0822 稲城市坂浜1434—3 042(350)0300
三鷹中等教育 181-0004 三鷹市新川6—21—21 0422(46)3311
(私)大成 181-0012 三鷹市上連雀6—7—5 0422(43)3196
(私)法政大学 181-0002 三鷹市牟礼4—3—1 0422(79)6230
神代 182-0003 調布市若葉町1—46—1 03(3300)8261
調布北 182-0011 調布市深大寺北町5—39—1 042(487)1860
調布南 182-0025 調布市多摩川6—2—1 042(483)0765
(私)明治大学付属明治 182-0033 調布市富士見町4—23—25 042(444)9100
府中東 183-0012 府中市押立町4—21 042(365)7611
府中 183-0051 府中市栄町3—3—1 042(364)8411
府中西 183-0036 府中市日新町4—6—

●校名 ●郵便番号 ●所在地 ●電話

7 042(365)5933
府中工業 183-0005 府中市若松町２—19 042(362)7237
私明星学園 181-0002 三鷹市牟礼４—15—22 0422(48)6221
私明星 183-8531 府中市栄町１—１ 042(368)5111
国立 186-0002 国立市東４—25—１ 042(575)0126
私桐朋 186-0004 国立市中３—１—10 042(577)2171
立川 190-0022 立川市錦町２—13—５ 042(524)8195
立川国際中等教育 190-0012 立川市曙町３—29—37 042(524)3903
私昭和第一学園 190-0003 立川市栄町２—45—８ 042(536)1611
日野 191-0021 日野市石田１—190—１ 042(581)7123
日野台 191-0061 日野市大坂上４—16—１ 042(582)2511
南平 191-0041 日野市南平８—２—３ 042(593)5121
永山 206-0025 多摩市永山５—22 042(374)9891
私多摩大学附属聖ヶ丘 206-0022 多摩市聖ヶ丘４—１—１ 042(372)9393
私帝京大学 192-0361 八王子市越野322 042(676)9511
富士森 193-0824 八王子市長房町420—２ 042(661)0444
片倉 192-0914 八王子市片倉町1643 042(635)3621
南多摩中等教育 192-8562 八王子市明神町４—20—１ 042(642)2431
八王子東 192-8568 八王子市高倉町68—１ 042(644)6996
八王子北 193-0803 八王子市楢原町601 042(626)3787
松が谷 192-0354 八王子市松が谷1772 042(676)1231
翔陽 193-0944 八王子市館町1097—136 042(663)3318
八王子桑志 193-0835 八王子市千人町４—８—１ 042(663)5970
私工学院大学附属 192-8622 八王子市中野町2647—２ 042(628)4912
私八王子学園八王子 193-0931 八王子市台町４—35—１ 042(623)3461
私八王子実践 193-0931 八王子市台町１—６—15 042(622)0654
私帝京八王子 192-0151 八王子市上川町3766 042(654)6141
私明治大学付属中野八王子 192-0001 八王子市戸吹町1100 042(691)0321
私穎明館 193-0944 八王子市館町2600 042(664)6000
私聖パウロ学園 192-0154 八王子市下恩方町2727 042(651)3893
武蔵 180-0022 武蔵野市境４—13—28 0422(51)4554
武蔵野北 180-0011 武蔵野市八幡町２—３—10 0422(55)2071
私成蹊 180-8633 武蔵野市吉祥寺北町３—10—13 0422(37)3818
私聖徳学園 180-8601 武蔵野市境南町２—11—８ 0422(31)5121
私中央国際 180-0004 武蔵野市吉祥寺本町２—21—８ 0422(22)7639
小金井北 184-0003 小金井市緑町４—１—１ 042(385)2611
多摩科学技術 184-8581 小金井市本町６—８—９ 042(381)4164
私中央大学附属 184-8575 小金井市貫井北町３—22—１ 042(381)5413
私国際基督教大学 184-8503 小金井市東町１—１—１ 042(233)3401
私東京電機大学 184-0002 小金井市梶野町４—８—１ 042(237)6441
小平 187-0042 小平市仲町112 042(341)5410
小平西 187-0032 小平市小川町１—502—95 042(345)1411
小平南 187-0022 小平市上水本町６—21—１ 042(325)9331
私錦城 187-0001 小平市大沼町５—３—７ 042(341)0741
私創価 187-0024 小平市たかの台２—１ 042(342)2611
国分寺 185-0004 国分寺市新町３—２—５ 042(323)3371
私早稲田実業 185-8505 国分寺市本町１—２—１ 042(300)2121
清瀬 204-0022 清瀬市松山３—１—56 042(492)3500
私東星学園 204-0024 清瀬市梅園３—14—47 042(493)3201
東久留米総合 203-0052 東久留米市幸町５—８—46 042(471)2510
久留米西 203-0041 東久留米市野火止２—１—44 042(474)2661
私自由学園 203-8521 東久留米市学園町１—８—15 042(422)3111
東村山 189-0011 東村山市恩多町４—26—１ 042(392)1235
東村山西 189-0024 東村山市富士見町５—４—41 042(395)9121
私明治学院東村山 189-0024 東村山市富士見町１—12—３ 042(391)2142
私明法 189-0024 東村山市富士見町２—４—12 042(393)5611
東大和 207-0015 東大和市中央３—945 042(563)1741
東大和南 207-0022 東大和市桜が丘３—44—８ 042(565)7117
武蔵村山 208-0035 武蔵村山市中原１—７—１ 042(560)1271
私拓殖大学第一 208-0013 武蔵村山市大南４—64—５ 042(590)3311
上水 208-0013 武蔵村山市大南４—62—１ 042(590)4580
秋留台 197-0812 あきる野市平沢153—４ 042(559)6821
私東海大学菅生 197-0801 あきる野市菅生1817 042(559)2200
五日市 190-0164 あきる野市五日市894 042(596)0176
多摩 198-0088 青梅市裏宿町580 0428(23)2151
青梅総合 198-0041 青梅市勝沼１—60—１ 0428(22)7604
羽村 205-0012 羽村市羽4152—１ 042(555)6631
昭和 196-0033 昭島市東町２—３—21 042(541)0222
拝島 196-0002 昭島市拝島町４—13—１ 042(543)1772
私啓明学園 196-0002 昭島市拝島町５—11—15 042(541)1003
福生 197-0005 福生市北田園２—11—３ 042(552)5601
多摩工業 197-0003 福生市熊川215 042(551)3435

神奈川県

鶴見 230-0012 横浜市鶴見区下末吉６—２—１ 045(581)4692
鶴見総合 230-0031 横浜市鶴見区平安町２—28—８ 045(506)1234
市立東 230-0076 横浜市鶴見区馬場３—５—１ 045(571)0851
市立横浜サイエンスフロンティア 230-0046 横浜市鶴見区小野町６ 045(511)3654
横浜翠嵐 221-0854 横浜市神奈川区三ツ沢南町１—１ 045(311)4621
神奈川工業 221-0812 横浜市神奈川区平川町19—１ 045(491)9461
城郷 221-0862 横浜市神奈川区三枚町364—１ 045(382)5256
私浅野 221-0012 横浜市神奈川区子安台１—３—１ 045(421)3281
神奈川総合 221-0812 横浜市神奈川区平川町19—２ 045(491)2000
私横浜創英 221-0004 横浜市神奈川区西大口28 045(421)3121
磯子工業 235-0023 横浜市磯子区森５—24—１ 045(761)0251
横浜氷取沢 235-0043 横浜市磯子区氷取沢町938—２ 045(772)0606
横浜平沼 220-0073 横浜市西区岡野１—５—８ 045(313)9200
横浜緑ケ丘 231-0832 横浜市中区本牧緑ケ丘37 045(621)8641
横浜立野 231-0825 横浜市中区本牧間門40—１ 045(621)0261
私聖光学院 231-8681 横浜市中区滝之上100 045(621)2051
市立南 233-0011 横浜市港南区東永谷２—１—１ 045(822)1910
永谷 233-0016 横浜市港南区下永谷１—28—１ 045(824)2126
横浜南陵 234-0053 横浜市港南区日野中央２—26—１ 045(842)3764
市立横浜商業 232-0006 横浜市南区南太田２—30—１ 045(713)2323
横浜清陵 232-0007 横浜市南区清水ケ丘41 045(242)1926
横浜国際 232-0066 横浜市南区六ツ川１—731 045(721)1434
私関東学院 232-0002 横浜市南区三春台４ 045(231)1001
希望ケ丘 241-0824 横浜市旭区南希望が丘79—１ 045(391)0061
旭 241-0806 横浜市旭区下川井町2247 045(953)3301
私横浜商科大学 241-0005 横浜市旭区白根７—１—１ 045(951)2246
市立桜丘 240-0011 横浜市保土ケ谷区桜ケ丘２—15—１ 045(331)5021
光陵 240-0026 横浜市保土ケ谷区権太坂１—７—１ 045(712)5577
商工 240-0035 横浜市保土ケ谷区今井町743 045(353)0591
保土ケ谷 240-0045 横浜市保土ケ谷区川島町1557 045(371)7781
私横浜清風 240-0023 横浜市保土ケ谷区岩井町447 045(731)4361
市立金沢 236-0027 横浜市金沢区瀬戸22—１ 045(781)5761
金沢総合 236-0051 横浜市金沢区富岡東６—34—１ 045(773)6771
釜利谷 236-0042 横浜市金沢区釜利谷東４—58—１ 045(785)1670
私関東学院六浦 236-8504 横浜市金沢区六浦東１—50—１ 045(781)2525
私横浜創学館 236-0037 横浜市金沢区六浦東１—43—１ 045(781)0631
私横浜 236-0053 横浜市金沢区能見台通46—１ 045(781)3396
川和 224-0057 横浜市都筑区川和町2226—１ 045(941)2436
霧が丘 226-0016 横浜市緑区霧が丘６—16—１ 045(921)6911
私森村学園 226-0026 横浜市緑区長津田町2695 045(984)2505
私神奈川大学附属 226-0014 横浜市緑区台村町800 045(934)6211
白山 226-0006 横浜市緑区白山４—71—１ 045(933)2231
荏田 224-0007 横浜市都筑区荏田南３—９—１ 045(941)3111
私サレジオ学院 224-0029 横浜市都筑区南山田３—43—１ 045(591)8222
市ケ尾 225-0024 横浜市青葉区市ケ尾町1854 045(971)2041
田奈 227-0034 横浜市青葉区桂台２—39—２ 045(962)3135
元石川 225-0004 横浜市青葉区元石川町4116 045(902)2692
私桐蔭学園 225-8502 横浜市青葉区鉄町1614 045(971)1411
私桐蔭学園中等教育 225-8502 横浜市青葉区鉄町1614 045(971)1411
港北 222-0037 横浜市港北区大倉山７—35—１ 045(541)6251
新羽 223-0057 横浜市港北区新羽町1348 045(543)8631
新栄 224-0035 横浜市都筑区新栄町１—１ 045(593)0307
岸根 222-0034 横浜市港北区岸根町370 045(401)7872
私武相 222-0023 横浜市港北区仲手原２—34—１ 045(401)9042
私慶應義塾 223-8524 横浜市港北区日吉４—１—２ 045(566)1381
私日本大学 223-8566 横浜市港北区箕輪町２—９—１ 045(560)2600
市立戸塚 245-8588 横浜市戸塚区汲沢２—27—１ 045(871)0301
上矢部 245-0053 横浜市戸塚区上矢部町3230 045(861)3500
舞岡 244-0814 横浜市戸塚区南舞岡３—36—１ 045(823)8761
私公文国際学園 244-0004 横浜市戸塚区小雀町777 045(853)8200
柏陽 247-0004 横浜市栄区柏陽１—１ 045(892)2105
金井 244-0845 横浜市栄区金井町100 045(852)4721
横浜栄 247-0013 横浜市栄区上郷町555 045(891)5581
私山手学院 247-0013 横浜市栄区上郷町460 045(891)2111
横浜桜陽 245-0062 横浜市戸塚区汲沢町973 045(862)9343
松陽 245-0016 横浜市泉区和泉町7713 045(803)3036
横浜修悠館 245-0016 横浜市泉区和泉町2563 045(800)3711
横浜緑園 245-0003 横浜市泉区岡津町2667 045(812)3371
瀬谷 246-0011 横浜市瀬谷区東野台29—１ 045(301)6747
瀬谷西 246-0004 横浜市瀬谷区中屋敷２—２—５ 045(302)3535
私横浜隼人 246-0026 横浜市瀬谷区阿久和南１—３—１ 045(364)5101
私秀英 245-0016 横浜市泉区和泉町7865 045(806)2100
私横浜学園 235-0021 横浜市磯子区岡村２—４—１ 045(751)6941
私橘学苑 230-0073 横浜市鶴見区獅子ケ谷１—10—35 045(581)0063
私神奈川朝鮮中高級 221-0844 横浜市神奈川区沢渡21 045(311)0689
私横浜翠陵 226-0015 横浜市緑区三保町1 045(921)0301
私鶴見大学附属 230-0063 横浜市鶴見区鶴見2—2—1 045(581)6325
私中央大学附属横浜 224-8515 横浜市都筑区牛久保東１—14—１ 045(592)0801
横浜旭陵 241-0001 横浜市旭区上白根町1161—７ 045(953)1004
横須賀 238-0022 横須賀市公郷町３—109 046(851)0120
横須賀工業 238-0022 横須賀市公郷町４—10 046(851)2122
追浜 237-0061 横須賀市夏島町13 046(865)4174
私横須賀学院 238-8511 横須賀市稲岡町82 046(822)3218
私三浦学苑 238-0031 横須賀市衣笠栄町３—80 046(852)0284
横須賀大津 239-0808 横須賀市大津町４—17—１ 046(836)0281
津久井浜 239-0843 横須賀市津久井４—４—１ 046(848)2121
私湘南学院 239-0835 横須賀市佐原２—２—20 046(833)3433
市立横須賀総合 239-0831 横須賀市久里浜６—１—１ 046(833)4111
逗子 249-0003 逗子市池子４—1025 046(871)3218
私逗子開成 249-8510 逗子市新宿２—５—１ 046(871)2062
逗葉 249-0005 逗子市桜山５—24—１ 046(873)7322
横須賀南 239-0835 横須賀市佐原４—20—１ 046(834)5671
三浦初声 238-0113 三浦市初声町入江274—２ 046(889)1771
川崎 210-0845 川崎市川崎区渡田山王町22—６ 044(344)5821

●校名　●郵便番号　●所在地　●電話

大師　210-0827　川崎市川崎区四谷下町25—1　044(276)1201
市立高津　213-0011　川崎市高津区久本3—11—1　044(811)2555
市立川崎　210-0806　川崎市川崎区中島3—3—1　044(244)4981
市立川崎総合科学　212-0002　川崎市幸区小向仲野町5—1　044(511)7336
川崎工科　211-0013　川崎市中原区上平間1700—7　044(511)0114
市立橘　211-0012　川崎市中原区中丸子562　044(411)2640
住吉　211-0021　川崎市中原区木月住吉町34—1　044(433)8555
新城　211-0042　川崎市中原区下新城1—14—1　044(766)7457
川崎北　216-0003　川崎市宮前区有馬3—22—1　044(855)2631
向の岡工業　214-0022　川崎市多摩区堰1—28—1　044(833)5221
生田　214-0035　川崎市多摩区長沢3—17—1　044(977)3800
百合丘　214-0036　川崎市多摩区南生田4—2—1　044(977)8955
生田東　214-0038　川崎市多摩区生田4—32—1　044(932)1211
多摩　214-0021　川崎市多摩区宿河原5—14—1　044(911)7107
菅　214-0004　川崎市多摩区菅馬場4—2—1　044(944)4141
麻生総合　215-0023　川崎市麻生区片平1778　044(987)1750
麻生　215-0006　川崎市麻生区金程3—4—1　044(966)7766
(私)桐光学園　215-8555　川崎市麻生区栗木3—12—1　044(987)0519
(私)法政大学第二　211-0031　川崎市中原区木月大町6—1　044(711)4321
市立幸　212-0023　川崎市幸区戸手本町1—150　044(522)0125
鎌倉　248-0026　鎌倉市七里ガ浜2—21—1　0467(32)4851
七里ガ浜　248-0025　鎌倉市七里ガ浜東2—3—1　0467(32)5457
大船　247-0054　鎌倉市高野8—1　0467(47)1811
深沢　248-0036　鎌倉市手広6—4—1　0467(31)6600
(私)鎌倉学園　247-0062　鎌倉市山ノ内110　0467(22)0994
(私)栄光学園　247-0071　鎌倉市玉縄4—1—1　0467(46)7711
藤沢西　251-0861　藤沢市大庭3608—2　0466(87)2150
湘南　251-0021　藤沢市鵠沼神明5—6—10　0466(26)4151
藤沢清流　251-0002　藤沢市大鋸1450　0466(82)8112
湘南台　252-0805　藤沢市円行1986　0466(45)6600
藤沢総合　252-0801　藤沢市長後1909　0466(45)5261
藤沢工科　252-0803　藤沢市今田744　0466(43)3402
(私)藤沢翔陵　251-0871　藤沢市善行7—1—3　0466(81)3456
(私)日本大学藤沢　252-0885　藤沢市亀井野1866　0466(81)0123
(私)藤嶺学園藤沢　251-0001　藤沢市西富1—7—1　0466(23)3150
(私)藤嶺学園鵠沼　251-0031　藤沢市鵠沼藤が谷4—9—10　0466(22)4783
(私)湘南工科大学附属　251-8511　藤沢市辻堂西海岸1—1—25　0466(34)4114
(私)慶應義塾湘南藤沢　252-0816　藤沢市遠藤5466　0466(49)3585
(私)湘南学園　251-8505　藤沢市鵠沼松が岡4—1—32　0466(23)6611
茅ケ崎　253-0042　茅ヶ崎市本村3—4—1　0467(52)2225
茅ケ崎北陵　253-0081　茅ヶ崎市下寺尾128　0467(51)0311
茅ケ崎西浜　253-0061　茅ヶ崎市南湖7—12869—11　0467(85)0008
鶴嶺　253-0084　茅ヶ崎市円蔵1—16—1　0467(52)6601
(私)アレセイア湘南　253-0031　茅ヶ崎市富士見町5—2　0467(87)0132
寒川　253-0111　高座郡寒川町一之宮9—30—1　0467(74)2312
平塚江南　254-0063　平塚市諏訪町5—1　0463(31)2066
平塚工科　254-0821　平塚市黒部丘12—7　0463(31)0417
平塚湘風　254-0013　平塚市田村3—13—1　0463(55)1532
平塚中等教育　254-0074　平塚市大原1—13　0463(34)0320
高浜　254-0805　平塚市高浜台8—1　0463(21)0417
(私)平塚学園　254-0805　平塚市高浜台31—19　0463(22)0137
二宮　259-0134　中郡二宮町一色1363　0463(71)3215
(私)星槎学園　259-0123　中郡二宮町二宮1352—4　0463(71)0991
大磯　255-0002　中郡大磯町東町2—9—1　0463(61)0058
足柄　250-0106　南足柄市怒田860　0465(73)0010
小田原城北工業　250-0852　小田原市栢山200　0465(36)0111
小田原　250-0045　小田原市城山3—26—1　0465(23)1201
西湘　256-0816　小田原市酒匂1—3—1　0465(47)2171
(私)相洋　250-0045　小田原市城山4—13—33　0465(22)0211
(私)旭丘　250-0014　小田原市城内1—13　0465(24)2227
小田原東　250-0003　小田原市東町4—12—1　0465(34)2847
山北　258-0111　足柄上郡山北町向原2370　0465(75)0828
大井　258-0017　足柄上郡大井町西大井984—1　0465(83)4101
(私)立花学園　258-0003　足柄上郡松田町惣領307—2　0465(83)1081
秦野　257-0004　秦野市下大槻113　0463(77)1422
秦野総合　257-0013　秦野市南が丘1—4—1　0463(82)1400
秦野曽屋　257-0031　秦野市曽屋3613—1　0463(82)4000
厚木　243-0031　厚木市戸室2—24—1　046(221)4078
厚木北　243-0203　厚木市下荻野886　046(241)8001
厚木東　243-0817　厚木市王子1—1—1　046(221)3158
厚木商業　243-0817　厚木市王子3—1—1　046(223)6669
厚木西　243-0123　厚木市森の里青山12—1　046(248)1705
厚木清南　243-0021　厚木市岡田1—12—1　046(228)2015
海老名　243-0422　海老名市中新田1—26—1　046(232)2231
有馬　243-0424　海老名市社家5—27—1　046(238)1333
愛川　243-0308　愛甲郡愛川町三増822—1　046(286)2871
大和　242-0002　大和市つきみ野3—4　046(274)0026
大和南　242-0014　大和市上和田2557　046(269)5050
大和東　242-0011　大和市深見1760　046(264)1515
大和西　242-0006　大和市南林間9—5—1　046(276)1155
(私)柏木学園　242-0018　大和市深見西4—4—22　046(260)9011
綾瀬　252-1134　綾瀬市寺尾南1—4—1　0467(76)1400
綾瀬西　252-1123　綾瀬市早川1485—1　0467(77)5121
座間　252-0029　座間市入谷西5—11—1　046(253)2011
座間総合　252-0013　座間市栗原2487　046(253)2920
伊勢原　259-1142　伊勢原市田中1008—3　0463(95)2578
伊志田　259-1116　伊勢原市石田1356—1　0463(93)5613
(私)向上　259-1185　伊勢原市見附島411　0463(96)0411
(私)自修館中等教育　259-1118　伊勢原市見附島411　0463(97)2100
津久井　252-0159　相模原市緑区三ケ木272—1　042(784)1053
城山　252-0116　相模原市緑区城山1—26—1　042(782)6565
橋本　252-0143　相模原市緑区橋本8—8—1　042(774)0611
相原　252-0132　相模原市緑区橋本台4—2—1　042(772)0331
上溝南　252-0243　相模原市中央区上溝269　042(778)1981
上溝　252-0243　相模原市中央区上溝6—5—1　042(762)0008
相模原弥栄　252-0229　相模原市中央区弥栄3—1—8　042(758)4695
相模田名　252-0244　相模原市中央区田名6786—1　042(761)3339
神奈川総合産業　252-0307　相模原市南区文京1—11—1　042(742)6111
麻溝台　252-0329　相模原市南区北里2—11—1　042(778)2731
上鶴間　252-0318　相模原市南区上鶴間本町9—31—1　042(743)5622
相模原中等教育　252-0303　相模原市南区相模大野4—1—1　042(749)1279
相模原　252-0242　相模原市中央区横山1—7—20　042(752)4133
中央農業　243-0422　海老名市中新田4—12—1　046(231)5202
相模原総合　252-0135　相模原市緑区大島1226　042(761)5055
(私)光明学園相模原　252-0336　相模原市南区当麻856　042(778)3333
(私)麻布大学附属　252-0206　相模原市中央区淵野辺1—17—50　042(757)2403
(私)東海大学付属相模　252-0395　相模原市南区相南3—33—1　042(742)1251
(私)青山学院横浜英和　232-8580　横浜市南区蒔田町124　045(731)2862

山梨県

甲府第一　400-0007　甲府市美咲2—13—44　055(253)3525
甲府西　400-0064　甲府市下飯田4—1—1　055(228)5161
甲府工業　400-0026　甲府市塩部2—7—1　055(252)4896
市立甲府商業　400-0845　甲府市上今井町300　055(241)7511
甲府南　400-0854　甲府市中小河原町222　055(241)3191
甲府東　400-0805　甲府市酒折1—17—1　055(237)6931
甲府城西　400-0064　甲府市下飯田1—9—1　055(223)3101
(私)駿台甲府　400-0026　甲府市塩部2—8—1　055(253)6211
(私)東海大学付属甲府　400-0063　甲府市金竹町1—1　055(227)1111
(私)山梨学院　400-0805　甲府市酒折3—3—1　055(224)1600
(私)甲斐清和　400-0867　甲府市青沼3—10—1　055(233)0127
日川　405-0025　山梨市一町田中1062　0553(22)2321
山梨　405-0018　山梨市上神内川194　0553(22)1621
都留　401-0013　大月市大月2—11—20　0554(22)3125
韮崎　407-0015　韮崎市若宮3—2—1　0551(22)2415
韮崎工業　407-0031　韮崎市竜岡町若尾新田50—1　0551(22)1531
吉田　403-0004　富士吉田市下吉田6—17—1　0555(22)2540
富士北稜　403-0017　富士吉田市新西原1—23—1　0555(22)4161
都留興譲館　402-0053　都留市上谷5—7—1　0554(43)2101
塩山　404-0047　甲州市塩山三日市場440—1　0553(33)2542
北杜　408-0023　北杜市長坂町渋沢1007—19　0551(20)4025
(私)日本航空　400-0108　甲斐市宇津谷445　0551(28)3355
(私)帝京第三　408-0044　北杜市小淵沢町2148　0551(36)2411
笛吹　406-0031　笛吹市石和町市部3　055(262)2135
青洲　409-3601　西八代郡市川三郷町市川大門1733—2　055(272)1161
甲府昭和　409-3866　中巨摩郡昭和町西条3000　055(275)6177
白根　400-0211　南アルプス市上今諏訪1180　055(284)3031
農林　400-0117　甲斐市西八幡4533　055(276)2611
巨摩　400-0306　南アルプス市小笠原1500—2　055(282)1163
上野原　409-0133　上野原市八ツ沢555　0554(62)4510
(私)日本大学明誠　409-0195　上野原市上野原3200　0554(62)5161
富士河口湖　401-0301　南都留郡富士河口湖町船津6663—1　0555(73)2511

新潟県

新潟　951-8127　新潟市中央区関屋下川原町2—635　025(266)2131
新潟商業　951-8131　新潟市中央区白山浦2—68—2　025(266)0101
新潟西　950-2156　新潟市西区内野関場4699　025(262)1561
新潟工業　950-2024　新潟市西区小新西1—5—1　025(266)1101
新潟南　950-0994　新潟市中央区上所1—3—1　025(247)3331
新潟江南　950-0948　新潟市中央区女池南3—6—1　025(283)0326
新潟東　950-8639　新潟市東区小金町2—6—1　025(271)7055
市立万代　950-8666　新潟市中央区沼垂東6—8—1　025(241)0193
(私)新潟第一　951-8141　新潟市中央区関新3—3—1　025(231)5643
市立高志中等教育　950-0926　新潟市中央区高志1—15—1　025(286)9811
新潟北　950-0804　新潟市東区本所847—1　025(271)1281
(私)新潟青陵　951-8121　新潟市中央区水道町1—5932　025(266)8131
(私)新潟明訓　950-0116　新潟市江南区北山1037　025(257)2131
(私)北越　950-0916　新潟市中央区米山5—12—1　025(245)5681
(私)東京学館新潟　950-1141　新潟市中央区鐘木185—1　025(283)8857
(私)日本文理　950-2035　新潟市西区新通1072　025(260)1000
(私)敬和学園　950-3112　新潟市北区太夫浜325　025(259)2391
新津　956-0832　新潟市秋葉区秋葉1—19—1　0250(22)1920
新津工業　956-0816　新潟市秋葉区新津東町1—12—9　0250(22)3441
新潟向陽　950-0121　新潟市江南区亀田向陽4—3—1　025(382)3221
新津南　956-0113　新潟市秋葉区矢代田3200—1　0250(38)2912
長岡　940-0041　長岡市学校町3—14—1　0258(32)0072
長岡工業　940-0084　長岡市幸町2—7—70　0258(35)1976
長岡商業　940-0817　長岡市西片貝町大木1726　0258(35)1502

●校名 ●郵便番号 ●所在地 ●電話

長岡大手 940-0857 長岡市沖田2—357 0258(32)0096
長岡向陵 940-2184 長岡市喜多町川原1030—1 0258(29)1300
長岡農業 940-1198 長岡市曲新町3—13—1 0258(37)2266
私帝京長岡 940-0044 長岡市住吉3—9—1 0258(36)4800
私中越 940-8585 長岡市新保町1371—1 0258(24)0203
高田 943-8515 上越市南城町3—5—5 025(526)2325
上越総合技術 943-8503 上越市本城町3—1 025(525)1160
高田商業 943-8550 上越市中田原90—1 025(523)2271
私関根学園 943-0893 上越市大貫1325—1 025(523)2702
有恒 944-0131 上越市板倉区針583—3 025(578)2003
久比岐 949-3216 上越市柿崎区柿崎7075 025(536)2379
新井 944-0031 妙高市田町1—10—1 0255(72)4151
柏崎 945-0065 柏崎市学校町4—1 0257(22)4195
柏崎工業 945-0061 柏崎市栄町5—16 0257(22)5178
柏崎総合 945-0826 柏崎市元城町1—1 0257(22)5288
私新潟産業大学附属 945-1397 柏崎市安田2510—2 0257(24)6644
柏崎常盤 945-0047 柏崎市比角1—5—57 0257(23)6205
柏崎翔洋中等教育 945-0072 柏崎市北園町18—88 0257(22)5320
三条 955-0803 三条市月岡1—2—1 0256(35)5500
三条東 955-0053 三条市北入蔵2—9—36 0256(38)6461
新潟県央工業 955-0823 三条市東本成寺13—1 0256(32)5251
三条商業 955-0044 三条市田島2—24—8 0256(33)2631
見附 954-0051 見附市本所1—20—6 0258(62)0080
新発田 957-8555 新発田市豊町3—7—6 0254(22)2008
西新発田 957-8522 新発田市西園町3—1—2 0254(22)2009
新発田南 957-8567 新発田市大栄町3—6—6 0254(22)2178
新発田商業 957-8558 新発田市板敷521—1 0254(26)1388
新発田農業 957-8502 新発田市大栄町6—4—23 0254(22)2303
私新発田中央 957-8533 新発田市曽根570 0254(27)2466
加茂 959-1313 加茂市幸町1—17—13 0256(52)2030
加茂農林 959-1325 加茂市神明町2—15—5 0256(52)3115
私加茂暁星 959-1322 加茂市学校町16—18 0256(52)2000
十日町 948-0083 十日町市本町西1—203 025(752)3575
五泉 959-1861 五泉市粟島1—23 0250(43)3314
栃尾 940-0293 長岡市金沢1—2—1 0258(52)4155
糸魚川 941-0047 糸魚川市平牛248—2 025(552)0004
糸魚川白嶺 941-0063 糸魚川市清崎9—1 025(552)0046
村上桜ヶ丘 958-0856 村上市飯野桜ヶ丘10—25 0254(52)5201
村上 958-0854 村上市田端町7—12 0254(53)2109
小千谷 947-0005 小千谷市旭町7—1 0258(83)2262
小千谷西 947-0028 小千谷市城内3—3—11 0258(82)4335
豊栄 950-3343 新潟市北区上土地亀大曲761 025(387)2761

●校名 ●郵便番号 ●所在地 ●電話

阿賀黎明 959-4402 東蒲原郡阿賀町津川361—1 0254(92)2650
巻 953-0044 新潟市西蒲区巻乙30—1 0256(72)2351
巻総合 953-0041 新潟市西蒲区巻甲4295—1 0256(72)3261
分水 959-0113 燕市笈ケ島104—4 0256(98)2191
吉田 959-0265 燕市吉田東町16—1 0256(93)3225
村松 959-1704 五泉市村松甲5545 0250(58)6003
私開志学園JSC 957-0103 北蒲原郡聖籠町網代浜925—1 0254(32)5357
阿賀野 959-2032 阿賀野市学校町3—9 0250(62)2049
津南中等教育 949-8201 中魚沼郡津南町下船渡戊298—1 025(765)2062
小出 946-0043 魚沼市青島810—4 025(792)0220
国際情報 949-7302 南魚沼市浦佐5664—1 025(777)5355
六日町 949-6681 南魚沼市余川1380—2 025(772)3224
中条 959-2643 胎内市東本町19—1 0254(43)2047
正徳館 940-2401 長岡市与板町東与板173 0258(72)3121
塩沢商工 949-6433 南魚沼市泉盛寺701—1 025(782)1111
佐渡 952-1322 佐渡市石田567 0259(57)2155
佐渡総合 952-0202 佐渡市栗野江377—1 0259(66)3158
十日町総合 948-0055 十日町市高山4—461 025(752)3186
村上中等教育 958-0031 村上市学校町6—8 0254(52)5115
燕中等教育 959-1201 燕市灰方815 0256(63)9319
直江津中等教育 942-8505 上越市西本町4—20—1 025(543)2325
佐渡中等教育 952-0005 佐渡市梅津1750 0259(27)3138
私上越 943-0892 上越市寺町3—4—34 025(523)2601
私開志国際 959-2637 胎内市長橋上439—1 0254(44)3330

長野県

長野 380-8515 長野市上松1—16—12 026(234)1215
長野工業 380-0948 長野市差出南3—9—1 026(227)8555
長野東 381-0022 長野市大豆島2743—1 026(221)8111
長野吉田 381-8570 長野市吉田2—12—9 026(241)6161
篠ノ井 388-8007 長野市篠ノ井布施高田1161—2 026(292)0066
更級農業 388-8007 長野市篠ノ井布施高田200 026(292)0037
松代 381-1232 長野市松代町西条4065 026(278)2044
長野南 381-2214 長野市稲里町田牧大北236—2 026(284)8850
長野西 380-8530 長野市箱清水3—8—5 026(224)2261
私長野俊英 388-8006 長野市篠ノ井御幣川1045 026(292)0726
私長野日本大学 381-0038 長野市東和田253 026(243)1079
長野市立長野 381-0041 長野市徳間1133 026(296)1241
松本深志 390-8603 松本市蟻ケ崎3—8—1 0263(32)0003
松本県ヶ丘 390-8543 松本市県2—1—1 0263(32)1142
松本蟻ヶ崎 390-8605 松本市蟻ケ崎1—1—54 0263(32)0005
松本工業 390-8525 松本市筑摩4—11—1 0263(25)1184
松本美須々ヶ丘 390-8602 松本市美

●校名 ●郵便番号 ●所在地 ●電話

須々2—1 0263(33)3690
私松商学園 390-8515 松本市県3—6—1 0263(33)1210
私松本第一 390-0303 松本市浅間温泉1—4—17 0263(46)0555
私松本秀峰中等教育 390-0813 松本市埋橋2—1—1 0263(31)8311
上田 386-8715 上田市大手1—4—32 0268(22)0002
上田染谷丘 386-8685 上田市上田1710 0268(22)0435
上田東 386-8683 上田市常田3—5—68 0268(22)0101
上田千曲 386-8585 上田市中之条626 0268(22)7070
私上田西 386-8624 上田市下塩尻868 0268(22)0412
岡谷工業 394-0004 岡谷市神明町2—10—3 0266(22)2847
岡谷南 394-0034 岡谷市湖畔3—3—30 0266(23)2355
岡谷東 394-0033 岡谷市南宮2—1—17 0266(23)3161
飯田OIDE長姫 395-0804 飯田市鼎名古熊2535—2 0265(22)7117
飯田 395-0004 飯田市上郷黒田450 0265(22)4500
飯田風越 395-8543 飯田市上郷黒田6462 0265(22)1515
下伊那農業 395-0804 飯田市鼎名古熊2366—4 0265(22)5550
諏訪清陵 392-8548 諏訪市清水1—10—1 0266(52)0201
諏訪二葉 392-8549 諏訪市岡村2—13—28 0266(52)4628
諏訪実業 392-0007 諏訪市清水3—3663—3 0266(52)0359
須坂 382-0091 須坂市須坂1518—2 026(245)0334
須坂東 382-0013 須坂市日滝4—4 026(245)0331
須坂創成
(須園キャンパス) 382-0097 須坂市須坂1616 026(245)0103
(須商キャンパス) 382-0076 須坂市須坂1150 026(245)0421
小諸 384-0023 小諸市東雲4—1—1 0267(22)0216
小諸商業 384-0028 小諸市田町3—1—1 0267(22)0103
大町岳陽 398-0002 大町市大町3691—2 0261(22)0024
伊那北 396-8558 伊那市山寺2165 0265(72)2221
伊那弥生ヶ丘 396-0026 伊那市西町5703 0265(72)6118
中野立志館 383-8567 中野市三好町2—1—53 0269(22)2141
中野西 383-8511 中野市西条544—1 0269(22)7611
飯山 389-2253 飯山市飯山2610 0269(62)4175
赤穂 399-4117 駒ヶ根市赤穂11041—4 0265(82)3221
駒ヶ根工業 399-4117 駒ヶ根市赤穂14—2 0265(82)5251
塩尻志学館 399-0703 塩尻市広丘高出4—4 0263(52)0015
田川 399-0701 塩尻市広丘吉田2645 0263(86)3000
私東京都市大学塩尻 399-0703 塩尻市広丘高出2081 0263(88)0104
屋代 387-8501 千曲市屋代1000 026(272)0069
私東海大学付属諏訪 391-8512 茅野市玉川675 0266(72)3147
私佐久長聖 385-8588 佐久市岩村田951 0267(68)5588
佐久平総合技術
(浅間キャンパス) 385-0022 佐久市岩村田991 0267(67)4010
(臼田キャンパス) 384-0301 佐久市臼田751 0267(82)2035
野沢北 385-0053 佐久市野沢449—2

●校名 ●郵便番号 ●所在地 ●電話

0267(62)0020
野沢南 385-0052 佐久市原86—1 0267(62)0064
梓川 390-1401 松本市波田10000—1 0263(92)2119
明科 399-7101 安曇野市明科東川手100 0263(62)4388
木曽青峰 397-8571 木曽郡木曽町福島1827—2 0264(22)2119
軽井沢 389-0102 北佐久郡軽井沢町軽井沢1323—43 0267(42)2390
豊科 399-8205 安曇野市豊科2341 0263(72)2151
南安曇農業 399-8205 安曇野市豊科4537 0263(72)2139
穂高商業 399-8303 安曇野市穂高6839 0263(82)2162
辰野 399-0428 上伊那郡辰野町伊那富3644—2 0266(41)0770
上伊那農業 399-4594 上伊那郡南箕輪村9110 0265(72)5281
箕輪進修 399-4601 上伊那郡箕輪町中箕輪13238 0265(79)2140
高遠 396-0293 伊那市高遠町小原824 0265(94)2130
阿智 395-0301 下伊那郡阿智村春日2840 0265(43)2242
松川 399-3301 下伊那郡松川町上片桐919—1 0265(37)2011
丸子修学館 386-0405 上田市中丸子810—2 0268(42)2827
富士見 399-0211 諏訪郡富士見町富士見3330 0266(62)2282
下諏訪向陽 393-0025 諏訪郡下諏訪町7401 0266(28)7582
私松本国際 399-0036 松本市村井町南3—6—25 0263(88)0033
国長野工業高等専門 381-8550 長野市徳間716 026(295)7003
岩村田 385-0022 佐久市岩村田1248—1 0267(67)2439
蘇南 399-5301 木曽郡南木曽町読書2937—45 0264(57)2063
私文化学園長野 380-0915 長野市上千田141 026(226)8386
東御清翔 389-0517 東御市県276 0268(62)0014
私日本ウェルネス長野 399-7501 東筑摩郡筑北村西条4228 0263(66)0057

富山県

泊 939-0743 下新川郡朝日町道下603 0765(82)1191
入善 939-0626 下新川郡入善町入膳3963 0765(72)1145
桜井 938-8505 黒部市三日市1334 0765(52)0120
魚津 937-0041 魚津市吉島945 0765(22)0221
魚津工業 937-0001 魚津市浜経田3338 0765(22)2577
滑川 936-8507 滑川市加島町45 076(475)0164
上市 930-0424 中新川郡上市町斉神新444 076(472)2345
雄山 930-0221 中新川郡立山町前沢1437—1 076(463)0680
富山北部 931-8558 富山市蓮町4—3—20 076(437)7188
富山東 931-8443 富山市下飯野荒田6—1 076(437)9018
富山南 939-8191 富山市布市98 076(429)1822
富山 939-8076 富山市太郎丸1 076(421)2925
富山いずみ 939-8081 富山市堀川小泉町1—21—1 076(424)4274
富山中部 930-0097 富山市芝園町3—1—26 076(441)3541
富山工業 930-0887 富山市五福2238 076(441)1971
富山商業 930-8540 富山市庄高田413 076(441)3438

●校名　●郵便番号　●所在地　●電話

水橋　939-3551　富山市水橋中村24　076(479)1077
呉羽　930-0138　富山市呉羽町2070—5　076(436)1056
富山西　939-2706　富山市婦中町速星926　076(466)2156
八尾　939-2376　富山市八尾町福島213　076(454)2205
中央農業　930-1281　富山市東福沢2　076(483)1911
私不二越工業　930-0964　富山市東石金町7—5　076(425)8304
私富山第一　930-0916　富山市向新庄町5—1—54　076(451)3396
私富山国際大学付属　930-0175　富山市願海寺水口444　076(434)0577
私龍谷富山　930-0855　富山市赤江町2—10　076(441)3141
高岡　933-8520　高岡市中川園町1—1　0766(22)0166
高岡工芸　933-8518　高岡市中川1—1—20　0766(21)1630
伏木　933-0116　高岡市伏木一宮2—11—1　0766(44)0366
新湊　934-8585　射水市西新湊21—10　0766(84)2330
高岡南　939-1104　高岡市戸出町3—4—2　0766(63)0261
高岡西　933-8506　高岡市横田町3—4—1　0766(22)0164
大門　939-0234　射水市二口1—2　0766(52)5571
高岡商業　933-8510　高岡市横田286　0766(21)4319
私高岡第一　933-8508　高岡市本郷2—1—1　0766(22)6336
私高岡向陵　933-8538　高岡市石瀬281—1　0766(23)0762
私高岡龍谷　933-8517　高岡市古定塚4—1　0766(22)5141
氷見　935-8535　氷見市幸町17—1　0766(74)0335
砺波　939-1385　砺波市東幸町3—36　0763(32)2447
砺波工業　939-1335　砺波市鷹栖285—1　0763(33)2047
南砺福野　939-1521　南砺市苗島443　0763(22)2014
福岡　939-0127　高岡市福岡町上蓑561　0766(64)5275
私片山学園　930-1262　富山市東黒牧10　076(483)3300
国富山高専
(本郷キャンパス)　939-8630　富山市本郷町13　076(493)5402
(射水キャンパス)　933-0293　射水市海老江練合1—2　0766(86)5100

石川県

大聖寺　922-8510　加賀市大聖寺永町33—1　0761(72)0054
小松工業　923-8567　小松市打越町丙67　0761(22)5481
小松　923-8646　小松市丸内町二ノ丸15　0761(22)3250
小松明峰　923-8545　小松市平面町へ72　0761(21)8545
小松市立　923-8501　小松市八幡ト1　0761(47)2910
私小松大谷　923-0313　小松市津波倉町チ1　0761(44)2551
松任　924-0864　白山市馬場1—100　076(275)2242
翠星　924-8544　白山市三浦町500—1　076(275)1144
野々市明倫　921-8831　野々市市下林3—309　076(246)3191
金沢錦丘　921-8151　金沢市窪6—218　076(241)8341
金沢泉丘　921-8517　金沢市泉野出町3—10—10　076(241)6117
金沢二水　921-8117　金沢市緑が丘20—15　076(241)3167

●校名　●郵便番号　●所在地　●電話

国金沢大学人間社会科学域学校教育学類附属　921-8105　金沢市平和町1—1—15　076(226)2154
金沢伏見　921-8044　金沢市米泉町5—85　076(242)6175
金沢辰巳丘　920-1302　金沢市末町ニ18　076(229)2552
県立工業　920-0964　金沢市本多町2—3—6　076(261)7156
金沢商業　920-0942　金沢市小立野5—4—1　076(262)8281
私金沢　921-8515　金沢市泉本町3—111　076(242)3321
私星稜　920-0811　金沢市小坂町南206　076(252)2237
私金沢龍谷　920-0374　金沢市上安原町169—1　076(240)7777
私金沢学院大学附属　920-1393　金沢市末町10　076(229)1180
私遊学館　920-0964　金沢市本多町2—2—3　076(262)8484
金沢桜丘　920-0818　金沢市大樋町16—1　076(252)1225
金沢市立工業　920-0344　金沢市畝田東1—1—1　076(267)3101
金沢西　920-0344　金沢市畝田東3—526　076(268)4321
金沢北陵　920-3114　金沢市吉原町ワ21　076(258)1100
金沢向陽　920-3121　金沢市大場町東590　076(258)2355
津幡　929-0325　河北郡津幡町加賀爪ヲ45　076(289)4111
羽咋　925-8550　羽咋市柳橋町柳橋1　0767(22)1166
羽咋工業　925-8521　羽咋市西釜屋町ク21　0767(22)1193
鹿西　929-1602　鹿島郡中能登町能登部上ヲ1　0767(72)2299
七尾　926-0817　七尾市西藤橋町エ—1—1　0767(52)3187
七尾東雲　926-8555　七尾市下町戊部12—1　0767(57)1411
私鵬学園　926-0022　七尾市天神川原町ハ32　0767(53)2184
輪島　928-0001　輪島市河井町18部42—2　0768(22)2105
私日本航空石川　929-2372　輪島市三井町洲衛9部27—7　0768(26)2255
飯田　927-1213　珠洲市野々江町1—1　0768(82)0693
内灘　920-0277　河北郡内灘町千鳥台3—1　076(238)5301
志賀　925-0141　羽咋郡志賀町高浜町ノ170　0767(32)1166
寺井　923-1123　能美市吉光町ト90　0761(58)5855
国石川高専　929-0392　河北郡津幡町北中条タ1　076(288)8000
私北陸学院　920-8563　金沢市飛梅町1—10　076(221)1944

福井県

羽水　918-8114　福井市羽水1—302　0776(36)1678
科学技術　918-8037　福井市下江守町28　0776(36)1856
藤島　910-0017　福井市文京2—8—30　0776(24)5171
福井農林　910-0832　福井市新保町49—1　0776(54)5187
高志　910-0854　福井市御幸2—25—8　0776(24)5175
足羽　918-8155　福井市杉谷町44　0776(38)2225
三国　913-8555　坂井市三国町緑ケ丘2—1—3　0776(81)3255
坂井　919-0512　坂井市坂井町宮領57—5　0776(66)0268
丸岡　910-0293　坂井市丸岡町篠岡23—11—1　0776(66)0160
金津　919-0621　あわら市市姫4—5—1　0776(73)1255

●校名　●郵便番号　●所在地　●電話

勝山　911-0802　勝山市昭和町2—3—1　0779(88)0200
大野　912-0085　大野市新庄10—28　0779(66)3411
奥越明成　912-0016　大野市友江9—10　0779(66)4610
鯖江　916-8510　鯖江市舟津町2—5—42　0778(51)0001
武生　915-0085　越前市八幡1—25—15　0778(22)0690
武生工業　915-0841　越前市文京1—14—16　0778(22)2730
武生商業　915-0801　越前市家久町24　0778(22)2630
武生東　915-0004　越前市北町89—10　0778(22)2253
敦賀　914-0807　敦賀市松葉町2—1　0770(25)1521
敦賀工業　914-0035　敦賀市山泉13—1　0770(25)1533
私敦賀気比　914-8558　敦賀市沓見164—1　0770(24)2150
美方　919-1395　三方上中郡若狭町気山114　0770(45)0793
若狭　917-8507　小浜市千種1—6—13　0770(52)0007
福井商業　910-0021　福井市乾徳4—8—19　0776(24)5180
丹生　916-0147　丹生郡越前町内郡41—18—1　0778(34)0027
私福井工業大学附属福井　910-8505　福井市学園3—6—1　0776(29)2630
私北陸　910-0017　福井市文京1—8—1　0776(23)0321
私啓新　910-0017　福井市文京4—15—1　0776(23)3489

静岡県

下田　415-8527　下田市蓮台寺152　0558(22)3164
伊東　414-0055　伊東市岡入の道1229—3　0557(37)8811
伊豆総合　410-2401　伊豆市牧之郷892　0558(72)3322
伊豆中央　410-2122　伊豆の国市寺家970—1　055(949)4771
韮山　410-2143　伊豆の国市韮山韮山229　055(949)1009
田方農業　419-0124　田方郡函南町塚本961　055(978)2265
三島南　411-0803　三島市大場608　055(977)8333
三島北　411-0033　三島市文教町1—3—18　055(988)0107
私日本大学三島　411-0033　三島市文教町2—31—145　055(988)3500
私知徳　411-0944　駿東郡長泉町竹原354　055(975)0080
小山　410-1313　駿東郡小山町竹之下369　0550(76)1188
御殿場　412-0028　御殿場市御殿場192—1　0550(82)0111
御殿場南　412-0043　御殿場市新橋1450　0550(82)1272
私御殿場西　412-0041　御殿場市ぐみ沢644—1　0550(89)2466
裾野　410-1118　裾野市佐野900—1　055(992)1125
沼津東　410-0011　沼津市岡宮812　055(921)0341
沼津城北　410-0012　沼津市岡一色875　055(921)0344
沼津西　410-0867　沼津市本字千本1910—9　055(962)0345
沼津工業　410-0822　沼津市下香貫八重129—1　055(931)0343
沼津商業　411-0917　駿東郡清水町徳倉1205　055(931)7080
市立沼津　410-0031　沼津市三枚橋鐘突免673　055(921)0805
私飛龍　410-0013　沼津市東熊堂491　055(921)7942
私誠恵　410-0058　沼津市沼北町2—9—12　055(921)5088

●校名　●郵便番号　●所在地　●電話

私加藤学園　410-0022　沼津市大岡自由ケ丘1979　055(921)0347
私加藤学園暁秀　410-0011　沼津市岡宮中見代1361—1　055(924)1900
私沼津中央　410-0033　沼津市杉崎町11—20　055(921)0346
私桐陽　410-0055　沼津市高島本町8—52　055(921)0350
国沼津高専　410-8501　沼津市大岡3600　055(921)2700
私富士見　416-8555　富士市平垣町1—1　0545(61)0250
富士市立　417-0847　富士市比奈1654　0545(34)1024
吉原工業　417-0847　富士市比奈2300　0545(34)1045
富士　416-0903　富士市松本17　0545(61)0100
富士東　417-8571　富士市今泉2921　0545(21)4371
吉原　417-8545　富士市今泉2160　0545(52)1440
富士宮北　418-0053　富士宮市宮北町230　0544(27)2533
富士宮西　418-0051　富士宮市淀師1550　0544(23)1124
富岳館　418-0073　富士宮市弓沢町732　0544(27)3205
富士宮東　418-0022　富士宮市小泉1234　0544(26)4177
私星陵　418-0035　富士宮市星山1068　0544(24)4811
清水東　424-8550　静岡市清水区秋吉町5—10　054(366)7030
清水西　424-8637　静岡市清水区青葉町5—1　054(352)2225
市立清水桜が丘　424-8752　静岡市清水区桜が丘町7—15　054(353)5388
私東海大学付属静岡翔洋　424-8611　静岡市清水区折戸3—20—1　054(334)0726
私清水国際　424-0809　静岡市清水区天神1—4—1　054(366)4155
静岡　420-8608　静岡市葵区長谷町66　054(245)0567
静岡東　420-0923　静岡市葵区川合3—24—1　054(261)6636
静岡西　421-1221　静岡市葵区牧ヶ谷680—1　054(278)2721
科学技術　420-0813　静岡市葵区長沼500—1　054(267)1100
静岡商業　420-0068　静岡市葵区田町7—90　054(255)6241
静岡城北　420-0881　静岡市葵区北安東2—3—1　054(245)5466
静岡市立　420-0803　静岡市葵区千代田3—1—1　054(245)0417
駿河総合　422-8032　静岡市駿河区有東3—4—17　054(260)6688
静岡中央　420-8502　静岡市葵区城北2—29—1　054(209)2431
私静岡北　420-0911　静岡市葵区瀬名5—14—1　054(261)5801
私常葉大学附属橘　420-0911　静岡市葵区瀬名2—1—1　054(261)2256
私静岡学園　420-0833　静岡市葵区東鷹匠町25　054(200)0191
私静岡聖光学院　422-8021　静岡市駿河区小鹿1440　054(285)9136
私静岡大成　420-0839　静岡市葵区鷹匠2—4—18　054(254)7334
私城南静岡　422-8074　静岡市駿河区南八幡町1—1　054(285)6156
藤枝東　426-8577　藤枝市天王町1—7—1　054(641)1680
藤枝北　426-0016　藤枝市郡970　054(641)2400
藤枝西　426-0021　藤枝市城南2—4—6　054(641)0207
私静清　426-0007　藤枝市潮87　054(641)6693
私藤枝明誠　426-0051　藤枝市大洲2—2—1　054(635)8155

●校名 ●郵便番号 ●所在地 ●電話

焼津中央 425-0086 焼津市小土157—1 054(628)6000
焼津水産 425-0026 焼津市焼津5—5—2 054(628)6148
島田 427-0038 島田市稲荷1—7—1 0547(37)2188
島田商業 427-0058 島田市祇園町8707 0547(37)4167
島田工業 427-8541 島田市阿知ケ谷201 0547(37)4194
[私]島田樟誠 427-0034 島田市伊太2705—1 0547(37)3116
清流館 421-0206 焼津市上新田292—1 054(622)3411
榛原 421-0422 牧之原市静波850 0548(22)0380
相良 421-0596 牧之原市波津1700—3 0548(52)1133
川根 428-0301 榛原郡川根本町徳山1644—1 0547(57)2221
掛川西 436-0054 掛川市城西1—1—6 0537(22)7165
掛川工業 436-0018 掛川市葵町15—1 0537(22)7255
掛川東 436-0024 掛川市南西郷1357 0537(22)3155
小笠 439-0022 菊川市東横地1222—3 0537(35)3181
池新田 437-1612 御前崎市池新田2907—1 0537(86)2460
横須賀 437-1301 掛川市横須賀1491—1 0537(48)3421
[私]常葉大学附属菊川 439-0019 菊川市半済1550 0537(35)3171
遠江総合 437-0215 周智郡森町森2085 0538(85)6000
袋井 437-0031 袋井市愛野2446—1 0538(42)0191
袋井商業 437-0061 袋井市久能2350 0538(42)2285
天竜 431-3314 浜松市天竜区二俣町二俣601 053(925)3139
磐田南 438-8686 磐田市見付3084 0538(32)7286
[私]磐田東 438-0086 磐田市見付180—5 0538(32)6118
磐田西 438-0078 磐田市中泉2680—1 0538(34)5217
磐田農業 438-8718 磐田市中泉168 0538(32)2161
磐田北 438-0086 磐田市見付2031—2 0538(32)2181
浜松北 432-8013 浜松市中区広沢1—30—1 053(454)5548
浜松西 432-8038 浜松市中区西伊場町3—1 053(454)4471
浜松南 432-8056 浜松市南区米津町961 053(441)1486
浜松湖東 431-1112 浜松市西区大人見町3600 053(485)0215
浜松湖南 431-0203 浜松市西区馬郡町3791—1 053(592)1625
浜松江之島 430-0844 浜松市南区江之島町630—1 053(425)6020
浜松東 431-3105 浜松市東区笠井新田町1442 053(434)4401
浜松大平台 432-8686 浜松市西区大平台4—25—1 053(482)1011
浜松工業 433-8567 浜松市北区初生町1150 053(436)1101
浜松城北工業 430-0906 浜松市中区住吉5—16—1 053(471)8341
浜松商業 432-8004 浜松市中区文丘町4—11 053(471)3351
[私]浜松学院 430-0907 浜松市中区高林1—17—2 053(471)4136
[私]浜松日体 431-3125 浜松市東区半田山3—30—1 053(434)0632
[私]聖隷クリストファー 433-8558 浜松市北区三方原町3453 053(436)5313
[私]中野学園オイスカ 431-1115 浜松市西区和地町5835 053(486)3011
[私]浜松学芸 430-0905 浜松市中区下池川町34—3 053(471)5336

●校名 ●郵便番号 ●所在地 ●電話

[私]浜松修学舎 430-0851 浜松市中区向宿2—20—1 053(461)7356
浜松市立 432-8013 浜松市中区広沢1—21—1 053(453)1105
[私]浜松開誠館 430-0947 浜松市中区松城町207—2 053(456)7111
[私]浜松啓陽 433-8101 浜松市北区三幸町421 053(420)0431
浜名 434-0033 浜松市浜北区西美薗2939—1 053(586)3155
浜北西 434-0003 浜松市浜北区新原4175—1 053(587)1135
新居 431-0304 湖西市新居町内山2036 053(594)1515
湖西 431-0431 湖西市鷲津1510—2 053(575)0511
浜松湖北 431-2213 浜松市北区引佐町金指1428 053(542)0016
[私]浜松聖星 432-8018 浜松市中区蜆塚3—14—1 053(454)5376

愛知県

瑞陵 467-0811 名古屋市瑞穂区北原町2—1 052(851)7141
昭和 467-8639 名古屋市瑞穂区玉水町1—18 052(831)6326
[私]名古屋大谷 467-8511 名古屋市瑞穂区高田町4—19 052(852)1121
[私]享栄 467-8626 名古屋市瑞穂区汐路町1—26 052(841)8151
市立富田 454-0953 名古屋市中川区富田町榎津上鵜垂111 052(301)1975
市立向陽 466-0042 名古屋市昭和区広池町47 052(841)7138
[私]名古屋工業 466-0054 名古屋市昭和区円上町22—38 052(871)2681
[私]南山 466-0838 名古屋市昭和区五軒家町6 052(831)6455
[私]中京大学附属中京 466-8525 名古屋市昭和区川名山町122 052(761)5311
天白 468-0006 名古屋市天白区植田東1—601 052(801)1145
市立桜台 457-0033 名古屋市南区霞町21 052(821)0186
名古屋工科 457-0063 名古屋市南区阿原町1 052(822)0242
名古屋南 457-0833 名古屋市南区東又兵ヱ町5—1—11 052(613)0001
[私]大同大学大同 457-0811 名古屋市南区大同町2—21 052(611)0511
熱田 456-0054 名古屋市熱田区千年1—17—71 052(652)5858
市立工業 454-0851 名古屋市中川区北江町3—13 052(361)3116
中川商業 454-0912 名古屋市中川区野田3—280 052(361)7457
惟信 455-0823 名古屋市港区惟信町2—262 052(382)1355
南陽 455-0861 名古屋市港区大西2—99 052(301)1973
市立緑 458-0031 名古屋市緑区旭出1—1104 052(895)0461
鳴海 458-0825 名古屋市緑区左京山801 052(623)3001
[私]名古屋経済大学市邨 464-8533 名古屋市千種区北千種3—1—37 052(721)0161
[私]名古屋国際 466-0841 名古屋市昭和区広路本町1—16 052(853)5151
東郷 470-0162 愛知郡東郷町春木狐塚3801—2 0561(39)1515
豊明 470-1101 豊明市沓掛町海老池10 0562(93)1166
[私]星城 470-1161 豊明市栄町新左山20 0562(97)3111
[私]愛知朝鮮 470-1168 豊明市栄町南舘55 0562(97)1324
松蔭 453-0855 名古屋市中村区烏森町2—2 052(481)9471
中村 453-0068 名古屋市中村区菊水町1—2—18 052(411)7760
[私]名城大学附属 453-0031 名古屋市中

●校名 ●郵便番号 ●所在地 ●電話

村区新富町1—3 052(481)7436
[私]同朋 453-8540 名古屋市中村区稲葉地町7—1 052(411)1159
[私]中部大学第一 470-0101 日進市三本木町細廻間425 0561(73)8111
[私]東海学園 468-0014 名古屋市天白区中平2—901 052(801)6222
[私]東海工業専門学校熱田校 456-0033 名古屋市熱田区花表町19—14 052(871)8771
[私]名古屋情報専門学校高等課程 458-0924 名古屋市緑区有松912 052(624)5658
[私]名古屋経済大学高蔵 467-8558 名古屋市瑞穂区高田町3—28—1 052(853)0050
[私]愛知みずほ大学瑞穂 467-8521 名古屋市瑞穂区春敲町2—13 052(882)1811
日進 470-0111 日進市米野木町三ケ峯4—18 0561(73)6221
日進西 470-0124 日進市浅田町上小深田8—4 052(804)2131
半田 475-0903 半田市出口町1—30 0569(21)0272
半田東 475-0016 半田市西生見町30 0569(29)1122
半田工科 475-0916 半田市柊町3—1 0569(21)2164
半田農業 475-0916 半田市柊町1—1 0569(21)0247
常滑 479-0003 常滑市金山四井池10 0569(43)1151
東海商業 477-0031 東海市大田町曽根1 0562(32)5158
東海南 477-0032 東海市加木屋町社山55 0562(34)3811
大府 474-0036 大府市月見町6—180 0562(46)5101
大府東 474-0011 大府市横根町膝折1—4 0562(48)5811
内海 470-3321 知多郡南知多町内海奥鈴ケ谷1—1 0569(62)0139
知多翔洋 478-0001 知多市八幡字堂ケ島50—1 0562(33)2100
東浦 470-2104 知多郡東浦町生路富士塚20 0562(83)0111
武豊 470-2366 知多郡武豊町ヲヲガケ8 0569(72)0706
阿久比 470-2213 知多郡阿久比町阿久比尾社2—1 0569(48)7111
[私]日本福祉大学付属 470-3233 知多郡美浜町奥田中之谷2—1 0569(87)2311
横須賀 477-0037 東海市高横須賀町広脇1 0562(32)1278
時習館 441-8064 豊橋市富本町 0532(45)3171
豊橋東 440-0864 豊橋市向山町西猿22 0532(61)3146
豊橋商業 440-0864 豊橋市向山町官有地 0532(52)2256
豊橋工科 441-8141 豊橋市草間町官有地 0532(45)5635
豊丘 440-0034 豊橋市豊岡町74 0532(62)3281
豊橋南 441-8132 豊橋市南大清水町元町450 0532(25)1476
豊橋西 441-8087 豊橋市牟呂町西明治新右前4 0532(31)8800
[私]豊橋中央 440-0856 豊橋市鍵田町106 0532(54)1301
[私]桜丘 440-8516 豊橋市南牛川2—1—11 0532(61)6421
国府 442-8586 豊川市国府町下坊入10—1 0533(87)3141
豊川工科 442-8573 豊川市新道町1—3 0533(85)4425
[私]豊川 442-0029 豊川市末広通1—37 0533(86)4121
蒲郡 443-0058 蒲郡市上本町8—9 0533(68)2074
蒲郡東 443-0013 蒲郡市大塚町上千尾12—2 0533(59)8621

●校名 ●郵便番号 ●所在地 ●電話

小坂井 441-0103 豊川市小坂井町欠田100—1 0533(72)2211
吉良 444-0514 西尾市吉良町白浜新田南切1—4 0563(32)2231
一色 444-0496 西尾市一色町赤羽上郷中14 0563(72)8165
岡崎 444-0864 岡崎市明大寺町伝馬1 0564(51)0202
岡崎北 444-0079 岡崎市石神町17—1 0564(22)2536
岡崎工科 444-8555 岡崎市羽根町字陣馬47 0564(51)1646
岡崎東 444-3524 岡崎市竜泉寺町後山27 0564(52)8911
[私]愛知産業大学三河 444-0005 岡崎市岡町字原山12—10 0564(48)5211
[私]岡崎城西 444-0942 岡崎市中園町川成98 0564(31)4165
岡崎西 444-0915 岡崎市日名南町7 0564(25)0751
岩津 444-2146 岡崎市東蔵前町字馬場5 0564(45)2005
碧南 447-0871 碧南市向陽町4—12 0566(41)2564
碧南工科 447-0066 碧南市丸山町3—10 0566(42)2500
[国]愛知教育大学附属 448-8545 刈谷市井ケ谷町広沢1 0566(36)1881
刈谷 448-8504 刈谷市寿町5—101 0566(21)3171
刈谷北 448-0846 刈谷市寺横町1—67 0566(21)5107
刈谷工科 448-0035 刈谷市矢場町2—210 0566(21)2227
豊田 470-0374 豊田市伊保町字三本松1 0565(45)8622
豊田西 471-0035 豊田市小坂町14—65 0565(31)0313
衣台 471-0057 豊田市太平町平山5 0565(33)1080
豊田工科 473-0913 豊田市竹元町南細畔3 0565(52)4311
松平 444-2204 豊田市鵜ケ瀬町桐山1 0565(58)1144
豊田南 473-0915 豊田市若林東町中外根1—1 0565(53)1011
豊田北 471-0016 豊田市千石町2—100—1 0565(80)5111
[私]杜若 470-0331 豊田市平戸橋町波岩87—1 0565(45)5000
豊野 470-1202 豊田市渡刈町3—3—1 0565(28)8800
[私]豊田大谷 470-0344 豊田市保見町南山1 0565(48)3511
[私]科学技術学園豊田 470-0344 豊田市保見町井ノ向57—28 0565(43)3210
安城 446-0046 安城市赤松町大北103 0566(76)6218
安城東 446-0011 安城市北山崎町大土塚10 0566(74)1231
安城南 444-1154 安城市桜井町門原1 0566(99)2000
安城農林 446-0066 安城市池浦町茶筅木1 0566(76)6144
[私]安城学園 446-8635 安城市小堤町4—25 0566(76)5105
西尾 445-0803 西尾市桜町奥新田2—2 0563(57)2270
西尾東 445-0006 西尾市小島町大郷1—4 0563(56)1911
知立 472-8585 知立市弘法2—5—8 0566(81)0319
知立東 472-8639 知立市長篠町大山18—6 0566(82)0568
高浜 444-1311 高浜市本郷町1—6—1 0566(52)2100
三好 470-0224 みよし市三好町東山110—1 0561(34)4881
足助 444-2451 豊田市岩神町川原5 0565(62)1661
幸田 444-0111 額田郡幸田町高力神山78 0564(62)1445
御津 441-0322 豊川市御津町豊沢松ノ下1 0533(75)4155

●校名　●郵便番号　●所在地　●電話

千種　465-8507　名古屋市名東区社台２—206　052(771)2121

市立菊里　464-0802　名古屋市千種区星が丘元町13—７　052(781)0445

(私)愛知　464-0006　名古屋市千種区光が丘２—11—41　052(721)1521

(私)愛知工業大学名電　464-8540　名古屋市千種区若水３—２—12　052(721)0311

(私)東邦　465-8516　名古屋市名東区平和が丘３—11　052(782)1171

市立名東　465-0064　名古屋市名東区大針１—351　052(703)3313

旭丘　461-0032　名古屋市東区出来町３—６—15　052(721)5351

明和　461-0011　名古屋市東区白壁２—32—６　052(961)2551

市立工芸　461-0027　名古屋市東区芳野２—７—51　052(931)7541

(私)至学館　461-0047　名古屋市東区大幸南２—１—10　052(723)0851

(私)東海　461-0003　名古屋市東区筒井１—２—35　052(936)5112

(私)名古屋　461-8676　名古屋市東区砂田橋２—１—58　052(721)5271

市立北　462-0008　名古屋市北区如来町50　052(901)0338

名古屋西　451-8561　名古屋市西区天神山町４—７　052(522)2451

市立山田　452-0817　名古屋市西区二方町19—１　052(501)7800

守山　463-8503　名古屋市守山区中志段味元屋敷1267　052(736)3500

(私)菊華　463-0011　名古屋市守山区小幡５—８—13　052(791)8261

瀬戸　489-0988　瀬戸市東山町１—５　0561(82)7710

瀬戸西　489-0875　瀬戸市緑町１—140　0561(84)7400

瀬戸北総合　489-0906　瀬戸市本郷町260　0561(48)1500

瀬戸工科　489-0883　瀬戸市東権現町22—１　0561(82)2003

旭野　488-0830　尾張旭市東印場町３—４—１　0561(53)5200

長久手　480-1103　長久手市岩作高山38　0561(62)0016

(私)栄徳　480-1103　長久手市岩作三ケ峯１—32　0561(62)5000

春日井　486-0844　春日井市鳥居松町１—55　0568(81)2251

春日井南　486-0918　春日井市如意申町３—５—１　0568(32)7688

春日井商業　486-0812　春日井市大泉寺町1059—１　0568(81)1885

春日井西　486-0808　春日井市田楽町1320　0568(32)9631

春日井東　487-0031　春日井市廻間町神屋洞703—73　0568(88)4801

高蔵寺　487-0035　春日井市藤山台１—３—２　0568(92)9000

春日井工科　486-0822　春日井市熊野町五反田1180—１　0568(84)1115

(私)中部大学春日丘　487-8501　春日井市松本町1105　0568(51)1131

一宮　491-8533　一宮市北園通６—９　0586(72)0191

一宮西　491-0376　一宮市萩原町串作河田１　0586(68)1191

一宮工科　491-0804　一宮市千秋町佐野辻田2112　0586(76)2255

一宮北　490-0131　一宮市笹野氏神東１　0586(51)1171

一宮南　491-0813　一宮市千秋町大字町屋字平松６—１　0586(76)1400

一宮興道　491-0924　一宮市大和町於保字十二１—１　0586(46)0221

(私)大成　491-0814　一宮市千秋町小山大福田1878—２　0586(77)9900

津島　496-0853　津島市宮川町３—80　0567(28)4158

津島東　496-0004　津島市蛭間町字弁日１　0567(24)6001

(私)清林館　496-8006　愛西市持中町八町88　0567(28)3010

●校名　●郵便番号　●所在地　●電話

佐屋　496-0914　愛西市東條町高田39　0567(31)0579

犬山　484-0081　犬山市犬山北首塚２　0568(61)0236

犬山南　484-0835　犬山市蓮池２—21　0568(67)5211

江南　483-8177　江南市北野町川石25—２　0587(56)3511

(私)滝　483-8418　江南市東野町米野１　0587(56)2127

尾北　483-8157　江南市北山町西４　0587(56)3038

木曽川　494-0001　一宮市開明樋西30　0586(62)6155

尾西　494-0014　一宮市上祖父江小稲葉18　0586(69)6161

小牧　485-0041　小牧市小牧１—321　0568(77)1231

小牧南　485-0059　小牧市小木東２—183　0568(73)1911

小牧工科　485-0003　小牧市久保一色3737—１　0568(77)6275

(私)誉　485-0821　小牧市本庄郷浦2613—２　0568(79)7700

稲沢東　492-8214　稲沢市大塚南６—33　0587(21)2631

(私)愛知啓成　492-8529　稲沢市西町１—１—41　0587(32)5141

稲沢　492-8264　稲沢市平野町加世11　0587(32)3168

岩倉総合　482-8555　岩倉市北島町川田１　0587(37)4141

五条　490-1104　あま市西今宿阿弥陀寺56　052(442)1515

愛西工科　496-8018　愛西市渕高町藤島１　0567(37)1288

美和　490-1211　あま市篠田五ツ藤１　052(443)1700

(私)愛知黎明　498-0048　弥富市稲吉２—52　0567(68)2233

西春　481-0032　北名古屋市弥勒寺西２—１　0568(23)6166

新川　452-0901　清須市阿原北野18　052(400)1108

丹羽　480-0102　丹羽郡扶桑町高雄柳前95　0587(93)7575

(私)誠信　480-0104　丹羽郡扶桑町斉藤本新須１　0587(93)5380

豊田東　471-0811　豊田市御立町11—１　0565(80)1177

海翔　490-1401　弥富市六條町大崎22　0567(52)3061

杏和　495-8505　稲沢市祖父江町二俣宮西１—１　0587(97)1311

海陽中等教育　443-8588　蒲郡市海陽町３—12—１　0533(58)2406

鶴城丘　445-0847　西尾市亀沢町300　0563(57)5165

愛知総合工科　464-0808　名古屋市千種区星が丘山手107　052(788)2020

三谷水産　443-0021　蒲郡市三谷町水神町通２—１　0533(69)2265

新城有教館　441-1301　新城市矢部字広見100　0536(22)2725

(私)南山国際　470-0375　豊田市亀首町八ツ口洞13—45　0565(46)5300

緑丘　463-8511　名古屋市守山区緑ヶ丘1008　052(791)8226

岐 阜 県

岐阜　500-8889　岐阜市大縄場３—１　058(251)1234

加納　500-8276　岐阜市加納南陽町３—17　058(271)0431

岐阜北　502-0931　岐阜市則武清水1841—11　058(231)6628

長良　502-0071　岐阜市長良西後町1716—１　058(231)1186

岐山　502-0071　岐阜市長良小山田2587—１　058(231)2905

岐阜商業　502-0931　岐阜市則武新屋敷1816—６　058(231)6161

●校名　●郵便番号　●所在地　●電話

岐阜工業　501-6083　羽島郡笠松町常盤町1700　058(387)4141

各務原　504-8585　各務原市蘇原新生町２—63　058(383)1015

各務原西　504-8545　各務原市那加東亜町24—１　058(371)0123

羽島北　501-6112　岐阜市柳津町北塚３—110　058(388)3611

羽島　501-6241　羽島市竹鼻町梅ヶ枝町200—２　058(392)2500

山県　501-2258　山県市中洞44—１　0581(52)1551

(私)岐阜聖徳学園　500-8288　岐阜市中鶉１—50　058(271)5451

(私)岐阜東　500-8226　岐阜市野一色４—17—１　058(246)2956

(私)岐阜第一　501-0407　本巣市仏生寺884—７　058(324)2161

(私)富田　500-8765　岐阜市野一色４—17—１　058(245)3621

(私)鶯谷　500-8053　岐阜市鶯谷町７　058(265)7571

華陽フロンティア　500-8286　岐阜市西鶉６—69　058(275)7185

(国)岐阜高専　501-0495　本巣市上真桑2236—２　058(320)1211

岐阜清流高等特別支援　501-3133　岐阜市芥見南山３—11—１　058(243)0710

(私)クラーク記念国際(岐阜駅前キャンパス)　500-8175　岐阜市長住町５—８　058(215)0202

大垣北　503-0017　大垣市中川町４—110—１　0584(81)2244

大垣東　503-0857　大垣市美和町1784　0584(81)2331

大垣南　503-8522　大垣市浅中２—69　0584(89)2331

大垣西　503-8520　大垣市中曽根町大畔147—１　0584(91)5611

大垣工業　503-8521　大垣市南若森町301—１　0584(81)1280

大垣商業　503-0002　大垣市開発町４—300　0584(81)4483

池田　503-2425　揖斐郡池田町六之井242—１　0585(45)7755

揖斐　501-0619　揖斐郡揖斐川町三輪1852　0585(22)1261

大垣養老　503-1305　養老郡養老町祖父江向野1418—４　0584(32)3161

(私)大垣日本大学　503-0015　大垣市林町６—５　0584(81)7323

不破　503-2124　不破郡垂井町宮代1919—１　0584(22)1002

関　501-3903　関市桜ケ丘２—１—１　0575(22)5688

武義　501-3729　美濃市泉町２—３　0575(33)1133

郡上　501-4221　郡上市八幡町小野970—１　0575(65)3178

関有知　501-3217　関市下有知松ケ洞6191—３　0575(23)1675

加茂　505-0027　美濃加茂市本郷町２—６—78　0574(25)2133

加茂農林　505-0027　美濃加茂市本郷町３—３—13　0574(26)1238

可児工業　509-0202　可児市中恵土2358—１　0574(62)1185

東濃実業　505-0125　可児郡御嵩町伏見891　0574(67)0504

可児　509-0241　可児市坂戸987—２　0574(62)1000

八百津　505-0303　加茂郡八百津町伊岐津志2803—６　0574(43)1231

東濃　505-0116　可児郡御嵩町御嵩2854—１　0574(67)2136

市立関商工　501-3938　関市桐ケ丘１—１　0575(22)4221

(私)美濃加茂　505-0027　美濃加茂市本郷町７—６—60　0574(26)7181

(私)帝京大学可児　509-0237　可児市桂ケ丘１—１　0574(64)3211

多治見北　507-0022　多治見市上山町２—49　0572(22)3361

●校名　●郵便番号　●所在地　●電話

多治見　507-0804　多治見市坂上町９—141　0572(22)4155

(私)多治見西　507-0072　多治見市明和町１—18　0572(27)2547

土岐紅陵　509-5202　土岐市下石町1795—12　0572(57)7131

土岐商　509-5122　土岐市土岐津町土岐口1259—１　0572(54)1291

恵那　509-7201　恵那市大井町1023—１　0573(26)1311

中津　508-0001　中津川市中津川1088—２　0573(66)1361

中津川工業　509-9131　中津川市千旦林1521—３　0573(68)2115

(私)中京　509-6101　瑞浪市土岐町7074—１　0572(68)4501

(私)麗澤瑞浪　509-6102　瑞浪市稲津町萩原1661　0572(66)3107

飛騨高山

（岡本本部校舎）　506-0052　高山市下岡本町2000—30　0577(32)5320

（山田校舎）　506-0058　高山市山田町711　0577(33)1060

斐太　506-0807　高山市三福寺町736　0577(32)0075

高山工業　506-0032　高山市千島町291　0577(32)0418

吉城　509-4212　飛騨市古川町上気多1987—２　0577(73)4555

飛騨神岡　506-1143　飛騨市神岡町小萱2138—２　0578(82)1147

(私)高山西　506-0059　高山市下林町353　0577(32)2590

三 重 県

津　514-0042　津市新町３—１—１　059(228)0256

津工業　514-0823　津市半田534　059(226)1285

津西　514-0065　津市河辺町2210—２　059(225)1361

津東　514-0061　津市一身田上津部田1470　059(227)0166

(私)高田　514-0114　津市一身田町2843　059(232)2004

四日市　510-8014　四日市市富田４—１—43　059(365)8221

四日市工業　510-0886　四日市市日永東３—４—63　059(346)2331

四日市西　512-1211　四日市市桜町6100　059(326)2010

四日市南　510-8562　四日市市日永岡山4917　059(345)3177

四日市中央工業　512-0925　四日市市菅原町678　059(326)3100

四日市四郷　510-0947　四日市市八王子町字高花1654　059(322)1145

(私)海星　510-0882　四日市市追分１—９—34　059(345)0036

(私)暁　512-8538　四日市市萱生町238　059(337)2347

宇治山田　516-0062　伊勢市浦口３—13—１　0596(28)7158

伊勢　516-8515　伊勢市神田久志本町1703—１　0596(22)0281

宇治山田商業　516-0018　伊勢市黒瀬町1193　0596(22)1101

伊勢工業　516-0017　伊勢市神久２—７—18　0596(23)2234

(私)皇學館　516-8577　伊勢市楠部町138　0596(22)0205

(私)伊勢学園　516-0018　伊勢市黒瀬町562—13　0596(22)4155

松阪　515-8577　松阪市垣鼻町1664　0598(21)3511

松阪工業　515-0073　松阪市殿町1417　0598(21)5313

(私)三重　515-8533　松阪市久保町1232　0598(29)2959

桑名　511-0811　桑名市東方1795　0594(22)5221

桑名工業　511-0944　桑名市芳ケ崎1330—１　0594(31)5231

●校名 ●郵便番号 ●所在地 ●電話

桑名西 511-0937 桑名市志知東山2839 0594(31)2521
桑名北 511-0808 桑名市下深谷部字山王2527 0594(29)3610
(私)津田学園 511-0904 桑名市野田5—3—12 0594(31)6311
上野 518-0873 伊賀市上野丸之内107 0595(21)2550
伊賀白鳳 518-0837 伊賀市緑ケ丘西町2270—1 0595(21)2110
(私)桜丘 518-0192 伊賀市下神戸2756 0595(38)1201
あけぼの学園 519-1424 伊賀市川東412 0595(45)3050
神戸 513-0801 鈴鹿市神戸4—1—80 059(382)0071
白子 510-0243 鈴鹿市白子4—17—1 059(386)0017
石薬師 513-0012 鈴鹿市石薬師町寺東452 059(374)3101
稲生 510-0201 鈴鹿市稲生町8232—1 059(368)3900
(私)鈴鹿 513-0831 鈴鹿市庄野町1260 059(378)0307
尾鷲 519-3659 尾鷲市古戸野3—12 0597(22)2115
名張 518-0711 名張市東町2067—2 0595(63)2131
名張青峰 518-0476 名張市百合が丘東6—1 0595(64)1500
(国)鳥羽商船高専 517-8501 鳥羽市池上町1—1 0599(25)8000
木本 519-4394 熊野市木本町1101—4 0597(85)3811
亀山 519-0116 亀山市本町1—10—1 0595(83)4560
久居農林 514-1136 津市東鷹跡町105 059(271)8100
久居 514-1138 津市戸木町3569—1 059(271)8100
白山 515-3133 津市白山町南家城678 059(262)3525
(私)青山 515-2692 津市白山町大字八対野2739 059(262)4321
いなべ総合学園 511-0222 いなべ市員弁町御薗632 0594(74)2006
志摩 517-0209 志摩市磯部町恵利原1308 0599(55)1166
鳥羽 517-0021 鳥羽市安楽島町1459 0599(25)2935
相可 519-2181 多気郡多気町相可50 0598(38)2811
昴学園 519-2593 多気郡大台町茂原48 0598(76)0040
川越 510-8566 三重郡川越町豊田2302—1 059(364)5800
(私)近畿大学工業高専 518-0459 名張市春日丘7—1 0595(41)0111
(国)鈴鹿工業高専 510-0294 鈴鹿市白子町 059(386)1031

滋賀県

堅田 520-0242 大津市本堅田3—9—1 077(572)1206
北大津 520-0246 大津市仰木の里1—23—1 077(573)5881
(私)幸福の科学学園 520-0248 大津市仰木の里東2—16—1 077(573)7774
(私)比叡山 520-0113 大津市坂本4—3—1 077(578)0091
大津商業 520-0037 大津市御陵町2—1 077(524)4284
(私)滋賀短期大学附属 520-0052 大津市朝日が丘1—18—1 077(522)3465
膳所 520-0815 大津市膳所2—11—1 077(523)2304
大津 520-0802 大津市馬場1—1—1 077(523)0386
石山 520-0844 大津市国分1—15—1 077(537)3371
瀬田工業 520-2132 大津市神領3—18—1 077(545)2510
東大津 520-2122 大津市瀬田南大萱町

●校名 ●郵便番号 ●所在地 ●電話

1732—2 077(545)8025
玉川 525-0058 草津市野路東3—2—1 077(565)1581
草津 525-0051 草津市木川町955—1 077(562)1220
草津東 525-0025 草津市西渋川2—8—65 077(564)4681
湖南農業 525-0036 草津市草津町1839 077(564)5255
(私)光泉カトリック 525-8566 草津市野路町178 077(564)5600
(私)綾羽 525-0025 草津市西渋川1—18—1 077(563)3435
栗東 520-3016 栗東市小野618 077(553)3350
国際情報 520-3016 栗東市小野36 077(554)0600
甲西 520-3231 湖南市針1 0748(72)3611
水口 528-0022 甲賀市水口町梅が丘3—1 0748(62)4104
水口東 528-0073 甲賀市水口町古城が丘7—1 0748(62)6745
甲南 520-3301 甲賀市甲南町寺庄427 0748(86)4145
守山 524-0022 守山市守山3—12—34 077(582)2289
守山北 524-0004 守山市笠原町1263 077(585)0431
(私)立命館守山 524-8577 守山市三宅町250 077(582)8000
野洲 520-2341 野洲市行畑2—9—1 077(587)0059
八幡 523-0031 近江八幡市堀上町105 0748(33)2302
八幡商業 523-0895 近江八幡市宇津呂町10 0748(32)2072
八幡工業 523-0816 近江八幡市西庄町5 0748(37)7227
(私)近江兄弟社 523-0851 近江八幡市市井町177 0748(32)3444
日野 529-1642 蒲生郡日野町上野田150 0748(52)1200
八日市 527-0022 東近江市八日市上之町1—25 0748(22)1515
八日市南 527-0032 東近江市春日町1—15 0748(22)1513
(私)滋賀学園 527-0003 東近江市建部北町520—1 0748(23)0858
河瀬 522-0223 彦根市川瀬馬場町975 0749(25)2200
彦根工業 522-0222 彦根市南川瀬町1310 0749(28)2201
(私)彦根総合 522-0033 彦根市芹川町328 0749(26)0016
彦根翔西館 522-0033 彦根市芹川町580 0749(23)1491
彦根東 522-0061 彦根市金亀町4—7 0749(22)4800
(私)近江 522-0002 彦根市松原町大黒前3511—1 0749(22)2323
米原 521-0092 米原市西円寺1200 0749(52)1601
伊吹 521-0226 米原市朝日302 0749(55)2350
伊香 529-0425 長浜市木之本町木之本251 0749(82)4141
長浜農業 526-0824 長浜市名越町600 0749(62)0876
長浜北 526-0033 長浜市平方町270 0749(62)0238
長浜北星 526-0036 長浜市地福寺町3—72 0749(62)3370
虎姫 529-0112 長浜市宮部町2410 0749(73)3055
高島 520-1621 高島市今津町今津1936 0740(22)2002
安曇川 520-1212 高島市安曇川町西万木1168 0740(32)0477

京都府

(国)京都教育大学附属 612-8431 京都市伏見区深草越後屋敷町111

●校名 ●郵便番号 ●所在地 ●電話

075(641)9195
市立紫野 603-8231 京都市北区紫野大徳寺町22 075(491)0221
山城 603-8335 京都市北区大将軍坂田町29 075(463)8261
(私)立命館 617-8577 長岡京市調子1—1—1 075(323)7111
(私)洛星 603-8342 京都市北区小松原南町33 075(466)0001
洛北 606-0851 京都市左京区下鴨梅ノ木町59 075(781)0020
北稜 606-0015 京都市左京区岩倉幡枝町2105 075(722)8400
(私)同志社 606-8558 京都市左京区岩倉大鷺町89 075(781)7121
(私)東山 606-8445 京都市左京区永観堂町51 075(771)9121
(私)京都朝鮮高級 606-8282 京都市左京区北白川外山町1 075(791)1131
鴨沂 602-0867 京都市上京区寺町通荒神口下ル松蔭町131 075(231)1512
(私)京都産業大学附属 600-8577 京都市下京区中堂寺命婦町1—10 075(279)0001
嵯峨野 616-8226 京都市右京区常盤段ノ上町15 075(871)0723
北嵯峨 616-8353 京都市右京区嵯峨大沢柳井手町 075(872)1700
桂 615-8102 京都市西京区川島松ノ木本町27 075(391)2151
洛西 610-1146 京都市西京区大原野西境谷町1—12—1・2 075(332)0555
(私)京都明徳 610-1111 京都市西京区大枝東長町3—8 075(311)3361
(私)京都先端科学大学附属 616-8036 京都市右京区花園寺ノ中町8 075(461)5105
(私)花園 616-8034 京都市右京区花園木辻北町1 075(463)5221
(私)京都外大西 615-0074 京都市右京区山ノ内苗町37 075(321)0712
市立西京 604-8437 京都市中京区西ノ京東中合町1 075(841)0010
市立堀川 604-8254 京都市中京区東堀川通錦小路上る四坊堀川町622—2 075(211)5351
朱雀 604-8384 京都市中京区西ノ京式部町1 075(841)0127
(私)京都両洋 604-8851 京都市中京区壬生上大竹町13 075(841)2025
(私)洛陽総合 604-8453 京都市中京区西ノ京春日町8 075(802)0394
洛東 607-8017 京都市山科区安朱川向町10 075(581)1124
市立日吉ヶ丘 605-0000 京都市東山区今熊野悲田院山町5—22 075(561)0710
(私)大谷 605-0965 京都市東山区今熊野池田町12 075(541)1312
(私)龍谷大学付属平安 600-8267 京都市下京区大宮通七条上ル御器屋町30 075(361)4231
鳥羽 601-8449 京都市南区西九条大国町1 075(672)6788
洛水 612-8283 京都市伏見区横大路向ヒ18 075(621)6330
市立塔南 601-8348 京都市南区吉祥院観音堂町41 075(681)0701
(私)洛南 601-8478 京都市南区壬生通八条下ル東寺町559 075(681)6511
市立京都工学院 612-0884 京都市伏見区深草西出山町23 075(646)1515
桃山 612-0063 京都市伏見区桃山毛利長門東町8 075(601)8387
東稜 601-1326 京都市伏見区醍醐新町裏町25—1 075(572)2323
京都すばる 612-8156 京都市伏見区向島西定請120 075(621)4788
(私)京都橘 612-8026 京都市伏見区桃山町伊賀50 075(623)0066
西舞鶴 624-0841 舞鶴市引土145 0773(75)3131
東舞鶴 625-0026 舞鶴市泉源寺766

●校名 ●郵便番号 ●所在地 ●電話

0773(62)5510
(国)舞鶴工業高専 625-8511 舞鶴市字白屋234 0773(62)5600
福知山 620-0857 福知山市土師650 0773(27)2151
京都府立工業 620-0804 福知山市石原上野45 0773(27)5161
(私)福知山成美 620-0876 福知山市堀3471—1 0773(22)6224
(私)福知山淑徳 620-0936 福知山市字正明寺36—10 0773(22)3763
(私)京都共栄学園 620-0933 福知山市篠尾62—5 0773(22)6241
宮津天橋
(宮津学舎) 626-0034 宮津市滝馬23 0772(22)2116
(加悦谷学舎) 629-2313 与謝郡与謝野町三河内810 0772(42)2171
海洋 626-0074 宮津市上司1567—1 0772(25)0331
綾部 623-0042 綾部市岡町長田18 0773(42)0451
城南菱創 611-0042 宇治市小倉町南堀池 0774(23)5030
東宇治 611-0002 宇治市木幡平尾43—2 0774(32)6390
莵道 611-0011 宇治市五ケ庄五雲峰4—1 0774(33)1691
(私)京都翔英 611-0013 宇治市莵道大垣内33—10 0774(23)2238
(私)立命館宇治 611-0031 宇治市広野町八軒屋谷33—1 0774(41)3000
亀岡 621-0812 亀岡市横町23 0771(22)0103
南丹 621-0008 亀岡市馬路町中島1 0771(24)1821
乙訓 617-0843 長岡京市友岡1—1—1 075(951)1008
西乙訓 617-0845 長岡京市下海印寺西明寺41 075(955)2210
向陽 617-0006 向日市上植野町西大田 075(922)4500
城陽 610-0121 城陽市寺田宮ノ平1 0774(52)6811
木津 619-0214 木津川市木津内田山34 0774(72)0031
南陽 619-0224 木津川市兜台6—2 0774(72)8730
(私)京都廣学館 619-0245 相楽郡精華町下狛中垣内48 0774(93)0518
園部 622-0004 南丹市園部町小桜町97 0771(62)0051
農芸 622-0059 南丹市園部町南大谷 0771(65)0013
峰山 627-8688 京丹後市峰山町古殿1185 0772(62)1012
丹後緑風
(網野学舎) 629-3101 京丹後市網野町網野2820 0772(72)0379
(久美浜学舎) 629-3444 京丹後市久美浜町橋爪65 0772(82)0069
田辺 610-0361 京田辺市河原神谷24 0774(62)0572
京都八幡 614-8363 八幡市男山吉井7 075(981)3508
(私)同志社国際 610-0321 京田辺市多々羅都谷60—1 0774(65)8911
久御山 613-0033 久世郡久御山町林 0774(43)9611
大江 620-0303 福知山市大江町金屋578 0773(56)0033
(私)京都文教 606-8344 京都市左京区岡崎円勝寺町5 075(771)6155
(私)京都聖カタリナ 622-0002 南丹市園部町美園町1—78 0771(62)0163
(私)京都精華学園 606-8305 京都市左京区吉田河原町5—1 075(771)4181

奈良県

(国)奈良女子大学附属中等教育 630-8305 奈良市東紀寺町1—60—1 0742(26)2571
奈良 630-8113 奈良市法蓮町836

●校名　●郵便番号　●所在地　●電話

0742(23)2855
市立一条　630-8001　奈良市法華寺町1351　0742(33)7075
西の京　630-8044　奈良市六条西３—24—１　0742(46)7501
平城　631-0806　奈良市朱雀２—11　0742(71)5174
高円・高円芸術　630-8302　奈良市白毫寺町633　0742(22)5838
登美ケ丘　631-0008　奈良市二名町1944—12　0742(46)0017
[私]奈良育英　630-8558　奈良市法蓮町1000　0742(26)2845
[私]奈良大学附属　631-8555　奈良市秋篠町50　0742(41)8840
[私]東大寺学園　631-0803　奈良市山陵町1375　0742(47)5511
[私]帝塚山　631-0034　奈良市学園南３—１—３　0742(41)4685
[私]奈良学園登美ヶ丘　631-8522　奈良市中登美ヶ丘３—15—１　0742(93)5111
高田　635-0061　大和高田市磯野東町６—６　0745(22)0123
市立高田商業　635-0011　大和高田市材木町８—３　0745(22)2251
郡山　639-1011　大和郡山市城内町１—26　0743(52)0012
[私]奈良学園　639-1093　大和郡山市山田町430　0743(54)0351
二階堂　632-0082　天理市荒蒔町100—１　0743(64)2201
[私]天理　632-8585　天理市杣之内町1260　0743(63)7691
[私]天理教校学園　632-0015　天理市三島町70　0743(63)1511
畝傍　634-0078　橿原市八木町３—13—２　0744(22)5321
橿原　634-0823　橿原市北越智町282　0744(27)8282
桜井　633-0091　桜井市桜井95　0744(45)2041
奈良情報商業　633-0051　桜井市河西770　0744(42)4014
御所実業　639-2247　御所市玉手300　0745(62)2085
五條　637-0092　五條市岡町1428　0747(22)4116
生駒　630-0222　生駒市壱分町532—１　0743(77)8084
奈良北　630-0131　生駒市上町4600　0743(78)3081
法隆寺国際　636-0104　生駒郡斑鳩町高安２—１—１　0745(74)3630
西和清陵　636-0813　生駒郡三郷町信貴ケ丘４—７—１　0745(72)4101
王寺工業　636-0012　北葛城郡王寺町本町３—６—１　0745(72)4081
大和広陵　635-0802　北葛城郡広陵町的場401　0745(57)0300
香芝　639-0233　香芝市真美ヶ丘５—１—53　0745(76)6772
[私]西大和学園　636-0082　北葛城郡河合町薬井295　0745(73)6565
高取国際　635-0131　高市郡高取町佐田455—２　0744(52)4552
奈良南・大淀　638-0821　吉野郡大淀町下渕983　0747(52)4171
山辺　632-0246　奈良市都祁友田町937　0743(82)0222
[私]日本教育学院　634-0804　橿原市内膳町２—５—21　0744(55)2980
[私]智辯学園　637-0037　五條市野原中４—１—51　0747(22)3191

和歌山県

橋本　648-0065　橋本市古佐田４—10—１　0736(32)0049
紀北工業　648-0086　橋本市神野々809　0736(32)1240
[私]初芝橋本　648-0005　橋本市小峰台２—６—１　0736(37)5600
[私]高野山　648-0288　伊都郡高野町高野山212　0736(56)2204

●校名　●郵便番号　●所在地　●電話

笠田　649-7161　伊都郡かつらぎ町笠田東825　0736(22)1029
那賀　649-6223　岩出市高塚115　0736(62)2117
粉河　649-6595　紀の川市粉河4632　0736(73)3411
貴志川　640-0415　紀の川市貴志川町長原400　0736(64)2500
和歌山商業　640-8272　和歌山市砂山南３—３—94　073(424)2446
向陽　640-8323　和歌山市太田127　073(471)0621
桐蔭　640-8137　和歌山市吹上５—６—18　073(436)1366
市立和歌山　640-8482　和歌山市六十谷45　073(461)3690
星林　641-0036　和歌山市西浜２—９—９　073(444)4181
和歌山工業　641-0036　和歌山市西浜３—６—１　073(444)0158
和歌山北　640-0112　和歌山市西庄1148—１(西校舎)　073(453)1281
和歌山東　640-8312　和歌山市森小手穂136　073(472)5620
[国]和歌山工業高等専門　644-0023　御坊市名田町野島77　0738(29)2301
[私]近畿大学附属和歌山　640-8471　和歌山市善明寺516　073(452)1161
[私]開智　640-8481　和歌山市直川113—２　073(461)8080
海南　642-0022　海南市大野中651　073(482)3363
耐久　643-0004　有田郡湯浅町湯浅1985　0737(62)4148
日高　644-0003　御坊市島45　0738(22)3151
紀央館　644-0012　御坊市湯川町小松原43—１　0738(22)4011
[私]和歌山南陵　649-1443　日高郡日高川町和佐2223—５　0738(53)0316
南部　645-0002　日高郡みなべ町芝407　0739(72)2056
田辺　646-0024　田辺市学園１—71　0739(22)1880
神島　646-0023　田辺市文里２—33—12　0739(22)2550
田辺工業　646-0021　田辺市あけぼの51—１　0739(22)3983
新翔　647-0071　新宮市佐野1005　0735(31)7087
新宮　647-0044　新宮市神倉３—２—39　0735(22)8101
串本古座　649-3503　東牟婁郡串本町串本1522　0735(62)0004
[私]近畿大学附属新宮　647-0081　新宮市新宮4966　0735(22)2005

大 阪 府

[国]大阪教育大学附属池田校舎　563-0026　池田市緑丘１—５—１　072(761)8473
芥川　569-1027　高槻市浦堂１—12—１　072(689)0109
阿武野　569-1141　高槻市氷室町３—38—１　072(693)4670
池田　563-0022　池田市旭丘２—２—１　072(761)1131
茨木　567-8523　茨木市新庄町12—１　072(622)3423
茨木西　567-0045　茨木市紫明園10—68　072(625)5711
園芸　563-0037　池田市八王寺２—５—１　072(761)8830
春日丘　567-0031　茨木市春日２—１—２　072(623)2061
北千里　565-0873　吹田市藤白台５—６—１　06(6872)0535
北野　532-0025　大阪市淀川区新北野２—５—13　06(6303)5661
淀川清流　533-0013　大阪市東淀川区豊里２—11—35　06(6328)2331
桜塚　561-0881　豊中市中桜塚４—１—１　06(6853)2244

●校名　●郵便番号　●所在地　●電話

渋谷　563-0021　池田市畑４—１—１　072(751)2895
大冠　569-0034　高槻市大塚町４—50—１　072(672)3450
島本　618-0023　三島郡島本町桜井台15—１　075(962)3265
吹田　564-0004　吹田市原町４—24—14　06(6387)6651
吹田東　565-0802　吹田市青葉丘南16—１　06(6877)6715
摂津　566-0033　摂津市学園町１—５—１　072(635)1441
千里　565-0861　吹田市高野台２—17—１　06(6871)0050
高槻北　569-1112　高槻市別所本町36—３　072(683)8739
豊島　560-0001　豊中市北緑丘３—２—１　06(6849)7651
刀根山　560-0045　豊中市刀根山６—９—１　06(6843)3781
豊中　560-0011　豊中市上野西２—５—12　06(6854)1207
東淀川　532-0003　大阪市淀川区宮原４—４—５　06(6391)2427
福井　567-0067　茨木市西福井３—33—11　072(641)4361
三島　569-1135　高槻市今城町27—１　072(682)5884
箕面　562-0004　箕面市牧落４—８—66　072(721)7091
箕面東　562-0025　箕面市粟生外院５—４—63　072(729)4008
山田　565-0821　吹田市山田東３—28—１　06(6875)5010
市立東淀工業　532-0031　大阪市淀川区加島１—52—81　06(6302)1035
[私]追手門学院　567-0013　茨木市太田東芝町１—１　072(697)8185
[私]大阪　533-0007　大阪市東淀川区相川２—18—51　06(6340)3031
[私]大阪学院大学　564-0011　吹田市岸部南２—６—１　06(6381)6661
[私]大阪青凌　618-8502　三島郡島本町若山台１—１—１　075(754)7771
[私]関西大倉　567-0052　茨木市室山２—14—１　072(643)6321
[私]関西大学高等部　569-1098　高槻市白梅町７—１　072(684)4327
[私]関西大学第一　564-0073　吹田市山手町３—３—24　06(6337)7750
[私]金蘭千里　565-0873　吹田市藤白台５—25—２　06(6872)0263
[私]金光大阪　569-0002　高槻市東上牧１—３—１　072(669)5211
[私]早稲田摂陵　567-0051　茨木市宿久庄７—20—１　072(643)6363
[私]高槻　569-8505　高槻市沢良木町２—５　072(671)0001
[私]大商学園　561-0846　豊中市利倉東１—２—１　06(6862)5223
[私]星翔　566-0022　摂津市三島３—５—36　06(6381)0220
[私]関西大学北陽　533-0006　大阪市東淀川区上新庄１—３—26　06(6328)5964
[私]箕面学園　562-0001　箕面市箕面７—７—31　072(723)6551
[私]箕面自由学園　560-0056　豊中市宮山町４—21—１　06(6852)8110
[私]履正社　561-0874　豊中市長興寺南４—３—19　06(6864)0456
[私]英真学園　532-0023　大阪市淀川区十三東５—４—38　06(6303)2181
槻の木　569-0075　高槻市城内町２—13　072(675)2600
柴島　533-0024　大阪市東淀川区柴島１—７—106　06(6323)8351
千里青雲　560-0084　豊中市新千里南町１—５—１　06(6831)3045
北摂つばさ　567-0848　茨木市玉島台２—15　072(633)2000
[私]アサンプション国際　562-8543　箕面市如意谷１—13—23　072(721)3080
旭　535-0031　大阪市旭区高殿５—６—41

●校名　●郵便番号　●所在地　●電話

06(6951)3133
芦間　570-0096　守口市外島町１—43　06(6993)7687
市岡　552-0002　大阪市港区市岡元町２—12—12　06(6582)0330
大手前　540-0008　大阪市中央区大手前２—１—11　06(6941)0051
交野　576-0064　交野市寺南野10—１　072(891)9251
門真なみはや　571-0016　門真市島頭４—９—１　072(881)2331
門真西　571-0038　門真市柳田町29—１　06(6909)0318
香里丘　573-0093　枚方市東中振２—18—１　072(832)3421
四條畷　575-0035　四條畷市雁屋北町１—１　072(877)0004
城東工科　578-0976　東大阪市西鴻池町２—５—33　06(6745)0051
成城　536-0021　大阪市城東区諏訪３—11—41　06(6962)2801
長尾　573-0102　枚方市長尾家具町５—１—１　072(855)1700
西寝屋川　572-0075　寝屋川市葛原２—19—１　072(828)6700
西野田工科　553-0007　大阪市福島区大開２—17—62　06(6461)0023
寝屋川　572-0832　寝屋川市本町15—64　072(821)0546
野崎　574-0014　大東市寺川１—２—１　072(874)0911
枚方　573-0027　枚方市大垣内町３—16—１　072(843)3081
枚方津田　573-0121　枚方市津田北町２—50—１　072(858)7003
牧野　573-1123　枚方市南船橋１—11—１　072(851)1050
港　552-0001　大阪市港区波除２—３—１　06(6583)1401
守口東　570-0005　守口市八雲中町２—１—32　06(6906)8211
淀川工科　535-0001　大阪市旭区太子橋３—１—32　06(6952)0001
大阪市立　573-0064　枚方市北中振２—８—１　072(833)0101
市立桜宮　534-0001　大阪市都島区毛馬町５—22—28　06(6921)5231
市立西　550-0014　大阪市西区北堀江４—７—１　06(6531)0505
市立汎愛　538-0042　大阪市鶴見区今津中２—１—52　06(6961)0431
市立東　534-0024　大阪市都島区東野田町４—15—14　06(6354)1251
市立都島工業　534-0015　大阪市都島区善源寺町１—５—64　06(6921)0231
市立淀商業　555-0024　大阪市西淀川区野里３—３—15　06(6474)2221
[私]追手門学院大手前　540-0008　大阪市中央区大手前１—３—20　06(6942)2235
[私]常翔学園　535-8585　大阪市旭区大宮５—16—１　06(6954)4435
[私]大阪産業大学附属　536-0001　大阪市城東区古市１—20—26　06(6939)1491
[私]大阪電気通信大学　570-0039　守口市橋波西之町１—５—18　06(6992)6261
[私]開明　536-0006　大阪市城東区野江１—９—９　06(6932)4461
[私]関西創価　576-0063　交野市寺３—20—１　072(891)0011
[私]常翔啓光学園　573-1197　枚方市禁野本町１—13—21　072(848)0521
[私]太成学院大学　574-0044　大東市諸福７—２—23　072(871)1921
[私]東海大学付属大阪仰星　573-0018　枚方市桜丘町60—１　072(849)7211
[私]同志社香里　572-8585　寝屋川市三井南町15—１　072(831)0285
大阪府立大学工業高専　572-8572　寝屋川市幸町26—12　072(821)6401
[私]大阪桐蔭　574-0013　大東市中垣内３—１—１　072(870)1001

●校名　●郵便番号　●所在地　●電話

枚方なぎさ　573-1187　枚方市磯島元町20—1　072(847)1001

市立扇町総合　530-0037　大阪市北区松ケ枝町1—38　06(6351)0036

緑風冠　574-0072　大東市深野4—12—1　072(871)5473

(私)大阪国際大学大和田　570-8555　守口市藤田町6—21—57　06(6904)1118

茨田　538-0032　大阪市鶴見区1—5—49　06(6911)0001

北かわち皐が丘　572-0851　寝屋川市寝屋北町1—1　072(822)2241

市立咲くやこの花　554-0012　大阪市此花区西九条6—1—44　06(6464)8881

(私)香里ヌヴェール学院　572-8531　寝屋川市美井町18—10　072(831)8452

(国)大阪教育大学附属天王寺校舎　543-0054　大阪市天王寺区南河堀町4—88　06(6775)6047

生野　580-0015　松原市新堂1—552　072(332)0531

枚岡樟風　579-8036　東大阪市鷹殿町18—1　072(982)5437

今宮　556-0013　大阪市浪速区戎本町2—7—39　06(6641)2612

今宮工科　557-0024　大阪市西成区出城1—1—6　06(6631)0055

大塚　580-0011　松原市西大塚2—1005　072(332)7515

勝山　544-0014　大阪市生野区巽東3—10—75　06(6757)9171

河南　584-0038　富田林市錦ケ丘町1—15　0721(23)2081

高津　543-0016　大阪市天王寺区餌差町10—47　06(6761)0336

金剛　584-0071　富田林市藤沢台2—1—1　0721(28)3811

清水谷　543-0011　大阪市天王寺区清水谷町2—44　06(6762)0185

天王寺　545-0005　大阪市阿倍野区三明町2—4—23　06(6629)6801

富田林　584-0035　富田林市谷川町4—30　0721(23)2281

長吉　547-0015　大阪市平野区長吉長原西3—11—33　06(6790)0700

農芸　587-0051　堺市美原区北余部595—1　072(361)0581

花園　578-0931　東大阪市花園東町3—1—25　072(961)4925

東住吉　547-0033　大阪市平野区平野西2—3—77　06(6702)3838

東住吉総合　547-0026　大阪市平野区喜連西2—11—66　06(6702)1231

平野　547-0014　大阪市平野区長吉川辺4—2—11　072(334)7400

藤井寺　583-0037　藤井寺市津堂3—516　072(939)7750

藤井寺工科　583-0021　藤井寺市御舟町10—1　072(955)0281

布施　577-0803　東大阪市下小阪3—14—21　06(6723)7500

布施北　577-0024　東大阪市荒本西1—2—72　06(6787)2666

布施工科　577-0805　東大阪市宝持3—7—5　06(6722)0221

松原　580-0041　松原市三宅東3—4—1　072(334)8008

美原　587-0022　堺市美原区平尾234—1　072(362)3100

八尾　581-0073　八尾市高町1—74　072(923)4261

山本　581-0831　八尾市山本町北1—1—44　072(999)0552

八尾翠翔　581-0885　八尾市神宮寺3—107　072(943)8107

夕陽丘　543-0035　大阪市天王寺区北山町10—10　06(6771)0665

市立日新　579-8003　東大阪市日下町7—9—11　0729(85)5551

(私)上宮　543-0037　大阪市天王寺区上之宮町3—16　06(6771)5701

(私)上宮太子　583-0995　南河内郡太子町太子1053　0721(98)3611

(私)大阪商業大学　577-8505　東大阪市御厨栄町4—1—10　06(6781)3050

(私)大阪星光学院　543-0061　大阪市天王寺区伶人町1—6　06(6771)0737

(私)近畿大学附属　578-0944　東大阪市若江西新町5—3—1　06(6722)1261

(私)興國　543-0045　大阪市天王寺区寺田町1—4—26　06(6779)8151

(私)大阪偕星学園　544-0021　大阪市生野区勝山南2—6—38　06(6716)0003

(私)清風　543-0031　大阪市天王寺区石ケ辻町12—16　06(6771)5757

(私)初芝富田林　584-0058　富田林市彼方1801　0721(34)1010

(私)阪南大学　580-0022　松原市河合2—10—65　072(332)1221

(私)東大阪大学柏原　582-8585　柏原市本郷5—993　072(972)1565

(私)東大阪大学敬愛　577-8567　東大阪市西堤学園町3—1—1　06(6782)2881

(私)明星　543-0016　大阪市天王寺区餌差町5—44　06(6761)5606

(私)金光藤蔭　544-0003　大阪市生野区小路東4—1—26　06(6751)2461

(私)関西福祉科学大学　582-0026　柏原市旭ケ丘3—11—1　072(976)1112

かわち野　578-0963　東大阪市新庄4—11—95　072(963)7002

八尾北　581-0834　八尾市萱振町7—42　072(998)2100

(私)大阪朝鮮高級　578-0984　東大阪市菱江2—18—26　072(963)3481

みどり清朋　579-8064　東大阪市池島町6—3—9　072(987)3302

懐風館　583-0827　羽曳野市大黒776　072(957)0001

市立大阪ビジネスフロンティア　543-0042　大阪市天王寺区烏ケ辻2—9—26　06(6772)7961

(国)大阪教育大学附属平野校舎　547-0032　大阪市平野区流町2—1—24　06(6707)5800

(私)あべの翔学　545-0002　大阪市阿倍野区天王寺町南2—8—19　06(6719)2801

(私)大阪緑涼　583-8558　藤井寺市春日丘3—8—1　072(955)0718

(私)四天王寺東　583-0026　藤井寺市春日丘3—1—78　072(937)2855

阿倍野　545-0021　大阪市阿倍野区阪南町1—30—34　06(6628)1461

和泉　596-0825　岸和田市土生町1—2—1　072(423)1926

泉大津　595-0012　泉大津市北豊中町1—1—1　0725(32)2876

泉鳥取　599-0216　阪南市緑ヶ丘1—1—10　072(471)2921

鳳　593-8317　堺市西区原田150　072(271)5151

貝塚　597-0072　貝塚市畠中1—1—1　072(423)1401

貝塚南　597-0043　貝塚市橋本620　072(432)2004

金岡　591-8022　堺市北区金岡町2651　072(257)1431

岸和田　596-0073　岸和田市岸城町10—1　072(422)3691

久米田　596-0822　岸和田市額原町1100　0724(43)6651

堺上　593-8311　堺市西区上61　072(271)0808

堺工科　590-0801　堺市堺区大仙中町12—1　072(241)1401

堺西　590-0141　堺市南区桃山台4—16　072(298)4410

堺東　590-0113　堺市南区晴美台1—1—2　072(291)5510

佐野　598-0005　泉佐野市市場東2—398　072(462)3825

日根野　598-0021　泉佐野市日根野2732—1　072(467)1555

佐野工科　598-0012　泉佐野市高松東1—3—50　072(462)2772

狭山　589-0011　大阪狭山市半田4—1510　072(366)8400

信太　594-0081　和泉市葛の葉町3—6—8　0725(23)3631

住吉　545-0035　大阪市阿倍野区北畠2—4—1　06(6651)0525

泉北　590-0116　堺市南区若松台3—2—2　072(297)1065

泉陽　590-0943　堺市堺区車之町東3—2—1　072(233)0588

高石　592-0005　高石市千代田6—12—1　072(265)1941

登美丘　599-8125　堺市東区西野51　072(236)5041

長野　586-0021　河内長野市原町2—1—1　0721(53)7371

西成　557-0062　大阪市西成区津守1—13—10　06(6562)5751

阪南　558-0012　大阪市住吉区庭井2—18—81　06(6692)0356

東百舌鳥　599-8234　堺市中区土塔町2377—5　072(235)3781

三国丘　590-0023　堺市堺区南三国ケ丘町2—2—36　072(233)6005

大阪府教育センター附属　558-0011　大阪市住吉区苅田4—1—72　06(6692)0006

市立産業　596-0045　岸和田市別所町3—33—1　072(422)4861

(私)大阪体育大学浪商　590-0459　泉南郡熊取町朝代台1—1　072(453)7001

(私)大阪商業大学堺　599-8261　堺市中区堀上町358　072(278)2252

(私)大阪学芸　558-0003　大阪市住吉区長居1—4—15　06(6693)6301

(私)清教学園　586-8585　河内長野市末広町623　0721(62)6828

(私)清風南海　592-0014　高石市綾園5—7—64　072(261)7761

(私)帝塚山学院泉ヶ丘　590-0113　堺市南区晴美台4—2—1　072(293)1221

(私)浪速　558-0023　大阪市住吉区山之内2—13—57　06(6693)4031

(私)桃山学院　545-0011　大阪市阿倍野区昭和町3—1—64　06(6621)1181

(私)精華　599-8245　堺市中区辻之1517　072(234)3391

(私)清明学院　558-0043　大阪市住吉区墨江2—4—4　06(6673)8181

成美　590-0137　堺市南区城山台4—1—1　072(299)9000

福泉　593-8314　堺市西区太平寺323　072(299)9500

(私)近畿大学泉州　596-0105　岸和田市内畑町3558　072(479)1231

堺市立堺　590-0025　堺市堺区向陵東町1—10—1　072(240)0840

(私)初芝立命館　599-8125　堺市東区西野194—1　072(235)3900

伯太　594-0023　和泉市伯太町2—4—11　0725(45)9321

(私)賢明学院　590-0812　堺市堺区霞ヶ丘町4—3—30　072(241)1679

(私)東大谷　590-0111　堺市南区三原台2—2—2　072(289)8069

(私)羽衣学園　592-0003　高石市東羽衣1—11—57　072(265)7561

(私)大阪晩光　586-8577　河内長野市楠町西1090　0721(53)5281

岬　599-0301　泉南郡岬町淡輪3246　072(494)0301

りんくう翔南　590-0521　泉南市樽井2—35—54　072(483)4474

(私)建国　558-0032　大阪市住吉区遠里小野2—3—13　06(6691)1231

市立泉尾工業　551-0031　大阪市大正区泉尾5—16—7　06(6552)2221

(私)昇陽　554-0011　大阪市此花区朝日1—1—9　06(6461)0091

兵庫県

尼崎　660-0804　尼崎市北大物町18—1　06(6401)0643

尼崎小田　660-0802　尼崎市長洲中通2—17—46　06(6488)5335

尼崎工業　660-0802　尼崎市長洲中通1—13—1　06(6481)4841

尼崎西　660-0076　尼崎市大島2—34—1　06(6417)5021

尼崎北　661-0002　尼崎市塚口町5—40—1　06(6421)0132

尼崎稲園　661-0981　尼崎市猪名寺3—1—1　06(6422)0271

武庫荘総合　661-0035　尼崎市武庫之荘8—31—1　06(6431)5520

市立尼崎　661-0014　尼崎市上ノ島町1—38—1　06(6429)0169

市立尼崎双星　661-0983　尼崎市口田中2—8—1　06(6491)7000

伊丹　664-0012　伊丹市緑ケ丘7—31—1　072(782)2065

伊丹北　664-0006　伊丹市鴻池7—2—1　072(779)4651

伊丹西　664-0025　伊丹市奥畑3—5　072(777)3711

市立伊丹　664-0857　伊丹市行基町4—1　072(772)2040

川西明峰　666-0006　川西市萩原台西2—324　072(757)8826

川西緑台　661-0115　川西市向陽台1—8　072(793)0361

川西北陵　666-0157　川西市緑が丘2—14—1　072(794)7411

猪名川　666-0233　川辺郡猪名川町紫合字新林4—4　072(766)0101

宝塚　665-0024　宝塚市逆瀬台2—2—1　0797(71)0345

宝塚東　665-0871　宝塚市中山五月台1—12—1　0797(89)3751

宝塚西　665-0025　宝塚市ゆずり葉台1—1—1　0797(73)4035

宝塚北　665-0847　宝塚市すみれガ丘4—1—1　0797(86)3291

西宮　662-0813　西宮市上甲東園2—4—32　0798(52)0185

西宮北　662-0082　西宮市苦楽園二番町16—80　0798(71)1301

西宮南　663-8141　西宮市高須町2—1—43　0798(45)2043

鳴尾　663-8182　西宮市学文殿町2—1—60　0798(47)1324

西宮今津　663-8154　西宮市浜甲子園4—1—5　0798(45)1941

西宮甲山　662-0004　西宮市鷲林寺剣谷10　0798(74)2460

市立西宮　662-0872　西宮市高座町14—117　0798(74)6711

市立西宮東　663-8185　西宮市古川町1—12　0798(47)6013

(私)仁川学院　662-0812　西宮市甲東園2—13—9　0798(51)3621

(私)関西学院　662-8501　西宮市上ケ原一番町1—155　0798(51)0975

(私)甲陽学院　662-0096　西宮市角石町3—138　0798(73)3011

(私)報徳学園　663-8003　西宮市上大市5—28—19　0798(51)3021

芦屋　659-0063　芦屋市宮川町6—3　0797(32)2325

芦屋国際中等教育　659-0031　芦屋市新浜町1—2　0797(38)2293

(私)甲南　659-0096　芦屋市山手町31—3　0797(31)0551

(私)雲雀丘学園　665-0805　宝塚市雲雀丘4—2—1　072(759)1300

(私)芦屋学園　659-0011　芦屋市六麓荘町16—18　0797(31)0666

(私)クラーク記念国際芦屋　659-0065　芦屋市公光町1—18　0797(22)6600

東灘　658-0023　神戸市東灘区深江浜町50　078(452)9600

御影　658-0045　神戸市東灘区御影石町4—1—1　078(841)1501

市立六甲アイランド　658-0032　神戸市東灘区向洋町中4—4　078(858)4000

(国)神戸大学附属中等教育　658-0063　神戸市東灘区住吉山手5—11—1　078(811)0232

(私)灘　658-0082　神戸市東灘区魚崎北町

●校名 ●郵便番号 ●所在地 ●電話

8—5—1 078(411)7234
神戸 657-0804 神戸市灘区城の下通1—5—1 078(861)0434
[私]六甲学院 657-0015 神戸市灘区篠原伯母野山町2—4—1 078(871)4161
市立葺合 651-0054 神戸市中央区野崎通1—1—1 078(291)0771
市立科学技術 651-0072 神戸市中央区脇浜町1—4—70 078(272)9900
[私]神港学園 650-0003 神戸市中央区山本通4—19—20 078(241)3135
[私]神戸龍谷 651-0052 神戸市中央区中島通5—3—1 078(241)0076
[私]神戸第一 651-0058 神戸市中央区葺合町寺ケ谷1 078(242)4811
神戸鈴蘭台 651-1102 神戸市北区山田町下谷上字中一里山9—107 078(591)1331
神戸甲北 651-1144 神戸市北区大脇台9—1 078(593)7291
[私]神戸弘陵学園 651-1101 神戸市北区山田町小部妙賀山10 078(593)3535
神戸北 651-1332 神戸市北区唐櫃台2—41—1 078(981)0131
兵庫工業 652-0863 神戸市兵庫区和田宮通2—1—63 078(671)1431
市立神港橘 652-0043 神戸市兵庫区会下山町3—16—1 078(579)2000
[私]神戸学院大学附属 650-0046 神戸市中央区港島中町4—6—3 078(302)2016
兵庫 653-0804 神戸市長田区寺池町1—4—1 078(691)1135
夢野台 653-0801 神戸市長田区房王寺町2—1—1 078(691)1546
長田 653-0821 神戸市長田区池田谷町2—5 078(621)4101
[私]神戸村野工業 653-0003 神戸市長田区五番町8—5 078(575)0230
[私]育英 653-0855 神戸市長田区長尾町2—1—15 078(611)6001
北須磨 654-0142 神戸市須磨区友が丘9—23 078(792)7661
須磨東 654-0152 神戸市須磨区東落合1—1—1 078(793)1616
市立須磨翔風 654-0155 神戸市須磨区西落合1—1—5 078(798)4155
須磨友が丘 654-0142 神戸市須磨区友が丘1—1—5 078(791)7881
[私]滝川 654-0007 神戸市須磨区宝田町2—1—1 078(732)1625
[私]須磨学園 654-0009 神戸市須磨区板宿町3—15—14 078(732)1968
[私]啓明学院 654-0131 神戸市須磨区横尾9—5—1 078(741)1506
[私]神戸星城 654-0113 神戸市須磨区緑が丘1—12—1 078(741)1860
星陵 655-0038 神戸市垂水区星陵台4—3—2 078(707)6565
舞子 655-0004 神戸市垂水区学が丘3—2 078(783)5151
[私]神戸国際大学附属 655-0004 神戸市垂水区学が丘5—1—1 078(707)1001
伊川谷 651-2104 神戸市西区伊川谷町長坂910—5 078(974)5630
伊川谷北 651-2103 神戸市西区学園西町6—1 078(792)6902
市立工業高専 651-2194 神戸市西区学園東町8—3 078(795)3268
[私]神戸朝鮮高級 655-0017 神戸市垂水区上高丸1—5—1 078(709)0255
[私]滝川第二 651-2276 神戸市西区春日台6—23 078(961)2381
神戸高塚 651-2277 神戸市西区美賀多台9—1 078(992)7000
[私]夙川 652-0043 神戸市兵庫区会下山町1—7—1 078(578)7226
明石 673-8585 明石市荷山町1744 078(911)4376
明石南 673-0001 明石市明南町3—2—1 078(923)3617
明石西 674-0094 明石市二見町西二見1642—1 078(943)3350
明石北 674-0053 明石市大久保町松陰364—1 078(936)9100
明石清水 674-0074 明石市魚住町清水630—1 078(947)1182
明石城西 674-0062 明石市大久保町谷八木1190—7 078(936)8495
市立明石商業 674-0072 明石市魚住町長坂寺1250 078(918)5950
[国]明石高専 674-8501 明石市魚住町西岡679—3 078(946)6191
加古川東 675-0039 加古川市加古川町粟津232—2 079(424)2726
加古川西 675-0037 加古川市加古川町本町118 079(424)2400
加古川北 675-0019 加古川市野口町水足867—1 079(426)6511
加古川南 675-0035 加古川市加古川町友沢65—1 079(421)2373
農業 675-0101 加古川市平岡町新在家902—4 079(424)3341
東播工業 675-0057 加古川市東神吉町神吉1748—1 079(432)6861
[私]相生学院 678-0044 相生市野瀬700 0791(24)0100
東播磨 675-1127 加古郡稲美町中一色594—2 079(492)3111
播磨南 675-0163 加古郡播磨町古宮4—3—1 078(944)1157
高砂 676-0021 高砂市高砂町朝日町2—5—1 079(442)2371
高砂南 676-0025 高砂市西畑2—1—12 079(443)5900
[私]白陵 676-0827 高砂市阿弥陀町阿弥陀2260 079(447)1675
松陽 676-0082 高砂市曽根町2794—1 079(447)4021
三木 673-0402 三木市加佐931 0794(82)5001
三木東 673-0434 三木市別所町小林625—2 0794(85)8000
三木北 673-0521 三木市志染町青山6—25 0794(85)6781
吉川 673-1129 三木市吉川町渡瀬300—12 0794(73)0068
社 673-1461 加東市木梨1356—1 0795(42)2055
小野 675-1375 小野市西本町518 0794(63)2007
小野工業 675-1335 小野市片山町1034—1 0794(63)1941
北条 675-2241 加西市段下町847—5 0790(48)2311
西脇 677-0054 西脇市野村町1794—60 0795(22)3566
西脇工業 677-0054 西脇市野村町1790 0795(22)5506
多可 679-1105 多可郡多可町中区東山553 0795(32)3214
姫路東 670-0012 姫路市本町68—70 079(285)1166
姫路西 670-0877 姫路市北八代2—1—33 079(281)6621
姫路工業 670-0871 姫路市伊伝居600—1 079(284)0111
姫路商業 670-0983 姫路市井ノ口468 079(298)0437
姫路別所 671-0223 姫路市別所町北宿303—1 079(253)0755
姫路南 671-1143 姫路市大津区天満191—5 079(236)1835
網干 671-1286 姫路市網干区新在家259—1 079(274)2012
飾磨工業 672-8064 姫路市飾磨区細江319 079(235)1951
市立姫路 670-0083 姫路市辻井9—1—10 079(297)2753
市立琴丘 670-0052 姫路市今宿668 079(292)4925
市立飾磨 672-8031 姫路市飾磨区妻鹿672 079(245)1121
[私]淳心学院 670-0012 姫路市本町68 079(222)3581
[私]東洋大学附属姫路 671-2201 姫路市書写1699 079(266)2626
太子 671-1532 揖保郡太子町糸井字糸井池19 079(277)0123
夢前 671-2103 姫路市夢前町前之庄643—1 079(336)0039
香寺 679-2163 姫路市香寺町土師547 079(232)0048
福崎 679-2212 神崎郡福崎町福田234—1 0790(22)1200
龍野 679-4161 たつの市龍野町日山554 0791(62)0886
龍野北 679-4316 たつの市新宮町芝田125—2 0791(75)2900
相生 678-0001 相生市山手1—722—10 0791(23)0800
相生産業 678-0062 相生市千尋町10—50 0791(22)0595
赤穂 678-0225 赤穂市海浜町139 0791(43)2151
上郡 678-1233 赤穂郡上郡町大持207—1 0791(52)0069
佐用 679-5381 佐用郡佐用町佐用260 0790(82)2434
山崎 671-2570 宍粟市山崎町加生340 0790(62)1730
姫路飾西 671-2216 姫路市飾西148—2 079(266)5355
兵庫県立大学附属 678-1205 赤穂郡上郡町光都3—11—1 0791(58)0722
有馬 669-1531 三田市天神2—1—50 079(563)2881
北摂三田 669-1545 三田市狭間が丘1—1—1 079(563)6711
[私]三田学園 669-1535 三田市南が丘2—13—65 079(564)2291
三田西陵 669-1324 三田市ゆりのき台3—4 079(565)5287
三田祥雲館 669-1337 三田市学園1—1 079(560)6080
[私]三田松聖 669-1342 三田市四ツ辻1430 079(568)1001
篠山鳳鳴 669-2318 丹波篠山市大熊369 079(552)0047
篠山産業 669-2341 丹波篠山市郡家403—1 079(552)1194
柏原 669-3302 丹波市柏原町東奥50 0795(72)1166
氷上 669-4141 丹波市春日町黒井77 0795(74)0104
八鹿 667-0031 養父市八鹿町九鹿85 079(662)2176
豊岡 668-0042 豊岡市京町12—91 0796(22)2111
豊岡総合 668-0023 豊岡市加広町6—68 0796(22)7177
[私]近畿大学附属豊岡 668-0065 豊岡市戸牧100 0796(22)4305
出石 668-0211 豊岡市出石町下谷35—1 0796(52)3131
和田山 669-5215 朝来市和田山町枚田岡376—1 079(672)3269
浜坂 669-6701 美方郡新温泉町芦屋853—2 0796(82)3174
洲本 656-0053 洲本市上物部2—8—5 0799(22)1550
洲本実業 656-0012 洲本市宇山2—8—65 0799(22)1240
[私]蒼開 656-0013 洲本市下加茂1—9—48 0799(22)2552
津名 656-2131 淡路市志筑249—1 0799(62)0071
淡路 656-1711 淡路市富島171—2 0799(82)1137
淡路三原 656-0461 南あわじ市市円行寺345—1 0799(42)0048

岡山県

岡山朝日 703-8278 岡山市中区古京町2—2—21 086(272)1271
岡山操山 703-8573 岡山市中区浜412 086(272)1241
岡山大安寺 700-0961 岡山市北区北長瀬本町19—34 086(252)5225
岡山芳泉 700-8527 岡山市南区当新田51—1 086(264)2801
岡山工業 700-0013 岡山市北区伊福町4—3—92 086(252)5231
東岡山工業 703-8217 岡山市中区土田290—1 086(279)0565
高松農業 701-1334 岡山市北区高松原古才336—2 086(287)3711
西大寺 704-8112 岡山市東区西大寺上2—1—17 086(942)4150
興陽 701-0297 岡山市南区藤田1500 086(296)2268
岡山一宮 701-1202 岡山市北区楢津221 086(284)2241
岡山城東 703-8222 岡山市中区下110 086(279)2005
市立岡山後楽館 700-0807 岡山市北区南方1—3—15 086(226)7100
[私]岡山理科大学附属 700-0005 岡山市北区理大町1—1 086(256)8511
[私]関西 700-0056 岡山市北区西崎本町16—1 086(252)5121
[私]岡山 701-0206 岡山市南区箕島1500 086(282)6336
[私]岡山商科大学附属 700-0807 岡山市北区南方5—2—45 086(252)3407
[私]岡山学芸館 704-8502 岡山市東区西大寺上1—19—19 086(942)3864
[私]明誠学院 700-0086 岡山市北区津島西坂3—5—1 086(252)5247
[私]就実 700-0817 岡山市北区弓之町14—23 086(225)1326
[私]創志学園 700-0054 岡山市北区下伊福西町7—38 086(252)2101
[私]吉備高原学園 709-2393 加賀郡吉備中央町上野2400 0866(56)8211
[私]山陽学園 703-8275 岡山市中区門田屋敷2—2—16 086(272)1181
和気閑谷 709-0422 和気郡和気町尺所15 0869(93)1188
邑久 701-4221 瀬戸内市邑久町尾張404 0869(22)0017
備前緑陽 705-8507 備前市西片上91—1 0869(63)0315
[私]岡山白陵 709-0715 赤磐市勢力588 086(995)1255
玉野 706-8555 玉野市築港3—11—1 0863(31)4321
市立玉野商工 706-0012 玉野市玉6—1—1 0863(31)5341
玉野光南 706-0226 玉野市東7区244 0863(51)2311
倉敷鷲羽 711-0915 倉敷市児島味野山田町2301 086(472)2888
瀬戸 709-0876 岡山市東区瀬戸町光明谷316—1 086(952)1031
倉敷青陵 710-0043 倉敷市羽島1046—2 086(422)8001
倉敷天城 710-0132 倉敷市藤戸町天城269 086(428)1251
倉敷南 710-0842 倉敷市吉岡330 086(423)0600
倉敷工業 710-0826 倉敷市老松町4—9—1 086(422)0476
水島工業 710-0807 倉敷市西阿知町1230 086(465)2504
玉島 713-8121 倉敷市玉島阿賀崎3—1—1 086(522)2972
玉島商業 713-8122 倉敷市玉島中央町2—9—30 086(522)3044
倉敷古城池 712-8046 倉敷市福田町古新田116—1 086(455)5811
[私]倉敷 710-0012 倉敷市鳥羽283 086(462)9000
[私]おかやま山陽 719-0252 浅口市鴨方町六条院中2069 0865(44)3100
[私]金光学園 719-0104 浅口市金光町佐見新田1350 0865(42)3131
[私]倉敷翠松 710-0003 倉敷市平田155 086(422)3565
笠岡 714-0081 笠岡市笠岡3073—2 0865(62)5128
笠岡商業 714-0081 笠岡市笠岡3203 0865(62)5245
笠岡工業 714-0043 笠岡市横島808

●校名　●郵便番号　●所在地　●電話

0865(67)0311
私岡山龍谷　714-0081　笠岡市笠岡874　0865(63)2525
井原　715-0019　井原市井原町1802　0866(62)0057
私興譲館　715-0006　井原市西江原町2257—1　0866(62)0124
矢掛　714-1201　小田郡矢掛町矢掛1776—2　0866(82)0045
総社　719-1126　総社市総社３—９—１　0866(93)0891
総社南　719-1132　総社市三輪626—１　0866(93)6811
高梁　716-0004　高梁市内山下38　0866(22)3047
高梁城南　716-0043　高梁市原田北町1216—１　0866(22)2237
新見　718-0011　新見市新見1394　0867(72)2260
津山　708-0051　津山市椿高下62　0868(22)2204
津山商業　708-0004　津山市山北531　0868(22)2421
津山工業　708-0004　津山市山北411—１　0868(22)4174
津山東　708-0822　津山市林田1200　0868(22)9307
私岡山県作陽　708-8518　津山市八出1320　0868(23)2188
私岡山県美作　708-0004　津山市山北500　0868(22)4838
私朝日塾中等教育　709-2136　岡山市北区御津紙工2590　086(726)0111
勝山　717-0013　真庭市勝山481　0867(44)2628
真庭　719-3144　真庭市落合垂水448—１　0867(52)0056
勝間田　709-4316　勝田郡勝央町勝間田47　0868(38)3168
林野　707-0046　美作市三倉田58—１　0868(72)0030

鳥取県

鳥取東　680-0061　鳥取市立川町５—210　0857(22)8495
鳥取工業　689-1103　鳥取市生山111　0857(51)8011
鳥取商業　680-0941　鳥取市湖山町北２—401　0857(28)0156
鳥取西　680-0011　鳥取市東町２—112　0857(22)8281
鳥取湖陵　680-0941　鳥取市湖山町北３—250　0857(28)0250
私鳥取城北　680-0811　鳥取市西品治848　0857(23)3502
倉吉東　682-0812　倉吉市下田中町801　0858(22)5205
倉吉総合産業　682-0044　倉吉市小田204—５　0858(26)2851
倉吉西　682-0925　倉吉市秋喜20　0858(28)1811
私倉吉北　682-0013　倉吉市福庭町１—180　0858(26)1351
米子東　683-0051　米子市勝田町１　0859(22)2178
米子西　683-0045　米子市大谷町200　0859(22)7421
米子工業　683-0052　米子市博労町４—220　0859(22)9211
私米子北　683-0804　米子市米原６—14—１　0859(22)9371
私米子松蔭　689-3541　米子市二本木316—１　0859(27)0421
私米子北斗　683-0851　米子市夜見町50　0859(29)6000
境　684-8601　境港市上道町3030　0859(44)0441
境港総合技術　684-0043　境港市竹内町925　0859(45)0411
八頭　680-0451　八頭郡八頭町久能寺725　0858(72)0022
私鳥取敬愛　680-0022　鳥取市西町１—111　0857(22)8397

●校名　●郵便番号　●所在地　●電話

鳥取中央育英　689-2221　東伯郡北栄町由良宿291—１　0858(37)3211

島根県

情報科学　692-8500　安来市能義町310　0854(23)2700
松江北　690-0872　松江市奥谷町164　0852(21)4888
松江南　690-8519　松江市八雲台１—１—１　0852(21)6329
松江東　690-0823　松江市西川津町510　0852(27)3700
松江商業　690-8525　松江市浜乃木８—１—１　0852(21)3261
松江工業　690-8528　松江市古志原４—１—10　0852(67)2121
松江農林　690-8507　松江市乃木福富町51　0852(21)6772
私立正大学淞南　690-8517　松江市大庭町1794—２　0852(21)9634
私松江西　690-0015　松江市上乃木３—21—10　0852(21)2925
私開星　690-0017　松江市西津田９—11—１　0852(21)4915
横田　699-1821　奥出雲町稲原2178—１　0854(52)1511
三刀屋　690-2404　雲南市三刀屋町三刀屋912—２　0854(45)2721
平田　691-0001　出雲市平田町１　0853(62)2117
浜田商業　697-0062　浜田市熱田町675　0855(27)0064
浜田　697-0024　浜田市黒川町3749　0855(22)0042
出雲　693-0001　出雲市今市町1800　0853(21)0008
出雲農林　693-0046　出雲市下横町950　0853(28)0321
出雲工業　693-0022　出雲市上塩冶町420　0853(21)3131
出雲商業　693-0011　出雲市大津町2525　0853(21)0016
私出雲西　693-0032　出雲市下古志町1163　0853(21)1183
私出雲北陵　693-0073　出雲市西林木町３　0853(21)1871
益田　698-0017　益田市七尾町１—17　0856(22)0044
益田翔陽　698-0041　益田市高津３—21—１　0856(22)0642
私益田東　698-0011　益田市染羽町１—24　0856(23)3435
私明誠　698-0006　益田市三宅町７—37　0856(23)6877
大田　694-0064　大田市大田町大田イ568　0854(82)0750
江津工業　695-0011　江津市江津町1477　0855(52)2120
私石見智翠館　695-8502　江津市渡津町1904—１　0855(52)2457
江津　695-0021　江津市都野津町293　0855(53)0838
大社　699-0722　出雲市大社町北荒木1473　0853(53)2002
吉賀　699-5522　吉賀町七日市937　0856(78)0029
大東　699-1251　雲南市大東町大東637　0854(43)2511
隠岐水産　685-8555　隠岐の島町東郷吉津２　08512(2)1526
国松江工業高専　690-8518　松江市西生馬町14—４　0852(36)5111
島根中央　696-0001　川本町川本222　0855(72)0355

広島県

国広島大学附属　734-0005　広島市南区翠１—１—１　082(251)0192
広島皆実　734-0001　広島市南区出汐２—４—76　082(251)6441
広島国泰寺　730-0042　広島市中区国泰寺町１—２—49　082(241)1537

●校名　●郵便番号　●所在地　●電話

広島観音　733-0034　広島市西区南観音町４—10　082(232)1371
広島工業　734-0001　広島市南区出汐２—４—75　082(254)1421
市立広島商業　732-0068　広島市東区牛田新町１—１—１　082(228)2481
広島市立基町　730-0005　広島市中区西白島町25—１　082(221)1510
広島商業　730-0847　広島市中区舟入南６—７—11　082(231)9315
広島市立舟入　730-0847　広島市中区舟入南１—４—４　082(232)1261
市立広島工業　734-0025　広島市南区東本浦町１—18　082(282)2216
可部　731-0222　広島市安佐北区可部東４—27—１　082(814)2032
高陽東　739-1732　広島市安佐北区落合南８—12—１　082(843)1167
広島中等教育　731-0212　広島市安佐北区三入東１—14—１　082(818)0600
安古市　731-0152　広島市安佐南区毘沙門台３—３—１　082(879)4511
安西　731-0142　広島市安佐南区高取南２—52—１　082(872)1321
祇園北　731-0138　広島市安佐南区祇園８—25—１　082(875)4607
広島市立沼田　731-3164　広島市安佐南区伴東６—１—１　082(848)4168
高陽　739-1741　広島市安佐北区真亀３—22—１　082(842)7781
広島井口　733-0841　広島市西区井口明神２—11—１　082(277)1003
安芸南　736-0085　広島市安芸区矢野西２—15—１　082(885)2341
五日市　731-5157　広島市佐伯区観音台３—15—１　082(923)4181
広島市立美鈴が丘　731-5113　広島市佐伯区美鈴が丘緑２—13—１　082(927)2249
私広島学院　733-0875　広島市西区古江上１—630　082(271)0241
私崇徳　733-8511　広島市西区楠木町４—15—13　082(237)9331
私広陵　731-3161　広島市安佐南区伴東３—14—１　082(848)1321
私山陽　733-8551　広島市西区観音新町４—12—５　082(232)9156
私瀬戸内　732-0047　広島市東区尾長西２—12—１　082(261)1296
私広島工業大学　733-0842　広島市西区井口５—34—１　082(277)9205
私修道　730-0055　広島市中区南千田西町８—１　082(241)8291
私広島城北　732-0015　広島市東区戸坂城山町１—３　082(229)0111
私広島朝鮮高級　732-0048　広島市東区山根町37—50　082(261)0028
私AICJ　731-0138　広島市安佐南区祇園２—33—16　082(832)5037
広　737-0141　呉市広大新開３—６—44　0823(72)6211
呉宮原　737-0024　呉市宮原３—１—１　0823(21)9306
呉三津田　737-0814　呉市山手１—５—１　0823(22)7788
呉工業　737-0001　呉市阿賀北２—10—１　0823(71)2177
呉昭和　737-0905　呉市焼山町山の神　0823(33)9557
呉市立呉　737-0003　呉市阿賀中央５—13—56　0823(72)5577
私武田　739-2611　東広島市黒瀬町大多田443—５　0823(82)2331
私呉港　737-0141　呉市広大新開３—３—４　0823(71)9163
国広島大学附属福山　721-8551　福山市春日町５—14—１　084(941)8350
福山誠之館　720-0082　福山市木之庄町６—11—１　084(922)0085
松永　729-0112　福山市神村町113　084(933)5141
福山工業　720-0815　福山市野上町３—９—２　084(922)0261
福山葦陽　720-0083　福山市久松台３—１

●校名　●郵便番号　●所在地　●電話

—１　084(923)0400
福山市立福山　720-0843　福山市赤坂町赤坂910　084(951)5978
大門　721-0913　福山市幕山台３—１—１　084(947)7363
福山商業　720-0832　福山市水呑町3535　084(956)1511
福山明王台　720-8502　福山市明王台２—４—１　084(952)1110
私盈進　720-8504　福山市千田町千田487—４　084(955)2333
私近畿大学附属福山　720-0835　福山市佐波町389　084(951)2695
私銀河学院　721-0921　福山市大門町大門119—８　084(941)9292
三原　723-0016　三原市宮沖４—11—１　0848(62)2151
三原東　723-0003　三原市中之町２—７—１　0848(62)7271
総合技術　729-0417　三原市本郷南５—25—１　0848(86)4314
私如水館　723-8501　三原市深町1183　0848(63)2423
尾道東　722-0043　尾道市東久保町12—１　0848(37)7137
尾道北　722-0046　尾道市長江３—７—１　0848(37)6106
尾道商業　722-0002　尾道市古浜町20—１　0848(25)2115
私尾道　722-0073　尾道市向島町5548—10　0848(20)6612
因島　722-2194　尾道市因島重井町5574　0845(24)1281
府中　726-0032　府中市出口町898　0847(41)4223
府中東　726-0021　府中市土生町399—１　0847(41)3300
三次　728-0017　三次市南畑敷町155　0824(63)4104
三次青陵　729-6211　三次市大田幸町656　0824(66)1212
庄原格致　727-0021　庄原市三日市町515　0824(72)2191
庄原実業　727-0013　庄原市西本町１—24—34　0824(72)2151
東城　729-5125　庄原市東城町川西476—２　08477(２)2155
竹原　725-0021　竹原市竹原町3444—１　0846(22)0745
忠海　729-2314　竹原市忠海床浦４—４—１　0846(26)0800
広島　739-2125　東広島市高屋町中島31—７　082(491)0270
西条農業　739-0046　東広島市鏡山３—16—１　082(423)2921
賀茂　739-0043　東広島市西条西本町16—22　082(423)2559
私近畿大学附属東広島　739-2116　東広島市高屋うめの辺２　082(434)7111
海田　736-0051　安芸郡海田町つくも町１—60　082(822)3030
熊野　731-4223　安芸郡熊野町川角５—９—１　082(854)4155
安芸府中　735-0004　安芸郡府中町山田５—１—１　082(282)5311
私広島国際学院　736-0003　安芸郡海田町曽田１—５　082(823)3401
廿日市　738-0004　廿日市市桜尾３—３—１　0829(32)1125
廿日市西　738-0055　廿日市市阿品台西６—１　0829(39)1571
宮島工業　739-0425　廿日市市物見西２—６—１　0829(55)0143
私広島なぎさ　731-5138　広島市佐伯区海老山南２—２—１　082(921)2137
私広島新庄　731-2198　山県郡北広島町新庄848　0826(82)2323
吉田　731-0501　安芸高田市吉田町吉田719—３　0826(42)0031
向原　739-1201　安芸高田市向原町坂丸山６—１　0826(46)2322
黒瀬　739-2622　東広島市黒瀬町乃美尾１　0823(82)2525
世羅　722-1112　世羅郡世羅町本郷870

●校名 ●郵便番号 ●所在地 ●電話

0847(22)1118
神辺 720-2123 福山市神辺町川北375—1 084(963)0081
神辺旭 720-2126 福山市神辺町徳田75—1 084(963)3383
戸手 729-3102 福山市新市町相方200 0847(52)2002
油木 720-1812 神石郡神石高原町油木乙1965 0847(82)0006
日彰館 729-4211 三次市吉舎町吉舎293—2 0824(43)3135
私広島翔洋 731-4312 安芸郡坂町平成ヶ浜3—3—16 082(884)1616
西城紫水 729-5731 庄原市西城町西城345 0824(82)2511
安芸 732-0032 広島市東区上温品4—65—1 082(289)3101
大崎海星 725-0301 豊田郡大崎上島町中野3989—1 0846(64)3535
千代田 731-1503 山県郡北広島町有間600—1 0826(72)3121
大柿 737-2213 江田島市大柿町大原1118—1 0823(57)2055
私並木学院 730-0041 広島市中区小町8—32 082(241)9066
国呉高専 737-8506 呉市阿賀南2—2—11 0823(73)8400
私広島桜が丘 732-0048 広島市東区山根町36—1 082(262)0128
私星槎国際広島 733-0034 広島市西区南観音町1—1 082(503)1430
私広島修道大学ひろしま協創 733-8622 広島市西区井口4—6—18 082(278)1101
私清水ヶ丘 737-0023 呉市青山町2—1 0823(23)1520

山口県

山口 753-8508 山口市糸米1—9—1 083(922)8511
西京 753-0851 山口市黒川2580—1 083(923)8508
私野田学園 753-0094 山口市野田56 083(922)5000
山口中央 753-0043 山口市宮島町6—1 083(922)0032
豊浦 752-0984 下関市長府宮崎町1—1 083(245)2161
下関西 751-0826 下関市後田町4—10—1 083(222)0892
市立下関商業 751-0826 下関市後田町4—11—1 083(223)4278
下関工科 759-6613 下関市富任町4—1—1 083(258)0065
私早鞆 750-8524 下関市上田中町8—3—1 083(231)0080
宇部 755-0078 宇部市寺の前町3—1 0836(31)1055
宇部工業 755-0036 宇部市北琴芝1—1—1 0836(31)0258
宇部中央 755-0039 宇部市東梶返4—10—30 0836(21)7266
私慶進 755-0035 宇部市西琴芝2—12—18 0836(34)1111
私宇部鴻城 759-0207 宇部市際波的場370 0836(41)8109
私宇部フロンティア大学付属香川 755-8560 宇部市文京町1—25 0836(35)9574
徳山 745-0061 周南市鐘楼町2—50 0834(21)0099
徳山商工 745-0823 周南市周陽3—1—1 0834(28)0026
南陽工業 746-0036 周南市温田1—1—1 0834(62)4168
私山口県桜ケ丘 745-0874 周南市大字徳山5626—1 0834(21)0331
防府 747-0803 防府市岡村町2—1 0835(22)0136
防府西 747-1232 防府市台道36—1 0835(32)1905
私高川学園 747-1292 防府市大字台道3635 0835(33)0101
下松 744-0063 下松市若宮町12—1

●校名 ●郵便番号 ●所在地 ●電話

0833(41)0157
下松工業 744-0073 下松市美里町4—13—1 0833(41)1430
岩国 741-0082 岩国市川西4—6—1 0827(43)1141
岩国工業 741-0061 岩国市錦見2—4—85 0827(41)1105
私高水 740-0032 岩国市尾津町2—24—18 0827(31)7191
岩国総合 740-0036 岩国市藤生町4—41—1 0827(31)6155
小野田 756-0080 山陽小野田市揥山1—26—1 0836(83)2373
小野田工業 756-0824 山陽小野田市中央2—6—1 0836(83)2153
光 743-0011 光市光井6—10—1 0833(72)0340
私聖光 743-0011 光市光井9—22—1 0833(72)1187
私長門 759-4101 長門市東深川1621 0837(22)2944
私成進 759-2212 美祢市大嶺町3294 0837(52)1350
高森 742-0333 岩国市玖珂町1253 0827(82)3234
山口農業 754-0001 山口市小郡上郷980—1 083(972)0950
私山口県鴻城 754-0002 山口市小郡下郷258—2 083(972)0307
厚狭 757-0001 山陽小野田市厚狭東の原1660 0836(72)0204
下関北 759-5511 下関市豊北町滝部1003 083(782)0023
田布施農工 742-1502 熊毛郡田布施町波野195 0820(52)2157
私柳井学園 742-0032 柳井市古開作410 0820(22)0214
防府商工 747-0802 防府市中央町3—1 0835(22)3790
萩 758-0057 萩市堀内132 0838(22)0076
国大島商船高専 742-2193 大島郡周防大島町大字小松1091—1 0820(74)5451
国徳山高専 745-8585 周南市学園台 0834(29)6200
国宇部高専 755-8555 宇部市常盤台2—14—1 0836(31)6111

香川県

高松 760-0017 高松市番町3—1—1 087(831)7251
高松工芸 760-0017 高松市番町2—9—30 087(851)4144
高松商業 760-0068 高松市松島町1—18—54 087(833)1971
高松東 761-0322 高松市前田東町690—1 087(847)6221
高松南 761-8084 高松市一宮町531 087(885)1131
高松第一 760-0074 高松市桜町2—5—10 087(861)0244
高松西 761-8025 高松市鬼無町山口257—1 087(882)6411
高松桜井 761-8076 高松市多肥上町1250 087(869)1010
私大手前高松 761-8062 高松市室新町1166 087(867)5970
私高松中央 760-0068 高松市松島町1—14—8 087(831)1291
私香川誠陵 761-8022 高松市鬼無町佐科469—1 087(881)7800
私英明 760-0006 高松市亀岡町1—10 087(833)3737
丸亀 763-8512 丸亀市六番丁1 0877(23)5248
丸亀城西 763-0052 丸亀市津森町位267 0877(23)5138
私藤井 763-0063 丸亀市新浜町1—3—1 0877(22)2328
坂出 762-0031 坂出市文京町2—1—5 0877(46)5125
坂出商業 762-0037 坂出市青葉町1—

●校名 ●郵便番号 ●所在地 ●電話

13 0877(46)5671
善通寺第一 765-0013 善通寺市文京町1—1—5 0877(62)1456
私尽誠学園 765-0053 善通寺市生野町855—1 0877(62)1515
観音寺第一 768-0069 観音寺市茂木町4—2—38 0875(25)4155
観音寺総合 768-0068 観音寺市天神町1—1—15 0875(25)3168
志度 769-2101 さぬき市志度366—5 087(894)1101
三本松 769-2601 東かがわ市三本松1500—1 0879(25)4147
津田 769-2401 さぬき市津田町津田1632—1 0879(42)3125
石田 769-2321 さぬき市寒川町石田東甲1065 0879(43)2530
私藤井学園寒川 769-2322 さぬき市寒川町石田西280—1 0879(43)2571
小豆島中央 761-4302 小豆郡小豆島町蒲生甲1001 0879(61)9100
農業経営 761-2395 綾歌郡綾川町北1023—1 087(876)1161
飯山 762-0083 丸亀市飯山町下法軍寺664—1 0877(98)2525
多度津 764-0011 仲多度郡多度津町栄町1—1—82 0877(33)2131
琴平 766-0002 仲多度郡琴平町142—2 0877(73)2261
高瀬 767-0011 三豊市高瀬町下勝間2093 0875(72)5100
私四国学院大学香川西 767-8513 三豊市高瀬町下勝間2351—2 0875(72)5193
高松北 761-0121 高松市牟礼町牟礼1583—1 087(845)2155
三木 761-0702 木田郡三木町平木750 087(891)1100
香川中央 761-1794 高松市香川町大野2001 087(886)7151
私坂出第一 762-0032 坂出市駒止町2—1—3 0877(46)2157

徳島県

城北 770-0003 徳島市北田宮4—13—6 088(631)8105
城東 770-0853 徳島市中徳島町1—5 088(653)9111
城南 770-8064 徳島市城南町2—2—88 088(652)8151
徳島科学技術 770-0006 徳島市北矢三町2—1—1 088(631)4185
徳島商業 770-0862 徳島市城東町1—4—1 088(623)0461
徳島市立 770-0872 徳島市北沖洲1—15—60 088(664)0111
城ノ内 770-0003 徳島市北田宮1—9—30 088(632)3711
徳島北 771-1153 徳島市応神町吉成字中ノ瀬40—6 088(698)8004
私生光学園 771-1152 徳島市応神町中原38 088(641)1032
私徳島文理 770-8054 徳島市山城西4—20 088(626)1225
鳴門 772-0002 鳴門市撫養町斎田岩崎135—1 088(685)3217
鳴門渦潮 772-0032 鳴門市大津町吉永595 088(686)4565
富岡西 774-0030 阿南市富岡町小山18—3 0884(22)0041
富岡東 774-0011 阿南市領家町走寄102—2 0884(22)2120
阿南光 774-0045 阿南市宝田町今市中新開10—6 0884(22)1408
小松島 773-0010 小松島市日開野町高須47—1 0885(32)2166
海部 775-0203 海部郡海陽町大里古畑58—2 0884(73)1371
阿波 771-1401 阿波市吉野町柿原ヒロナカ180 088(696)3131
板野 779-0102 板野郡板野町川端字関ノ本47 088(672)1101
川島 779-3303 吉野川市川島町桑村367

●校名 ●郵便番号 ●所在地 ●電話

—3 0883(25)2824
吉野川 776-0005 吉野川市鴨島町喜来681—9 0883(24)2117
脇町 779-3610 美馬市脇町脇町1270—2 0883(52)2208
穴吹 777-0005 美馬市穴吹町穴吹岡33 0883(52)2108
つるぎ 779-4101 美馬郡つるぎ町貞光馬出63—2 0883(62)3135
池田 778-8506 三好市池田町ウエノ2834 0883(72)1280
池田辻 779-4802 三好市井川町御領田61—1 0883(78)2331
名西 779-3233 名西郡石井町石井字石井21—11 088(674)2151
城西 770-0046 徳島市鮎喰町2—1 088(631)5138

高知県

高知小津 780-0916 高知市城北町1—14 088(822)5270
高知追手前 780-0842 高知市追手筋2—2—10 088(873)6141
高知西 780-8052 高知市鴨部2—5—70 088(844)1221
高知工業 780-8010 高知市桟橋通2—11—6 088(831)9171
市立高知商業 780-0947 高知市大谷6 088(844)0267
高知東 781-8133 高知市一宮徳谷23—1 088(845)5751
高知南 780-8010 高知市桟橋通6—2—1 088(831)2811
私土佐 780-8014 高知市塩屋崎町1—1—10 088(833)4394
私高知 780-0956 高知市北端町100 088(840)1111
私高知学芸 780-8064 高知市槙山町11—12 088(844)1831
私高知中央 781-5103 高知市大津乙324—1 088(866)3166
私土佐塾 780-8026 高知市北中山85 088(831)1717
高知丸の内 780-0850 高知市丸ノ内2—2—40 088(873)4291
須崎総合 785-0030 須崎市多ノ郷甲4167—3 0889(42)1861
私明徳義塾 785-0195 須崎市浦ノ内下中山160 088(856)1211
安芸 784-8505 安芸市清和町1—54 0887(34)1145
宿毛 788-0008 宿毛市与市明5—82 0880(63)2164
宿毛工業 787-0783 宿毛市平田町戸内2272—2 0880(66)0346
中村 787-0003 四万十市中村丸の内24 0880(34)2141
幡多農業 787-0010 四万十市古津賀3711 0880(34)2166
清水 787-0336 土佐清水市加久見893—1 0880(82)1236
大方 789-1931 幡多郡黒潮町入野5507 0880(43)1079
岡豊 783-0049 南国市岡豊町中島511—1 088(866)1313
高知農業 783-0024 南国市東崎957—1 088(863)3155
高知東工業 783-0006 南国市篠原1590 088(863)2188
山田 782-0033 香美市土佐山田町旭町3—1—3 0887(52)3151
伊野商業 781-2110 吾川郡いの町332—1 088(892)0548
春野 781-0303 高知市春野町弘岡下3860 088(894)2308
城山 781-5310 香南市赤岡町1612 0887(55)2126
室戸 781-7102 室戸市室津221 0887(22)1155
高知国際 780-8052 高知市鴨部2—5—70 088(844)1221

●校名　●郵便番号　●所在地　●電話

愛媛県

川之江　799-0101　四国中央市川之江町2257　0896(58)2061
三島　799-0405　四国中央市中央５—11—30　0896(23)2136
土居　799-0701　四国中央市土居町中村892　0896(74)2017
新居浜東　792-0864　新居浜市東雲町２—９—１　0897(37)0149
新居浜西　792-0024　新居浜市宮西町４—46　0897(37)2735
新居浜工業　792-0004　新居浜市北新町８—１　0897(37)2029
新居浜商業　792-0821　新居浜市瀬戸町２—16　0897(43)6736
西条　793-8509　西条市明屋敷234　0897(56)2030
小松　799-1101　西条市小松町新屋敷乙42—１　0898(72)2731
東予　799-1371　西条市周布650　0898(64)2119
丹原　791-0502　西条市丹原町願連寺163　0898(68)7325
今治東中等教育　799-1596　今治市桜井２—９—１　0898(47)3630
今治西　794-0055　今治市中日吉町３—５—47　0898(32)5030
今治南　794-0015　今治市常盤町７—２—17　0898(22)0017
今治北　794-0052　今治市宮下町２—２—14　0898(32)2200
今治工業　794-0822　今治市河南町１—１—36　0898(22)0342
私今治明徳　794-0054　今治市北日吉町１—４—47　0898(22)6767
北条　799-2430　松山市北条辻600—１　089(993)0333
松山東　790-0855　松山市持田町２—２—12　089(943)0187
松山西中等教育　791-8016　松山市久万ノ台1485—４　089(922)8931
松山南　790-8506　松山市末広町11—１　089(941)5431
松山北　790-0826　松山市文京町４—１　089(925)2161
松山工業　790-0021　松山市真砂町１　089(931)8195
松山商業　790-8530　松山市旭町71　089(941)3751
松山中央　791-1114　松山市井門町1220　089(957)1022
私新田　791-8604　松山市山西町663　089(951)0188
私新田青雲中等教育　791-8551　松山市山西町600—１　089(951)6655
私愛光　791-8051　松山市衣山５—1610—１　089(922)8980
私松山聖陵　791-8016　松山市久万ノ台1112　089(924)8783
私松山学院　790-8550　松山市北久米町815　089(976)4343
私済美　790-8560　松山市湊町７—９—１　089(943)4185
東温　791-0204　東温市志津川960　089(964)2400
伊予農業　799-3111　伊予市下吾川1433　089(982)1225
伊予　791-3102　伊予郡松前町北黒田119—２　089(984)9311
内子　791-3301　喜多郡内子町内子3397　0893(44)2105
大洲　795-8502　大洲市大洲737　0893(24)4115
大洲農業　795-0064　大洲市東大洲15—１　0893(24)3101
私帝京第五　795-0072　大洲市新谷甲233　0893(25)0511
八幡浜工業　796-8003　八幡浜市古町２—３—１　0894(22)2515
野村　797-1211　西予市野村町阿下６—２　0894(72)0102
宇和島東　798-0066　宇和島市文京町１—１　0895(22)0261

●校名　●郵便番号　●所在地　●電話

宇和島南中等教育　798-0066　宇和島市文京町５—１　0895(22)0262
宇和島水産　798-0068　宇和島市明倫町１—２—20　0895(22)6575
吉田　799-3794　宇和島市吉田町北小路甲10　0895(52)0565
北宇和　798-1397　宇和島市鬼北町近永942　0895(45)1241
津島　798-3302　宇和島市津島町高田甲2469—１　0895(32)2304
南宇和　798-4192　南宇和郡愛南町御荘平城3269　0895(72)1241
弓削　794-2505　越智郡上島町弓削明神305　0897(77)2021

福岡県

福岡　812-0043　福岡市博多区堅粕１—29—１　092(651)4265
筑紫丘　815-0041　福岡市南区野間２—13—１　092(541)4061
修猷館　814-8510　福岡市早良区西新６—１—10　092(821)0733
福岡工業　814-8520　福岡市早良区荒江２—19—１　092(821)5831
市立福岡西陵　819-0041　福岡市西区拾六町字広石　092(881)8175
福岡講倫館　814-0033　福岡市早良区有田３—９—１　092(871)2710
早良　811-1112　福岡市早良区小笠木403　092(804)6600
城南　814-0111　福岡市城南区茶山６—21—１　092(831)0986
筑前　819-0374　福岡市西区大字千里111—１　092(807)0611
香椎工業　813-0012　福岡市東区香椎駅東２—23—１　092(681)2131
市立福翔　811-1347　福岡市南区野多目５—31—１　092(565)1670
市立博多工業　814-0155　福岡市城南区東油山４—20—１　092(862)6575
宇美商業　811-2104　糟屋郡宇美町井野52—１　092(932)0135
新宮　811-0119　糟屋郡新宮町緑ヶ浜１—12—１　092(962)2937
光陵　811-3223　福津市光陽台５　0940(43)5301
宗像　811-3436　宗像市東郷６—７—１　0940(36)2019
糸島　819-1139　糸島市前原南２—21—１　092(322)2604
筑紫　818-0081　筑紫野市針摺東２—４—１　092(924)1511
武蔵台　818-0053　筑紫野市天拝坂５—２—１　092(925)6441
筑紫中央　816-0942　大野城市中央２—12—１　092(581)1470
春日　816-0811　春日市春日公園５—17　092(574)1511
福岡魁誠　811-2311　糟屋郡粕屋町長者原122　092(938)2021
玄界　811-3114　古賀市舞の里３—６—１　092(944)2735
玄洋　819-0383　福岡市西区大字田尻2490　092(806)3001
須恵　811-2221　糟屋郡須恵町大字旅石72—３　092(936)5566
太宰府　818-0122　太宰府市高雄３—4114　092(921)4001
香住丘　813-0003　福岡市東区香住ヶ丘１—26—１　092(661)2171
福岡農業　818-0134　太宰府市大佐野250　092(924)5031
柏陵　811-1353　福岡市南区柏原４—47—１　092(566)3232
糸島農業　819-1117　糸島市前原西３—２—１　092(322)2654
私純真　815-8510　福岡市南区筑紫丘１—１—１　092(541)9710
私福岡第一　815-0037　福岡市南区玉川町22—１　092(541)0165
私西南学院　814-8512　福岡市早良区百道浜１—１—１　092(841)1317
私上智福岡　810-0032　福岡市中央区輝

●校名　●郵便番号　●所在地　●電話

国１—10—10　092(712)7181
私福岡大学附属大濠　810-0044　福岡市中央区六本松１—12—１　092(771)0731
私東福岡　812-0007　福岡市博多区東比恵２—24—１　092(411)3702
私博多　813-0041　福岡市東区水谷１—21—１　092(681)0331
私九州産業大学付属九州　813-0012　福岡市東区香椎駅東２—22—１　092(681)0461
私福岡工業大学附属城東　811-0214　福岡市東区和白東３—30—１　092(606)0797
私筑陽学園　818-0103　太宰府市朱雀５—６—１　092(922)7361
私筑紫台　818-0119　太宰府市連歌屋１—１—１　092(923)0010
私東海大学付属福岡　811-4193　宗像市田久１—９—２　0940(32)3311
私福岡舞鶴　819-0375　福岡市西区徳永1110—２　092(806)3334
私中村学園三陽　819-0162　福岡市西区今宿青木1042—33　092(882)6611
私九州産業大学付属九州産業　818-0061　筑紫野市紫２—５—１　092(923)3031
私福岡常葉　818-0025　筑紫野市大字筑紫901　092(926)0731
私福岡大学附属若葉　810-0062　福岡市中央区荒戸３—４—62　092(771)1981
門司学園　800-0102　北九州市門司区猿喰1462—２　093(483)1755
門司大翔館　800-0047　北九州市門司区藤松２—７—１　093(372)5225
小倉南　802-0801　北九州市小倉南区富士見１—９—１　093(921)2293
小倉商業　802-0801　北九州市小倉南区富士見３—５—１　093(921)2245
北九州　802-0816　北九州市小倉南区若園５—１—１　093(931)3554
小倉　803-0828　北九州市小倉北区愛宕２—８—１　093(592)3901
小倉工業　803-0825　北九州市小倉北区白萩町６—１　093(571)1738
小倉東　800-0225　北九州市小倉南区田原５—２—１　093(473)4466
若松　808-0015　北九州市若松区上原町15—13　093(751)1911
八幡　805-0034　北九州市八幡東区清田３—１—１　093(651)0035
八幡中央　806-0015　北九州市八幡西区元城町１—１　093(681)2335
八幡工業　806-0068　北九州市八幡西区別所町１—１　093(641)6611
東筑　807-0832　北九州市八幡西区東筑１—１—１　093(691)0050
北筑　807-0857　北九州市八幡西区北筑１—１—１　093(603)6221
八幡南　807-0841　北九州市八幡西区的場町６—１　093(611)1881
私折尾愛真　807-0861　北九州市八幡西区堀川町12—10　093(602)2100
戸畑　804-0042　北九州市戸畑区夜宮３—１—１　093(871)0928
戸畑工業　804-0052　北九州市戸畑区丸町３—10—１　093(881)3868
育徳館　824-0121　京都郡みやこ町豊津973　0930(33)2003
苅田工業　800-0354　京都郡苅田町集2569　093(436)0988
京都　824-0032　行橋市南大橋４—５—１　0930(23)0036
行橋　824-0034　行橋市泉中央１—17—１　0930(23)0164
青豊　828-0028　豊前市青豊３—１　0979(82)2105
築上西　829-0301　築上郡築上町椎田764　0930(56)0049
北九州市立　804-0062　北九州市戸畑区浅生１—10—１　093(881)5440
ひびき　804-0041　北九州市戸畑区天籟寺１—２—１　093(881)2355
中間　809-0021　中間市朝霧５—１—１

●校名　●郵便番号　●所在地　●電話

093(246)0120
遠賀　811-4332　遠賀郡遠賀町上別府2110　093(293)1226
私高稜　808-0103　北九州市若松区二島１—３—60　093(791)3911
私希望が丘　809-0033　中間市土手ノ内３—19—１　093(245)0481
私自由ケ丘　807-0867　北九州市八幡西区自由ケ丘１—３　093(693)3090
私豊国学園　800-0025　北九州市門司区柳町４—５—１　093(371)3037
私敬愛　800-0035　北九州市門司区別院６—１　093(381)3537
私常磐　802-0985　北九州市小倉南区志井1937　093(961)2334
私九州国際大学付属　805-0002　北九州市八幡東区枝光５—９—１　093(671)8443
私東筑紫学園　803-0841　北九州市小倉北区清水４—10—１　093(571)0488
私明治学園　804-8558　北九州市戸畑区仙水町５—１　093(881)2861
私星琳　806-8558　北九州市八幡西区青山３—３—１　093(631)5350
国北九州工業高専　802-0985　北九州市小倉南区志井５—20—１　093(964)7200
三池　837-0917　大牟田市草木245　0944(53)2172
三池工業　836-8577　大牟田市上官町４—77　0944(53)3036
ありあけ新世　837-0904　大牟田市吉野1389—１　0944(59)9688
大牟田北　837-0905　大牟田市甘木109　0944(58)0011
明善　830-0022　久留米市城南町９—１　0942(32)5241
久留米　830-0038　久留米市西町482　0942(33)1288
市立南筑　839-0851　久留米市御井町1360—５　0942(43)1295
三井　838-0122　小郡市松崎650　0942(72)2161
伝習館　832-0045　柳川市本町142　0944(73)3116
福島　834-0006　八女市吉田1581—２　0943(22)5148
八女農業　834-0031　八女市本町２—160　0943(23)3175
八女　833-0041　筑後市和泉251　0942(53)4184
八女工業　833-0003　筑後市羽犬塚301—４　0942(53)2044
浮羽究真館　839-1342　うきは市吉井町生葉658　0943(75)3899
浮羽工業　839-1233　久留米市田主丸町田主丸395—２　0943(72)3111
三潴　830-0207　久留米市城島町城島59—１　0942(62)3146
山門　835-0025　みやま市瀬高町上庄1730—１　0944(62)4105
朝倉　838-0068　朝倉市甘木876　0946(22)2043
朝倉東　838-0068　朝倉市甘木116—２　0946(22)2114
朝倉光陽　838-1513　朝倉市杷木古賀1765　0946(62)1417
久留米筑水　839-0817　久留米市山川町1493　0942(43)0461
小郡　838-0106　小郡市三沢5128—１　0942(75)1211
市立久留米商業　830-0051　久留米市南１—１—１　0942(33)1285
私西日本短期大学附属　834-0065　八女市亀甲61　0943(23)5662
私久留米大学附設　839-0862　久留米市野中町20—２　0942(44)2222
私柳川　832-0061　柳川市本城町125　0944(73)3333
私大牟田　837-0917　大牟田市草木852　0944(53)5011
私誠修　837-0916　大牟田市田隈956　0944(55)2344
私祐誠　830-0052　久留米市上津町2192

●校名 ●郵便番号 ●所在地 ●電話

0942(22)1238

[私]八女学院 834-0063 八女市本村425 0943(23)5111

[私]久留米学園 830-0032 久留米市東町272—4 0942(34)4535

[国]有明工業高専 836-0097 大牟田市東萩尾町150 0944(53)8622

田川 822-1405 田川郡香春町中津原2055—1 0947(44)1131

東鷹 825-0002 田川市伊田2362—3 0947(44)3015

田川科学技術 825-0005 田川市糒1900 0947(44)1041

嘉穂総合 820-0607 嘉穂郡桂川町大字土師1117—1 0948(65)5727

鞍手 822-0034 直方市山部810—7 0949(22)0369

直方 822-0002 直方市頓野3459—2 0949(22)0006

嘉穂 820-0021 飯塚市潤野8—12 0948(22)0231

嘉穂東 820-0003 飯塚市立岩1730—5 0948(22)0071

稲築志耕館 820-0205 嘉麻市岩崎1318—1 0948(42)1313

[私]近畿大学附属福岡 820-8510 飯塚市柏の森11—6 0948(22)2597

鞍手竜徳 823-0001 宮若市龍徳161 0949(22)0466

[私]福智 825-0002 田川市伊田3934 0947(42)4711

[私]飯塚 820-0003 飯塚市立岩1224 0948(22)6571

佐賀県

鳥栖 841-0038 鳥栖市古野町600—1 0942(83)2211

鳥栖工業 841-0051 鳥栖市元町1918 0942(83)4134

三養基 849-0101 三養基郡みやき町原古賀300 0942(94)2345

神埼 842-0013 神埼市神埼町本告牟田3076—2 0952(52)3118

[私]東明館 841-0204 三養基郡基山町宮浦683 0942(92)5775

佐賀北 840-0851 佐賀市天祐2—6—1 0952(26)3211

佐賀東 840-0016 佐賀市南佐賀3—11—15 0952(24)0141

佐賀西 840-0041 佐賀市城内1—4—25 0952(24)4331

佐賀商業 840-0804 佐賀市神野東4—12—40 0952(30)8571

佐賀工業 840-0841 佐賀市緑小路1—1 0952(24)4356

致遠館 849-0919 佐賀市兵庫北4—1—1 0952(33)0401

高志館 840-0201 佐賀市大和町尼寺1698 0952(62)1331

[私]佐賀学園 840-0801 佐賀市駅前中央2—9—10 0952(30)4281

[私]龍谷 840-0054 佐賀市水ヶ江3—1—25 0952(24)2244

[私]北陵 849-0921 佐賀市高木瀬西3—7—1 0952(30)8676

[私]弘学館 849-0906 佐賀市金立町金立1544—1 0952(98)2161

[私]佐賀清和 849-0919 佐賀市兵庫北2—14—1 0952(37)5400

小城 845-0001 小城市小城町176 0952(73)2295

多久 846-0002 多久市北多久町小侍23 0952(75)3191

唐津工業 847-0832 唐津市石志中ノ尾3072 0955(78)1155

唐津東 847-0028 唐津市鏡新開1 0955(77)1984

唐津西 847-0821 唐津市町田字大山田1992 0955(72)7184

唐津商業 847-0064 唐津市元石町235—2 0955(72)7196

唐津南 847-0824 唐津市神田字堤2629—1 0955(72)4123

●校名 ●郵便番号 ●所在地 ●電話

唐津青翔 847-1422 東松浦郡玄海町新田1809—11 0955(52)2347

厳木 849-3193 唐津市厳木町厳木727 0955(63)2535

[私]早稲田佐賀 847-0016 唐津市東城内7—1 0955(58)9000

[国]唐津海上技術学校 847-0871 唐津市東大島町13—5 0955(72)8269

伊万里 848-0032 伊万里市二里町大里甲2600 0955(23)3101

[私]敬徳 848-0027 伊万里市立花町86 0955(22)6191

有田工業 844-0012 西松浦郡有田町桑古場乙2902 0955(42)3136

太良 849-1602 藤津郡太良町大字多良4212—6 0954(67)1811

嬉野 塩田校舎 工業科キャンパス 849-1411 嬉野市塩田町馬場下甲1418 0954(66)2044

鹿島

(赤門学舎) 849-1311 鹿島市高津原462 0954(62)4136

(大手門学舎) 849-1311 鹿島市大字高津原539 0954(63)3126

武雄 843-0022 武雄市武雄町武雄5540—2 0954(22)3103

白石 849-1101 杵島郡白石町大字今泉138 0952(84)2131

佐賀農業 849-1112 杵島郡白石町大字福田1660 0952(84)2611

長崎県

長崎東 850-0007 長崎市立山5—13—1 095(826)5281

長崎西 852-8014 長崎市竹の久保町12—9 095(861)5106

長崎南 850-0834 長崎市上小島4—13—1 095(824)3134

長崎北 851-1132 長崎市小江原1—1—1 095(844)5116

長崎工業 852-8052 長崎市岩屋町41—22 095(856)0115

長崎鶴洋 850-0991 長崎市末石町157—1 095(871)5675

[私]海星 850-8586 長崎市東山手町5—3 095(826)7321

[私]長崎南山 852-8544 長崎市上野町25—1 095(844)1572

[私]瓊浦 850-0802 長崎市伊良林2—13—4 095(826)1261

[私]長崎総合科学大学附属 851-0193 長崎市網場町536 095(838)2413

[私]精道三川台 852-8121 長崎市三川町1234—1 095(845)6161

佐世保北 857-0028 佐世保市八幡町6—31 0956(22)4105

佐世保東翔 859-3224 佐世保市重尾町425—3 0956(38)2196

佐世保工業 857-0134 佐世保市瀬戸越3—3—30 0956(49)5684

佐世保西 857-0136 佐世保市田原町130—1 0956(49)2528

佐世保南 857-1151 佐世保市日宇町2526 0956(31)5291

佐世保商業 857-0143 佐世保市吉岡町863—3 0956(49)3990

[私]西海学園 857-0011 佐世保市春日町29—22 0956(23)6161

島原 855-0036 島原市城内2—1130 0957(63)7100

島原商業 855-0036 島原市城内1—1213 0957(62)4059

島原工業 855-0073 島原市本光寺町4353 0957(62)2768

諫早 854-0014 諫早市東小路町1—7 0957(22)1222

諫早商業 854-0061 諫早市宇都町8—26 0957(26)1303

[私]鎮西学院 854-0082 諫早市西栄田町1212—1 0957(25)1234

[私]長崎日本大学 854-0063 諫早市貝津町1555 0957(26)0061

[私]創成館 854-0063 諫早市貝津町621

●校名 ●郵便番号 ●所在地 ●電話

0957(25)1225

大村 856-0835 大村市久原1—591 0957(52)2802

大村工業 856-0815 大村市森園町1079—3 0957(52)3772

五島海陽 853-0065 五島市坂の上1—6—1 0959(72)1447

猶興館 859-5121 平戸市岩の上町1443 0950(22)3117

平戸 859-5392 平戸市草積町261 0950(28)0744

大崎 857-2421 西海市大島町3468—1 0959(34)2301

長崎明誠 851-3101 長崎市西海町1854 095(884)2543

長崎北陽台 851-2127 西彼杵郡長与町高田郷3672 095(883)6844

西彼農業 851-3304 西海市西彼町上岳郷323 0959(27)0032

西陵 859-0401 諫早市多良見町化屋1387—2 0957(43)4155

西彼杵 857-2303 西海市大瀬戸町瀬戸西濱郷663 0959(22)0405

[私]青雲 851-2197 西彼杵郡時津町左底郷245—2 095(882)0678

波佐見 859-3725 東彼杵郡波佐見町長野郷312—5 0956(85)3215

口加 859-2502 南島原市口之津町甲3272 0957(86)2180

小浜 854-0595 雲仙市小浜町北野623 0957(74)4114

国見 859-1321 雲仙市国見町多比良甲1020 0957(78)2125

上五島 857-4511 南松浦郡新上五島町浦桑郷306 0959(54)1155

鹿町工業 859-6145 佐世保市鹿町町土肥ノ浦110 0956(65)2611

清峰 857-0333 北松浦郡佐々町中川原免111 0956(62)2131

壱岐 811-5136 壱岐市郷ノ浦町片原触88 0920(47)0081

対馬 817-0016 対馬市厳原町東里120 0920(52)1114

[私]佐世保実業 858-8588 佐世保市母ヶ浦町888—1 0956(48)8881

[国]口之津海上技術 859-2503 南島原市口之津町丁5782 0957(86)2151

[国]佐世保工業高専 857-1193 佐世保市沖新町1—1 0956(34)8406

[私]島原中央 855-0865 島原市船泊町3415 0957(62)2435

[私]九州文化学園 858-0925 佐世保市椎木町600 0956(26)2325

五島 853-0018 五島市池田町1—1 0959(72)3505

大分県

大分上野丘 870-0835 大分市上野丘2—10—1 097(543)6249

大分舞鶴 870-0938 大分市今津留1—19—1 097(558)2268

大分商業 870-0931 大分市西浜4—2 097(558)2611

大分工業 870-0948 大分市芳河原台12—1 097(568)7322

大分鶴崎 870-0104 大分市南鶴崎3—5—1 097(527)2166

鶴崎工業 870-0133 大分市葛木509 097(527)5261

大分雄城台 870-1155 大分市大字玉沢1250 097(541)0123

大分南 870-1109 大分市判田台南1—1—1 097(597)6001

大分豊府 870-0846 大分市花園3—3—1 097(546)2222

情報科学 870-0126 大分市横尾1605 097(553)1212

大分西 870-8560 大分市新春日町2—1—1 097(543)1551

[私]岩田 870-0936 大分市岩田町1—1—1 097(558)3007

[私]楊志館 870-0838 大分市桜ヶ丘7—8 097(543)6711

●校名 ●郵便番号 ●所在地 ●電話

[私]大分 870-0162 大分市明野高尾1—6—1 097(551)1101

[私]大分東明 870-8658 大分市千代町2—4—4 097(535)0201

別府鶴見丘 874-0836 別府市大字鶴見字横打4433—2 0977(21)0118

別府翔青 874-0903 別府市野口原3088—91 0977(22)3141

[私]別府溝部学園 874-8567 別府市野田78 0977(66)0224

国東 873-0503 国東市国東町鶴川1974 0978(72)1325

杵築 873-0014 杵築市大字本庄2379 0978(62)2037

中津南 871-0043 中津市高畑2093 0979(22)0224

中津東 871-0004 中津市上如水145—3 0979(32)3800

中津北 871-0024 中津市中央町1—6—83 0979(22)0244

安心院 872-0593 宇佐市安心院町折敷田64 0978(44)0008

宇佐 872-0102 宇佐市南宇佐1543—2 0978(37)0117

[私]柳ヶ浦 872-0032 宇佐市江須賀939 0978(38)0033

日田 877-0025 日田市田島2—9—30 0973(23)0166

日田林工 877-0083 日田市吹上町30 0973(22)5171

臼杵 875-0042 臼杵市海添2521 0972(62)5145

日出総合 879-1504 速見郡日出町大神1396—43 0977(72)2855

津久見 879-2421 津久見市大字津久見3485—1 0972(82)4126

佐伯鶴城 876-0848 佐伯市城下東町7—1 0972(22)3101

佐伯豊南 876-0012 佐伯市大字鶴望2851—1 0972(22)2361

[私]日本文理大学附属 876-0811 佐伯市鶴谷町2—1—10 0972(22)3501

[国]大分工業高専 870-0152 大分市大字牧1666 097(552)6075

[私]大分国際情報 870-0911 大分市新貝11—40 097(558)3734

[私]昭和学園 877-0082 日田市日の出町14 0973(22)7420

玖珠美山 879-4403 玖珠郡玖珠町大字帆足160 0973(72)1148

竹田 878-0013 竹田市大字竹田2642 0974(63)3401

[私]藤蔭 877-0026 日田市田島本町5—41 0973(24)2737

宮崎県

宮崎大宮 880-0056 宮崎市神宮東1—3—10 0985(22)5191

宮崎工業 880-8567 宮崎市天満町9—1 0985(51)7231

宮崎商業 880-0023 宮崎市和知川原3—24 0985(22)8218

宮崎農業 880-0916 宮崎市恒久春日田1061 0985(51)2814

宮崎南 880-0926 宮崎市月見ケ丘5—2—1 0985(51)2314

宮崎西 880-0951 宮崎市大塚町柳ケ迫3975—2 0985(48)1021

宮崎北 880-0124 宮崎市新名爪4567 0985(39)1288

宮崎海洋 880-0856 宮崎市日ノ出町1 0985(22)4115

本庄 880-1101 東諸県郡国富町本庄5071 0985(75)2049

日南 889-2533 日南市星倉5800 0987(25)1669

日南振徳 889-2532 日南市板敷410 0987(25)1107

福島 888-0001 串間市大字西方4015 0987(72)0049

都城泉ヶ丘 885-0033 都城市妻ケ丘町27—15 0986(23)0223

都城農業 885-0019 都城市祝吉1—5

●校名　●郵便番号　●所在地　●電話

―1　0986(22)4280
都城工業　885-0084　都城市五十町2400　0986(22)4349
都城西　885-0094　都城市都原町3405　0986(23)1904
小林　886-8505　小林市真方124　0984(23)4164
小林秀峰　886-8506　小林市水流迫664―2　0984(23)2252
飯野　889-4301　えびの市原田3068　0984(33)0300
妻　881-0003　西都市右松2330　0983(43)0005
佐土原　880-0211　宮崎市佐土原町下田島21567　0985(73)5657
高鍋　884-0002　児湯郡高鍋町北高鍋4262　0983(23)0005
高鍋農業　884-0006　児湯郡高鍋町上江1339―2　0983(23)0002
延岡　882-0837　延岡市古城町3―233　0982(32)5331
延岡星雲　882-0023　延岡市牧町4722　0982(31)2491
延岡工業　882-0863　延岡市緑ケ丘1―8―1　0982(33)3323
延岡商業　882-0007　延岡市桜ケ丘3―7122　0982(32)6348
(私)聖心ウルスラ学園　882-0863　延岡市緑ケ丘3―7―21　0982(33)3472
富島　883-0052　日向市鶴町3―1―43　0982(52)2158
日向工業　883-0022　日向市平岩8750　0982(57)1411
日向　883-0021　日向市財光寺6265　0982(54)3400
門川　889-0611　東臼杵郡門川町門川尾末2680　0982(63)1336
五ヶ瀬中等教育　882-1203　西臼杵郡五ヶ瀬町大字三ヶ所9468―30　0982(82)1255
高千穂　882-1101　西臼杵郡高千穂町三田井1234―1　0982(72)3111
(私)日向学院　880-0878　宮崎市大和町110　0985(22)8296
(私)宮崎日本大学　880-0121　宮崎市島之内6822―2　0985(39)1121
(私)宮崎第一　880-0924　宮崎市大字郡司分字平田迫甲767　0985(56)2626
(私)日章学園　880-0125　宮崎市広原836　0985(39)1321
(私)鵬翔　880-0916　宮崎市恒久4336　0985(52)2020
(私)延岡学園　882-0001　延岡市大峡町7820　0982(33)3227
(私)都城　885-8502　都城市蓑原町7916　0986(23)2477
(私)日南学園　887-0041　日南市吾田東3―5―1　0987(23)1311
高城　885-1298　都城市高城町穂満坊156　0986(58)2330
(私)都城東　889-1996　北諸県郡三股町大字樺山1996　0986(52)1010

熊本県

済々黌　860-0862　熊本市中央区黒髪2―22―1　096(343)6195
熊本　862-0972　熊本市中央区新大江1―8　096(371)3611
第一　860-0003　熊本市中央区古城町3―1　096(354)4933
第二　862-0901　熊本市東区東町3―13―1　096(368)4125
熊本商業　862-0954　熊本市中央区神水1―1―2　096(384)1551
熊本工業　862-0953　熊本市中央区上京塚町5―1　096(383)2105
熊本農業　861-4105　熊本市南区元三町5―1―1　096(357)8800
熊本西　860-0067　熊本市西区城山大塘5―5―15　096(329)3711
東稜　862-0933　熊本市東区小峯4―5―10　096(369)1008
熊本北　861-8082　熊本市北区兎谷3―5―1　096(338)1110
湧心館　862-0941　熊本市中央区出水4―1―2　096(372)5311
市立必由館　860-0863　熊本市中央区坪井4―15―1　096(343)0236
市立千原台　860-0073　熊本市西区島崎2―37―1　096(355)7261
(私)熊本国府　862-0949　熊本市中央区国府2―15―1　096(366)1276
(私)九州学院　862-8676　熊本市中央区大江5―2―1　096(364)6134
(私)鎮西　862-0975　熊本市中央区九品寺3―1―1　096(364)8176
(私)真和　862-0976　熊本市中央区九品寺3―1―1　096(366)6177
(私)開新　862-8677　熊本市中央区大江6―1―33　096(366)1201
(私)熊本学園大学付属　862-0971　熊本市中央区大江2―5―1　096(371)2551
(私)東海大学付属熊本星翔　862-0970　熊本市東区渡鹿9―1―1　096(382)1146
(私)熊本マリスト学園　862-0911　熊本市東区健軍2―11―54　096(368)2131
(私)文徳　860-0082　熊本市西区池田4―22―2　096(354)6416
(私)ルーテル学院　860-0862　熊本市中央区黒髪3―12―16　096(343)3246
(私)慶誠　862-0971　熊本市中央区大江4―9―58　096(366)0128
岱志　864-0041　荒尾市荒尾2620―1　0968(63)0384
(私)有明　864-0032　荒尾市増永2200　0968(63)0545
玉名　865-0064　玉名市中1853　0968(73)2101
北稜　865-0061　玉名市立願寺247　0968(73)2123
玉名工業　869-0295　玉名市岱明町下前原368　0968(73)2215
(私)専修大学玉名　869-0293　玉名市岱明町野口1046　0968(72)4151
菊池　861-1331　菊池市隈府1332―1　0968(25)3175
大津　869-1233　菊池郡大津町大津1340　096(293)2751
翔陽　869-1235　菊池郡大津町室1782　096(293)2055
菊池農業　861-1201　菊池市泗水町吉富250　0968(38)2621
阿蘇中央　869-2612　阿蘇市一の宮町宮地2460　0967(22)0070
鹿本　861-0532　山鹿市鹿校通3―5―1　0968(44)5101
鹿本農業　861-0331　山鹿市鹿本町来民2055　0968(46)3101
(私)城北　861-0598　山鹿市志々岐798　0968(44)8111
鹿本商工　861-0304　山鹿市鹿本町御宇田312　0968(46)3191
御船　861-3204　上益城郡御船町木倉1253　096(282)0056
矢部　861-3515　上益城郡山都町城平954　0967(72)0024
宇土　869-0454　宇土市古城町63　0964(22)0043
松橋　869-0532　宇城市松橋町久具300　0964(32)0511
小川工業　869-0631　宇城市小川町北新田770　0964(43)1151
八代　866-0885　八代市永碇町856　0965(33)4138
八代工業　866-0082　八代市大福寺町473　0965(33)2663
八代農業　869-4201　八代市鏡町鏡村129　0965(52)0076
八代清流　866-0061　八代市渡町松上1576　0965(35)5455
(私)秀岳館　866-0881　八代市興国町1―5　0965(33)5134
水俣　867-0023　水俣市南福寺6―1　0966(63)1261
芦北　869-5431　葦北郡芦北町乙千屋20―2　0966(82)2034
球磨中央　868-0303　球磨郡錦町西192　0966(38)2052
球磨工業　868-8515　人吉市城本町800　0966(22)4189
南稜　868-0422　球磨郡あさぎり町上北310　0966(45)1131
人吉　868-8511　人吉市北泉田町350　0966(22)2261
天草　863-0003　天草市本渡町本渡557　0969(23)5533
天草工業　863-0043　天草市亀場町亀川38―36　0969(23)2330
天草拓心　863-0002　天草市本渡町本戸馬場495　0969(23)2141
上天草　869-3603　上天草市大矢野町中5424　0964(56)0007
牛深　863-1902　天草市久玉町1216―5　0969(73)3105

鹿児島県

甲南　890-0052　鹿児島市上之園町23―1　099(254)0175
鹿児島工業　890-0014　鹿児島市草牟田2―57―1　099(222)9205
鶴丸　890-8502　鹿児島市薬師2―1―1　099(251)7387
鹿児島南　891-0141　鹿児島市谷山中央8―4―1　099(268)2255
市立鹿児島玉龍　892-0806　鹿児島市池之上町20―57　099(247)7161
市立鹿児島商業　892-0863　鹿児島市西坂元町58―1　099(247)7171
鹿児島中央　892-0846　鹿児島市加治屋町10―1　099(226)1574
錦江湾　891-0133　鹿児島市平川町4047　099(261)2121
武岡台　890-0022　鹿児島市小野町3175　099(281)5233
(私)鹿児島　890-0042　鹿児島市薬師1―21―9　099(255)3211
(私)樟南　890-0031　鹿児島市武岡1―120―1　099(281)2900
(私)鹿児島実業　891-0180　鹿児島市五ケ別府町3591―3　099(286)1313
(私)ラ・サール　891-0192　鹿児島市小松原2―10―1　099(268)3121
(私)鹿児島情報　891-0141　鹿児島市谷山中央2―4118　099(268)3101
(私)志學館　890-0069　鹿児島市南郡元町32―1　099(252)1038
(私)池田　890-0033　鹿児島市西別府町1680　099(282)7888
明桜館　891-1105　鹿児島市郡山町100　099(298)4124
枕崎　898-0052　枕崎市岩崎町3　0993(72)0217
鹿児島水産　898-0083　枕崎市板敷南町650　0993(76)2111
加世田　897-0003　南さつま市加世田川畑3200　0993(53)2049
加世田常潤　897-0002　南さつま市加世田武田14863　0993(53)3600
(私)鳳凰　897-1121　南さつま市加世田唐仁原1202　0993(53)3633
(私)神村学園　896-8686　いちき串木野市別府4460　0996(32)3232
川内　895-0061　薩摩川内市御陵下町6―3　0996(23)7274
川内商工　895-0012　薩摩川内市平佐町1835　0996(25)2554
(私)れいめい　895-0041　薩摩川内市隈之城町2205　0996(23)3178
鶴翔　899-1611　阿久根市赤瀬川1800　0996(72)7310
出水工業　899-0214　出水市五万石町358　0996(62)0010
出水　899-0213　出水市西出水町1700　0996(62)0281
市立出水商業　899-0131　出水市明神町200　0996(67)1069
(私)出水中央　899-0213　出水市西出水町448　0996(62)0500
大口　895-2511　伊佐市大口里2670　0995(22)1441
伊佐農林　895-2506　伊佐市大口原田574　09952(2)1445
(国)鹿児島工業高専　899-5193　霧島市隼人町真孝1460―1　0995(42)9000
国分　899-4332　霧島市国分中央2―8―1　0995(46)0001
市立国分中央　899-4332　霧島市国分中央1―10―1　0995(46)1535
(私)鹿児島第一　899-4345　霧島市国分府中214　0995(46)4608
鹿屋工業　893-0032　鹿屋市川西町4490　0994(42)2165
鹿屋　893-0016　鹿屋市白崎町13―1　0994(42)4145
鹿屋農業　893-0014　鹿屋市寿2―17―5　0994(42)5191
(私)鹿屋中央　893-0014　鹿屋市寿8―12―26　0994(43)3310
指宿　891-0402　指宿市十町236　0993(22)3535
市立指宿商業　891-0315　指宿市岩本2747　0993(25)2204
大島　894-8588　奄美市名瀬安勝町7―1　0997(52)4451
奄美　894-8567　奄美市名瀬古田町1―1　0997(52)6121
薩南工業　897-0302　南九州市知覧町郡5232　0993(83)2214
川辺　897-0221　南九州市川辺町田部田4150　0993(56)1151
川薩清修館　895-1401　薩摩川内市入来町副田5961　0996(44)5020
薩摩中央　895-1811　薩摩郡さつま町虎居1900　0996(53)1207
加治木　899-5214　姶良市加治木町仮屋町211　0995(63)2052
加治木工業　899-5211　姶良市加治木町新富町131　0995(62)3166
霧島　899-6507　霧島市牧園町宿窪田330―5　0995(76)0039
隼人工業　899-5106　霧島市隼人町内山田1―6―20　0995(42)0023
蒲生　899-5304　姶良市蒲生町下久徳848―2　0995(52)1155
志布志　899-7104　志布志市志布志町安楽178　099(472)0200
曽於　899-8605　曽於市末吉町二之方6080　0986(76)6646
(私)尚志館　899-7104　志布志市志布志町安楽6200　099(472)1318
吹上　899-3305　日置市吹上町今田1003　099(296)2411
伊集院　899-2504　日置市伊集院町郡1984　099(273)2195
松陽　899-2702　鹿児島市福山町573　099(278)3986
市来農芸　899-2101　いちき串木野市湊町160　0996(36)2341
(私)育英館　899-2505　日置市伊集院町猪鹿倉550　099(273)1407
(私)鹿児島城西　899-2593　日置市伊集院町清藤1938　099(273)1234
頴娃　891-0702　南九州市頴娃町牧之内2000　0993(36)1141
屋久島　891-4205　熊毛郡屋久島町宮之浦2479―1　0997(42)0013
古仁屋　894-1508　大島郡瀬戸内町古仁屋399―1　0997(72)0034
沖永良部　891-9293　大島郡知名町余多241　0997(93)2014
(私)樟南第二　891-7611　大島郡天城町天城297　0997(85)2511
徳之島　891-7101　大島郡徳之島町亀津784　0997(82)1850
与論　891-9301　大島郡与論町茶花1234―1　0997(97)2064
種子島　891-3196　西之表市西之表9607―1　0997(22)1270
種子島中央　891-3604　熊毛郡中種子町野間4258―1　0997(24)2401
喜界　891-6201　大島郡喜界町赤連2536　0997(65)0024
楠隼　893-1206　肝属郡肝付町前田5025

●校名 ●郵便番号 ●所在地 ●電話

0994(65)1192
福山 899-4501 霧島市福山町福山5399—1 0995(56)2734

沖縄県

名護 905-0018 名護市大西5—17—1 0980(52)2615
名護商工 905-0019 名護市大北4—1—23 0980(52)3278
石川 904-1115 うるま市石川伊波861 098(964)2006
前原 904-2213 うるま市田場1827 098(973)3249
具志川 904-2236 うるま市喜仲3—28—1 098(973)1213
中部農林 904-2213 うるま市田場1570 098(973)3578
普天間 901-2202 宜野湾市普天間1—24—1 098(892)3354
宜野湾 901-2224 宜野湾市真志喜2—25—1 098(897)1020
中部商業 901-2214 宜野湾市我如古2—2—1 098(898)4888
浦添 901-2121 浦添市内間3—26—1 098(877)4970
浦添工業 901-2111 浦添市経塚1—1—1 098(879)5992
陽明 901-2113 浦添市大平488 098(879)3062
私昭和薬科大学附属 901-2112 浦添市沢岻450 098(870)1852
首里 903-0816 那覇市首里真和志町2—43 098(885)0028
那覇 900-0014 那覇市松尾1—21—44 098(867)1623
真和志 902-0072 那覇市真地248 098(833)0810
小禄 901-0151 那覇市鏡原町22—1 098(857)0481
首里東 903-0804 那覇市首里石嶺町3—178 098(886)1578
私沖縄尚学 902-0075 那覇市国場747 098(832)1767
那覇西 901-0155 那覇市金城3—5—1 098(858)8274
私興南 902-0061 那覇市古島1—7—1 098(884)3293
那覇国際 900-0005 那覇市天久1—29—1 098(860)5931
沖縄工業 902-0062 那覇市松川3—20—1 098(832)3831
糸満 901-0361 糸満市糸満1696—1 098(994)2012
宮古 906-0012 宮古島市平良字西里718—1 0980(72)2118
八重山農林 907-0022 石垣市大川477—1 0980(82)3955
八重山商工 907-0002 石垣市真栄里180 0980(82)3892
八重山 907-0004 石垣市字登野城275 0980(82)3972
美来工科 904-0001 沖縄市越来3—17—1 098(937)5451
コザ 904-0011 沖縄市照屋5—5—1 098(937)3563
美里工業 904-2172 沖縄市泡瀬5—42—2 098(937)5848
美里 904-2151 沖縄市松本2—5—1 098(938)5145
球陽 904-0035 沖縄市南桃原1—10—1 098(933)9301
宜野座 904-1302 国頭郡宜野座村字宜野座1 098(968)8311
知念 901-1303 島尻郡与那原町与那原11 098(946)2207
豊見城 901-0201 豊見城市真玉橋217 098(850)5551
豊見城南 901-0223 豊見城市翁長520 098(850)1950
南部商業 901-0411 島尻郡八重瀬町字友寄850 098(998)2401
南風原 901-1117 島尻郡南風原町津嘉山1140 098(889)4618

●校名 ●郵便番号 ●所在地 ●電話

開邦 901-1105 島尻郡南風原町字新川646 098(889)1715
向陽 901-0511 島尻郡八重瀬町字港川150 098(998)9324
読谷 904-0303 中頭郡読谷村伊良皆198 098(956)2157
北谷 904-0103 中頭郡北谷町桑江414 098(936)1010
西原 903-0117 中頭郡西原町翁長610 098(945)5418
与勝 904-2312 うるま市勝連平安名3248 098(978)5230
具志川商業 904-2215 うるま市みどり町6—10—1 098(972)3287
北中城 901-2302 中頭郡北中城村字渡口1997—13 098(935)3377
嘉手納 904-0202 中頭郡嘉手納町字屋良806 098(956)3336
本部 905-0214 国頭郡本部町字渡久地377 0980(47)2418
沖縄水産 901-0305 糸満市西崎1—1—1 098(994)3483
私KBC学園未来 900-0034 那覇市東町23—5 098(863)7665
南部農林 901-0203 豊見城市字長堂182 098(850)6006
私日本ウェルネス(沖縄キャンパス) 904-1103 うるま市石川赤崎2—20—1 098(963)0570

●校名 ●郵便番号 ●所在地 ●電話

●校名 ●郵便番号 ●所在地 ●電話

全国高等学校女子サッカー部加盟校(高体連登録)

●校名 ●郵便番号 ●所在地 ●電話

北海道

(私)北海道文教大学附属 061-1449 恵庭市黄金中央5—207—11 0123(25)5570
(私)北海道大谷室蘭 050-0061 室蘭市八丁平3—1—1 0143(44)5641
(私)帯広北 080-0833 帯広市稲田町基線8—2 0155(47)0121
札幌東商業 004-0053 札幌市厚別区厚別中央3条5—6—10 011(891)2312
帯広南商業 080-2471 帯広市西21条南5—36—1 0155(34)5852
(私)札幌北斗 065-0015 札幌市東区北15条東2 011(711)6121
(私)北照 047-8558 小樽市最上2—5—1 0134(32)0331
旭川南 078-8803 旭川市緑が丘東3条3—1—1 0166(65)8770
(私)旭川実業 071-8138 旭川市末広８条1 0166(51)1246
(私)帯広大谷 080-2469 帯広市西19条南4—35—1 0155(33)5811
(私)函館白百合学園中高 041-8560 函館市山の手2—6—3 0138(55)6682
函館商業 041-0812 函館市昭和1—17—1 0138(41)4248

青森県

三本木 034-0085 十和田市西五番町7—1 0176(23)4181
三本木農業恵拓 034-8578 十和田市相坂高清水78—92 0176(23)5341
三沢 033-0037 三沢市松園町1—1—1 0176(53)2168
百石 039-2223 上北郡おいらせ町苗平谷地46 0178(52)2088
(私)千葉学園 031-0001 八戸市類家1—1—11 0178(43)4321
青森南 030-0852 青森市西大野2—12—40 017(739)3421
(私)八戸工業大学第二 031-8505 八戸市妙大開67 0178(25)4311
(私)八戸学院光星 031-8507 八戸市湊高台6—14—5 0178(33)4151

岩手県

水沢 023-0864 奥州市水沢字龍ヶ馬場5—1 0197(24)3151
(私)専修大学北上 024-8508 北上市新穀町2—4—64 0197(63)2341
釜石 026-0055 釜石市甲子町10—614—1 0193(23)5317
不来方 028-3615 紫波郡矢巾町南矢幅9—1—1 019(697)8247
宮古商工 027-0024 宮古市磯鶏3—5—1 0193(62)6856
花北青雲 028-3172 花巻市石鳥谷町北寺林11—1825—1 0198(45)3731
宮古 027-0052 宮古市宮町2—1—1 0193(62)1812

宮城県

(私)聖ウルスラ学院英智 984-0828 仙台市若林区一本杉町1—2 022(286)3557
(私)聖和学園 984-0047 仙台市若林区木ノ下3—4—1 022(257)7777
(私)仙台育英学園 983-0045 仙台市宮城野区宮城野2—4—1 022(256)4141
(私)大崎中央 989-6105 大崎市古川福沼1—27—1 0229(22)2030
(私)常盤木学園 980-0003 仙台市青葉区小田原4—3—20 022(263)1755
(私)東北 981-0905 仙台市青葉区小松島4—3—1 022(234)6361
(私)仙台大学附属明成 981-8570 仙台市青葉区川平2—26—1 022(278)6131
宮城第一 980-0871 仙台市青葉区八幡1—6—2 022(227)3211
古川黎明 989-6175 大崎市古川諏訪1—4—26 0229(22)3148
宮城広瀬 989-3126 仙台市青葉区落合4—4—1 022(392)5512
(私)東北生活文化大学 981-8585 仙台市泉区虹の丘1—18 022(272)7511

●校名 ●郵便番号 ●所在地 ●電話

秋田県

大館鳳鳴 017-0813 大館市金坂後6 0186(42)0002
(私)ノースアジア大学明桜 010-8525 秋田市下北手桜守沢8—1 018(836)2471

山形県

鶴岡北 997-0037 鶴岡市若葉町16—5 0235(25)4752
鶴岡中央 997-0017 鶴岡市大宝寺字日本国410 0235(25)5723
山形西 990-2492 山形市鉄砲町1—15—64 023(641)3504
(私)山形城北 990-0824 山形市肴町1—13 023(645)3377
(私)羽黒 997-0296 鶴岡市羽黒町手向薬師沢198 0235(62)2105
(私)米沢中央 992-0045 米沢市中央7—5—70—4 0238(22)4223
(私)鶴岡東 997-0022 鶴岡市切添町22—30 0235(22)0223
(私)酒田南 998-0025 酒田市南千日町4—50 0234(26)3111
(私)山形明正 990-2332 山形市飯田1—1—8 023(631)2099
酒田光陵 998-0015 酒田市北千日堂前松境7—3 0234(28)8833
山形市立商業 990-2481 山形市あかねケ丘1—9—1 023(643)4115

福島県

磐城桜が丘 970-8026 いわき市平字桜町5 0246(25)9101
あさか開成 963-8018 郡山市桃見台15—1 024(932)1714
(私)桜の聖母学院 960-8585 福島市花園町3—6 024(535)3141
ふたば未来学園 979-0403 双葉郡広野町大字下浅見川字築地12 0240(23)6825
(私)尚志 963-0201 郡山市大槻町字坦ノ腰2 024(951)3500

茨城県

日立第二 317-0071 日立市鹿島町3—2—1 0294(22)3254
(私)常磐大学 310-0036 水戸市新荘3—2—28 029(224)1707
水戸第三 310-0011 水戸市三の丸2—7—27 029(224)2044
(私)鹿島学園 314-0042 鹿嶋市田野辺141—9 0299(83)3211
土浦第二 300-0041 土浦市立田町9—6 029(822)5027
(私)大成女子 310-0063 水戸市五軒町3—2—61 029(221)4888
石岡第二 315-0013 石岡市府中5—14—14 0299(23)2101
(私)霞ヶ浦 300-0301 稲敷郡阿見町青宿50 029(887)0013
(私)愛国学園大学附属龍ケ崎 301-0041 龍ケ崎市若柴町2747 0297(66)0757

栃木県

宇都宮女子 320-0863 宇都宮市操町5—19 028(633)2315
(私)宇都宮文星女子 320-0048 宇都宮市北一の沢町24—35 028(621)8156
(私)作新学院 320-8525 宇都宮市一の沢1—1—41 028(648)1811
佐野東 327-0025 佐野市金屋下町12 0283(23)0239
栃木翔南 329-4407 栃木市大平町川連370 0282(24)4739
小山城南 323-0820 小山市西城南4—26—1 0285(27)1245
大田原女子 324-0053 大田原市元町1—5—43 0287(22)2073
栃木女子 328-0074 栃木市薗部町1—2—5 0282(23)0220
宇都宮中央女子 320-0072 宇都宮市若草2—2—46 028(622)1766
(私)宇都宮短期大学附属 320-8585 宇都

●校名 ●郵便番号 ●所在地 ●電話

宮市睦町1—35 028(634)4161
(私)白鷗大学足利 326-0054 足利市伊勢南町3—2 0284(41)0890
益子芳星 321-4216 芳賀郡益子町塙2382—1 0285(55)5525

群馬県

館林女子 374-0019 館林市尾曳町6—1 0276(72)0139
渋川女子 377-0008 渋川市渋川2684 0279(22)4148
市立太田 373-0842 太田市細谷町1510 0276(31)3321
(私)高崎商科大学附属 370-0803 高崎市大橋町237—1 027(322)2827
桐生 376-0025 桐生市美原町1—39 0277(45)2756
(私)高崎健康福祉大学高崎 370-0033 高崎市中大類町531 027(352)3460
太田女子 373-8511 太田市八幡町16—7 0276(22)6651
沼田女子 378-0043 沼田市東倉内町753—3 0278(22)4495
前橋女子 371-0025 前橋市紅雲町2—19—1 027(221)4188
高崎女子 370-0062 高崎市稲荷町20 027(362)2585
伊勢崎清明 372-0031 伊勢崎市今泉町2—331—6 0270(25)5221
(私)新島学園 379-0116 安中市安中3702 027(381)0240
(私)前橋育英 371-0832 前橋市朝日が丘町13 027(251)7087
(私)関東学園大学附属 374-8555 館林市大谷町625 0276(74)1213
(私)桐生第一 376-0043 桐生市小曾根町1—5 0277(22)8131
(私)共愛学園 379-2185 前橋市小屋原町1115—3 027(267)1000
大間々 376-0102 みどり市大間々町桐原193—1 0277(73)1611

埼玉県

庄和 344-0117 春日部市金崎583 048(746)7111
大宮南 331-0053 さいたま市西区植田谷本793 048(623)7329
(私)山村学園 350-1113 川越市田町16—2 049(225)3565
入間向陽 358-0001 入間市向陽台1—1—1 04(2964)3805
(私)埼玉平成 350-0434 入間郡毛呂山町市場333—1 049(295)1212
和光国際 351-0106 和光市広沢4—1 048(467)1311
(私)埼玉栄 331-0078 さいたま市西区西大宮3—11—1 048(624)6488
熊谷女子 360-0031 熊谷市末広2—131 048(521)0015
越ヶ谷 343-0024 越谷市越ヶ谷2788—1 048(965)3421
久喜 346-0005 久喜市本町3—12—1 0480(21)0038
川口市立 333-0844 川口市上青木3—1—40 048(483)5917
(私)淑徳与野 338-0007 さいたま市中央区円阿弥2—11—26 048(853)3193
(私)大宮開成 330-8567 さいたま市大宮区堀の内町1—615 048(641)7161
松山女子 355-0026 東松山市和泉町2—22 0493(22)0251
(私)本庄第一 367-0002 本庄市仁手1789 0495(24)1331
(私)浦和明の星女子 336-0926 さいたま市緑区東浦和6—4—19 048(873)1160
杉戸農業 345-0024 北葛飾郡杉戸町大字堤根1684—1 0480(32)0029
北本 364-0003 北本市古市場1—152 048(592)2200
浦和西 330-0042 さいたま市浦和区木崎3—1—1 048(831)4847
浦和第一女子 330-0064 さいたま市浦和区岸町3—8—45 048(829)2031
南稜 335-0031 戸田市美女木4—23—4

●校名 ●郵便番号 ●所在地 ●電話

048(421)1211
市立浦和 330-0073 さいたま市浦和区元町1—28—17 048(886)2151
(私)花咲徳栄 347-8502 加須市花崎519 0480(65)7181
(私)浦和実業学園 336-0025 さいたま市南区文蔵3—9—1 048(861)6131
所沢 359-1131 所沢市久米1234 04(2922)2185
(私)昌平 345-0044 北葛飾郡杉戸町下野851 0480(34)3381
(私)狭山ヶ丘 358-0011 入間市下藤沢981 04(2962)3844
本庄 367-0045 本庄市柏1—4—1 0495(21)1195
大宮武蔵野 331-0061 さいたま市西区西遊馬1601 048(622)0181
(私)大妻嵐山 355-0221 比企郡嵐山町菅谷558 0493(62)2281
(私)自由の森学園 357-8550 飯能市小岩井613 042(972)3131
宮代 345-0814 南埼玉郡宮代町東611 0480(32)4388
(私)秋草学園 350-1312 狭山市堀兼2404 04(2958)4111
寄居城北 369-1202 大里郡寄居町桜沢2601 048(581)3111
川越南 350-1162 川越市南大塚1—21—1 049(244)5223
日高 350-1203 日高市旭ヶ丘806 042(989)7920
(私)叡明 343-0828 越谷市レイクタウン7—2—1 048(990)2211
(私)正智深谷 366-0801 深谷市上野台369 048(571)1065
(私)東野 358-8558 入間市二本木112—1 04(2934)5292
新座 352-0015 新座市池田1—1—2 048(479)5110
蓮田松韻 349-0101 蓮田市黒浜4088 048(768)7820
鳩山 350-0313 比企郡鳩山町松ヶ丘4—1—2 049(296)5395

千葉県

成田北 286-0011 成田市玉造5—1 0476(27)3411
成田国際 286-0036 成田市加良部3—16 0476(27)2610
(私)八千代松陰 276-0028 八千代市村上727 047(482)1234
市立松戸 270-2221 松戸市紙敷2—7—5 047(385)3201
千葉 260-0853 千葉市中央区葛城1—5—2 043(227)7434
千葉南 260-0803 千葉市中央区花輪町45—3 043(264)1362
流山おおたかの森 270-0122 流山市大畔275—5 04(7154)3551
幕張総合 261-0014 千葉市美浜区若葉3—1—6 043(211)6311
(私)中央学院 270-1131 我孫子市都部765 04(7188)1101
柏の葉 277-0882 柏市柏の葉6—1 04(7132)7521
(私)市川 272-0816 市川市本北方2—38—1 047(339)2681
市川東 272-0811 市川市北方町4—2191 047(338)6810
匝瑳 289-2144 匝瑳市八日市場イ1630 0479(72)1541
(私)千葉明徳 260-8685 千葉市中央区南生実町1412 043(265)1612
(私)流通経済大学付属柏 277-0872 柏市十余二1—20 04(7131)5611
船橋法典 273-0047 船橋市藤原4—1—1 047(438)0721
市立船橋 273-0001 船橋市市場4—5—1 047(422)5516
(私)暁星国際 292-8565 木更津市矢那1083 0438(52)3291
市立柏 277-0801 柏市船戸山高野325—1 04(7132)3460
千葉西 261-0012 千葉市美浜区磯辺3—

●校名 ●郵便番号 ●所在地 ●電話

30—3 043(277)0115
私千葉経済大学附属 263-8585 千葉市稲毛区轟町4—3—30 043(251)7221
船橋芝山 274-0816 船橋市芝山7—39—1 047(463)5331
浦安 279-0003 浦安市海楽2—36—2 047(351)2135
私日本体育大学柏 277-0008 柏市戸張944 04(7167)1301
行徳 272-0127 市川市塩浜4—1—1 047(395)1040
薬園台 274-0077 船橋市薬円台5—34—1 047(464)0011
若松 264-0021 千葉市若葉区若松町429 043(232)5171
市原八幡 290-0062 市原市八幡1877—1 0436(43)7811

東京都

私江戸川女子 133-8552 江戸川区東小岩5—22—1 03(3659)1241
私大妻多摩 206-8540 多摩市唐木田2—7—1 042(372)9113
私神田女学園 101-0064 千代田区猿楽町2—3—6 03(6383)3751
私吉祥女子 180-0002 武蔵野市吉祥寺東町4—12—20 0422(22)8117
私共立女子第二 193-8666 八王子市元八王子町1—710 042(661)9952
私恵泉女学園 156-0055 世田谷区船橋5—8—1 03(5313)3479
私佼成学園女子 157-0064 世田谷区給田2—1—1 03(3300)2351
私国際基督教大学 184-8503 小金井市東町1—1—1 042(233)3401
私品川エトワール女子 140-0004 品川区南品川5—12—4 03(3474)2231
私修徳 125-8507 葛飾区青戸8—10—1 03(3601)0116
私十文字 170-0004 豊島区北大塚1—10—33 03(3918)0511
私成城学園 157-8511 世田谷区成城6—1—20 03(3482)2104
私成立学園 114-0001 北区東十条6—9—13 03(3902)5494
私東京成徳大学 114-8526 北区豊島8—26—9 03(3911)7109
私中村 135-8404 江東区清澄2—3—15 03(3642)8041
私日本大学櫻丘 156-0045 世田谷区桜上水3—24—22 03(5317)9300
私八王子学園八王子 193-0931 八王子市台町4—35—1 042(623)3461
私文京学院大学女子 113-8667 文京区本駒込6—18—3 03(3946)5301
飛鳥 114-8561 北区王子6—8—8 03(3913)5071
青梅総合 198-0041 青梅市勝沼1—60—1 0428(22)7604
大泉 178-0063 練馬区東大泉5—3—1 03(3924)0318
大泉桜 178-0062 練馬区大泉町3—5—7 03(3978)1180
国際 153-0041 目黒区駒場2—19—59 03(3468)6811
狛江 201-0013 狛江市元和泉3—9—1 03(3489)2241
上水 208-0013 武蔵村山市大南4—62—1 042(590)4580
杉並総合 168-0073 杉並区下高井戸5—17—1 03(3303)1003
第四商業 176-0021 練馬区貫井3—45—19 03(3990)4221
第五商業 186-0004 国立市中3—4 042(572)0132
戸山 162-0052 新宿区戸山3—19—1 03(3202)4301
野津田 195-0063 町田市野津田町2001 042(734)2311
晴海総合 104-0053 中央区晴海1—2—1 03(3531)5021
東久留米総合 203-0052 東久留米市幸町5—8—46 042(471)2510
松原 156-0045 世田谷区桜上水4—3—5

●校名 ●郵便番号 ●所在地 ●電話

03(3303)5381
芦花 157-0063 世田谷区粕谷3—8—1 03(5315)3322
若葉総合 206-0822 稲城市坂浜1434—3 042(350)0300
私日本大学第三 194-0203 町田市図師町11—2375 042(793)2123
世田谷総合 157-0076 世田谷区岡本2—9—1 03(3700)4771
私広尾学園 106-0047 港区南麻布5—1—14 03(3444)7271
私広尾学園小石川 113-8665 文京区本駒込2—29—1 03(5940)4455
私日体桜華 189-0024 東村山市富士見町2—5—1 042(391)4133
国分寺 185-0004 国分寺市新町3—2—5 042(323)3371
私八王子実践 193-0931 八王子市台町1—6—15 042(622)0654
王子総合 114-0023 北区滝野川3—54—7 03(3576)0602
私駒沢学園女子 206-8511 稲城市坂浜238 042(350)7123
私渋谷教育学園渋谷 150-0002 渋谷区渋谷1—21—18 03(3400)6363
清瀬 204-0022 清瀬市松山3—1—56 042(492)3500
千早 171-0044 豊島区千早3—46—21 03(5964)1721
私東京実業 144-0051 大田区西蒲田8—18—1 03(3732)4481
私中央国際 180-0004 武蔵野市吉祥寺本町2—21—8 0422(22)7639
芝商業 105-0022 港区海岸1—8—25 03(3431)0760
東大和 207-0015 東大和市中央3—945 042(563)1741
私多摩大学目黒 153-0064 目黒区下目黒4—10—24 03(3714)2661
私帝京 173-8555 板橋区稲荷台27—1 03(3963)4711

神奈川県

私慶應義塾湘南藤沢 252-0816 藤沢市遠藤5466 0466(49)3585
私法政大学国際 230-0078 横浜市鶴見区岸谷1—13—1 045(571)4482
市立幸 212-0023 川崎市幸区戸手本町1—150 044(522)0125
私横浜翠陵 226-0015 横浜市緑区三保町1 045(921)0301
多摩 214-0021 川崎市多摩区宿河原5—14—1 044(911)7107
伊勢原 259-1142 伊勢原市田中1008—3 0463(95)2578
相模原弥栄 252-0229 相模原市中央区弥栄3—1—8 042(758)4695
海老名 243-0422 海老名市中新田1—26—1 046(232)2231
藤沢清流 251-0002 藤沢市大鋸1450 0466(82)8112
私湘南学院 239-0835 横須賀市佐原2—2—20 046(833)3433
神奈川総合 221-0812 横浜市神奈川区平川町19—2 045(491)2000
秦野曽屋 257-0031 秦野市曽屋3613—1 0463(82)4000
大和 242-0002 大和市つきみ野3—4 046(274)0026
厚木東 243-0817 厚木市王子1—1—1 046(221)3158
湘南台 252-0805 藤沢市円行1986 0466(45)6600
私相模女子大学高等部 252-0383 相模原市南区文京2—1—1 042(742)1442
私白鵬女子 230-0074 横浜市鶴見区北寺尾4—10—13 045(581)6721
私星槎学園 259-0123 中郡二宮町二宮1352—4 0463(71)0991
私森村学園 226-0026 横浜市緑区長津田町2695 045(984)2505
二宮 259-0134 中郡二宮町一色1363 0463(71)3215
私桐蔭学園 225-8502 横浜市青葉区鉄

●校名 ●郵便番号 ●所在地 ●電話

町1614 045(971)1411
私相洋 250-0045 小田原市城山4—13—33 0465(22)0211
私横浜学園 235-0021 横浜市磯子区岡村2—4—1 045(751)6941
私三浦学苑 238-0031 横須賀市衣笠栄町3—80 046(852)0284

山梨県

市立甲府商業 400-0845 甲府市上今井町300 055(241)7511
富士北稜 403-0017 富士吉田市新西原1—23—1 0555(22)4161
私日本航空 400-0108 甲斐市宇津谷445 0551(28)3355
私帝京第三 408-0044 北杜市小淵沢町2148 0551(36)2411

新潟県

柏崎総合 945-0826 柏崎市元城町1—1 0257(22)5288
国際情報 949-7302 南魚沼市浦佐5664—1 025(777)5355
高田 943-8515 上越市南城町3—5—5 025(526)2325
私帝京長岡 940-0044 長岡市住吉3—9—1 0258(36)4800
私開志学園JSC 950-0925 中央区弁天橋通1—4—1 025(287)3390
私関根学園 943-0893 上越市大貫1325—1 025(523)2702
私北越 950-0916 新潟市中央区米山5—12—1 025(245)5681
小千谷 947-0005 小千谷市旭町7—1 0258(83)2262
高田商業 943-8550 上越市中田原90—1 025(523)2271
市立高志中等教育 950-0926 新潟市中央区高志1—15—1 025(286)9811
十日町総合 948-0055 十日町市高山4—461 025(752)3186
私中越 940-8585 長岡市新保町1371—1 0258(24)0203
長岡 940-0041 長岡市学校町3—14—1 0258(32)0072
村上 958-0854 村上市田端町7—12 0254(53)2109
長岡商業 940-0817 長岡市西片貝町大木1726 0258(35)1502
十日町 948-0083 十日町市本町西1—203 025(752)3575
三条東 955-0053 三条市北入蔵2—9—36 0256(38)6461

長野県

諏訪二葉 392-8549 諏訪市岡村2—13—28 0266(52)4628
大町岳陽 398-0002 大町市大町3691—2 0261(22)0024
辰野 399-0428 上伊那郡辰野町伊那富3644—2 0266(41)0770
私東海大学付属諏訪 391-8512 茅野市玉川675 0266(72)3147
塩尻志学館 399-0703 塩尻市広丘高出4—4 0263(52)0015
明科 399-7101 安曇野市明科東川手100 0263(62)4388
私松商学園 390-8515 松本市県3—6—1 0263(33)1210
私上田西 386-8624 上田市下塩尻868 0268(22)0412
私佐久長聖 385-8588 佐久市岩村田951 0267(68)5588
私長野日本大学 381-0038 長野市東和田253 026(243)1079
私日本ウェルネス長野 399-7501 東筑摩郡筑北村西条4228 0263(66)0057
私松本国際 399-0036 松本市村井町南3—6—25 0263(88)0033

富山県

呉羽 930-0138 富山市呉羽町2070—5 076(436)1056
高岡商業 933-8510 高岡市横田286

●校名 ●郵便番号 ●所在地 ●電話

0766(21)4319
私富山国際大学付属 930-0175 富山市願海寺水口444 076(434)0577
私富山第一 930-0916 富山市向新庄町5—1—54 076(451)3396

石川県

金沢伏見 921-8044 金沢市米泉町5—85 076(242)6175
大聖寺 922-8510 加賀市大聖寺永町33—1 0761(72)0054
私星稜 920-0811 金沢市小坂町南206 076(252)2237
金沢市立工業 920-0344 金沢市畝田東1—1—1 076(267)3101
内灘 920-0277 河北郡内灘町千鳥台3—1 076(238)5301
七尾 926-0817 七尾市西藤橋町エ—1—1 0767(52)3187
金沢向陽 920-3121 金沢市大場町東590 076(258)2355
野々市明倫 921-8831 野々市市下林3—309 076(246)3191
私北陸学院 920-8563 金沢市飛梅町1—10 076(221)1944

福井県

私福井工業大学附属福井 910-8505 福井市学園3—6—1 0776(29)2630

静岡県

私静岡大成 420-0839 静岡市葵区鷹匠2—4—18 054(254)7334
沼津西 410-0867 沼津市本字千本1910—9 055(962)0345
私桐陽 410-0055 沼津市高島本町8—52 055(921)0350
吉原 417-8545 富士市今泉2160 0545(52)1440
私磐田東 438-0086 磐田市見付180—5 0538(32)6118
磐田北 438-0086 磐田市見付2031—2 0538(32)2181
藤枝西 426-0021 藤枝市城南2—4—6 054(641)0207
私常葉大学附属橘 420-0911 静岡市葵区瀬名2—1—1 054(261)2256
私藤枝順心 426-0067 藤枝市前島2—3—1 054(635)1311
榛原 421-0422 牧之原市静波850 0548(22)0380
私清水国際 424-0809 静岡市清水区天神1—4—1 054(366)4155
清水南 424-8622 静岡市清水区折戸3—2—1 054(334)0431
私東海大学付属静岡翔洋 424-8611 静岡市清水区折戸3—20—1 054(334)0726
私聖隷クリストファー 433-8558 浜松市北区三方原町3453 053(436)5313
私浜松聖星 432-8018 浜松市中区蜆塚3—14—1 053(454)5376
清流館 421-0206 焼津市上新田291—1 054(622)3411

愛知県

私椙山女学園 464-0832 名古屋市千種区山添町2—2 052(751)8131
岩倉総合 482-8555 岩倉市北島町川田1 0587(37)4141
小坂井 441-0103 豊川市小坂井町欠田100—1 0533(72)2211
松蔭 453-0855 名古屋市中村区烏森町2—2 052(481)9471
旭丘 461-0032 名古屋市東区出来町3—6—15 052(721)5351
時習館 441-8064 豊橋市富本町 0532(45)3171
春日井商業 486-0812 春日井市大泉寺町1059—1 0568(81)1885
私名古屋経済大学市邨 464-8533 名古屋市千種区北千種3—1—37 052(721)0161
私金城学院 461-0011 名古屋市東区白壁4—64 052(931)6236

●校名 ●郵便番号 ●所在地 ●電話

私同朋 453-8540 名古屋市中村区稲葉地町7—1 052(411)1159

市立菊里 464-0802 名古屋市千種区星が丘元町13—7 052(781)0445

私愛知啓成 492-8529 稲沢市西町1—1—41 0587(32)5141

私聖カピタニオ女子 489-0929 瀬戸市西長根町137 0561(82)7711

私安城学園 446-8635 安城市小堤町4—25 0566(76)5105

岡崎商業 444-0012 岡崎市栄町3—76 0564(21)3599

私南山高等部女子 466-0833 名古屋市昭和区隼人町17 052(831)0704

高蔵寺 487-0035 春日井市藤山台1—3—2 0568(92)9000

私至学館 461-0047 名古屋市東区大幸南2—1—10 052(723)0851

一宮商業 491-0041 一宮市文京2—1—7 0586(73)7191

私清林館 496-8006 愛西市持中町八町88 0567(28)3010

刈谷北 448-0846 刈谷市寺横町1—67 0566(21)5107

私豊川 442-0029 豊川市末広通1—37 0533(86)4121

私日本福祉大学付属 470-3233 知多郡美浜町奥田中之谷2—1 0569(87)2311

岐阜県

私富田 500-8765 岐阜市野一色4—17—1 058(245)3621

私帝京大学可児 509-0237 可児市桂ケ丘1—1 0574(64)3211

三重県

津西 514-0065 津市河辺町2210—2 059(225)1361

四日市南 510-8562 四日市市日永岡山4917 059(345)3177

四日市西 512-1211 四日市市桜町6100 059(326)2010

私三重 515-8533 松阪市久保町1232 0598(29)2959

桑名 511-0811 桑名市東方1795 0594(22)5221

私津田学園 511-0904 桑名市野田5—3—12 0594(31)6311

私高田 514-0114 津市一身田町2843 059(232)2004

私神村学園高等部伊賀 518-0204 伊賀市北山1373 0595(41)1234

稲生 510-0201 鈴鹿市稲生町8232—1 059(368)3900

滋賀県

八幡商業 523-0895 近江八幡市宇津呂町10 0748(32)2072

国際情報 520-3016 栗東市小野36 077(554)0600

私近江兄弟社 523-0851 近江八幡市市井町177 0748(32)3444

京都府

私京都聖母学院 612-0878 京都市伏見区深草田谷町1 075(645)8103

私京都橘 612-8026 京都市伏見区桃山町伊賀50 075(623)0066

私京都精華学園 606-8305 京都市左京区吉田河原町5—1 075(771)4181

私京都文教 606-8344 京都市左京区岡崎円勝寺町5 075(771)6155

向陽 617-0006 向日市上植野町西大田 075(922)4500

私京都聖カタリナ 622-0002 南丹市園部町美園町1—78 0771(62)0163

私京都西山 617-0002 向日市寺戸町西野辺25 075(934)2480

奈良県

登美ケ丘 631-0008 奈良市二名町1944—12 0742(46)0017

●校名 ●郵便番号 ●所在地 ●電話

私奈良育英 630-8558 奈良市法蓮町1000 0742(26)2845

高取国際 635-0131 高市郡高取町佐田455—2 0744(52)4552

和歌山県

和歌山北 640-8464 和歌山市市小路388(北校舎) 073(455)3528

神島 646-0023 田辺市文里2—33—12 0739(22)2550

新宮 647-0044 新宮市神倉3—2—39 0735(22)8101

大阪府

私大阪桐蔭 574-0013 大東市中垣内3—1—1 072(870)1001

私大商学園 561-0846 豊中市利倉東1—2—1 06(6862)5223

茨木西 567-0045 茨木市紫明園10—68 072(625)5711

柴島 533-0024 大阪市東淀川区柴島1—7—106 06(6323)8351

私星翔 566-0022 摂津市三島3—5—36 06(6381)0220

東住吉総合 547-0026 大阪市平野区喜連西2—11—66 06(6702)1231

千里青雲 560-0084 豊中市新千里南町1—5—1 06(6831)3045

私大阪国際滝井 570-0062 守口市馬場町2—8—24 06(6996)5691

松原 580-0041 松原市三宅東3—4—1 072(334)8008

市立鶴見商業 538-0054 大阪市鶴見区緑2—10—9 06(6911)0415

私帝塚山学院 558-0053 大阪市住吉区帝塚山中3—10—51 06(6672)1151

私香ヶ丘リベルテ 590-0012 堺市堺区浅香山町1—2—20 072(238)7881

私追手門学院 567-0013 茨木市太田東芝町1—1 072(697)8185

成美 590-0137 堺市南区城山台4—1—1 072(299)9000

私大阪女学院 540-0004 大阪市中央区玉造2—26—54 06(6761)4113

市立大阪ビジネスフロンティア 543-0042 大阪市天王寺区烏ケ辻2—9—26 06(6772)7961

私梅花 560-0011 豊中市上野西1—5—30 06(6852)0001

大阪府教育センター附属 558-0011 大阪市住吉区苅田4—1—72 06(6692)0006

私大阪学芸 558-0003 大阪市住吉区長居1—4—15 06(6693)6301

市立桜宮 534-0001 大阪市都島区毛馬町5—22—28 06(6921)5231

国大阪教育大学附属平野校舎 547-0032 大阪市平野区流町2—1—24 06(6707)5800

山本 581-0831 八尾市山本町北1—1—44 072(999)0552

私大阪偕星学園 544-0021 大阪市生野区勝山南2—6—38 06(6716)0003

高槻北 569-1112 高槻市別所本町36—3 072(683)8739

市立東 534-0024 大阪市都島区東野田町4—15—14 06(6354)1251

山田 565-0821 吹田市山田東3—28—1 06(6875)5010

私大阪緑涼 583-8558 藤井寺市春日丘3—8—1 072(955)0718

私金光藤蔭 544-0003 大阪市生野区小路東4—1—26 06(6751)2461

布施北 577-0024 東大阪市荒本西1—2—72 06(6787)2666

狭山 589-0011 大阪狭山市半田4—1510 072(366)8400

市立汎愛 538-0042 大阪市鶴見区今津中2—1—52 06(6961)0431

私東大阪大学敬愛 577-8567 東大阪市西堤学園町3—1—1 06(6782)2881

東住吉 547-0033 大阪市平野区平野西2—3—77 06(6702)3838

住吉 545-0035 大阪市阿倍野区北畠2—4—1 06(6651)0525

●校名 ●郵便番号 ●所在地 ●電話

兵庫県

私啓明学院 654-0131 神戸市須磨区横尾9—5—1 078(741)1506

播磨南 675-0163 加古郡播磨町古宮4—3—1 078(944)1157

北摂三田 669-1545 三田市狭間が丘1—1—1 079(563)6711

三田西陵 669-1324 三田市ゆりのき台3—4 079(565)5287

私日ノ本学園 679-2151 姫路市香寺町香呂890 079(232)5578

有馬 669-1531 三田市天神2—1—50 079(563)2881

西宮 662-0813 西宮市上甲東園2—4—32 0798(52)0185

夢野台 653-0801 神戸市長田区房王寺町2—1—1 078(691)1546

三田祥雲館 669-1337 三田市学園1—1 079(560)6080

宝塚東 665-0871 宝塚市中山五月台1—12—1 0797(89)3751

社 673-1461 加東市木梨1356—1 0795(42)2055

明石南 673-0001 明石市明南町3—2—1 078(923)3617

淡路 656-1711 淡路市富島171—2 0799(82)1137

北須磨 654-0142 神戸市須磨区友が丘9—23 078(792)7661

私神戸学院大学附属 650-0046 神戸市中央区港島中町4—6—3 078(302)2016

私蒼開 656-0013 洲本市下加茂1—9—48 0799(22)2552

神戸 657-0804 神戸市灘区城の下通1—5—1 078(861)0434

市立六甲アイランド 658-0032 神戸市東灘区向洋町中4—4 078(858)4000

私神戸弘陵学園 651-1101 神戸市北区山田町小部妙賀山10 078(593)3535

私姫路女学院 670-0964 姫路市豊沢町83 079(224)1711

鳥取県

鳥取東 680-0061 鳥取市立川町5—210 0857(22)8495

鳥取西 680-0011 鳥取市東町2—112 0857(22)8281

米子 683-0023 米子市橋本30—1 0859(26)1311

鳥取湖陵 680-0941 鳥取市湖山町北3—250 0857(28)0250

私鳥取敬愛 680-0022 鳥取市西町1—111 0857(22)8397

私鳥取城北 680-0811 鳥取市西品治848 0857(23)3502

島根県

松江商業 690-8525 松江市浜乃木8—1—1 0852(21)3261

私明誠 698-0006 益田市三宅町7—37 0856(22)1052

岡山県

総社 719-1126 総社市総社3—9—1 0866(93)0891

岡山芳泉 700-8527 岡山市南区当新田51—1 086(264)2801

私岡山県作陽 708-8518 津山市八出1320 0868(23)2188

私高梁日新 716-0004 高梁市内山下150 0866(22)2205

私岡山学芸館 704-8502 岡山市東区西大寺上1—19—19 086(942)3864

林野 707-0046 美作市三倉田58—1 0868(72)0030

岡山南 700-0933 岡山市北区奥田2—4—7 086(224)2226

広島県

廿日市 738-0004 廿日市市桜尾3—3—1 0829(32)1125

●校名 ●郵便番号 ●所在地 ●電話

広島皆実 734-0001 広島市南区出汐2—4—76 082(251)6441

広島市立沼田 731-3164 広島市安佐南区伴東6—1—1 082(848)4168

祇園北 731-0138 広島市安佐南区祇園8—25—1 082(875)4607

私山陽女学園 738-8504 廿日市市佐方本町1—1 0829(32)2222

私広島文教大学附属 731-0222 広島市安佐北区可部東1—2—3 082(814)3192

高陽東 739-1732 広島市安佐北区落合南8—12—1 082(843)1167

福山明王台 720-8502 福山市明王台2—4—1 084(952)1110

私山陽 733-8551 広島市西区観音新町4—12—5 082(232)9156

私盈進 720-8504 福山市千田町千田487—4 084(955)2333

私広陵 731-3164 広島市安佐南区伴東3—14—1 082(848)1321

私AICJ 731-0138 広島市安佐南区祇園3—1—15 082(832)5037

山口県

熊毛南 742-1103 熊毛郡平生町竪ヶ浜666 0820(56)3017

防府西 747-1232 防府市台道36—1 0835(32)1905

私サビエル 756-0080 山陽小野田市くし山3—5—1 0836(83)3587

私高川学園 747-1292 防府市大字台道3635 0835(33)0101

私長門 759-4101 長門市東深川1621 0837(22)2944

香川県

津田 769-2401 さぬき市津田町津田1632—1 0879(42)3125

私四国学院大学香川西 767-8513 三豊市高瀬町下勝間2351—2 0875(72)5193

徳島県

城東 770-0853 徳島市中徳島町1—5 088(653)9111

徳島商業 770-0862 徳島市城東町1—4—1 088(623)0461

城北 770-0003 徳島市北田宮4—13—6 088(631)8105

徳島市立 770-0872 徳島市北沖洲1—15—60 088(664)0111

鳴門 772-0002 鳴門市撫養町斎田岩崎135—1 088(685)3217

徳島北 771-1153 徳島市応神町吉成字中ノ瀬40—6 088(698)8004

鳴門渦潮 772-0032 鳴門市大津町吉永595 088(686)4565

高知県

市立高知商業 780-0947 高知市大谷6 088(844)0267

高知東 781-8133 高知市一宮徳谷23—1 088(845)5751

私高知 780-0956 高知市北端町100 088(840)1111

愛媛県

南宇和 798-4192 南宇和郡愛南町御荘平城3269 0895(72)1241

新居浜商業 792-0821 新居浜市瀬戸町2—16 0897(43)6736

小松 799-1101 西条市小松町新屋敷乙42—1 0898(72)2731

宇和島南中等教育 798-0066 宇和島市文京町5—1 0895(22)0262

私済美 790-8560 松山市湊町7—9—1 089(943)4185

私松山東雲 790-8541 松山市大街道3—2—24 089(941)4136

福岡県

私福岡女子商業 811-1203 那珂川市片縄北1—4—1 092(952)2231

市立福岡女子 819-0013 福岡市西区愛宕浜3—2—2 092(881)7344

●校名　●郵便番号　●所在地　●電話

市立福翔　811-1347　福岡市南区野多目5—31—1　092(565)1670
(私)福岡女学院　811-1313　福岡市南区日佐3—42—1　092(575)2470
(私)福岡舞鶴　819-0375　福岡市西区徳永1110—2　092(806)3334
(私)西日本短期大学附属　834-0065　八女市亀甲61　0943(23)5662
(私)九州産業大学付属九州　813-0012　福岡市東区香椎駅東2—22—1　092(681)0461
(私)東海大学付属福岡　811-4193　宗像市田久1—9—2　0940(32)3311
(私)福岡海星女子学院　811-1346　福岡市南区老司5—29—3　092(565)4950
(私)福岡工業大学附属城東　811-0214　福岡市東区和白東3—30—1　092(606)0797
福岡農業　818-0134　太宰府市大佐野250　092(924)5031
(私)飯塚　820-0003　飯塚市立岩1224　0948(22)6571
(私)筑陽学園　818-0103　太宰府市朱雀5—6—1　092(922)7361
北九州　802-0816　北九州市小倉南区若園5—1—1　093(931)3554

佐賀県

神埼　842-0013　神埼市神埼町本告牟田3076—2　0952(52)3118
武雄　843-0022　武雄市武雄町武雄5540—2　0954(22)3103
(私)佐賀女子短期大学付属佐賀女子　840-0027　佐賀市本庄町本庄1263　0952(24)5341
(私)佐賀学園　840-0801　佐賀市駅前中央2—9—10　0952(30)4281

長崎県

(私)海星　850-8586　長崎市東山手町5—3　095(826)7321
(私)鎮西学院　854-0082　諫早市西栄田町1212—1　0957(25)1234
島原商業　855-0036　島原市城内1—1213　0957(62)4059
(私)長崎玉成　850-0822　長崎市愛宕1—29—41　095(826)6321
(私)佐世保実業　858-8588　佐世保市母ヶ浦町888—1　0956(48)8881

熊本県

大津　869-1233　菊池郡大津町大津1340　096(293)2751
熊本農業　861-4105　熊本市南区元三町5—1—1　096(357)8800
球磨中央　868-0303　球磨郡錦町西192　0966(38)2052
(私)東海大学付属熊本星翔　862-0970　熊本市東区渡鹿9—1—1　096(382)1146
(私)慶誠　862-0971　熊本市中央区大江4—9—58　096(366)0128
(私)秀岳館　866-0881　八代市興国町1—5　0965(33)5134
松橋　869-0532　宇城市松橋町久具300　0964(32)0511
(私)ルーテル学院　860-0862　熊本市中央区黒髪3—12—16　096(343)3246

宮崎県

都城商業　885-0053　都城市上東町31街区25　0986(22)1758
都城農業　885-0019　都城市祝吉1—5—1　0986(22)4280
(私)都城聖ドミニコ学園　885-0061　都城市下長飯町881　0986(39)1303
(私)日南学園　887-0041　日南市吾田東3—5—1　0987(23)1311
(私)宮崎日本大学　880-0121　宮崎市島之内6822—2　0985(39)1121
妻　881-0003　西都市右松2330　0983(43)0005
(私)聖心ウルスラ学園　882-0863　延岡市緑ケ丘3—7—21　0982(33)3472
(私)宮崎学園　880-8503　宮崎市昭和町3　0985(23)5318

大分県

(私)柳ヶ浦　872-0032　宇佐市江須賀939　0978(38)0033
(私)竹田南　878-0013　竹田市大字竹田2509　0974(63)3223

鹿児島県

市立鹿児島女子　890-0012　鹿児島市玉里町27—1　099(223)8341
(私)鳳凰　897-1121　南さつま市加世田唐仁原1202　09(9353)3633
(私)神村学園　896-8686　いちき串木野市別府4460　0996(32)3232
市立鹿屋女子　893-0064　鹿屋市西原1—24—35　099(443)2584
明桜館　891-1105　鹿児島市郡山町100　099(298)4124
(私)鹿児島城西　899-2593　日置市伊集院町清藤1938　099(273)1234

沖縄県

名護　905-0018　名護市大西5—17—1　0980(52)2615
浦添　901-2121　浦添市内間3—26—1　098(877)4970
那覇国際　900-0005　那覇市天久1—29—1　098(860)5931
陽明　901-2113　浦添市大平488　098(879)3062
首里東　903-0804　那覇市首里石嶺町3—178　098(886)1578
小禄　901-0151　那覇市鏡原町22—1　098(857)0481
那覇商業　900-0032　那覇市松山1—16—1　098(866)6555
開邦　901-1105　島尻郡南風原町字新川646　098(889)1715
読谷　904-0303　中頭郡読谷村伊良皆198　098(956)2157
那覇　900-0014　那覇市松尾1—21—44　098(867)1623
那覇西　901-0155　那覇市金城3—5—1　098(858)8274
糸満　901-0361　糸満市糸満1696—1　098(994)2012
豊見城　901-0201　豊見城市真玉橋217　098(850)5551
首里　903-0816　那覇市首里真和志町2—43　098(885)0028
美里　904-2151　沖縄市松本2—5—1　098(938)5145
球陽　904-0035　沖縄市南桃原1—10—1　098(933)9301
前原　904-2213　うるま市田場1827　098(973)3249
コザ　904-0011　沖縄市照屋5—5—1　098(937)3563
宮古　906-0012　宮古島市平良字西里718—1　0980(72)2118
西原　903-0117　中頭郡西原町翁長610　098(945)5418
北中城　901-2302　中頭郡北中城村字渡口1997—13　098(935)3377
普天間　901-2202　宜野湾市普天間1—24—1　098(892)3354
嘉手納　904-0202　中頭郡嘉手納町字屋良806　098(956)3336
向陽　901-0511　島尻郡八重瀬町字港川150　098(998)9324
豊見城南　901-0223　豊見城市翁長520　098(850)1950
(私)興南　902-0061　那覇市古島1—7—1　098(884)3293
浦添商業　901-2132　浦添市伊祖3—11—1　098(877)5844
八重山　907-0004　石垣市字登野城275　0980(82)3972

●校名　●郵便番号　●所在地　●電話

2021-22 高校サッカー年鑑

CONTENTS

STAFF CREDIT

■取材撮影
小林洋（編集総括）
長濱耕樹（本社写真部）
清水和良
藤田孝夫
渡辺伸雄
加藤誠夫
長尾亜紀
各務あゆみ
村井詩都
川本学（女子選手権チーフ）
小善薫
佐藤真一
前島進

■表紙写真
藤田孝夫

■校閲
講談社 校閲第二部
講談社ビジネスパートナーズ 校閲課

■装丁・レイアウト
タケウチクマヒコ（Espe-Runser）

■編集
伊藤亮（編集総括）
吉田太郎
奥山典幸

Printed in Japan ISBN978-4-06-525021-1 定価は表紙に表示してあります。

2021-22 高校《こうこう》サッカー年鑑《ねんかん》

KODANSHA 2022 年 3 月 7 日 第 1 刷発行

■編著者 （公財《こうざい》）全国高等学校体育連盟《ぜんこくこうとうがっこうたいいくれんめい》サッカー専門部《せんもんぶ》

■発行者 鈴木章一
■発行所 株式会社講談社
東京都文京区音羽 2-12-21（〒 112-8001）
電話 編集 03-5395-3735
販売 03-5395-4415
業務 03-5395-3615
■印刷所 株式会社東京印書館
■製本所 株式会社若林製本工場